近代国家と市民権・市民的権利

―米国における市民権・市民的権利の発展―

松澤幸太郎

信 山 社

はじめに

　人類は何故国家を構築・形成し，維持するのであろうか。また人類が構築・形成し，維持する国家とは何なのだろうか。そして我々は，どのような国家を構築・形成し，維持すべきなのだろうか。

　人類が国家を案出して以来この類いの質問は数多くの機会に，数多くの人々によって問われ，現在においても問われている。そしてこれに対して法学のみならず，歴史学，政治学，社会学，経済学，人類学，言語学等の各種の学問分野において，それぞれの学問分野の観点から，それぞれの学問分野で開発され，適用されてきている分析手法を用いて，各種の回答が提示され，そのうちの少なからぬ数が書籍，論文等として公表され，時代を超えて人類の間で共有されてきている。本書もまたこのような問題に回答するための取り組みの一つである。もとより本書は，このような問題に回答するために，上記のような取り組みの結果として生成され過去から現在に渡って蓄積された，膨大な国家に関する知見の全てを鳥瞰出来たわけではない。しかしながらそれでもなお本書は，国家の一側面，それも重要な一側面である，人的要素に関し，これまでの研究・分析では光が当てられていない側面に光を当て，今後の人類の将来に資するための知見の生成を試みた。

　具体的に本書で筆者は，国家の一類型である近代国家が形成されたときに現実にその事実・実務に携わった人々は何をどのように考え・議論し，それがその後の歴史の中でどのような経緯をたどり変遷し，さらに現在どのような形象で存在しているのか，という点に関する分析を目指した。またこの点に関し検討するのにあたり本書では，一般に国家を形成する要素とされる，国民・領土・主権のうち，特に国民の要素がもっとも重要と考えられたことから，国民の要素を分析の対象とした。なお本書では，建国当時の状況等からして，いわゆるアンシャンレジームからもっとも遠いところで，現実の許す限りではあるが，純粋に各種の近代国家に係わる政治思想・政治理論等に基づいて構築・形成された国と

考えられたことから，数多く存在する国家あるいは近代国家といわれる国家の中で，米国を分析対象とした。

　そもそもこのような本書が問題の前提とした認識自体についても議論のあるところであるとは考えられる。具体的に，例えば，本書で検討の対象とした米国のたどった市民権・市民的権利に関する歴史に関し，独立戦争による建国や奴隷制度の存在等，米国固有の前提・背景があったのではないか，ということを考えることができる。このような考え方は，もとより否定できるものではない。確かに世界中の各国は，それぞれの国がそれぞれ固有の歴史的，政治的，社会的，経済的，文化的背景を踏まえて設立され，維持されてきている。そして実際に各国は，その建国に際してそれぞれの問題意識をもち，それぞれ独自の政治体制・法制度を構築している。

　このような現実の状況を踏まえると，米国の特殊性を認めることは不可避であり，またこのことに起因して，本書の示す結論に限界があることは認めざるを得ない。しかしながらこのことは，異なる歴史的，政治的，社会的，経済的，文化的背景があることから，他国の歴史や経験等から学ぶべきものがないということを意味するものではなく，また，他国の歴史や経験等を参照してはならないということを意味するものでもない。むしろ，自国の歴史や経験等と異なる他国のそれらを積極的に学び，そこから学べるものを取り入れていくことで，個人の尊厳・自由・権利の保障を追求しよう，という取り組みこそが近代憲法の歴史であり，その制定の建前であったと解され，この点で本書の試みには，一定の意義があると考える。

　また本文で記述するように，そもそも米国で「市民」の文言を定義した修正第14条の規定に関する議論が連邦議会でなされた際，そこでは例えば，奴隷制度の解決等の具体的な問題に関する議論だけがされたわけでもなければ，その問題だけを解決しようとして解決策である憲法修正条項が案出されたわけでもなかった。もちろん現実の状況を踏まえたものであったが，そこで議論されたのは，独立宣言等で示された米国建国の基礎にある，個人の尊厳・自由・権利の保障の追求という理念と，米国という国の具体的あり方の関係と，それら相互間の関係の調整の方法であった。このように米国の市民権・市民的権利の歴史に係わる人々

が対峙した問題が，個人の尊厳・自由・権利の保障の追求という理念と国家のあり方の関係という問題であったとするならば，同様の問題は，いわゆる近代国家モデルに従って国家を構築した国々が共通して対峙する問題と解され，そのような問題に対して米国がどのような回答を導き出したのかは，これらの国々やそれらを構成する人々にとって参考になるものと解される。この意味で，現代世界に数多く存在する近代国家と個人の法的関係を明らかにするために米国の事例を考察することは一つの重要な視角であり，この点から分析することは有益なことと考えられたことから，筆者は本書を執筆した。

　本書が提示した分析が，上記のような問題意識に対する一つの視点を提供することを通じて，人類の国家に関する知見の蓄積に少しでも貢献できたならば幸いである。

　　　2016年5月

　　　　　　　　　　　　　　　　　　　　　松澤幸太郎

iv

目　　次

はじめに

第1章　問題の所在―――――――――――――――――――――1

第1節　国籍・国民の権利を巡る問題……………………………………1

第2節　現在の議論の状況…………………………………………………3

第3節　論述のアウトライン・先行研究・分析の方法等………………5

第1項　考察対象（5）

第2項　構成（5）

第3項　用語法の整理（6）

第4項　先行研究（7）

第5項　分析の方法（8）

第2章　合衆国市民権の始まり――米国建国から南北戦争まで

―――――――――――――――――――――――――――――9

第1節　本章の課題と論証の方向性………………………………………9

第2節　オリジナルの憲法と市民権……………………………………13

第1款　公務就任資格としての市民権 ………………………………13

第1項　下院議員の就任要件（13）

第2項　上院議員の就任要件（15）

第3項　大統領の就任要件（16）

第2款　連邦司法権の管轄に関する条項と市民権…………………17

第3款　各州間の市民の特権および免除と連邦議会の帰化規制権限

………………………………………………………………18

第3節　連邦議会と市民権・市民的権利………………………………23

第1款　市民権に関する立法…………………………………………23

第1項　1790年帰化法（23）

第2項　その他の立法（25）

第2款　市民的権利等に関する立法 ………………………………26

第4節　行政府と市民権――司法長官の見解…………………………31

第5節　裁判所における市民権―― Dred Scott 判決…………………34

　　　　第1款　最高裁の判断··35
　　　　　第1項　奴隷を祖先にもつ者が市民に保障される権利を享有す
　　　　　　　　るか（35）
　　　　　第2項　州は市民の地位を与えることができるか（36）
　　　　　第3項　連邦議会の帰化に関する権限の排他性（36）
　　　　　第4項　市民として参加した者だけが市民か（36）
　　　　第2款　同意意見と反対意見··37
　　　　　第1項　Daniel 裁判官の同意意見（37）
　　　　　第2項　Mclean 裁判官の反対意見（38）
　　　　　第3項　Curtis 裁判官の反対意見（38）
　　第6節　小　結··40
　　　第1款　合衆国憲法の制定期における「市民」を巡る議論··············40
　　　第2款　連邦議会・行政府・最高裁における「市民」の理解············41
　　　　　第1項　国の構成員としての市民（41）
　　　　　第2項　市民の享受する権利の状況（42）
　　　　　第3項　南北戦争・再建期に向けた問題の明確化（43）

第3章　合衆国憲法修正第13条の原意────────45

　　第1節　本章の課題と論証の方向性···45
　　第2節　修正第13条制定まで···45
　　　第1款　連邦議会の動向···45
　　　　　第1項　修正第13条に関連して制定された法律（45）
　　　　　第2項　第一次反乱者財産没収法（47）
　　　　　第3項　Columbia 特別区奴隷解放法（47）
　　　　　第4項　第二次反乱者財産没収法（48）
　　　　　第5項　1862年民兵団法（48）
　　　　　第6項　1863年徴兵法・1864年徴兵法（49）
　　　　　第7項　Wade-Davis 案（49）
　　　第2款　行政府の示した市民権・市民的権利に関する判断·················50
　　　　　第1項　奴隷解放の布告（50）
　　　　　第2項　司法長官による市民権に関する意見の提示（51）
　　第3節　修正第13条の制定過程···52
　　　第1款　上院における議論··52
　　　　　第1項　Trumbull 上院議員の発言（52）

vi　目　次

　　　　第2項　憲法修正に賛成する者の主張（52）

　　　　第3項　憲法修正に反対した者の主張（53）

　　　　第4項　修正案を修正する案（54）

　　第2款　下院における第一会期での議論‥‥‥‥‥‥‥‥‥‥‥‥‥‥54

　　　　第1項　修正案に賛成する議員の主要な主張（55）

　　　　第2項　修正案に反対する議員の主要な主張（56）

　　第3款　下院における第二会期での議論‥‥‥‥‥‥‥‥‥‥‥‥‥‥56

　　　　第1項　Ashley 下院議員の発言（57）

　　　　第2項　第二会期における修正案に賛成の者の主な主張（57）

　　　　第3項　修正案に反対の者の主な主張（58）

　第4節　修正第13条の理解‥‥‥‥‥‥‥‥‥‥‥‥‥‥‥‥‥‥‥‥‥‥59

　　第1款　連邦議会での議論の帰結‥‥‥‥‥‥‥‥‥‥‥‥‥‥‥‥‥‥59

　　　　第1項　政治制度選択の問題（60）

　　　　第2項　権利保障の問題（61）

　　第2款　解決されなかった問題(1)——黒人の地位‥‥‥‥‥‥‥‥‥‥61

　　　　第1項　黒人の市民権（61）

　　　　第2項　解放後に黒人が享有する権利——一般的権利（62）

　　　　第3項　解放後に黒人が享有する権利——参政権（63）

　　第3款　解決されなかった問題(2)——その他の問題‥‥‥‥‥‥‥‥‥64

　第5節　小　結‥‥‥‥‥‥‥‥‥‥‥‥‥‥‥‥‥‥‥‥‥‥‥‥‥‥‥‥65

第4章　合衆国憲法修正第14条の原意　　　66

　第1節　本章の課題と論証の方向性‥‥‥‥‥‥‥‥‥‥‥‥‥‥‥‥‥‥66

　第2節　解放民局法の改正‥‥‥‥‥‥‥‥‥‥‥‥‥‥‥‥‥‥‥‥‥‥68

　　第1款　奴隷制度類似の制度の再生の試みと解放民局法の改正‥‥‥‥68

　　第2款　解放民局法改正案の内容‥‥‥‥‥‥‥‥‥‥‥‥‥‥‥‥‥‥70

　　第3款　拒否権の行使‥‥‥‥‥‥‥‥‥‥‥‥‥‥‥‥‥‥‥‥‥‥‥71

　　第4款　再提案による改正‥‥‥‥‥‥‥‥‥‥‥‥‥‥‥‥‥‥‥‥‥72

　第3節　1866年市民的権利法の制定‥‥‥‥‥‥‥‥‥‥‥‥‥‥‥‥‥73

　　第1款　解放民の権利擁護の必要性と1866年市民的権利法の内容‥‥‥73

　　第2款　制定の経緯‥‥‥‥‥‥‥‥‥‥‥‥‥‥‥‥‥‥‥‥‥‥‥‥74

　　第3款　第一回目の上院での議論‥‥‥‥‥‥‥‥‥‥‥‥‥‥‥‥‥‥75

　　　　第1項　Trumbull 上院議員の説明（75）

第2項　賛成者の主張（77）

第3項　反対者の主張（78）

第4項　修正案の提出（79）

第5項　市民権の定義に関する議論（79）

第6項　市民的権利に関する議論（81）

第4款　下院での議論……………………………………………………82

第1項　Wilson 議員による本法案の説明（82）

第2項　本法案の賛成者の主張（84）

第3項　本法案の反対者の主張（86）

第4項　「市民的権利（civil rights）」に選挙権が含まれうるか（87）

第5項　下院における法案修正（88）

第5款　大統領の拒否理由……………………………………………89

第6款　第二回目の上院における議論………………………………90

第1項　Trumbull 上院議員の主張（90）

第2項　賛成者の主張（92）

第3項　反対者の主張（93）

第4節　連邦議会によるその他の立法………………………………94

第1款　1866 年奴隷誘拐禁止法………………………………………94

第2款　1867 年強制労働禁止法………………………………………94

第3款　1867 年人身保護関係法………………………………………95

第4款　Columbia 特別区選挙法と合衆国属領選挙法………………95

第5款　1867 年第一次再建法…………………………………………96

第5節　議会における議論……………………………………………97

第1款　Bingham 案……………………………………………………100

第1項　1866 年 2 月 13 日の提案（100）

第2項　Bingham 議員の提案趣旨（102）

第3項　Bingham 案に賛成の者の主張（103）

第4項　Bingham 案に反対の者の主張（104）

第5項　本案の修正・廃案（104）

第2款　Stevens 案……………………………………………………105

第1項　Stevens 議員の説明（105）

第2項　Stevens 案に賛成の主張（109）

第3項　Stevens 案に反対の主張（109）

第4項　下院での議論の帰結（110）

viii　目　次

第5項　上院における Stevens 案に関する説明（110）

第6項　上院における Stevens 案に賛成の者の主張（113）

第7項　上院における Stevens 案に反対の者の主張（115）

第8項　上院での採決の結果（117）

第3款　修正第 14 条案に関する下院での議論……………………118

第1項　下院における趣旨説明（118）

第2項　修正案に賛成の者の主張（119）

第3項　修正案に反対の者の主張（120）

第4款　修正第 14 条案に関する上院での議論……………………121

第1項　Howard 議員の提案趣旨説明（121）

第2項　修正案第1節に関する議論（123）

第3項　修正案第2節に関する議論（127）

第4項　修正案第3節に関する議論（133）

第6節　議会での議論の帰結………………………………………………134

第1款　市民権を定義したことの意義……………………………………134

第1項　定義の実際上の効果（134）

第2項　市民的権利法と修正第 14 条第1節の比較（135）

第2款　享有される市民的権利……………………………………………138

第1項　市民的権利法で保障された権利の性質（138）

第2項　修正第 14 条で保障されるとされた特権・免除の性質（140）

第3款　残された問題………………………………………………………142

第7節　小　結………………………………………………………………145

第5章　再建期の合衆国における市民権と市民的権利————146

第1節　本章の課題と論証の方向性………………………………………146

第2節　修正第 15 条…………………………………………………………147

第1款　下院案に関する議論………………………………………………149

第1項　Boutwell 議員による趣旨説明（149）

第2項　下院における下院案に対する賛成意見（149）

第3項　下院における下院案に対する反対意見（150）

第4項　下院における下院案に対する修正提案（150）

第5項　上院における下院案への賛成意見（152）

第6項　上院における下院案への反対意見（153）

第7項　上院における下院案に対する修正提案（155）

目　次　　ix

　　　　第 8 項　上院における選挙権制限の基準に関する議論（158）

　　　　第 9 項　上院における「合衆国市民」の文言に関する議論（160）

　　　　第 10 項　その後の経過（161）

　　　第 2 款　上院案に関する議論……………………………………………161

　　　　第 1 項　上院案の提案（161）

　　　　第 2 項　修正案（162）

　　　　第 3 項　選挙権制限の基準に関する議論（163）

　　　　第 4 項　下院への送付（163）

　第 3 節　主要な市民的権利法………………………………………………165

　　　第 1 款　1870 年執行法（The Enforcement Act of 1870）…………166

　　　第 2 款　1871 年 Ku Klux 法……………………………………………168

　　　第 3 款　1875 年市民的権利法（The CivilRights Act of 1875）………170

　第 4 節　連邦議会によるその他の立法…………………………………171

　　　第 1 款　市民権にかかわる立法………………………………………171

　　　　第 1 項　市民権放棄法（Act of July 27, 1868）（171）

　　　　第 2 項　帰化法改正法（Act of July 14, 1870）（172）

　　　　第 3 項　中国人排除法（Chinese Exclusion Act of 1882）（172）

　　　第 2 款　市民的権利に関する立法……………………………………173

　　　　第 1 項　Columbia 特別区平等権法（Act of March 18, 1869）（173）

　　　　第 2 項　属領不動産所有法（Ownership of Real Estate in the
　　　　　　　　Territories）（174）

　第 5 節　制定法集（Revised Statutes）における市民権・市民的権利…174

　　　第 1 款　市民権に関する条文…………………………………………175

　　　　第 1 項　第 25 編「市民権（citizenship）」（175）

　　　　第 2 項　第 29 編「移民（immigration）」（176）

　　　　第 3 項　第 30 編「帰化（naturalization）」（176）

　　　第 2 款　市民的権利に関する条文……………………………………177

　　　　第 1 項　第 24 編「市民的権利（civil rights）」（177）

　　　　第 2 項　第 26 編「選挙権（elective franchise）」（178）

　第 6 節　Slaughter-House Cases…………………………………………178

　　　第 1 款　法廷意見………………………………………………………179

　　　第 2 款　Field, Bradley, Swayne 裁判官の反対意見………………182

　　　　第 1 項　Field 裁判官の反対意見（182）

x 目 次

　　　第2項　Bradley 裁判官の反対意見（183）

　　　第3項　Swayne 裁判官の反対意見（183）

　第7節　市民権に関する判例……………………………………………184

　　第1款　Slaughter-House 事件の法廷意見 …………………………184

　　第2款　Elk v. Wilkins 事件…………………………………………185

　　　第1項　事案の概要（185）

　　　第2項　本件法廷意見（185）

　　　第3項　Harlan 裁判官の反対意見（186）

　　第3款　United States v. Wong Kim Ark 事件……………………187

　　　第1項　事案の概要（187）

　　　第2項　法廷意見（187）

　第8節　市民権に付随する権利に関する判例………………………189

　　第1款　Slaughter-House 事件の法廷意見の立場 …………………189

　　第2款　修正第14条の特権または免除……………………………190

　　　第1項　修正第14条の定める特権・免除への該当性（190）

　　　第2項　Bradwell v. Illinois 判決（191）

　　　第3項　Bartemeyer v. Iowa 事件（192）

　　　第4項　Minor v. Happersett 事件（193）

　　　第5項　Maxwell v. Dow 事件（194）

　　　第6項　Twining v. NewJersey 事件（195）

　　第3款　連邦市民権に基づく市民的権利に関する判例…………196

　　　第1項　Slaughter-House 事件の法廷意見（196）

　　　第2項　Crandall v. Nevada 事件（197）

　　　第3項　United States v. Cruikshank 事件（198）

　　　第4項　Strauder v. West Virginia 事件（199）

　　　第5項　Ex ParteYarbrough 事件（200）

　　　第6項　U.S. v. Waddell 事件（201）

　　　第7項　Logan v. United States 事件（201）

　　　第8項　In re Quarlesand Butler 事件（202）

　　　第9項　Motes v. United States 事件（202）

　　　第10項　Crutcher v. Commonwealth of Kentucky 事件（203）

　第9節　小　結………………………………………………………203

　　第1款　市民権に関する議論………………………………………204

第1項　出生による市民権の取得（204）

　　　第2項　帰化による市民権の取得（206）

　　第2款　市民的権利に関する議論······························207

　　　第1項　議会の動き（207）

　　　第2項　連邦最高裁判所の判断（207）

　　第3款　修正第14条制定後の市民権・市民的権利···············209

　　　第1項　市民権に関する議論（209）

　　　第2項　市民的権利に関する議論（210）

第6章　女性と合衆国市民権 ── 合衆国市民権の発展 ── 211

第1節　本章の課題と論証の方向性·································211

第2節　修正第19条の制定過程·································211

　　第1款　1866年の連邦議会上院における議論···················216

　　　第1項　Blair議員の憲法修正提案（216）

　　　第2項　本修正案に賛成する者の主張（218）

　　　第3項　本修正案に反対する者の主張（219）

　　第2款　1913年からの連邦議会上院における議論················220

　　　第1項　女性選挙権に関する委員会の憲法修正提案（220）

　　　第2項　本修正案に賛成する者の主張（223）

　　　第3項　本修正案に反対する者の主張（226）

　　　第4項　採決の結果（228）

　　第3款　1915年の連邦議会下院における議論···················229

　　　第1項　憲法修正提案に賛成する者の主張（229）

　　　第2項　反対する者の主張（237）

　　　第3項　採決の結果（239）

　　第4款　1917年の連邦議会での議論·························239

　　　第1項　第65回連邦議会第2会期での下院における議論(1)
　　　　　　　──賛成の者の意見（239）

　　　第2項　第65回連邦議会第2会期での下院における議論(2)
　　　　　　　──反対の者の意見（242）

　　　第3項　第65回連邦議会第2会期での上院における議論(1)
　　　　　　　──賛成の者の意見（245）

　　　第4項　第65回連邦議会第2会期での上院における議論(2)
　　　　　　　──反対の者の意見（249）

xii　　目　次

　　　　第 5 項　第 65 回連邦議会第 2 会期での上院における議論(3)
　　　　　　　　──修正提案（251）
　　　　第 6 項　第 65 回連邦議会第 2 会期での上院における議論(3)
　　　　　　　　──大統領の演説（253）
　　　　第 7 項　第 65 回連邦議会第 3 会期の上院における議論(1)
　　　　　　　　──賛成の者の意見（254）
　　　　第 8 項　第 65 回連邦議会第 3 会期の上院における議論(2)
　　　　　　　　──反対の者の意見（255）
　　　第 5 款　1919 年の連邦議会における議論 ………………………………… 255
　　　　第 1 項　下院における議論(1)──賛成の者の意見（256）
　　　　第 2 項　下院における議論(2)──反対の者の意見（257）
　　　　第 3 項　上院における議論(1)──賛成の者の意見（258）
　　　　第 4 項　上院における議論(2)──反対の者の意見（258）
　　　　第 5 項　上院における議論(3)──修正提案（259）
　第 3 節　女性と市民権の変動………………………………………………… 259
　　　第 1 款　1907 年法制定前の女性の市民権 ……………………………… 260
　　　　第 1 項　1855 年法制定以前の女性の市民権（260）
　　　　第 2 項　1855 年法の制定とその改正（260）
　　　　第 3 項　司法長官の見解（263）
　　　第 2 款　1907 年法と女性の市民権 ……………………………………… 265
　　　　第 1 項　1907 年法の制定（265）
　　　　第 2 項　Mackenzie v. Hare 事件（266）
　　　第 3 款　1922 年 Cable 法と女性の市民権 ……………………………… 267
　　　　第 1 項　Cable 法の概要（267）
　　　　第 2 項　Cable 法に関連する諸問題（269）
　　　　第 3 項　立法による解決とその後の発展（272）
　第 4 節　女性と市民的権利・市民的義務……………………………………… 275
　　　第 1 款　米国初期における女性の状況 …………………………………… 275
　　　　第 1 項　Blackstone の Commentary における理解（275）
　　　　第 2 項　Tucker の理解（277）
　　　　第 3 項　Kent の Commentary（278）
　　　　第 4 項　妻財産法の制定（279）
　　　第 2 款　女性と陪審制度 …………………………………………………… 281
　　　　第 1 項　Glasser v. U. S. 事件（281）

目　次　xiii

第2項　Ballard v. United States 事件（282）

第3項　Fay v. People of State of New York 事件（285）

第4項　1957 年市民的権利法の制定と Hoyt v. Florida 事件（287）

第5項　Alexander v. Louisiana 事件（289）

第6項　Taylor v. Louisiana 事件（290）

第7項　Duren v. Missouri 事件（294）

第8項　J. E. B. v. Alabama ex rel. T. B. 事件（297）

第3款　女性と兵役‥‥‥‥‥‥‥‥‥‥‥‥‥‥‥‥‥‥‥ 300

第1項　米国初期の女性と兵役の関係（301）

第2項　United States v. Schwimmer 事件（302）

第3項　海軍・陸軍への女性の参加（304）

第4項　1948 年女性軍務統合法と徴兵登録法（304）

第5節　小　結‥‥‥‥‥‥‥‥‥‥‥‥‥‥‥‥‥‥‥‥‥‥ 308

第1款　女性と合衆国市民権の変動‥‥‥‥‥‥‥‥‥‥‥‥ 308

第2款　女性と市民的権利‥‥‥‥‥‥‥‥‥‥‥‥‥‥‥‥ 309

第3款　女性と市民的義務‥‥‥‥‥‥‥‥‥‥‥‥‥‥‥‥ 309

第7章　大統領就任資格と生来的合衆国市民権────311

第1節　本章の課題と論証の方向性‥‥‥‥‥‥‥‥‥‥‥‥‥ 311

第2節　米国憲法第2条第1節第5項の原義‥‥‥‥‥‥‥‥‥ 314

第1款　憲法制定会議の議論‥‥‥‥‥‥‥‥‥‥‥‥‥‥‥ 314

第2款　Commentaries ‥‥‥‥‥‥‥‥‥‥‥‥‥‥‥‥‥ 317

第3節　Common Law・連邦憲法・連邦法と出生による市民権の取得

‥‥‥‥‥‥‥‥‥‥‥‥‥‥‥‥‥‥‥‥‥‥‥‥‥‥ 320

第1款　Common Law における理解‥‥‥‥‥‥‥‥‥‥‥ 320

第2款　1866 年市民的権利法と修正第 14 条‥‥‥‥‥‥‥‥ 322

第3款　連邦法の発展‥‥‥‥‥‥‥‥‥‥‥‥‥‥‥‥‥‥ 323

第4節　現行法における出生による市民権取得‥‥‥‥‥‥‥‥ 328

第1款　現行法の概要‥‥‥‥‥‥‥‥‥‥‥‥‥‥‥‥‥‥ 328

第2款　米国及び属領における出生‥‥‥‥‥‥‥‥‥‥‥‥ 329

第1項　米国領域の範囲（329）

第2項　「管轄権に服する」の意義（332）

第3款　海外における出生による市民権の取得‥‥‥‥‥‥‥ 334

xiv　目　次

第1項　市民権の承継のための親の居住期間（334）

第2項　市民権の承継のための親の居住場所（336）

第3項　承継による市民権の取得と合衆国に対する忠誠（337）

第4項　非嫡出子の承継による市民権の取得（338）

第5項　養子縁組をした子の市民権（341）

第5節　判例における出生による市民権の取得……………………………343

第1款　初期の判例……………………………………………………344

第2款　Lynch v. Clarke 事件………………………………………345

第3款　Dred Scott v. Sandford 事件……………………………346

第4款　Slaughter-House 事件……………………………………347

第5款　Minor v. Happersett 事件………………………………348

第6款　Elk v. Wilkins 事件…………………………………………349

第7款　United States v. Wong Kim Ark 事件…………………350

第8款　Weedin v. Chin Bow 事件………………………………354

第9款　Perkins v. Elg 事件…………………………………………354

第10款　Montana v. Kennedy 事件………………………………355

第11款　Rogers v. Bellei 事件……………………………………356

第12款　Miller v. Albright 事件…………………………………357

第13款　Tuan Anh Nguyen v. INS 事件………………………363

第6節　大統領就任資格としての「出生により合衆国市民である者」
……………………………………………………………………368

第1款　「出生により合衆国市民である者」の要件が問題とされた主な
事例………………………………………………………………368

第2款　連邦議会における決議等── McCain の例……………371

第3款　裁判における対応── Obama の例………………………373

第4款　憲法第2条第1節第5項にかかる主な憲法修正案…………373

第1項　憲法改正案の時系列による整理（373）

第2項　憲法修正案の性質（379）

第5款　その他の法案等………………………………………………382

第1項　Natural Born Citizen を定義する法律案（382）

第2項　市民権の定義に関する案（383）

第7節　小　結……………………………………………………………387

第1款　「出生により合衆国市民である者（natural born citizen）」

の意義……………………………………………………… 387

第2款 「出生により合衆国市民である者（natural born citizen）」の
範囲……………………………………………………… 392

第3款 市民は誰から大統領を選出するか………………………… 397

第4款 外国との関係……………………………………………… 399

第8章 米国市民権・市民的権利の歴史と近代国家の構成員に係る法制度のあり方————401

第1節 本章の課題と論証の方向性……………………………………… 401

第2節 米国市民権の発展過程………………………………………… 401

第1款 米国黎明期における市民権の理解………………………… 401

第1項 外国からの分離（401）

第2項 人種との関係（402）

第3項 国内の統一（403）

第2款 奴隷の解放と政治制度の改革——修正第13条 ……………… 403

第1項 奴隷の解放（403）

第2項 政治制度の改革（404）

第3款 市民権の定義——修正第14条 ……………………………… 405

第4款 修正第14条制定後の市民権………………………………… 407

第1項 連邦議会の取組み（407）

第2項 連邦最高裁の判断（467）

第5款 女性と市民権——女性の市民権の独立した変動の確保……… 408

第6款 合衆国市民権の承継………………………………………… 409

第7款 生来的市民権の意義の変容 ………………………………… 412

第3節 米国における市民的権利・義務の発展過程…………………… 412

第1款 米国黎明期における市民的権利…………………………… 412

第1項 政治的権利（412）

第2項 その他の権利（413）

第2款 奴隷解放と市民的権利……………………………………… 414

第1項 解放民への影響（414）

第2項 その他の者への影響（415）

第3款 市民権の定義と市民的権利………………………………… 415

第1項 市民的権利の意義（415）

xvi 目 次

第2項 市民の享有する具体的な権利（416）

第3項 連邦統合との関係（417）

第4款 再建期後期の市民的権利……………………………………418

第1項 修正第15条（418）

第2項 市民的権利と連邦議会（419）

第3項 市民的権利と連邦最高裁（420）

第5款 現代における連邦市民の権利・義務…………………………421

第1項 連邦市民権を設定したことの現代における効果（421）

第2項 市民的権利と義務（423）

第3項 市民による陪審制への参加（424）

第4項 市民の兵役（424）

第5項 公務就任資格と合衆国市民権
——「出生により合衆国市民である者」の意義（425）

第4節 近代国家と市民権…………………………………………………426

第1款 米国における取組みの意義……………………………………426

第2款 人間集団としての国家とその構成員の関係…………………428

第3款 市民の範囲の確定と歴史………………………………………429

第4款 近代国家設立の目的と国籍法…………………………………432

第5節 近代国家と市民的権利・市民的義務…………………………433

第1款 米国市民の権利…………………………………………………433

第2款 米国市民の義務…………………………………………………435

第3款 近代国家と市民的権利…………………………………………435

第4款 近代国家と市民的義務…………………………………………437

第5款 近代国家と兵役…………………………………………………437

第6款 近代国家における公務就任権…………………………………438

第6節 近代国家の発展と市民のあり方の変容………………………440

第1款 国家の領域性・個人間の関係…………………………………440

第2款 個人の自由・権利と国家制度のデザイン……………………441

おわりに……………………………………………………………………444

参考文献（450）

事項索引（494）

判例索引（496）

法令名索引（498）

人名索引（505）

第1章　問題の所在

第1節　国籍・国民の権利を巡る問題

　国家は，国民・領土・主権の要素から成立し，現在世界には，約200近くの国家が存在する[1]。これらの国家は憲法あるいはその他の法律等に基づいて，国籍を紐帯として，国民と関係づけられている[2]。この国民と国家の関係は，各国の成立の経緯や，人口，民族構成，政治体制，外交関係，国防，社会保障等，種々の要因によって左右されることが多く，結果として，国家と国民の関係を規律する国籍法も，各種各様のものが存在している。また国家は自国の国籍を有する国民に対して，外国に居住している場合であっても，対人的な統治権を行使し，他方で，国民も，外国に居住している場合であっても，在外選挙権のように，一定の場合には，自国に対してその権利を行使する場合がある。このように，国家が国民に対してどのような権能を有し，また国民がその所属する国に対して，どのような権利を有し，義務を負うのかは，国際人権法上の規定はあるにせよ，専らそれぞれの国でその国の国内法によって定められ，それらもまた，各国ごとの政策，社会状況により変化している[3]。

　国際法との関係では，国際人権法の観点等から，国家に対して一定の義務

1　国連加盟国は現在193ヶ国であり，最も最近加盟したのは2011年に加盟した，南スーダンである。

2　世界の国籍に関する制定法の状況を整理した文献として，例えば，U.S. Office of Personnel Management, CITIZENSHIP LAWS of the World, Fredonia Book (2005). また市民権・国籍に関する国際法の状況に関し，Peter J. Spiro, *A new international law of citizenship*, 105 Am. J. Int'l L., 694 (2011).

3　この点に関連して，そもそも個人のレベルを詳細に検討すると，各個人ごとに異なる方式で市民権を取得し，また各個人ごとに異なる市民的権利を享有しているという事実を指摘する文献として，Linda K. Kerber, *The meanings of citizenship*, 84 J. of Am. Hist. 833 (1997).

2　第1章　問題の所在

が課される例も見受けられる[4]。しかしながら一般的には、「国籍法の抵触についての若干の問題に関する条約」第1条及び第2条が定める通り[5]、国籍に関する問題は、原則として、主権を有する個々の国家が自主的に定めることができる問題とされている。また、今日においても、個人の地位や権利の規律と保護は、原則として主権国家の管轄権の範囲とされている。

　このように、国民と国家とは各国ごとに多種多様な関係を有しており、またそれが国際社会一般のルールの中においても許容されているというのが現状である。このような状況の中で、国民をどのように構成し、それらの者とどのような関係を形成・維持していくのか、ということが、日本を含めた、現代の国家が「国民」について考えるべき点であり、現代社会において各国に所属する各国の国民は、このような状況を前提として自らが属する「国家」との関係を考えていくことになる。

　このような状況を踏まえ本書では、米国における市民権の歴史をたどり、米国において国家と国民の関係をどのようなものと考えながら国家が形成されてきたのかを検討し、これを参照しつつ、近代国家においては国家と国民の関係をどのように考えながら国家を形成していくべきなのかを検討する。

　以下では、まず現在の議論状況を概観し、その後に本論の理解の一助とするため、本書のアウトラインを述べ、また論述の前提として「市民権」等の用語法を整理する。

4　この点に関し、たとえば市民的及び政治的権利に関する国際規約第24条第3項、児童の権利に関する条約第7条等参照。なお、法的拘束力のあるものではないが、世界人権宣言第15条は、第1項において「すべて人は、国籍を持つ権利を有する。」と定め、また同条第2項は「何人もほしいままにその国籍を奪われ、又はその国籍を変更する権利を否認されることはない。」と定めている。

5　本条約第1条は、誰を国民とするかは、各国がその国内法で独自に決めることができ、他国は、当該国の国内法が国際的な条約や国際的な慣習、国籍に関する一般的な法の原則にそっている限り、これを承認することとしている。日本はこの条約に署名したが批准していない。しかしながらこの規定は国際法上の一般原則を確認し、宣言したものと見られている。木棚照一著『逐条注解国籍法』21頁（日本加除出版　平成15年）。

第2節　現在の議論の状況

　先に述べた通り，一般に国家は，国民・領土・主権の要素から成立すると
されているが，国家がそもそも人間の集団の一類型であることからすると，
このうちの「国民」は，国家の構成要素としてもっとも重要な構成要素であ
るということができる。そして「国民」の概念を巡る議論において，国家に
とってもまた国民にとっても，もっとも重要な問題は以下の二つの点に集約
される。すなわち

　　①　誰が国民であるか

　　②　国民であることはどのような意味を持っているのか

である。

　もちろん現存の各国において，実務上これら二点について明らかにされて
いないことは，個々の事例においてはともかくとして[6]，一般的にはあり得な
いし，あってはならないことと解されていると思われる。

　しかしながら，その実務が依って立つ根拠となる論理がどのようなもので
あるのか，またどのようなものであるべきなのか，については必ずしも整理
されていない。

　具体的にはたとえば①の誰が国民であるのか，という問題については以下
のような状況が現状である。すなわち一般的に国籍について語られる際に
は，まず形式要件として現存の法律である国籍法の内容が示され，それに従
って国民が決定されているという説明がなされる。次に，実質的な部分につ
いては，たとえば生来的国籍取得については，世界的に血統主義と出生地主
義に従ってそれが決定されてきている，という説明がされる。

　しかしながらこのような説明では，第一に形式的側面についていえば，現

6　誰が国民であるのかという点に関して筆者の経験からいうと，たとえばペルシャ湾
　岸諸国では複数国から発行されたパスポートを保有する者が存在し，その意味では誰
　が国民であるのかは，その境界においては必ずしも明らかではない。もっとも，この
　ような事例については，たとえば日本国と米国の二重国籍者においても発生している
　であろうことは容易に想像できることであり，その建前はともかくとして実際上はこ
　のような境界は必ずしも明確化されていないと予想される。
　　なお，この点について日本国内における状況を説明している文献として，たとえば
　田代有嗣「戸籍と国籍との関係について」戸籍283号2頁（1970）以下参照。

行法の定める基準に従って国民の範囲を決定することが正当であるとされ得ることの根拠が示されていない。また第二に実質的側面に関していえば，たとえば，血統主義に従って決定される，または出生地主義に従って決定される国民の範囲がどのような根拠に基づいて正統な，あるいは正当な決定であるのか，ということは明らかにされていない。この後者の点をより正確にいうならば，確かに伝統的に血統主義あるいは出生地主義に基づいて決定がなされてきたという意味では確かに正統（legitimate）ではあるのかもしれないが，それが正当性（justification）との関係ではどのような関係にあるのかは必ずしも明らかではない，ということである。

　次に②の国民であるということはどのような意味を持っているのか，という点についても同様のことをいうことができる。すなわちたとえば日本を一例とすると，日本国憲法第三章の表題は「国民の権利及び義務」とされている。この点に関したとえば「国民」の権利についての最高裁の判例は「憲法第三章の諸規定による基本的人権の保障は，権利の性質上日本国民のみをその対象としていると解されるものを除き，わが国に在留する外国人に対しても等しく及ぶべきものと解すべきである」，としている[7]。しかしながら，ここでは「権利の性質上日本国民のみをその対象としている」権利はどのようなものなのか，ということは明確ではなく，またその権利のどのような性質がそれを日本国民にのみ享有させることの根拠となるのか，についても必ずしも明確ではない。

　また，このような問題に関し通説的理解では，「国民のみが享有する権利とはどのようなものなのか」という問題設定をしない。むしろこのような問題についてはまず「外国人に保障されない権利はどれか」ということを個別に日本国憲法上の人権カタログ等に基づいて検討し，実務上は認められていないそのうちのいくつかについて外国人にも保障すべきかどうかを分析していくのが通常である。

　日本国憲法第三章が，その章題にもかかわらず，「人」として享有する「基本的人権」を保障しているとするならば，問題となるのは，各権利の性質がどのようなものなのかということでもなければ，どうしてそれが外国人には享有されないのかでもない。むしろ日本国憲法第三章の人権カタログ上の権

7　最大判昭和53年10月4日民集32巻7号1223頁（マクリーン事件）。

利のいくつかは，どうして人一般に対して保障されるのではなく，国民にのみ享有されると性質付けられてしまうのかということである。しかしながらこれは，これまでの議論の中では明らかにされていない。

　以上の二つの問題について，米国の例を参照しつつ検討するのが本稿の課題である。

第3節　論述のアウトライン・先行研究・分析の方法等

第1項　考察対象

　本稿は，数多く存在する国家あるいは近代国家といわれる国家の中で，建国当時の状況等からして，いわゆるアンシャンレジームからもっとも遠いところで，現実の許す限りではあるが，純粋に各種の近代国家に係わる政治思想・政治理論等に基づいて構築・形成された国と思われた米国を分析対象とした。

　また本稿では，近代国家形成・構築の基礎となった思想を案出した思想家等の思想ではなく，国家の一類型である近代国家が形成されたときに現実にその事実・実務に携わった人々は，実際に国家を形成・構築する際に，市民権・市民的権利との関係で，何をどのように考え・議論し，それがその後の歴史の中でどのような経緯をたどり変遷し，さらに現在どのような形象で存在しているのか，という点を分析の対象とした。

第2項　構　　成

　米国の市民権の発展は，重要な転換点であった南北戦争を中心として，三つの時期に分けることができる。すなわち，南北戦争前，南北戦争後の再建期，再建期後である。本稿ではこの時期区分に従って記述を進めることにする。なお市民権に付随する権利，すなわち市民的権利の発展過程についても，上述の市民権の発展過程の区分に従って行っていく。

　まず第2章では独立後の米国における市民権の理解について，米国憲法制定当時どのような考え方に沿って市民権の用語が用いられていたのかを確認する。周知の通りいわゆるオリジナルの米国憲法上，市民権の用語は，明確に定義されないままに用いられていた。本稿では，この点について，制定当時の議事録や当時出版されていたコンメンタール等の記述を確認することに

6 第1章 問題の所在

よって明らかにする。

　次に第3章から第5章では，再建期における市民権の理解について確認する。この時期米国では，南北戦争修正条項といわれる憲法修正，すなわち修正第13条，第14条，第15条が制定された。このうち修正第14条は，米国史上初めて，米国市民権を定義した条文であり，市民権史上最も重要な条文である。本稿では必然的に本条文の意義を分析することが中心となるが，先述の通り本条は南北戦争の戦後処理の枠組みの施策の一つとして制定されたものであり，その前後に制定された修正第13条並びに第15条も併せて考察することによって，その意義が理解され得るものとなると考えられる。従って本稿ではそれらについてもそれぞれ第3章及び第5章で検討する。

　第6章では，再建期後の米国における市民権の発展について分析する。この点の分析に関し本稿では，特に女性の市民権の扱いに関しての発展を分析していくこととする。

　第7章では，連邦憲法第2条第1節第5項において大統領の就任資格として規定されている「生来的市民である者」の要件の意義に関する検討を通じて，被選挙権との関係の観点から合衆国市民権の意義を確認する。

　第8章では，第2章から第7章までの分析をもとに先述の課題に関し検討し，これらの課題に関する私見の展開を試みる。

第3項　用語法の整理

　日本において市民権という場合，Citizenship を意味している場合と Civil Right を意味している場合がある。これは単に翻訳上の問題であり，米国法にかかわる問題ではない。本稿では，従前より通例日本において用いられてきた用語法に従い[8]，Citizenship は市民権と訳出し，Civil Right は市民的権利と訳出することとする。

　また一般に nationality という文言が国籍を表すために用いられていることはよく知られている。この点に関連して，米国移民・国籍法上 national とは，国家に対して永久的忠誠義務（permanent allegiance）を負う者を意味し，national of the United States というときには，①合衆国市民（citizens of the United States）と，②合衆国市民ではないが，合衆国に永久的忠誠を負う者の

8　田中英夫編『英米法辞典』（東京大学出版会　1994）の civil rights の項参照。

両者を意味するとされている[9]。このうち、後者②の者は、具体的には、米国の属領（outlying possession of the United States）で出生した者等と定義されている[10]。本稿で取り扱うのは基本的には前者①にかかわる問題なので、ここで示した①と②にかかわる区別は本稿の記述とは基本的には関係しない。先述の通り Citizenship は基本的には市民権と訳出し、特に必要がある場合には国籍としても訳出することとするが、特に明記しない限りこの際には、ここで指摘した Citizenship と national の区別は意識しないものとする。

第4項　先行研究

参考文献一覧に示した通り、本稿のテーマに係る書籍や論文は多数ある。このうちもっとも頻繁に参照される文献としては、James H. Kettner の "THE DEVELOPMENT OF AMERICAN CITIZESHIP, 1608-1870"(Univ. of North Carolina Pr., 1978) と Roger M. Smith の "CIVIC IDEALS – Conflicting Visions of Citizenship in U.S. History"(Yale Univ. Pr., 1997) を上げることができる。

前者は植民地時代及び初期の米国史を専門としていた歴史学者によるもので、米国建国時までを中心として 1870 年代までを分析対象にしていること、主に歴史学的分析を展開するものであることから、有意義ではあるが、法解釈学的に連邦憲法上の市民に係る規定の理解を確認するために参照するには限界があること、連邦憲法修正第 14 条 1 項を中心とした分析を展開し、それ以外の連邦憲法上の市民に係る条文の分析を行っていないこと、この関係で、民主主義国である米国においては市民であることと政治参加が密接な関係があるが、その点に関しては必ずしも検討していないこと、等の限界がある。

後者は政治学者によるもので、主に 20 世紀初頭までを分析の対象としていること、政治学的分析を展開するものであって法学的手法による分析でないことから、連邦憲法の市民に係る規定の法解釈学的な理解に資するもので

9　8 U. S. C. A. 1101 (21), (22).

10　この点の定義については 8 U.S.C.A.1408 及び 7 FAM 1111b.を参照。またこの点に関する解説する文献として Robert C. Divine, IMMIGRATION PRACTICE (15th ed.), 12-3(a) (1) (Juris Publishing, Inc. 2014). なお national の起源に関し、池田佳代「合衆国における「ナショナル」の起源－1900 年のプエルトリコ住民に対する市民権付与議論に関する一考察」広島大学欧米文化研究第 6 号 (1999)。

はあるが，法学的にそれらの規定の意義を確認するために参照するには限界
があること，等の限界がある。

第5項　分析の方法

以上を踏まえつつ，本稿では次の方針に従って分析を進めた。

第一に，分析の対象期間を主に米国建国から現代までとした。

第二に，上述の問題意識に対する回答に関する恣意性の排除の観点から，
分析の対象範囲を客観的に定めることが必要と考えられたため，基本的な分
析の対象範囲を，連邦憲法上の市民権・市民的権利に係る規定と，それらに
係る連邦法，連邦行政府の判断及び連邦裁判所の判例とした。なお裁判所の
判例に関しては，同様に恣意性の排除のために客観的な分析の対象範囲を定
めるという観点から，特段の必要性のない限り，連邦最高裁判所の判断を分
析対象とした。

第三に，上記の歴史学・政治学の研究成果を参照しつつも，法学的な観点
から分析対象の連邦憲法上の市民権・市民的権利に係る規定の原義を確認す
ることを目指すために，法令の制定者意思を分析する際の方法として一般に
よく用いられる，制定過程において連邦議会で行われた議論を参照する等の
オーソドックスな方法を採用した。なお条文の意義を解釈する際の恣意性を
排除するためには連邦議会における議論の公正な評価を行うことが必要と考
えられたことから，本稿で連邦議会の議論を参照する際には，可能な限り議
会における賛成派・反対派の両方の意見を網羅的に参照した。

第四に参照・引用する文献に関しては，基本的に法令集，議事録，行政の
判断に係る公式の記録等及び判例の記録等に依拠することとし，それらの分
析に際して参照した文献や，該当部分の記述に関連する文献は注釈で引用す
ることとした。ただし米国の建国初期等においては，Blackstone, Story, Kent
等の Commentary が法解釈の権威として依拠されることがあったこと，
Federalist 等の一部の文献は，公式に国の立場を示すものではないが，憲法起
草者の意見を反映する文献として広く受け入れられていること，等から一部
の分析・記述において例外がある。

第2章　合衆国市民権の始まり

——米国建国から南北戦争まで

第1節　本章の課題と論証の方向性

　1787年に合衆国憲法が署名され，1789年に施行されたとき，条文において「市民」の文言が使われていたにもかかわらず，「市民」を定義する規定は存在しなかった[1,2,3,4,5]。しかしながら市民の文言が条文上用いられていた

1　合衆国憲法では，役職等を指し示す文言以外に人を指し示す文言として，'people'，'person'，'citizen'，'inhabitant'が用いられており，その他に選挙人を指し示す文言として'elector'が用いられている。本論文の目指す連邦憲法における市民権・市民的権利の意義を確認するための補助的な資料として，参考までにそれらが用いられている条文を以下にあげることにする。

'people'；

- 前文，第1条第2節第1項（下院議員の任期，選挙資格），修正第1条（請願権），修正第2条（武器保有権），修正第4条（不合理な逮捕・捜索・押収の禁止），修正第9条（人民の保有する権利），修正第10条（州または人民に留保された権限）
- 修正第17条第1節（上院議員の直接選挙），修正第17条第2節（同補欠選挙）。

'person'；

- 第1条第2節第2項（下院議員の資格），第1条第2節第3項（直接税の配分，議員定数配分），第1条第3節第3項（上院議員の資格），第1条第3節第6項（弾劾裁判），第1条第6節第2項（議員の兼職禁止），第1条第7節第2項（法律制定手続），第1条第9節第1項（移住），第1条第9節第8項（貴族制度の禁止），第2条第1節第2項（大統領選挙の方法），第2条第1節第3項（大統領選挙の方法），第2条第1節第5項（大統領の就任資格），第3条第3節第1項（反逆の証明），第3条第3節第2項（反逆罪の刑罰），第4条第2節第2項（逃亡犯罪人の引き渡し），第4条第2節第3項（逃亡奴隷の引き渡し），修正第4条（不合理な逮捕・捜索・押収の禁止），修正第5条（大陪審の保障，二重の危険の禁止，自己負罪拒否権，適正手続，財産権の保障）
- 修正第12条（大統領選挙方法の改正），修正第14条第1節（適正手続，平等保護），修正第14条第2節（連邦議会下院議員配分），修正第14条第3節（公務員の欠格），修正第20条第3節（大統領の承継，代行），修正第20条第4節（大統領の議会による選出），修正第22条第1節（大統領の二期制）。

のであるから，必然的になんらかの一定の理解がなされていたと考えられる。

'citizen'；

- 第1条第2節第2項（下院議員の資格），第1条第3節第3項（上院議員の資格），第2条第1節第5項（大統領の資格），第3条第2節第1項（連邦司法管轄権），第4条第2節第1項（州間での特権・免除）
- 修正第11条（連邦司法権の制限），修正第14条第1節（市民権の定義，市民の特権・免除），修正第14条第2節（連邦議会下院議員配分），修正第15条第1節（投票権），修正第19条第1節（女性参政権），修正第24条（人頭税等の不払いによる投票権剥奪の禁止），修正第26条（18歳選挙権）。

'inhabitant'；

- 第1条第2節第2項（下院議員の資格），第1条第3節第3項（上院議員の資格），第2条第1節第3項（大統領選挙の方法）
- 修正第12条（大統領選挙方法の改正），修正第14条第2節（連邦議会下院議員配分）。

'elector'；

- 第1条第2節第1項（下院議員選挙の選挙人資格），第2条第1節第2項，第3項，第4項（大統領選挙の選挙人資格等）
- 修正第12条（大統領選挙方法の改正），修正第14条第2節（下院議員の配分），修正第17条第1節（上院議員の直接選挙），修正第23条第1節（Columbia特別区における大統領選挙人の選任選），修正第24条第1節（人頭税等の不払いによる投票権剥奪の禁止）

（各文言の前段がオリジナルの憲法上の該当条文であり，後段はその後の修正条項のうちの該当条項）。

　これらをみると，特権・免除にかかわる条文と，選挙権および被選挙資格にかかわる条文を除いて，権利保障に関する条文においては，peopleあるいはpersonの文言が使われている，ということができる。

　なおこの点に関連して，合衆国憲法上「奴隷」の文言は用いられていないが，次の条文が奴隷制について扱っていると指摘されている。第1条第2節第3項（直接税の配分，議員定数の配分），第1条第9節第1項（移住），第1条第9節第4項（人頭税，その他の直接税の配課），第4条第2節第3項（逃亡奴隷の引き渡し），第5条（第1条第9節第1項および第4項の修正）。また，これ以外にも奴隷制の存在を前提としている条文として，第1条第8節第15項（民兵の召集），第1条第9節第5項（輸出税の禁止），第1条第10節第2項（輸入税・輸出税の付加），第2条第1節第3項（大統領選挙の方法），第4条第2節第2項（逃亡犯罪人の引き渡し），第5条（憲法修正の方法），さらにこれら以外にも運用において奴隷制の影響を受けたと考えられる条文として，第1条第8節第2項（借入金），第3条第2節第1項（事件・争訟の管轄），第4条第1節（州間の相互信頼），第4条第2節第1項（特権免除），第4条第3節第2項（連邦直轄領），第4条第4節（州の保護），があげられる。Paul Finkelman, *The Constitution and the Intentions of the Framers: the Limits of Historical Analysis*, 50

第1節　本章の課題と論証の方向性　**II**

　本章では，建国から 1868 年に修正第 14 条により合衆国市民権が憲法上定義されるまでの間，「市民」の文言はどのように理解されていたかについて，いくつかの資料を手がかりとして概観する**6・7**。

UNIV. PITT. L. RRV. 349, 379 (NOTE 147, 148, 149) (1989).

　またこの点に関連して，合衆国憲法には，修正第 14 条に至るまで，男性を表象する表現が慎重に避けられてきたという指摘がある（C. A. ビーアド『アメリカ共和国』14 頁（みすず書房 1988））。この指摘によれば，憲法制定時に，憲法第 1 条第 1 節の上院ならびに下院が「男子の集団（bodies of men）」により構成されるとすることが提案されたが，最終的には，現行の条文にされた，とされている。ただしこの点に関連して，連邦憲法第 1 条第 2 節，第 3 節，第 6 節，第 7 節，第 2 条第 1 節，第 3 節，第 4 節，修正第 5 条，第 6 条で，男性を示す代名詞が用いられており，このことから連邦議会での議論等において，大統領や連邦議会議員等の連邦の公職に女性がつくことは認められない，と主張されたことがあることが指摘されている。Roger M. Smith, CIVIC IDEALS, 131 (Yale Univ. Pr. 1997).

2　市民権の定義に関連して，Sidney Kansas の記述によれば，独立宣言が採択される前の 1776 年 6 月 6 日に，大陸会議は「連合植民地（United Colonies）に居住し，その法の保護を受ける者は，その法に忠誠を負い，その植民地の構成員とする。」という決議を採択した，とされている。Sidney Kansas, CITIZENSHIP OF THE UNITED STATES OF AMERICA, 14 (Washington Pub. Co. 1936).

3　1776 年 7 月 4 日に出された独立宣言の以下の一節で Citizen の文言が使われている。He has constrained our fellow Citizens taken Captive on the high Seas to bear Arms against their Country, to become the executioners of their friends and Brethren, or to fall themselves by their Hands.

4　英語において国家と個人の紐帯を示す文言としては，citizen の他に subject, national がある。米国におけるこれらの文言の使用に関して Maximilian Koessler, *"Subject", "Citizen", "National", and "Permanent Allegiance"*, 56 YALE L. J. 58 (1946).

5　この点に関連して 1787 年に定められた北西部領地令（Northwest Ordinance. 正式には，An Ordinance for the Government of the Territory of the United States north-west of the river of Ohio, 1 Stat. 51）の前文第 9 節では，連合会議（Congress）への代表者となる者は，3 年間合衆国の一の州の市民でなければならない，とする文脈で，a citizen of one of the United States の文言を使用しており，また同第 4 条では，Mississippi と St. Lawrence につながる内水等の自由通行の保障との関連で citizens of the United States の文言が使われている。

6　本稿では，修正第 14 条制定前の市民権の意義を明らかにするために，オリジナルの憲法に関する制定当時の理解を示す憲法制定会議の議事録等や，南北戦争までに連邦議会で制定された法律，行政府の判断，連邦最高裁の判例などを検討する。このようなアプローチではなく，南北戦争前の思想的背景を検討して 19 世紀における市民権の意義を検討したものとして，Douglas G. Smith, *Citizenship and the Fourteenth*

まず第2節では，オリジナルの憲法上「市民」の文言を用いている各条文の意義について検討する。そもそもオリジナルの憲法では，選挙により選出される連邦政府の公職の資格要件に関する条項[8]，連邦司法権の管轄に関する条項[9]，連邦加盟州間における市民の特権および免除に関する条項[10]において，「市民」の文言が使われている。また，これら以外に市民権に関する条項として，帰化に関する統一的な規則を制定する連邦議会の権限[11]に関する条項がある。ここではこれらそれぞれの条文について，憲法の制定過程でなされた議論，憲法起草者の見解を示している Federalist[12・13]，また当時の代表

Amendment, 34 SAN DIEGO L. REV. 681（1997）がある。この論文では，米国市民権概念の形成に影響を与えた社会契約論者として，John Locke, Samuel Pufendorf, Jean Jacque Burlamaqui, Emmerich de Vattel の学説が検討され，さらにローマ法の影響が検討されている。最終的にこの論文は，修正第14条で定義された市民権は，制定当時市民権に付随すると考えられていた基本的権利を連邦あるいは州の侵害から保障するためのものであった，と結論づけている。

7　本稿では，連邦憲法上の市民（citizen）の文言に着目して，その意義を確認するという視点で分析を進めているが，連邦憲法制定以前の米国独立から連邦憲法制定前後までの米国市民権（American citizenship）の分析をした文献として，Douglas Bradburn, THE CITIZENSHIP REVOLUTION（Univ. of Virginia Pr. 2009）. 同文献は，独立戦争時代から，連邦憲法制定までの時期における各州における市民権に関する法制度，独立戦争と市民権放棄との関係，外国人の帰化制度との関係の観点からの合衆国市民の定義の当時の状況，独立戦争の影響で開放され自由になった黒人の市民権の各州における扱い等について分析している。

8　第1条第2節第2項（下院議員の資格），第1条第3節第3項（上院議員の資格），第2条第1節第5項（大統領の資格）。

9　第3条第2節第1項（連邦司法管轄権）。

10　第4条第2節第1項（州間での特権・免除）。

11　第1条第8節第4項（帰化に関する統一的な規則を制定する連邦議会の権限）。

12　以下本章でオリジナルの憲法の各条文の意義を検討する際に引用する Federalist については，英語版テキストとしては Alexander Hamilton, James Madison, John Jay, FEDERALIST PAPERS（Mentor Book 1999）[hereinafter Federalist] を利用する。なお，日本語訳としては，斉藤真・武則忠見訳『ザ・フェデラリスト』（福村出版　1991），斉藤真・中野勝郎訳『ザ・フェデラリスト』（岩波文庫　1999），斉藤敏訳『フェデラリスト』（理想社　1966）を参照した。

13　なお本文で引用するほかに Federalist においては，第2編で，一つの連邦政府の下で一つの国であるのと，いくつかの連合に分かれ，それぞれの政府に連邦政府の有するのと同様の権限を与えるのとでは，いずれがアメリカ人（people of America）の利益に資するか，という問題が提起された後に，次の二つの点が指摘されている。

的な憲法の解説書である Story の Commentary を参照して検討する。

　続いて第3節では，南北戦争までに連邦議会が制定した市民権ならびに市民的権利に関係する法律を概観し，第4節では，「市民」概念について司法長官の示した見解を分析する。第5節では，Dred Scott 事件判決を検討し，連邦最高裁の「市民」に関する見解を確認する。

　第6節では，第5節まででみた資料をまとめ，南北戦争前における「市民」像はどのようなものであったかを示すことにする。

第2節　オリジナルの憲法と市民権

第1款　公務就任資格としての市民権
第1項　下院議員の就任要件
　1787年の憲法制定会議に当初提案された案では，3年以上市民であることが下院議員の要件とされていた[14]。これに対して，外国人（foreigners）等が立法あるいは統治にかかわることは望ましくないという意見や，3年では下院議員に求められる地域の事情に関する理解が難しいという指摘，あるいは英国などの富裕な外国が不正な目的のために工作員等を配する可能性があるなどの理由から，7年に延長することが提案された[15]。議論の過程においてはさらに4年にする案，生来的市民でなくてはならないとする案，あるいは9年にする案などが提案されたが[16]，最終的には7年とする案が認められた。

　次にこの点に関して Story の Commentary は，まず，その利害関係が異質で，永続的な忠誠を負わない者によっては適切な政府の運営が確保されないことから，外国人を下院議員から排除することには異論がないとしている。

- 米国民は，同じ祖先より生まれ，同じ言葉を語り，同じ宗教を信じ，同じ政治原理を奉じ，その風俗習慣においてきわめて似ている一つの国民（a people）であり，一体となって協議し，武装し，努力して，長期に及ぶ血なまぐさい戦争（独立戦争）を肩を並べて戦い抜き，自由と独立とをうち立てた。
- 一般的な事項（general purpose）に関する限り，アメリカ人は一つの国民であったのであり，個々の市民は，同じような国民としての権利，特権，保護（national rights, privileges,　protection）を享受してきた。

　本編の内容から，いわゆる国家の市民権（national citizenship）が志向されていた，ということが指摘されている。James W. Fox Jr., *Citizenship, Poverty, and Federalism:1787-1882,* 60 UNIV. PITT. L. REV., 421, 436 (1999).

14 第2章 合衆国市民権の始まり——米国建国から南北戦争まで

また同書は，むしろ論点は外国人であった者が帰化した後に下院議員になれるかであるとし，この点について，英国において帰化市民は議員になれないとされていることを指摘しつつ，独立前の米国においては移民と植民を進めるために英国とは異なる方法が採用されていたとし，また，帰化市民を議員になることから完全に排除することは実際的でないと指摘している[17]。

　この点について Federalist は，第52編で次のとおり述べている。すなわちまず，下院議員になるための被選挙人資格は各州憲法で定められていたが，それらは必ずしも慎重かつ適切に規定されておらず，またこれは統一的に定められるべきものであるので，憲法会議でこのように定めたとしている。そして，合衆国下院議員の条件としては，その他のものとともに7年間合衆国市民であることがあげられているが[18]，この条件を含む適当な制限の下では，米国で出生した者であろうと，帰化した者であろうと，貧富，信教上の制限なく，あらゆる者に下院議員になることが認められているという点を指摘している。

　以上の点からすると，下院議員の就任要件において市民権は，それを保有していること自体は必要条件とされてはいたが，十分条件とは必ずしも考えられていなかったということになる。建国当時の米国においては，帰化し市民権を取得した者が多数存在したと考えられ，さらに，これらの者が市民権を取得したからといって，そのことからすぐに国政の運営を行わせることとはできない，という考えが働いていたことは，容易に伺われる。

　しかしながら他方で，実際上の理由として，人材確保等の観点からしても，また，帰化市民が現実に社会の一角を構成していたことからしても，帰化市民を下院議員から排除することは適切でない，という判断があったこともうかがわれる。そしてこの観点からすると，逆に一定期間以上市民権を保有しているならば，下院議員となる前提条件を満たすこととされたのは，規制の透明性の観点からして，適正な判断であったと考えるべきである。

14　II Max Farrand ed., THE RECORDS OF THE FEDERAL CONVENTION OF 1787, at 178, 216（1974）[hereinafter Farrand]．

15　*Id.*, at 216．

16　*Id.*, at 268．

17　II Joseph Story, COMMENTARIES ON THE CONSTITUTION, § 617（Da Capo Pr. 1970）（1833）[hereinafter Story]．

18　U. S. Const. Art. I § 2, cl. 2．

第2項　上院議員の就任要件

　憲法制定会議においては当初，4 年以上市民であることが上院議員の就任要件として提案されていた[19]。この点に関する審議においても，下院議員の場合と同様に，外国と関係のある者を条約締結の権限を有する上院の議員にすることの危険性や，米国政府の基本となっている考え方と異なる政府に関する考え方が移入されることの不適切性が指摘された[20]。他方でこの期間を長くすることに対しては，連邦議会は帰化に関する権限を有するから，米国での居住期間に応じて異なる特権を享受すると定めることが可能であり，このような制限は不必要であるという意見や，このような制限により反自由主義的な傾向が憲法に与えられることになる，あるいは米国にとって望ましい者が移民することを妨げることになるなどの意見が述べられた[21]。

　次に Federalist はこの点について第 62 編で言及している。本編は，上院議員について 9 年以上市民でなくてはならないとされ，下院議員より長い期間の市民権の保有が求められていることに関し次のように述べている。

　第一に，直接に外国との交渉に参与するのであるから，外国生まれであったり，外国で教育を受けたりしたことに伴う偏見や慣習からすっかり抜けきった人でなくてはこの職務は遂行できないとしている。

　第二に，9 年という期間は，一方で公共の信託に応えてその長所や才能を生かし得るような帰化市民を完全に排除してしまうことと，他方で帰化市民に無差別かつ性急に（上院議員になることを）許して，国事を議するにあたって外国の影響力が入り込む道を開くことの中間にあって，慎重かつ穏当な規定であるとしている。

　以上のように上院議員についても下院議員の場合と同様に，市民権はあくまでも必要条件であって十分条件とはされなかった。また特に上院の場合には，下院と異なり，条約締結に関する同意権限を有する[22]など直接的に外交問題に影響を与える権限を有するので，単に市民であることばかりでなく，一定の期間，しかも下院議員と比較して，より長い期間合衆国市民であることが求められることとされている。

　19　II Farrand, 179.

　20　*Id.*, at 235.

　21　*Id.*

　22　U. S. Const. art. II. § 2, cl. 2.

16　第2章　合衆国市民権の始まり——米国建国から南北戦争まで

このような規定の仕方は，帰化市民の完全な排除と，無差別な受容の間での バランスをとった方法であり，建国当時の米国が人材確保と外国からの影響の排除の間で適切なバランスを取らざるを得なかったという点から採用されたものであるということは，下院議員の場合と同様である。

このような方法が，結果として同様に米国市民権を有する者の間で区別を設けることになることを勘案した場合に適切であるのか，ということは理論的には問題になる可能性もある。しかしながら，米国市民は確保したいが，他国からの独立は確保したい，というのが当時の実際上の米国の状況であり，それに対応するためにこのような制度設計とされたと考えられる。

第3項　大統領の就任要件

米国憲法上大統領は生来的米国市民でなくてはならない，とされている[23]が，この点に関し，憲法制定時の議論あるいは Federalist においては，市民概念そのものとの関係では，必ずしも明確な議論は見受けられない[24]。

Story の Commentary は，大統領を生来的な合衆国市民とする制限は不可欠なものであり，これは行政府に対しての外国の影響を排除するためのものであるとしている[25]。同 Commentary は，外国人を排除することは，常識的なことであり，健全な政治家からはほとんど疑念を示されることがなかった，とし，これによって，野心的な外国人を排除することができ，また，外国政府からの贈賄等による影響を防ぐことができる，としている[26]。

23　U. S. Const. art. II. § 1, cl. 5.

24　この点に関し後述第7章第2節参照。

25　III Story. § 1473. 連邦憲法第2条第1節第5項においては，大統領の就任要件として出生による合衆国市民，もしくは「この憲法確定の時に合衆国の市民である者」と定められている。なおこのうちの後者について Story は，これは独立戦争時に，米国の独立に貢献した，外国で出生した者に関する例外であるとしている。*Id.*

26　Story は，このような外国による影響がヨーロッパにおける選挙君主制（elective monarchies）の国々では，重大な害悪を与えた，とし，ドイツ，ポーランド，そしてローマ教皇の例を上げている。

この点に関し，当時考えられていた外国からの影響というものがどのようなものであったのかについて，具体的に考える必要がある。これに関連しては，いわゆる憲法制定会議において制限的な君主制（limited monarchy）が望ましいと考えている意見を述べる者があり，また憲法制定会議において外国から王を招くことを検討している，といううわさが当時流れていたということが指摘されている。Max Farrand, THE

第2節　オリジナルの憲法と市民権　**17**

　なお，条文上大統領についてはさらに，年齢が 35 歳に達している者であることと 14 年間合衆国内の住民であることが求められており，市民権の保有に加えて，実際に米国社会にコミットしていることが条件とされている。この点からすると，大統領については，単に形式的に米国に属していることのみならず，実質的にも米国に属していることが条件とされたということができる[27]。

第2款　連邦司法権の管轄に関する条項と市民権

　連邦司法権の管轄に関する条項について，Federalist と Story の Commentary はそれぞれ次のことを述べている。

　まず Federalist 第 80 編は，連邦の基礎である憲法第 4 条第 2 節に規定されている特権および免除を連邦市民が平等に享受するようにするためには，一州またはその市民が他州または他州の市民との対立により生じるすべての訴訟について，連邦の司法機関が裁定する必要がある，と述べている[28]。

　また Story の Commentary は，「相異なる州の市民間の訴訟」に対して連邦司法権の管轄を認めることは，憲法上の市民の特権および免除を確保するために，あるいは州に対する禁止行為を実効的なものとするために必要であると述べている。さらに同 Commentary は，市民に与えられている特権および免除が侵害された場合に，あるいは州が契約を阻害する立法や違憲の疑いの

　FRAMING OF THE CONSTITUTION OF THE UNITED STATES, 172-173 (Yale Univ. Pr. 1913).

27　なお，合衆国憲法修正第 12 条は，副大統領について，「ただし，憲法上大統領の職に就く資格がない者は，合衆国副大統領の職に就くことはできない。」として，大統領に関する条件と同様の条件が，副大統領にも適用されることを定めている。

28　この点に関し，Federalist 第 80 編は，「一州の市民は，他のいずれの州においても，その市民のもつすべての特権及び免除を等しく享有する権利を有する」とする連邦憲法第 4 条第 2 節第 1 項は連邦の基礎であり，政府はこの規定を執行する手段を持つ必要があると指摘し，この規定が定める連邦の市民が享有する特権及び免除の平等性を維持するためには，一州またはその市民が他州あるいは他州の市民と対立しているすべての訴訟について，連邦の司法権が裁定すべき，としている。その理由として同編は，この基本的な規定の有効性を十分に保障するためには，当該条文の解釈を，地方的な関係を有さず，異なる州の間あるいは異なる州民の間に立って，不偏不党であると解され，その公的存立を連邦に負っている，従ってその立脚する諸原則を偏向させる意図を感じさせない，連邦裁判所に任せる必要があることを指摘している。

ある自州市民を優遇する立法を行うなどした場合に，憲法上の責務の執行のために連邦裁判所に管轄権が認められることが必要であるとしている[29]。

　以上のことから本条はまず，次節で述べる連邦憲法第4条第2節が規定している特権・免除を連邦市民が平等に享有するための手続を整備するために制定されたということができ，また，各州が自州市民を優遇する措置を取り，結果として連邦憲法の目的である「より完全な連邦を形成」[30]することを阻害しないようにすることを企図したものということができる。

第3款　各州間の市民の特権および免除と連邦議会の帰化規制権限

　各州間の市民の特権および免除の規定に関し South-Carolina 州代表の Charles Pinckney が憲法制定会議に提出した 1787 年 5 月 28 日付の"Observations on the Plan of Government"という表題の文書は，連邦憲法第4条は各州市民の権利を合衆国全体で享有するようにすることを目的とするもので，連合規約第4条の規定をもとにしたものとしている[31,32,33]。また 1787 年 8 月

---

[29]　III Story, § 1684.

[30]　Preamble of the U. S. Const.

[31]　III Farrand, 112. なお同書によれば，当初の条文案は，以下のとおりであった（スペリングは原文ママ）。II Farrand, 173.

（The free（inhabs））Citizens of each State shall be intitled to all Privileges & Immunities of free Citizens in the sevl States.

同書によれば本案は Pinckney が提出した。*Id.*, at 174.

[32]　連合規約第4条及び連邦憲法第4条第2節第1項の制定過程に関し David Skillen Bogen, PRIVILEGES AND IMMUNITIES-REFRENCE GUIDE TO THE UNITED STATES CONSTITUTION, pp12（Praeger Pub. 2003）.

[33]　なお連邦憲法第4条第2節第1項の規定に関しては，国内に所在する非居住者の訪問者や一時的滞在者に対し平等な待遇を保障することは，特に商人等を対象として古くから行われていることであり，マグナ・カルタ等においてもこの点に関する記述がある（「マグナ・カルタ」第41条，高木八尺他編『人権宣言集』46頁（岩波書店 1977））ことが指摘されている。Stewart Jay, *Origin of the Privileges and Immunities of States Citizenship under Article IV*, 45 LOYOLA UNIV. CHI. L. J. 1, 6（2013）. なお同文献は，18世紀後半から19世紀にかけて米国の各州においては，地方政府を設立する際には，その居住者の権利を定め，またその地方政府の新たな構成員になる者が，平等に扱われることに関する規定を含む，当該地方政府における帰化手続に関する法律を規定していたことを指摘している。*Id.*, at 34-36.

またこの点に関連して，privilege の文言が使用されたもっとも初期の例は，1621 年

第2節　オリジナルの憲法と市民権　**19**

6日に詳細検討委員会（Committee of detail）に報告された本条文案は，次のとおりであった。

The Citizen of each State shall be entitled to all privileges and immunities of citizens in the several states.

その後の8月28日付の本案に関する記録では，この案に Pinckney は不満足で，奴隷財産制度（property in slaves）寄りの規定を設けることを望んでいたようである，との記録が残されている[34]。

次に各州間での市民の特権および免除と連邦政府の帰化権限について，Federalist 第42編は次のとおり述べている[35]。

まず同編は，連合規約第4条[36]は「乞食，浮浪者，逃亡犯罪人を除く，各州の自由な居住者（free inhabitants）は他の各州において自由な市民（free citizens）として享有するすべての特権および免除を享受する。また，各州の人民（people）は，他のいずれの州においても貿易上ならびに通商上のすべての特権を享受する。」と規定していたが，この条文の解釈には混乱が生じていたと指摘している。

具体的には，人に関して「自由な居住者」，「自由な市民」，「人民」の文言が用いられ，また特権に関しても「自由な市民の有するすべての特権および免

にエドワード・コークがチャールズ1世に対して示した抗議の文書と考えられることが指摘されている。Eric R. Claeys, *Blackstone's Commentaries and the Privileges or Immunities of United States Citizens: A Modest Tribute to Professor Siegan*, 45 SAN. DIEGO. L. REV. 1, 11 (2008).

[34]　II Farrand, 443. この点に関し1821年2月13日の記録において Pinckney は，この規定の意義に関連して，当時黒人あるいは有色人種の市民（black or colored citizen）は存在しないと認識しており，またそれが存在できると考えていなかった，そして現在もそう考えている，と述べている。III Farrand, 446.

[35]　連邦憲法第4条第2節第1項の規定する，各州間の市民の特権及び免除に関して Federalist は，これが連邦の基礎であるとみなしてもよいであろう，と記述している。

[36]　Articles of Confederation art. IV. 本条の該当部分は次のとおり定めている。「この連合における各州の人民（people）の間に，相互の友好と交流とをよりよく保障し，永続させるために，乞食，浮浪者，逃亡犯罪人を除く，各州のそれぞれの自由な居住者は，他の各州において，自由な市民として享有するすべての特権および免除を享受する。また，各州の人民は，他のいずれの州に対しても自由に出入し，当該州で，その居住者に対するのと同一の関税・付加金，および統制に従い，すべての貿易・通商を行う特権をもつものとする。」

20 第2章 合衆国市民権の始まり——米国建国から南北戦争まで

除」に加え「貿易上ならびに通商上のすべての特権」という文言が用いられており，それらの相互関係が明らかでなかったことであるとしている。これに続けて同編は，このことから，ある州の市民ではないが自由な居住者である者は，他のすべての州においてその州の自由な市民の享有する特権を享有すると解される可能性があったとしている。これは具体的には，個人は自らの州で認められるのよりも大きな特権を他州で認められる可能性があるということであり，つまり各州は，自州において市民と認める者についてのみならず，自州の居住者である者についても，他州において市民たる権利（rights of citizenship）を認めさせることができる可能性があったということである，としている。

さらに同編は，「居住者」の文言を市民のみに限定して解したとしても，この問題は消滅するわけではなかった，としている。すなわちそれは，外国人を帰化する権限が各州に残されていたからであり，これによって，帰化の難しい州で一定の権利を制限される外国人が帰化の容易な州での帰化によって，当該制限から逃れることができるということになっていたからであるとしている。

最終的に同編は，このような連合規約の規定の欠陥から生ずる問題に対処するために，連邦憲法は合衆国を通じて統一的な帰化規則を制定する権限を連邦政府に認めた，としている。

また Story の Commentary は，連邦憲法第4条第2節の市民の特権および免除の条項は連合規約第4条を改定したものであり，その目的は，諸州の市民に，いわゆる一般的市民権（general citizenship）を付与し，同一州の市民に関し，同一の特権および免除を享有させることを意図したものである，と述べている[37]。

---

[37] III Story, § 1800. なお，この点に関連して，連邦憲法第4条第2項の市民の特権および免除について英国植民地時代からの歴史に基づいて検討した論文として，David S. Bogen, *The Privileges and Immunities Clause of Article IV,* 37 Case Western Reserve L. Rev. 794 (1987) がある。本論文では，この条文について次のことが指摘されている。

• 英国植民地時代，植民地に居住する者はすべて英国王の臣民であり，いずれの植民地も他の植民地の居住者を外国人として扱うことはなかった。のちに，独立宣言によってこの状態は消滅したが，これは連合規約第4条によって補完され，植民者の権利である，各植民地間を移動する自由や，住居を定めた植民地で住民として扱わ

第2節　オリジナルの憲法と市民権　21

　以上のことから，まず各州間での市民の特権および免除については，これ
を設定することにより各州の市民が連邦内で平等に扱われることを確保し，
それによって各州を統合し，国家として成立させることにその目的があった
ということができる。そしてここで保障されている各州間で保障される特
権・免除は，ある州の市民が他州において当該州の市民と異なる扱いを受け

れること，商業取引に関して出生地により差別されないこと，などが保障された。
- 連邦憲法は各個に存在していた州政府を結合させ，連邦政府を構成し，連邦憲法第
4条第2節の市民の特権および免除はそのために役立った。
- 連邦憲法第4条第2節の特権および免除は，従来存在していた各植民地間での移動
の自由，市民権に付随する権利，取引の自由を保障することを意図していた。
　同様に英国植民地時代における Privileges and Immunities の文言の意義から検討
をした文献として Thomas H. Burrell, *A Story of Privileges and Immunities: From
Medieval Concept to the Colonies and United States Constitution*, 34 CAMPBELL L. REV. 7
(2011); Thomas H. Burrell, *Privileges and Immunities and the Journey from the
Confederation to the United States Constitution: Courts on National Citizenship and
Antidiscrimination*, 35 WHITTIER L. REV. 1991 (2014); David R. Upham, *Corfield v.
Coryell and the Privileges and Immunities of American Citizenship*, 83 TEX. L. REV.
1483 (2005)．
　また，同様にこの条文について検討した Chester James Antieau, *Paul's Perverted
Privileges or the True Meaning of the Privileges and Immunities Clause of Article
Four*, 9 WILLIAM AND MARY L. REV. 1 (1967). は，本条が保障している特権および免除
は，基本的自然権（fundamental natural right）を意味する，としている。さらに，
Douglas G. Smith, *The Privileges and Immunities Clause of Article IV, Section 2:
Precursor of Section 1 of the Fourteenth Amendment*, 34 SAN DIEGO L. REV. 809 (1997)
は，本条は，当時市民が享有すると考えられていた一連の実体的権利を保障しており，
付随的に市民間での差別を禁じている，と結論づけている。
　以上のほか，連合規約以前の州憲法や連合規約との関係等に着目して本条の意義を
検討した文献として Robert G. Natelson, *The Original Meaning of the Privileges and
Immunities Clause*, 43 GEO. L. REV. 1117 (2009); Kurt T. Lash, *The Origins of the
Privileges or Immunities Clause, Part I : "Privileges and Immunities" as an
Antebellum Term of Art*, 98 GEORGETOMN. L. J. 1241 (2010).
　なお第4条第2節が"The Citizens of each State shall be entitled to all Privileges and
Immunities of Citizens in the several States."と規定し，in the other States としていな
いことから，文理上本節は，ある州の市民が，自らがそこの州の市民である場合につ
いても，Privileges and Immunities が保障されると解される旨が指摘されている。
David Skillen Bogen, PRIVILEGES AND IMMUNITIES-REFRENCE GUIDE TO
THE UNITED STATES CONSTITUTION, 100 (Praeger Pub. 2003).

22　第2章　合衆国市民権の始まり──米国建国から南北戦争まで

ないことをその本質としていると理解され得る[38・39・40]。

　また連邦政府の帰化権限についても同様に，それまで独立して，自らの構

38　なおこの点について Kenneth R. Thomas and Larry M. Eig ed., THE CONSTITU-TION OF THE UNITED STATES ANALYSIS AND INTERPRETATION, 934 (GPO 2014).

39　この点に関連して Tucker は，Blackstone の Commentary の Appendix において，連邦議会は，帰化に関する統一的な規則を制定する権限を有している一方で，各州は外国人を当該州のデニズン（denizen）とする権限を有しているとし，しかし，そのようにデニズン（denizen）とされた者は市民（citizen）ではないので，連邦憲法第4条第2節の与える利益を享有しない，としている。I St. George Tucker, BLACK-STONE'S COMMENTARIES, app.365 (Augustus M. Kelley Pub.1969) (1803). なおここで使われているデニズン（denizen）の文言がどのような意義かについては検討が必要であるが，とりあえず現代的な理解として BLACK'S LAW DECTIONARY (10th Ed., 2014) の denizen の項は，"A person given certain rights in a foreign country or living habitually in a foreign country"としている。

　　また一書によれば，南北戦争前の米国の北部州，南部州いずれにおいても自由な黒人（free black）は政治的権利（political rights）や市民的権利（civil rights）が否定される場合において裁判例上 denizen 等の文言が使われていた例があることが指摘されている。なお同書は，1820 年の Missouri 州の連邦加盟時に，同州憲法が自由な黒人が同州に立ち入ることを禁じるとしていたことに反対する者が，自由な黒人は市民であると主張したのに対して，自由な黒人は市民ではなく denizen であるとの反論が出された旨を指摘している。Kunal M. Parker, MAKING FOREIGNERS: IMMIGRA-TION AND CITIZENSHIP LAW IN AMERICA 1600–2000, Chap. 4 "Citizenship, Alienage, and Borders for the native-Born" (Cambridge University Press 2015). この経緯からすると，denizen は，政治的権利や市民的権利を縮減された，市民でない者を意味する文言として使われたと解される。

40　この点に関し，英国からの米国の独立と関係付け分析をした文献として，Stewart Jay, *Origins of the Privileges and Immunities of State Citizenship under Article IV*, 45 Loyola Univ. Chi. L. J. 1 (2013) がある。この論文では，英国から米国が独立したことによって，各州は独立した国になり，その結果として，各州の市民は英国臣民（British Subject）として植民地時代に享有していた特権免除を，他の州において享有できなくなるところであったのを避けるために，この条文が規定された，と分析している。またこの論文は，具体的にどのようなものが保障されることが意図されていたかに関して，広範囲の事項の保障が意図されていたとし，具体的には，生命・身体・財産から，商業的特権，公的便益へのアクセスなどが含まれ，さらに，米国人が他州に旅行し滞在すること，自身が所属する州以外で商業行為をすること，他州の市民と当該州で同様の待遇を受けること，等が意図されていた，としている。

　　同様の視座から分析する文献として Thomas H. Burrell, *A story of Privileges and*

成員を決定していた各州を合一化するための方策の一つとして，連邦政府に帰化権限を認めたものととらえることができる。

第3節　連邦議会と市民権・市民的権利

1860年の南北戦争までに連邦議会が制定した市民権あるいは市民的権利等に関係する主要な法律は次のとおりである。

第1款　市民権に関する立法

1860年の南北戦争までに連邦議会は，外国人の帰化に関する法律を中心としていくつかの市民権の取得・変更等に関係する法律を制定している。以下それらを概観する。

第1項　1790年帰化法

米国が英国から独立し，連邦憲法が制定された後に組織された連邦議会は，1790年，帰化法を制定した[41]。本法は，自由な白人（free white person）で合衆国の領域内に2年以上居住した者は，「品性が正しいこと（good character）」等のいくつかの条件と，裁判所において合衆国憲法を尊重する旨の宣誓をするなどの一定の手続を満たすことによって合衆国市民となることができると定めていた。また本法は，そのようにして帰化した者の21歳以下の子は，親の帰化に伴って派生的に合衆国市民となると定めており，さらに海外で出生した合衆国市民の子は，生来的市民（natural born citizens）とされるとしていた。ただし海外で出生した子については，その父が合衆国に居住したことがない場合には，合衆国市民権は継承されないとされていた。

この1790年帰化法は，1860年までに何回か改正された。

まず1795年の改正[42]では，帰化の前提として要求される居住期間が5年

Immunities: From Medieval Concept to the Colonies and United States Constitution, 34 CAMPBELL L. REV. 7, 100 (2011).

[41]　1 Stat. 103 (1790). 本法の正式名称は An Act to establish an uniform Rule of Naturalization である。

[42]　1 Stat. 414. 本改正法の正式名称は，An Act to establish an uniform rule of Naturalization; and to repeal the act heretofore passed on that subject である。

に延長され，また，貴族等の称号を放棄することが求められるとされた[43]。なお，本改正法においても海外で出生した合衆国市民の子は合衆国市民となるとされていたが，「生来的（natural born）」の文言は存在しなかった。

　次にこの帰化法は 1798 年に改正された[44]。本改正においては，先の改正で 5 年であった帰化の居住要件が 14 年に延長され，またいわゆる敵性外国人の帰化が認められないとされるなどの諸条件が課されることとされた。

　さらにこの帰化法は 1802 年に全面的に改正され[45]，そこにおいては居住要件が 5 年に短縮され，また帰化に関する詳細な要件および手続が規定された。なおこの改正された帰化法の第 4 条は，派生的市民権の取得に関して，合衆国に帰化した者（person）の子で 21 歳以下の者は，合衆国に居住しているならば，合衆国市民とされることと，本法制定時にあるいはそれ以前から合衆国市民である者の子は合衆国市民とされることを規定していた[46]。

　これに続く 1804 年改正[47]では，1798 年から 1802 年まで合衆国に居住していた者に関し市民権取得に関する特例が定められ，通常の帰化よりもより簡易化された手続で帰化できることとされた。また，帰化に関して一連の手続が終了した後，実際に帰化が許可されるまでに死亡した者の妻および子は，市民権を取得するとされた。

　以上の諸改正以降，1813 年改正[48]においては，敵性外国人の帰化に関する

43　なおこの点に関連して合衆国憲法第 1 条第 9 節第 8 項は，合衆国が貴族の称号を授与することと，また合衆国の官職にある者が連邦議会の承認を得ることなく他国等から贈与，俸給，官職，称号を受けることを禁止し，また，同条第 10 節第 1 項は各州が貴族の称号を付与することを禁止している。

44　1 Stat. 566. 本改正法の正式名称は，An Act Supplementary to and to amend the act, intituled "An Act to establish an uniform rule of naturalization; and to repeal the act heretofore passed on that subject"である。

45　2 Stat. 153. 本改正法の正式名称は，An Act to establish an uniform rule of Naturalization, and to repeal the acts heretofore passed on that subject である。

46　2 Stat. 153, 155.

47　2 Stat. 292. 本改正法の正式名称は，An Act in addition to an Act intituled "An Act to establish an uniform rule of Naturalization, and to repeal the acts heretofore passed on that subject"である。

48　3 Stat. 53. 本法の正式名称は，An Act supplementary to the acts heretofore passed on the subject of an uniform rule of naturalization である。なお 1813 年には，帰化の前提として 5 年の合衆国における居住が要件とされることが再規定された，という記録

特例が定められ，1824年改正[49]では，21歳以下の外国人で両親に伴われずに合衆国に移民してきた者の帰化手続に関しての規定がおかれた。

　なおこれらの帰化法の改正にもかかわらず，一貫して，自由な白人であることが帰化要件であることは変更されなかった。またこの帰化法と関連して，1855年に連邦議会は，外国で出生した合衆国市民の子が合衆国市民となることを再度法文上明文化し，さらに合衆国市民と婚姻した女性を合衆国市民とする法律を定めた[50]。

　以上の通り，まず帰化基準については，帰化を申請する者の居住期間に関し大きく変動していることが分かる。これは，先の連邦議会議員の資格要件と同様に，一般的には合衆国と密接な関係を持つに至った者を合衆国市民とすることを企図しながら，具体的にどれだけの期間が適切かに関する判断が分かれたものと考えられる。

　また帰化の効果について，南北戦争前の時点ですでに市民権の派生的取得の問題が生じていたことがうかがわれる。この問題については，一般的には親の市民権が子に継受されるとされながらも，具体的な点について，第一に，そのようにして継受された子の市民権がさらにその子に受け継がれるのかが問題とされ，また第二に，その受け継ぐ子はどのような条件の下に親の市民権を継受することができるとするのかの問題があった。

第2項　その他の立法

1798年連邦議会は，1798年外国人法[51]と1798年敵性外国人法[52]を制定し

　がある。Edwina Austin Avery ed., LAWS APPLICABLE TO IMMIGRATION AND NATIONALITY, 749 (U. S. GPO 1953); Michael Le May & Elliott Robert Barkan ed., U. S. IMMIGRATION AND NATURALIZATION LAWS AND ISSUES, 19 (Greenwood Pr. 1999). この点に関し cf. An Act for the regulation of seamen on board the public and private vessels of the United States, 2 Stat. 809 (Sec. 12).

49　4 Stat. 69. 本法の正式名称は，An Act in further addition to "An Act to establish an uniform rule of Naturalization, and to repeal the Acts heretofore passed on that subject"である。

50　10 Stat. 604. 本法の正式名称は，An Act to secure the Rights of Citizenship to Children of the United States born out of Limits thereof である。

51　1 Stat. 570. 本法の正式名称は，An Act concerning Aliens である。

52　1 Stat. 577. 本法の正式名称は，An Act respecting Alien Enemies である。

ている[53]。前者の 1798 年外国人法は，米国にとって危険であるとされた外国人に対して，平時・戦時にかかわりなく，大統領は国外退去を命じることができるとする法律であった[54]。この法律は，1800 年までの時限立法であった[55]。

次に敵性外国人法についてであるが，本法は，政府が戦争中に，その対戦国の市民を逮捕，抑留することを認める法律であった[56]。

なお以上に加え 1803 年に連邦議会は，米国へ黒人等を移入させることを禁じる黒人等移入禁止法を制定している[57]。

これらについてまず前者の外国人法及び敵性外国人法は，交戦国等の国民が米国に居住・滞在することを排除するためのものであり，これらは米国の領域内に存在する社会あるいは米国政府自身を保護するために取られた方策と考えることができる。また後者の米国に黒人を移入させることを禁じる法律は，黒人等が米国社会の構成員となる可能性を排除するためのものであり，これらの者が当時は奴隷として移入されていたことを考慮するならば，社会の平等性を形成するための措置の一環ととらえることができる。

第 2 款　市民的権利等に関する立法

南北戦争前に制定された市民的権利等に関する主要な法律には次のものが

53　これらの法律の制定と当時の米国政府における反外国人の動きの関係に関し，Kunal M. Parker, MAKING FOREIGNERS : IMMIGRATION AND CITIZENSHIP LAW IN AMERICA 1600-2000, 67 (Cambridge University Press 2015).

54　本法がフランスとの戦争に関わるものであり，具体的にはフランスからの諜報員を含むフランス人を目途においていたものであることを指摘する文献がある。Gregory Fehlings, *Storm on the Constitution: The First Deportation Law*, 10 TULSA J. OF COMP. & INT'L L. 63, 79 (2002).

55　一書によれば，実際にその適用を受けた者はいなかったとされている（Rogers M. Smith, CIVIC IDEALS, 162 (Yale Univ. Pr. 1997).）が，他の文献では，一人だけ適用されたとされている（Gregory Fehlings, *Storm on the Constitution: The First Deportation*, 10 TULSA J. COMP. & INT'L L. 63, 105 (2002).）。

56　なおこの時期に連邦議会は，連邦政府に対する犯罪について定めた治安法を制定している。1 Stat. 596. 本法の正式名称は，An Act in addition to the act, entitled "An Act for the punishment of certain crimes against the United States"である。

57　2 Stat. 205. 本法の正式名称は，An Act to prevent the importation of certain persons into certain states, where, by the laws thereof, their admission is prohibited である。

あった[58・59・60]。

　まず1802年に連邦議会は，Columbia特別区関係法[61]を制定した。本法は

58　なおここで紹介する法律に関連して，Missouri州の連邦加盟に際して1820年に制定されたEnabling Act for Missouri（正式名称はAn Act to authorize the people of the Missouri territory to form a constitution and state government, and for the admission of such state into the Union on an equal footing with the original states, and to prohibit slavery in certain territories）に付された付帯決議（Resolution for the Admission of Missouri）には，Missouri州議会は，連邦憲法に基づいて市民に付与されている特権・免除の享有から市民を疎外する法を制定することは認められない，とする一節が記されていた。Francis Newton Thorpe, THE FEDERAL AND STATE CONSTITUTION, 2448 (GPO 1977) (1909); Earl M. Maltz, DRED SCOTT AND THE POLITICS OF SLAVERY, 16 (Univ. Pr. of Kansas 2007).

59　本文で紹介する法律の他に1850年連邦議会は，いわゆる1850年の妥協（Compromise of 1850）を構成する法律の一つとして，1793年に制定された逃亡奴隷法（Fugitive Slave Act. (1 Stat. 302). 1793年のものの正式名称は，An Act respecting Fugitives from Justice, and Persons escaping from the Service of their Mastersである）を改正する法律を制定している（9 Stat. 462. 同法の正式名称は，An Act to amend, and supplementary to the Act entitled "An Act respecting Fugitives from Justice, and Persons escaping from the Service of their Masters," approved February twelfth, one thousand seven hundred and ninety-threeである）。同法第5条（Sec. 5）は，すべての善良なる市民（all good citizens）に対して，本法の執行の支援をすることを命じている。

60　本文で紹介する各州の連邦加盟に関する法律等のいくつかにおいては，当該加盟州等の住民の権利等の保障に関する規定がおかれているものがあった。具体的には以下のとおりである。Francis Newton Thorpe, THE FEDERAL AND STATE CONSTITUTION, 2448 (GPO 1977) (1909).

　(ⅰ)　1867年のAlaskaの割譲に関する米国とロシア帝国間の条約第3条は，当該割譲地域に居住する者は，自らの選択により，その自然的忠誠（natural allegiance）を維持することができるが，当該割譲される地域に残る場合には，原住民（uncivilized native tribe）の場合を除いて，合衆国市民としての権利，権益，免除を享有し，さらに自由，財産及び信教の自由を保障される，と規定していた。Id., at 236.

　(ⅱ)　1848年のCalifornia及びTexas等の割譲に関するGuadalupe Hidalgo条約第9条は，従前メキシコ国民であった者で，割譲対象地域に継続して居住する者は，合衆国憲法に従って，合衆国市民としての権利を享有すると規定していた。Id., at 381.

　(ⅲ)　1819年のFlorida割譲に関する米国とスペインの条約第6条は，当該割譲地域の住民は，合衆国憲法の原則に従って，合衆国市民としての特権，権利，免除を享有する旨を規定していた。Id., at 651.

28　第 2 章　合衆国市民権の始まり──米国建国から南北戦争まで

Washington 市の市議会議員は，同市に 12 ヶ月以上居住している，自由な白人成年男性居住者による選挙により選出される，としていた。

　また同年連邦議会はさらに Ohio 属領の連邦加盟を認めるための Ohio 属領連邦加盟法を制定した[62]。同法第 4 条は，同属領に 1 年以上居住する納税し

(iv)　1838 年の Iowa 属領政府の設置に関する法律（An Act to divide the Territory of Wisconsin and to establish the Territorial Government of Iowa）第 12 条は，Iowa 属領の住民は，Wisconsin 属領の住民に保障される権利，特権及び免除を享有すると規定していた。Id., at 1116.

(v)　1803 年の Louisiana 割譲に関する米国とフランスの条約第 3 条は，当該割譲地域の住民は，合衆国憲法に従って，合衆国市民として権利，特権，免除を享有する旨を規定していた。Id., at 1360.

(vi)　1849 年の Minnesota 属領政府の設置に関する法律（An Act to establish the Territorial Government of Minnesota）第 12 条は，同属領の住民は，Wisconsin 属領の住民に保障される権利，特権及び免除を享有すると規定していた。Id., at 1986.

(vii)　1821 年の Missouri 州の連邦加盟に関する連邦議会決議（Resolution providing for the admission of the state of Missouri in the Union on a certain condition）は，同州議会が，合衆国を構成する州の市民が合衆国憲法の下で享有する特権もしくは免除を侵害する立法を行わないことを連邦加盟の条件とする旨を宣言していた。なお同様の内容が同年に出された，Missouri 州の連邦加盟を公布する大統領の宣告においても述べられていた。Id., at 2148.

(viii)　1848 年の Oregon 属領政府の設置に関する法律（An Act to establish the territorial government of Oregon）第 14 条は，同属領の住民は，1787 年 7 月 13 日の条令に含まれる約束（compact）に基づいて与えられ，保障される権利，特権，権益を保障されると規定している。Id., at 2992.

Cf., Christopher R. Green, EQUAL CITIZENSHIP, CIVIL RIGHTS, AND THE CONSTITUTION: THE ORIGINAL SENSE OF THE PRIVILEGES OR IMMUNITIES CLAUSE, 47 (Routledge 2015).

　以上のほか，ネイティブ・アメリカンとの条約や，Alaska の割譲に関する条約等に関連して，Kurt T. Lash, THE FOURTEENTH AMENDMENT AND THE PROVOLEGES AND IMMUNITIES OF AMERICAN CITIZENSHIP, pp50 (Cambridge Univ. Pr. 2014).

61　2 Stat. 195. 本法の正式名称は，An Act to incorporate the inhabitants of the City of Washington, in the District of Columbia である。

62　2 Stat. 173. 本法の正式名称は，An Act to enable the people of the Eastern division of the territory northwest of the river Ohio to form a constitution and state government, and for the admission of such state into Union, on an equal footing with the original States, and for other purposes である。

ている成年男性合衆国市民であることを州憲法制定会議の議員選出のための選挙における投票資格としていた[63]。

同様の点について 1808 年に制定された Indiana 属領選挙関係法は[64]，Indiana 属領に 1 年以上居住する 21 歳以上の白人男性合衆国市民で，一定の財産を保有する者が同属領議会議員選挙における投票権を有する，としていた。さらに 1816 年の Indiana 属領の連邦加盟に際しては，憲法制定会議の議員選挙の投票資格が Indiana 属領連邦加盟法[65]により定められたが，同法では，税金を納付している同属領に 1 年以上居住している男性合衆国市民で，同属領議会議員選挙において投票資格を有する者が投票資格を有するとされた。

この後，1860 年までにいくつかの州が新たに連邦に加盟したが，それに際して連邦議会により制定された法律においては，連邦加盟前の属領議会の議員配分基数や憲法制定会議の議員の選挙に際しての投票資格等が，21 歳以上

63　これに先立って定められた北西部領地条令の前文第 9 節は，自由な男性成人居住者が 5000 人に達すると，連合会議（Congress）に出席する者を選出する権限等を有する，議会（general assembly）に出席する代表者を選出する権限が与えられる，としていた。なおこの際に選出される代表者は，当該 5000 人が居住する地域に居住する合衆国市民であるか，あるいは 3 年以上当該地域に居住していなければならず，さらにいずれの場合でも，200 エーカーの土地を所有していなければならない，とされていた。また，この代表者の選出にかかる選挙において投票する者については，当該代表が選出される地域に 50 エーカー以上の土地を所有し，当該領域の市民であると同時に当該地域に居住しており，あるいは当該地域に 2 年以上居住していることが条件とされていた。

次に同条令第 5 条は，北西部領地のある領域において，自由な居住者の人口が 6 万人に達すると，連合会議（Congress）に代表者を送ることができ，憲法を制定して，州政府を設立することができる，と定めていた。

なお本条令第 1 条，第 2 条は，各種の権利の保障等について規定しているが，その保障の対象は，person あるいは inhabitant 等の文言が使われ，citizen の文言は使われていない。また，第 6 条は，当該領地において奴隷制が禁じられることが規定されていたが，同時に，奴隷州の奴隷がこの領域に逃亡した場合には，連れ戻されるべきことが規定されている。

64　2 Stat. 469. 本法の正式名称は，An Act extending the right of Suffrage in the Indiana territory である。

65　3 Stat. 289. 本法の正式名称は，An Act to enable the people of the Indiana Territory to form a constitution and state government, and for the admission of such state into the Union on an equal footing with the original states である。

30　第 2 章　合衆国市民権の始まり——米国建国から南北戦争まで

の白人男性合衆国市民・住民を基準として定められていた[66][67]。

　1850 年，連邦議会は Utah を準州と認める法律を制定した[68]。同法でも選挙に際しての投票資格が，21 歳以上の自由な白人男性居住者に与えられることが規定された。同年に連邦議会が制定した New-Mexico を準州とする法律[69]においても，選挙に関する資格が同様に規定された[70]。また 1854 年連邦

---

[66]　この点については Francis Newton Thorpe, THE FEDERAL AND STATE CONSTITUTION（GPO 1977）（1909）の以下の該当個所を参照。p93（Alabama）；p262（Arkansas）；p662（Florida）；p968（Illinois）；p1113（Iowa）；p1171（Kansas）；p1376（Louisiana）；p1983（Minnesota）；pp2029-2030（Mississippi）；p2141（Missouri）；p2393（Nevada）；p2989（Oregon）；p4067（Wisconsin）．なお以上で上げた州・属領以外の州・属領の憲法等でも類似の規律が憲法に規定されていた。具体的には以下のとおり。

- 1792 年当時の Kentucky 州の憲法第 3 条（*Id.,* at 1269）は，21 歳以上の自由な男性市民が投票権を保有する旨規定していた。
- 1819 年当時の Maine 州憲法第 2 条（*Id.,* at 1649）は，21 歳以上の自由な男性市民が投票権を保有する旨規定していた。
- 1835 年当時の Michigan 属領の憲法第 2 条（*Id.,* at 1932）は，21 歳以上の白人男性市民が投票権を有すると規定していた。
- 1796 年当時の Tennessee 属領の憲法第 3 条（*Id.,* at 3418）は，21 歳以上の自由人が投票権を有すると規定していた。
- 1861 － 1863 年当時の West Virginia 州憲法第 3 条（*Id.,* at 4016）は，白人男性市民が投票権を保有する旨規定していた。

[67]　この点に関連して，California 州の連邦加盟に際して制定された法律（Francis Newton Thorpe, THE FEDERAL AND STATE CONSTITUTION, 390（GPO 1977）（1909））は投票資格に関して規定していないが，当該州に所在しない合衆国市民である所有権者に対しては，当該州の居住者より高い課税がなされないこと，また，船舶が航行可能な場所は，共有の航路とし，課金されることなく，当該州の居住者と同様，合衆国市民に開放されること，を規定していた。なお制定当時の同州の憲法第 2 条は，全ての白人男性合衆国市民と白人男性メキシコ市民で，21 歳以上で 6 ヶ月以上同州に居住している者が投票権を有する旨規定していた。*Id.,* at 393.

[68]　9 Stat. 453. 本法の正式名称は，An Act to establish a Territorial Government for Utah である。

[69]　9 Stat. 446. 本法の正式名称は，An Act Proposing to the State of Texas the Establishment of Her Northern and Western Boundaries, the Relinquishment by the Said State of All Territory Claimed by Her Exterior to Said Boundaries, and of All Her Claims upon the United States, and to Establish a Territorial Government for New Mexico である。

議会は Kansas・Nebraska 法[71]を制定した。同法は Kansas と Nebraska を準州として組織することを目的とするものであった。同法もまた，議会と知事の選挙に際しての投票資格を 21 歳以上の自由な白人男性合衆国市民[72]と規定していた[73]。

1792 年連邦議会は民兵団法[74]を制定した。本法は，平時には各自の生業に従事している者を，非常時に武装させ，兵役につかせることを目的としたものであった。本法では，18 歳から 45 歳までの自由な白人男性市民の健常者はすべて兵役に登録されることとされていた。

以上に関し，まず前者の選挙権に関する法制度等からわかるように，当時は白人男性であることが政治に参加する要件とされていたことが分かる。また，これと同時に，後者の民兵団法からわかるように，国防も白人男性が従事するものと考えられていたと解される。

第 4 節　行政府と市民権——司法長官の見解

南北戦争までに，司法長官は市民権に関連するいくつかの見解を示している[75・76]。以下それぞれについて概要を見ていく。

70　同法第 19 条（Sec. 19）は，合衆国市民は，同等の者による法に基づく裁判によらなければ，合衆国市民は，生命，自由，財産を当該準州において剥奪されることはない（No citizen of the United States shall be deprived of his life, liberty, or property, in said Territory, except by the judgment of his peers and the laws of the land.）旨を規定している。

71　10 Stat. 277. 本法の正式名称は，An Act to Organize the Territories of Nebraska and Kansas である。

72　Sec. 5 and Sec. 23.

73　同法は，奴隷制との関係で，California 州を自由州あるいは奴隷州のいずれとして連邦に加入させるかをめぐる南部と北部の対立に際して成立した，いわゆる 1850 年の妥協（Compromise of 1850）を否定した（Sec. 14 及び Sec. 32）。また同法は，北緯 36 度 30 分以北における奴隷州の禁止を決めた，1820 年のいわゆる Missouri 妥協（Missouri Compromise）を廃止するものであった。

74　1 Stat. 271. 本法の正式名称は，An Act more effectually to provide for the National Defence by establishing an Uniform Militia throughout the United States である。

75　本文で紹介するほかに，司法長官は市民権に関連して次の意見を述べている。
- 1819 年，「英国とのいわゆる Jay's 条約締結前に Michigan 属領に移住した者が，同条約で定める自らを英国臣民とする宣言をしないままに同属領に継続して居住した

32 第2章 合衆国市民権の始まり──米国建国から南北戦争まで

まず1821年にだされた財務長官からの「海外取引あるいは沿岸取引に関する法律の解釈との関連で，自由な有色人種に属する者（free personsof color）は，Virginia州において，合衆国市民として船舶を運航する者とされ得るか。」という照会[77]に対し司法長官は，第一に連邦法上の「合衆国市民」の意義は，連邦憲法上の「合衆国市民」の意義と同一と考えられるとした。そしてこれに続けて司法長官は，連邦憲法上の合衆国市民とは，その居住する州において白人市民の享有する特権を等しくかつ完全に享受する者のことである[78]と

場合，同人は合衆国市民とされるか。」とする陸軍長官（Secretary of War）からの照会に対して，司法長官は，1795年帰化法が定める手続を同人が経ていないことから，同人は合衆国市民でない，とした。5 Op. Atty's Gen. 716.

- 1857年に司法長官は，市民であることと選挙民であることが，分離することのできない相関関係にあるとするのは誤りである，とする意見を述べている。8 Op. Atty's Gen. 300, 302.

- 1862年司法長官は，米国で米国人の両親から出生した女性で，米国に居住している，帰化していない，スペイン人男性と婚姻して，米国で出生した子とともにスペインに移住し，その夫が死亡するまでスペインに居住していた者の市民権に関する照会に対して，スペインへの移住は，当該女性とその子が合衆国市民権を放棄したことを意味せず，従って当該女性とその子は合衆国市民であるとしている。10 Op. Atty's Gen. 321.

- 1862年司法長官は，国務長官に対して，外国で外国人の子として出生した者であっても，その者が未成年のうちに親が米国に帰化した場合には，米国市民となり，また，帰化法に従い市民となる宣言をした外国人の子として米国内で出生した者は，米国市民となるとする意見を述べている。10 Op. Atty's Gen. 330, 331.

76 ここで紹介するものの他に，後に連邦最高裁でDredScott事件判決を下したRoger B. Taney司法長官が，1832年に起草した非公表の見解の存在が指摘されている。Carl Brent Swisher, *Roger B. Taney and the tenets of Democracy*, 34 MARYLAND HISTORICAL MAGAZINE, 207, 218 (1939). 同意見においてTaneyは，独立宣言で言うところの「人（men）」にはアフリカ系の者は含まれていないこと，合衆国にいるアフリカ系の者は，たとえ自由であっても，劣位の地位に属する者であり，政治的影響力を行使できる者ではなく，その享有する利益は，好意と博愛の上から認められるものであって，権利によって認められているものではないこと，等を述べ，さらに市民的特権（privileges of citizenship）との関係では，アフリカ系の者がそれを享有しているとしても，それは白人の与える恩恵により認められているに過ぎない，と述べて，これらの者は国家主権の構成員とはみなされない，と述べている。またTaneyはこの文書の中で，アフリカ系の者は，憲法の規定するcitizensには含まれない，としている。

77 1 Op. Atty's Gen. 506.

78 ここで，本意見はこのように考える理由として，まず連邦憲法第4条第2節を検討

し，これらをふまえると照会の事項については，Virginia 州において自由な有色人種に属する者は，白人市民が享有する特権を享有していないので，連邦憲法ならびに連邦法のいう意味での合衆国市民ではないとした。

次に 1843 年に司法長官は，財務長官からの，合衆国市民に公有地の優先買取権を認める 1841 年優先買取権法[79]の優先買取権者に自由な有色人種に属する者は該当するか，という照会に対して，認められるとする回答をした[80]。その理由として司法長官は，同法の意図するところは外国人を優先買取権者から除外することであり，自由な有色人種に属する者は外国人ではなくデニズン（denizens）であり，デニズンとしての資格（denizenship）に付随する権利を享有するから，としている[81]。

さらに 1856 年に司法長官は，国務長官からの「Indian と白人の混血の者は，合衆国市民，あるいは帰化法の下で求められる市民となる意思の宣言をした者に公有地の優先買取権を与える 1841 年法の下で，優先買取権を合法的に要求することができるか。」の照会に対する回答の中で，「市民」の概念に関連して，「合衆国市民」の文言の意義や，市民権に付随する権利の意義及び取喪については連邦憲法あるいは連邦法上必ずしも明らかでない，としながら

　し，もし Virginia 州において出生しそこに居住する者が，Virginia 州市民が享有する特権を享有しないのにもかかわらず，憲法にいう意味での Virginia 州市民であるとすると，他州にその者が移転した場合に，その者は Virginia 州で享有していなかった特権を享有することになるが，それは認められない，ということを指摘している。

　また，さらに本意見は，大統領等の就任資格要件の条文についても検討している。そして，それらの条文においては，一定年齢に達した合衆国市民で，居住要件を満たした者がそれらの公職への就任資格をもつ者とされており，これは黒人等も満足することが可能であり，もし出生地，居住，忠誠心によって合衆国市民になるのだとするならば，それらの者がそれらの公職に就任することができることになる，としている。

79　5 Stat. 453 (1841). 同法第 10 条は，合衆国市民である，あるいは帰化法の定める市民となる意思を示す宣誓をした，21 歳以上の家長，未亡人，独身者の，公有地の優先買取権について定めていた。*Id.*, at 455.

80　4 Op. Atty's Gen. 147.

81　この意見は，次にみる 1856 年の司法長官の意見で，1841 年優先買取権法は，優先買取権享有者を合衆国市民，あるいは帰化法に従って合衆国市民になる意思を示す宣言をした者に限っているのであるから，合衆国で出生した自由な有色人種に属する者は，それに含まれないと考えるべきであった，と批判されている。7 Op. Atty's Gen. 753.

も，次の見解を示している[82]。

まず司法長官は，第一に第2条第1節をみてもわかるように連邦憲法は，生来的市民と帰化市民を区別しているとし，第二に，政治的な意味において市民とは政治社会を構成する者のことを意味するが，それは投票権を享有する者とは限らず，逆に市民でなくても投票権を有することはあるとした。

さらに司法長官は第三に，海外で公務についている者の子は，そこで生まれたとしても，生来的米国市民であり，逆に外国政府の公務に米国内で従事する者の子は，米国内で生まれたとしても，生来的米国市民ではない，とした。そしてこれに続けて，このことからわかるように，米国内で出生したことのみから当然に市民となるわけではないとし，さらにこのことから，Indianは米国内で出生したとしても，米国市民ではなく，Indianは合衆国の従属民（subject）であって合衆国市民ではない[83]とした。

なお司法長官は，Indianも帰化することは可能であるが，それは外国人にのみ適用される一般的な帰化手続によってではなく，議会の特別法，あるいは条約によってであるとしている。またさらに司法長官は，Indianが出生により合衆国市民とならないのは，その人種に問題があるからであるが，このような自然的不適格性は，混血が進展することによって，消滅することがあることを指摘し，問題は，それがいつ生じるかであるが，それに対する一般的原則は存在せず，ただし，Indian部族との関係を保持している者が同時に合衆国市民として享有する諸権利を享受することはないということはできる，としている。

なお1859年に司法長官は，外国人の両親から米国で出生した白人の子は合衆国市民である，とする意見を述べている[84]。

第5節　裁判所における市民権——Dred Scott 判決

1857年のDred Scott事件[85]において，連邦最高裁は市民権に関する考えを示した[86]。

82　7 Op. Atty's Gen. 746, 753.

83　ここで本意見は，同様に奴隷も市民になることはできないとしている。*Id.*, at 749.

84　9 Op. Atty. Gen. 373（1859）.

85　60 U. S. 393（1857）.

第5節　裁判所における市民権——Dred Scott 判決　**35**

　本件は，黒人奴隷の子として Virginia 州で出生した上告人が，同人がその主人とともに移転・居住したことのある州等の州法によれば奴隷の所有が禁じられていたことから，これらの州法に基づき自由人になったとして，その地位の確認を求めて訴訟を提起したものである[87]。

第1款　最高裁の判断

　最高裁は，上告人が合衆国市民であることを認めず，上告人の訴えを却下した。法廷意見は概要以下のとおりであった。

第1項　奴隷を祖先にもつ者が市民に保障される権利を享有するか

　まず法廷意見は，本件の問題は，合衆国に輸入され，売られた奴隷を祖先にもつ者が，合衆国憲法によって形成され，存在する政治的共同体の構成員となり，合衆国憲法上市民に保障される権利，特権，免除を享有するかということである[88]とした。そしてこの点について次のとおり述べた。

　まず連邦憲法上の「合衆国人民（people of the United States）」と「市民（Citizens）」の文言に関し，これらの文言は，合衆国の共和政体のあり方に従って主権を構成する政治的集合体（political body）のことを意味し，代表を通じて政府の権力を保持し管理を行う者のことであるとした。そしてこれらの者は，一般には主権者と称され，すべての市民（citizen）は人民（people）の一人であり，主権の構成員である[89]とした。

86　この時代の，市民権の放棄に関する判例については，拙稿「米国における国籍離脱の自由の発展」筑波法政 25 号（1998）参照。

87　本件の概要については，早川武夫「デュー・プロセス−黒人の地位」伊藤正巳他編『英米法判例百選Ⅰ公法』128 頁（有斐閣　1978）;長内了「Dred Scott Case［Scott v. Sandford］」藤倉皓一郎他編『英米法判例百選（第三版）』54 頁（有斐閣　1996）；根本猛「奴隷制と合衆国最高裁」樋口範雄他編『アメリカ法判例百選』74 頁（有斐閣　2012）。

88　60 U. S. 393, 403. ここで法廷意見は，この点についてより詳細に言い換え，この問題は，奴隷の子孫は彼らが解放されたときに，あるいはその出生前に解放された両親から出生した場合に，合衆国憲法の規定する意味での州市民であるかどうかということである，としている。

　　また，同時に法廷意見は，この点の判断は，合衆国に輸入され，奴隷として売られたアフリカ人の子孫のみに関するものとして理解されなくてはならない，としている。この点は，Indian 部族との関係については，本法廷意見の判示するところは適用するものでないということを，明らかにするためのものであった。*Id.*

36 第2章 合衆国市民権の始まり——米国建国から南北戦争まで

次に本件で問題となっている，黒人奴隷を祖先にもつ者に関し，これらの者は，憲法上の「市民」には含まれず，過去においてもそれは意図されてはおらず，従って，合衆国市民の保護のために憲法が保障している権利あるいは特権を享有することはないと考えられる[90]とした。

また法廷意見は，これらの者は，むしろ過去においては従属民（subordinate），あるいは劣位者と考えられ，優位人種によって支配され，奴隷身分から解放されているかどうかにかかわらず，優位人種に属する者の権威の下におかれており，権力を有しかつ政府が権利等を与えるとした者と異なり，権利もしくは特権を享有しないとされていた[91]と述べた。

第2項 州は市民の地位を与えることができるか

次に法廷意見は，州は市民の地位を与えることができるかについて，州はその領域内においていずれの者に対しても独自に権利あるいは特権を与えることはできるが，合衆国憲法のいう意味での市民とすることはできず，また他州における市民の地位を与えることはできない[92]とした。

第3項 連邦議会の帰化に関する権限の排他性

また法廷意見は，連邦憲法は連邦議会に帰化に関する統一的な規則を制定する権限を与えているが，それは明らかに排他的なものであり，従って，連邦憲法制定以来，州は，州法等により自らの構成員にいずれかの者を加えることにより，合衆国憲法によって形成された政治的共同体に新しい構成員を加えることはできなくなった[93]としている。

第4項 市民として参加した者だけが市民か

さらに法廷意見は，合衆国憲法が制定されたときに各州の市民として認められていたすべての者は，新たに構成された政体の市民となったとし，その政体は，それらの者によって，それらの者のため，あるいはそれらの者の繁

89　*Id.,* at 404.

90　*Id.*

91　*Id.,* at 405.

92　*Id.*

93　*Id.*

栄のために構成されたのであり，それ以外の者のために形成されたのではない[94]とした。また法廷意見は，このことから，この新しい独立国（sovereignty）の市民に保障される個人の権利あるいは特権は，当時各州の構成員であった者，あるいは憲法またはその基礎となる原則に従って出生等によりその構成員になった者にのみ保障されるとした[95]。

第2款　同意意見と反対意見

　本件では上告人の市民権に関する法廷意見の見解に対し Daniel 裁判官が同意意見を示し，Mclean 裁判官および Curtis 裁判官が反対意見を示した[96]。

第1項　Daniel 裁判官の同意意見

　Daniel 裁判官はまず，上告人は奴隷であることから，その主人の財産であり，その利害と意思に従属するものであるので，それになんらかの特権もしくは行動の自由を認めることは，主人と奴隷の関係を否定することになる[97]，と指摘した。そして次に，市民的あるいは政治的な権利もしくは能力を有さない奴隷は市民になることはできないとした。また同裁判官は，市民であることは，国家あるいは政府との関係あるいはそれへの帰属を示し，さらには，

---

[94]　*Id.,* at 406.

[95]　*Id.* ここで法廷意見は，第一に，連邦が構成されたことによって，数個の政治的共同体は一つの政治的紐帯（political family）とされ，その権力は，特定の目的に関して，合衆国の領域全体に及ぶこととされたとし，さらに第二に，連邦が構成されたことによって，各市民は，その属する州の外において，権利と特権を享有することとされ，また，その個人的あるいは財産上の権利に関し，他州においてその市民と完全に平等な状態におかれることとされ，これにより合衆国市民（citizen of the United States）とされたのである，と述べている（*Id.,* at 407）。

　　なお，これに続いて法廷意見は，ここまでの主張を根拠づけるために，独立宣言の内容，連邦憲法の制定過程，各州の州法，連邦議会の立法，行政府の判断を検討し（*Id.,* at 426.），このうちの連邦憲法の制定過程の検討において，もし「市民」の文言に黒人も含まれる，あるいは連邦憲法への批准によって他州からの黒人を市民と認めなくてはならない，と理解していたならば，奴隷制を容認している州は連邦憲法を批准しなかったろう，と指摘している（*Id.,* at 416-417）。

[96]　本判決には，Wayne 及び Campbell の同意意見，Nelson, Grier, Catron 裁判官の分離意見も付されているが，本稿では，上告人の市民権に関係する見解を示した意見のみ扱う。

[97]　*Id.,* at 475.

38　第2章　合衆国市民権の始まり——米国建国から南北戦争まで

その活動への参加と，市民的あるいは政治的に平等な特権の現実的な享受を意味するとした[98]。

　なお同裁判官は，市民的あるいは政治的集合体（civil and political association）の性質と目的からしても，またその歴史からしても，市民権は奴隷が解放されたことによってすぐに与えられるものではなく，そのような結論は自由な政治的集合体の原則に反するものであると指摘している[99]。

第2項　Mclean 裁判官の反対意見

　Mclean 裁判官はまず，連邦憲法あるいは連邦法の下での出生により市民権は取得され，市民であるということは「自由人（freeman）」であるということを意味するとした。そして，上告人は自由人で，被上告人と異なる州に Domicile を有する，連邦法上の市民であるから，連邦裁判所で訴訟を提起することができるとした[100]。

第3項　Curtis 裁判官の反対意見

　Curtis 裁判官は，合衆国市民の意義を明らかにするのに，まず「憲法制定当時に合衆国市民であった者」という憲法上の文言に注目し[101]，憲法制定当時に合衆国市民であった者とは，連合規約の下で市民であった者であるとした。そして，この連合規約の下で市民であった者とは，属領の住民を除いては，その当時の各州の市民であった者であるとした[102]。

98　*Id.,* at 476.

99　*Id.,* at 479. この点に関連して同裁判官は，連邦政府は，連邦契約（federal compact）のオリジナルの構成員でない者に合衆国市民の権利あるいは免除を付与するための手続である帰化手続を，白人の外国人に対してのみ定めており，もし，合衆国政府の下で享有される権利あるいは免除が，合衆国憲法あるいは連邦法で定められている以外の方法で認められるとするならば，連邦議会の保持する帰化に関する規制権限が侵害されることになる，と述べている。*Id.,* at 481.

100　*Id.,* at 531. この点について同裁判官は，次の点を指摘している。*Id.*
- 本件において上告人は，Missouri 州以外に Domicile を有するということも，また Missouri 州で自由人（free man）でないということも主張していない。
- 上告人がその祖先に黒人を有することは示されているが，このことにより，上告人は連邦裁判所での訴訟適格を定める連邦法にいう意味での市民でないことは示されていない。

101　U. S. Const. art. II, § 1, cl. 5.

第5節　裁判所における市民権——Dred Scott 判決　39

　次に同裁判官は，連合規約の下では，連合の政府は，特に明示的に与えられた権限のみを保持し，それには市民権に関する事項を扱う権限は含まれていなかったと指摘し[103]，奴隷であるアフリカ人の子孫の自由人が合衆国市民であるかを決定するためには，そのような者が，連邦憲法制定当時の連合規約に加わっていた州の市民であったかどうかによるとした[104]。

　そして同裁判官は，すでに連合規約制定当時に，New Hampshire 州等においてはそれらの者は，単に市民とされていたばかりではなく，投票権も保持していたことを指摘し[105]，加えて，そのような者が，連合規約第4条[106]により，市民権に付随する特権および免除を享有することも認識されていたと述べた[107]。

　さらに同裁判官は，連邦憲法制定過程の各州において，有色人種に属する者（colored persons）もそれに参画し，一部においては投票にも参加していたことを指摘した[108]。

　以上から同裁判官は，連邦憲法の解釈によって，その憲法制定に参加した者からその市民権を奪うことは認められないとした[109]。

　なお同裁判官は，合衆国憲法の下では，諸州において出生したすべての自由な者で，当該州の憲法もしくは法律により当該州の市民である者は，合衆国市民であると考えるとしている[110]。

---

[102]　60 U. S. 393, 572.

[103]　*Id*.

[104]　*Id*.

[105]　*Id*., at 573.

[106]　Article of Confederation, Art. IV.

[107]　60 U. S. 393, 575.

[108]　*Id*., at 576.

[109]　*Id*.

[110]　*Id*. このように考える理由として，同裁判官はまず，合衆国憲法第2条第1節の「生来的市民」の文言に着目し，この文言は公法（public law）の原則である，出生地に基づく市民権付与の原則に由来するものであるとした。
　　　次に同裁判官は，合衆国憲法がこの原則を受容したとすると，以下の四つのうちの一つが認められなくてはならないとしている（*Id*., at 577.）。
　①　合衆国憲法自体が，いかなる生来的市民が合衆国市民であるかを定めている。
　②　連邦議会が，生来的市民を決定することが認められている。
　③　各州で出生したすべての自由な者が合衆国市民であるとされている。

40　第2章　合衆国市民権の始まり──米国建国から南北戦争まで

第6節　小　　結

第1款　合衆国憲法の制定期における「市民」を巡る議論

　先に見たとおり米国憲法は，大統領，上院議員および下院議員それぞれの就任資格について，市民であることのみならず，生来的市民であるべきことや，市民となってからの年数による制限等を加えている。これは，その制定過程における議論に示されているように，合衆国の政治に対する外国からの

　　④　各州が，その領域内で出生した自由な者のうちのいずれの者が当該州の市民となり，合衆国市民となるかを決定するとされている。
　これらのうち同裁判官は，まず①については，そのような条項が憲法上存在しないことから採りえないとした（*Id.*）。次に②については，もし仮にこれを認めるとすると，最終的には，連邦議会が，大統領になることのできる者，副大統領になることのできる者，連邦議会議員になることのできる者を決定できることになるので，この点は重大であるから，連邦議会にこの点に関するなんらかの権限が与えられていなければならないとし，これについて，連邦議会の帰化に関する規制権限がそれにあたるかを検討している（*Id.*, at 578）。
　結論として，同裁判官は，明示的に唯一連邦議会に市民権について扱う権限として与えられている，この帰化に関する規制権限は，単に外国で出生したことから生じる制約を排除するための権限に過ぎない，とした。
　さらに，③と④に関して，同裁判官は最終的に，④の，州が自州の市民を決定し，それを通じて合衆国市民が決定される，という考え方が正しいとした（*Id.*）。その理由として，同裁判官は，連邦形成以前，州はその市民を決定する権限を有していたが，それは外国人であることによる制約を排除する権限，各州内においていかなる者が市民としての特権を享受するかを決定する権限，いかなる者が連合の生来的市民であるかを決定する権限に分けられるところ，憲法制定によって連邦に与えられたのは，最初の，外国人であることによる制約を排除する権限のみであり，その他の権限は与えられなかった（*Id.*, at 579），ということをあげている。そして，この点を示すものとして，同裁判官は，連邦憲法第3条第2節第1項の司法権に関する規定，同第4条第2節第1項の市民の特権免除の規定，連邦の公職選挙についての選挙人に関する諸規定を検討し，これらの条文においては，各州の市民についての言及はあるが，合衆国市民について言及した規定は存在しないということを指摘している（*Id.*）。
　また，ここで同裁判官は，合衆国市民権に付随する権利（national rights of citizenship）を享受する者は，連邦憲法上，各州の市民として表現されており，各州の市民は，それとして，連邦憲法によって保障される一般的市民権（general citizenship）に付随する特権および免除を享受するとしている（*Id.*, at 580）。

影響力の行使を最小限にするためであった。

　この点について理解する際に，たしかに関連規定に関する議論の過程等を見るならば，外国の影響を排除することが意図されていたことは事実であるが，しかしながら同時に，大統領を除いては，合衆国に出生した市民のみがそれらの公職に就任することができる，とはされなかった点にも留意する必要がある。

　このように，生来的市民のみを公職に就くことができるとしない考え方が憲法に採用された理由としては，当然のことながら，合衆国で出生した者のみでは政府が構築できなかったということがあると考えられる。しかしながら，それだけが理由とされたわけではなく，先に見たとおり，このようにされた理由の一つとしては，帰化した者の知見はむしろ合衆国にとって有用である，という判断があったことが指摘できる。なおこの点についてはさらに，このように公職就任資格を定めることにより，一定の条件を満たせばその他の条件に関係なく，公職に就く資格があると考えられていた点にも留意する必要がある。

第2款　連邦議会・行政府・最高裁における「市民」の理解
第1項　国の構成員としての市民

　まず連邦議会の「市民」の理解についてであるが，帰化法の規定をみると，基本的に自由な奴隷でない白人が市民であり，また，白人から市民を構成していくという意図があったことがわかる。

　もっとも，帰化法の改正過程をみると，逆に白人であるならば市民となれると考えられていたわけではないことは，居住要件の設定が変動していることや敵性外国人を帰化から排除していることなどからも明らかである。さらに帰化法との関係では，子の扱いが問題とされており，この点については，広く見るならば「家族」と国家の関係が当時まだ整理されていない中で，結果として子の市民権をどのように扱うかが問題となったものと考えることができる。

　このほかに連邦議会の属領や連邦への参加に関する立法をみると，男性であることが選挙に参加する際に前提とされていたことがわかる。条文上，市民であることのほかに白人男性であることがそれらの法条では明記されていたので，正確には「市民」の文言自体にそのような意味合いがあったのかは，

厳密には必ずしも明確ではない。しかしながら，「市民」の文言自体に市民が当然男性であるべきということが含意されていたかどうかはともかくとして，連邦議会においては，男性であることが連邦の政治的決定にかかわるための要件とされていた，ということはできる。

　なお連邦議会と同様，基本的に市民となるのは白人であるという認識は司法長官の意見にも看取される。ただし司法長官の見解では，なんらかの法的手当がなされれば Indian も合衆国市民とされる可能性があるとしており，また合衆国に居住する有色人種に属する者は外国人ではなくデニズン（denizen）であるということなども述べられていて，政体の構成員はだれなのか，という観点からすれば，必ずしも明確に整理された見解を示せていないという観がある。

　この点に関し最高裁は，Dred Scott 判決において，黒人は，奴隷であるかどうかにかかわらず，優位人種である白人に統治されるべき存在であって市民ではなく，さらには連邦法あるいは州法によって市民とされることもできないとした。ここにも米国は白人市民により構成される，という考え方が示されているということができる。もっとも最高裁は米国が白人から構成されるべきであるという見解と白人の優位性という見解を接合した見解を公的に明示したという点で，行政府等の見解とは異質である。

　以上からすると，合衆国政府のいずれの機関においても，南北戦争以前のこの時期においては，連邦憲法の規定あるいは独立宣言の文言にかかわらず，基本的に「市民」は白人から構成され，さらに実体的な意味で政治に参画する者としては白人男性が想定されていた，ということがいえる[111]。

第2項　市民の享受する権利の状況

　第一に連邦憲法制定時の，連邦司法権管轄に関する条項に関する議論や，各州間での市民の特権および免除に関する条項および連邦議会の帰化規制権限に関する条項についての見解などを参照すると，連邦レベルでの市民権を設定したことの意義は，従前各州の市民が共有していた英国臣民としての立場を確保し，さらに，各州間に存在していた権利享受の格差を是正することが目的であった，と考えられる。

111　ただし，Dred Scott 事件の Curtis 裁判官が指摘するように，有色人種の者が実際上投票権を行使していた，というのも事実である。

第6節 小 結 43

またこの点について司法長官の見解なども参照すると，権利享受の格差の
是正措置としての市民権の設定という観点からのみ市民権が理解されていた
わけではなく，市民であるから享受することのできる権利がある一方で，市
民でない者であっても享受することができる権利があるという状況も存在し
ていたことがわかる。もっとも，このような状況に関し，本稿の分析の対象
とした連邦憲法の制定過程を見る限りでは，当初より市民概念が，市民と市
民でない者との間における権利享受状況の格差を設定するために形成された
ものとは明言しがたい。

第3項　南北戦争・再建期に向けた問題の明確化

国家は社会と緊密な関係性の元に形成される。原則として社会が存在しな
いところに国家は存在しない[112]。しかしながら，その関係の経緯において
は，社会があるところに国家が形成される場合のみならず，国家が社会を形
成する場合もある。

この点に関し，具体的に本章で記述した時代の米国では，白人男性を基本
的構成員とし，また奴隷という立場の黒人がいる社会を前提として米国憲法
が形成され，それが南北戦争前まで調整等がされつつ維持されていた，とい
うことが示されていると思われる。そして次章以降で示すように，南北戦争
を経て制定された修正第13条，第14条，第15条等の条項は，前述のうちの
後者の段階，すなわち，憲法を通じて国家が社会を形成する流れをさらに追
求するものであったと解される。

このように国家と社会の関係が密接であることを踏まえると，憲法を理解
する際，国家と社会の関係を視野に入れることには重要な意義がある。また
これに関連して，憲法との関係で国家と社会の関係を考えるということは，
憲法を通じた国家の形成について検討する際に，特定の社会の存在を当然の
前提として，あたかもその上に国家を構成することのみが認められる，とい
うことは意味しない点に留意する必要がある。むしろ，米国の歴史的経験を
踏まえるならば，人類は憲法の制定を通じて国家を構築し，それによって社

---

[112]　ただし，領域国家の観点からは，たとえば無人島に対しても国家の管轄権が存在す
る等の事象はあり，このような事例も視野に入れるならば，実は国家は人が存在しな
いところにも存在している場合があるとも考えられる。このような国家と領域の関係
については，今後の研究課題としたい。

44　第2章　合衆国市民権の始まり——米国建国から南北戦争まで

会をより「個人」の「権利・利益」を実現するように改善してきた，というのが憲法の歴史を看取して理解されるところであり，それは米国憲法前文が「われら合衆国の国民は，より完全な連邦を形成し，正義を樹立し，国内の平穏を保障し，共同の防衛に備え，一般の福祉を増進し，われらとわれらの子孫のために自由の恵沢を確保する目的をもって，ここにアメリカ合衆国のためにこの憲法を制定し，確定する。」としていることに示されるところである。

　本章で扱った時代に米国では，上記の米国憲法前文の目的が十分に実現されることはなく，むしろ，典型的には Dred Scott 事件判決の法廷意見に示されるように，意識的に，あるいは無意識的にかはともかくとして，そのチャレンジすべき目標が明確にされるところまでが具現化されたということであったと思われる[113]。上述のとおりこの時代の後米国では南北戦争が生じ，その後憲法修正第13条，修正第14条，修正第15条による再建期が始まった。そしてその時代を通じて米国民は，自らの社会の理想を明確化し，その実現のための取り組みは，20世紀中盤以降の公民権運動へとつながっていくことになった。またさらにその後21世紀になり，黒人であるオバマ大統領が米国大統領に選出された。これは米国の「市民」に関する歴史との関係では，その追求してきた人種を超えた「市民」の実現の一つの表現とも解されうる。他方で，米国においては，依然として人種を含む各種の事象・事情に起因する差別を含む各種の人権問題が存在する。またこのような各種の人権問題は，米国のみの問題ではなく，近代憲法を制定しているその他の近代国家においても存在する。このような問題についてこの後の時代米国は，「市民」概念を検討しその理念を構想・構築することで乗り越えられるのか，という市民権論・市民的権利論の重要な課題に立ち向かうこととなっていった。

---

[113]　この点に関し，Dred Scott 事件は，1860年の大統領選挙候補者である Abraham Lincoln を全国的に知らしめ，対立候補である Stephen A. Douglas の人気を落としたことが指摘されている。Paul Finkelman, *Scott v. Sandford: The Court's most Dreadful Case and how it Changed History*, 82 CHICAGO-KENT L. REV., 3, 13 (2007).

第3章　合衆国憲法修正第13条の原意

第1節　本章の課題と論証の方向性

1861年3月4日，連邦の不可分性を説いたリンカーンの第一次大統領就任演説の一月余後，フォート・サムター要塞砲撃事件が起こり，南北戦争は始まった。その後1863年の奴隷解放宣言を経て，1865年3月4日，彼の第二次大統領就任演説の一ヶ月後に，南側の降伏により，南北戦争は事実上終結した。

議会は1865年1月修正第13条を通過させ，同年12月18日公布した。同条はいわゆる南北戦争修正条項のうち最初に制定されたものであり，その制定過程においては，その後のいわゆる南部再建において解決を迫られることになる市民権（citizenship）や市民的権利（civil rights）に関する連邦議会の考えが示されている。

本章ではまず第2節で修正第13条の制定に至るまでの時代状況を，当時制定された諸法の紹介を通じて概観し，修正第13条制定の背景を明らかにする。次に第3節で修正第13条の制定に関する連邦議会の議論を検証する。最後に第4節では，第3節までで整理した資料をまとめ，連邦議会が当時持っていた問題意識を明らかにし，また修正第13条により連邦議会はどのような解決策を提示したのか，さらに，何が本条によって解決されなかった問題なのかに関し検討する。

第2節　修正第13条制定まで

第1款　連邦議会の動向

第1項　修正第13条に関連して制定された法律

第37回[1]及び第38回[2]連邦議会は，修正第13条に関連するいくつかの法律等を制定した。主なものを時系列に従って列挙すると以下の通りである[3]。

46 第3章 合衆国憲法修正第13条の原意

1861年 第一次反乱者財産没収法（Confiscation Act 1861 12 Stat. 319）[4]

1862年 Columbia特別区奴隷解放法（Act of April 16, 186212 Stat. 376）[5]

第二次反乱者財産没収法（Confiscation Act 1862 12 Stat. 589）[6]

---

1 37th Cong., Jul. 4, 1861-Mar. 3, 1863.

2 38th Cong., Dec.7, 1863-Mar. 3, 1865.

3 ここであげたものの他に，議会は，次の政策を実施した。

- 黒人の植民計画を廃案とした（An Act making appropriations for sundry civil expenses of the government for the year ending the thirteenth of June, eighteen hundred and sixty-five, and for other purposes, Sec. 7, 38-1 Cong. Globe app. 246, 249. 当初議会は Act abolishing Slavery in the District of Columbia（12 Stat. 376.）Sec.11 や，Confiscation Act 1862（12 Stat. 589）でも見られるように，解放された奴隷の国外への植民を推進していたが，後に方針を転換した）。

- 白人兵士と黒人兵士の賃金を均等にした（An Act making Appropriations for the support of the Army for the year ending the thirteenth June, eighteen hundred and sixty-five, and for other purposes, Sec. 2, 38-1 Cong. Globe app. 177, 178.）。

- 黒人に郵便配達に従事することを認めた（An Act to remove all disqualification of color in carrying the Mails, 38-2 Cong. Globe app. 143.）。

- 連邦裁判所で証言する適格を認めた（An Act making appropriations for sundry civil expenses of the government for the year ending the thirteenth of June, eighteen hundred and sixty-five, and for other purposes, Sec. 3, 38-2 Cong. Globe app. 248.）。

- Columbia特別区の路面電車の利用から黒人を排除することを禁止した（An Act to Incorporate the Metropolitan Railroad Company, in the District of Columbia, Sec. 14, 38-1 Cong. Globe app. 240-241 ; cf. An act to amend an act entitled "an act to incorporate the Metropolitan Railroad Company in the District of Columbia." Sec.5, 38-2 Cong. Globe app. 149-150.）。

E. M. Maltz, CIVIL RIGHTS, THE CONSITTUTION, AND CONGRESS, 1863 - 1869, 6（Univ. Pr. of Kansas 1990）[hereinafter Maltz]. また 1864 年には，一連の逃亡奴隷引渡法を廃止している。13 Stat. 200.

　なお上記のほかに1862年連邦議会は，連邦軍に対し逃亡奴隷をその保有者に返還することを禁じる法律を制定し，また奴隷解放政策を採用する州を支援する旨の決議をしたことが指摘されている。Paul Finkelman, *The Civil War, Emancipation, and the Thirteenth Amendment- understanding who freed the slaves*, in the Alexander Tsesis, THE PROMISES OF LIBERTY, 36, 44（Colum. Univ. Pr. 2010）.

4 同法の正式名称は"An Act to confiscate Property used for Insurrectionary Purposes".

5 同法の正式名称は"An Act for the Release of certain Persons held to Service or Labor in the District of Columbia".

6 同法の正式名称は"An Act to suppress Insurrection, to punish Treason and Rebellion, to seize and confiscate the Property of Rebels, and for other Purposes".

第 2 節　修正第 13 条制定まで　47

1862 年　民兵団法（Militia Act of 1862 12 Stat. 597）[7]

1863 年　1863 年徴兵法（Conscription Act of 1863 12 Stat. 731）[8]

1864 年　1864 年徴兵法（Conscription Act of 1864 13 Stat. 6）[9]

以下それぞれについて概観する。

第 2 項　第一次反乱者財産没収法

1861 年の第一次反乱者財産没収法は，反乱軍の保有する軍事力の弱体化によって南部反乱の速やかな解決を実現するために制定されたもので，反乱を支援する軍事活動等に奴隷がかかわっている場合，奴隷にそれをすることを命じた者は当該奴隷に対しての権利を没収されるとしていた。同法は第一次的には軍事戦略的なものであったため，没収された奴隷の自由等については規定がなかったが[10]，同法は議会が初めて制定した奴隷解放にかかわる法律であった[11]。

第 3 項　Columbia 特別区奴隷解放法

1862 年になって，奴隷制度に反対する動きが活性化するにつれ，解放された奴隷の自由を保障することを目的とする法案が数多く議会に上程された[12]。そのうち法律として施行された最初のものが Columbia 特別区奴隷解放法であった。本法は，アフリカ系であることを理由として労役に従事させられている者を解放することを目的とし，北西部条令[13]をモデルとして，

7　同法の正式名称は"An Act to amend the Act calling forth the Militia to execute the Laws of the Union, suppress Insurrections, and repel Inversion, approved February twenty-eight, seventeen hundred and ninety-five, and the Acts amendatory thereof, and for other Purposes".

8　同法の正式名称は"An Act for enrolling and calling out the national Forces, and for other Purposes".

9　同法の正式名称は"An Act further to regulate and provide for the enrolling and calling out the National Forces, and for other Purposes".

10　Herman Belz, A NEW BIRTH OF FREEDOM, 4 (Greenwood Pr. 1976) [hereinafter Belz].

11　George H. Hoemann, WHAT GOD HATH WROUGHT-The Embodiment of Freedom in the Thirteenth Amendment, 28 (Garland Pub. Co. 1987) [hereinafter Hoemann].

12　Belz, at 5.

48　第3章　合衆国憲法修正第13条の原意

Columbia 特別区内での奴隷制度並びに本人の意に反する労役を禁止し，また，奴隷の解放に対して支払われる補償に関する手続と，解放された奴隷の自由を保障するための手続を規定していた[14]・[15]・[16]。

第4項　第二次反乱者財産没収法

Columbia 特別区奴隷解放法に続いて，議会は第二次反乱者財産没収法を制定した。

同法も，第一次反乱者財産没収法と同じく，反乱者の弱体化，連邦側の収入の拡大，戦後の南部改革の基礎の設定を目的としたものであり，奴隷制度から解放された者の自由の保障を第一次的な目的としたものではなかった[17]・[18]。同法では，むしろこの傾向が第一次法よりもより強く出ており，大統領は解放された奴隷を公共の福祉に最善と考える方法で雇用し，組織化し，利用することができると規定していた。

以上のような内容ではあったが，本法は没収された奴隷が自由になることを明文で規定しているという点で，奴隷解放の方向に歩を進めるものであった。

第5項　1862年民兵団法

1862年さらに議会は，民兵団法を制定した。米国において最初に民兵団法が制定されたのは1792年のことであるが，1792年法においては白人男性市民のみが従軍することとされていた[19]。1862年法はこの人種による適格性

13　An Ordinance for the Government of the Territory of the United States northwest of the river Ohio, reprinted in F. N. Thorpe ed. Ⅱ FEDERAL AND STATE CONSTITUTIONS, 957-962 (Scholarly Pr. 1977) (1909).

14　後に同法は，奴隷所有者が不在のために解放手続ができない奴隷のために連邦裁判所が解放証明を発行できるように補足・改正された。12 Stat. 538 (1862).

15　1862年6月19日には，合衆国の属領 (territories) においてすべての者の自由を確保することを目的とする法律を制定している。12 Stat. 432 (1862).

16　さらに議会は，同地区において有色人種の子供に教育を提供する法律を制定している。12 Stat. 407, 537 (1862).

17　Belz, at 7.

18　なお，適用範囲に関して，第一次法ではすべての反乱参加者とされていたのに対して，本法では，南部連合もしくはそれに参加する州の軍人及び公務員に限られた。

19　Militia Act, 1 Stat. 271 (1792).

第2節　修正第13条制定まで　49

の基準を排除し，連邦軍へ黒人が参加できるようにするものであった。

第6項　1863年徴兵法・1864年徴兵法

1863年になり，軍事上の必要から議会は徴兵法を制定した。同法は18歳から45歳までの成人男性市民が連邦軍を構成するとし，また，それらの者は大統領からの徴募により軍務に従事すべきことを定めていた。同法においては，人種的適格性の基準が採用されなかったので，黒人を徴兵の対象とすることが可能となった。もっとも，逆に明文で黒人が徴兵の対象とされるということが定められていなかったので，実務上は，黒人は徴兵の対象とされなかった。後に1864年徴兵法により，これらの者は明文で連邦軍の一部として徴兵され得ることになった。

なおここまでに紹介した1862年から1864年に制定された軍務に関係する一連の法律は，米国における軍務と市民としての特権・免除の伝統的関係[20]と相まって，黒人の連邦市民権獲得に対し重要な影響を与えることになった[21]。

第7項　Wade-Davis案

これらの他に議会は，1864年7月8日，Wade-Davis案[22]を通過させた。同案はリンカーンによって廃案にされたが[23]，その内容は議会の南部再建計画を示すもので，合衆国憲法第4条第4項の規定に基づいて反乱州において共和政体を保障することを目的とするものであった。同法案は，反乱州で新し

20　S. T. Ansell, *Legal and Historical Aspects of the Militia*, 26 Yale L. J. 472 (1917).

21　Belz, at 23.

22　An Act to guarantee to certain States whose Governments have been usurped or overthrown a Republican Form of Government, reprinted in Ⅰ Henry Steele Commager, DOCUMENTS OF AMERICAN HISTORY, 437 (9th ed. Prentice-Hall, Inc. 1973).

23　Proclamation concerning a Bill "to Guarantee to certain states, whose governments have been usurped or overthrown a republican form of Government," and concerning reconstruction July 8,1864., reprinted in, Ⅶ Arthur Brooks Lapsley ed., THE WRITINGS OF ABRAHAM LINCOLN,168 (The Lamb Pub. Co. 1905) ; Michael Les Benedict, A COMPROMISE OF PRONCIPLE-CONGRESSIONAL REPUBLICANS AND RECONSTRUCTION 1863-1869, 83 (W. W. NORTON & Co. INC 1974).

50 第3章 合衆国憲法修正第13条の原意

く制定される憲法において奴隷制度の廃止を規定することを求め，奴隷の地位から解放された者の自由の保障のために連邦裁判所の管轄権を拡大し，さらにそれらの自由に対し制限を加えようとした者への罰則を定めていた。

第2款　行政府の示した市民権・市民的権利に関する判断

この時期に行政府は，市民権・市民的権利に関して二つのことを行っている。一つはリンカーンが奴隷解放布告を出したことであり，もう一つは司法長官が「市民」の概念に係わる意見を示したことである。

第1項　奴隷解放の布告

第一次就任演説でも明らかなように[24]リンカーンは，当初は合衆国の統一の回復を戦争の目的としており，奴隷制度の廃止は目的としていなかった。しかし，1862年になり奴隷解放論が高まったのを受けて，同年奴隷解放予備布告[25]，翌年に奴隷解放最後布告[26]を発出した[27]。

これら二つの布告は大統領の戦争権限に基づいて出されたものであり，反乱州において奴隷として所有されている人々は1863年1月1日以降自由になること，合衆国政府はその人々の自由を保障するために活動することを宣言したものであり，特に前者の予備布告は，逃亡奴隷の捕獲・返還のために連邦軍を使用することを禁じた「戦争に関する付加条項を制定する法律」[28]と，前述の，奴隷が解放されることを明文で定めた，第二次反乱者財産没収法を引用し，これらを軍務に従事する者が遵守することを求めていた。

なお，このうちまずはじめの予備布告は，「アフリカ人の血統を引く人々」

---

24 Abraham Lincoln, First Inaugural Address, Mar. 4, 1861, reprinted in Ⅳ Roy P. Baslered, THE COLLECTED WORKS OF ABRAHAM LINCOLN, 262 (Rutgers Univ. Pr. 1959). 高木八尺・斉藤光訳『リンカーン演説集』93頁（岩波書店　1983）。

25 Preliminary Emancipation Proclamation, Sep. 24, 1862, Ⅴ *Id.*, at 433. 同136頁。

26 Emancipation Proclamation, Jan. 1, 1863, Ⅵ *Id.*, at 28. 同140頁。

27 これらの布告に対しては，解放された奴隷の自由の保障を宣言したものなのか，それとも，反乱州の憲法・法律等を改定し奴隷制度を廃止することを宣言したものなのか不明確であるという批判や，そもそも大統領にこのような布告を発出する権限があるのかという批判があった。G. Sidney Buchanan, *The Quest for Freedom: A legal History of the Thirteenth Amendment*, 12 Hous. L. Rev. 1, 6 (1974).

28 An Act to make an additional Article of War, 12 Stat. 354 (1862).

を米大陸あるいはその他の場所に植民させる計画に言及していたが、このプランは後に議会の同意が得られずに廃棄された[29]。

第2項　司法長官による市民権に関する意見の提示

司法長官は、1862年に、財務長官からの「有色人種」は合衆国市民として米国籍船舶の船長になる資格があるのか、という照会に対して回答したなかで[30・31]、「市民」の意義について次のように述べた。

まず憲法上用いられている「市民」という用語は個人が国家と政治的関係にあることを示すものであり、具体的には当該個人がある国家を構成する一員であり、国家からの保護を受ける代償として国家への忠誠を負担するという関係にあるということを示すもので、何らかの特権あるいは権利を有することを示すものではない、とした。

次に、合衆国の国内で出生した者は合衆国の市民であり[32]、またその居住する州の市民であるとした。そしてこの点に関連して、少なくとも合衆国憲法との関係では、有色人種 (colored) であることないしは白色人種でない (not Caucasian) ことを理由として市民であることが否定されることはない、とした。

最終的に司法長官はこの意見において、奴隷が市民であるかどうかについては言及しなかった。しかしながら同時に司法長官は、Dred Scott 事件判決[33]の適用範囲を狭く解し、自由黒人は市民であることを妨げられないとした。

この司法長官の意見は後に連邦議会における議論に引用されるなどして、先述の1862年から1864年までに制定された軍隊関係法と同様、黒人の合衆

29　supra note 3 ; cf. Hoemann, at 71.

30　10 Op. Att'y. Gen. 382 (1862).

31　当時米国籍船舶の船長は米国市民権を有する白人に限られていた。2 Stat. 809 (1813). 同法は後に廃止されている。13 Stat. 201 (1864). なおこの点に関連して cf. 39-1 Cong. Globe. 1116 (Rep. Wilson) ; 1 Stat. 287 (An Act concerning the registering and recording of ships or vessels).

32　この点に関し司法長官は同旨の意見を、国務長官の「合衆国に帰化していない外国人の子供は、合衆国で出生したことにより合衆国市民とされるか。」という照会に対しても、送付している。10 Op. Att'y Gen. 328 (1862).

33　60 U. S. 393 (1857).

52　第3章　合衆国憲法修正第13条の原意

国市民権獲得に対して影響を与えた[34]。

第3節　修正第13条の制定過程

　修正第13条の原案は，第38回連邦議会において上院では1864年1月11日に，下院では1864年5月31日に提案された。上院は1864年4月8日に同案を可決した[35]。下院は同年6月15日に採決に付したが，可決に必要とされる3分の2の得票がなく[36]，この会期において本憲法修正案は否決された。その後下院は第二会期に改めて同案を審議し[37]，1865年1月31日可決した[38]。

第1款　上院における議論
第1項　Trumbull上院議員の発言
　上院における実質的な議論は，1864年3月28日の法務委員会を代表するTrumbull上院議員の発言から始まった[39]。同議員はこの発言の中でまず，一連の南部の反乱を巡る問題の根源は奴隷制度の存在にあることを指摘した。そして大統領の奴隷解放宣言については，適用範囲が反乱州に限られており，またその発出権限の正当性について疑義が呈されているとして，今後の連邦の立法もしくは各州の立法による奴隷制度の復活を許容しないためには，憲法改正による奴隷制度の廃止が必要である，と主張した。

第2項　憲法修正に賛成する者の主張
　議論において本憲法修正に賛成した者は，次の点をその主張の理由とした。

34　Maltz, at 8 ; Belz, at 31. 修正第13条に関する議論の中でこの意見が引用された例として38-1 Cong. Globe 1323 (Sen. Wilson).

35　投票結果は38対6で，反対者はDavis, Hendricks, Mcdougall, Powel, Riddle, Saulsbury上院議員であった。38-1 Cong. Globe, 1490.

36　投票結果は93対65であった。38-1 Cong. Globe, 2995. 連邦議会が憲法改正の発議をする場合両議院の3分の2の得票がなくてはならない。cf. U. S. Const. art. V.

37　この点に関し，1864年12月6日Lincolnは第4次年次教書において議会に対し，当該憲法修正案の再考を促し，それが連邦議会議事録に収録された。38-2 Cong. Globe, app 3.

38　38-2 Cong. Globe, 531.

39　38-1 Cong. Globe, 1313.

まず連邦制との関係では，奴隷制度の存在は，共和政体，連邦政府の至高性，国家の統一・存続の否定であるとし[40]，また，共同の防衛及び一般の福祉の目的のために租税等を徴収する権限[41]，戦争を宣言し，陸軍及び海軍を設置する権限[42]，連邦内の各州において共和政体を保障する権限[43]，Due Process 条項[44]，によって，連邦議会は奴隷制度をその統制の下におくことができ，また，むしろそれをすることが責務である[45]との主張がなされた。次に奴隷制度と人間性，人種問題等との関係においては，奴隷制度の廃止により，人間性に基づく，尊重すべき権利と自由な家族関係の保護が達成される[46]という意見が示され，また，仮に黒人が白人より劣後することを認めたとしても，それを理由として黒人を奴隷とすることは容認できない[47]という主張や，奴隷制度が人間の理性，common law に基礎をおくものでなく，諸州の法等によっても否定され得るものであるならば，それを消滅させるために必要な方策が採られなくてはならない[48]という主張がなされた。

第3項 憲法修正に反対した者の主張

最終的に憲法修正に反対した者は6名であるが，そのうち審議において発言したのは5名であり[49]，その主要な主張は，財産権（property）の規制に関する州権の侵害になるのではないか[50]，Domestic な関係についての法制を管轄する州権の侵害ではないのか[51]，むしろ奴隷制度の廃止を主張したことが

40　*Id.,* at 1320 (Sen. Wilson).

41　U. S. Const. art. Ⅰ, § 8, cl. 1.

42　U. S. Const. art. Ⅰ, § 8, cl. 11-cl. 14.

43　U. S. Const. art. Ⅳ, § 4.

44　U.S. Const. Amend. Ⅴ.

45　38-1 Cong. Globe, 1480 (Sen. Sumner).

46　*Id.,* at 1324 (Sen. Wilson).

47　*Id.,* at app. 113 (Sen. Howe).

48　*Id.,* at 1440 (Sen. Harlan). この発言の中で同上院議員は，英国統治時代の Sommersett's Case の法廷意見，米国の Dred Scott 判決の反対意見，Prigg v. Pennsylvania （10 Pet., 611）の法廷意見を引用して奴隷制度の性質について論証している。Id., at 1438. なお，この頁の Prigg v. Pennsylvania の引用判例番号は前述の通り 10 Pet. 611 とされているが，41 U.S. (16 Pet.) 539, 541 の間違いと思われる。

49　Riddle 上院議員は発言していない。

50　38-1 Cong. Globe 1366 (Sen. Saulsbury) ; *Id.,* at 1483 (Sen Powell).

54 第3章 合衆国憲法修正第13条の原意

反乱の原因であった[52]，当該修正案は憲法修正権限の埒外である[53]，というものであった。

第4項 修正案を修正する案

審議の過程において，修正案に賛成した者の側から，「すべての者は法の下に平等であり，従って何人も他の者を奴隷として所有することはできない。また，連邦議会は合衆国並びにその管轄権の内において本条の規定を施行するために適当な法律を制定する権限を有する。」と修正案を修正する案が提出された[54]。しかしながら同案は，同案の用いるフランス憲法に依拠する規定ぶりよりも，すでに適用の前例のある北西部条令をその文言的基礎とする法務委員会案の方がより好ましいとする意見が出され[55]，撤回された。

また，修正案に反対した者の側からは，黒人が市民であることを否定し，公務及び軍務への適格性がないことを宣言するものと[56]，奴隷所有者への補償なしには奴隷は解放されないことを宣言するものの二つの修正案への修正[57]が試みられたが，いずれも否決された。

第2款 下院における第一会期での議論

下院における実質的な議論の第一回目は，1864年5月31日から同年6月15日にかけて行われ[58]，第二回目は1865年1月6日から同31日まで行われ

---

51 *Id.,* at 1366 (Sen. Saulsbury).

52 *Id.,* at 1442 (Sen. Saulsbury) ; *Id.,* at 1444 (Sen. Mcdougall) ; *Id.,* at 1483 (Sen. Powell).

53 *Id..* at 1489 (Sen. Davis).

54 *Id.,* at 1483 (Sen. Sumner).

55 *Id.,* at 1489 (Sen. Howard).

56 *Id.,* at 1424. 提案は Davis 上院議員によってなされ，採決結果は5対32であった。

57 *Id.,* 提案は Powell 上院議員によってなされ，採決結果は2対34であった。

58 5月31日までに下院では同旨の案件についての議案が，Ashley, J. Wilson, Windom, Arnold, Norton, Stevens 下院議員より提案されている。Herman Ames, THE PROPOSED AMENDMENTS TO THE CONSTITUTION OF THE UNITED STATES, 214 (Lenox Hill Pub. & Dist. Co. 1970) (Burt Franklin 1896). このうち，J. Wilson 下院議員の議案は

　　第一条　奴隷制度は自由な政府と相容れないものであり，合衆国において永久に禁止される。本人の意に反する苦役は犯罪に対する刑罰としてのみ許容される。

た。

第1項　修正案に賛成する議員の主要な主張

本憲法修正案に賛成する議員の主要な主張は概要次の通りであった。

まず合衆国憲法の制定目的との関係では，合衆国憲法の前文に示されるように，国家の主権者（Sovereign power of nation）は，基本的な権利の宣言（basic Bill of Rights）を憲法制定の目的としており，もし憲法の制定者が，その制定時に，その他の条文においてこれを忘却していたとするならば，後世の者はそれを修正すべきであり，奴隷制度はまさにその修正すべきものである[59]との意見が述べられた。

次に連邦制との関係では，奴隷制度の廃止のために戦争は行われており，政府の立法機関としては当該戦争を終結せしめ，また奴隷制度擁護勢力が国家の存続の危機を二度と生ぜしめないように，憲法修正を行うべきである[60]，という意見や，奴隷制度を廃することこそが連邦の再生に必要であり，そのためには単に反乱州においてのみ奴隷制度を廃止するのではなく，合衆国領域すべてにおいてそれを廃止しなければならない[61]，という見解が示された。

また共和国市民の権利との関係では，当該修正案の受容によって，この共和国の市民に与えられる権利が保障され，解放された奴隷と自由黒人がその生来的に有する権利を享受し，また，反乱州に居住する奴隷制度に反対して

　　第二条　連邦議会は，前条の規定を実施するために適当な法律を制定する権限を有する。

　というもので，同議員は，問題とされるべきは，自由な政府の存在と奴隷制度は相容れず，また，憲法の前文に示されているその目的とも両立しないものであり，この反乱から学ぶべきことは，すべての州においてすべての市民の憲法上の権利を平等に正しく保障すべきである，ということであると述べている。38-1 Cong. Globe 1199-1204.

　これらの憲法修正案とは別に，通常の法律によりこの案件を取り扱う議案がLove-joy下院議員より出されている。これは独立宣言及び憲法のいくつかの条文を実定化することを意図するもので，同時期に出された T. D. Elliot 下院議員の解放民（Freedman）の権利についての議案と併せて，議会の解放民の地位に対する関心を示すものと解される。Hoemann, at 109.

59　38-1 Cong. Globe 2614 (Rep. Morris) ; *Id.*, at 2955 (Rep. Kellogg).

60　*Id.*, at 2944 (Rep. Higby).

61　*Id.*, at 2949 (Rep. Shannon).

56 第3章 合衆国憲法修正第13条の原意

いる白人もそれを享有することができる[62]，という主張がなされた。

第2項　修正案に反対する議員の主要な主張

本憲法修正案に反対する議員の主な主張は，概要次の通りであった。

まず連邦制との関係では，当該修正案は連邦分裂の恒久化に資するだけである[63]という見解や，奴隷制度廃止の主張こそが連邦の分裂を招いており，連邦の再建のためにはこのような憲法修正案を廃案にすることが必要である[64]という主張等がされた。またこれに関連して州の権限との関係では，当該修正案は奴隷制度を許容することを前提として連邦に加盟した州の自律権を侵害する[65]，奴隷制度のような Domestic な制度を憲法修正によって変更することはできない[66]，奴隷制度を廃止するかどうかは州の専権事項である[67]，という見解が示された。

なお，個人の権利との関係では，当該修正案は個人の財産権（property）を侵害するものである[68]，という意見が出された。

第3款　下院における第二会期での議論

第一会期の採決時に自票を賛成から反対に切り替えた Ashley 下院議員により[69]，第二会期の 1864 年 12 月 15 日修正第 13 条案の再審議が提案され，1865 年 1 月 6 日，再び審議が開始された[70]。

62　*Id.*, at 2991 (Rep. Ingersoll).

63　*Id.*, at 2615 (Rep. Hendrick)；*Id.*, at 2962 ((Rep. Holman).

64　*Id.*, at 2947 (Rep. Kalbfleisch).

65　*Id.*, at 2616 (Rep. Hendrick)；*Id.*, at 2939 (Rep. Pruyn)；*Id.*, at 2961 (Rep. Holman).

66　*Id.*, at 2940 (Rep. Pruyn).

67　*Id.*, at 2952 (Rep. Coffroth).

68　*Id.*, at 2940 (Rep. Fernando Wood).

69　Ashley 下院議員は，第二会期で同修正案の再検討を提案するために，これを意図的に行った。38-1 Cong. Globe 2995.

70　第 38 回連邦議会の第一会期から第二会期までの間に大統領選挙と連邦議会選挙があり，大統領選挙では Lincoln が再選され，下院で共和党側が 102 議席から 149 議席まで議席をのばし，修正 13 条推進派が勝利した結果となった。Hoemann, at 125；Charles Fairman, RECONSTRUCTION AND REUNION 1864-88, 1149 (Macmillan Co. 1971).

第3節 修正第13条の制定過程 **57**

第1項 Ashley下院議員の発言

1月6日最初の発言者としてAshley下院議員は，次の意見を述べた[71]。

同議員はまず，本来連邦憲法を適切に解釈したならば片時たりとも合衆国において存在できなかったはずの奴隷制度が，憲法上の基本原則を侵害した政府の憲法の運用と憲法を曲解した裁判所により存続してしまったので，憲法修正が必要となったとし，また，奴隷制度は奴隷のみならず，それに反対した白人の権利をも侵害する状況を招いていると指摘した。

次に同議員は，独立と合衆国憲法の制定は，それに先んじて存在していた合衆国人民の結束（unity of the people of the United States）と国家的市民権（national citizenship）に基づいてなされたものであり，また，連邦憲法は独立によってもたらされた恵沢を豊かなものにし，そのために生命，財産，名誉を賭した結束と国家的市民権を確保するために制定されたとした上で，この事実に基づくと奴隷制度は廃止されるべきで，また州権論は明らかに不条理であり，さらに明文で憲法改正手続の対象から奴隷制度を除外することもできたにもかかわらず，それがなされていないことも考慮すると奴隷制度に関する憲法修正をすることは可能である，と主張した。

なお同議員は州の政体との関係では，憲法は各州における共和政体と，市民権の国家性（nationality of citizenship）を保障しているとし[72]，また，連邦憲法に従って構成され行為する市民の政府（civil government）を有さない州が連邦内に存在することを許容することはできない，とした。

第2項 第二会期における修正案に賛成の者の主な主張

第二会期において本修正案に賛成した者の主な主張は以下の通りであった[73]。

まず個人の権利との関係では，各州において共和政体を保障するという連邦政府の役割を果たすためには，個人にその構成する共同体において権利を保護するための適切な機構を提供し，結果としてすべての市民に差別なく個人の自由を保障することが必要である[74]，という見解や，市民的自由は特定

71　38-2 Cong. Globe 138.

72　Cf. U. S. Const. art. IV, § 2（筆者注）.

73　なお，以下で紹介する主張については，賛成者，反対者共に，上院での議論並びに下院における第一回目の議論では見受けられなかったものを主に紹介する。

58 第3章 合衆国憲法修正第13条の原意

の人種に対してだけでなく，その出自や政治的状況に関係なく保障されるべきであり，また，すべての人種に対して，それぞれの能力と文化に応じてそれぞれの発達を享受することができるように，法の下の自由と平等を保障しなくてはならない[75]という意見が述べられた。

　またこの他に連邦議会の権限に関しては，第36回連邦議会で奴隷制度を廃止する連邦議会の権限を認める憲法修正をなすことを禁じる憲法修正案が通過したが[76]，同様に奴隷解放を宣言する憲法修正を提案する権限も連邦議会に認められるはずである[77]という意見が述べられた。

第3項　修正案に反対の者の主な主張

　第二会期において，本修正案に反対した者の主な主張は以下の通りであった。

　まず連邦制との関係では，憲法上連邦に移管されていない権限は各州に残されるのであり，また，奴隷制度は州の組織なので連邦の管轄範囲にはなく，連邦憲法の改正によってもそれを変えることはできない[78]という意見や，奴隷制度が漸進的に消失することはすでに明らかであり，そうであるならば奴隷制度を廃止する件は州の決定にゆだねるべきである[79]という見解が示された。

　次に個人の権利との関係では，同修正案の効果によって，連邦に忠誠な州の市民の財産権（property）も侵害されることになる[80]という意見が出された。

74　38-2 Cong. Globe 143（Rep. Orth）.

75　*Id.*, 155（Rep. Davis）.

76　1861年2月27日に奴隷制度廃止を禁じる憲法修正案が第36回連邦議会第二会期で通過し，各州の承認に廻されている。Herman Ames, THE PROPOSED AMENDMENTS TO THE CONSTITUTION OF THE UNITED STATES, 196, 363（Lenox Hill Pub. & Dist. Co. 1970）（Burt Franklin 1896）; cf. II Department of State, DOCUMENTARY HISTORY OF THE CONSTITUTION OF THE UNITED STATES OF AMERICA 1786-1870, 516（Rothman & Co. 1998）（1894）. 同案は Illinois 州に承認されただけだった。Howard Devon Hamilton, *The legislative and Judicial History of the thirteenth amendment,* 9 Nat'l Bar J. 26, 27（1951）.

77　38-2 Cong. Globe 174（Rep. Odell）.

78　*Id.*, at 151（Rep. Roger）; *Id.*, at 238（Rep. Cox）; *Id.*, at 481（Rep. Finck）.

79　*Id.*, at 220（Rep. Cravens）.

80　*Id.*, at 151（Rep. Roger）.

また，もし本修正案によって州権並びに個人の財産権（property）が侵害されるのを許容するならば，同様の方法によってマイノリティはその他の権利も奪われることになる[81]という懸念も示された。なお，白人と黒人の間の主人－奴隷関係は安全，社会の平穏，そして生存に対する相互の必要から生じた自然な関係である[82]という見解も出され，さらに本修正案は，奴隷から彼らの自然的保護者を奪い去るものである[83]，という意見も出された。また同時に，オリジナルの憲法において奴隷は徴税と選挙に関する人口算定の対象とされているが，本修正案には解放された奴隷を合衆国市民とする条項がなく，結果として彼らは合衆国憲法の定めるところの代表を持たないことになる[84]ということも指摘された。

第4節　修正第13条の理解

第1款　連邦議会での議論の帰結

修正第13条賛成派は，奴隷制度は合衆国憲法の定める共和政体や権利保障の理念と相容れず，それが南北戦争の原因となっており，従って奴隷制度の廃止が戦争を終結させ，将来の紛争を予防することになると考え，同条の制定を推進した。

修正第13条反対派は，奴隷制度の廃止は州の権限と個人の財産権（property）を侵害するものであり，それを許容することこそが南北戦争の原因であって，Domestic な関係についての州の自律権を確立し，個人の財産権（property）を保障することこそが必要であると考え，同条制定に反対した。

最終的に修正第13条は「奴隷及び本人の意に反する苦役」の合衆国における存在を否定し，賛成派の考え方に従って問題を解決し，連邦の再建を図った。

この選択は，奴隷制度の倫理的正当性の問題を別にすれば，合衆国憲法の定める共和政体の理念と権利保障のあり方についてのモデルの選択であったという意味で，微妙な，しかし重要な問題を含んでいた。

81　*Id.,* at 181（Rep. Vorhees）.

82　*Id.,* at 177（Rep Ward）.

83　*Id.,* at 176（Rep. Ward）.

84　*Id.,* at 154（Rep. Roger）.

第1項　政治制度選択の問題

　まず前者の連邦制度や共和制の理念との関連では，この選択は，Cox 下院
議員の「我々は親と子供，保護者と被保護者，夫と妻，相続，嫡出の問題を
扱うのに憲法を改正するのか。それをする権限があるからといってそれをせ
ねばならないのか。もしそうならばそれはどこで終わるのだろうか。」[85]と
いう指摘にあるように，いわゆる Domestic な関係にまで連邦の関与を認め
るものであり，奴隷制度が一方で州の制度であると理解されつつ，他方で家
族制度の一部と解されていたことも考え合わせるならば，連邦と州の関係に
おいて連邦のより広汎な関与を認めるのみならず，政治制度と家族制度の関
係においてより広汎に政治制度の家族制度に対する関与を認める可能性が有
るという意味で，大きな転換をせまる可能性もある選択であった[86]。

　他方でこの問題について，修正第13条のような選択をせず，奴隷制度を内
包した連邦制度・共和制を維持することは，単に当時の国内政治の状況との
関係のみならず，合衆国憲法第4条第3節第3項の各州における共和政体の
維持に関する条項との関係や，第1条第9節第1項において1808年以降奴
隷の輸入を禁止出来ると憲法上定められていること等との関係で，法的にも
問題が生じる可能性を維持するものであったともいえる[87]。

　このような選択肢の中で，連邦議会は，先に述べた通り，奴隷制度の廃止
こそが合衆国憲法と合致するものと考え，修正第13条を成立させたが，その
際に奴隷制度の廃止が憲法と一致すると考える重要な要素となったのは，憲
法上の人権保障の原則と奴隷制度の廃止の関係であった。

---

[85]　*Id.*, at 242 (Rep. Cox).

[86]　この点については，奴隷制度の廃止によって夫婦・親子・家族の関係を守ることが
　　できる，という指摘もなされている。38-1 Cong. Globe 1324 (Sen. Wilson).

[87]　なおこの点に関連して，イギリスは1833年に奴隷制度を廃止するために奴隷廃止
　　法（The Slavery Abolition Act）を制定しており，これとの関係で米国が奴隷制度を維
　　持することは，国際政治の観点からも問題があったと考えられる。なおイギリスの奴
　　隷廃止法については，高木八尺他編『人権宣言集』（岩波書店　1977）の「奴隷廃止法」
　　の項目参照。

第2項　権利保障の問題

　修正第13条に関する議論の過程においては，奴隷制度の倫理的問題が指摘されるのみならず，この制度が合衆国憲法の目的である基本的な権利保障とそぐわないものであり，これを修正することが憲法の目的に合致するものである，という認識が示され，さらには，奴隷制度が廃止されることにより，解放された奴隷，自由な黒人，奴隷制度に反対していた白人が合衆国の市民に認められる権利を享有することができる，ということが主張された。

　このような認識により修正第13条は制定されたが，他方で，この選択は結果として，それを保障することを目的として形成された連邦憲法に修正を施し，保障の対象であるところの財産権（property）をかえって奪うことになった[88]。この意味では既存の権利の保護の観点からは，修正第13条の制定はむしろ，権利を縮減したのであって，その意味では，修正第13条は権利保障の範囲・保護の度合いを拡大したというよりも，その態様を変更したものと評価出来る。

第2款　解決されなかった問題(1)――黒人の地位

　連邦議会における議論の過程等で示されながら，修正第13条では解決されなかった問題としては「自由になった黒人をどうするのか」[89]という問題があった。これは具体的にはいくつかの異なる形で問題とされた。

第1項　黒人の市民権

　まず黒人の市民権については，Wilson 上院議員が1862年の司法長官の意見を引用して，自由な黒人も合衆国市民であること認める発言をした[90]。

　これに対して Davis 上院議員が黒人は市民でないことを宣言する憲法修正を提案したが，これは否決された。

　従って，少なくとも上院では，解放された奴隷は市民になると考えられていたといえる。

　しかしながら，司法長官の意見において示されている通り市民権は，それ自体としては政治的共同体の一員であることを示すのみであり，市民である

88　Hoemann at 146.

89　38-2 Cong. Globe. 179 (Rep. Malloy).

90　38-1 Cong. Globe. 1323.

62　第3章　合衆国憲法修正第13条の原意

ことから何らかの意味を引き出せるものではなかった。むしろ，市民の中で
享受する権利に差違があることなども認められており，この点からするなら
ば実体的な意味で合衆国の市民として認知されることが何を意味するのかは
不確定であったといえる。また，合衆国市民権と州の市民権の関係，その得
喪に関する権限の所在も明らかでなかった[91]。

第2項　解放後に黒人が享有する権利──一般的権利

　黒人が解放された後にどのような権利を享有することになるのか，という
ことも議論された。これについては一般的な権利に関する主張と特に参政権
と関係する主張がなされた。

　まず一般的な権利に関しては，この修正により刑罰としてなされるものを
除いて奴隷的拘束と意に反する苦役が否定され[92]，奴隷を財産として保有す
ることが認められなくなり[93]，奴隷であった者は人とされ[94]，さらにそれだ
けでなく何らかの権利が保障されるという考え方が示された[95]。ここで保障
される権利は，抽象的には，生来的に有するとされる権利[96]，自然的権利
（natural-right）[97]，生命，自由，幸福追求の権利[98]があげられた。

　しかしながら具体的にどのような権利が保障されることになるのかについ
て考え方は多様であった[99]。また，その享受の態様については，解放された

---

[91]　この点について，黒人が各州の市民になるのかどうかは当該州の決定すべきことで
　　ある，という指摘（38-1 Cong. Globe 1465（Sen. Henderson））と，州法に反してでも黒
　　人に市民権を与えるのかどうか，修正第13条が制定された後に問題としなくてはな
　　らない，という指摘（38-2 Cong. Globe. 170（Rep. Yeaman.）がなされている。

[92]　38-2 Cong. Globe 200（Rep. Fransworth）.

[93]　Id., at 244（Rep. Woodbridge）; Id., at 236（Rep. Smith）.

[94]　38-1 Cong. Globe 1463（Sen. Henderson）; 38-2 Cong. Globe 217（Rep. Smither）.

[95]　38-2 Cong. Globe 487（Rep. Morris）.

[96]　38-1 Cong. Globe 2990（Rep. Ingersoll）.

[97]　38-2 Cong. Globe 202（Rep. McBride）.

[98]　Id., at 142（Rep. Orth）.

[99]　この修正の効果として保障されるであろう権利としてあげられた主なものは以下の
　　通りである。
　　• 労働の対価を得る権利（38-1 Cong. Globe 2990（Rep. Ingersoll））.
　　• 婚姻並びに家族関係を形成する権利（38-1 Cong. Globe 1324（Sen. Wilson）; 38-2
　　Cong. Globe 193（Rep. Kasson））.

奴隷が白人と同様の権利を享受することについての懸念が表明されていること[100]，Sumner 上院議員の修正案が採用されず，北西部条令に基づく文言が採用されたこと，などから，必ずしも平等な権利の享受が予測されていたわけではない，とも理解され得る[101]。

第3項　解放後に黒人が享有する権利──参政権

参政権の問題については，本修正により黒人の参政権を認めることになり[102]，また，それによって憲法の定める代表の原理が変更されてしまう[103]，ということが本修正反対派の主張の根拠とされた。

この点については，自然的権利を認めることと政治的権利を認めることとは別のことである[104]ということも指摘されており，これがどう理解されるべきかは，最終的には未解決のままであった[105]。

また，被選挙権との関係では，オリジナルの憲法上奴隷は，一定の配分で人口の一部として算定され，それを含めた人口に基づき連邦議会下院議員は配分されることとされていたが[106]，修正第 13 条の制定により解放された奴隷についてどのような扱いにするかはオリジナルの憲法にも，また修正第 13

- 財産を保有する権利（38-1 Cong. Globe 1439 (Sen. Harlan)）.
- 訴訟を起こす，あるいは訴訟において証言する権利　Id.
- 自由に表現する権利 Id.

100　38-2 Cong. Globe 177 (Rep. Ward)；Id., at 179 (Rep. Mallory)；Id., at 216 (Rep. White).

101　この点について，Sumner 修正は，黒人に白人と同等の市民的・政治的権利を与えると解釈されるおそれがあることから否定された，という理解（Belz, at 127）と，単に用語法の問題ではないか，という解釈（Maltz, at 23；Hoeman, at 117）がある。なお，北西部条令について Howard Devon Hamilton, *The Legislative and Judicial History of the thirteenth amendment,* 9 NAT'L BAR J. 26, 48 (1951) 参照。この資料によれば，一般的に北西部条令の奴隷禁止の条項は，それによって黒人に市民的もしくは政治的権利を与えるものではないと解されていた。*Id.,* at 52.

102　38-2 Cong. Globe 179 (Rep. Mallory).

103　38-1 Cong. Globe 2987 (Rep. Edgerton).

104　38-2 Cong. Globe 202 (Rep. McBride).

105　なお，修正第 13 条の承認に際して South Carolina 州は，同条第 2 項は，連邦議会に解放民の政治的地位に関する立法の権限を付与したものではない，という留保をつけた。Hoemann, at 156.

106　U. S. Const. art. I. § 2 cl. 3.

条にも定められておらず，この点についても，何らかの対応が必要であった。

第3款　解決されなかった問題(2)——その他の問題

　先に紹介した南北戦争前後，修正第13条制定前に連邦議会で制定された法律の目的は，第一に奴隷として労役に従事している者を解放し自由人とすることであり，第二に反乱州において共和政体を構築することであった。

　前者の奴隷として労役に従事している者の解放という目的については，それらの者を解放することが第一次的目的であって，それらの者がどのような地位におかれることになるのかについては必ずしも明らかにはされておらず，むしろ付随的目的としては，これらの解放された者を，連邦側において軍務に従事させることがあった。さらにこの点については，修正第13条の制定過程において，連邦の防衛のために従軍した解放奴隷を合衆国市民とするか，という形で議論された。

　このように，軍務と市民権の取得を関係づけるのは，前述の通り米国の伝統であるとされるが，このこと自体の正当性は修正第13条の議論の際にも問い直しはされず，この後の修正第19条に関する議論において再度議論されることになった。

　また後者の反乱州で共和政体を構築することについては，共和政体のうち理論的には多種多様に想定することのできる具体的なあり方のうち，ある特定のモデルを，すなわち政体内に奴隷制度が存在しない共和制を選択することを反乱州に求めるものであった。この意味において修正第13条は，単に連邦の再編という意義を持つのみならず，その構成体である州内部の政治システムにまで影響を与えるものであった。

　これは法論理的にいうならば，各州の市民が自ら選択した政治システムの変更を外在的に求めるということであり，市民が自らの意思で選択した政治システムの意義とその限界という点で，「いかなる政治の形体といえども，もしこれらの目的を毀損するものとなった場合には，人民はそれを改廃し，かれらの安全と幸福とをもたらすべしとみとめられる主義を基礎とし，また権限の機構をもつ，新たな政府を組織する権利を有する」と宣言する独立宣言の解釈自体にも係わる問題でもあったが，これについてもこの際には議論の対象とは，かならずしもされなかった。

第 5 節　小　　結

　修正第 13 条を制定した連邦議会において議論に参加した者は，オリジナルの憲法の本義を独立宣言に従って決定し，その残りの部分を修正することを決定した。この際に彼らは結果として，そもそも自らの拠って立つところであった憲法とすら対峙しなくてはならなかった[107・108]。そして彼らの手に残っていた唯一のテキストは独立宣言だった[109]。

　彼らはこの決断，すなわち，オリジナルの憲法の本義たるところを独立宣言に従って決定し，その残りのところを修正することを決めたときには，これですべての問題が解決するものと信じていた[110]。しかしながら，先に述べた通り，解放された奴隷との関係はどのようなものとするのかなど，この後彼らはこの決定から派生する様々な問題と対峙することを余儀なくされた[111]。そしてそれが，修正第 14 条，修正第 15 条，そして 1866 年からの一連の市民的権利法の制定へと連なっていくことになった。

107　独立宣言と合衆国憲法の考え方の相違については，辻内鏡人『アメリカの奴隷制と自由主義』32 頁（東京大学出版会　1997）参照。

108　修正第 13 条は，オリジナルの憲法の条文のうち，逃亡奴隷についての条項（第 4 条第 2 節）と，下院議員及び直接税の配分に関する 5 分の 3 条項（第 1 条第 2 節）を無効にした。特に後者のことが，結果として，南部諸州において下院議員の配分を増加させることになり，修正 14 条第 2 項制定のきっかけとなった。Howard Devon Hamilton, *The Legislative and Judicial History of the thirteenth amendment*, 9 NAT'L BAR J. 26, 56 (1951).

109　多くの議員が独立宣言と奴隷制度の廃止の関係について触れている。cf. ex. 38-1 Cong. Globe 1323 (Sen. Wilson)；*Id.*, at 1422 (Sen. Johnson).

110　Jacobus tenBroek, *Thirteenth Amendment to the Constitution of the United States Consummation to abolition and key to the Fourteenth Amendment*, 39 CAL. L. REV. 171, 176 (1951)；Herman Belz, EMANCIPATION AND EQUAL RIGHTS, 113 (W W NORTON & COMPANY 1978).

111　Robert Mensel, *Jurisdiction in nineteenth century international law and its meaning in the citizenship clause of the fourteenth amendment*, 32 ST. LOUIS UNIV. Pub. L. REV. 329, 354 (2013).

第 4 章　合衆国憲法修正第 14 条の原意

第 1 節　本章の課題と論証の方向性

　1865 年 12 月 4 日から開かれた第 39 回連邦議会において，南北戦争条項の
うちの第二の憲法修正である修正第 14 条が制定された。

　同条は全 5 節からなり，第 1 節は「合衆国において出生し，または帰化し，
その管轄権に服するすべての人は，合衆国及びその居住する州の市民であ
る。」と市民権（citizenship）の所在を明らかにし，さらに「いかなる州も合衆
国市民の特権または免除を損なう法律を制定し，あるいは施行することはで
きない。」として，市民的権利（civil right）について規定している。

　次に，第 2 節は連邦議会下院議員の配分方法並びに当該配分と選挙権享有
資格との関係について定め，第 3 節は，南北戦争において反乱州側に加担し
た者の扱いについて，第 4 節は反乱州側援助のための負債等の扱いについて，
第 5 節は本条を施行する連邦議会の権限について定めている。

　この条文全体の構成から明らかなように，本条は，南北戦争によって破壊
され，機能不全に陥った米国の政治システムをどのように再構築していくの
か，という問題を解決するために制定されたものである。そして，このとき
に連邦議会は，市民権及び市民的権利の意義について検討するという課題に
対峙した。

　本章では，本条の制定過程を検討し，市民権及び市民的権利の原意につい
て考察する[1]。

　まず第 2 節から第 4 節においては，修正第 14 条の意義を確認するための
参考として，修正第 14 条の制定に関する議論がなされた第 39 回連邦議会に

　1　修正第 14 条において，「市民」の用語は，同条第 1 節及び第 2 節で使われている。本
　　稿は，このうち第 1 節を主な分析の対象とするが，これら二つの条文において使われ
　　ている「市民」の意義は共通で，密接な関係にあると解されるので，その限りで同条
　　第 2 節も分析の対象とする。

おいて制定された，いくつかの市民権並びに市民的権利に関する法律の制定過程を検討する。第39回連邦議会において制定された市民権及び市民的権利に関する法律のうち最も重要なものは，修正第13条第2節に基づいて制定された，解放民局（Freedmen's Bureau）法改正法と1866年市民的権利法であることから[2]，第2節では解放民局法について，第3節では1866年市民的権利法について検討する。第4節では，これら以外に同時期に連邦議会が制定した，市民権及び市民的権利に関する法律を概観する。

　第5節では，連邦議会における修正第14条の制定に関する議論を分析す

2　なおこれらの法案と前後して，上院においては，Wilson上院議員（39-1 Cong. Globe 39）とSumner上院議員（Id., at 91）によって，解放民の権利擁護に関する法案が提案されている。Wilson上院議員のものは二つの条文からなり，第1条で，反乱州に存在する，人種，皮膚の色，出生，あるいは奴隷としての地位もしくは意に反する労役についていたことに基づく市民的権利ないしは免除の不平等を定める法律等を無効とし，さらに，同地域におけるそのような法律等の制定を禁じ，第2条で，第1条で定めるところに違反した者の罰則と大統領の執行義務を定める，とするものであった。

　Sumner上院議員は，次の二つの法案を提出したが，いずれの法案も廃案となった。

・反乱州における人種等に基づく差別を禁じ，すべての者は平等であることを宣言し，さらに同諸州におけるアフリカ系人民に対してなされた，あるいはアフリカ系人民によってなされた犯罪についての裁判管轄，また，アフリカ系人民が当事者となる裁判についての裁判管轄を合衆国憲法のもとで，連邦裁判所の管轄下にあるものとする，修正第13条を実施する法案

・すべての者の平等を宣言し，さらに，裁判並びに投票においての平等までも保障しようとする，合衆国憲法の定める共和政体を反乱州において保障することを意図する法案

　この理由については，これらの法案が提供する保障が不十分であったからであるという説（Jacobus tenBroek, EQUAL UNDER LAW, 177（Macmillan Co. 1965）quoted in Jones v. Mayer Co. 392 U. S. 409, 429（1968））と，その実効性に問題があったからであるという説（Charles Fairman, RECONSTRUCTION AND REUNION 1864-88, 1223（Macmillan Co. 1971）[hereinafter Fairman]）がある。

　また，下院においてはFarnsworth議員が「すべての政府権力の正当性は被治者の同意に基づくものであり，従って，その大部分の市民に対して，それらの者が金銭的並びに軍務上の責務を負担するにもかかわらず，その従うべき税制並びに軍務上の義務に関する法についての同意不同意を表明する権利を否定し，あるいはそれらの市民にその固有の権利を享受することを十分に保障しえない，そのような政府は正当な政府とは見なされない。」とする趣旨の決議を提案している（39-1 Cong. Globe 46）。本決議案は再建合同委員会に送付された（Id., at 48）。

る。修正第 14 条案は 1866 年 4 月 30 日に上下両院で提案され，下院は同年 5 月 8 日から 10 日まで議論し，議論の最終日の 10 日に可決した。上院は 5 月 23 日から 6 月 8 日まで議論し，同修正案第 2 節及び第 3 節に修正を付した上で，6 月 8 日に可決した。下院は同 13 日に上院の修正に同意した。その後本憲法修正案は各州の批准に附され，最終的に 1868 年 7 月 28 日に発効した。本書では，この憲法修正案に関連して提案されたいくつかの憲法修正案も含めて，連邦議会における本憲法修正案の審議過程を分析していくこととする。

第 6 節及び第 7 節では，第 5 節までで整理した連邦議会における議論を整理し，修正第 14 条が制定されたことの意義と効果をまとめる。

第 2 節　解放民局法の改正

第 1 款　奴隷制度類似の制度の再生の試みと解放民局法の改正

第 39 回連邦議会第一会期中の 1865 年 12 月 18 日，国務長官により修正第 13 条が合衆国憲法の一部となったことが宣言された[3]。これによりすべての奴隷は解放され，意に反する苦役を課すことは禁止されたが，それですべての問題が解決したわけではなかった。南部諸州はいわゆる Black Code[4]を制

3　13 Stat. 774.

4　Black Code については，辻内鏡人『アメリカの奴隷制と自由主義』第 4 章（東京大学出版会　1997）参照。各州の条文のダイジェストについては，Edward McPherson, THE POLITICAL HISTORY OF THE UNITED STATES OF AMERICA DURING THE PERIOD OF RECONSTRUCTION APRIL 15 1865-JULY 15 1870, 29-44 (DA CAPO PRESS (1972) (1871). [hereinafter McPherson]. Black Code は，1865 年から 1866 年までの間に Alabama 州をはじめとするいくつかの南部州で制定されたが，後述の解放民局法と 1866 年市民的権利法についての議論に影響を与えたのは，特に Mississippi 州と South Carolina 州のそれらであった。cf. Donald G. Nieman, TO SET THE LAW IN MOTION, 111 (KTO Pr.1979) ; 39-1 Cong. Globe 1153 (Rep. Thayer) (ここでは，Mississippi, Alabama, South Carolina, Virginia 州の名前があげられている);Id., at 1160 (Rep. Windom) (ここでは Mississippi, Georgia, South Carolina, North Carolina, Virginia 州の名前があげられている)

　Black Code に共通した性質としては，次の点が挙げられる。

・学校等の公共の場所や婚姻等における人種隔離

・黒人による不動産所有の制限

・雇用者に被用者の行動等に対しての詳細な規制権能を認めていたこと

第2節 解放民局法の改正 **69**

定し，実質的な意味において従前の奴隷制度類似の制度の再生を試みていた
からである[5][6]。

　これへの対応策としてまず提案されたのが解放民局法改正法である。この
改正法のもととなる解放民局法は，第38回連邦議会で制定されていた[7][8]。

5　南部諸州の制定した Black Code 自体よりもむしろ，それらの州において生じていた
　私人による解放民差別とそれに対しての州の不適切な対応が問題とされていた，とい
　う指摘もある。Robert L. Kohl, *The civil rights act of 1866, It's hour come round at last*,
　55 VA. L. REV. 272 (1969)；John Hope Franklin, *The Civil Rights Act of 1866 Revisited*,
　41 HASTINGS. L. J. 1135 (1990).

6　George Bentley によれば，解放民局法改正の必要性は，Black Code の存在の他に，
　次の点を根拠として主張された。

- Johnson 大統領が General Carl Schurz に命じて，連邦への North Carolina 州の復
　帰に際して寛大な条件を提示した布告（Proclamation appointing a Governor for
　North Carolina, reprinted in William Macdonald ed., SELECTED STATUTES AND
　OTHER DOCUMENTS ILLUSTRATIVE OF THE HISTORY OF THE UNITED
　STATES, 135 (The Macmillan Co. 1903) [hereinafter Macdonald]）と同様のもの
　をその他の反乱州についても適用すべきか，ということを調査するために南部諸州
　を視察させた際に作成された，いわゆる Schurz Report

- 解放民局（Freedmen's Bureau）の作成したレポート

　これらいずれのレポートにおいても，南部において従前の奴隷制と同様の制度がか
　つての奴隷に対して適用されようとしていることと，解放された黒人に対しての加害
　行為の状況が示されていた。George R. Bentley, A HISTORY OF THE FREEDMEN'S
　BUREAU, 107 (Oxford Univ. Pr. 1955). なお，このときの Schurz Report の影響につ
　いて cf. Barry Sullivan, *Historical Reconstruction, Reconstruction History, and the
　Proper Scope of Section 1981*, 98 YALE. L. J. 541, 553 (1989).

7　An Act to establish a Bureau for the Relief of Freedmen and Refugees, 13 Stat. 507
　(1865).

8　同法は第37回連邦議会から第38回連邦議会にかけて審議された。審議過程につい
　ては，Herman Belz, A NEW BIRTH OF FREEDOM-THE REPUBLICAN PARTY
　AND FREEDMEN'S RIGHTS 1861-1866, Chap 5-6 (Greenwood Pr. 1976)；Henry
　Wilson, HISTORY OF THE ANTISLAVERY MEASURES OF THE THIRTY-SEVE-
　NTH AND THIRTY-EIGHTH UNITED-STATES CONGRESS 1861-64, Chap. 17
　(Walker wise & Co. 1864)：辻内鏡人『アメリカの奴隷制と自由主義』第五章（東京大
　学出版会　1997）参照。

　審議過程における議論では，第一に，解放された奴隷が市民的自由を享受するもの
　との前提に基づき，新たに認められた権利の保障手段として解放民局を設置すること
　を推進する賛成派と，解放されたことによって従前の奴隷は自由人（freemen）となる

70　第4章　合衆国憲法修正第14条の原意

同法は，全5条からなり，第1条は戦争によって放棄された土地の管理並びに解放民（Freedmen）及び難民に関する事務を処理することと解放民局の目的を定め，第2条は同局の具体的な業務範囲を，衣料，燃料その他の陸軍長官が必要と認めた物資を難民，解放民，及びその妻，子供に供給することとしていた。

第2款　解放民局法改正案の内容

　第39回連邦議会の1866年1月5日にTrumbull上院議員によって提案された[9]解放民局法改正案[10]は，基本的には解放民局の存続期間を延長することを目的とするものであったが，それに加え，第一に解放民局の管轄地域を，反乱州地域のみから合衆国全域に拡大すること[11]，第二に，黒人等の権利保障の措置を定めるものとされていた。

　この第二の点は法案上「通常の裁判手続が反乱によって妨げられている諸州並びに特別区において，州法あるいはその他の地域的個別法律，条例，規則，慣習，偏見により，黒人，黒白混血の者，解放民，難民，その他の者が，人種，皮膚の色，あるいは従前の奴隷の地位，または苦役に従事していたことを理由として，契約を締結する権利，契約上の権利を行使する権利，裁判

　のであるから，それらの者に関する管理機関を設けることは，自由人としての彼らの地位に反するとする反対派とが対立した。この対立は結局，解放民局を陸軍省（War Department）の下におき，存続期限を反乱の存続中及びその後1年以内に限定したことで，これが反乱が存続する限りでの一時的な措置に過ぎないことを示し，さらに，法文上，解放民局の長官（Commissioner）は，解放民に対する一般的管理権限を有するのではなく，「解放民にかかわる事務の管理」（control of all subjects relating to……freedmen）を行う，とし，またその事務の範囲を緊急的に必要とされる事項についての援助に限定することで，解決された。
　また第二に，審議の当初は解放された奴隷の地位が議論の中心であったが，その後に連邦に忠誠な南部の白人の扱いについても問題となり，この件に関しても解放民局の職掌事務の範囲内に入れられることになった。そしてこのことが，この法案の通過に重要な積極的影響を与えた。

9　39-1 Cong. Globe 129.

10　McPherson, at 73. なお，これとは別にDoolittle上院議員がやはり解放民局に関する法案を提案している。39-1 Cong. Globe 77 (1865). 同法案の内容はTrumbull上院議員のものとほぼ同じであった。cf. Michael Les Benedict, A COMPROMISE OF PLINCIPLE, 149 (W. W. Norton & Co. 1974).

11　McPherson, at 73, Sec. 1.

を起こす権利，証人となるないしは証拠を提出する権利，土地を含む個人資産を相続，売買，貸借，保有し，個人とその財産の保障のために，すべての完全かつ平等な法及び裁判から得られる便益を享受する権利，憲法上保障される武器を保持する権利を含む市民的権利ないしはその他の免除等を含む白人の享受する市民的権利並びに特権の享受を妨げられた場合に，あるいは，白人と比較して，黒人及び難民等が，同様の犯罪等を行ったにもかかわらず異なる刑罰等を科された場合に，解放民局長官を通じて，軍による保護を与え，裁判管轄を設定することを大統領に義務づける」[12]とされていた。

また第4条，第5条は，南北戦争中に放棄された土地の解放民等への再分配について規定しており，さらに第8条は差別的法律等の適用を続ける州政府職員に自由刑あるいは罰金刑を科すとしていた。

第3款　拒否権の行使

同法案は，1866年1月25日に上院を通過し，同年2月6日に下院を通過して大統領に送付されたが，大統領は以下の理由で拒否権を行使した[13]。

第一に大統領は，同法案が合衆国全地域を対象として軍事管轄権（military jurisdiction）を設定し，反乱11州において解放民を地域的法律等による侵害から保護することを解放民局職員にみとめるように規定している点について，このような規定に基づく，裁判による監督を受けない権限は，連邦憲法上の規定にもかかわらず[14]，当該地域の事情を無視して，恣意的かつ不正に，さらには本法により権限を付与される者の情実にしたがって行使される可能性があるということを指摘した。

第二に大統領は，解放民局は，解放民が，自由で自律した者となるために設置されたが，それを恒常的機関とし，生活援助等を解放民に与えることは，彼らの自律に対しての妨げとなるとした。

第三に大統領は，同法案第5条は，連邦憲法の何人も「正当な法の手続によらないで，生命，自由または財産を奪われることはない」[15]という規定に

12　*Id.,* at 73, Sec7.

13　*Id.,* at 68. ここで紹介した理由の他に，当時の議会にこの法案でもっとも影響を受ける州の代表者が出席していないことも拒否権行使の理由であることが指摘されている。

14　*Id.* at 69. ここでは修正第5条と修正第6条が引用されている。

もかかわらず，何らの手続的保障もなく従前の土地所有者からその土地を取り上げようとしているとした。

第4款　再提案による改正

大統領による拒否権行使の後，同法案は上院で再び採決されたが，拒否権を越えて法案を成立させるのに必要な3分の2の投票を得られず，廃案になった[16]。

その後解放民局法改正案は，1866年5月22日にEliot下院議員によって再び提案され[17]，大統領の再度の拒否権行使にもかかわらず[18]，1866年7月16日に上下両院で可決され[19]，従前のTrumbull上院議員の改正案とほぼ同旨の内容に改正された[20]。

15　U. S. Const. Amend V.

16　39-1 Cong. Globe 943.

17　*Id.,* at 2743.

18　*Id.,* at 3849. 大統領の拒否権行使に際して下院に向けられた理由説明は，従前のものと重複することを避けるとしつつ，以下の点を指摘している。
- 解放民は連邦及び州のそれぞれの裁判所を通じて白人と同等の権利を享受しているので，戦争が終了した後にまで，戦争の一手段としての解放民局を存続せしめ，それに軍による法廷（military tribunal）の設置を認めることは不必要である。
- すでに制定されている市民的権利法（後述の civil rights Act of 1866 のこと：引用者注）によって，必要な手段は実現されており，この法案で実現されようとしている手段は必要ない。
- この法案によって，議会は，それが保護しようとしている市民と同様に国家の恵沢を求めている者から，その財産を取り上げようとしている。

19　39-1 Cong. Globe 3842（上院）; *Id.,* at 3851（下院）.

20　An Act to continue in force and to amend "An Act to establish a Bureau for the Relief of Freedmen and Refugees,"39-1 Cong. Globe app. 366（14 Stat. 173（1866））. この法律の正式名称は，Trumbull上院議員の法案のものとほぼ同一である。同法は，解放民局の存続期限を2年のみ延長することとした点や（*Id.,* at Sec1.），州職員等の処罰の規定を除いた点，大統領が，解放民ないしは難民等に対しての侵害に関する案件について，軍事的保護・軍による裁判管轄（military protection and jurisdiction）を設定・提供する方式の相違等の点で，Trumbull上院議員のそれと若干異なった（Donald G. Nieman, THE FREEDMEN'S BUREAU AND BLACK FREEDOM, 418（GARLAND PUB. INC. 1994））。また，解放民局の権限は，同時期に制定された軍隊適正化法（Army Appropriation Bill of 1866 : 14 Stat. 90, 92）と南部自作農法（Southern Homestead Act : 14 Stat. 66）によっても，実質的に拡大された。George R. Bentley, A

第3節　1866年市民的権利法の制定

第1款　解放民の権利擁護の必要性と1866年市民的権利法の内容

　元来解放民局は，連邦憲法上連邦議会が保有する，いわゆる戦争権限に基づいて設置されたものであり，当該権限を根拠としている関係上，一時的な保護を与えることができるだけであったことから，恒常的な方法による解放民等の権利擁護を考える必要があった[21]。それに対応するものとして，1866年市民的権利法が制定された[22]。本法の概要は以下の通りであった。

　まず第1条は，合衆国市民を「すべての合衆国内で出生し，外国の管轄権の下にない者は，課税の対象とされないIndianを除いて，すべて合衆国市民である。」と定義した。そしてさらに，このように定義された市民の享受する権利に関して「それらの市民は，人種並びに皮膚の色にかかわりなく，また，従前の奴隷としての地位，あるいは，正当に科された犯罪に対する刑罰としてのものを除く，苦役に従事していたことにもかかわらず，すべての合衆国に属する州とその他の領域において，契約を締結しそれを執行する，訴訟を提起し，あるいはその当事者となる，不動産あるいは個人財産を相続，購買，貸借，販売，保有，移動する，また，身体並びに財産の保全のために完全かつ平等な法並びに裁判の利益を享受する，白人市民と同等の権利を享受し，さらに，それに反するいかなる法律，命令，規則，慣習にかかわらず，同等の刑罰にのみ服するものとする。」と規定した。

　第2条は，従前奴隷であったこと，あるいは人種あるいは皮膚の色等を理由として，州またはその他の合衆国に属する領域の住民に対して，法律，規則，慣習等に基づいて，本法の定める権利を侵害する，あるいは白人を対象

　HISTORY OF THE FREEDMEN'S BUREAU, 134 (Oxford Univ. Pr. 1955).

　　なお解放民局は，1868年，さらにその設置期間が延長され，最終的には1872年まで存続した。Eric Schnapper, *Affirmative Action and the Legislative History of the Fourteenth Amendment*, 71 Va. L. Rev. 753, 783 (1985).

21　Herman Belz, EMANCIPATION & EQUAL RIGHTS, 114 (W. W. Norton & Co. 1978) ; Jacobus tenBroek, *Thirteenth Amendment to the Constitution of the United States*, 39 CAL. L. REV. 171, 184 (1951).

22　An Act to protect all Persons in the United States in their Civil Rights, and furnish the Means of their Vindication, 14 stat. 27.

74 第4章 合衆国憲法修正第14条の原意

として定められたものと異なる刑罰等を科した者に刑罰を科すことを定めていた。

第3条は，州裁判所あるいは該当地域の裁判所において本法の保障する権利が否定されるもしくはその権利の行使が拒否された場合，その事件については連邦地方裁判所並びに連邦巡回裁判所が管轄権を有すると定めていた。また第4条は，地方首席検事（District Attorney），解放民局職員等の連邦政府職員が本法の侵害等に関する訴訟遂行権限を有すると規定していた。

第2款　制定の経緯

本法案も，解放民局法改正案と同様に Trumbull 上院議員によって，1866年1月5日に提案された[23]。同案は，上院では同年1月29日から2月2日までの審議の後可決され[24]，下院においては3月2日から13日に議論がなされ，若干の修正の後可決された[25]。下院による修正に対しての上院の同意の後[26]，同法案は大統領に送付された。3月27日に大統領は拒否権を行使したが，上院は同年4月6日，下院は9日にそれぞれ再可決し[27]，本法は成立

23　39-1 Cong. Globe 129.

24　*Id.*, at 606.

25　*Id.*, at 1367.

26　*Id.*, at 1416.

27　下院での再可決に際しては，大統領の拒否権行使理由が陳述された後すぐに採決がなされたので，実質的な議論はなされなかった。採決がなされる前々日の1866年4月7日に Lawrence 下院議員が，賛成の立場から，次の趣旨のコメントをしている（39-1 Cong. Globe 1832）。

- 連邦議会には，それによって何らかの権利を得，義務を負う連邦市民権を定義する権限がある。
- 連邦市民権に付随する権利とは，生命，安全，自由，財産を平等に享受する権利である。
- 現在直面している問題は，州がこれらの権利を保障する実効的な手段を提供しないときに連邦は何らそれを阻止する権限を持たないのか，ということである。この点について，連邦議会は，連邦憲法第4条第2節規定の権利を保障する権限，連邦法の遵守を刑罰等によって確保する権限，連邦市民権に固有の市民的権利が諸州において平等に享受されることを確保する権限によって，それを保障することができると考えられる。

　なおこの意見では，同法案によって，帰化市民の権利が守られることになる，ということが指摘され，さらに帰化市民に関し，帰化して合衆国市民になった者が，各州

第3節　1866年市民的権利法の制定　**75**

した。

　本法の制定過程においては，上下両院において次の議論がされた[28]。

第3款　第一回目の上院での議論

第1項　Trumbull 上院議員の説明

1866 年 1 月 29 日，Trumbull 上院議員は本法案について以下の説明をし

　の州法によって合衆国市民としての権利を侵害されたときに，連邦議会が保護を提供
　できないとするのはおかしい，ということが指摘されている。

28　本法案の制定過程は後に Jones v. Alfred H. Mayer Co 事件（392 U. S. 409（1968））
　で検討されている。本件は，原告が黒人であることを理由として，被告がその所有す
　る家の売却を拒否したことが，本法の後継法にあたる 42U.S.C. § 1982 に反するとし
　て提起されたものである。同判決において裁判所は，本法の制定過程に関し以下の通
　り判示した。
　　第一に同判決は，修正第 13 条第 2 節について上院法務委員会の委員長であった
　Trumbull 上院議員は「（同節は）修正第 13 条第 1 節が適切に施行されるためのもの
　であり，これによって連邦議会は解放民にその権利，現在南部諸州によって実質的な
　意味で剥奪されようとしている，それなくしては人が自由だということのできない権
　利を，より効果的に保障する法律を制定する権限を付与された。」と述べ，同条によっ
　て単に奴隷制廃止のための法制定権限のみが連邦政府に付与されたとは考えていなか
　った（39-1 Cong. Globe 43. cited at 392 U. S. 409, 430）とした。
　　第二に同判決は，同議員によれば，同法は Black Code を廃止するのみならず，同議
　員のいうところの「偉大な基本的権利（great fundamental rights）」すなわち，財産獲
　得の自由（the rights to acquire property），移動の自由（the right to go and come at
　pleasure），裁判を受ける権利（the right to enforce rights in the courts），契約の自由，
　財産を相続し，処分する自由を保障し，これらの権利に関して黒人と白人の間に存在
　するすべての差別を廃止することになる，とされていた（39-1 Cong. Globe 599. cited
　at 392 U. S. 409, 430）とした。
　　そして以上の二点を前提として同法案は上院を通過したとした上で，同判決は，下
　院においても，上院においてと同様に，同法は，同法規定の市民的権利についてすべ
　ての人種差別を禁止する包括的な法律である，という認識があった（392 U.S. 409, 435）
　と認定し，同法は，同法規定の権利に関しあらゆる差別を禁じるために制定されたも
　のである，とした（392 U. S. 409, 436）。
　　さらに同判決は，修正第 13 条第 2 節の規定する連邦議会の権限に関し，Trumbull 上
　院議員（39-1 Cong. Globe 322）と Wilson 下院議員（Id., 1118）の発言を引用し（392
　U. S. 409, 439），同条によって連邦議会は，財産を取得することについてのすべての人
　種差別に基づく障害を排除する権限を有する，としている（392 U.S. 409, 439）。なお，
　この判決における本法制定過程の理解について cf. Fairman, Chap. 20.

76　第4章　合衆国憲法修正第14条の原意

た[29]。

　まず同議員は，修正第13条は奴隷制を排除し，合衆国に居住する者はすべて自由であることを宣言しており，本法はこの宣言を実現し，合衆国に居住する者すべてに実際に自由を保障するためのものである，とした[30]。また同議員は，具体的な本法案の目的について，従前のいわゆる奴隷州において皮膚の色に基づいて差別的な取扱いをすることを求める法律が制定されている実情を参照しつつ[31]，これらの差別を排除し，修正第13条を実現することが本法案の目的であると主張した。

　次に同議員は，本法制定に関する連邦議会の権限について，連邦議会は修正第13条の規定により，このような法律を制定する権能を有している[32]とした[33]。

---

[29]　39-1 Cong. Globe 474. 1月12日 Trumbull 議員は，本法案の概略に関し述べているが（*Id.*, at 211），実質的説明は29日に行った。

[30]　*Id.*, at 474. この点について Trumbull 上院議員は別のところで，「憲法を修正し奴隷制を廃したときに，我々は，すべての者は，その皮膚の色にかかわらず，合衆国に出生したことによって合衆国市民となり，合衆国市民権を有する者に属する平等の権利を享受することを宣言する法律を制定するつもりであった。」ということを述べている。*Id.*, at 600.

[31]　*Id.*, at 474. ここで Trumbull 議員は Mississippi 州と South Carolina 州の法律を例にとって，その状況を説明している。

[32]　*Id.*, at 474.

[33]　またこの点に関連して同議員は，本法案の採用するいくつかの部分は，1850年に制定された逃亡奴隷法において採用されたものを流用したものであり，同法制定についての連邦権限の正当性が認められるのならば，当然に本法案の該当部分の正当性も認められるべきであるとしている（39-1 Cong. Globe 475.）。

　なお逃亡奴隷法については，An Act to amend, and supplementary to, the Act entitled "An Act respecting Fugitives from Justice, and Persons escaping from the Service of their Masters" approved February 12, 1793 (9 Stat. 462), reprinted in I Henry Steele Commager, DOCUMENTS OF AMERICAN HISTORY, 321 (9th ed., Prentice-Hall Inc. 1973). 本法は，逃亡した奴隷が発見逮捕された場合にその逃亡奴隷を所有者に引き渡し，また，すべての市民が逃亡奴隷の捜索・逮捕について合衆国官憲に協力する義務を負うことを定めた法律である。この法律と本法案との関係については，Johnson 上院議員から，同法が実効的でなかったことから，本法案の実効性についての疑義が出され（39-1 Cong. Globe 505），Cowan 上院議員からは，この法律が，実質的に州の権限を侵害しているという認識から，その合憲性について問題があり，従って，本法案についてもその合憲性について問題がある，ということが指摘されて

なお同議員は，この際の演説において，いかなる法もすべての人に平等でなく，他の市民に認められる市民的権利をある市民から奪うものである場合には，自由を侵害する法であると主張した。またさらに同議員は，また合衆国憲法第4条2節1項に関するいくつかの判例を引用しつつ[34]，「合衆国市民」であることの意義は，「一州の市民は，他のいずれの州においても，その市民の持つすべての特権及び免除を等しく享有する権利を有する。」という条文で保障される，すべての自由人に保障される基本的権利（fundamental rights）を保障することにある[35]とした。

第2項　賛成者の主張

本法の審議過程を通じて，連邦議会にこのような法律を制定する権限があるかどうかが問題とされた。本法案への賛成者は，この点について以下の意見を述べた。

まず修正第13条との関係では，連邦政府が許容したならば，南部の州がその権限を行使し，解放された黒人の権利と特権を制限するであろうことは修正第13条制定時の法務委員会ですでに予想されていたことであり，このような場合に，奴隷あるいは解放民に関する本法案のような法律を制定する権限を連邦議会に付与することは当初から意図されていた[36]，ということが指摘された。

また，政府は憲法上特段明記されていなくても，その管轄範囲内においてすべての者の権利を平等に保障するのに必要不可欠な権能を有し，その権能

いる（*Id.*, at 604.）。

34　39-1 Cong. Globe 474. ここで Trumbull 上院議員は，市民的権利の説明に際して，Maryland 州一般裁判所の判決（Campbell v. Morris, 3 H. & McH. 535 (1797)），Massachusetts 最高裁の判決（Abbott v. Bayley 23 Mass. (6 Pick.) 92 (1827)），そして連邦巡回裁判所の Corfield v. Coryell 判決（4 Wash. C. C. 371, 380 (U. S. C. C., Pa., 1823)），を引用している。

35　39-1 Cong. Globe 474. ここで Trumbull 議員は，Blackstone の自然的権利と市民的権利に関する説明と，Story の Commentary の合衆国憲法第4条第2節第1項の条文に関する部分を引用している。同議員の引用する後者の Commentary の該当部分によれば，当該条項の意図は，市民に，いわゆる一般的市民権なるものを与え，もって，同一州の市民が同一の条件の下で享受するすべての特権免除を授けることにある，とされている。

36　*Id.*, at 503 (Sen. Howard).

78 第4章 合衆国憲法修正第14条の原意

によって黒人に各様の権利を付与することが可能なはずである[37]，という意見や，そもそも連邦政府はいずれかの人種もしくは皮膚の色をしている者達のために構成されたものではない[38]ということも指摘された。

なお以上の連邦議会の権限の問題に関する意見とは別に，州の権限との関係では，そもそも本法案は，異人種もしくは肌の色の異なる者に同等の市民的権利を付与することを目的とするもので，州の正当な権限を制限するものではない[39]，という見解も示された。

第3項 反対者の主張

本法案に反対する者の主張は，本法案を制定する権限が連邦議会にあるかということについて疑問を呈するものであった。具体的には，この法案は修正第13条が連邦議会に付与した権限外のものである[40]，ということが主張された。その理由付けとしては，修正第13条は黒人奴隷を解放しただけであり，それ以上の意味はなく，したがって同条第2節もこれらの者を解放するのに必要な方策，すなわち，人身保護法などによって黒人を救済する方策を連邦議会が採ることを認めているだけである[41]ということが指摘された。

また反対者からは，我々には誰が我々の共同体の構成員になるかについての決定権があり，その混入が我々の利益に反する者を構成員と受け入れるべき義務はなく，この法案で提案されているように黒人を市民にするのならば，憲法改正を発議し，合衆国市民に諮らなくてはならない[42]ということも指摘された。

なお以上の他に州の権限との関係では，この法案は，市民の各州内における自由と財産権の保障に関する事項についての連邦管轄権を認めるものだが，それは連邦が形成されて以来州の管轄事項とされてきたことである[43]という主張がなされた。またこの点に関連して，この法案は，結果として州民

---

37 *Id.,* at 530（Sen. Johnson）.

38 *Id.,* at 570（Sen. Morrill）.

39 *Id.,* at 504（Sen. Howard）；*Id.,* at 602（Sen. Lane（of Indiana））.

40 *Id.,* at 477（Sen. Saulsbury）：*Id.,* at 500, 603（Sen. Cowan）；*Id.,* at 600（Sen. Guthrie）.

41 *Id.,* at 499（Sen. Cowan）.

42 *Id.,* at 498（Sen. Van Winkle）.

43 *Id.,* at 478（Sen. Saulsbury）；*Id.,* at 598（Sen. Davis）.

第3節　1866年市民的権利法の制定　**79**

によって制定された法を無効とし，州法上合法である行為を行った公務員を処罰するとしているが，そのような権限は連邦にはない[44]ということも指摘された。

第4項　修正案の提出

さらに本法案の反対者からは，オリジナルの連邦憲法上，連邦政府は，市民が州際間を移動した場合にその権利を擁護することはできるが，ある州内に生涯居住している者に係わる法律を制定することはできない[45]ということを根拠に，本法案を

「各州の市民は，他のいずれの州においても，すべての特権・免除を享有する。」

「合衆国市民に対し，合衆国憲法ないしはその法律により，他州においてその享受を保障される特権・免除を侵害しあるいはその原因となった者は，当該侵害に基づく損害につき被害者からの訴訟の対象とされ，有責となされ得，また陪審の判断で，その行為につき1000ドル以下の罰金あるいは1年以下の懲役あるいはその両者を併科する。」

と修正する案が出された[46]。しかしながらこの修正案は否決された[47]。

第5項　市民権の定義に関する議論

なお，この法案の市民権の定義に関する部分と，市民的権利に関する部分については以下の議論がなされた。

まず前者の市民権の定義については，第一回目の上院での議論において最初に法案が法務委員会から提出された時には，市民権の定義に関する部分はなかった[48]。この部分は後に挿入されたが，当初の提案の段階では，市民権の定義は「合衆国で出生したアフリカ系のすべての者は，ここに合衆国市民であることを宣言し」とされていた[49]。この修正案を提示したTrumbull上院

---

44 *Id.,* at 603 (Sen. Cowan).

45 U.S. Const. amend. X ; U. S. Const. art. IV. § 2, cl. 1.

46 39-1 Cong. Globe 595 (Sen. Davis).

47 *Id.,* at 606.

48 *Id.,* at 211.

49 *Id.,* at 474.

議員は，この提案の際に，奴隷州においては合衆国で出生したアフリカ系の者は合衆国市民であると解されておらず，また有色人種の人々を差別する立法がなされており，このような問題を解決するには，連邦議会にある合衆国市民を定義する権限を行使し[50]，この法案によって，合衆国に出生した者はすべて合衆国市民であると宣言し，加えてこの法案の規定する市民としての権利を享受することを明らかにしなくてはならない[51]とした。

その後この部分は「すべての合衆国で出生した者で，外国の主権の下にない者は，その皮膚の色にかかわらず，合衆国市民であることを宣言し」と修正されたが[52]，これにより Indian[53]，中国人，ジプシー等[54]も合衆国市民ということになるのかという疑義が生じた。

この問題をふまえてこの部分を「すべての合衆国で出生した者で，外国の主権あるいは（Indian）部族の権威のもとにない者は，合衆国市民と宣言される。」と修正することが提案され[55]，さらに，農地分割によって土地を保有するに至った Indian も市民とする提案がなされ[56]，そのすぐ後に憲法上の用語法をふまえて「納税義務のない Indian を除く」[57]ことにする提案がなされた[58]。

この提案については，市民権のもつ意義に鑑みると，その保有を納税の義務負担の有無に依らしめるのは疑問である[59]という指摘や，白人の場合には納税の有無にかかわらず市民権が認められるのに Indian については認めな

---

50 Trumbull 議員はこの権限の根拠を合衆国憲法第 1 条第 8 節第 4 項の連邦議会の帰化規制権限に求めている。

51 39-1 Cong. Globe 475.

52 *Id.*, at 498.

53 *Id.*, at 498 (Sen. Guthrie).

54 *Id.*, at 498 (Sen. Cowan).

55 *Id.*, at 504 (Sen. Lane (of Kansas)).

56 *Id.*, at 522 (Sen. Lane (of Kansas)). この提案は，当時 Kansas 州が農地分割を受けた Indian を市民としていたことに配慮してのものである。cf. *Id.*, at 506 (Sen. Lane (of Kansas)). この点についてはさらに California 州の Indian 保護区にいる Indian は連邦政府の保護下にあり部族の権威の下にはないが，その場合に彼らは合衆国市民になるのか，という問題が提起された。*Id.*, at 526 (Sen. Conness).

57 U. S. Const. art. I, § 2, cl. 3.

58 39-1 Cong. Globe 527 (Sen. Trumbull).

59 *Id.*, at 527 (Sen. Hendricks).

いとするのは失当である[60]，という反対意見が出された。

このうち後者の反対意見に対しては，次の点が指摘された。

第一に実体的に Indian は独自の政府を組織しており，連邦法の管轄下になく，また形式的にはオリジナルの連邦憲法自体が Indian を連邦の人口構成の一部としていないことから，Indian を市民としないと解しており，それを示すために前述の用語を用いるのである[61]という見解が示された。

第二に，Indian を市民とすることは結果として権利を付与するだけでなく義務も課すことになるが，これを認めず部族との条約によって諸案件を処理するのが従前からの連邦政府の方針であった[62]，ということが指摘された。

なお，文化的生活（civilized life）に適していない Indian を市民とすることはできない[63]という趣旨の見解も示されている。またこの点と関連して，合衆国政府は成立当初から黒人も Indian もその構成員ではなく，白人によって構成された政府であり，連邦議会は黒人や Indian を市民とすることはできない[64]という主張がなされたが，これに対しては，合衆国憲法の条文自体はそのようなことを述べていないという反論がなされた[65]。

第6項　市民的権利に関する議論

後者の市民的権利に関する部分については，当初1月29日の提案では「合衆国の諸州あるいはそれに属する領域の居住者（inhabitants）は，市民的権利あるいは免除の享受において，人種あるいは肌の色，もしくは奴隷等の従前

---

60 *Id.*, at 571 (Sen. Henderson). ただしこの意見については市民権に付随する権利や特権について，その享受に関し州に裁量を大きく認めるものであった点で，注意が必要である。この点について Henderson 議員は，Indian が連邦市民であることが宣言されたとしても，それらの者に対し契約を締結する等の権利を州法によって否定することは許される，と述べており，また，Indian が連邦市民とされるならばそれによって彼らはどのような権利を享受することになるのかについての説明を求める質問に対しては，回答を避けている。*Id.*, at 572.

61 *Id.*, 527, 572 (Sen. Trumbull). この用語は，Indian を実質的には外国人と同様に扱っているということを示すものであるという説明がつけ加えられている。cf. *Id.*, at 572 (Sen. Johnson).

62 *Id.*, at 571 (Sen. Doolittle).

63 *Id.*, at 572 (Sen. Trumbull)；cf. *Id.*, at 573 (Sen. Williams).

64 *Id.*, at 528, 575 (Sen. Davis).

65 *Id.*, at 530 (Sen. Johnson)；*Id.*, at 570 (Sen. Morrill).

82　第4章　合衆国憲法修正第14条の原意

の地位に基づいて差別されない[66]」とされていた。

　この提案中の「市民的権利」の文言については，選挙権等の政治的権利が含まれるかが問題とされた[67]。これに対しては，同法は「すべての自由人(freeman)」に属する権利について扱うのみであり，政治的権利について扱うものではない，ということが指摘された[68]。

　なおこの点につき Saulsbury 上院議員は，このような説明にもかかわらず，法案の文言上は，市民権の保持に基づき市民的権利としての選挙権が，人種等にかかわりなく付与されると解釈されうる，という点を指摘し，このような解釈を許容しないように条文を改正することを提案した。しかしながらこれは否決された[69]。

　また本法案では，市民であることではなく居住者であることを基準として権利等の享受を認めていることから，先の「市民」の定義によってこの部分に何らかの変更を加えるかが問題とされた[70]。これに対しては，一般的平穏と公共の福祉を確保するための州の規制権限の行使に，市民権を定義したことが何らかの影響を与えるものではないという見解が示された[71]。

第4款　下院での議論
第1項　Wilson 議員による本法案の説明

　下院においては Wilson 議員が，本法案の提案趣旨を概要以下の通り説明した[72]。

　第一に同議員は，本法案第1条の定める出生地を基準とする合衆国市民の定義は英国と同様の方法によるもので，これは合衆国においても採用されてきたものであり，また，その適用に際して人種等が考慮された前例はなく，従って有色人種に属する者も合衆国で出生したことによって合衆国市民とな

66　*Id.,* at 474 (Sen. Trumbull).

67　*Id.,* at 476 (Sen. Mcdougall) ; *Id.,* 477, 606 (Sen. Saulsbury) ; *Id.,* at 599 (Sen. Davis).

68　*Id.,* at 476, 599, 606 (Sen. Trumbull).

69　*Id.,* at 606.

70　*Id.,* at 572 (Sen. Williams). この点に関連して Johnson 上院議員は，法文上の文言が"inhabitant"とあるので，州は本法案によって当該州市民と外国人も含むそれ以外の者とを区別することが不可能になる，と指摘している。*Id.,* at 505.

71　*Id.,* at 574 (Sen. Henderson).

72　*Id.,* at 1115.

る[73]とした。なお同議員は，仮に有色人種に属する者が出生によって合衆国市民とされないとしても，連邦議会は統一的な帰化の規則を制定する権限を有しており[74]，これによりそれらの者を「帰化」させることができる[75]としている。

第二に同議員は，本法案第1条が定める合衆国市民の享有する権利は，人がこの共和国内において享受する自然的に有する権利である[76]とした。また同議員は，本法案はすべての市民が平等に市民的権利・免除を享受することを目的とするもので，その限りにおいては，単に現存の法を認容するものであり，連邦憲法第4条第2節の定めるところを実現しているにすぎない[77]と説明した。

また同議員は，もし我々の市民が単一の人種あるいは単一の皮膚の色の者から構成されている，もしくは各州が，少なくとも市民的権利・免除に関しては，人種等を考慮せずにその法制度を形成するならば，本法案は不必要であろうが，現状はそうではない，と現実の状況について説明した。そして同議員はこれに続いて，我々はすべての人間の有する重要な基本的権利を保障するために最善を尽くさなくてはならない[78]とし，この法案の第2条以下の条文はその目的を達成するためのものである[79]とした。

---

[73] *Id*.

[74] U. S. Const. Art. I, § 8, cl. 4.

[75] 39-1 Cong. Globe 1116.

[76] *Id.*, at 1117. 本法案規定の権利に関し Wilson 議員は，選挙権は，共和政体の保障のために議会の介入が必要な場合を除いては，州の管轄下にある政治的権利であるので，本法案の保障の範囲にはない，とし（39-1 Cong. Globe 1117），さらに Blackstone と Kent の学説に依拠してその性質を説明している（*Id.*, at 1118）。また別の機会に同議員は，州裁判所での証言資格について，それが，市民が享有する自由，安全，財産に対する権利を守るために必要とされるならば，剥奪されることはなく，その限りでは，当該市民の証言を禁じる州法は無効となる，としている（*Id.*, at app. 157）。

[77] *Id.*, at 1117. ここで Wilson 議員は，連邦憲法第4条第2節について，ある州にいる他州の市民の権利保護に関する条文としてではなく，ある州とその州民との関係に適用されるものとして理解している。cf. Earl Maltz, *Reconstruction without revolution: Republican Civil Rights Theory in the Era of the Fourteenth Amendment,* 24 Hous. L. Rev. 221, 252 (1987).

[78] 39-1 Cong. Globe 1118.

[79] *Id.*, at 1118.

84　第 4 章　合衆国憲法修正第 14 条の原意

　なお同議員は，本法案の制定根拠について，解放民にかかわる部分については修正第 13 条にあり，それ以上の権利保障をしている部分については，市民に対してそれらの権利を保障するために必要な権限が，連邦政府に認められなくてはならないということにある[80]，としている。

第 2 項　本法案の賛成者の主張

　この法案に賛成した者の主張は概要以下の通りであった。

　まず市民権に関する主張としては，第一に，南北戦争での貢献を考慮すると，黒人を奴隷制度のもとに再び置くことはできず，彼らは奴隷でない以上，合衆国の市民であり，もしそうでないとしても帰化に関する統一的な規則を制定する連邦議会の権限により彼らを市民とする必要がある[81]，という意見が示された[82]。

80　*Id.,* at 1118. Wilson 議員は，別の機会に（39-1 Cong. Globe 1294.），この主張の根拠として Prigg v. The Commonwealth of Pennsylvania（41 U. S. 539 (1842)）を引用している。同事件では，Maryland 州市民保有の逃亡奴隷を，同市民から依頼された者が Pennsylvania 州から強制的に連れ戻したことが，同州の定めるところであった黒人等を奴隷とするために強制的ないしは欺罔により同州から拘引することを禁じる法律に違反するとされたことが問題とされた。判決においては，同州法と 1793 年 2 月 12 日制定の逃亡奴隷に関する連邦法の関係についての連邦と州の立法管轄・権限のあり方が論じられた。Wilson 議員の引く法廷意見は，連邦憲法第 4 条第 2 節第 3 項を引用して奴隷制度の存在が憲法制定者によって是認されていたことを指摘し，さらにこの制度によって保障された奴隷保有者の権利をいかなる州法等も制限できないとして，その権利の実体的確保のための必要に応じて，連邦政府はその権限を行使しなくてはならず，そのための権限を有する，とした（41 U. S. 539, 615）。同判決は，奴隷保有者の権利擁護の観点から連邦政府の権限の存在を認定したが，その論理が逆に，奴隷制が廃止されたことによって，奴隷制廃止に必要な手段を連邦政府が採用することを是認する根拠とされたことになる。cf. Robert J. Kaczorowski, *The Enforcement Provisions of the Civil Rights Act of 1866 : A Legislative History in Light of Runyon v. McCrary*, 98 YALE L. J. 565, 565 (1989).

81　39-1 Cong. Globe 1124 (Rep. Cook).

82　なおこの意見において引用されている連邦議会の帰化権限については，連邦憲法上の「帰化」に関する権限は，議会が外国人に市民権を与えることができることのみを意味するのではなく，いかなる者にでも，合衆国市民権とそれに付随する権利を付与することができることを意味する，という理解が示されている。*Id.,* at 1152 (Rep. Thayer). またこの点に関係して Raymond 議員は，連邦議会が有色人種の外国人を帰化させることができ，それらの者は市民権に付随する権利を享受できるのに，合衆国

第3節　1866年市民的権利法の制定　85

　第二に，合衆国あるいは合衆国政府との関係では，この国・政府を白人の国・政府と考えた者は（南北戦争において）敗れたのであり，この国はこの国の居住者のものであって，この国の政府はそれによって統治される者のものであるというこの国・政府の創建者の考え方に基づいて，この国で出生した者をその市民と宣言することは妥当である[83]，ということが主張された。

　次に解放民等の権利保障に関しては，次の見解が示された。

　第一に当時の社会状況をふまえた見解としては，現実問題として，いくつかの州において，市民の権利・特権が州当局あるいはそこにある共同体によって侵害されているのであり，その回復を州政府には期待できない以上，連邦がそれを行うことが必要である[84]，ということが主張された。また反乱州の州民は，反乱に与したことから合衆国市民としても外国人としても理解されうる状態にあり，彼らを合衆国市民として再び受け入れるかどうかが決定されなくてはならないが，本法はその選択に関する連邦政府の立場を示すものであり，彼らを合衆国市民として受け入れ，彼らに合衆国市民としての権利，特権を提供することを示すものである[85]，という見解も述べられた。なおこれらの意見に関連して，本法案の通過は，反乱州にいる連邦に忠誠である者の保護のために必要である[86]，ということも指摘された。

　第二に本法案による権利保障と，市民権の定義の関係に関しては，本法案の目的は市民権の基礎をなす権利（Fundamental rights of citizenship），すなわちすべての文明化された国家（civilized States）の市民に共通の権利を保障することと，生命，自由，財産を保障し，また，すべての人間が法の前に平等であることを宣言することであって，この目的を達成するために本法案は，すでに一般的に認められているところに従い，出生に基づく合衆国市民権を定義するものである[87]，とされた。

　第三に連邦制度との関係では，本法案の目的は，市民的権利の享有に関する「人種，皮膚の色，従前奴隷であったこと」を理由とする差別の禁止，す

　　で出生した有色人種に属する者がそれを享受できないとするのはおかしい，と指摘している Id., at 1266.

83　Id., at 1262 (Rep. Broomall).

84　Id., 1151, 1153 (Rep. Thayer) : Id., at 1160 (Rep. Windom).

85　Id., at 1263 (Rep. Broomall).

86　Id., at 1265 (Rep. Broomall).

87　Id., at 1152 (Rep. Thayer).

なわち市民的権利の平等な保障であり，それが満たされる限りにおいて州は従前通りの権限を行使することができるのであるから，州権限の侵害にならない[88]ということが述べられた。また連邦政府の責務に関連する見解としては，合衆国憲法の前文に従い，合衆国政府は個人の権利をその内外において保障する責務を負担しており，それを果たすことが欧州諸国内においては認容されるのに，国内においてそれが許容されないというのは承服しがたい[89]，という意見が述べられた。なおこれらの意見に関連して，修正第13条制定時の理解として，第1節で奴隷的拘束の下にあった者に実体的自由を与えるために奴隷制を廃止し，第2節において第1節で与えられた自由を保障する権限を連邦議会に与えることを意図して，同修正の成立に賛成した[90]という意見も述べられた。またさらに修正第13条との関係では，この規定によって，連邦議会は，その市民間の差別を規制する法律を制定する権限を有する[91]，ということも指摘されている。

第3項　本法案の反対者の主張

この法案に反対した者は，第一に修正第13条との関係で，修正第13条第1節の目的は奴隷であったものを自由人にすることであり，従って同条第2節は，州が黒人を再び奴隷とするのを阻止する権限のみを認めたものである[92]と主張した。

また連邦議会の権限範囲との関係では，まず州の権限との関係で，連邦議会には，各州市民の市民的権利・免除を定義する権限はない[93]という主張がなされた。これは具体的には，自州の居住者の法的地位について決定し，それらの者の間の関係を定めることは，各州の権限であり，それを侵害することは，絶対的，独裁的な中央権力を形成する原因となる[94]という意見や，本法の規定は州の権限を侵害しており，同様のことは，むしろ憲法修正によっ

88　*Id.*, at 1293 (Rep. Shellabarger).

89　*Id.*, at 1263 (Rep. Broomall). cf. U. S. Const. Preamble ; U. S. Const. art. 1, § 8 ; U. S. Const. art4, § 2.

90　*Id.*, at 1151 (Rep. Thayer).

91　*Id.*, at 1124 (Rep. Cook).

92　*Id.*, at 1123 (Rep. Rogers);*Id.*, at 1156 (Rep. Thornton).

93　*Id.*, at 1296 (Rep. Latham).

94　*Id.*, at 1157 (Rep. Thornton).

第3節　1866年市民的権利法の制定　87

て行われるべきであり，またそれを行うにしても，州に市民的権利を保障す
ることを義務づけ，それが州政府によって実現されないときにのみ連邦政府
が関与する，という方式にすべきである[95]という見解であった。なおこれに
関連して，本法案第2条を適用すると，州の法律等に基づいてその権限を行
使したために本法案の保障する権利を侵害する結果を招いた者を処罰するこ
とになるが，これは州の公務員等に州法の適用を禁止する，あるいは州法を
適用した者を処罰することになり，結果として州の権限を侵害し，強大な中
央政府を構成してしまうことになる[96]，ということも指摘された。またこれ
らの見解に加えて，議会が，白人によって享受されている権利・特権を有色
人種にも拡張できるということは，同様に議会が，それらを意のままに排除
することもできるということでもあるが，そのような理解には同意できな
い[97]，という懸念も示された。

　なお以上の見解に関連して，憲法上の人権保護の客体が誰なのか，という
問題との関係で，オリジナルの合衆国憲法においては，生命，自由，財産を
「いかなる者」にも保障する，とすることにより，一般的に人権を保障するこ
とが企図されているが，本法案においては，市民の権利を保障することが意
図されており，オリジナルの憲法起草者の意図が無視されている[98]，という
点も指摘された。

第4項　「市民的権利（civil rights）」に選挙権が含まれうるか

　本法案における個別の議論としては特に，「市民的権利（civil rights）」に選
挙権が含まれるかどうかが問題とされた。この点についてまず州の権限との
関係では，連邦議会がこのような法律を制定することを認めることは，論理
的な結果として，州の専管事項とされている選挙権を有色人種に付与するた
めに，連邦議会が法律を制定することを認めることになる[99]，ということに

95　*Id.,* at app 159 (Rep. Delano).

96　*Id.,* at 1121 (Rep. Rogers)；*Id.,* at 1154 (Rep. Eldridge)；*Id.,* at 1266 (Rep.
　　Raymond)；*Id.,* at 1271 (Rep. Kerr)；*Id.,* at 1292 (Rep. Bingham). 特に Raymond 議員
　　の意見は，法案全体の趣旨には賛成の者の立場からの指摘である。

97　*Id.,* at 1120 (Rep. Rogers).

98　*Id.,* at 1292 (Rep. Bingham). ここで Bingham 議員は，この法律により州による外国
　　人の差別が許容されることになるが，それは正義に反する，と指摘している。

99　*Id.,* at 1121 (Rep. Rogers).

88 第4章 合衆国憲法修正第14条の原意

対する懸念が示された。また文言上の問題として，一般的な用語法では「市民的権利」に選挙権を含まないとは解されえない[100]，ということが指摘された。

このうち後者の見解に対しては，「市民的権利・免除」と政治的特権とは同一ではなく，この法案において保障されることになるのは前者であって後者ではない[101]，という主張がなされた。

第5項　下院における法案修正

先述の通り本法案は下院において修正が施された。その主な修正点は以下の通りである。　まず上院審議の時に存在していた「居住者（inhabitant）」という用語が，本法案の適用範囲を諸州の居住者でなく，合衆国市民に限定するために「市民（citizen）」という用語に変更された[102]。

次に，享受される権利のリストに「白人の市民によって享受されるのと同様に（as is enjoyed by white citizens）」という文言が挿入された[103]。

さらに，市民的権利・免除に関する一般的な差別を禁止する文言が削除された[104]。

---

100 *Id.,* at 1157（Rep. Thornton）；*Id.,* at 1291（Rep. Bingham）.

101 *Id.,* at 1117（Rep. Wilson）；*Id.,* at 1151（Rep. Thayer）；*Id.,* at 1159（Rep. Windom）.

102 *Id.,* at 1115.

103 *Id.,* at 1115. この修正に関して提案者の Wilson 議員は，この用語がなければ，性別，年齢に関係なく本法案の保障する権利が享受されると解される恐れがある，と指摘している。*Id.,* at app. 157.

104 *Id.,* at 1366（Rep. Wilson, Report from the Committee on the Judiciary）. 削除された文言は「いかなる州ないしは合衆国の領域においても，その市民的権利・免除の享受において，人種，皮膚の色，あるいは従前の奴隷の地位に基づいて，差別してはならない」というものであった。

　またこれに伴って，当初下院での議論の過程で施された「本法の規定は，選挙権に関するいかなる州の法律にも影響を及ぼすものではない。」という修正（39-1 Cong. Globe 1162（Rep. Wilson））も，不必要として削除された（*Id.,* at 1366）。cf. Horace Edgar Flack, THE ADOPTION OF THE FOURTEENTH AMENDMENT, 35（The John Hopkins Pr. 1908）[hereinafter Flack].

　この修正について Wilson 議員は，本修正によって本法案の性質は本質的には何ら変更されるところではないが，これらの文言の削除によって，何人かの反対者によって指摘されているような，意図されていない広い解釈を避けることができる，と述べている。39-1 Cong. Globe 1366.

第5款　大統領の拒否理由

本法案に対しては大統領が拒否権を行使した。その理由は概要以下の通りであった[105]。

第一に大統領は，本法案第1条の規定は，連邦の市民権及びそれに付随する権利の付与に関する規定[106]であり，連邦市民権に由来するものでなければ，州の市民としての地位を与えるものではなく，州の市民権は各州によって付与されるものと解されるとしつつ，連邦市民権並びにそれに付随する権利を，連邦構成州36州のうち11州の議員が議会に出席していない状況下で，奴隷から解放されたばかりの黒人に付与するのは，彼らの教養の程度を勘案すると，良い政策選択とは考えられない，とした[107]。

第二に大統領は，本法案は第1条後段列挙の権利について白人・黒人間の完全な平等の実現を意図しているが，これらの問題はこれまで州の専管事項と考えられていたことである，と指摘した[109]。また大統領はここで，連邦がこれらの点について州の差別的立法を排除できるとすると，州の政治機構に関する参政権についても同様の権限を行使できることになるが，そのような権限は連邦議会にはない，ということを指摘した。

第三に大統領は，州の裁判権との関係で，まず本法案第2条の規定により，州法上適法に裁判を行った州の裁判官が連邦法上刑罰の対象とされる可能性

105　39-1 Cong. Globe 1679（1866）; cf. McPherson, at 75.

106　ここで大統領は，当該規定は，中国人，課税される Indian，ジプシーと呼ばれる人々，黒人とされる有色人種の，アフリカ系の血筋を引く人々に連邦市民権を与えるものであると理解される，と述べている。

107　ここで大統領は，本法案が列挙している権利は，そもそも帰化を経ていない外国人等にも保障されていたものであり，このような法案によって市民権を付与しないでも，権利を保障することはでき，また合衆国の政府の組織や法を理解していない者が市民権を得るためには，合衆国憲法の下でそれらの者が市民としての権利を行使する能力があることを示さなければならないとされている，と指摘している。

108　なおこの点について大統領は，法案上，出生に基づいて黒人は市民権並びにそれに付随する権利を享受することになるが，他方で，米国で出生しなかった者は，5年間合衆国に居住し，その行状が良好である等の条件を満たさなければ，市民権等を享受できないことになることから，このような法律を制定することは合衆国に忠誠を示している教養ある外国人を差別することになる，ということも指摘している。39-1 Cong. Globe 1679.

109　*Id.*, at 1680.

90 第4章 合衆国憲法修正第14条の原意

があるという意味において，同条は州の司法作用に対する侵害であり，違憲の疑いがあるということを指摘し，また本法案第3条の規定は，連邦憲法上認められていない範囲にまで連邦裁判所の裁判権を認めるものであり，たとえ修正第13条の存在を考慮したとしても，違憲である[110]，ということも指摘した。

　最終的に大統領は，奴隷制の廃止以降，それぞれ独立した主体となった白人と黒人の間は，資本と労働のバランスの中で適切な関係を形成していくのが最善であり，本法案の成立はそれを侵害するものになる[111]と主張している。

第6款　第二回目の上院における議論
第1項　Trumbull 上院議員の主張

　大統領の拒否権の行使を受けて，Trumbull 上院議員は概要次の主張をした[112]。

　まず同議員は，大統領が，反乱州からの代表が議会にいないことを理由に本法案を審議し法律とすることの妥当性に疑問を示していることについて，すでに制定された他の法律についても同様のことが指摘しうるにもかかわらずそれをしてこなかったことを考慮すると，この指摘は失当である[113]とした。

　次に同議員は，本法案による市民の定義に関する大統領の理解について，まず，大統領は本法案について連邦市民権保持者を定義するのみであると解するが，人は合衆国市民になることによって同時にその居住する州の市民になるのであり，この点に関する大統領の理解は誤っている[114]と指摘した[115]。

110　*Id.*

111　*Id.,* at 1681.

112　*Id.,* at 1755. ここで紹介する他に，同議員は，本法案の仕組みの一部が逃走奴隷法（Fugitive Slave Act, 9 Stat. 462, Sep. 18, 1850）を流用したものであることを指摘している。cf. 39-1 Cong. Globe 1760.

113　39-1 Cong. Globe 1756.

114　*Id.,* at 1756. ここで Trumbull 議員は，Gassies v. Ballon（6 Pet. 761（1832））において最高裁が「ある州に居住する合衆国市民は，当該州の市民である」と述べている部分を引用している。この点については，後の Johnson 議員の発言において，同判決は，裁判管轄の設定に関して，原告が合衆国市民で，ある州に居住しているということは，

第3節　1866年市民的権利法の制定　91

さらに同議員は，本法案で定める市民の権利に関して次のように述べている。

第一に参政権との関係では，市民になることが必ずしも参政権を与えられることにならないのは，女性や子供が市民であるにもかかわらずそれらを持たないことからもいえる[116]とし，本法案で市民権を付与された者が，参政権までも享有することになるものではないとした。

第二に同議員は，本法案の列挙する合衆国市民として享受する権利は，すべての国家において自由人でありかつ自由な市民である者が享受する権利で，それらはすべての連邦に属する州で享有されるべきものであるとした[117]。また同議員は，政府による保護と政府に対する忠誠は相互関係にあるものであり，その防衛のために状況によっては，市民に対しその生命，財産の提供を要求する政府が，市民に保護を与える権限を有さないとは考えられない[118]と連邦政府とその市民の関係について説明し，連邦政府が連邦の市民である者に対して保護を与えることの正当性を主張した。

第三に同議員は，本法案第2条と州の公務員の行為との関係について，州の立法者がその立法行為によって罰せられることはなく，裁判官等についても意図的に本条に違反するのでなければ処罰されないことになっていて，また意図的に州法のもとで連邦法に反した公務員を処罰する法律が制定された前例もあり[119]，本条は本法の実効性を担保するために必要である[120]，とした。

　それを反証する事実がない限り当該州の市民であるということと等価であるといったに過ぎない，ということが指摘されている。39-1 Cong. Globe 1775 (Sen. Johnson).

[115]　39-1 Cong. Globe 1757. なおここで同議員は，本法案は合衆国で出生した者をすべて合衆国市民とするという点で，確かに外国人を区別するものであるが，個人は，黒人白人にかかわらず，外国人であるという意味においては差別されず，また，外国人の子であっても，合衆国白人市民の子と同様に，合衆国内での出生により合衆国市民となるので，本法案は外国人を差別するものとする大統領の指摘は失当であるとしている。

[116]　*Id.*, at 1757.

[117]　*Id.*, at 1757. この点について同議員は，合衆国市民は，これらの権利を外国においても連邦政府の保護を享受することができるとし，さらに，外国人に関しても「合衆国に帰化したならば」合衆国政府の保護の下でその権利を享受することになる，と述べている。

[118]　*Id.*

[119]　Cf. 1 Stat. 112, 118, Sec. 26 (1790).

さらに同議員は，州法の差別的な規定等に関連して，解放民の権利を保障するために事件を連邦裁判所で取り扱うことが必要となるならば，修正第13条第2節に基づいて連邦議会は連邦裁判所の管轄権を設定する権限がある[121]とし，連邦の裁判管轄権を設定することの正当性を主張した。

なお，同議員は最後に，本法案は何人についても権利の付与あるいは剥奪を行うものではなく，市民間における市民的権利の平等な享有と差別的な処罰の対象とならないことの保障を目的とするものである[122]，とその目的を再度確認している。

第2項　賛成者の主張

この際の議論において，本法案に賛成した者は次のことを主張した。

まず連邦市民権と州市民権との関係については，もし連邦市民となることが州内において何らかの権利の享有を意味せず，州への出入についても何ら意味を持たないとすると，連邦市民になることは実質的には無意味になってしまう[123]ということを指摘し，連邦市民権の意義が，それを保持することによって州内で何らかの権利を保障させることにあると主張した。

またこれに関連して連邦政府と州政府の関係について，州政府が解放民に対して正義を行わないならば，連邦政府がそれを行わなくてはならず，州政府は，本法案第2条の保障する権利を侵害するような州の法律等をなくすことによって，連邦政府の介入を避けることができる[124]として，連邦政府の責務を強調すると共に，州は本法案に従うことにより，その行為の自由を確保することができるのであるから，本法案は州の権限を侵害するものではない，とする主張が見られた。

120　39-1 Cong. Globe 1758.

121　*Id.*, at 1759.

122　*Id.*, at 1760. これに続いて同上院議員は「すべての州は，すべての市民に属する基本的権利を侵害しない限りにおいて，連邦憲法の下で，市民的権利の付与ないしは廃止をすることができる」と述べている。

123　*Id.*, at 1781 (Sen. Trumbull). この際の発言は連邦に帰化した者についてのものである。

124　*Id.*, at 1785 (Sen. Stewart).

第3項　反対者の主張

　この際の議論において本法案に反対した者の主張は以下の通りであった。

　まず本法案の定義する連邦市民権については，第一に連邦憲法制定時に連邦市民となった者並びにその子孫，連邦議会の定める法律によって帰化した者並びにその子孫，合衆国で出生した白人，が連邦市民であるということが主張された[125]。

　次に修正第13条との関係では，同条第1節は奴隷を解放したのであるから，当然同条第2節は，同条第1節で解放された者に関係する法律を制定する権限を連邦議会に与えたにすぎないのにもかかわらず，本法案はそれ以外の者の権利も保障対象としている[126]，ということを指摘し，本法案が修正第13条で連邦議会に認められた権限の範囲外であるとする主張がなされた。

　さらに州の権限との関係では，従前はその出生した州の憲法あるいは法律により州の市民となった者が合衆国市民となり，それに付随する権利を享受するとされてきたのにもかかわらず，本法においては，合衆国内での出生により市民権が認められ，州内で享受する権利についてもその市民権に基づいて認められることになるので，結果として本法案は州の権限を侵害しており違憲である[127]，ということが述べられた。

　なお本法案の処罰規定と，州における裁判との関係については，本法案第2条は同法案規定の権利を意図的に侵害した者を処罰すると規定しているのみである，と説明されるが，その意図はなされた行為から証明されるので，結果として同法案の規定に違背する州法を適用した裁判官は処罰されることになり，州の司法機関の権限を侵害することになるので違憲である[128]，という主張がされた。

125　*Id.,* at app. 182 (Sen. Davis). なおこの主張においては，合衆国には市民権としては連邦市民権が存在するだけで，すべての合衆国市民はそれぞれの州ないしは連邦に属する領域の居住者となるのであり，州は市民権を付与する権限を持たず，連邦も外国人を帰化する権限を持つだけである，ということが述べられている。

126　*Id.,* at app 184 (Sen. Davis).

127　*Id.,* at 1776 (Sen. Johnson).

128　*Id.,* at 1778 (Sen. Johnson).

94　第4章　合衆国憲法修正第14条の原意

第4節　連邦議会によるその他の立法

これら二つの法律の他に，連邦議会はこの時期に市民的権利にかかわるいくつかの法律を制定している。それらの主なものは以下の通りである。

第1款　1866年奴隷誘拐禁止法

第一に1866年奴隷誘拐禁止法（Slave Kidnapping Act of 1866）[129]がある。本法は，当時 Florida, Mississippi, Louisiana 州等で解放民が捕らえられ，奴隷として売られていたという状況に対応するために制定された法律である[130]。

同法第1条は奴隷にするあるいは意に反する苦役に従事させる目的で，黒人等に限らず，人を誘拐し，あるいは，人を勧誘，説得して国外も含む他所に赴かせる，もしくはその幇助をした者を処罰するとし，第2条は，船主等が，人を合衆国の諸州等から外国等に，奴隷にする意図をもって，もしくは奴隷とされることを知りながら，その業務に従事する船舶に乗船させた場合には処罰される，と規定していた。

第2款　1867年強制労働禁止法

第二に1867年強制労働禁止法（Peonage Act of 1867）[131]がある。本法は，New Mexico における Native American の奴隷化と借金返済のための強制労働に対しての対策の必要を契機に制定されたが[132]，適用範囲は同区域に限られず，合衆国全土とされた[133]。同法は，借金返済のための強制労働（peonage）を禁止し，それを設定あるいは保護する法律等を無効として，さらにそのような強制労働を行わしめ，あるいは行わしめることを幇助した者は，処罰されるとした。

129　14 Stat. 50. 本法の正式名称は An Act to prevent and punish Kidnapping である。

130　39-1 Cong. Globe 852 (Sen. Clark).

131　14 Stat. 546. 本法の正式名称は An Act to abolish and forever prohibit the system of Peonage in the Territory of New Mexico and other Parts of the United States である。

132　Macdonald, at 168.

133　39-2 Cong. Globe 1571 (Sen. Wilson).

第4節　連邦議会によるその他の立法　　95

第3款　1867年人身保護関係法

第三のものは1867年人身保護関係法[134]であるが、これは1789年裁判所法[135]を改正するものであった。本法はその第1条で、従前の権限に加え、あらゆる者に関し、合衆国憲法、条約、連邦法に反してその自由が制限されている場合に、合衆国裁判所・裁判官が人身保護令状を発出し、裁判を行うことを認め、また、それらの事件に関して巡回裁判所、合衆国最高裁判所への控訴、上告を認めた[136]。

第4款　Columbia特別区選挙法と合衆国属領選挙法

第四のものとしてはColumbia特別区選挙法[137]と合衆国属領選挙法[138]をあ

---

[134]　14 Stat. 385. 1867年に制定された人身保護に関係する法律は二つあり、それぞれの正式名称は、An Act amendatory of "An Act to amend an Act entitled'An Act relating to Habeas Corpus, and regulating judicial Proceedings in certain Cases", approved May 11th, 1866 と An Act to amend "An Act to establish the judicial Courts of the United States", approved Sep. 24, 1789 である。

　このうち前者の法律は、その名称からもわかるように、1863年に制定された人身保護法（An Act relating to Habeas Corpus, and regulating Judicial Proceedings in Certain Cases, 12 Stat. 755.）を改正するものであった。

　1863年人身保護法の主要な制定目的は、Lincoln大統領の行った連邦憲法第1条第9節第2項の定める人身保護令状の特権の停止を追認することであったが、同時にそれは連邦法・規則等に従って行為したことから州裁判所において被告（人）とされた連邦政府職員に訴訟における防御の手段を与え、さらに1789年裁判所法で限定的にしか認められていなかった連邦裁判所の裁判管轄を拡大し、それらの事件を連邦裁判所で扱うことを要求できるとした（1866年市民的権利法第3条においては、この趣旨でこの法律が引用されている）。（Cf. Macdonald, 75 ; Harold M. Hyman, MORE PERFECT UNION, 249 (Alfred A. Knopf, Inc. 1973)）。

　この1863年法は1866年に、より広く連邦裁判管轄を認める方向で改正がなされた（39-1 Cong. Globe app. 322）。前出の1867年法は、さらに1863年法を改正して、州裁判所から事件が連邦裁判所に移された場合に、州の拘束の下にある被告（人）の移送のために当該移送を受けた連邦裁判所は訴訟記録付身柄提出令状（habeas corpus cum causa）を発付する義務を負う、とした。

[135]　An Act to establish the Judicial Courts of the United States, 1 Stat. 73.

[136]　この翌年、議会は最高裁への上告についてこの法律を修正するが（15 Stat. 44 (1868)）、1885年に元に戻している（23 Stat. 437）。この間の経緯について cf. William F. Duker, A CONSTITUTIONAL HISTORY OF HABEAS CORPUS, Chap. 4 (Greenwood Pr. 1980) ; Fairman, Chap 12.

96　第4章　合衆国憲法修正第14条の原意

げることができる。このうちまず前者の Columbia 特別区選挙法は，その第1
条で，21歳以上の男性で，出生によるあるいは帰化に基づくにかかわらず合
衆国市民である者に，人種もしくは肌の色に関係なく投票権を与える，とい
うものであった。

　また後者の合衆国属領選挙法は，Columbia 特別区選挙法と同時期に制定さ
れたものであり，人種等に基づく選挙権行使についての差別を禁じてい
た[139]。

第5款　1867年第一次再建法

　最後に市民的権利にかかわる立法として，1867年第一次再建法[140]がある。
　本法は，反乱州の連邦復帰をどのように進めるか，ということを示すため
の法律であり，まず前文では，反乱州において適切な生命・財産の保障を提
供する政府が存在しないことを本法の制定理由としてあげていた。次に第1
条及び第2条では反乱州において軍による統治を設定し，第3条においては，
それら統治を行う士官の義務の一つとして，すべての個人の生命と財産に対
する権利の保障を規定し，さらに当該士官はその実効性を担保するために，
刑事，民事，軍事にわたる裁判を行うことができるとしていた[141]。また第5
条は，反乱州が連邦に復帰しそれらの州選出の議員が連邦議会に復帰するた
めの条件として[142]，当該州の州憲法が合衆国憲法にあらゆる意味で合致する
ことと，21歳以上の当該州に1年以上居住する男性市民を，その人種，肌の
色，もしくは従前の地位に関係なく憲法の制定にかかわる投票に加えること

137　14 Stat. 375. 本法の正式名称は An Act to regulate the Franchise in the District of
　　Columbia である。

138　14 Stat. 379. 本法の正式名称は An Act to regulate the elective Franchise in the
　　Territories of the United States である。

139　制定過程について cf. Earl M. Maltz, CIVIL RIGHTS, THE CONSTITUTION, AND
　　CONGRESS 1863-1869, 43, 121（Univ. Pr. of Kansas 1990）; McPherson, 114, 154.

140　14 stat. 428. 本法の正式名称は An Act to provide for the more efficient
　　Government of the Rebel States である。

141　Robert J. Kaczorowski, THE NATIONALIZATION OF CIVIL RIGHTS, 145
　　（Garland Pub. Inc. 1987）.

142　第39回連邦議会において，反乱州選出議員は出席を拒否されていた。cf. 39-1
　　Cong. Globe 6-7.

を条件としていた[143]。

第5節　議会における議論

1866年4月30日，再建合同委員会（Joint Committee on Reconstruction）は，下院においては Stevens 下院議員を通じて，上院においては Fessenden 上院議員を通じて，修正第14条案を提案した[144・145]。本修正第14条案は全体で

143　この条件は第二次再建法でも維持された。An Act supplementary to an Act entitled "An Act to provide for the more efficient Government of the Rebel States", passed March 2nd, 1867 and to facilitate Restration, 15 Stat. 2, Sec. 1.

144　39-1 Cong. Globe 2286（下院）; *Id.*, at 2265（上院）.

145　1866年3月16日，上院において Stewart 議員は，旧反乱州の連邦復帰条件を示すためとして，概要次の趣旨の合同決議案を提案した。（39-1 Cong. Globe 1437）.
第1条：旧反乱州は次の条件に従って当該州の憲法を改正することにより，連邦に復帰し，それらの州の議員は議会への参加を認められる。
①　人種ないしは肌の色にかかわらず平等の市民的権利を認めること
②　反乱に関連して生じた請求を拒絶すること
③　解放された奴隷に対しての補償を放棄すること
④　人種，肌の色，ないしは従前奴隷であったことを理由として差別することなく，同一の条件に従ってすべての者に選挙権を認めること
第2条：前条の条件が，投票によって認められたならば，大赦が宣せられることとする。
第3条：第1条の条件は連邦に忠実であった州においても，その憲法において定められることとする。
第4条：本決議は連邦議会が選挙権の統制に関し各州において強制力を有することを示すものではない。
　4月12日，この案に代わるものとして同議員は，2つの条文からなる憲法修正案を提案した。そのうちの第1節は次の通りであった。
第1節　人種，肌の色ないしは以前に奴隷であったことを原因とする，市民的権利あるいは選挙権に関しての，人民の間におけるあらゆる差別を禁じる。ただし，各州は現在有権者とされている者を，これより後に課される選挙権行使に関する制限から除外することができる。
　第2節は，連邦に対しての反乱を援助することを目的として生じた債務と，奴隷解放に対しての補償を無効とするものであった。本憲法修正案は再建合同委員会に付託され（39-1 Cong. Globe 1906.），4月16日に同委員会に提出された。同委員会は，この案につき Stewart 議員から意見を聴取している。Benj. B. Kendrick, THE JOURNAL OF THE JOINT COMMITTEE OF FIFTEEN ON RECONSTRUCTION, 82

98　第 4 章　合衆国憲法修正第 14 条の原意

5 節からなっていた。

(COLUMBIA UNIV. 1914)〔hereinafter Kendrick〕.

　また，4 月 21 日再建合同委員会に，同委員会委員である Stevens 下院議員から次の憲法修正案が提出された。

第 1 節　人民の市民的権利に関し，人種，肌の色，従前奴隷であったことを理由として，諸州あるいは連邦は差別をしてはならない。

第 2 節　1876 年 7 月 4 日以降，人種，肌の色，ないしは従前奴隷であったことを理由として諸州あるいは連邦は，人民の一部に関しその選挙権の享受について，差別をしてはならない。

第 3 節　1876 年 7 月 4 日まで，人種，肌の色，ないしは従前奴隷であったことを理由に，州によって選挙権に関しその人民の一部が差別された場合には，それらの者は下院議員配分の基数に含まれないこととする。

第 4 節　連邦に対する反乱を援助することを原因として生じた債務，また，意に反する苦役ないしは労働の喪失に対しての補償は，諸州ないしは連邦によっては支払われない。

第 5 節　連邦議会は，適当な法律の制定によって本条の規定を施行する権限を有する。

　この案は，Robert Owen の子息である Robert Dale Owen から，Stevens 議員に提案されたもので（Kendrick, 83, 296 ; Robert Dale Owen, *Political Results from the Varioloid*, 35 THE ATLANTIC MONTHLY 660（1875）），再建合同委員会はこの案を基礎として本憲法修正案を作成した。

　その検討過程では次の議論がなされた。まず，4 月 21 日の議論において，Bingham 議員が第 1 節について，「どの州も，その管轄権の範囲においていかなる者に対しても法の下の平等を否定してはならず，また，正当な補償なくして個人の財産を公用に供せしめてはならない。」という文言を付け加えることを提案したが，否決された。

　また同日同議員は，新たに第 5 節として「どの州も，合衆国市民の特権・免除を侵害するいかなる法も立法，施行してはならない。また，どの州もいかなる者からも正当な法の手続なくして，生命，自由，財産を剥奪してはならず，その管轄内において法の下の平等を否定してはならない。」という条文を付け加えることを提案し，これは承認された。（Kendrick, 85, 87）.ただし，後者の新たに付け加えられた第 5 節も 25 日の採決で否決された（*Id.*, at 98.）。

　28 日に本修正案は再検討され，Stevens 議員が，第 2 節全文と第 3 節の期限の限定に関する「1876 年 7 月 4 日まで」の文言を削除することを提案し，承認された（*Id.*, at 101.）。続いて Williams 議員が第 3 節を削除し，「下院議員は，連邦に属する各州の間において，課税されない Indian を除く各州の総人口数に従って配分されることとする。しかしながら，いかなる州においても，21 歳以上の市民の一部に対して，選挙権が否定される，あるいは反乱への参加ないしはその他の犯罪にかかわったことを除くいかなる理由においてもそれが制限される場合には，当該州の下院議員の配分基数はこれらの男性市民数の 21 歳以上の男性市民数に対する割合に応じて減少されること

第5節　議会における議論　**99**

　このうちまず第1節は「いかなる州も，合衆国市民の特権及び免除を侵害する法を制定あるいは施行してはならない。また，いかなる州も正当な法の手続によらずに何人からも生命，自由または財産を奪ってはならない。また，その管轄内にある何人に対しても法律の平等な保護を拒んではならない。」としていた。

　次に第2節は「下院議員は，連邦に属する各州の間において，課税されないIndianを除く各州の総人口数に従って配分されることとする。しかしな

とする。」という条文を付け加えることが提案され，承認された（*Id.,* at 102）。

　さらにHarris議員が，1866年4月30日に上下両院で提案された修正案第3節と同一の条文を付け加えることを提案し，承認された（*Id.,* at 104）。

　またBingham議員が第1節を削除し，現行の修正14条第1節第2文以下と同一の文言に変更することを提案し，承認された（*Id.,* at 106）。

　以上の修正を加えられたものが最終的に両議院に提案されるものとされた（*Id.,* at 116）。

　なお，再建合同委員会は1866年6月6日に，本修正案に関係して，旧反乱州の連邦への復帰とそれらの州の代表者の連邦議会への受け入れの条件に関する報告書を上下両院に提出することを決定し（Kendrick, 120），同月18日と22日に，それぞれ多数派意見と少数派意見を提出している（McPherson, 84）。本報告書は，提出時期からして，審議に影響を与えるものではなかったが，同委員会の立場を，委員多数派と少数派のそれぞれの立場から説明している。

　まず同報告書の多数派意見の概要は以下の通りであった。

　第一に多数意見は，旧反乱州は，戦争の結果，連邦との政治的関係を法的に存在させる市民政府（civil government），憲法，その他の組織を喪失した共同体となっているとし，さらに，連邦議会はそのような共同体において有効な代表者を選出する選挙が行われることを期待できないとした。

　また多数意見は，連邦議会は，すべての共和国市民（citizens of the Republic）の市民的権利と公正な代表の保障，連邦に忠誠だった者の反乱及び犯罪に基づく請求からの保護，連邦及び連邦政府の破壊に積極的には参加しなかった者に対しての一時的な投票権の回復，連邦に敵対したことが証明された者及び一般的信用を欠く者の公的立場からの排除を保障する憲法ないしはその他の保障がそのような共同体から提供されることなしに，それらの共同体代表者の政府への参加を認めるべきでないとした。

　そして，以上の目的の遂行のために再建合同委員会は憲法修正を提案したとした。

　次に同報告書の少数派意見は，まず，州は連邦から離脱することができないのであるから，旧反乱州は従前通りの関係を連邦との間で有していると解され，従ってそれらの州の早急な連邦への復帰が望ましい，とした。また少数意見は，本修正案のうち，黒人選挙権を認めることを州に強制する条文は，州の選挙権に関する権限を侵害するものであり，これによって修正案全体が州に承認されない可能性があると指摘した。

100 第4章 合衆国憲法修正第14条の原意

がら，いかなる州においても，21歳以上のその市民の一部に対して，選挙権
が否定される，あるいは反乱への参加あるいはその他の犯罪にかかわったこ
とを除くいかなる理由においてもそれが制限される場合には，当該州の下院
議員の配分基数はこれらの男性市民数の21歳以上の男性市民数に対する割
合に応じて減少されることとする。」としていた[146]。

　なお連邦議会は，上述の修正第14条案の審議の前に，二つの憲法修正提案
について審議している。ここではまず，第1款及び第2款でこれら二つの提
案に関する審議過程を概観し，その後第3款以下で，最初に述べた修正第14
条の審議過程を見ていくこととする。

第1款　Bingham案
第1項　1866年2月13日の提案

　再建合同委員会は4月30日の提案の前の同年2月13日に「連邦議会は，
各州の市民にそれぞれの州において市民のすべての特権及び免除を保障し，
また，すべての者に生命，自由及び財産に対する権利の平等な保護を保障す
るために適切かつ必要なすべての法を制定する権限を有することとする。」
という憲法修正案を提案した[147]。

---

[146]　同案第3節の条文は
　「1870年7月4日まで，先の反乱に援助ないしは助力を与え，それを自発的に支持し
　た者は，連邦議会下院議員選挙と合衆国大統領及び副大統領の選挙人選挙における投
　票権から排除されるものとする。」
　というもので，第4節は反乱の援助と奴隷の喪失に関係する債務の消滅，第5節は本
　条に関する議会の施行権限について規定していた。
　　また再建合同委員会は，本修正案に加えて，次の二つの法案を提案した。39-1 Cong.
　Globe 2286.
　• 本修正が憲法の一部となった後に，本修正を承認し，自州の憲法，法律を本修正に
　　適合するように修正した従前の反乱州の上下両院議員は，適切な選挙を通じて選出
　　されて，その適格性が確認され，公職の宣誓を経た後に，各議院への登院を認めら
　　れる，とする法案。
　• アメリカ南部連合国（confederate States of America；旧反乱州側）政府高官等であ
　　った者は，連邦政府の役職に就くことができない，とする法案。

[147]　第39回連邦議会の二日目，1865年12月5日に，下院において，Stevens議員は次
　の憲法修正案を提案した。（39-1 Cong. Globe 10）.
　「すべての連邦並びに州法はすべての市民に平等に適用されることとし，人種あるい
　は皮膚の色によっていかなる差別もされないこととする。」

第 5 節　議会における議論　**101**

　このいわゆる Bingham 下院議員案について上院は議論しなかった。下院は同月 26 日から 28 日まで審議したが，その際には次のような議論がなされ

　　またこの翌日 Bingham 下院議員が，あらゆる者に対し連邦に属するすべての州において，その権利，生命，自由並びに財産の平等な保護を保障するために必要かつ適切なあらゆる法律を制定する権限を連邦議会に付与するという趣旨の憲法修正案を提案した（39-1 Cong. Globe 14）。

　　さらにこれらの議員は 1866 年 1 月 12 日にそれぞれ次の案を再建合同委員会に提出した。

Bingham 案

「連邦議会は，すべての連邦に属する州においてすべての者にその生命，自由並びに財産に対する権利の平等の保護を保障するために，必要かつ適切なあらゆる法を制定する権限を有する。」

Stevens 案

「すべての法は，州，連邦のいずれのそれについても，人種あるいはその肌の色にかかわらず，公平かつ平等に適用されることとする。」（Kendrick, 46）。

　　これらの案は，委員会内に設置された小委員会で審議され，1 月 20 日に

「議会はすべての合衆国市民に，すべての州において同様の政治的権利・特権を保障し，また，すべての者に生命，自由，財産の享受を保障するために，必要かつ適切なすべての法を規定する権限を有することとする。」

とされ，委員会に提出された（*Id.,* at 51）。これは後述の下院議員の配分に関する憲法修正案とともに議会に提案されるものとして，委員会に諮られたが，委員会はこれを別の案とすることにした。さらにこの案について同委員会は 1 月 24 日に新たに小委員会を設け，そこで審議させた。同小委員会は，1 月 27 日に

「連邦議会は，すべての州においてすべての者に生命，自由及び財産の享受の完全な保護を，また，すべての合衆国市民にすべての州において同一の免除と平等な政治的権利・特権を保障するために必要かつ適切なあらゆる法を制定する権限を有する。」

とする案を委員会に提出した（*Id.,* at 56）。いくつかの修正に関して委員会で審議された後にこの案を議会に提案する動議が出されたが，可否同数で認められず，継続審議とされた。

　　2 月 3 日にこの案は再び審議に附されたが，そこではこの案に代えて

「連邦議会は，各州の市民にそれぞれの州において市民のすべての特権及び免除を保障し（第 4 条 2 節），また，すべての者に生命，自由及び財産に対する権利の平等な保護（修正第 5 条），を保障するために適切かつ必要なすべての法を制定する権限を有することとする。」

とする案が認められ（*Id.,* at 61），2 月 10 日，最終的にこの案が両院に提案されることとされた（*Id.,* at 62）。（ただし，公式記録上の 2 月 13 日に下院において提案された案では憲法の条文を参照する部分がない。cf. 39-1 Cong. Globe 806（Senate），813（House）.）

た。

第2項　Bingham 議員の提案趣旨

Bingham 議員は，下院においてこの提案について 2 月 26 日と同 28 日の二回にわたって説明した[148]。

最初の 2 月 26 日に Bingham 議員は，同案の文言は，議会に立法権を与える部分を除いては，オリジナルの憲法第 4 条第 2 節と，修正第 5 条を踏襲するものであることを指摘しつつ，従来これらの条文の実施権限が各州とそれらの公務員に与えられていたことから，反乱州においてこれらの条文が無視され，これらの条文に違反する行為が行われても対応出来なかったことが問題であったとし，このことから，将来の政府においてすべての人々にこれらの条文に基づく保障を与えるために，この修正案を提案するものである，と説明した[149・150]。

---

[148] Oregon 属領の連邦加盟に関連して，Oregon の憲法に関し第 35 回連邦議会において議論がなされた際に，Bingham 議員が合衆国市民権に関し，概要以下の発言をした旨が指摘されている。

- 合衆国に対して忠誠を負う者のみが合衆国市民であること
- 当該忠誠は，憲法及びこの国に対する単なる服従のみならず，必要ならばその生命を賭して，それらを守り支持することを求めるものであること
- 合衆国の管轄権の下で出生し，domicile を有する者は，出生のときより，合衆国市民であること

また同議員については，第 37 回連邦議会において Columbia 特別区における奴隷解放に関する法律について議論された際に，合衆国以外の国に忠誠を負わない，合衆国で出生した者は，生来的市民（natural-born citizen）である旨主張したことが指摘されている。

Patrick J. Charles, *Decoding the Fourteenth Amendment's Citizenship Clause : Unlawful Immigrants, Allegiance, Personal Subjection, and the Law*, 51 WASHBURN L. J. 211, 221 (2012).

[149] 39-1 Cong. Globe 1033.

[150] *Id.*, at 1034. この点に関し Bingham 議員は，2 月 28 日に Barron v. The Mayor and City Council of Baltimore (32 U. S. (7 Pet.) 243 (1833)) を引用して補足している。同事件において Baltimore 市の設置した公共組合の工事により損害を被った原告は，連邦憲法修正第 5 条に基づいてその損害の補償を求めたが，これに対し連邦最高裁は，連邦憲法は連邦政府をその対象として制定されたものであって，各州はその対象とはされておらず，従ってこの憲法によって設定されている権力に対しての制限も連邦政

また2月28日に同議員は，まず，合衆国市民が各州において合衆国市民としての特権免除を有し，また，いかなる者も適正手続なしにはその生命，自由，財産を奪われることはない，ということはこれまで認められている[151]にもかかわらず，本修正案への反対者は，州の権限を侵害することを理由に，このような憲法修正のもとで権利の章典（bill of rights）を連邦議会の立法により保障することに反対している[152]ことを指摘した上で，このような反対に対して，いかなる州といえども，諸州において合衆国市民に平等に特権・免除を享受することを保障する合衆国憲法のもとで，それを侵害する権限を留保しているとはいえないはずである[153]，と主張した。

その上で同議員は，反乱州に居住する連邦に忠実な少数の白人や，反乱州の法律によって従前の奴隷と同等の地位に貶められようとしている選挙権を持たない有色人種に属する者を保護するためには，そのための権限を連邦議会に認める必要がある[154]，と主張し，本法案の必要性を説明した。

第3項　Bingham 案に賛成の者の主張

本修正案の賛成者は第一に，本修正によってオリジナルの連邦憲法の規定が修正され，憲法の当初よりの意図を実現でき，各州の市民が，連邦に属するそのほかの州において市民とされ，その権利が保障されることになる[155]，と指摘した。

また第二に，州の権限及び解放民の権利との関係で本修正は，合衆国市民の属性とされる，合衆国憲法により保障される自然的権利を，立法により確保する権限を連邦議会に与えることを意図するものであり，州の権限を侵害するものではなく，また本修正は，解放民の権利を保障するために必要である[156]，と主張した。

　　府を対象としてのものであり，州には適用されない，とした。39-1 Cong. Globe 1089.

151　*Id.*, at 1089.

152　*Id*.

153　*Id*.

154　*Id.*, at 1094.

155　*Id.*, at 1054（Rep. Higby）; *Id.*, at 1063（Rep. Kelly）. Higby 議員はここで，オリジナルの連邦憲法の条文のうち，第1条及び同条第8節，第4条第2節第1項，修正第5条を引用し，Kelly 議員は第4条第4節を引用している。

156　39-1 Cong. Globe 1088（Rep. Woodbridge）.

104 第4章 合衆国憲法修正第14条の原意

第4項 Bingham案に反対の者の主張

本修正案に反対の者の主張においては第一に，Bingham議員の指摘した，連邦憲法第4条第2節並びに修正第5条については，オリジナルの連邦憲法に規定される市民の特権・免除に関する条項は裁判所によって適用されることが予定されていたのであり，議会が適用のための立法を行うことは意図的に避けられていたもので，本修正案の趣旨はそれに反する[157]，ということが主張された。

第二に当時の連邦議会には反乱州の議員が出席していなかったこととの関係で，反乱州の議員が参加していない議会で，それらの州が影響を受ける憲法修正について扱うのは不適切である[158]，ということが指摘された。

第三に州の権限との関係では，まず，本修正により連邦法によって各州の州法が改廃される可能性が生じることになるが，仮に州法の改正が望ましい状況にあってもそれは州によってなされるべきであり，連邦によってなされるべきではない[159]，とされた。また本修正によって，連邦政府が集権化し，生命，自由，財産に関係する第一次的立法権を有して，それらの保障のためにいかなる立法が必要かを決定することになり，結果として州の立法権が侵害されることになる[160]，ということも主張された。

第5項 本案の修正・廃案

2月28日にHotchkiss議員が，本修正案がいかなる州もその州市民間において差別をしてはならない，ということを意味している限りにおいては，本修正案に賛成であるが，連邦議会が合衆国国内において統一的に生命，自由，財産にかかわる立法をする権限を有するとするならば，かつて反乱に参加した者のような者が連邦政府の権限を行使することになった場合，それらの者が制定した法律がすべての州で適用されることになる恐れがある，ということを指摘し，州に市民間の差別を禁じる修正案の方が望ましいとして，本修正案の審議の延期を提案した[161]。

---

[157] *Id.,* at app. 133 (Rep. Rogers).

[158] *Id.,* at 1057 (Rep. Randall).

[159] *Id.,* at 1064 (Rep. Hale). ただしHale議員は，投票においては賛成票を投じている。*Id.,* at 1095.

[160] *Id.,* at 1087 (Rep. Davis).

第 5 節　議会における議論　**105**

これを受けて Conkling 議員が本修正案審議の延期に関する採決を提案し了承された[162]。本案は，最終的には廃案となった[163]。

第 2 款　Stevens 案

議会は，修正第 14 条第 2 節の扱っている下院議員の配分に関係する憲法修正案を，下院においては 1866 年 1 月 22 日から 31 日まで，上院においては 2 月 5 日から 3 月 9 日まで審議した。このいわゆる Stevens 案は，最終的には，上院において否決された[164]。

第 1 項　Stevens 議員の説明

1866 年 1 月 22 日下院において，再建合同委員会を代表し，Stevens 議員は次の憲法修正案を提案した[165]。

161　*Id.,* at 1095（Rep. Hotchkiss）。ここで同議員は，憲法の目的が多数者に権力を与えることのみにあるのではなく，多数者の権力を制限し，少数者の権利を保護することにもあることを指摘している。

162　*Id.,* at 1095.

163　*Id.,* at 2980 ; cf. Flack, 59. Bingham 議員は，後述の修正第 14 条案が下院において可決された後に，それによって本議案の目的とするところが包含されるとして，この議案に関する審議の無期限の延期を提案し，了承された。39-1 Cong. Globe 2980.

164　第 39 回連邦議会においては，この件に関する憲法修正案が，Stevens 案の他に，約 30 件提案されている。それらのうちいずれかの議院を通過したのは，この Stevens 案だけである。cf. Herman Ames, THE PROPOSED AMENDMENTS TO THE CONSTITUTION OF THE UNITED STATES, 371（Lenox Hill Pub. & Dist. Co. 1970）(Burt Franklin 1896).

165　本会期開始当初の 1865 年 12 月 5 日 Stevens 議員は，この件に関連して以下の提案をしている（39-1 Cong. Globe 10）。

　「下院議員は，連邦に属する州のうちにおいて，各々の合法的選挙人（legal voters）の数に従い配分される。これに際しては，生来的市民もしくは帰化した外国人でない者は合法的選挙人とされないこととする。連邦議会はこの選挙人を確定するために適切な手段を定めることとする。正確な合法的選挙人の人口調査は，通常の人口調査の際に行われることとする。」

　1866 年 1 月 9 日同議員は，この案後段の合法的選挙人の定義の部分を

　「これに際しては，生来的ないしは帰化による合衆国市民でない者及び 21 歳以上でない者は合法的選挙人とはされないこととする。」

　とした案を，再建合同委員会に提案している（Kendrick, 41. ただし公式記録では，この前日の 1 月 8 日に Blaine 議員が提案した下院議員配分に関する法案が下院から再

106　第4章　合衆国憲法修正第14条の原意

「下院議員と直接税は，課税されない Indian を除く各州の総人口に従っ

建合同委員会に付託され，これが本法案の基案となった，とされている。cf. 39-1 Cong. Globe 136 (Rep. Blaine)；*Id.*, at 961 (Sen. Buckalew). なお，Blaine 案の概要について cf. Flack, 98.）

　この案を受け，同委員会でなされた議論において，次の二点が指摘された。

- 「市民」の語の前に「男性」という語が加えられた。この案に続いてこの委員会で検討された案においてはこの語は使われなかったが，修正14条においては使われた。
- 合法的選挙人の定義として「読み書きができる者」という要件を加える修正案が否決された。

　この案は継続審議となり，1月12日，さらに4人の委員からこの件に関する法案が提出された（Kendrick, at 43）。

Morrill 案：「下院議員と直接税は，連邦に属する州のうちにおいて，そのそれぞれの人口から，それに属する者ないしはその一部が市民的ないしは政治的権利・特権を否定されている，すべての人種あるいは肌の色の者の数を除いた者の数に応じて，配分されることとする。」

William 案：「下院議員と直接税は，連邦の各州のうちにおいて，そのそれぞれの人口から，その居住する州の憲法によって選挙権が認められていない黒人，Indian，中国人，その他白人でないすべての者の数を除いた者の数に応じて配分されることとする。」

Conkling 案：「下院議員と直接税は，連邦に属する各州のうちにおいて，それらの州の合衆国市民の総数に従って配分されることとする。ただし，いかなる州においても，人種ないしは肌の色に基づいて市民的あるいは政治的権利・特権が否定されるないしは侵害されている場合には，当該人種あるいは肌の色に属するすべての者は下院議員配分の基数から除かれることとする。」

Boutwell 案：「下院議員と直接税は，連邦に属する各州のうちにおいて，各州の合衆国市民の数に従って配分されることとする。また，いかなる州といえども，人種ないしは肌の色に基づき選挙権の行使について差別をしてはならない。」

　これらの案から，再建合同委員会案を作るために小委員会が設けられた。同小委員会は1月20日に次の三つの部分からなる案を提出した（*Id.*, at 50）。

A 案：「下院議員と直接税は連邦の諸州のうちにおいて，各州の合衆国市民の数に従い配分されることとする。いかなる州の憲法あるいは法律の条文といえども，人種，出自，肌の色に基づき，政治的あるいは市民的権利・特権について差別するものは，不適用かつ無効とする。」

B 案：「下院議員と直接税は連邦に属する諸州のうちにおいて，各州の合衆国市民の総数に従って配分されるものとする。ただしいかなる州においても選挙権が人種，出自，肌の色により否定されるあるいは剥奪されている場合には，それらの人種，出自，肌の色に属する者はすべて下院議員配分の基数から除かれるものとする。」

て連邦に属する各州に配分される。ただし，人種ないしは皮膚の色に基づいて州により選挙権が否定されるないしは剝奪されている者がいる場合には，当該人種ないしは皮膚の色の者はすべて下院議員配分の基数から除かれるものとする。」[166]

同議員は，本修正案について，各州が選挙権行使からある種の人々を排除した場合にそれらの者の数を下院議員配分の基数から除くことによって，下院議員配分の基数をすべての人々とするものである，と説明した[167]。

また Stevens 議員の説明に加え，Conkling 議員がさらに次の説明を行った。

同議員はまず，連邦憲法第1条第2節の定める基本原則は，自由な政治社会の政府はその構成員に属し，それ以外の者がそれに加わるのは，権利としてではなく，明示的な同意による，ということである[168]としつつ，奴隷は，従前自然的権利の享有を認められず，また，政治的権利の享有も認められていなかったことから，自由な政治社会の構成員でもなく，彼らの政治的能力の一部は彼らの所有者を通じて行使されることとされてきた[169]，と状況を説明した。その上で同議員は，解放された結果として，奴隷は自然的権利を享受することになったが，その政治的能力に疑問が呈された結果，政治的権利は認められず，彼らの所有者も存在しないことから，彼らの政治的権能（political power）の行方が問題となった[170]，と問題点を指摘した。

　　C案：「議会はすべての合衆国市民に，すべての州において同様の政治的権利・特権を保障し，また，すべての者に生命，自由，財産の享受を保障するために，必要かつ適切なすべての法を規定する権限を有することとする。」

　　A，Bいずれかの案とC案を再建合同委員会案として議会に提出することを予定して，小委員会はこの案を提案した。再建合同委員会は，C案の条文は別に独立の件として扱うことにし，また，A，BのうちのB案を委員会案とすることにした。

　　さらに Stevens 議員の動議により，合衆国憲法上の「合衆国市民」の定義としてIndian を除く，合衆国で出生しあるいは合衆国に帰化したすべての者を意味する，とする案が提出された。これに対して Conkling 議員より本案について「合衆国市民」の語を削除し「課税されない Indian を除く各州の人々」と修正する動議が出され，この修正が認められたため，Stevens 案は撤回された。

　　最終的にこの修正後の案が議会に提出された。

166　39-1 Cong. Globe 351.

167　*Id.*, at 351.

168　*Id.*

169　*Id.*

108 第4章 合衆国憲法修正第14条の原意

　その上で同議員は，まず，連邦憲法第1条第2節により自由人となった奴隷は5分の3としてから5分の5として数えられることになるが，それは結果として，それらの者を自由な政治機構に参画するのに向かないとする者のもとで下院議員の数が増加するという状況を作り出すこととなり，これは望ましいとは思われない[171]，とした。そして，これに対処するためには三つの案が考えられるとし，次の案を示した。すなわち第一は，下院議員配分の基数を高い能力のある選挙人の数にする方法であり，第二案は，州の人種等に基づく区別を行う権限を排除する方法であり，第三案は州に選挙人並びにその政治機構の構成員の決定権限を残すが，同時に彼らがその領域にいる一部の者を政治的権利の行使者として不適格である，あるいは政治的に無価値であると判断したならば，それらの者を連邦の代表を配分する際の基数に含ませることを認めない，という方法であった[172]。

　同議員はこれらの案についてそれぞれ次の通りコメントした。すなわちまず第一の方法については，州による無限の選挙人拡充を招くことになり，仮にその選挙人認定の条件を統一的に定めたとしても，人口構成の州間における多様性からうまくいかない[173]，とした。次に第二の方法については，州の自律権限を侵害することになるという反対が強いことから，各州の承認が得られない[174]，とした。そして最後に第三の方法は，政治的実在のある者にのみ代表が与えられる，という原則にも沿うものである，とし，本修正案の意図するところはこれである[175]，とした。

　なお同議員はこの発言において，「合衆国市民」の数を配分の基数とする案もあったが，外国人を配分基数に加えることによって下院議員の配分を得ている州もあることから，それらの州に承認されやすくするためにも，また，憲法が「人」を配分の基数としていることからも採用しなかった[176]，と付け

170　*Id.*

171　*Id.,* at 357. Conkling 議員はここで詳細な表を提示し，いわゆる奴隷州の下院議員が，どのくらい増加するかを示している。

172　*Id.*

173　*Id.,* at 358. Conkling 議員はここで，21歳以上の男性合衆国市民とその条件を定めた場合，合衆国市民の5分の4を構成する女性と子供を結果として基数から排除することになる，と指摘している。

174　*Id.*

175　*Id.*

第5節　議会における議論　**109**

加えている。

第2項　Stevens案に賛成の主張

　議論の過程において，本修正案に賛成の者からは，本修正案は，一部の者がそれらの者によって政治的能力を行使するのに不適正であるとされた者の代わりにその政治的権能を行使することを認めないとするものである[177]，という見解が示された。

　また，本修正案のメリットとしては，本修正案によって，南部の政治的勢力を弱めることができ，また有色人種を保護することができる[178]，ということと，本修正案によって，連邦内における各州の平等と，各市民の平等を確保することができる[179]，ということがあげられた。

第3項　Stevens案に反対の主張

　本修正案に反対の者は，本修正案は黒人選挙権を認めることを南部州に求めるものである[180]，本修正案は州の権限を侵害する[181]，本修正案は共和党の利益をはかるための党利に基づいたものでしかない[182]，さらには，黒人の政治に参加する能力には疑問がある[183]，等の意見を述べた。

　なお議論の過程では，これらの意見とは逆に，本修正案が人種による差別以外について規定していないという意味で不十分であり[184]，また本修正案は結果として人種による差別を公認することになる[185]，という意見も示され

176　*Id.,* at 359. この点について，下院での採決直前にStevens議員は，法案上の用語を市民（citizen）から人（person）に変えた理由について，これによって，外国人を基数に含めることを除外しないことになる，と指摘している。39-1 Cong. Globe 537.

177　39-1 Cong. Globe 404 (Rep. Lawrence).

178　*Id.,* at 407 (Rep. Pike).

179　*Id.,* at 429 (Rep. Bingham).

180　*Id.,* at 353 (Rep. Rogers).

181　*Id.,* at 387 (Rep. Trimble)；*Id.,* at 424 (Rep. Eldridge)；*Id.,* at 455 (Rep. Kerr)；*Id.,* at 484 (Rep. Raymond).

182　*Id.,* at 449 (Rep. Harding of Kentucky).

183　*Id.,* at 448 (Rep. Harding)；*Id.,* at 459 (Rep. Wright) *Id.,* at app. 63 (Rep. Hogan).

184　*Id.,* at 380 (Rep. Brooks). Brooks議員は，性別による差別も禁止するよう求めている。

185　*Id.,* 376, 386 (Rep. Jenckes)；*Id.,* at 383 (Rep. Farnsworth)；*Id.,* at 385 (Rep.

110 第4章 合衆国憲法修正第14条の原意

た。

第4項 下院での議論の帰結

以上の議論をふまえ，再建合同委員会で修正案の再検討がなされたが，最終的には「直接税の」という部分が削除されただけで[186]，採決にかけられ可決された[187]。

また，一票の価値の平等の観点から，選挙権を有すると認められた者の数を基数とすべきである，という主張もされた[188]。しかしこれは，本修正案の対案とされるかの採決にあたって否決された[189]。

第5項 上院における Stevens 案に関する説明

上院の議論は，記録上では，Doolittle 上院議員の，基数を21歳以上の州の立法機関によって認められた男性選挙人の数にする修正案の提案と[190]，Sumner 上院議員の，憲法改正によらずに，人種等に基づく政治的権利の差別を禁じその享受の平等を法律によって宣言する案の提案から始まっている[191]。また記録上では，Henderson 上院議員から，「どの州も，選挙人（electors）

Baker）；*Id.,* at 404（Rep. Lawrence）；*Id.,* at 406（Rep. Shellabarger）；*Id.*（Rep. Eliot）；*Id.,* at app. 298（Rep. Schenck）；*Id.,* at app. 57（Rep. Julian）。

ただし Farnsworth, Baker, Lawrence, Shellabarger, Schenck, Julian 各議員は投票に際しては賛成票を投じている。

186 *Id.,* at 535. なお，このときの再建合同委員会での審議について cf. Kendrick, 58.

187 39-1 Cong. Globe 538.

188 *Id.,* at 380（Rep. Orth）；*Id.,* at 404（Rep. Lawrence）；*Id.,* 407, 535（Rep. Schenck）。

189 *Id.,* at 538. Schenck 議員によって提案され，最終的に否決された案においては，州の立法機関によって定められた選挙人資格要件を満たす21歳以上の男性合衆国市民の数を基数とすることとしていた。

190 *Id.,* at 673.

191 *Id.,* at 674（Sen. Sumner）。Sumner 議員は，このときの演説の中で合衆国憲法の制定者意思を詳細に検討した上で次の点を指摘している（*Id.,* at 682）。
- 合衆国憲法に規定される「共和政体」とは，第一にすべての者が平等の権利を有すること，第二に政府はその正当性の根拠を被治者の同意に求めることをその性質としている。
- 奴隷制は，合衆国憲法上例外的な存在として位置づけられていた。
- 人種（color）による差別を合衆国憲法は認めていない。

さらに同議員は，投票権について，年齢，性質（character；ここで同議員は in-

に要求される条件を規定するにあたり，人種，皮膚の色等によりいかなる者も差別してはならない。」とする憲法修正案も提案されたとされている[192]。

これらの修正案の提示の後に，再建合同委員会を代表して，Fessenden 上院議員は概要次の通り，本修正案について説明した[193]。

まず同議員は，奴隷制が廃止されたことによって憲法の条文の見直しが必要になった[194]と指摘し，その具体的な点として，特に問題なのは下院議員の配分に関する条文であるとした。そして同議員は，この点についてはそのま

---

famous life に該当する者を排除する趣旨を述べているので，重罪を犯した者がこの条件に該当すると思われる），登録，住所に基づく制限のみに服する普遍的権利（universal right）であり，議会は共和政体保障条項と修正第13条第2節に従ってそれを保障することができ，そうするべきである，と主張した。また，同議員は，本法案審議の過程において再度発言し，本法案に反対する理由として次の点を指摘した（39-1 Cong. Globe 1224）。

- 人種に基づく差別を許容している。
- 連邦憲法制定当初からの原則である「代表なければ課税なし」の原則に反している。
- 南北戦争の一因となった州権の強化を図ることになる。
- 人種を基礎とする寡頭政治，貴族政治，階級制，独裁制を容認することになる。
- 結果として合衆国政府が白人の政府である，という誤った主張を連邦憲法に取り込むことになる。
- 「人種」概念を投票資格の条件とできることを認容することになる。
- 連邦憲法上の共和政体保障条項により連邦議会の権限として認められる，州の共和政体を保障するための立法権限を制限することになる。
- 修正第13条の下で認められると考えられる，連邦の奴隷制廃止のために必要かつ適切な権限の行使を制限することになる。
- 本法案の受容は結果として，従前の反乱州における反乱者達による連邦に忠誠な者達に対する支配を永続化することになる。
- 本法案は，人権（Human Rights）についての重大な侵害となる，歴史における不道徳で不適当な妥協である。

  なおさらに同議員は，次の点も併せて述べている（Id.）。
- （直接民主制の代替機構として代議制を理解する点を根拠として）選挙人の数を下院議員の配分基数とすべきである。
- （連邦憲法上の州の共和政体保障条項と修正第13条に基づいて）投票もしくは裁判のいずれに関しても，すべての者の市民的及び政治的権利の平等の享受を保障するのに必要なことをなすのは連邦議会の責務である。

192　39-1 Cong. Globe 702.

193　*Id.*, at 703.

194　*Id.*

112　第 4 章　合衆国憲法修正第 14 条の原意

ま適用することも考えられるが，そうすると州に投票資格を決定する権限が残されることになり，結果として解放民は従前の奴隷州において投票権を認められない，ということが起こることは容易に想像できるところであり，このような状況に対しては何らかの対策が必要である[195]とした。

　そして同議員は，この対策としては，直接的に人種等に基づく政治的・市民的権利の享受における差別を州がなすことを禁じるという方法もあったが，奴隷制から解放されたばかりの解放民が選挙権の行使に対する適格を有しているということはできず，このような方策では，結果として関係州における少数者支配を引き起こすことになる[196]とした。なおさらに同議員は，直接的に政治的権利等に関し人種等に基づく差別を禁じる方策は，将来的には憲法上に取り入れられるべきであるが，選挙権はいわゆる自然権とは考えられず，また，州にこのような方策を提案したとしても受け入れられるとは思われない[197]，と指摘した。

　同議員は，以上のような問題点に対応するためのものとして委員会は，選挙権者あるいは選挙権を有する市民を下院議員配分の基数とする案と，上院に提案された案の二つを案出した[198]とした。そして，このうち前者の選挙権者を基数とする案については，第一にオリジナルの連邦憲法自体が人口を基数としている，第二に選挙権者が 21 歳以上の男性とされた場合人口構成が州ごとに異なるため州間での不平等が生じる，という点から反対があり，また，市民を基数とする案については，州によっては外国人も選挙権を有している状況からして，それを変更することはできない[199]，とその問題点を指摘した。そして，同議員は後者の案について，前者の案に関する諸点を勘案し人口を基数とする委員会案は作られたが，これによってすべての州の人々をその基数に加えることができる[200]と説明した。

195　*Id*.

196　*Id*., 703-704.

197　*Id*., at 704.

198　*Id*.

199　*Id*., at 705.

200　*Id*.

第5節 議会における議論 **113**

第6項 上院における Stevens 案に賛成の者の主張

修正案に賛成の者の主張は，以下の通りであった。

まず黒人の権利との関係では，黒人に単に権利を認めるだけでなく，その権利を自ら確保する手法としての選挙権を認めるべきである[201]，という見解が示された。またこの見解に関連して，奴隷制が廃止された結果，従前奴隷であった者は単に解放民（freedmen）になったのではなく，自由人（free men）になりさらには合衆国市民となったのであって，このことにより，当然これらの者は連邦議会に代表される権利があり，それを否定する州にはその限りにおいて，代表者が配分されないとするのは正当である[202]，という意見が述べられている。なおこのほかには，Black Code 等によって強制労働をさせている者が，その強制労働の対象とされている者を代表して連邦議会で投票することは認めがたい[203]，ということも主張された。

次に南北戦争における黒人の果たした役割に配慮した意見としては，南北戦争における黒人の功績を考慮すると，連邦政府は白人の政府であるとはい

---

[201] *Id.*, at 834（Sen. Clark）; *Id.*, at app. 156（Sen. Morrill）; *Id.*, at app. 96（Sen. Williams）.

[202] *Id.*, at app. 154（Sen. Morrill）. Morrill 議員はここで次のことを述べている。

まず同議員は，反乱州は，合衆国市民の地位に関する決定権限は州にあるということを根拠に，従前奴隷であった者は合衆国市民でないとして，その市民的・政治的権利を認めないとしているとした。

次に同議員は，しかしながら，連邦との関係では，奴隷制が廃止された以上，従前奴隷であった者は自由人となり，合衆国市民となったと指摘し，さらに合衆国市民となった以上，連邦政府はそれらの者の権利を保障する責務を負担することになるとした。また同議員は，選挙権は合衆国市民権の重要な属性の一つであるので，それを州の専管事項であるとしてしまうことは結果として，合衆国市民権の州による侵害を認容してしまうことになると指摘した。

なお同議員は，連邦憲法第1条第2節第3項は単に人口を下院議員の配分基数としているのではなく，自由人（free person）の数と自由人以外の者（other persons）の数を5分の3したものをその配分基数としているのであり，その限りでは，後者の「自由人以外の者」に関する例外を除いては，市民の数を基数としているといえるとしている。

またさらに同議員は，奴隷制が廃止された後においては，その州にいる市民の多くに市民としての権利を認めない州は共和政体であるとはいえない，ということも指摘している。

[203] 39-1 Cong. Globe app. 154（Sen. Morrill）.

114 第4章 合衆国憲法修正第14条の原意

いがたい[204]という見解が示された。さらにこの点については，連邦政府のために戦った黒人がその自由を求めるときに，連邦政府によってその機会が奪われることがあってはならない[205]，という意見や，反乱を生ぜしめた反乱州の白人がなんの条件もなく選挙権を行使しようとしているのに，連邦を守る努力をした黒人が選挙権を行使できないとされるのは承服されがたい[206]という意見も述べられた。

また連邦制度との関係では，本修正案のもとにおいても自由人の数が配分基数とされており，人種等を理由に自由人の選挙権が州によって否定された場合にはそれらの者が基数から除かれるとされるのみであって，選挙権の問題には本修正案はふれておらず，州の権限も従前と変わらず，また，連邦の権限も変更されるものではない[207]ということが指摘された。もっとも南部州と連邦との関係に関連して，先の下院における Steven 議員の指摘にもあったように，奴隷解放によってむしろ南部州の政治的影響力が拡大することが考えられることについては，南北戦争において連邦に敵対した反乱州が，結果として連邦内での政治的影響力を拡大するのは認容できない[208]ということが主張された。

なお，上院での議論の当初に示された Henderson 案や Doolittle 案については，Henderson 案は州に人種以外の理由に基づく差別を許容する可能性があり，また，Doolittle 案は女性及び21歳以下の者の政治的存在性（political existence）を評価していない点で，現実問題として州が認容しないと予想されるので支持できない[209]，という見解が示された。

---

204 *Id.,* at 832 (Sen. Clark).

205 *Id.,* at app.156 (Sen. Morrill).

206 *Id.,* at 833 (Sen. Clark).

207 *Id.,* at 1256 (Sen. Wilson).

208 *Id.,* at app. 152 (Sen. Morrill).

209 *Id.,* at app. 97 (Sen. Williams). Doolittle 議員案と Henderson 議員案については，このほかに，Wilson 議員が，次の点を指摘している。*Id.,* at 1257 (Sen. Wilson).

- 現状を考慮すると Henderson 案が州の承認を受けられるとは考えられない。
- Doolittle 案は合衆国で出生しておらず，帰化もしていない者を基数から除くことになり，結果として北部の配分が減少し南部の配分が増加することになる。

第5節　議会における議論　**115**

第7項　上院における Stevens 案に反対の者の主張

本修正案に反対した者の主張は以下の通りであった。

まず連邦制度との関係では，選挙人資格について規定するのは州の権限である[210]，ということが主張された。

またこれに関連して，州の政体のあり方との関係で，連邦憲法の共和政体保障条項[211]にいう共和政体のあり方は多様であり，特定の共和政体のあり方を保障しているのではなく，連邦憲法上のこの条文は，反乱等により州の共和政体が危機にさらされたときにそれに対処することを連邦に求めているのであって，黒人に投票権を認めることを州に強要する権限が連邦にあることを根拠づけるものではない[212]，ということが主張された。なお実際の南部・北部間の関係では，本修正案によって，投票権を有さないまま下院議員の配分基数に加えられる者の数は，北部の州においては従前通りであるのに，南部においては減少することになる[213]ことから，本修正案の目的は共和党と北部諸州の優位を保持することにすぎない[214]，ということが指摘された。

また，オリジナルの憲法との関係では，オリジナルの憲法の採用している考え方を特に変更する必要はないという主張がなされた。具体的には，奴隷制が消滅することは憲法制定当時から予想されていたことであり，それによって奴隷であった者が自由人として下院議員配分基数に数えられることも同様に憲法制定者によって予測されていたことと考えられるから，本修正はその憲法制定者の考えに反することをすることになる[215]という意見や，問題は

---

210 *Id.,* at 765 (Sen. Johnson)；*Id.,* at 880 (Sen. Hendricks)；*Id.,* at 1285 (Sen. Cowan). このうち，Johnson 議員は憲法改正によればこれに変更を加えることも可能である，としているが，Cowan 議員はそれに反対している。*Id.,* at 1286.

211 U. S. Const. art. Ⅳ. § 4.

212 39-1 Cong. Globe app. 149 (Sen. Saulsbury).

213 *Id.,* at 877 (Sen. Hendricks). オリジナルの連邦憲法では下院議員の配分にあたって，奴隷が自由人の5分の3に数えられることを前提にしていたが (cf. U. S. Const. art. Ⅰ, § 2, cl. 3.)，本案によれば，人種等を理由に投票権を与えられない者は下院議員数配分の基数から除かれるので，結局投票権を有さないまま下院議員の配分基数に加えられる人口は減ることになる。

214 39-1 Cong. Globe 878 (Sen. Hendricks)；*Id.,* at 963 (Sen. Buckalew)；*Id.,* at app. 145 (Sen. Saulsbury).

215 *Id.,* at 962 (Sen. Buckalew). このほかに Buckalew 議員は，以下の点を指摘している。

116 第4章 合衆国憲法修正第14条の原意

各州の人口を下院議員の配分基数とするのは適切かどうかということであり，オリジナルの連邦憲法はこの方法を採っており，実際にも簡明かつ実用的であるので，この方法は適切であると考えられ，本修正案はこれを損なうものである[216]という意見が示された。

次に黒人との関係という観点からは，白人と黒人は異なる種に属するので同一の政治的共同体を形成するべきではない[217]という意見や，黒人に自由人（freeman）としての権利を享受せしめるのは構わないが，選挙権は彼らが自然に従って存在する白人との差異を克服する程度になってから認めるべきである[218]ということが主張された。

なお以上のほかに，オリジナルの憲法においては下院議員配分と直接税の配分が同一の人口という基準に従ってなされていたのに対して，本修正案はそこを分離し，下院議員の配分のみを変更することとしたので，本修正案は，課税について規定しないことにしたが，これは，代表なければ課税なしの原則に反するものである[219]，という批判もなされた。

また，以上の見解とは異なり，むしろ選挙権を拡大することを企図していた議員からは，本修正案の採用する方法によっては，黒人人口の少ない州においてその目的とするところの黒人選挙権の実現をすることはできない[220]ということが指摘され，さらに，憲法の改正によって達成されるべきは，反乱州の黒人選挙権の確保だけでなく，合衆国全域における合衆国市民の選挙

- 本法案は連邦内のすべての黒人等に適用がある規定ぶりにもかかわらず，趣旨説明においては，奴隷であった者についてしか問題とされていない。
- 南北戦争で死亡した者の数を考慮せずに，人口比を本法案の提案の根拠にしている。
- 本法案で，人種等に基づく差別を受けている者の数を基数から除くとしても，外観的にこの規制にかからずに，実際上同じ効果を持つ規制を行うことは可能である。またさらに同議員は，手続的な批判として，本法案についての世論を問う選挙を通っていない連邦議会議員と各州の議員がこの修正の制定を行うことの可否を問題にし，そのような手続で本修正がなされた場合，その実効性に問題が生じるであろう，と指摘している。

216　39-1 Cong. Globe 962 (Sen. Buckalew).

217　*Id.*, at 880 (Sen. Hendricks).

218　*Id.*, at 766 (Sen. Johnson).

219　*Id.*, at 811 (Sen. Sumner)；*Id.*, at app. 118 (Sen. Henderson)；*Id.*, at 962 (Sen. Buckalew).

220　*Id.*, at app. 119 (Sen. Henderson).

権の確保である[221]ということが主張された。

これらの意見のほかに，修正第13条との関係で，本修正案の目的は，修正第13条に基づいて議会の立法で実現することが可能で，またそうするべきである[222]ということが述べられ，また，本修正案は，結果として連邦の規制権限を否定し，州に黒人の参政権を否定する権限を認めることになる[223]，ということも指摘された。

第8項　上院での採決の結果

1866年3月9日の採決の結果，まず，Henderson案が否決された[224]。次にSumner案が否決されたが，この間にClark案が出された。この案は，Doolittle案が選挙人（electors）としていた法文上の文言を，市民（citizens）としたものであったが[225]，Clark議員はこの案について，投票権者（voters）を基数にすることを提案する趣旨であると説明した[226]。

この案についてはCreswell議員から，citizensという用語はその意義に関し議論を引き起こすことになるので望ましくないということと，citizensとすることによって反乱にかかわった者にも選挙権を認めなくてはならないと解される可能性があり，これは望ましくないという点が指摘された[227]。

221　39-1 Cong. Globe app. 100 (Sen Yates).

222　*Id.,* at app. 100-103 (Sen. Yates). この時の演説の中でYates議員は，市民権に関し次の点を指摘している。
- 市民権にかかわる問題についての決定権限を州に認めるならば，連邦は，その存在の基盤とする市民の安全を保障することが不可能になり，また，この件に関する統一的な立法を行うことができず，さらにその結果として，将来の紛争の原因となる，人民間の階層が構成されることになる。
- 従前憲法改正によってしか黒人は市民となれないと理解されてきたが，修正第13条によって連邦憲法が改正されたのだから，黒人は自由人となり，さらにはこの連邦を構成する市民となった。

なおこれに続けてさらに同議員は，市民として享受する権利を確保するためには，選挙権が必要である，としている。

223　*Id.,* at app. 119 (Sen. Henderson)；*Id.,* at 1182 (Sen. Pomeroy).

224　*Id.,* at 1284.

225　ただし，Doolittle案は直接税の配分についても規定していたが，Clark案では規定していない。cf. 39-1 Cong. Globe 673.

226　39-1 Cong. Globe 1284.

227　*Id.,* at 1285.

118 第4章 合衆国憲法修正第14条の原意

　他方でこの指摘に対して Trumbull 議員は，citizens とすることによって，黒人を選挙人として認めることにより下院議員の配分を拡大することを望む州は，黒人を単に選挙人とするだけでなく市民としても認めなくてはならないとすることができる，とした[228]。またさらに同議員は，この用語を使うことによって外国人を排除することになるとの Johnson 議員からの指摘に対し，将来的には市民権を有する者のみが投票に参加することになるべきである，という見解を示した[229]。

　このほかに Henderson 案と実質的に同旨の文言を加える案などのいくつかの修正も提案されたが，これらも最終的には再建合同委員会案とともに廃案となった[230]。

第3款　修正第14条案に関する下院での議論

　1866年4月30日に再建合同委員会から提案された憲法修正案に関して，同年5月8日から10日までに下院でなされた議論は次の通りであった。

第1項　下院における趣旨説明

　冒頭 Stevens 議員は，本修正案は必ずしも理想のものでなく，再建合同委員会は現実的な選択をせざるをえなかったと前置きした上で，各条項の趣旨に関して以下の説明をした[231]。

　まず同議員は，修正案第1節は，州に対して，合衆国市民の特権・免除を侵害すること，その生命，自由，財産を不法に侵奪すること，及びその管轄内にあるすべての人に法の下の平等を否定することを禁じるものであり，これらの事項は独立宣言や基本法（organic law）で言及されているものであるとした。また同議員は，従前これらの禁止は連邦議会の行為を禁じるものであり，州の行為を禁じるものではなかったが，本修正により連邦議会は，すべての者に平等に州の法律を施行するようにする権限を持つことになる，とした。なお同議員は，本修正は市民的権利法によって保障されていたものを

228　*Id*.

229　*Id*.

230　*Id*., at 1289.

231　*Id*., at 2459. ここでは，Stevens 議員の説明のうち第1節と第2節にかかわる部分のみ取り上げる。

憲法によって保障するもので，これによって議会が入れ替わっても保障が確保されるようにすることができる[232]としている。

次に同議員は，第2節は，いずれかの州がその成人男性市民を選挙権行使から，除外するもしくはそれを制限した場合に，当該州の代表権がその割合に応じて制限されるとするものであるとした。この点に関し同議員は，この規定によって州は，普通選挙権（universal suffrage）を認めるか，あるいは立法・行政の両連邦機関の構成に関して少数派であることに甘んじるかのいずれかになることになり，早晩各州は前者を選択することになる[233]としている。

第2項　修正案に賛成の者の主張

本修正案に賛成の者は次の点を主張した。

まず本修正案第1節は，各州に居住する連邦市民の権利を保障する権限を連邦議会に付与するものである[234]という理解が示され，具体的には，連邦議会は合衆国市民に平等の権利を，憲法の与える権限範囲内で保障する必要があり，本修正案第1節はその権限を連邦議会に与えるものである[235]ということが述べられた。

次に第2節については，連邦の再建は，黒人に選挙権を与え，反乱に参加した者の参政権を制限することによって可能になる[236]ということが指摘された。そして具体的に連邦と州との関係の観点から，州の政治権力の強さは選挙に参加できる者の割合によって決定されるべきであり，選挙権を否定さ

---

232 *Id.* 市民的権利法と本条文との関係については，Stevens 議員の説明の後に改めて Finck 議員から，本条を憲法修正として採択することは，市民的権利法の制定が連邦議会の権限外であったことを認めることになる，という指摘がなされた（*Id.*, at 2461）。これに対しては，Garfield，Thayer 両議員から，Stevens 議員の説明を支持する趣旨の発言がなされている（*Id.*, at 2463, 2465）。

233 *Id.*, at 2459.

234 39-1 Cong. Globe 2498（Rep. Broomall）; *Id.*, at 2542（Rep. Bingham）。ここで Bingham 議員は，合衆国の領域内において，すべての合衆国市民の特権・免除とすべての者が生まれながらに有する権利を，諸州の違憲の行為による侵害・否定から保護することが第1条の目的であるとしている。

235 39-1 Cong. Globe 2502（Rep. Raymond）.

236 *Id.*, at 2532（Rep. Banks）.

れながらその州に居住している者の割合に依拠して決定されるべきではない
ので，本修正案第2節は支持できる[237]という意見や，旧反乱州において，従
前奴隷であった者は州の政治において代表の基礎とされていないのに，連邦
議会においてそれらの者を代表の基礎としなくてはならないとするのは承服
できない[238]という見解が示された。

　なお選挙権の拡大を支持する者からは，すべての知性ある成人合衆国市民
が，自然権に匹敵する重要性のある，選挙権を享有する旨憲法に規定でき
る状況にないのは残念であるが，現実的な選択として本修正案は支持でき
る[239]という意見が述べられた。

第3項　修正案に反対の者の主張

　本修正案に反対の者の主張は概要以下の通りであった。

　まず連邦制度との関係では，本修正の目的は，連邦憲法制定時に人民の自
由と財産を保護するために必要不可欠のものとして認められた州の権限を侵
奪し，さらに旧反乱州の人々の選挙権を制限しそれらの人々を現政権与党に
従わせることであり，それがなされれば，連邦は回復されえなくなる[240]とい
うことが指摘された。そしてこの点についてさらに，本修正案第1節は，合
衆国市民の特権・免除を規定することにより連邦政府が州に干渉することを
可能にし，連邦制の基礎となっている州の権限と連邦政府の本質を破壊する
ものである[241]という意見や，本修正案第2節は旧反乱州に黒人の選挙権を認
めることを強いるものであり，これはそれらの州には承認されがたいもので，
そのような成立の可能性のない修正案を提案すべきではない[242]という意見
が主張された。

　なお本修正案の審議過程に対する批判としては，憲法改正の規定上「いず
れの州も，その同意なくして上院における平等の投票権を奪われることはな

237　*Id.,* at 2511 (Rep. Eliot).

238　*Id.,* at 2464 (Rep. Thayer)；*Id.,* at 2498 (Rep. Broomall)；*Id.,* at 2535 (Rep. Eckley).

239　*Id.,* at 2462 (Rep. Garfield)；*Id.,* at 2469 (Rep. Kelley).

240　*Id.,* at 2500 (Rep. Shanklin)；*Id.,* at 2530 (Rep. Randall (of Pennsylvania)). Shanklin 議員は，この修正案が認められれば旧反乱州の人々にとって米国市民として連邦にと どまる利益はなくなると指摘している。

241　*Id.,* at 2538 (Rep. Rogers).

242　*Id.,* at 2538 (Rep. Rogers).

い」とされているにもかかわらず[243]，旧反乱州の議員は議会に出席を認められておらず，このような状況で憲法修正を発議するのは認めがたい[244]ということが指摘された。またこのほかには，本修正案第3節に関しての意見が多くの議員から出された[245]。最終的に同案は1866年5月10日下院を通過した[246]。

第4款　修正第14条案に関する上院での議論

第1項　Howard 議員の提案趣旨説明

上院においては4月30日の Fessenden 議員の提案を受けて，5月23日に Howard 議員が上院において提案趣旨説明を行った[247]。その内容は概要以下の通りであった[248]。

まず同議員は本修正案第1条について次の説明を行った。

---

[243]　U. S. Const. art. V.

[244]　39-1 Cong. Globe 2461 (Rep. Finck).

[245]　第3節に関し Stevens 議員は，本条文は1870年まで反乱者に連邦議会議員選挙と大統領選挙へ参加することを禁じるもので，彼自身はこの条文は反乱者に対して寛容すぎると考える，としている（*Id.*, at 2460）。

　　なお，本条文に賛成する者は，連邦の福利と救済のために本条文のような条文が必要であるとした（cf. ex. *Id.*, at 2509 (Rep. Spalding)）。また反対する者は，本条文によって旧反乱州の多くの人民が選挙権行使から除外され，本修正案の承認が困難になり，反乱州の連邦への復帰が阻害されると主張した（cf. ex. *Id.*, at 2502 (Rep. Raymond)）。

　　最終的に，本条文は変更されることなく，他の条文と一括して採決に付された（*Id.*, at 2545）。

[246]　39-1 Cong. Globe 2545.

[247]　4月30日から5月23日までの間，提案された修正案に関し上院においては次のことが行われた。

　　まず5月2日に，本修正に付帯して提案されていた法案のうち，旧反乱州選出連邦議会議員の登院についての法案に関する議論の中で，Dixon 議員が修正案及び付帯法案すべてに代えて，すべての州及びその議員の立法への誠実かつ協力的な参加を要求する両院合同決議案を提案した（39-1 Cong. Globe 2332）。

　　次に5月10日に，修正案が下院を通過したことが通知された（*Id.*, at 2530）。

　　5月14日には，Stewart 議員が，市民の定義を挿入し，修正案第3節を削除する修正を提案した（*Id.*, at 2560）。

　　5月23日以降の上院の議論では，下院を通過した修正案が審議の対象とされた。

[248]　*Id.*, at 2764.

122　第4章　合衆国憲法修正第14条の原意

第一に本修正案第1節第1文は，合衆国市民でない者を除く，特に合衆国市民にのみ保障される特権・免除に関する条文である[249]，とした。そしてここでいう合衆国市民に保障される特権・免除については，これを包括的に定義することはできないが，連邦憲法の第4条第2節と最初の八つの修正条項の保障するものはそれに含まれる[250]としている。また同議員は，従前，連邦憲法上保障されていた特権・免除は，合衆国市民に保障されるとされるのみで，州に対しての制約とはされていなかったが[251]，本修正案第1節第1文は，州の権限に制限を加え，州が常に連邦憲法上保障される合衆国市民の特権・免除を尊重するようにすることを目的とするものである[252]とした。さらに同議員は，具体的に州による合衆国市民の特権・免除の尊重を確保するために，本修正案では，第5節で連邦議会にその権限を与えている[253]，と説明している。

第二に同議員は，本修正案第1節第2文以下は，合衆国市民のみならずすべての者から，州が，法の適正な手続なしに，あるいは法の下の平等を保障することなしに，その生命，自由，財産を収奪することを禁じるものである[254]，とした。なお同議員は，本修正第1節は，連邦憲法の保障する特権・免除に含まれると考えられていない，実定法によって形成される選挙権を保障するものではない[255]としている。

第三に同議員はまず，本修正案第2節は，各州の選挙権に関する権限に連邦が干渉することを認めるものではなく，また，有色人種の選挙権を保障するものでもない[256]とした。そしてこれを前提として同議員は，従前連邦憲法下においては人口が下院議員配分基数とされており，奴隷制を認めない州においては市民的権利を享有する者の数が基数とされる一方で，奴隷制を認め

249　*Id.*, at 2765.

250　*Id.* ここで Howard 議員は Corfield v. Coryell 判決（4 Wash. C. C. 371, 380（U. S. C. C., Pa., 1823））を引用している。

251　39-1 Cong. Globe 2765.

252　*Id.*

253　*Id.*, at 2766.

254　*Id.*

255　*Id.* 同趣旨の理解が下院の審議において Bingham 議員から示されている。*Id.*, at 2542.

256　*Id.*, at 2766.

る州においては市民的権利を享受する者の数に加えて，それを享有しない奴隷の数の5分の3を配分基数に加えてきた[257]と従前の状況を説明した。そして同議員は，奴隷制の廃止により，従前の連邦憲法に従えば，奴隷であった者は1人として下院議員配分基数に加えられ，結果として旧奴隷州に配分される下院議員数は増加することになるが，それらの州では黒人を選挙権から排除しており，そのような状況の下で旧奴隷州の下院議員数が増加するのは承服できない[258]と指摘し，この点から，「州が男性市民の一部を選挙権から排除している場合には，その比率に従って下院議員数が減少される」という原則をすべての州において適用することを再建合同委員会は考案した[259]とした。さらに同議員はこの点について，この原則は，市民の人種等に関係なく適用されることになるとし，また再建合同委員会は，有権者の分布が各州間で異なり，オリジナルの連邦憲法が人口を基数としていることから，有権者数を下院議員配分基数とせず，人口を配分基数とすることにした[260]と説明し，また本条文は旧奴隷州に有色人種の投票権を認めることを強いるものであるが，それらの州にのみ適用されるものではなく，すべての州に適用されるものである[261]とした。

第2項　修正案第1節に関する議論

Howard議員の趣旨説明に続いて審議がなされたが，そのうち本修正案第1節については概要以下のことが議論された[262]。

まずHoward議員の提案趣旨説明と同日，Wade議員が同条文を次の通り

257　*Id*.

258　*Id*.

259　*Id*., at 2767.

260　*Id*.

261　*Id*.

262　本条に関連してYates議員が，本条前節までの条文のいずれも，合衆国，ないしは合衆国の各州あるいはその属領の居住者に，1865年12月18日に発効した合衆国領域内における奴隷制を廃止する憲法修正条項によって保障される，権利，投票権，あるいは特権に何ら影響を与えるものではない，という趣旨の条項を本修正案の最後に付け加えることを提案している。本提案について同議員は，この修正によって，本修正案以前にすでに認められていた権利が裁判によって侵害されるのを避けることができる，と説明している。39-1 Cong. Globe 3037.

124 第4章 合衆国憲法修正第14条の原意

修正することを提案した[263]。

「いかなる州も合衆国において出生し，またはその法によって帰化した者の特権・免除を侵害する法を制定・施行することはできない。また，いかなる州も正当な法の手続によらないで，何人からもその生命，自由，財産を収奪してはならない。また，その管轄内にある何人に対しても法律の平等な保障を否定できない。」

同議員はこの修正について，再建合同委員会案第1節において用いられている「市民」の用語の意義には争いがあり，この用語に代えて同議員案第1節のようにすれば，その他の解釈がなされることを避けることができる[264]，と指摘している。

このWade修正の可否は採決されなかった。

5月29日にHoward議員が，修正案第1節に「合衆国で出生し，その管轄権に服する者は合衆国及びその居住する州の市民である」という文言を付け加える修正を提案した[265]。

この修正提案に関し同議員は，この修正は，合衆国政府から信任状を与えられた大使あるいは公使の家族に属する外国人を除く，合衆国の領域内で出生しその管轄権に服する者は，自然法（natural law）及び国家法（national law）によって合衆国市民となる，というすでに認められている法を宣言するものであるとし，これによって，合衆国市民の定義が明確になり，このことにかかわる問題が解決されることになる，とその趣旨を説明した[266]。

この修正に関してDoolittle議員が，Howard議員の提案はIndianを含めることを意図していないはずである，として，「課税されないIndianを除く」の

---

263 39-1 Cong. Globe 2768. Wade案は全体で4節からなり，第2節は下院議員の配分について，第3節は反乱に関して生じた債務について，第4節は議会の本修正条項の実施権限についてのものであった。

264 この点に関しFessenden議員から，外国から一時来訪中の両親から出生した者の扱いに関する質問がなされたのに対し，Wade議員は，外交官の子供については実際上合衆国で出生しても法の擬制により合衆国市民とはみなされない，という例を引きつつ，このような事例が些少であり，そのために原則を変えるのは望ましくない，としている。39-1 Cong. Globe 2769.

265 39-1 Cong. Globe 2869. Wade議員は，Howard議員の修正提案の後で，自身の修正案を撤回している。Id.

266 Id., at 2890.

第5節　議会における議論　**125**

語を挿入することを提案した。これに対し Howard 議員は，従前より部族的関係を維持している Indian は合衆国管轄権に服しておらず，外国に準ずるものと理解されてきたと指摘してこの修正がなされることに反対した[267]。

　この Doolittle 議員の修正案に対してはいくつかの意見が出された。そのうちまず Doolittle 議員案に賛成する意見としては，第一に，保留地にいる Indian 等，連邦政府の管轄権のもとにあるが合衆国市民に含まれるべきでない Indian が存在し，また，オリジナルの連邦憲法においても，課税されていない Indian は下院議員の配分基数の構成から除かれているので，「課税されない Indian を除く」の文言を挿入する修正はなされるべきである[268]ということが指摘され，第二に，合衆国領域内にいる Indian については，政府が，条約でなく，その制定した法律によって管轄権を行使することがあることから，裁判所が修正案のこの条文によって Indian も合衆国市民であると解釈する可能性があるので，「課税されない Indian を除く」の文言は挿入されるべきである[269]ということが指摘された。

　また同案に反対する意見としては，第一に，修正案の「合衆国の管轄権のもとにある」という文言の意味は，他のなにものにも忠誠を負わないという意味であり，Indian については条約を締結する等合衆国の管轄のもとにあるとは解されてきていない[270]という点が指摘された。第二に「課税されない Indian を除く」の文言により，課税される Indian は市民であり課税されない Indian は市民でないという解釈がなされる可能性があり，それを避けるためにはこの文言を使うべきではない[271]という意見が出された。また第三に「課税されない Indian を除く」の文言により，州による課税の有無によって市民権の有無が決定されることになると解されうるので，この文言を使うべきではない[272]という懸念も示された。なお第四に，修正案の第1節と第2節で使われている「市民」の文言を併せて解釈すると，下院議員配分基数から除外されていることから，この文言に課税されない Indian は含まれないと解釈で

267　*Id.*, at 2890.

268　*Id.*, at 2893（Sen. Doolittle）.

269　*Id.*, at 2894（Sen. Johnson）.

270　*Id.*, at 2893（Sen. Trumbull）；*Id.*, at 2895（Sen. Howard）.

271　*Id.*, at 2894（Sen. Trumbull）.

272　*Id.*, at 2895（Sen. Howard）.

126　第4章　合衆国憲法修正第14条の原意

き，従って修正案の第1節に「課税されないIndianを除く」の文言を加える必要はない[273]ということも指摘されている。

また以上の意見とは別に，修正案第1節の市民権の定義の目的は黒人に市民権を与えることであるが，黒人が市民として認められるのならば，Indianも市民とされてはならない理由はないので，「課税されないIndianを除く」の修正はされるべきではない[274]という意見も出された。

これらの議論の結果最終的にDoolittle議員の修正は否決され，Howard議員の修正案が認められた[275]。

なお以上のほかに，修正案第1節については，次の意見が述べられた。

まず本条に賛成する意見としては，次のものが述べられた。

第一に，オリジナルの連邦憲法による市民の特権・免除の保障は，連邦がそれを実施する権限を持たなかったために死文化していたが，奴隷制の廃止と反乱の終焉に伴って，連邦議会の権限によってこれを行う必要が生じている[276]ということが主張された。第二に法の適正手続と法の下の平等の保障を実施する権限が連邦議会にあるか，という点については有識者から疑義が示されており，これを排除するために，修正案第1節後段は規定されるべきである[277]という意見が出された。また第三に旧反乱州においては，その人口を構成する大きな一部に対し，市民権に付属する権利を享受させることを拒否する動きがあるので，本修正案第1節の規定は必要である[278]ということも指摘された。

次に同条文に反対する意見としては，次のものが述べられた。

第一に，連邦憲法上州は，その政治権力を行使する者を決定し，またそれが適切だと判断されるならば，合衆国国民を除くすべての者につき州の領域への立ち入りを制限する権限を有しているが，合衆国市民権が出生によって付与されるとすることによって，州のこれらの権限が制限されるのは適切で

273　*Id.,* at 2897 (Sen. Williams).

274　*Id.,* at 2897 (Sen. Saulsbury) ; *Id.,* at 2895 (Sen. Hendricks).

275　*Id.,* at 2897. 審議の最終段階でFessenden議員から「ないしは帰化した」の文言を挿入することが提案され，最終的に現行修正第14条第1節第1文と同一の文言とされた。*Id.,* at 3040.

276　*Id.,* at 2961 (Sen. Poland).

277　*Id.*

278　*Id.,* at app. 219 (Sen. Howe).

ない[279]ということが主張された。

第二に，修正案第1節前段により，欧州を出自とする合衆国の白人人民と黒人，中国人，Indian とが合衆国市民権とそれに付随する特権・免除を共有することになり，それによって，混在されるべきでない人種の共存が生じ，また諸外国で高い栄誉を得ている合衆国市民権の評価が下がることになる[280]とされた。

第三に，法の適正手続と法の下の平等の保障は，州とその市民との関係においては，州によって保障されるべきことであるから，ここで規定されるべきではない[281]ということも主張された。

第3項　修正案第2節に関する議論

修正案第2節に関しては，Howard 議員の趣旨説明に続いて，まず Wade, Wilson 両議員がそれぞれ修正を提案した[282]。このうちまず Wade 議員の修正案は以下の通りであった[283]。

「選挙権に関して州により一部の人民が差別されている場合には，その差別が知性，財産[284]あるいは外国人であること，ないしは反乱またはその他の

---

279 *Id., at* 2891 (Sen. Cowan). ここで Cowan 議員は，California 州における中国人とジプシーの例を引いて，それらの者が人種，宗教，生活習慣等で大きく異なり，それらの者と一つの社会を構成するのは不可能であると主張している。

　これに対し Conness 議員が，California 州の中国人について，同州においては，Cowan 議員の主張にかかわらず，この憲法修正案を受け入れ蒙古人種に属する両親の子供に市民的権利と法の下の平等を提供する用意がある，と述べている。39-1 Cong. Globe 2892.

280 *Id., at* 2939 (Sen. Hendricks). Hendricks 議員のこの意見に対し Howe 議員は，合衆国市民権をこのように定義することによって，その尊厳は高まりこそすれ低められることはない，と反論している。*Id., at* app. 219.

281 *Id., at* app. 240 (Sen. Davis). Davis 議員は，ここで合衆国市民が定義されたことにつき，その目的が黒人を市民とし，市民的権利と政治的権利を享有せしめて白人と共同社会を作ることにある，と指摘している。

282 *Id., at* 2768. これらの議員の他，23日の審議において，Clark 議員が委員会案第3節と第4節に関して，Buckalew 議員が州における承認過程に関する修正をそれぞれ提案している。

283 *Id., at* 2768.

284 ここの「財産 (property)」の語は，5月17日 Wade 案が提出されたときには使われていたが (*Id., at* 2636)，5月23日の実際に議場で提案された段階では削除された

128 第4章 合衆国憲法修正第14条の原意

犯罪への関与に基づく公平な条件によるものでない限り，それらの者は議員配分の基数に算入されないものとする。」

　同議員はこの案について，不利益を課すことを正当化しえない理由に基づいて選挙権を制限する州があり[285]，これについては，再建合同委員会案第2節によればその下院議員配分は減少されることになるが，そのようにすべきでなく，州の判断に任されるべきである，と説明している[286]。

　また Wilson 議員の修正案は，以下の通りであった[287]。

「下院議員は各州においてそれぞれの人口に従って配分される。しかしながら，合衆国に対する暴動ないしは反乱によるのではなくして，21歳以上の男性合衆国市民であるその州の居住者に対して，州における選挙権が否定される，あるいは否定されることとされている場合には，当該州における下院議員の配分基数は，21歳以上のすべての男性市民数に対する選挙権を否定された男性市民数の割合に応じて減少されることとする。」

　同議員はこの案について，再建合同委員会案第2節の「州の市民（citizens of the State）」を「男性合衆国市民である居住者（inhabitants being male citizens of the United States）」に変更したものである，と説明している[288]。

　翌24日 Sherman 議員が修正案を提案したが，同案は委員会案の第2節及び第3節に代わるもので，そのうちの第2節に代わる部分は，州議会選挙で選挙権を有する21歳以上の男性合衆国市民の数に応じて下院議員を配分するとされ，反乱に係わった者についてもそれに含むとされていた[289]。

　5月29日に Howard 議員は，修正案第2節の「市民」の文言を「合衆国市

　　　（*Id.*, at 2770）。

[285] Wade 議員は，このような制限の例として，New England 州等で行われていた，合衆国憲法を読むことができかつ自分の名前が書ける者のみが選挙権を享有するようにするというものをあげている。*Id.*, at 2769.

[286] *Id.*, at 2769.

[287] *Id.*, at 2770.

[288] *Id.*, at 2770. 公式記録上，再建合同委員会案第2節においては「州の市民（citizens of the State）」という語は使われておらず，「その男性市民（its male citizens）」という語が用いられている（*Id.*, at 2764）。

[289] *Id.*, at 2804. Sherman 議員の修正案提案の直前に，Stewart 議員が，黒人への選挙権を擁護するのと同時に，反乱に関与した者の選挙権を否定することは反乱再発の要因を強め，また，黒人の選挙権をかえって認められにくくすることになるとして，それらの者に対する大赦を支持する演説をしている。*Id.*, at 2798.

民である居住者」に変更する修正を提案した[290]。この提案に対する翌 30 日の Johnson 議員からの質問に対し，Fessenden, Howard 両議員は，修正案第 1 節と同第 2 節とを一致させ，合衆国市民である者が諸州の市民でないという状況が州によって作られるのを防ぐためである，と説明している[291]。

　6 月 4 日に Hendricks 議員は，本修正案が，州によって選挙に参加する資格がないとされた者は配分基数に加えられないという原則に忠実でないと批判し[292]，修正案第 2 節後段の部分を「また，（下院議員配分基数からは）1861 年以降に合衆国大統領の宣言あるいは憲法修正によって意に反する苦役から解放された，投票権が否定される者の数の 5 分の 2 も除くこととする。」[293] と修正する案を提案した。

　本案の提案理由について同議員は，奴隷解放によって従前の反乱州に対して配分される下院議員数が増加するということが指摘されるが，このように修正することによって南部州は反乱以前に有していたのと同数の下院議員数を有することとなると説明した[294]。

　なおこの案は，採決されることなく，廃案とされた。

　これに続いて，同日，Doolittle 議員が，「1870 年及びそれに続く人口調査以降，下院議員は，連邦に属する各州において，21 歳以上の，法により各州の議会のうちより多くの人数からなる議院の構成員を選出する資格を有する男性有権者（male electors）数を基数として配分されることとする。」と修正する案を提案した[295]。この提案について同議員は，この修正によっても，旧反乱州が黒人に選挙権を付与しない場合には，その黒人の人口が下院議員配分基数から除かれる，という効果は変わりないが，有権者数を配分基数とすることによって，下院議員選択に際して有権者は平等でなくてはならないとい

290　*Id.*, at 2895.

291　*Id.*, at 2897.

292　*Id.*, at 2939.

293　*Id.*, at 2942.（かっこ内は引用者）。

294　*Id.*, at 2942. Hendricks 議員の発言に続いて Doolittle 議員が，このようにすることにより，黒人は投票権が与えられるまでは，解放される以前と同様に 5 分の 3 の人口として数えられることになり，南部州においても北部州においても承認されやすくなる，と述べている。

295　*Id.*, at 2942. Doolittle 議員の提案した案には，直接税の各州間の配分に関する部分も含まれていた。

うのが下院議員配分の原則であるとすることになり，このようにした方が，黒人に選挙権を認めない限りその下院議員配分が削減されるとするよりも州において承認されやすくなる，と修正の趣旨を説明している[296]。

　この修正については，新規の移民によって構成されている州は，以前から連邦に加盟している州よりもより多くの男性人口を有していることから，より多くの下院議員配分を受けることになるが，人口総数との関係を考慮すると，これは妥当ではない[297]ということが指摘され，採決の結果否決された[298]。

　この案の否決のすぐ後で，Doolittle 議員は，この案の「男性有権者」の文言を「合衆国男性市民」に変更し，反乱にかかわったことにより選挙資格を剥奪された者の数も基数に含める旨の修正を提案した[299]。

　この修正については，この修正によっていずれの州の有権者も等しい政治的影響力を有することになる[300]という賛成意見が述べられた。しかしながら他方で，この修正は帰化していない外国人の人口を下院議員配分基数から排除し，それらの人口を抱える州から下院議員を削減するものである[301]という反対意見が述べられ，採決の結果，否決された[302]。

　さらに 6 月 6 日に Williams 議員が修正案第 2 節を「下院議員は，各州に対して，Indian を除く各州の総人口数に従って配分されるものとする。ただし，

---

296 *Id.*, at 2942.

297 *Id.*, at 2962 (Sen. Poland).

298 *Id.*, at 2986.

299 *Id.*

300 *Id.*, at 2986 (Sen. Sherman). ただし Sherman 議員は，政治的理由によりこの Doolittle 議員案には投票しないと述べ（*Id.*, at 2992.），実際に反対票を投じている（*Id.*, at 2991.）。

　　また，東部州から西部州に男性市民が移民していることから，有権者数を下院議員配分基数としないと下院議員の配分に不平等が生じる，という主張について，同議員は，そのような移民は西部州での投票において東部州にいる家族を代表して選挙に参加するのであるから，そのような指摘はあたらない，としている（*Id.*, at 2987）。

301 39-1 Cong. Globe 2987（Sen. Wilson). Wilson 議員のこの主張に対して，Sherman 議員は，外国人は帰化すれば市民になり投票もでき，また，実際に例外的な場合を除いて外国人は帰化する場合が多いので問題ない，としている。*Id.*

302 *Id.*, at 2991. これら二つの Doolittle 案が否決されたことについて，共和党の党議拘束の存在が指摘されている。cf. Flack, 123；Kendrick，318-319；Joseph B. James, THE FRAMING OF THE FOURTEENTH AMENDMENT, 147 (Univ. of Illinois Pr. 1965).

連邦もしくは州の憲法あるいは法律に基づいて実施されるあらゆる選挙に際して，投票権が21歳以上の合衆国市民である州の居住者に否定される，あるいは反乱その他の犯罪への関与によるのではなくして制限される場合には，その州の下院議員配分基数は，当該州の21歳以上の男性市民の総数に対してそれらの男性市民が占める割合に応じて削減されることとする。」と修正する案を提案した[303]。

　この案について同議員は，「選挙権（elective franchise）」の文言を「投票権（right to vote）」の文言に変更し，「連邦もしくは州の憲法あるいは法律に基づいて実施されるあらゆる選挙」の文言を加えることにより，連邦憲法及び連邦法のみならず州憲法及び州法のもとにおいても投票することが認められない限り下院議員配分基数に加算されない，ということを州に示すことがこの修正の目的であるとしている[304]。

　この修正については Henderson 議員から「連邦もしくは州の憲法あるいは法律に基づいて実施されるあらゆる選挙に際して，投票権が21歳以上の合衆国市民である州の居住者に否定される」という文言が，教育委員会委員等の選挙までも含む可能性があるという指摘がなされ，この部分を「州知事，裁判官，あるいは立法機関の構成員選出のための投票権が否定・制限される場合には」と修正することが提案された[305]。

　これに対して Williams 議員は，この部分を「ただし合衆国大統領及び副大統領の選挙人，連邦議会下院議員，各州の行政官，司法官ないしは州議会議員を選出する選挙に際して投票権が否定された場合に」と修正した[306]。

　最終的に，採決の結果，この修正は認められた[307]。

---

[303]　39-1 Cong. Globe 2991.

[304]　*Id.,* at 2991.

[305]　*Id.,* at 3011. この点につき Johnson 議員は，用語法の問題として，もしこの修正が認められるのならば，州によって行われる選挙において選挙権を否定された者だけが配分基数から削減される，という趣旨になるように修正すべきと指摘している。*Id.,* at 3027.

[306]　*Id.,* at 3029.

[307]　*Id.,* at 3041. この修正に関し Howard 議員は，実際の運用においてこれを適用することは困難で，結果として下院議員配分基数を正確に確定することは難しくなるだろうと指摘し，対象となる選挙を州議会選挙に限定する再修正を提案したが，否決された。*Id.,* at 3039-3040.

132　第 4 章　合衆国憲法修正第 14 条の原意

　なお以上の他にこのほかに修正案第 2 節については以下の点が指摘された。

　第一に本修正案に賛成する意見としては，南部州の白人が，黒人に代わって投票することを正当化する根拠はなく，反乱に対する連邦側での黒人の功績を考慮すると，より直接的に黒人に投票権を与える方法が望ましいが，本修正案によっても黒人に投票権が与えられることになると考えられるので，本修正案に賛成する[308]ということが述べられた。

　第二に，本修正案に反対する意見は，次の通りであった。

　まず州において投票権を有する者を決定するのは，すべての州の有する固有の権限である[309]ということが主張され，本修正案は黒人人口を有さない州が黒人人口を有する州から，それによって連邦が構成されている法によって認められた政治的権力を奪うためのもので，新たな紛争の原因になる[310]という意見が出された。

　次に本修正案の目的と，実際に本修正案が施行された際に州がとることを予想される行為との関係では，本修正案の目的は，人種に関係なくすべての者の代表者が選出されることであるのに，その効果は，州が黒人に選挙権を付与しない限り，黒人はその代表される権利まで失うことになっている[311]ということが指摘された。

　なおこの点に関連して選挙権の拡大を推進する立場にある者からは，本修正案により結果として黒人を恣意的に選挙権から排除する権限が州にあることを認めることになるということや，本修正案は選挙権からの黒人の排除を否定したが白人市民及び外国人を選挙権の行使から排除することについては規制していないということが指摘された。

　以上のほかに，この政府は雑多な人種によって構成される政府ではない[312]という意見や，本修正案によって州は，その権力を拡大するために，選挙権を行使するのに不適格な者にまでそれを拡大する要因を与えられることになる[313]という意見が出された。

308　*Id.*, at 2963（Sen. Poland）.

309　*Id.*, at 2987（Sen. Cowan）；*Id.*, at app. 235（Sen. Davis）.

310　*Id.*, 2988-2989（Sen. Cowan）；*Id.*, at 240（Sen. Davis）.

311　*Id.*, at 3027（Sen. Johnson）.

312　*Id.*, at 3038（Sen. Mcdougall）.

第5節 議会における議論 **133**

第4項 修正案第3節に関する議論

この際には本修正案第3節についても修正が施された[314]。

本修正案は，1866年6月8日上院において可決された[315]。下院は13日に上院の修正に同意し[316]，その後本修正案は各州の批准に附され，最終的に1868年7月28日，発効した[317・318]。

---

313 *Id.*, at 3033 (Sen. Henderson). ただし，採決において Henderson 議員は賛成票を投じている。

314 1866年5月29日に上院において修正案第3節を現行の修正14条第3節と同一の文言に修正することが提案され（*Id.*, at 2869），31日に承認された（*Id.*, at 2921）。下院通過時の修正案第3節においては，反乱に参加した者の投票権が否定されるとされていたが，ここでの修正によって反乱に参加した者の公務就任権が否定されることとされた。

315 *Id.*, at 3042.

316 *Id.*, at 3149. 下院の同意の審議に際して Stevens 議員は，上院でなされた修正につき，
- 第1節について，合衆国市民と州の市民が定義されることにより，連邦と州の間の紛争が解決されること
- 第2節について，これが黒人の選挙権を認めさせるのに，同議員の望むものよりは，弱い効果しか期待できないものであること

を指摘している。*Id.*, at 3148.

317 Rev. Stat. 31 (1878). cf. 15 stat. 708 (1868).

318 なお本修正案の州における批准の過程で 第1節に関する以下の修正案が南部州から提示された旨の記録がある（I Walter L. Fleming, DOCUMENTARY HISTORY OF RECONSTRUCTION, 238 (Cleveland, O., The A. H. Clark Company 1906)）。

Sec. 3. All persons born or naturalized in the United States and subject to the jurisdiction thereof, are citizens of the United States, and of the State in which they may reside, and the citizens of each State shall be entitled to all the privileges and immunities of citizens of the several States. No state shall deprive any person of life, liberty or property without due process of law; nor deny to any person within its jurisdiction the equal protection of the laws.

この条文案と現行修正第14条を比較すると，現行規定で合衆国市民の特権または免除（privileges or immunities of citizens of the United States）を制約してはならないとされている部分が，オリジナルの憲法第4条第2節の文言に合わせて各州の市民の特権または免除（privileges and immunities of citizens of the several States）を享受するとされている。この点から修正第14条は，合衆国市民の特権・免除を保障するために，州を統制するより強い権限を連邦に与えることを意図していた，と解する説がある。Kurt T. Lash, *The origin of the privileges or immunities clause, Part III: Andrew*

134 第 4 章　合衆国憲法修正第 14 条の原意

第 6 節　議会での議論の帰結

以下では，ここまで見てきた連邦議会における市民権の定義と市民的権利
のそれぞれに関する議論を整理し，修正第 14 条が制定された意義・効果を検
証する[319]。

第 1 款　市民権を定義したことの意義
第 1 項　定義の実際上の効果

市民権保有者の定義については，単に従前から法とされていたことを宣言
したものであるとされてはいるが[320]，その実際上の効果としては次のことを

Johnson and the Constitutional Referendum of 1866, 101 Geo. L. J. 1275, 1328 (2013).

[319] 市民的権利法と修正第 14 条の関係については，市民的権利法が，後の連邦議会で
の勢力関係の変更により改廃されることを避けるために，その趣旨を連邦憲法上に再
規定した（39-1 Cong. Globe 2459 (Rep. Stevens)；*Id.*, at 2462 (Rep. Garfield)；*Id.*, at
2896 (Sen. Howard))，あるいは連邦議会が市民的権利法を制定する権限を有するか
については疑義が示されることがあったので，その権限の存在を連邦憲法上で確認し
た（*Id.*, at 2502 (Rep. Raymond)；*Id.*, at 2511 (Rep. Eliot))，という考え方が，当時の
議論の中で示されている。また後に修正第 14 条を解釈した United States v. Wong
Kim Ark 判決（169 U. S. 649 (1898)) においても，通常の立法では，後の議会で廃止さ
れる恐れがあることから，修正第 14 条が制定され，市民の定義がなされた，とする解
釈が示されている（*Id.*, at 675.)。

　　しかしながら，市民的権利法は上院法務委員会から提出されたのに対し，修正第 14
条は再建合同委員会から提出されているという経緯や，再建合同委員会委員長であっ
た Fessenden 上院議員が，修正第 14 条制定過程において，市民的権利法と修正第 14
条が無関係であり，再建合同委員会での修正第 14 条の審議において市民的権利法に
関する発言がなされたことはなかった，という趣旨の発言をしている（*Id.*, at 2896) こ
と，また修正第 14 条の前案である Bingham 案提案者の Bingham 議員が，市民的権利
法を制定する連邦議会権限に対して疑義を提示し，その制定に反対している（*Id.*, at
1291) ことなどから，修正第 14 条によって市民的権利法が「憲法化」され，市民的権
利法制定に関する連邦議会の権限についての疑義が解決されたことは確かであるが，
制定者の意図に関する限りにおいては，修正第 14 条第 1 節と市民的権利法の目的・内
容は必ずしも一致するものではないと思われる。なお，cf. ex. Hermine Herta Meyer,
THE HISTORY AND MEANING OF THE 14TH AMENDMENT, 107 (Vantage Pr.
1977).

[320] 39-1 Cong. Globe 1115 (Rep. Wilson)；*Id.*, at 1291 (Rep. Bingham)；*Id.*, at 2890

第6節　議会での議論の帰結　**135**

指摘できる。

　第一に Dred Scott 判決[321]との関係では，奴隷は合衆国市民ではなく，また市民となることもできないとする Dred Scott 判決が失効したことを確認した[322]，ということができる。

　第二に修正第 14 条により市民権を定義したということについては，市民的権利法の制定過程で指摘されていた連邦議会の市民権を付与する権限に関しての疑義[323]を解決するという効果があった。

　第三に選挙権との関係では，修正第 14 条第 2 節において述べられている「市民」は，同条第 1 節の「市民」と同義[324]であることから，市民権保有者を定義したことは選挙権保有者の範囲確定に対しても重要な政治的影響を与えることになった[325]。

第 2 項　市民的権利法と修正第 14 条第 1 節の比較

　先に見た通り，市民権の定義は，1866 年市民的権利法と修正第 14 条の両方で規定された。このうち前者の市民的権利法は，「すべての合衆国内で出生し，外国の管轄権のもとにない者は，課税の対象とされない Indian を除いて，すべて合衆国市民である。」と定義し，後者の修正第 14 条は市民権の保有者を「合衆国において出生し，または帰化し，その管轄権に服するすべての人は，合衆国及びその居住する州の市民である」と定義した。これらの定義を比較すると次の点を指摘することができる。

　　①　修正第 14 条においては帰化した者もまた合衆国市民であるとされ

　　(Sen. Howard).

321　60 U. S. 393 (1857).

322　39-1 Cong. Globe 571 (Sen. Morrill)；*Id.*, at 2768 (Wade).

323　Cf. ex. 39-1 Cong. Globe 1266 (Rep. Raymond)；*Id.*, 1268 (Rep. Kerr).

324　39-1 Cong. Globe 2897 (Sen. Williams).

325　下院における修正第 14 条の提案趣旨説明において，Stevens 議員は，同条第 2 節をもっとも重要な条文と位置づけ（39-1 Cong. Globe 2459），また，実際の議論も同節を中心に行われた。cf. Earl M. Maltz, CIVIL RIGHTS, THE CONSTITUTION, AND CONGRESS, 1863-1869, 93 (Univ. Pr. of Kansas 1990). ただし，同節は，その運用の実際的困難さから，適用されなかった。cf. George David Zuckerman, *A Consideration of the History and Present Status of Section 2 of the Fourteenth Amendment*, 30 FORDHAM L. Rev. 93, 116 (1961).

ている。

② 市民的権利法においては「外国の管轄権のもとにない者」が合衆国市民とされ，修正第14条においては「合衆国の管轄権に服する者」が合衆国市民とされている。

③ 市民的権利法においては「課税の対象とされない Indian を除く」という文言があるが，修正第14条第1節にはそれがない。

④ 市民的権利法においては合衆国市民が定義されているのみであるが，修正第14条においては，合衆国市民並びに各州の市民が定義されている。

以下，順にこれらの点について見ていく。

まず①の帰化した者については，修正第14条に「帰化」の語が入れられたのは上院の最終的採決直前で[326]，その提案趣旨は特に説明されていない。またこの点に関して市民的権利法の制定過程においては，帰化市民は，帰化によって生来的市民と同一の扱いを受ける[327]ということと，外国人は帰化することによって，州の礼譲によってその権利保障を受けるのではなく，連邦政府の保護を受けることになり，連邦に属する州への出入及びそこで居住する権利を有することになり，さらには国外においても連邦政府の保護を受けることになる[328]とされることが指摘されている。従って，市民的権利法も修正第14条も企図するところは同一であり，修正第14条では，帰化した者が市民となることを明示した，という点だけが異なると，一応はいうことができる。ただし，米国憲法上生来的市民のみが大統領になることができるとされていることに示されているように，米国法上時として帰化市民は生来的市民と異なる扱いを受けることがあることから，修正第14条において生来的市民と帰化市民が同一の条文で定義される合衆国市民であるとされたことには，一定の意義があると考えられる。

次に②については，修正第14条に関してはその制定過程で，「合衆国の管轄権に服する者」が合衆国市民とされる，とは，合衆国駐在の大使及び公使並びにその家族等に属する者が合衆国市民権保持者から除外されることを意味する，と説明されている[329・330]。市民的権利法の「外国の管轄権のもとに

---

[326] 39-1 Cong. Globe 3040 (Sen. Fessenden).

[327] *Id.*, at 1152 (Rep. Thayer) ; *Id.*, at 1781 (Sen. Trumbull).

[328] *Id.*, at 1757 (Sen. Trumbull).

第 6 節　議会での議論の帰結　**137**

ない者」がどのようなことを含意したものなのかについては，必ずしも明確に議論されていないが，これらの制定過程を分析する限りでは，修正第 14 条の議論とほぼ同趣旨のものと考えられる[331]。もっとも，修正第 14 条や 1866年市民的権利法制定時にこの点についてどれだけ配慮されたのかは必ずしも明確ではないが，これらの各規定の文言からするならば，市民的権利法が外国の管轄のもとにないとして，外国の支配下にない，あるいは外国に対する忠誠を負わない状態であることに着目しているのに対して，後者は合衆国の支配下にある，あるいは合衆国に忠誠を負っているかどうかに着目している，という差異を指摘することができ，前者は，外国との関係を意識して市民権保持者を定義しているのに対して，後者は，自国の政府・権力機関との関係性を意識して市民権保持者を定義していると解される。この点に関し，より実際的な観点から見るならば，理論的には「外国の管轄権のもとにない者」と「合衆国の管轄権に服する者」とは，必ずしも同一の法的効果を生ずるものではないと考えられる。すなわちたとえば，市民的権利法の文言によれば，出生によって合衆国以外の国籍を取得する場合には，外国の管轄権のもとにあるからこそ当該国の国籍を取得すると考えられることから，合衆国市民権を取得しないことになると考えることも可能である一方で，修正第 14 条の文言によれば，外国の国籍を取得するかどうかにかかわらず，合衆国の管轄権に服しているかどうかが問題とされることから，二重国籍の発生は問題とされないことになる。またさらにたとえば，国際機関職員の子の国籍について考えると，市民的権利法の文言のもとでは，外国の管轄のもとにない者と解され得ることから，合衆国市民権を取得するとも解され得るが，修正第 14条の文言のもとでは，合衆国の管轄権に服している者とは解されないことから，合衆国市民権は取得しないと解されると考えられる[332]。

329　*Id.*, at 2890（Sen. Howard）.

330　この点に関し，建国から修正第 14 条制定後の時期までの議論を検討した文献として，Patrick J. Charles, *Decoding the Fourteenth Amendment's Citizenship Clause: Unlawful Immigrants, Allegiance, Personal Subjection, and the Law*, 51 WASHBURN L. J. 211（2012）; Allen R. Kamp, The Birthright Citizenship Controversy : A study of conservative substance and rhetoric, 18 TEXAS HISPANIC J. OF L. AND POLICY 49（2012），etc.

331　ただし，この点に関し United States v. Wong Kim Ark 事件（169 U. S. 649（1898））の Fuller 裁判官の反対意見を参照。

138　第 4 章　合衆国憲法修正第 14 条の原意

　第三に②の点と③の「課税の対象とされない Indian を除く」の文言との関係では，市民的権利法，修正第 14 条いずれに関する議論においても，基本的に Indian は，合衆国市民権保有者から除かれることとされた。ただし，市民的権利法においては，この文言が一つの条文に入ったのに対し，修正第 14 条においては，同条第 2 節にこの文言が入り，同条第 1 節と第 2 節を併せて解釈するという構造になった[333・334]。

　第四に④については，連邦市民権と州市民権の関係を明らかにすることにより，連邦市民であるが州市民でないという状況を州が作れないようにする効果がある[335]，ということが指摘された。また，市民的権利法の制定過程においては，南部州において市民とみなされないことに起因して差別されている黒人を市民と認定することにより，それらの差別を排除するのが同法の目的である[336]，ということが述べられており，この点からするならば，この定義は重要な意義があったと評価することができる。

第 2 款　享有される市民的権利
第 1 項　市民的権利法で保障された権利の性質

　市民的権利法制定過程において，同法により保障される権利は，一応は次の通りと説明されていた[337]。

332　この点に関し，Charles Gordon, Stanley Mailman, Stephen Yale-Loehr, & Ronald Y. Wada, IMMIGRATION LAW & PROCEDURE, § 92. 3[3] (2014).実務上国際機関職員の子に関しては，米国の国連代表団が発行する国連特権・免除リスト（UN Privileges and Immunities List）に掲載されている者の子等は，修正第 14 条の適用外とされる。

333　39-1 Cong. Globe 2897 (Sen. Williams).

334　ただしこの点に法構造の観点からいえば，修正第 14 条の方が Indian についてより Inclusive であるということができる。

335　39-1 Cong. Globe 2897 (Sen. Fessenden).

336　*Id.,* at 475 (Sen. Trumbull).

337　この点に関連して，連邦憲法制定当時 rights の文言は，自由（liberties），利益（advantage），免除（exemption），特権（privileges），免除（immunities）を含む概念で，その保持者としては，個人のほか，多数者（majoritarian），集団（collective），政府（governmental）が観念されることがあり，また基礎としては，自然法（natural law），国際法（law of nations），コモン・ロー（common law），実定法（positive law）あるいはこれらの組み合わせたものと解されていたとし，他方で privileges や im-

第6節　議会での議論の帰結　**139**

① 　独立宣言・オリジナルの連邦憲法・修正第 13 条で定められている自然的権利[338]

② 　連邦憲法第 4 条第 2 節の特権・免除[339]

③ 　合衆国市民権に付随する権利[340]

　しかしながら本法における権利の列挙はそれ以外の権利保障を本法が意図していないこと，すなわち限定列挙であることを示すものである，ということが制定過程において指摘され[341]，さらに，広い解釈を許容すると理解された文言が削除された事実からすると[342]，本法で保障される権利は，基本的に

---

munities の文言は，あらゆる個人に求められる自然的権利（natural rights）としてではなく，特定の集団に属する者に，特別に認められた権益を意味していた，と説明する文献がある。Kurt T. Lash, THE FOURTEENTH AMENDMENT AND THE PRIVILEGES AND IMMUNITIES OF AMERICAN CITIZENSHIP, pp12（Cambridge Univ. Pr. 2014).

338　39-1 Cong. Globe 474（Sen. Trumbull）; *Id.*, at 1117（Rep. Wilson）; *Id.*, at 1151（Rep. Thayer）.

339　*Id.*, at 474（Sen. Trumbull）. ここで Trumbull 議員は，本条を解釈した判例として Maryland 州一般裁判所の判決（Campbell v. Morris, 3 H. & McH. 535（1797）），Massachusetts 最高裁の判決（Abbott v. Bayley 23 Mass.（6 Pick.）92（1827）），連邦巡回裁判所の Corfield v. Coryell 判決（4 Wash. C. C. 371, 380（U. S. C. C., Pa., 1823））を引用している。

　最後の Corfield 判決は本条保障の特権・免除について以下の通り述べている。

　第一に同判決は，本条で保障される権利は基本的（fundamental）なもので，自由な政府の市民に享有されるものであり，合衆国を構成する州の州民に享有されてきたものであるとした。

　第二に同判決は，ここで保障される特権免除をすべて列挙することは難しいが，一般的には，政府による保護，生命，自由，あらゆる種類の財産の獲得と所有の享受，政府の定める公共の福祉に従う限りでの幸福と安全の追求と獲得，に対する権利であるとした。そしてそれは具体的には，通商，農業，専門的職業等のためにある州を通過するないしはある州に居住すること，Habeas Corpus の利益を享受すること，州の裁判所で裁判を受けること，不動産ないしはその他の個人財産を獲得，所有，処分すること，他の州市民と比較してより高い課税等をされないことなどがあるとした。また同判決は，州の憲法ないしは州法に従って行使される選挙権もこれに加えられる可能性があると説明している。

　なお Wilson 議員も，同様に，この判決を引いて市民的権利法の保障する権利を説明した。39-1 Cong. Globe 1117（Rep. Wilson）.

340　39-1 Cong. Globe 1757（Sen. Trumbull）.

341　*Id.*, at 1151（Rep. Thayer）.

は，条文列挙のものだけと理解される。

　また本法保障の権利には，選挙権，陪審員になる権利，白人の子供と黒人の子供が同じ学校に通う権利は含まれない[343]，との説明もされている。

　これらのことからすると，市民的権利法において保障の対象とされた権利は，参政権のみならず，その他の権利についても含まれないものがある，限定的なものであったと理解することができる。

　次に権利保障の態様については，①権利保障の対象とされるのは黒人のみではない，②実際の運用はともかく[344]，適用領域は合衆国全域である[345]，③権利の保障が白人市民と同じ水準でなされなくてはならない[346]，④外国人には適用されない[347]とされた。これらからすると，前述の通り保障の対象とされる権利については，限定的なものにとどまっていたが，保障の態様については，むしろ広汎なものであったということができる。

第2項　修正第14条で保障されるとされた特権・免除の性質

　修正第14条の制定過程において同修正第1節で保障される特権・免除は，次のものと説明された[348・349・350]。

342　Cf. 39-1 Cong. Globe 1366 (Rep. Wilson).

343　39-1 Cong. Globe 1757 (Sen. Trumbull)；*Id.*, at 1117 (Rep. Wilson).

344　*Id.*, at 475 (Sen. Trumbull). ここで Trumbull 議員は，実際には一，二の反乱州で本法を執行するだけで十分であろう，と述べている。

345　14 Stat. 27, Sec. 1；39-1 Cong. Globe 1757 (Sen. Trumbull).

346　14 Stat. 27, Sec. 1；39-1 Cong. Globe 1115 (Rep. Wilson).

347　39-1 Cong. Globe 1115 (Rep. Wilson).

348　Howard 議員は，特権・免除をすべて定義し尽くすことは不可能であり，個々の事例において考慮することが必要である，としている。39-1 Cong. Globe 2765 (Sen. Howard).

349　この点に関連して，連邦議会における議論を踏まえ，制定当時修正第14条で保障されていた特権・免除に含まれる権利として次のそれぞれを上げる文献がある。

　第一に，連邦憲法に規定され，州に対して適用があるとされる権利が上げられている。これに関しては，連邦憲法上のいわゆる Bill of Right はデュー・プロセスの規定で編入されるので，それ以外の，連邦憲法第1条第9節及び第10節で保障される，私権剥奪法や遡及処罰法の禁止等と，連邦憲法第4条第2節で保障される特権・免除の規定がこれに当たるとされている。

　第二に，連邦憲法に基づいて連邦議会によって制定される法律に基づく権利が上げられている。具体的にこれに含まれる権利としては，州際通商条項や連邦議会の条約

第6節　議会での議論の帰結　**141**

①　独立宣言で述べられている権利[351]

②　市民的権利法で保障される権利[352]

③　連邦憲法第4条第2節の特権免除[353・354]

④　連邦憲法修正第1条から第8条までで保障される権利[355]

制定件に基づいて締結された条約に基づく権利，あるいは知的財産権や破産に関する法律に基づく権利等が含まれるとされている。

　第三に，連邦憲法の解釈により保障されると解される権利が上げられている。具体的には旅行に関する権利（right to travel）が上げられている。

　William J. Rich, *Why "Privilege or Immunities"?: An Explanation of the Framers' Interpretation and the Supreme Court's Misinterpretation*, in the Elizabeth Reilly ed., INFINITE HOPE AND FINITE DISAPPOINTMENT, 139, 143 (2011).

350　この点に関連して，修正第14条制定後の第42回連邦議会において，修正第14条の提案者である Bingham 議員が，修正第14条が規定する合衆国市民の特権・免除は，連邦憲法に規定される最初の八つの修正条項で規定される権利のことを意味する，と述べたことを指摘する文献がある。Kurt T. Lash, THE FOURTEENTH AMEND-MENT AND THE PRIVILEGES AND IMMUNITIES OF AMERICAN CITIZEN-SHIP, 66 (Cambridge Univ. Pr. 2014).

351　39-1 Cong. Globe 2459 (Rep. Stevens)；*Id.*, at 2510 (Rep. Miller).

352　*Id.*, at 2459 (Rep. Stevens)；*Id.*, at 2462 (Rep. Garfield)；*Id.*, at 2465 (Thayer)；*Id.*, at 2511 (Rep. Eliot).

353　*Id.*, at 2765 (Sen. Howard). ここで Howard 議員は Corfield v. Coryell 判決（4 Wash. C. C. 371, 380 (U. S. C. C., Pa., 1823)）を引用している。

354　この点に関し，連邦憲法第4条第2節が「各州の市民は，他のいずれの州においても，その州の市民が有する，すべての特権及び免除を享有する資格を有する。(The Citizens of each state shall be entitled to all Privileges and Immunities of Citizens in the Several States.)」としているのに対して，修正第14条第1節第2文は「いかなる州も，合衆国市民の特権または免除を制約する法律を制定し，または執行してはならない。(No State shall make or enforce any law which shall abridge the privileges or immunities of citizens of the United States)」としていることから，後者は合衆国市民権の存在を前提として，その合衆国市民である者が享有する特権・免除を，州は制約してはならない，としているという相違がある。

355　39-1 Cong. Globe 2765 (Sen. Howard). Howard 議員はここで，これに属する権利として，表現の自由，請願のための集会を開く権利，武器を所有する権利，承諾なしに兵士を舎営させない権利，不合理な逮捕・捜索を受けない権利ないしは令状なしでの逮捕・捜索を受けない権利，訴追理由について告知を受ける権利，公平な陪審による裁判を受ける権利，過度の保釈金を求められない権利，残虐で異常な刑罰を受けない権利をあげている。なお，この点に関連して，解放民局法では「憲法上保障される

142　第4章　合衆国憲法修正第14条の原意

　なお，選挙権については，本条の保障外とされた[356]。

　また権利保障の態様については，修正第14条第1節の特権・免除が合衆国市民に保障されるのに対し，同条の Due Process 並びに法の平等な保護はすべての者に対して保障される[357]こと，修正第14条の前案である Bingham 案が議会のみを執行機関としていたのに対し，修正第14条は，同条第5節により議会が執行機関となる[358]のと同時に，同条第1節はそれ自体として適用されることが可能とされた[359]。

　先の市民的権利法との比較でいうならば[360]，市民的権利法においては，限定列挙で一定の権利のみが保障の対象とされたのに対し，修正第14条では特にそのような制限がされなかったことから，修正第14条の方がより広汎な権利を保障の対象とするものであると理解出来る。

　また条文の実施という観点からするならば，市民的権利法においては，基本的には，連邦裁判所がその実施機関として予定されていたのに対して，修正第14条第5節は議会を実施機関とすることにより，より広汎に連邦の関与を認めたものと解される。

第3款　残された問題

市民的権利法並びに修正第14条の制定過程で問題として提起されたが，

　　武器を保持する権利」が保障の対象とされている。14 Stat. 173, 176, Sec. 14 (1866).
　　なお cf. McPherson, at 74.

356　39-1 Cong. Globe 2766 (Sen. Howard)；*Id.*, at 2542 (Rep. Bingham).

357　*Id.*, 2765, 2766（Sen. Howard).合衆国市民に保障される権利とすべての者に保障される権利とを区別している発言として cf. *Id.*, at 2542（Rep. Bingham).

358　39-1 Cong. Globe 2766 (Sen. Howard).

359　この点について修正第14条自体は，明示的に裁判所の管轄権を認めてはいない。市民的権利法第3条は，同法保障の権利に関する事件について連邦裁判所の管轄権を設定している。cf. 14 Stat. 27, Sec. 3.

360　本文で指摘する点のほか，市民的権利法が「権利（right）」の文言を使っているのに対して，修正第14条が「特権・免除（privilege or immunities）の文言を使用していることから，市民的権利法で保障される権利と修正第14条で保障される特権・免除は異なり，後者は市民的共和制や参加民主主義的価値を保障することを意図した，とする文献がある。Daniel J. Levin, *NOTE: Reading the Privileges or Immunities Clause: Textual Irony, Analytical Revisionism, and an Interpretive Truce*, 35 HARV. C. R. –C. L. L. REV. 569 (2000).

第6節　議会での議論の帰結　**143**

解決されなかった問題は次の通りである。

① 　黒人の参政権の問題

② 　女性，年少者の権利の問題

③ 　税金と市民権の関係の問題

④ 　Indian との関係の問題

⑤ 　外国人の権利の問題

以下，それぞれの論点について，示された見解を整理すると以下の通りである。

①の黒人の参政権の問題については，黒人に選挙権を認めるべきであるという発言が見られ[361]，また表現の自由並びに請願権については保障されるという理解が示された[362]。修正第14条との関係では，同条第2節との関連で議論がなされ，同条項により州が人種等に基づき選挙権を制限した際に下院議員の配分が制限されるとすることによって，限定的ながらも，問題の解決が図られた。しかしながらこの問題は，後に合衆国憲法修正第15条で扱われることになった。

②については，これらの者の財産権及び選挙権に関する見解が示され[363]，

361　Ex. 39-1 Cong. Globe 741 (Sen. Lane); *Id.*, at 2540 (Rep. Farnsworth).

362　*Id.*, at 2765 (Sen. Howard).

363　本編で検討した法案の制定過程における女性及び年少者に関する発言の主なものは，概要以下の通りである。

- 39-1 Cong. Globe 380 (Rep. Brooks).；人種ないしは性差に基づき選挙権を否定した場合には，それらの否定された者の数を下院議員配分基数から除くとする法案修正案が提案された。

- *Id.*, at 1089 (Rep. Bingham).；「普遍的かつ州法に依拠しない権利は，婚姻の有無にかかわらず，すべての女性に享有されるが，財産権は州法の下にある。」とする発言があった。

- *Id.*, at 1227 (Sen. Sumner).；女性は男性を通じて代表の選出にかかわっているという趣旨の発言があった。

- *Id.*, at 1263 (Rep. Broomall).；女性や子供は市民であるが，選挙権を認めるためには憲法修正が必要であるという見解が示された。

- *Id.*, at 1293 (Shellabarger).；「市民的権利法は，婚姻している女性や未成人の子供につき裁判において証言する権利，訴訟を提起する権利，契約を締結する権利などを否定する州の権限は否定していない。ただ，市民的権利法列挙の権利の享受を否定する際には人種による差別なく行わなくてはならない，としているだけである。」という発言がされた。

144 第4章 合衆国憲法修正第14条の原意

選挙権については，後に合衆国憲法修正第19条及び第26条で扱われること
になった。

　③の税金と市民権の関係の問題については，「納税の義務のないIndian」
の文言に関する議論において，市民権を保持するかどうかは納税の有無によ
らしむべきではない，という意見が述べられる[364]一方で，税金を負担しない
者を市民とするのは理解できない[365]，という見解が示された。この問題も，
選挙権については，後に合衆国憲法修正第24条において扱われた。

　④のIndianとの関係の問題については，Indianは別の政体に属し，合衆国
との関係は条約等を通じて処理されることになっていることを理由とし
て[366]，市民権保有者から除かれるという理解が示された。ただしこの点に関
連しては，上述の説明以外に，文明化していないIndianを市民とすることに
対する反対と[367]，Indianも市民と認めるべきである[368]，とする見解があった。

　⑤の外国人の権利の問題については，関連するものとして次のような意見
が述べられている。すなわちまず一般的権利については，市民の権利を保障
することによって外国人を差別していることになる，という主張がなされ
た[369]。また選挙権については，外国人は帰化することによって選挙権を得る
ことが可能であり，そのような方向が望ましいという見解が示された[370]。

- • *Id.*, at 2767 (Sen. Howard).；「我々は，多くの女性が投票を認められている男性よ
りも遙かに，知性的には，その資格があり，また，21歳以下の男性並びに外国人に
ついても同じことをいうことができる。」という発言がされた。
- • *Id.*, at 3035 (Sen. Henderson).；女性に選挙権が認められていないのは，女性の利益
は，その父，配偶者，もしくは兄弟によって保護されているからであるという趣旨
の発言がされた。

364　39-1 Cong. Globe 527 (Sen. Hendricks)；*Id.*, at 2894 (Sen. Trumbull).

365　*Id.*, at 2891 (Sen. Cowan).

366　*Id.*, at 527, 572 (Sen. Trumbull)；*Id.*, at 2890 (Sen. Howard).

367　*Id.*, at 572 (Sen. Trumbull).

368　*Id.*, at 2895 (Sen. Hendricks)；*Id.*, at 2897 (Sen. Saulsbury).

369　*Id.*, at 1292 (Rep. Bingham).この点に関連してCowan議員は，市民権の有無にか
かわらず，外国からの旅行者であっても，その者を殺傷したり，その者から強奪する
ことは許されず，従って，その者は法の保護の下にいることになるのであり，それな
らば，合衆国市民であることの意義は何なのであろうか，という趣旨のコメントをし
ている。*Id.*, at 2890.

370　*Id.*, at 1285 (Sen. Trumbull).

第7節 小　結

　市民的権利法及び修正第14条の制定において連邦市民権が定義され，さらに連邦市民権から派生して州市民権が定義されることになり，解放民は連邦市民権と州市民権を得られることになった。またさらに，このことの実体的な効果として，市民的権利法及び修正第14条を通じて解放民は市民として権利保障を享有することになった。

　しかしながら，その権利の保障手続については，裁判を通じた手続は一定程度確保されたが，議会を通じての実現を図るための投票権は修正第14条においては，不十分にしか実現されず，これは，修正第15条以降の憲法修正の課題とされた。これは，政治状況もさることながら，法論理としても，市民権と投票権を一対一の関係として関係づけることが必ずしも可能ではない，ということも原因となっている。

　なお，先述のように市民権を定義することにより米国は，奴隷であることや黒人であること等の，法外在的な個人の属性により米国の構成員を決定する方式を排除して，自らの構成員について法を通じて自ら選択する道を確保した。その点でこの市民権の定義は，南北戦争後の米国の再生に関し，重要な意義をもつものであったと評価することができる。

第5章　再建期の合衆国における市民権と市民的権利

第1節　本章の課題と論証の方向性

　合衆国憲法修正第14条第1節は，合衆国市民権の所在を明らかにした後に，次のことを規定している。

　①　合衆国市民の特権または免除を損なう法律を制定し，あるいは施行してはならない

　②　正当な法の手続によらないで，あらゆる者の生命，自由，財産を侵奪してはならない

　③　あらゆる者に対して，法の平等な保護を拒んではならない

　また同条第5節は，連邦議会に適当な法律によって本条の諸規定を施行する権限を与えている。この規定により本条第1節は，裁判所に加えて連邦議会によっても施行されることになった。

　本章においては，本条発効後の再建（Reconstruction）期とそれに続く時期[1]における連邦議会と連邦裁判所の市民権及び市民的権利に関する動向について検討する[2]。

　1　再建期は，1876年の大統領選挙での得票数を巡って共和党候補と民主党候補の間で生じた紛争に関する，いわゆる「1877年の妥協（Compromise of 1877）」により，南部に駐屯していた連邦軍が最終的に撤兵したことをもって終わったとされる（cf. II Leonard Levy et al. ed., Encyclopedia of the American Constitution, 478（2nd ed., Macmillan Co., 2000）；松村赳他編著『英米史辞典』（研究社　2000）の Compromise of 1877 の項）。本章においては，この時期と，再建期の影響の及んだこれに続く時期を主な検討の対象とする。

　2　なお，本条を巡る連邦議会と裁判所の関係に関し，同条第5節の規定する議会権限の性質が問題とされることがある。この点については，Ronald D. Rotunda, *The Power of Congress under Section 5 of the Fourteenth amendment after City of Boerne v. Flores*, 32 Ind. L. Rev. 163（1998）；K. G. Jan Pillai, *In Defense of Congressional Power and Minority Rights under the Fourteenth Amendment*, 68 Miss. L. J. 431（1998）などを参照。

第2節から第5節においては連邦議会の動向について考察する。まず第2節では修正第15条の制定過程を概観する。次に第3節と第4節では，この時期に制定された一連の市民的権利法を通観する。第5節では，当時の市民権及び市民的権利に関する理解を総括的に見るために，当時の連邦制定法をとりまとめ法典化した制定法集に収録されている市民権及び市民的権利に関連する条文を概観する。

第6節から第8節では，裁判所の判断を概観する。まず第6節では連邦最高裁がはじめて修正第14条に解釈を加えた Slaughter-House 判決において，市民権と市民的権利がどのように理解されたかをみる。次に第7節及び第8節では，最高裁が Slaughter-House 判決で示した市民権及び市民的権利に関する判断がどのような形で受容されたかを，修正第14条に関する初期の判決を通じて概観する。

第9節では第2節から第8節までの分析を総括・整理し，若干のとりまとめをする。

第2節　修正第15条

連邦議会は，修正第14条を発議した第39回議会の次の第40回議会において，修正第15条に関し審議した[3]。同条は二つの条文からなり，第1節は，合衆国市民は人種，皮膚の色，あるいは従前奴隷であったことを理由として連邦あるいは州によって投票権を否定あるいは制限されないとし，第2節は

3　本条発議の理由については，次の二点が指摘されている。
- このときまでにすでに南部州においては，連邦復帰の条件とされていたことにより（cf. An Act to provide for the more efficient Government of the Rebel States, 14 Stat. 428 (1867)），黒人選挙権が認められていたが，北部州においてはそれが認められていなかったので，それを実現することが必要であった。
- 南部州では連邦復帰と同時に，黒人が選挙権を奪われてしまう可能性があった。

　John Mabry Mathews, LEGISLATIVE AND JUDICIAL HISTORY OF THE FIFTEENTH AMENDMENT, 21 (Johns Hopkins Pr. 1909) [hereinafter Mathews]; Earl M. Maltz, CIVIL RIGHTS, THE CONSTITUTION, AND CONGRESS, 1863-1869, 143 (Univ. Pr. of Kansas 1990)（ただし Mathews はこれらの理由のほかに，連邦政府についての選挙は連邦が扱うべきであるという考えと，連邦によって普通選挙制が実現されなくてはならないという考えが本条の制定に影響を与えたとしている）。

148　第5章　再建期の合衆国における市民権と市民的権利

本条を施行する連邦議会の権限に関し定めていた。

　本憲法修正案の制定過程においては，上下両院それぞれにおいて異なる案
の提案・修正がなされたが[4]，最終的には上院案が採用された。以下それぞれ

4　下院においては，憲法修正案のほかに，修正第14条に基づいて，選挙権に関する法
　律案が同時に提案された（40-3 Cong. Globe 285 (1869) (Rep. Boutwell)）。本法律案
　は，全5条からなり，第1条は合衆国大統領，連邦議会議員，州議会議員の選挙に際
　して合衆国市民の権利である投票権を，人種，皮膚の色，ないしは従前奴隷であった
　ことを理由として否定あるいは制限してはならないとし，これに反する州法は無効と
　されるとしていた。また第2条では，第1条規定の選挙において公務員が，人種等に
　基づいて市民の有権者登録を拒否した場合，当該公務員は処罰されるとされ，第3条
　では，第1条規定の選挙に際して市民の選挙権行使を妨害したあらゆる者は処罰され
　るとし，第4条では修正第14条第3節の規定にもかかわらず，連邦議会議員，大統領，
　副大統領選挙の選挙人，もしくは各州の官職についた者は処罰されるとして，さらに
　第5条では本法規定に関する裁判管轄が連邦裁判所に属するとしていた。H. R. 1667,
　40th-3d Cong. pr. No. 596 (1869).
　　本法律案に関する議論は憲法修正案に関する議論と同時に行われ，次のいくつかの
　修正案が提示された。
　　1869年1月23日に，女性であることを理由としての差別を禁じる修正がBrooks
　議員から提案された（40-3 Cong. Globe 561）。また同日に，法律案の市民（citizen）の
　文言を居住者（inhabitant）にする修正がRobinson議員からだされた（Id.）。さらに
　同日，Bingham議員から，本法律案第1条を，反乱等に関与した場合を除いて，21歳
　以上の男性合衆国性市民に対して，その居住する州における選挙権の自由な行使を妨
　げるいかなる法も，州は制定ないしは執行してはならない，と修正する案が提出され
　た（H. R. 1667, 40th-3d Cong. pr. No. 648 (1869)；cf. 40-3 Cong. Globe 638）。
　　1月27日にWard議員が，いかなる州も，21歳以上の合衆国市民で，3ヶ月以上そ
　うである者の選挙権の行使を，反乱等に関与したことを理由とする場合を除いては，
　否定するないしは制限する法を制定あるいは執行してはならない，とする趣旨の修正
　を提案した（40-3 Cong. Globe 638）。また同日Shellabarger議員が，いかなる州も，
　当該州に実際に居住する健全な（sound mind）21歳以上の男性合衆国市民に対して，
　当該州で行われるすべての選挙における平等の選挙権を，否定するないしは制限する
　法を，反乱等に関与したことを理由とする場合を除いては，制定あるいは執行しては
　ならない，とする修正を提案した（40-3 Cong. Globe 639）。
　　1月28日に人種等に加えて，財産（property）を理由とする投票権の制限も禁じる
　こととする修正がShanks議員から出された（H. R. 1667, 40th-3d Cong. pr. No. 677
　(1869)）。
　　最終的に本法律案は憲法修正案の審議が優先されたため，採決はなされなかった
　(40-3 Cong. Globe 686; cf. William Gillette, THE RIGHT TO VOTE: POLITICS AND
　PASSAGE OF THE FIFTEENTH AMENDMENT, 52 (John Hopkins Univ. Pr.

の議院で提案された議案に関する議論をみていくこととする。

第1款　下院案に関する議論

第1項　Boutwell 議員による趣旨説明

1869 年 1 月 11 日，Boutwell 議員は次の憲法修正案を提案した[5]。

> 第1節　合衆国市民の投票権は，市民の，あるいは市民の属する集団の
> 人種，皮膚の色，または従前奴隷であった事実を理由として連
> 邦あるいは州により否定あるいは制限されることはない。

> 第2節　連邦議会は適当な法律によって本条を施行する権限を有する。

　同議員はまず，本案は連邦議会によって行われてきた一連の連邦再建策の
一つであり，これにより，人種等の差別なく，選挙する権利（privilege of the
elective franchise）をすべての者に認めることができれば，連邦及び州政府を
共和的平等に基礎づけることができる[6]とし，また，この国にいるすべての成
人男性市民による普通選挙を実現すること[7]が本修正案の目的であるとして
いる。なお同議員は，本案の下でも財産，あるいは教育に基づく選挙人資格
の制限は認められる[8]と説明した。

第2項　下院における下院案に対する賛成意見

　本修正案に賛成の者は，第一に，政治システムとそれを構成する市民との

1969））〔hereinafter Gillette〕。

5　40-3 Cong. Globe 286. Boutwell 議員は，本案を下院法務委員会案として提出した。こ
れ以前に，1868 年 12 月 7 日に，Kelly 議員，Broomall 議員がそれぞれ投票権に関する
憲法修正案を提案している（40-3 Cong. Globe 9 (1868)）。Kelly 議員案は
「いかなる州も，人種ないしは皮膚の色を理由として，すべての合衆国市民に対し，有
権者（elector）としての権利あるいは特権の行使を拒絶してはならない。」
とするもので，Broomall 議員案は
「連邦議会並びに州は，その憲法あるいは法により，人種ないしは門地（parentage）に
基づき，合衆国市民の選挙権を拒否・制限してはならない。また，州における憲法な
いしは法による，人種ないしは門地に基づく投票資格の設定ないしは投票制限は，無
効とされる。」
というものであった。いずれの案も下院法務委員会で検討されることとされた。

6　40-3 Cong. Globe 555 (1869).

7　*Id* ., at 560.

8　*Id*., at 561.

150 第5章 再建期の合衆国における市民権と市民的権利

関係の観点から，正当な政府は，その権威を被治者の同意により得るのであり，その被治者の同意は公平な投票権がそれらの者に与えられることによって得られるのであるから，市民の投票権を否定することは許されない[9]と主張した。またこの点に関して逆に被治者の視点からは，いかなる者もその身体もしくは財産を守るための手段を有しない共同体内においては安全であるということはできず，その保護のために政府は自己防衛の権利と投票権を人民に与えなくてはならない[10]，と指摘した。

第二に人種あるいは皮膚の色との関係の観点からは，人種あるいは皮膚の色によって市民の選挙権を否定することは合衆国の共和政体の原理に反するものである[11]ということを指摘し，さらには有色人種に属する者（colored man）は，ほかの合衆国市民と等しく合衆国市民であり，合衆国政府はもはや白人の政府ではなく人民の政府なのであるから，彼らにも投票権が与えられるべきである[12]と主張した。

第3項　下院における下院案に対する反対意見

本修正案に反対の者はまず，合衆国憲法上の合衆国において認められる共和政体は特定のものではなく，それが共和制である限り，各州は政体の選択をすることが認められているのであり，州がすべての市民に投票権を認めていないからといって，当該州が共和政体でないということはできない[13]と主張した。

また市民権を有することは当然に投票権を有することを意味するわけではない[14]ということも指摘された。

第4項　下院における下院案に対する修正提案

本案に対してはいくつかの修正が提案された[15]。いずれの修正も，人種，

9　*Id.,* at app. 102 (Rep. Broomall)；*Id.,* at app. 94 (Rep. Corley).

10　*Id.,* at 693 (Rep. Shanks)；*Id.,* at app. 241 (Rep. Blackburn).

11　*Id.,* at app. 200 (Rep. Loughridge).

12　*Id.,* at app. 93 (Rep. Whittmore)；*Id.,* at app. 94 (Rep. Corley)；*Id.,* at app. 96 (Rep. Bowen)；*Id.,* at app. 102 (Rep. Hamilton).

13　*Id.,* at 644 (Rep. Eldridge)；*Id.,* at 689 (Rep. Beck).

14　*Id.,* at 644 (Rep. Eldridge)；*Id.,* at 691 (Rep. Beck).

15　Boutwell 議員も，「教育水準（educational attainment）ないしは財産の保有は市民

皮膚の色，従前奴隷であったこと以外の点について，州に広い投票資格設定権限を元の案が認めていたのを修正するためのものであった。

まず1869年1月23日，Brooks議員は全2節からなる修正を提案した。この修正の第1節は，「合衆国市民のいかなる者も，合衆国ないしは州によって，人種，性別，出自（nativity），12歳以上である場合における年齢，皮膚の色，ないしは従前奴隷であったことに基づいて，投票権を否定あるいは制限されることはない。」とするものであった[16]。

次に1月29日 Shellabarger 議員が，「いかなる州も，21歳以上の健全な（sound mind）男性合衆国市民に対し，法の定めるところに従い実際に居住する州で行われるすべての選挙において，当該市民が合衆国に対する謀反あるいは反逆行為に関与し，または反乱罪，重大な犯罪（felony），その他の破廉恥罪により以前に処罰されたことがある，あるいは向後それらに該当することをしたことを理由とする場合を除いて，その平等な投票権を否定するないしは制限する法を制定・執行してはならない。」とする修正を提案した[17]。

また同日 Bingham 議員が，「いかなる州も，当該州の定める選挙人登録に関する法に従うことを条件として，21歳以上の健全な男性合衆国市民に対し，選挙に先立つ1ヶ年現実に居住する州において行われるすべての選挙において，当該市民が向後謀反あるいは反逆行為に関与し，または反乱罪やその他の破廉恥罪により処罰された場合を除いて，その平等な選挙権を否定するないしは制限する法を制定・執行してはならない。」とする修正を提案した[18]。

なお審議に際し一部からは，特に選挙権享有の制限に関し，財産及び教育水準に基づく投票権の制限も認められるべきではない[19]という意見が出され，また，政府に忠誠を負い他者の統制の下にない者は，財産，知性，人種，出自，性別にかかわらず，等しく，法の制定及び執行に意見を述べられなくてはならない[20]ということが主張された。

の投票権保有の基準」とされてはならない，とする修正を提案したが，否決された。*Id.,* at 728.

16　*Id.,* at 561.

17　*Id.,* at app. 97.

18　*Id.,* at 722. Bingham 案は，採決前に若干の文言上の修正が施された。*Id.,* at 743.

19　*Id.,* at app. 94 (Rep. Corley).

20　*Id.,* at app. 102 (Rep. Broomall).

152　第5章　再建期の合衆国における市民権と市民的権利

以上の修正提案並びに意見の表明にもかかわらず，最終的に本憲法修正案は，提案時のままで可決され，上院に送付された[21]。

第5項　上院における下院案への賛成意見

1869年1月30日，本下院案は上院法務委員会に送付された[22]。

同年2月3日，同委員会は，条文第1節を「合衆国市民の選挙権及び被選挙権は，人種，皮膚の色，従前奴隷であったことにより否定ないしは制限されない。」とし，選挙権のみならず，被選挙権もその対象とするものに修正した上で，上院に提出した[23]。

この上院法務委員会案に賛成の者は，以下の点を主張した。

第一に黒人の権利保障との関係では，正当な政府は，被治者の同意を基礎とするものであり，有色人種に属する者が合衆国において市民とされ，その法に服するのならば，当該法の立法と執行に関与できなければならない[24]ということが述べられた。また経緯という観点からは，黒人は南北戦争の結果市民となったのであるから，選挙権を享有すべきである[25]ということが主張された。なお参政権以外の権利との関係では，本憲法修正の結果として黒人が投票権を保有することになれば，黒人は市民的権利を享有することができるようになる[26]ということが指摘された。さらにこれらの見解に関連して，黒人が課税の対象とされるのならば，それらの者は課税する統治者を選択できなくてはならない[27]ということも述べられた。

第二に本憲法修正の国政に対する効果としてはまず，本修正案が成立すれば，旧反乱州において黒人選挙権が否定されることを防ぐことができ[28]，黒人選挙権についてすべての州が等しい立場に立つことになる[29]ということが

21　*Id.,* at 745.

22　*Id.,* at 741.

23　*Id.,* at 827. William Gillette の記述によれば，当時 Georgia 州において，人種を理由に黒人議員が議会から排除される，ということがあった。Gillette, 50. なお，同様の公式記録上の指摘として cf. 40-3 Cong. Globe 1426 (Rep. Butler).

25　40-3 Cong. Globe 911 (Sen. Willey).

25　*Id.,* at 980 (Sen. Abbott)；*Id.,* at 1004 (Sen. Yates).

26　*Id.,* at 912 (Sen. Wiley);*Id.,* at 990 (Sen. Morton).

27　*Id.,* at 911 (Sen. Willey).

28　*Id.,* at 911 (Sen Willey).

指摘された。またこのことによって，黒人が多数存在しながらいまだ投票権を取得していないところにおいては，（黒人が投票権を取得することから）黒人によって引き起こされる可能性のある反乱等の危険を防ぐことができる[30]ということが述べられた。さらにこの最後の点については，黒人が投票権を取得することによって建国以来あった黒人に関する政治問題を国政の場面から外すことができる[31]という考え方も示された。

　第三に実際に本憲法修正により選挙権を取得する者との関連では，選挙権行使には，知性と教養が前提とされ，黒人はそれに欠けるので，選挙権を認められないということが本修正案に反対する理由としてあげられるが，知性と教養は人種の属性ではなく，個人の属性であり，また，それらを備えているとしても，女性などには選挙権を認めていないのであるから，この批判は失当である[32]ということが指摘された。なお，この点に関しては，そもそも本修正案によって，選挙権を享有することになるのは実際には，北部州においては，従前より自由であった教育を受けた者なので，奴隷制から解放された直後の者に選挙権を与えることを想定しての批判は当たらない[33]という意見も述べられている。

　また第四に被選挙権との関係では，被選挙権を一定の人々にのみ認める州法は，それ以外の者の選出を認めないという意味で，個人の，そして人民（people）の権利を制限するものであり，このような制限を排除することは，すべての者のそれらの権利を保障することになる[34]という観点から，本修正案への賛成意見が表明された。

第6項　上院における下院案への反対意見

上院法務委員会案に反対の者は，以下の点を主張した。

　まず州の権限との関係では，本修正案は連邦に主権を認め，それを構成する州の自己統治権限を廃するものである[35]という意見や，州政府にかかわる

29　*Id.,* at 912 (Sen. Willey)；*Id.,* at 983 (Sen. Ross).

30　*Id.,* at 912 (Sen. Willey)；*Id.,* at 998 (Sen. Sawyer).

31　*Id.,* at 912 (Sen. Willey)；*Id.,* at 991 (Sen. Morton).

32　*Id.,* at 982 (Sen. Welch)；*Id.,* at 998 (Sen. Sawyer).

33　*Id.,* at 990 (Sen. Morton).

34　*Id.,* at 1040 (Sen. Howe).

35　*Id.,* at app. 161 (Sen. Saulsbury). 同議員は，具体的には，本案第2節の"appropriate

州憲法の下で行われる選挙について憲法修正を提案することは，州政府の構成にかかわることであるから，認められない[36]という意見が述べられた。またこの点については，共和制政府にとって，選挙人資格を決定する権限は根本的なものであり，本修正案は州のその権限を否定するものであるから，州に共和政体を保障する連邦憲法[37]に反するものである[38]という意見や，本修正案は州を排除して連邦議会に選挙を運営する権限を与えるものであるから認められない[39]という見解が示された。

　次に黒人に選挙権を付与するための憲法修正であるということとの関係では，そもそも黒人に選挙権を与えないことから問題は生じていない[40]という

---

　　legislation"の意義が明らかでないため，連邦議会は，その望むところに従い，州の選
　　挙のあり方を統制することができることになる，と指摘している。

36　*Id.*, at 860（Sen. Dixon）；*Id.*, at app. 288（Sen. Davis）；*Id.*, at app. 168（Sen. Bayard）.
　　ただし Davis 議員は，連邦議会が，その議員選出に関する法を定める権限を有し，それ
　　を行使するのは認め得るとしている。

37　U. S. Const. art. IV, § 4.

38　40-3 Cong. Globe app. 151（Sen. Doolittle）.

39　*Id.*, at app. 151（Sen. Doolittle）. このような州の権限を強調する主張に対しては，こ
　　のような考え方は，連邦からの州の分離が主張されたときにとられた誤った考え方であ
　　り，連邦は州の連合体ではなく，国家（nation）である（*Id.*, at 990（Sen. Morton））
　　ということや，連邦及びその政府が直面している危険は，権力の集中ではなく，その
　　分散から生じている（*Id.*, at 981（Sen. Abbott）；*Id.*, at 984（Sen. Ross））ということが
　　指摘されている。

40　*Id.*, at app. 165（Sen. Saulsbury）. 同議員はここで，憲法修正の必要性を判断する要
　　件として，以下の点を挙げ，ここではこれらが存在しないとしている。
　　①　それを行う権限の存在すること
　　②　それが行われないことによる害悪の存在に基づく，憲法修正に対する必要性があ
　　　ること
　　③　憲法修正を行うことによる当該害悪の除去可能性が存在し，その害悪の方が憲法
　　　修正によって生じる害悪よりも大きいこと
　　④　その憲法修正によって社会と政府が発展すること
　　　また，Hendricks 議員は，旧反乱州においてそれまでになされた本案と同様の政策
　　の採用が成功とはいえない，と指摘している（*Id.*, at 989）。
　　　なお，類似の主張方法が本案に賛成した Abbott 議員によっても行われている（*Id.*,
　　at 980）。
　　　同議員は，本案について考える際に
　　①　憲法上の権限があるか

ことが指摘された。また黒人に関する考え方との関係では，選挙権行使には，知性と教養が前提とされ，黒人はそれに欠けるので，選挙権を認められない[41]という主張や，本修正案は劣等人種に選挙権を与え，これまでに形成されてきた連邦共和制をくつがえすものである[42]という見解まで示された。

第7項　上院における下院案に対する修正提案

また上院法務委員会案に対しては，いくつかの修正が提案された[43・44]。

---

② 憲法上の条件に照らし，それを行うことは公平（equitable）であるか
③ それを行うことは得策（expedient）であるか

を検討しなくてはならない，とし，それぞれについて

①については，本案のような修正を憲法に加えてはならないとする義務は，国家法（fundamental law）上存在しない

②については，選挙権が自然権であるかどうかについては見解が分かれているが，少なくとも連邦政府は，その一部の者の政府ではなく，すべての者の政府であり，それらの者の同意によって成立している。

③については，それを求める世論（ここでは England, France, Italy, Austria, Prussia, Russia 等における市民的権利の拡大が例としてあげられている。）に逆らうことはできず，すべての者に選挙権を与えることが妥当である，としている。

41 *Id.,* at 911（Sen. Vickers）; *Id.,* at 989（Sen. Hendricks）.

42 *Id.,* at app. 165（Sen. Bayard）; *Id.,* at 1012（Sen. Doolittle）.

43 ここでは Congressional Globe に修正提案自体が記載された主要なものを引用する。それ以外のものについては，Edward McPherson, THE POLITICAL HISTORY OF THE UNITED STATES OF AMERICA DURING THE PERIOD OF RECONSTRUCTION APRIL 15, 1865-JULY 15, 1870, 400（Da Capo Pr. 1972）[hereinafter McPherson] 参照。なお，本稿引用の修正提案と前掲書引用のもので，同一のものと考えられるのにもかかわらず，提案期日が異なるものがあるが，それについては Congressional Globe 記載期日を基準とした。

44 なお本文引用のものの外に，次のような修正案が提案されていた。

まず 1869 年 2 月 3 日に Fowler, Pomeroy 各議員からそれぞれ次の修正が提案されている。前者の Fowler 議員の提案は，「すべての 21 歳以上の連邦に加盟する州に居住する合衆国市民は，その居住する州（投票に際して求められる居住期間は各州で定められることとする）で行われるすべての選挙において，当該市民が謀反あるいは反逆行為に関与し，または反乱罪やその他の破廉恥罪により処罰された場合を除いて，平等の投票権を有することとする。」とするものだった（40-3 Cong. Globe 828. なお Fowler 議員は，後に「合衆国市民」の文言を，「男性合衆国市民」の文言に変更している。*Id.,* at app. 199.）。

後者の Pomeroy 議員の提案は，合衆国市民の選挙権・被選挙権は，すべての市民に

156 第5章 再建期の合衆国における市民権と市民的権利

まず人種関係への配慮から本案への修正を提案するものとしては，次のものがあった。

第一に，1869年2月3日にWilliams議員が，上院法務委員会案の「市民」の語の前に，「生来的（natural-born）」の語を挿入する修正を提案した。同議員は本修正提案について，California，Oregon両州における中国人及び日本人の政治参加の制限を意図してのものとしている[45]。

第二に，同日Corbett議員は，「合衆国で出生していない中国人と，課税されていないIndianは市民と見なされない」，という文言を付け加える修正の提案をした[46]。これも，前出のWilliams議員の修正提案と同様に，中国人と

平等に適用される理由以外に基づいては，連邦ないしは州によって否定ないしは制限されることはない，とするものであった（40-3 Cong. Globe 828. なお同議員は1月29日に，上院案についても同趣旨の修正を提案している。Id., at 708.）。

次に2月4日にはWarner議員が「合衆国市民の選挙権及び被選挙権は，財産，人種，皮膚の色，従前奴隷であったことに基づいて否定ないしは制限されることはなく，21歳以上の健全な男性合衆国市民は，選挙に先んずる1ヶ月実際に居住している州において行われるすべての選挙において，向後合衆国に対する謀反あるいは反逆行為に関与し，または反乱罪，重大な犯罪（felony），その他の破廉恥罪により処罰されたことを理由とする場合を除いては，平等な選挙権を有することとする。」とする趣旨の修正を提案している（40-3 Cong. Globe 861）。

また2月8日には，Drake議員が「いずれの合衆国市民も，人種，皮膚の色，従前奴隷であったことに基づいて，連邦ないしは州により，その選挙権及び被選挙権を否定されることはない。」とする修正を提案している（40-3 Cong. Globe 999）。同議員は，本修正提案について，選挙権・被選挙権は，合衆国市民であることに基づいて当然に認められるものではなく，法律によって認められる権利であることと，問題の憲法修正の目的は，人種等によって選挙権，被選挙権の行使が阻害されないことにあることを明らかにするためのもの，と説明している（Id. なお同議員は，上院案の審議に際しても，同趣旨の提案をしている（Id., at 1302）。その際には，Fowler議員から，選挙権は社会あるいは政府を構成している者，すなわち市民すべてに与えられるべきということが明らかにされるべきであり，また，未だに選挙権を認められていない白人がそれを享有するようにするためにも，上院案を採用すべき，ということが指摘されている（Id., at 1303.））。

45　40-3 Cong. Globe 938.

46　Id., at 939. この修正提案に対しては，後の審議過程においてTrumbull議員から，Hottentotsなどにさえ選挙権を認めようという憲法修正を行おうとしているのに，このような文言を入れることは望ましくない，ということが指摘されている。Id., at 1036.

第2節　修正第15条　**157**

非課税の Indian の政治参加を制限するためのものであった。

　次に連邦と州の関係への配慮から修正を提案するものとしては，州の権限の維持に配慮する観点から修正を提案するものと，逆にそれを制限することを意図するものの二種類があった。

　このうち前者の，州の権限を維持することに配慮するものとしては，第一に 1869 年 2 月 3 日に Howard 議員が，「アフリカ系合衆国市民は，他の市民と同じく，選挙権と被選挙権を有することとする。」と修正することを提案している。本提案に関し同議員は，上院法務委員会案は連邦議会に選挙人・被選挙人資格を決定する権限を認めているが，これは望ましくないので，本提案を提出すると説明している[47]。

　第二に同日に Sawyer 議員が，一方で 21 歳以上の健全な男性合衆国市民に選挙権と被選挙権を保障し，他方ですべての男性合衆国市民に公平に適用される限りにおいて，州に選挙人・被選挙人資格決定権限を認める修正を提案した[48]。

　第三に 1869 年 2 月 8 日に Davis 議員は，上院法務委員会案に，「連邦議会は合衆国憲法の修正を提案する権限を有するのみであるので，本条は各州の憲法によって構成される州政府の基本原理と構造に影響を与えるものではない。」という文言を付け加えることを提案した[49]。

　次に後者の，州の権限を制限することを意図する修正提案としては，1869 年 2 月 4 日に Williams 議員が「連邦議会は，州の憲法あるいは法律によって課された，選挙権及び被選挙権に対するいかなる制限も廃止するないしは変更する権限を有する」とする修正を提案した[50]。同議員は，これによって連邦議会は，州によって課された誤った抑圧的な制限を修正し，すべての市民に平等な政治的権利を保障することができるとしている[51]。

　なおこのほかに，人種に基づく選挙権の制限を廃することのみを憲法修正の目的とするのではなく，より広く選挙権の制限を排除することを意図して，

47　40-3 Cong. Globe 985. なお，同議員は 1869 年 2 月 17 日の上院案審議に際しても，同様の案を提案している。*Id.*, at 1308.

48　40-3 Cong. Globe 828.

49　*Id.*, at 982.

50　*Id.*, at 864. なお同議員は，1 月 21 日に，上院案についても同趣旨の修正を提案している。*Id.*, at 491.

51　*Id.*, at 900.

Wilson 議員が「いずれの州においても，合衆国市民の選挙権及び被選挙権の行使に関し，人種，皮膚の色，出自，財産，教育水準，信条に基づく差別がなされてはならない。」とする修正を提案している[52]。

またさらに 2 月 9 日には Sumner 議員が，単に投票権について保障するのみならず，選挙人登録の関係手続等における差別にも配慮した，全 5 節からなる修正を提案した。同提案第 1 節は，合衆国内における人種もしくは皮膚の色に基づく選挙権・被選挙権の否定・制限を禁じ，それに反する州憲法，州法等の無効を宣言するものであった。第 2 節は，人種もしくは皮膚の色に基づいて，選挙に際して選挙人登録，投票，投票を受けること，あるいは当選者として選ばれることを意図的に妨げた者は処罰されるとし，第 3 節は，人種等に基づいて，意図的に，選挙人登録，立候補者登録等選挙の効果にかかわる行為を行うことを拒んだ者の処罰について定め，第 4 節は，本条にかかわる事件の裁判管轄について規定し，第 5 節は，本条で保障される市民権に付随する権利（the rights of citizenship）が，人種等に基づいて侵害された場合には，いかなる者に対しても訴訟を提起することができるとしていた[53]。

第 8 項　上院における選挙権制限の基準に関する議論

なおこの際の審議では，個別の論点として，特に選挙権の制限の基準と，「合衆国市民」という文言を入れるかどうかという二つの点について議論された。

このうち前者の選挙権制限の基準に関する議論に関しては，次の意見が述べられた。

まず基準全般にかかわるものとしては，後天的に獲得可能なものでないものを基準としてはならない[54]ということが主張された。またこの点に関しより具体的には，選挙権享有からの排除の基準には，人種，財産，信条，出自，教育水準があげられるが，これらの基準設定から生じる問題を解決するためには，21 歳以上の男性合衆国市民は，犯罪等への関与を理由とするのでない

52　*Id.,* at app. 154. 2 月 9 日付の Congressional Globe 記載の Wilson 案は，若干文言が変更されている。*Id.,* at 1029.

53　*Id.,* at 1041.

54　*Id.,* at 902 (Sen. Sumner). Sumner 議員は，後天的に獲得可能なものとして，居住，財産，教育，品性（Character）をあげている。

限り選挙権を享有し，州はこれらの基準によっていかなる者も選挙権享有から排除することはできないと規定する必要がある[55]，ということが述べられた。

なお州の権限との関係では，年齢，居住，性別以外によって州が市民を差別することを認めるべきではない[56]ということが指摘される一方で，州は皮膚の色，財産，知性，合衆国憲法を読めることその他諸々のことを選挙人資格の条件とできる[57]ということも主張された。

次に選挙権の制限に関する個別の基準については，次の意見が述べられた。

まず女性が選挙権から排除されていることについては，女性の選挙権を認めないことは問題であるが，現実の政治状況からすると認められ得ない[58]，という意見があった。

次に教育水準については，人種，皮膚の色，財産の保有を選挙権享有の基準とすることは認められないが，教育水準をその基準とすることは，無知・蛮行から自由を確保するために必要である[59]ということが指摘された。

またその他の基準について，一般的に正当な政府の基礎は，被治者の同意に由来するので選挙権も広く認められなくてはならないが，この原則の例外として，年齢，性別，人種による制限は認められるべきである[60]という見解も表明されている。

なおこの点に関連して，上院法務委員会案では人種等に基づく選挙権享有の差別を禁じるだけであり，その結果，同案規定の基準以外による差別を許容することになる，という懸念が出されている[61]。

---

55 *Id.,* at 1013 (Sen. Sherman).

56 *Id.,* at 1039 (Sen. Sherman).

57 *Id.,* at 909 (Sen. Vickers). なお別のところで Vickers 議員は，共和政体は美徳と知性にその基盤をおいており，その運営にかかわる者は賢く，寛容で，愛国心のある者でなくてはならず，それらの者を選出する者も同様の徳性 (virtue) を有さなくてはならない，として，それらを有さない黒人を政治的決定に参加させることは望ましくない，と述べている。*Id.,* at 911.

58 *Id.,* at 862 (Sen. Warner).

59 *Id.,* at 1037 (Sen. Patterson).

60 *Id.,* at app. 168 (Sen. Bayard).

61 *Id.,* at 862 (Sen. Warner)；*Id.,* at 863 (Sen. Morton)；*Id.,* at 900 (Sen. Williams).

160 第5章 再建期の合衆国における市民権と市民的権利

第9項 上院における「合衆国市民」の文言に関する議論

後者の「合衆国市民」の文言を入れるかという点については，Sumner 議員が上院法務委員会案からこの文言を削除することを提案した際に[62]，当時の帰化法[63]上白人のみが帰化できるとされていたこととの関係で議論された。

この点については，一方で独立宣言は，中国人に適用されるとも，されないともされていない[64]という意見や，いかなる者であっても，その者の労働により合衆国の繁栄に貢献する者ならば，それらの者を受け入れ得るようにすることは望ましい[65]という意見が表明された。他方でこのような意見に対しては，独立宣言が成立した当時，合衆国市民以外に対してその適用が考えられていたとは思われない[66]という指摘や，中国人の政治的影響力の拡大に対しての対策が必要である[67]という意見が述べられた[68・69]。

---

[62] *Id.,* at 1030.

[63] An Act to establish an uniform rule of Naturalization, and to repeal the acts heretofore passed on that subject, 2. Stat. 153（1802）.

[64] 40-3 Cong. Globe 1035（Sen. Sumner）.

[65] *Id.,* at 1036（Sen. Cameron）.

[66] *Id.,* at 1034（Sen. Williams）.

[67] *Id.,* at 1033（Sen. Morton）. これに関連して Hendricks 議員は，このような憲法修正を行うことにより，太平洋岸（Pacific Coast）の州においては，そこで望まれていないにもかかわらず，中国人の投票権が認められることになる，ということを指摘している。*Id.,* at 990.

　同様のことは Williams 議員によっても指摘されている。*Id.,* at 901.

[68] ただし，ここで同時に，合衆国で出生していない中国人と課税対象とされていない Indian は男性市民とはされない，と上院法務委員会案を修正する Corbett 議員の提案も否決されているため（*Id.,* at 1036），上院のこの点に関する見解は最終的には不明瞭である。

[69] なお，Trumbull 議員は，この修正に関して，「合衆国市民」の文言を入れた場合と入れない場合においては，合衆国市民であることを選挙権享有条件としていない場合，この文言がある憲法修正がなされれば，合衆国市民に関してのみ人種等に基づく差別が禁じられるのに対し，この文言がない憲法修正がなされれば，合衆国市民である選挙人に関してのみならず，すべての選挙人に関して人種等に基づく差別が禁じられることになると指摘し，合衆国においては，合衆国市民であることと選挙権を有することは関係ないので，州の規制権限に与える影響が異なってくると指摘している。*Id.,* at 1030.

第2節 修正第15条 **161**

第10項 その後の経過

以上の結果，最終的に2月9日，Wilson 議員の修正案が上院法務委員会案第1節に代えられ[70]，採決により承認されて，下院に送付された[71]。

下院は，1869年2月10日これを受け[72]，同15日審議したが[73]，上院の修正を受けたこの案に同意せず[74]，両院協議会の開催を提案した[75]。これに対し，上院は同17日からこの件に関し審議した[76]。上院は下院案に対する上院の修正を撤回した上で[77]，オリジナルの下院案への同意を諮ったが，これも可決には至らず，下院案は廃案とされた[78]。

その後同日上院は，かねてより審議過程にあった上院案を再び上程した[79]。

第2款 上院案に関する議論

第1項 上院案の提案

上院案は，1869年1月15日に，上院法務委員会から提案された[80]。内容は，「合衆国市民の選挙権・被選挙権は，人種，皮膚の色ないしは従前奴隷であったことを理由として，連邦あるいは州により，否定ないしは制限されて

---

70 2月8日に提案された Wilson 案（Id., at app. 154）は，翌日の2月9日に否決されている（Id., at 1029）。ただし，Congressional Globe の記述に従えば，このときに否決された Wilson 案は，8日に提案されたものと，内容的な差異はないが，文言上異なるものである。同議員は，この否決採決の後に，改めて8日に提案したものと同一のものを，提案している（Id., at 1035）。最終的に上院が同意する（Id., at 1040）のは，この案である。

71 40-3 Cong. Globe. 1040, 1044. 上院法務委員会案に加え，合衆国憲法第2条第1節第2項に関する修正案が添付され，下院に送付された。cf. Id., at 1224.

72 Id., at 1055.

73 2月10日から15日までの間に，Ashley 議員が，本案に関する修正案を提案している（40-3 Cong. Globe 1107）。

74 上院案への不同意を提案した Boutwell 議員は，上院の修正を受けた下院案に対して，従前奴隷であった者の保護が必要であるのに，それらの者についての言及がない点を，反対の理由として上げている。Id., at 1225.

75 Id., at 1226.

76 Id., at 1285.

77 Id., at 1295.

78 Id., at 1300.

79 Id.

80 Id., at 378.

はならない。また，連邦議会は適当な法律によって本条を施行する権限を有する。」というものであった[81]。

この上院案の審議は，同年1月28日，29日に行われ，一旦休止した後，2月17日に行われた。

本案の提案者であるStewart議員は，この上院案は，南北戦争の，あるいは奴隷制を廃止したことの論理的帰結として，合衆国憲法に対してなされなくてはならない修正を提案するものであるとし，また，このような方法によってのみ奴隷制を現実に排除することができる，とその提案趣旨を説明した[82]。

この上院案の審議過程では，連邦政府の基礎にある理想を実現するために，市民に平等の権利を認め，合衆国にいる者すべてがその権利の行使によって保護されるようにするべきである[83]という意見が表明される一方で，人民選挙（manhood suffrage）の実現という目的は是認できるが，その実現は憲法修正によってではなく，各州の人々にゆだねられるべきである[84]という意見も表明された。

第2項　修正案

この上院案に対しては，いくつかの修正が提案された[85]。

まず2月17日，Howard議員は，選挙権・被選挙権が，連邦により否定ないしは制限されてはならない，とする趣旨の部分を削除することを提案した[86]。この提案について同議員は，この部分があることにより連邦が人種等

---

81 *Id.,* at 379. Congressional Globe 上，上院案は，1869年1月15日付（*Id.*)，同23日付（*Id.,* at 542），同2月17日付（*Id.,* at 1300）の部分に記載されているが，いずれも若干文言が異なる，もしくは改行が加えられるなどして，記載形式が変化している。

82 *Id.,* at 668.

83 *Id.,* at 672 (Sen. Wilson) ; *Id.,* at 1303 (Sen. Fowler). Fowler議員は，当時選挙権を認められていなかった白人についても選挙権を保障する憲法修正でなくては無意味である，と指摘している。Fowler議員は最終的に反対票を投じている。*Id.,* at 1318.

84 *Id.,* at 670 (Sen. Fowler).

85 下院案に関する上院での審議において同様のものが提案されているものについては，ここでは除くことにし，また，Congressional Globe に修正の案自体が記載された主要なものを引用する。それ以外のものについては，cf. McPherson, 404.

86 *Id.,* at 1304.

以外の基準によって，選挙権・被選挙権の享有を制限する権限があると解され得る，と説明している[87]。これに対しては，Edmunds 議員から Columbia 特別区等で連邦議会は直接的に選挙権等に関する立法を行うので，この文言は残すべきである，ということが指摘された[88]。

また同日，Doolittle 議員は，公平な陪審により判決が下されていない犯罪によって選挙権・被選挙権が奪われることはない，とする修正を提案した。本提案について同議員は，test oath[89]に基づく市民の選挙権からの排除を廃止するため，と説明している[90]。

第3項　選挙権制限の基準に関する議論

なおこの他に，選挙権制限の基準については，性別に基づく選挙権享有の制限に関して，女性の選挙権享有を制限すべきではない[91]という意見や，選挙権の享有は，人であることに基づいて認められるべきであり，性別により区別されるべきではない[92]という意見が述べられた。

第4項　下院への送付

以上の議論，修正案提出の結果，1869 年 2 月 17 日，最終的に上院は修正なく上院案を可決して，下院に送付した[93]。下院はこの案について同 20 日から審議し，Shellabarger, Logan, Bingham 各議員がそれぞれ修正を提案した[94]。

87　*Id*.

88　*Id*.

89　「就任宣誓。ある人が公職につくときに，その適格要件として行わしめられる宣誓。特にアメリカ南北戦争後の連邦法及び州法が，戦争中の言動について宣誓を求めたことが著名で，過去の罪を処罰する遡及処罰法として違憲とされた。」高柳賢三・末延三次編『英米法辞典』（有斐閣　1990）の Test Oaths の項参照。

90　40-3 Cong. Globe 1305.

91　*Id*., at 670 (Sen. Fowler).

92　*Id*., at 710 (Sen. Pomeroy).

93　*Id*., at 1318, 1329. cf. Gillette, 67.

94　Shellabarger 議員の修正提案は，下院案審議時に同議員が提案した（40-3 Cong. Globe app. 97）修正を若干修正したもので（*Id*., at 1426），また，Logan 議員の修正提案は，被選挙権にかかわる部分の削除を提案するものであった（*Id*.）。これは，被選挙人の資格は州が決定すること，というのがオリジナルの憲法の判断である，という考えに基づいてのものであったが，それとは別に，Butler 議員は，被選挙権と選挙権は

164 第5章 再建期の合衆国における市民権と市民的権利

このうち，Bingham 議員の修正は，連邦に関する部分を削除し，出自，財産，信条による差別を禁じる文言を挿入するもので[95]，最終的にこの修正を経たものが可決された[96]。

下院の決定は2月22日に上院に送付され[97]，上院は同日及び翌23日下院で修正された上院案を審議した。上院は，下院の修正に同意せず，下院に対して両院協議会を提案した[98]。

同月25日，上下両院で両院協議会案が提案された[99]。同案は下院修正を受ける前の上院案から被選挙権の保障に関する部分を削除したもので，現行修正第15条と同一のものであった[100]。この両院協議会案について，下院は議論することなく，可決した[101]。

上院においては，次の点が指摘された[102]。

まず本憲法修正が投票権に関する差別を禁じるものなのか，それとも投票権を付与するものなのかという点については，有色人種に属する者（Colored man）に投票権を与えるものではない[103]という見解が示された。またこの点

不可分のもの，という考えから，この修正を支持している（*Id.*）。

95　40-3 Cong. Globe 1426.

96　*Id.,* at 1428.

97　*Id.,* at 1436.

98　*Id.,* at 1481.

99　*Id.,* at 1563（下院）；*Id.,* at 1593（上院）.

100　*Id.,* at 1623.

101　*Id.,* at 1563.

102　この他に以下の点が指摘された。
- 本案に，出自，財産など，人種等以外による選挙権の制限を禁止する文言が入れられなかったのは残念だ（*Id.,* at 1628（Sen. Morton）；*Id.,* at 1626（Sen. Wilson））。
- 選挙権・被選挙権の保持者を決定するのは，州の重要な権限であり，それを変更するための本案は，議会の憲法修正提案権限の範囲外である（*Id.,* at 1631（Sen. Davis）；*Id.,* at 1639（Sen. Buckalew））。

　　なお，後者の指摘に関連して Doolittle 議員は，本案によって，太平洋岸州（Pacific States）の政府はアジア人のものになってしまう，と指摘している。*Id.,* at 1628.

103　*Id.,* at 1625（Sen. Howard）. ただし同議員はこの点について，州において有色人種に属する者の投票権が侵害された場合，本案第2節に従い，連邦議会による介入が必要とされることになるだろう，としている。

　　また，この点が下院案に関する下院での審議において問題となった際には，Bingham 議員が Howard 議員と同趣旨の見解を示した（*Id.,* at 727）のに対して，Jenckes

に関連して，本案は黒人に関する選挙権問題を解決するものではなくそれを先送りするものである[104]，という指摘がなされた。

なお被選挙権に関しては，本案は被選挙権（right to hold office）を保障するものではない，と多くの議員が理解している[105]，という見解が示された。

2月26日，上院は両院協議会案を可決し[106]，同案は州の批准に付され，最終的に1870年3月30日，発効した[107]。

第3節　主要な市民的権利法

連邦議会はこの時期に，修正第14条及び修正第15条を実施するためのいくつかの市民的権利に関する法律を制定した[108・109]。

議員は，実務上の運用が困難であろう，と指摘している（*Id.*, at 728）。

[104] *Id.*, at 1625（Sen. Howard）.

[105] *Id.*, at 1629（Sen. Sawyer）. 実際に Edmunds 議員（*Id.*, at 1626），Wilson 議員（*Id.*, at 1627），Morton 議員（*Id.*, at 1628），Fowler 議員（*Id.*, at 1641），Stewart 議員（*Id.*, at 1629）が，本修正によって被選挙権が保障されない点を指摘している。

この点に関し Wilson 議員（*Id.*, at 1626）と Warner 議員は（*Id.*, at 1641）は，人種等にかかわらず，すべての合衆国市民が等しく政治的権利を享有するとする憲法修正が，本来ならば望まれるものである，としている。

[106] *Id.*, at 1641.

[107] Rev. Stat. 32（1878）. cf. 16 Stat. 1131（1870）.

[108] これらの法律の内容について Charles Fairman, RECONSTRUCTION AND REUNION 1864-88 PART TWO, 143 et seq.（Macmillan Co. 1987）; Bernard Schwartz, STATUTORY HISTORY OF THE UNITED STATES CIVIL RIGHTS PART I, pp443（Chelsea House Pub. 1970）; Sidney Buchanan, *The Quest for Freedom: A Legal History of the Thirteenth Amendment*, 12 Hous. L. Rev. 3, 334（1974）; Mathews, Chap. 5; Xi Wang, *The Making of Federal Enforcement Laws, 1870-1872*, 70 Chi.-Kent L. Rev. 1013, 1021（1995）.

[109] 1892年に，南北戦争後初めて連邦議会両院多数派と大統領を民主党が占め，1865年の修正第13条公布から1875年の1875年市民的権利法に至るまでの一連の市民的権利関係法が見直され，1894年2月8日，連邦議会は，1894年市民的権利法廃止法（28 Stat. 36. 本法の正式名称は An Act to Repeal all statutes relating to supervisor of elections and special deputy marshals, and for other purposes.）を制定した。同法は，1870年執行法（The Enforcement Act of 1870）及び1871年執行法（The Force Act of 1871）の大部分を廃止する法律で，これにより州内での選挙運営への連邦の関与は排除されることになった。cf. I Leonard Levy et al. ed., Encyclopedia of the American

166 第5章 再建期の合衆国における市民権と市民的権利

第1款 1870年執行法（The Enforcement Act of 1870）

　連邦議会は，1870年5月31日，1870年執行法を制定した[110]。同法は，全23条からなり，修正第15条の執行に関する条文と，1866年市民的権利法の再規定等に関する条文からなっていた[111]。

　まず第1条は，合衆国市民は，人種，皮膚の色，従前奴隷であったこと等にかかわらず，州，属領，郡，学校区，地方公共団体等で行われる選挙において，投票することが認められるとし，合衆国市民が投票権を有することを宣言していた。

　次に第2条から第7条までは，投票の事前手続及び実際の投票に対する妨害を処罰することについて定めていた。

　まず第2条は，投票の前提として州等の憲法あるいは法律上必要とされる手続があり，その手続をすべき公務員等が定められている場合に，それらの者は，当該手続を行うに際し，すべての合衆国市民に対して同一かつ平等な機会を保障し，人種，皮膚の色，ないしは従前奴隷であったことにかかわらず，投票できるようにしなくてはならないとし，さらにそれをしない場合の罰則を定めていた。

　第3条は，投票の前提とされる手続が公務員等の不正な行為によってなされなかった場合には，合衆国市民により当該手続は行われたものとみなされ，当該市民は投票権を行使できることとするとし，その投票を拒否した選挙管理者等は罰せられるとしていた。

　第4条は，暴力，賄賂，脅迫等によって，投票の前提とされる手続を妨げるあるいは妨げることを謀議した者は処罰されるとしていた。

　Constitution, 415（2nd ed., Macmillan Co., 2000）.

110　16 Stat. 140. 本法の正式名称は An Act to enforce the Rights of Citizens of the United States to Vote in the several States of this Union, and for other Purposes. である。

111　本法提案当初，本法の目的は，連邦に加盟する諸州において人種等に起因して否定されている合衆国市民の投票権を確保すること（H. R. 1293, 41st-2d Cong. pr. No. 528（1870）），あるいは合衆国憲法修正第15条を執行すること（S. 810, 41st-2d Cong.（Apr. 19, 1870））とされていたが，後の修正により，投票権と必ずしも直接的には関係しない，いくつかの条文も併せて規定されることになったので，最終的に本法は，連邦に加盟する諸州において合衆国市民の投票権を保障することとその他に関する法，とされた。

第3節　主要な市民的権利法　**167**

　第5条は，合衆国憲法修正第15条で投票権が保障される者が実際にそれを行使することを妨げた者を処罰するとしていた。

　第6条は，複数の者が，合衆国憲法及び連邦法上保障される権利及び特権の市民による自由な行使ないしは享有の阻止を意図して謀議し，あるいはそれを実行した場合の刑罰に関する規定であった。

　第7条は，第5条及び第6条の規定に反する行為がなされた場合には，当該行為がなされた州の法で規定されるのと同一の刑罰によって処罰されるとする規定であった。

　第8条から第13条までは，本法執行に関する手続規定であり，第14条及び第15条は連邦憲法修正第14条第3節の執行に関する規定であった。また第19条から第23条までは選挙における不正に関する規定であった。

　本法の条文のうち特に注目すべきは，合衆国内にいる者の権利保障に関する第16条，第17条，第18条の各条文であった。

　まず第16条は，「すべての合衆国の管轄権下にある者は，連邦に属するすべての州並びに属領において，契約を締結し，訴訟を提起し，訴訟の当事者となり，証拠を提出し，また，白人市民によって享受されるすべての個人と財産の保障のための法と手続の完全かつ平等な利益を享受し，さらに，それに反する法，規則，命令，慣習にかかわらず，同様の刑罰，罰金，税金，許認可，負担金（exaction）のみ受けることとする。いかなる州によっても，外国から移住してきた者すべてに平等に課されることのない税金あるいは負担は，特定の外国から移住してきた者に対して，課されることはないものとする。また，この規定に反する州法は無効とする。」としていた。

　次に第17条は，外国人であること，あるいは外国人の人種，皮膚の色を理由として前条に定める権利を侵害した者の刑罰について定めていた。

　また第18条は，1866年市民的権利法[112]を再規定し，前二条の保障が同法に従ってなされるとするものであった[113]。

---

[112]　14 Stat. 27.

[113]　第18条については，1866年市民的権利法の合憲性に関する疑義を排除するために，ここで再規定されたのではないか，と指摘されている。Slaughter-House Cases, 83 U. S. 36, 97 (Field, J., dissenting) (1872) ; Robert J. Kaczorowski, *The Chase Court and Fundamental Rights: A Watershed in American Constitutionalism*, 21 N. Ky. L. Rev. 151, 163 (note 51) (1993).

168 第5章 再建期の合衆国における市民権と市民的権利

なおこれらのうち第16条は，当初別の法案として上院に上程されていた
が，修正により，本法において規定されることになった。当初の法案の提案
者であり，またこれらの条文を本法に付加することの提案者でもある Ste-
wart 上院議員は，これが，1866年市民的権利法の保障対象を外国人に拡大す
ることを意図したものである，と説明している[114]。

本法は翌1871年，1871年執行法（The Force Act of 1871）[115]によって修正・
補追された。この1871年執行法は全19条からなり，連邦議会議員選挙にか
かわる連邦公務員及び連邦裁判所の権限と選挙における不正に関する処罰を
定めたものであった[116]。

第2款　1871年 Ku Klux 法

1871年4月20日連邦議会は，南部州における生命と財産に対する危険へ
の対策のための立法を求める大統領の教書を受けて[117]，いわゆる Ku Klux 法
を制定した[118]。同法は全7条からなっていた。

まず第1条は，合衆国憲法に基づいて合衆国の管轄権の下にある者に保障

---

114 41-2 Cong. Globe 1536, 3562, 3658. cf. Runyon v. McCrary, 427 U. S. 160, 198 (1976).
ただし，1866年市民的権利法には財産権に関する保障が規定されていたが，ここでは
なくなっていた。

115 16 Stat. 433. 本法の正式名称は An Act to amend an Act approved May thirty-one,
eighteen hundred and seventy, entitled "An Act to enforce the Rights of Citizens of the
United States to vote in the several States of this Union, and for other purposes".であ
る。

116 またさらに本法は，翌1872年6月10日制定された An Act making Appropria-
tions for sundry civil Expenses of the Government for the fiscal Year ending June 13th,
1873, and for other Purposes (17 Stat. 348 (1872)) の中の一節で若干の修正が加えら
れた。この点について Xi Wang, *The Making of Federal Enforcement Laws, 1870-
1872*, 70 Chi.-Kent L. Rev. 1013, 1055 (1995).

117 42-1 Cong. Globe 236 (1871). 大統領の教書の中には明言されていないが，実際に
は同法は南部州における Ku Klux Klan によるテロ活動への対抗策であった。cf. ex.
Alfred Avins, *Fourteenth Amendment Limitations on Banning Racial Discrimination:
The original Understanding*, 8 Ariz. L. Rev. 236, 246 (1967) ; William Crosskey,
*Charles Fairman, "Legislative History", and the Constitutional Limitations on State
Authority*, 22 Uni. Chi. L. Rev. 1, 91 (1954).

118 17 Stat. 13. 本法の正式名称は An Act to enforce the Provisions of the Fourteenth
Amendment to the Constitution of the United States, and for other Purposes. である。

される権利，特権及び免除を，州の法律あるいは規則等に基づいて侵害した者は，連邦裁判所において1866年市民的権利法[119]及びその他の連邦法の定める手続に従い，賠償責任を問われることとされていた。

次に第2条は，1870年執行法[120]第6条をより詳細に規定したもので，同第6条規定の内容に加え，処罰の対象とされる行為が具体的に規定された。そこにおいては，まず，あらゆる者の法の下の平等な保護と平等な特権及び免除の享有を侵害するために謀議することがその行為に該当するとされた。また，合衆国市民の正当(due)かつ平等な法の保護を侵害することを意図して，州及び属領における正当な裁判過程を阻害することを謀議することと，合衆国市民が大統領等の選挙人選出に際して投票権を行使するのを暴力あるいは脅迫等により阻止する，あるいはそれを行使したことを理由に危害を加えるために謀議することもその行為に当たるとして規定された[121]。さらに，同条後半部分ではこれらの謀議に加わった者がそれを実行に移し，それによって個人の身体もしくは財産に損害が生じ，あるいは合衆国市民の権利・特権の享有ないしは行使が侵害された場合には，それらの損害を受けた者は，連邦裁判所で，損害賠償を請求できるとしていた[122]。

なお第3条及び第4条は大統領の本法執行権限について，第5条は本法に

119　14 Stat. 27.

120　16 Stat. 140.

121　1871年3月28日にShellabarger議員が提案した原案においては，「市民(citizen)」の文言は使われておらず，"person"の文言が用いられていた(H. R. 320, 42nd-1st Cong. pr. No. 217)。本文で指摘した「合衆国市民」の文言にかかわる部分のうち，前者は上院法務委員会によって1871年4月7日から10日までの間に付加された(H. R. 320, 42nd-1st Cong. Apr. 10 1871)。この点についてEdmunds上院議員は，この文言の直前に存在する，すべての者に対して法の平等な保護を提供する州の権限を阻害することを処罰の対象とする，とする文言にこの点も含まれると解され得るが，その一般性ゆえの不明確性を除去するために，他の法律やcommon law上その意義が確立しているこの文言を加える，としている(42-1 Cong. Globe 567)。

　　また，後者は同月14日に議論されることなく，付加された(42-1 Cong. Globe 704 (Sen. Edmunds))。

122　この部分は1871年3月28日にShellabarger議員が提案した原案には存在せず(H. R. 320, 42nd-1st Cong. pr. No. 217)，ほぼ同趣旨の文言が31日に提案されたWillard議員の修正提案(H. R. 320, 42nd-1st Cong. pr. No. 219)，4月4日のCook議員の修正提案(H. R. 320, 42nd-1st Cong. pr. No. 222)，5日のShellabarger議員による修正提案(H. R. 320, 42nd-1st Cong. pr. No. 223; 42-1 Cong. Globe 477)にみられる。

170 第5章 再建期の合衆国における市民権と市民的権利

関する裁判における陪審員の適格条件について，第6条は本法第2条の定める行為を看過した者の責任について，第7条は本法とそれまでに制定された法律との関係について定めていた。

第3款 1875年市民的権利法 (The CivilRights Act of 1875)

1875年3月1日，連邦議会は1875年市民的権利法を制定した[123]。本法は，全5条からなっていた[124]。

まず本法の前文は，正当な政府にとってすべての者の法の下の平等は根本的なものであり，その人民に対して，出自，人種，皮膚の色，宗教的，政治的信条にかかわらず平等かつ適切な正義を提供することは政府の責務であり，この偉大なる根本原理を法とすることは立法の適切な目的である，と宣言していた。

次に第1条は，合衆国管轄権の下にあるすべての者は，宿泊施設，公共輸送機関，劇場等において，法により定められる，また従前奴隷であったこと等にかかわらずあらゆる人種や皮膚の色の市民に適用される条件や制限による場合を除いては，完全かつ平等にその便益を享有するとしていた。

また第2条は，前条の保障が侵害された場合の刑罰と損害賠償請求について定め，第3条は，本法にかかわる訴訟の管轄権が連邦裁判所にあることを定め，第5条は特に最高裁の本法にかかわる訴訟の管轄権に関して定めてい

---

123 18 Stat. 335. 本法の正式名称は An Act to Protect all citizens in their civil and legal rights である。

124 なお本法に関しては，1883年いわゆる Civil Right Cases（United States v. Stanley. ; United States v. Ryan. ; United States v. Nichols. ; United States v. Singleton.; Robinson & Wife v. Menphis and Charleston Railroad Co., 109 U. S. 3）事件において，その制定に関する連邦議会の権限の根拠が問題とされた。当該事件の法廷意見は，次のように述べ，連邦議会はこれらの規定を制定する権限を有さないと判示した。
- 修正第14条は，州の法令に基づく，合衆国市民の特権・免除の侵害，法の適正手続によらない生命，自由もしくは財産の侵奪，法の平等な保護の確保の否定，を禁じる権限を連邦議会に認めているが，それは州がこのような侵害等を行うことを禁じる権限を連邦議会に与えているのみであって，州の法令等に関係なく，私人の行為を直接連邦議会の法律によって規制する本法を制定する権限は連邦議会に与えられていない。
- 修正第13条は奴隷制度（Slavery）を禁じたものであるところ，宿泊施設等における差別が修正第13条の禁じる奴隷制度にあたるとは考えられない。

た。

第4条は，いかなる市民も，人種，皮膚の色，あるいは従前奴隷であったことに基づいて，連邦あるいは州の裁判所において陪審員となることを妨げられないことを定めていた。

第4節　連邦議会によるその他の立法

前述の市民的権利法の他に，この時期に連邦議会は以下の市民権及び市民的権利に関する法律を制定している。

第1款　市民権にかかわる立法
まず市民権に関する主要な立法は次の通りである[125]。

第1項　市民権放棄法（Act of July 27, 1868）
市民権放棄法[126]は，外国における合衆国市民権の扱いに関する法律で，その内容は，市民権放棄の権利（rights of expatriation）が人民の自然かつ固有の権利であることを宣言し，合衆国に帰化した者は，それによって従前の国籍を喪失し，合衆国市民になるということを明らかにすることにあった[127]。本

---

[125] この他に，市民権にかかわるものとして，Alaska 買収に伴うロシアとの合意条約（15 Stat. 539）と，Hawaii 併合（30 Stat. 750）がある。

　前者の Alaska 買収に伴うロシアとの合意条約第3条は，当該条約の対象領域に居住する者の扱いについて次の通り規定していた。

・居住者の選択により，3年以内にロシアに引き揚げることが認められる。

・当該領域に残留する場合には，文明化していない部族の場合を除いて（with the exception of uncivilized native tribes），合衆国市民としての権利，利益（advantage），免除を享有し，自由（liberty），財産，信教の自由（free）な享有を保障される。

・文明化していない部族については，連邦がそれらの原住民に関して制定する法に従うものとする。

　後者の，Hawaii 併合の合意書第1条では，中国人の Hawaii への移民が禁じられ，また，Hawaii から連邦本土への中国人の移動も禁じられた。

[126] 15 Stat. 223. 本法の正式名称は An Act concerning the Rights of American Citizens in Foreign States である。

[127] 本法については，拙稿「米国における国籍離脱の自由の発展」筑波法政第25号208頁（1998）参照。

法は，全3条からなり，第1条は市民権放棄を否定あるいは制限する合衆国連邦政府官憲の宣言，命令，決定等は合衆国政府の基本原理と相反するものであることを宣言し，第2条及び第3条は連邦政府による外交保護権行使について定めていた。

第2項　帰化法改正法（Act of July 14, 1870）

次に連邦議会はそれまで存在していた帰化手続を改めるために帰化法改正法[128]を制定したが，本法第7条によりアフリカ出自の外国人についても，帰化が認められることになった。

第3項　中国人排除法（Chinese Exclusion Act of 1882）

またこの時期に連邦議会は中国人排除法[129]を制定した。本法は，連邦議会の制定した，人種を基準とする入国規制のための最初の法律であった。本法第1条は中国人労働者の米国への移民を10年間禁止し，また第14条は，中

---

[128]　16 Stat. 254. 本法の正式名称は An Act to amend the Naturalization Laws and to punish Crimes against the same, and for other Purposes である。

[129]　22 Stat. 58. 本法の正式名称は An Act to execute certain treaty stipulations relating to Chinese である。この正式名称からもわかる通り，本法は，中国との条約を米国国内において執行するためのものであった。

米国は，1844年に初めて中国と平和友好通商条約を締結し（8 Stat.592），それを1858年のいわゆる天津条約（12 Stat.1023）で更改した後に，1868年にこの条約を補足する条約として Burlingame 条約（16 Stat.739）を締結した。

この条約は，第5条で市民権放棄の自由と移民の自由を相互に承認し，両国の市民あるいは臣民（subject）を，その自由かつ自発的な意思に依らずして，両国あるいはその他の国に移転せしめた両国の市民ないしは臣民を処罰する法律を制定すること，を定めた。

その後，米国内での中国人排斥運動の高まりに応じて中国人移民反対論が強まり，これを受けて，1880年，連邦政府は中国との間で，中国人移民の受け入れを制限する権限を認める条約を締結した（22 Stat.826, reprinted in Henry Steele Commager, I DOCUMENTS OF AMERICAN HISTORY, 559（9th ed., Prentice-Hall Inc. 1973））。この条約では，第1条で中国人労働者の合衆国への入国を制限する権限を連邦政府が有するとし，同時に第2条及び第3条では，中国臣民が米国内において最恵国市民あるいは臣民と同等の権利，特権，免除等を享有し，その保障のために連邦政府の保護を受けることを定めていた。

本法はこの条約を受けて制定された法律であった。

第 4 節　連邦議会によるその他の立法　**173**

国人の帰化を禁じていた[130]・[131]。

第 2 款　市民的権利に関する立法

次に市民的権利に関する主な立法は次の通りであった[132]。

第 1 項　Columbia 特別区平等権法（Act of March 18, 1869）

Columbia 特別区平等権法[133]は，Columbia 特別区において適用される法律

130　中国人の米国からの排除は，第二次世界大戦中に廃止された。An Act to repeal the Chinese Exclusion Acts, to establish quotas, and for other purposes, 57 Stat. 600 (1943). この間の状況について，IV John Bassett Moore, A DIGEST OF INTERNA-TIONAL LAW, 187 et seq. (1906) ; III Green Haywood Hackworth, DIGEST OF INTERNATIONAL LAW, 776 et seq. (1942) ; John Hayakawa Torok, *Reconstruction and Racial Nativism: Chinese Immigrants and the Debates on the 13th, 14th, and 15th Amendments and Civil Rights Laws,* 3 ASIAN L. J. 55, 96 (1996) [hereinafter Torok].

131　この法律に関連して，連邦議会は 1875 年に，米国初めての入国規制法を制定している（Page Law, 18 Stat. 477 (1875). 本法の正式名称は An Act Supplementary to the acts in relation to immigration である）。同法第 5 条では，政治犯を除く重罪（felony）に該当する犯罪の有罪判決を受けた者と売春目的の女性を入国規制の対象としていた。

　　また同法第 2 条は，中国，日本及びその他の東洋の国の国民を，その者の自発的意思に依らずして，強制的に働かせるために米国にあるいは米国から移送した合衆国市民を処罰する，と規定し，さらに同第 3 条は，売春目的の女性の合衆国への移送を禁止していた。

本法について cf. Torok, 96.

　　またこの法律に関係する立法として連邦議会は，1885 年に契約労働者の入国を制限する法律（Contract Labor Act）を，1891 年に一般的な入国制限に関する法律を制定している（An Act to prohibit the importation and migration of foreigners and aliens under contract or agreement to perform labor in the United States, its Territories, and the District of Columbia, 23 Stat. 332 (1885) ; An Act in amendment to the various Acts relative to immigration and the importation of aliens under contract or agreement to perform labor, 26 Stat. 1084 (1891))。

132　この他に，連邦議会は，修正第 14 条第 3 項の規定に従い，官職から排除されていた者のうち，一部の者を除いた者の復帰を認めている（An Act to remove political Disabilities imposed by the 14th Article of the Amendment of the Constitution of the United States, 17 Stat. 142 (1872))。

133　16 Stat. 3. 本法の正式名称は An Act for the further Security of equal Rights in the District of Columbia である。

等及び Washington 及び Georgetown 市において適用される条例等に存在していた「白人（white）」の文言を一括して削除するものであった。本法により当該地域の選挙人の権利，公職に就く権利，陪審員になる権利に対して，この文言に基づいて課されていた制限が排除されることになった。

第2項 属領不動産所有法 (Ownership of Real Estate in the Territories)

属領不動産所有法[134]は，条約等で別異の定めのある場合を除いて，合衆国市民でない者，合衆国市民となることを宣言していない者は，合衆国の属領並びに Columbia 特別区において，不動産の取得及び保有が禁じられる，とした法律であった[135・136]。

第5節　制定法集 (Revised Statutes) における市民権・市民的権利

1866 年連邦議会は，大統領にすべての連邦法を再編纂する委員会を設立する権限を認めた。1874 年にその編纂は完成し，1878 年に修正を受け，制定法集が完成した。この制定法集は，若干の例外を除いて，1874 年までに制定された連邦法の公定版とされた[137・138]。

本制定法集は全 74 編，全 5601 条，1085 頁からなり，採録されている条文のうち，市民権及び市民的権利に関するものは次の通りである[139・140]。

134　24 Stat. 476 (1887). 本法の正式名称は An Act to restrict the ownership of real estate in the Territories to American citizens, and so forth である。

135　同法は，連邦法ないしは州法あるいは属領法に準拠して設定されていない法人等についても，同様に不動産の保有を禁じることを規定していた。1897 年に同法は，経過措置等についての若干の調整のための修正がなされた。cf. 29 Stat. 618.

136　この点に関し連邦最高裁は，1948 年に Oyama v. California 判決で，州法による外国人の土地所有に対する制限について違憲の疑いがあるいう判断を下している。

137　V Leonard Levy et al. ed., Encyclopedia of the American Constitution, 2227 (2nd ed., Macmillan Co., 2000).

138　本稿で検討する Revised statutes は，REVISED STATUTES OF THE UNITED STATES, PASSED AT THE 1ST SESSION OF THE 43RD CONGRESS, 1873-'74 (2nd ed., WASHINGTON, GPO, 1878) の Reprint 版である。

139　本制定法集のうち，市民権ないしは市民的権利に関係する編としては，第 24 編「市民的権利 (civil rights)」，第 25 編「市民権 (citizenship)」，第 26 編「選挙権 (elective franchise)」，第 27 編「解放民 (freedmen)」，第 29 編「移民 (immigration)」，第 30 編

第5節 制定法集（Revised Statutes）における市民権・市民的権利　**175**

第1款　市民権に関する条文

市民権取得及び喪失等に関する条文は，本制定法集の第25編「市民権（citizenship）」，第29編「移民（immigration）」，第30編「帰化（naturalization）」に収録されている。

第1項　第25編「市民権（citizenship）」

第25編は，全10条，第1992条から第2001条までからなり，特に注目すべきは次の条文である[141]。

まず第1992条は，課税されない Indian を除く，合衆国で出生し外国の管轄の下にない者は合衆国市民とするとしていた。

第1993条は，合衆国の管轄権の外で合衆国市民である父の子として出生した者は合衆国市民とするとし，出生による合衆国市民権の取得について規定していた[142・143]。

「帰化（naturalization ）」をあげることができる。しかしながら，索引で citizen, citizenship, civil rights の文言の使用されている条文を検索すると，前述の編以外の編においても，これらの文言が使われていることがわかる。そのような編としては，第13編「司法（judiciary）」，第18編「外交官及び領事官（diplomatic and consular officers）」，第23編「領域（territories）」，第32編「公有地（public land）」，第47編「対外関係（foreign relations）」，第48編「通商及び航行の規制（regulation of commerce and navigation）」，第53編「商船隊員（merchant seamen）」，第57編「年金（pensions）」，第69編「反逆行為（insurrection）」，第70編「犯罪（crime）」がある。

140　ここでは前章及び本章のここまでで検討した法律にあった条文も，検討対象とされた各編に採録されている限りで，再記することとする。なお，先に検討した市民的権利法で規定されている条文のすべてが，必ずしも，ここで検討の対象とする各編に収録されたわけではない。これらの法律で規定されている条文の本制定法集への採録関係について，cf. Charles Fairman, RECONSTRUCTION AND REUNION 1864-88 PART TWO, 136-137 (Macmillan Co. 1987).

141　本編のその他の条文の概要は以下の通りである。
・第1995条は，Oregon 州で出生した者の市民権について定めていた。
・第2001条は，外交保護権行使に関する大統領の責務について定めていた。

142　ただし1993条は，本条に基づいて取得される合衆国市民権について，父が合衆国に居住したことがない場合には，その子に市民たる権利（rights of citizenship）が承継されることはない，としている。

143　第1993条は，本制定法集の注釈によれば，1802年4月14日法を採録したものとされており，この時点ですでに合衆国においては血統主義に基づく市民権の取得とい

第5章　再建期の合衆国における市民権と市民的権利

第 1994 条は，合衆国市民と婚姻した，あるいは自身が合法的に帰化した女性は，市民とされるとし，女性の市民権の取得について定めていた。

なお第 1996 条から第 1998 条は，徴兵回避をした者は市民たる権利（rights of citizenship）と，市民権を取得する権利（right to become citizens）を失う旨を定めていた。また，これらの条文は，これらの者が合衆国の下で公職に就くことも認めないとしていた。

第 1999 条は，国籍離脱の自由について定め[144]，第 2000 条は，外国において合衆国に帰化した者に，生来的市民と同様の外交保護が与えられることを定めていた。

第 2 項　第 29 編「移民（immigration）」

第 29 編は，全 7 条，第 2158 条から第 2164 条までからなり，そのうち第 2164 条は，外国（foreign country）から移民してきた者に対して州が不平等な移民税を付加することを制限していた[145]。

第 3 項　第 30 編「帰化（naturalization）」

第 30 編は，全 10 条，第 2165 条から第 2174 条までからなり，そこで注目すべきは以下の点であった[146]。

う方式も存在していたことになる（ただし 1802 年の法律は，1802 年までに外国で合衆国市民の子として出生した者に合衆国市民権を与えることを意図した法律であり（cf. 2 Stat. 153, 155），この方式が定着するのは，1855 年の法律（10 Stat. 604）によってである，とする文献がある。Fred K. Nielsen, *Some Vexatious Questions relating to Nationality*, 20 COLUM. L. REV. 840, 841 (1920).）。

144　本制定法集の注釈によれば，本条及び次条は，前出本章第 4 節第 1 款第 1 項で述べた市民権放棄法からの採録とされている。

145　第 2158 条はアジア系低賃金単純労働者（Cooly）にかかわる一連の取引に合衆国市民が関与することを禁じる規定で，第 2159 条から第 2163 条までは第 2158 条の実施に関する規定であった。

146　本文紹介以外の本編の条文は，連邦軍に従軍した外国人の帰化について（第 2166 条），21 歳以下の者の帰化について（第 2167 条），帰化手続が済みながら，現実の帰化が発効する前に死亡した外国人の配偶者及びその子供の扱いについて（第 2168 条），帰化に際しての居住要件について（第 2170 条），帰化した者の 21 歳以下の子供の市民権取得について（第 2172 条），Columbia 特別区の警察裁判所は帰化手続を担当しないことについて（第 2173 条），外国人船員の帰化について（第 2174 条），定めていた。

第5節　制定法集（Revised Statutes）における市民権・市民的権利　**177**

　まず第2165条は一般的な帰化の手続について定め，帰化条件として，合衆国以外の国（foreign prince, potentate, state, or sovereignty）への忠誠（allegiance）を放棄する明確な意思を宣誓した上で宣言すること，合衆国憲法を遵守することを宣言すること，手続開始までに合衆国内に5年以上，帰化手続を行う裁判所の所在する州あるいは属領に1年以上，善良な素行の者として居住していることが証明されること，貴族である場合にはその称号を放棄すること，をあげていた[147]。なお第2169条は，本編の規定がアフリカ系外国人にも適用されるとし，第2171条は，いわゆる敵性外国人，すなわち合衆国と交戦状態にある国の国籍を有する者の帰化が認められないことが定められていた。

第2款　市民的権利に関する条文

　市民的権利に関する条文は，本制定法集の第24編「市民的権利（civil rights）」及び第26編「選挙権（elective franchise）」に収録された。

第1項　第24編「市民的権利（civil rights）」

　第24編は，全15条，第1977条から第1991条までからなり，注目すべきは以下の点である[148]。

　まず第1977条は，合衆国の管轄下にある者は，各州及び属領において，契約を締結しそれを執行する，訴訟を提起し，あるいはその当事者となる，証人として証拠を提出する，また，個人とその財産の保障のためのすべての法

147　第2165条は，ここで紹介した部分の後で，1795年1月29日以前に合衆国に居住していた外国人と，1798年6月18日から1812年6月18日までに合衆国に居住していた外国人の帰化に関する特例を定めている。

148　本文紹介以外の本編の条文の定めるところは以下の通りである。

- 第1980条は，①公務遂行の妨害，②裁判遂行の妨害，③法の下の平等な保護，平等な特権及び免除，の享有，大統領等の選挙人を選出する選挙における投票の妨害，を謀議し，それを遂行した者が，それにより損害を被った者から，損害賠償請求の対象とされることを定めていた。
- 第1981条は，第1980条規定の謀議が行われていることを知っており，その謀議の内容が実行に移された際に，それを阻止することが可能であったのにもかかわらず，それをしなかった者は，その実行された行為により損害を被った者に対して，賠償の責任がある旨を定めた。
- 第1982条から第1990条までは，本編に関係する刑事裁判における諸手続及び本編採録法条の執行手続について定めていた。

178　第5章　再建期の合衆国における市民権と市民的権利

と手続の完全かつ平等の便益を白人市民と同じく享受し、さらに同様の刑罰、制裁、税金、許認可、開発負担金の徴収にのみ服する、と定めていた。

　第1978条は、すべての合衆国市民は、不動産並びに個人財産の相続、購入、貸借、販売、保有、移転について、白人市民の享受するのと同様の権利を、各州並びに属領において享受する、と定めていた[149]。

　第1979条は、合衆国市民あるいはその他の者の憲法もしくは法律により保障される権利、特権、免除を、各州もしくは属領の法律等に基づいて侵害した者の民事責任に関し定めていた。

第2項　第26編「選挙権（elective franchise）」

　第26編は、全30条、第2002条から第2031条までからなり、そのうちの第2004条は、すべての合衆国市民は、法の特別の定めのない限り、州、属領、特別区（district）、郡（county）、市（city）、教区、町（township）、学校区、地方公共団体等において行われる選挙において、人種、皮膚の色、従前奴隷であったことに関係なく、それに反する州あるいは属領の憲法、州法等にかかわらず、投票権が認められると定めていた[150]。

第6節　Slaughter-House Cases

　1872年連邦最高裁は、Slaughter-House事件[151]を扱った。同事件は、Louisiana州議会が制定した、家畜の集積並びに屠殺の業務を独占的に行う会社の設立に関する法律が、連邦憲法修正第13条及び同第14条に反するかどうかが問題とされた事件であった[152]。

149　本制定法集の注釈によれば、第1977条は、1870年執行法、及び1875年市民的権利法から採録されたとされ、第1978条は、1866年市民的権利法（14 Stat. 27）から採録されたとされている。第1977条は、人一般に関して定めており、第1978条は合衆国市民について定めていることから、本制定法集作成者は、1866年市民的権利法は合衆国市民に適用されるものであり、1870年執行法が、1866年市民的権利法の一部を外国人に対して適用するように拡大したと解釈していたと理解され得る。

150　本編のその他の条文は、選挙にかかわる連邦及び連邦官憲の権限、選挙人資格を取得する手続における官憲による合衆国市民間での差別の禁止、それが遵守されなかった場合の刑罰、本編採録法条に関する裁判手続等について定めていた。

151　Slaughter-House Cases, 83 U. S. (16 Wall.) 36 (1872).

第1款 法廷意見

本件法廷意見は，市民権及び市民的権利に関し，概要以下の通り判示した。

まず，南北戦争後に制定された三つの連邦憲法修正条項について，これらの制定目的は，その制定過程からして，アフリカ系人種に属する者の自由の確保と白人による抑圧からの保護にあり[153]，従ってこれらの条文の解釈に際しては，当事者がアフリカ系であるかどうかにかかわらずこれらの条文は適用されるとしても，その当初の目的に注意をはらう必要がある[154]とした。

次に法廷意見は，修正第14条で市民権の定義がなされたことについて，この定義は，Dred Scott 判決[155]をくつがえし，州の市民権の有無にかかわらず，合衆国内で出生しその管轄権の下にある者は，合衆国市民であるとしたものであり，その主要な目的は黒人に市民権を与えることであることは明白である[156]とした。そして同条の「管轄権の下にある」という文言については，合衆国で出生した者のうち，外交官，領事官，もしくは外国の市民あるいは臣民である者を除くことを意図したものである[157]とした。

さらに法廷意見は，修正第14条は連邦市民権と州市民権の両者の存在を確認しその区別を確定したとし，また同時に，州市民になるには当該州に居住することが求められる一方で，合衆国において出生することのみで連邦市民になることが規定された[158]とした。

なお法廷意見は，修正第14条の定める「特権または免除」についてまず，本規定で保障されるのは，連邦市民権に付随する特権または免除のみであり，州市民権に付随する特権及び免除は本規定の保障対象ではなく，それらは州政府により保護される[159・160]とした。

---

152 本件の事実の概要並びに判旨全体の概要については，浅見公子「The Slaughter -House Cases」藤倉皓一郎他『英米法判例百選（第三版）』72頁（有斐閣　1996）；柿島美子「第14修正条項の意味」樋口範雄他『アメリカ法判例百選』88頁（有斐閣 2012）参照。

153 83 U. S. 36, 71.

154 *Id.,* at 72.

155 60 U. S. (19 How.) 393 (1857).

156 83 U. S. 36, 73.

157 *Id.*

158 *Id.,* at 74.

159 *Id.,* at 74. 法廷意見は，第1文で連邦市民権と州市民権が区別されたことを前提と

またこの点について法廷意見は，そもそも修正第14条制定に至るまで，遡及処罰法，私権剥奪法，あるいは契約上の債務を損なうような法律の制定を禁じる[161]以外，州市民の特権または免除に関する事項は連邦の関与するところではなく，州の管轄するところであった[162]としつつ，修正第14条におい

した上で，第2文の文言に着目し，もしここで州政府と当該州の州市民の関係を規律することが意図されていたとするならば，第2文においても連邦市民権についてのみならず，州市民権について言及されたはずであると指摘している。

160 法廷意見は，修正第14条の「特権または免除」の文言の解釈に当たり，1781年の連合規約（Article of Confederation）と連邦憲法第4条第2節を参照し，このうちの後者の条文の保障する特権及び免除は，州市民権に付随するものとしている（83 U. S. 36, 76）。その際に，本来の条文においては"all Privileges and Immunities of Citizens in the several States"とされているところが，法廷意見では"all the privileges and immunities of citizens of the several States"とされ，in であるべきところが of とされた（*Id.*, at 75）（なお，この点に関しては，Bradley 裁判官が反対意見の中で指摘している。*Id.*, at 117）。この点に関連して，この条文は，南北戦争以後においては，単に各州においてある州の州民と他州の州民間の差別を禁じるものと解されているが，それ以前においては，何らかの基本的権利が保障されるとする解釈も存在した，ということが指摘されている。これに関して指摘する文献として cf. Richard L. Aynes, *Constructing the Law of Freedom: Justice Miller, The Fourteenth Amendment, and the Slaughter-House Cases*, 70 Cᴄʜ.-Kᴇɴᴛ L. Rᴇᴠ. 627, 636 (n.55) (1994) ; I Laurence Tribe, AMERICAN CONSTITUTIONAL LAW, 1306 (Foundation Pr. 3rd ed. 2000). また，南北戦争前のこの条文の解釈状況について cf. James H. Kettner, THE DEVELOPMENT OF AMERICAN CITIZENSHIP 1608-1870, 258 (Univ. North Carolina Pr. 1978) ; David S. Bogen, *The Transformation of the Fourteenth amendment: Reflection from the Admission of Maryland's First Black Lawyers*, 44 Mᴀʀʏʟᴀɴᴅ L. Rᴇᴠ. 939, 950 (1985).

以上に関連して，修正第14条が各州によって承認された際に，各州の憲法で保障されていた権利を分析した文献として，Steven G. Calabresi & Sarah E. Agudo, *Individual rights under State Constitutions when the Fourteenth Amendment Was Ratified in 1868: What Rights Are Deeply Rooted in American History and Tradition?*, 87 Tᴇx. L. Rᴇᴠ. 7 (2008).

161 U. S. Const. Art. I, § 10.

162 法廷意見はここで，連邦憲法第4条第2節にかかわる判例として Corfield v. Corwell 判決（4 Wash. C. C. 371 (U. S. C. C., Pa., 1823)），Paul v. Virginia 判決（75 U. S. (8 Wall.) 168 (1868)），Ward v. The State of Maryland 判決（79 U. S. (12 Wall) 418 (1870)）を引用している。

このうち Paul v. Virginia 判決では，Virginia 州以外で設立された会社は，一定額の

第6節　Slaughter-House Cases　**181**

て合衆国市民の特権または免除は侵害されてはならないと宣言することによって，この点を変更し，市民的権利の保障に関する事項をすべて連邦の管轄下におくことにしたとは考えられないとした[163・164]。

　なお法廷意見は，連邦市民権に付随する特権及び免除については，その存在が連邦政府に由来するもの，あるいは連邦政府の国家的性格（National

---

　州債を州政府に預託することなしには，当該州で業務を行うためのライセンスが与えられないとする法律が連邦憲法第4条第2節に反するか，が問題とされた。

　法廷意見は，本条にいう市民には会社は含まれない，としたあとで，この条文に関して次の通り判示している。

　第一に本件法廷意見は，本条の目的は，各州の市民がそれぞれの州において，各州の市民であることから生ずる便益に関する限りにおいて，他州の市民と同様であることを確保することにある（75 U. S. 168, 180）とした。

　次に本件法廷意見は，本条文が，他州において外人（alienage）であることから生ずる不利益を排除すること，他州の住民を差別する立法を禁じること，各州間における自由な出入を各州の市民が有すること，各州において他州の市民が，財産と幸福追求の確保と享有に関し，当該州市民と同一の自由を有すること，各州の市民が他州において等しくそれらの州における平等な法の保護を享有すること，を保障するものであることを意味することを指摘した（Id.）。

　その上で本件法廷意見は，本条でそれぞれの州市民に各州において保障される特権及び免除は，各州で，その州の憲法もしくは法律により，当該州市民であることによって保障される特権及び免除のことである，とした（Id.）。

　また，Ward v. The State of Maryland 判決では，州の住民でない者に対してのMaryland 州による課税が問題とされた。本判決において法廷意見は，まず，本条の保障する特権及び免除に関し，本条でいう「特権及び免除」は包括的な意義を有するものである（79 U. S. 418, 430（1870））とした。また本件法廷意見は，次に，それらの中には，通商もしくは商業取引を障害なく遂行するために連邦加盟の一州から他州に移動する市民の権利，個人資産を獲得する権利，不動産を取得・保有する権利，各州において訴訟を提起する権利，州により当該州市民より高く課税されない権利が含まれる，とした（Id.）。

　Slaughter-House 判決の法廷意見は，これら二つの判決のうち，まず後者の Ward 判決から，連邦憲法第4条第2節の保障する特権及び免除は包括的なものであるということを引き出し，次に前者の Paul 判決に基づいて，各州において保障されている特権及び免除を，連邦加盟の諸州の市民が等しく享有できるようにすることがこの条文の意義である，とした。Slaughter-House Cases 83 U. S. 36, 76（1872）.

163　*Id.*, at 77.

164　ここで法廷意見は，本件原告主張の権利は州の管轄下にあるもので，その保障も州により与えられるべきものであるとしている。*Id.*, at 78.

character），またはその憲法もしくは法律に由来するもののことであるとした。そして具体的にそれらに当たるものとしては，たとえば，政府に請願するために首都に来ること，政府と事業取引をすること，政府の保護を求めること，公務員になること，公務を執行すること，海外との貿易の行われる港湾を利用すること，各州にある財務省支局，国有地管理局，裁判所に行くこと[165]や，公海もしくは他国において保護を受けること，平穏に集会を開き請願を行うこと，人身保護令状の特権を享受すること，内海を利用すること，その意思に従って事実上の居住に基づきいずれかの州の市民となること，外国との条約によって市民に付与されるすべての権利を享受すること，修正第13条及び第15条の保障する権利および修正第14条のこの規定以外の規定が保障する権利を享受することがあげられる[166]とした。

第2款　Field，Bradley，Swayne 裁判官の反対意見

以上の法廷意見に対して，Field，Bradley，Swayne の各裁判官が反対意見を述べた。

第1項　Field 裁判官の反対意見

Field 裁判官は，法廷意見と対照的に，連邦市民権とそれに付随する権利等の意義を強調するのと共に，その保障における連邦の役割の重要性を説くものであった。

同裁判官はまず，修正第14条は市民権を，州法の規定や血縁関係によってではなく，出生地によりあるいは帰化した（adoption）ことにより取得するものとしたものであり，また同条は，州市民であることは当該州に居住する連邦市民であることを意味するとした[167]ものであるとした。

次に同裁判官は，修正第14条により，自由人（freeman）あるいは自由な市民（free citizen）として享受する基本的権利，特権，免除は，州市民であることによってではなく，連邦市民であることによって享有されることとされ，またこれらの基本的権利等の存在は州法に依拠するものでなく，また州法に

165　*Id.,* at 79. 法廷意見は，ここまでの特権または免除の例示を Crandall v. Nevada（73 U. S. 35（1867））から引用している。

166　83 U. S. 36, 79.

167　*Id.,* at 95.

より取り去られ得るものでもないとされた[168]とし[169]，さらに，修正第14条は同条の定める特権または免除を，州による侵害から保護することを意図し，連邦の保障の下においたものである[170]とした。

第2項　Bradley 裁判官の反対意見

Bradley 裁判官の主張も連邦市民権の意義を強調するものであった。

まず同裁判官は，修正第14条は連邦市民権の州市民権に対する優位性を規定し，州市民権が連邦市民権から派生するものとしたとし[171]，これによって合衆国市民は，その望む州に居住することにより，当該州の州市民となり，その他の当該州の州市民と等しく権利を享受し，連邦はその権利の享受を保障することとなった[172]とした。

次に同裁判官は，一般的に市民権は，空虚な概念ではなく，少なくともこの国においては重要な固有の権利や，特権・免除と密接な関係があり，それらが連邦市民権にではなく，州市民権にのみ付随するものであるということは，憲法史と人間の権利を狭く，不十分にしか理解していない[173]と主張した。

また同裁判官は連邦市民権に付随する権利について，連邦市民権には，売買をすること，財産を保有することなどの特権が付随しており，それらは，州市民であるかどうかにかかわらず享受されるものである[174]とした。

第3項　Swayne 裁判官の反対意見

Swayne 裁判官の意見も合衆国市民権とそれに付随する権利等への一定の配慮の必要性を説くものであった。

同裁判官はまず，合衆国市民の特権または免除とは，生命，自由，財産に対する基本的権利と国家に属することによって享受する権利のことであ

---

168 *Id.*

169 なお同裁判官は，修正第14条の定める特権または免除とは，1866年市民的権利法（14 Stat. 27 (1866)）の定める権利と，連邦憲法第4条第2節の定める自由な政府の市民の享受する諸権利であるとしている。83 U. S. 36, 96.

170 *Id.,* at 101.

171 *Id.,* at 112.

172 *Id.*

173 *Id.,* at 116.

174 *Id.,* at 119.

る[175]とした。また同裁判官は，合衆国市民権と州市民権には，それぞれ固有の権利が付随し，修正第14条の保障の対象とされるのは合衆国市民権に付随するもので，州の私権剝奪法，遡及処罰法，契約上の債務を損なう法律等からの保護以外は，州の憲法，法律，権利章典の保護の下で保障されるものである[176]とした。

　ただし同裁判官は，このようにしつつも，修正第14条は，南北戦争の結果として制定されたのであり，その管轄権内にいる者の，理性と正義，社会契約の基本原理によりすべての者が享有する権利と特権を保障することが本条の意図するところであったのであって，本件法廷意見は，本条を狭く解しすぎている[177]と主張した。

第7節　市民権に関する判例

第1款　Slaughter-House 事件の法廷意見

　Slaughter-House 判決法廷意見は，修正第14条は合衆国内で出生しその管轄権の下にある者を合衆国市民としたものであり，ここでいう「管轄権の下にある」の文言は，外交官，領事官，及び外国の臣民ないしは市民を除くことを意味するとした[178]。

175　*Id.*, at 126.

176　*Id*.

177　*Id.*, at 129.

178　この「管轄権の下にある」の文言を巡っては，修正第14条制定以後，実務上いくつかの異なる運用がなされていた。III John Bassett Moore, A DIGEST OF INTER-NATIONAL LAW p278 et seq. (1906). 具体的に同書では，次の事例が引かれている。

　① 　1860年まで帰化しなかった父の子として1852年に Philadelphia で出生した子の市民権に関する事例。同事例で国務長官は，「管轄権の下にある」の文言を com-mon law の原則を確認したものと解し，同文言は治外法権を享受する外交官等を排除するもの，としている。

　② 　米国でザクセン国臣民の子として出生した子がザクセン国に父と共に行き，父がその後米国に帰化したあとで，その子がベルリンで米国旅券の発給を申請した事例。この事例で大使館は，申請者が一時的な米国での滞在においてザクセン国の臣民の子として出生し，両親の帰化の時及びそれ以後も合衆国に居住していないことから，この申請を拒否した。これに対して，国務長官は，この大使館の判断を承認している。

第7節　市民権に関する判例　**185**

Slaughter-House 判決以降，市民権保持者の定義について最高裁は，まず Elk v. Wilkins 事件[179]で判断した。

第2款　Elk v. Wilkins 事件

第1項　事案の概要

本件は，Indian 部族の構成員として合衆国で出生したが，その属するところであった部族との関係を一年以上有せず，完全に合衆国の管轄の下にあったと主張する原告が，修正第14条の下で同人は市民とされその特権または免除を享有するにもかかわらず，市議会議員選挙において選挙人としての登録を拒否された，として訴訟を提起したものである。

第2項　本件法廷意見

本件法廷意見は，原告が修正第14条第1節の意味での合衆国市民であるかどうかが問題であるとした上で，この点につき概要以下の通り判示し，原告の市民権の存在を認めず，その主張を退けた。

まず法廷意見は，Indian 部族は異なる政治的共同体を構成しており，その構成員は直接の忠誠（allegiance）をその部族に負っており，合衆国人民（people of the United States）の一部を構成するものとはされてこなかった[180]ということを指摘した。

次に法廷意見は，Indian 部族の構成員の地位は，合衆国の何らかの行為あ

---

③　スイス出身の未亡人の New York で出生したと推定される子が，スイスのベルンで旅券の発給を申請した事例。本件申請者の母である未亡人の以前の配偶者が米国市民であるかどうかは不明であったが，申請者の出生の4年後，同未亡人は米国市民として旅券の発給を受けて，スイスに継続的に居住し，申請者本人も申請時までスイスに居住していた。国務省は，成人し米国とスイスのいずれかの国籍を選択するまで，申請者はスイスに居住する米国市民と見なされ，米国の保護の下におかれ，旅券の発給も受けるものとする，とした。

④　1867年に米国に入国したドイツ臣民とスイス人女性との間の1868年の婚姻後に，1869年に米国で出生した子が，1870年に，米国に帰化せず，また，米国市民になる意思も示さなかった父であるドイツ臣民とともにドイツに行った事例。この事例について国務省は，この子は，米国で出生しているが，修正第14条等に照らして，米国市民とはされない，と判断した。

179　112 U. S. 94 (1884).

180　*Id.,* at 99.

186　第5章　再建期の合衆国における市民権と市民的権利

るいは同意なく，その意思により放棄されることはできず，Indian 部族の構成員は，条約により市民とされる，あるいは帰化するのでなくしては，合衆国市民とはなれない[181]とした。

　また法廷意見は，修正第14条は，完全に合衆国の政治的管轄権の下にあり，直接の忠誠を合衆国に負うことを求めており，出生の時にそうでない者は，帰化によるのでない限り，合衆国市民とはなれない[182]とした。そして，合衆国の領域で出生し，その忠誠をその属する部族に負う Indian は，修正第14条の意味での「合衆国で出生し，その管轄権の下にある」ということにならないのは，同条第2節の規定において，課税されない Indian が下院議員配分に際しての人口に含まれないとされていることからもいえる[183]と指摘した。なお法廷意見はこの指摘に併せて，Indian は，1866年市民的権利法[184]の合衆国市民権保持者に関する規定においても，そこから除かれている[185]ということも指摘した。

第3項　Harlan 裁判官の反対意見

　本件法廷意見に対しては，Harlan 裁判官が反対意見を述べた。

　まず同裁判官は，「課税されない Indian は除く」の文言について，原告が課税の対象とされていることは明らかであり，また，連邦憲法第1条第2節第3項[186]から，多くの州において，どの部族の構成員でもない，課税の対象とされる，州人民の一部を構成する Indian がいたことは，明らかであることを指摘した。そして同裁判官はこのような事情を前提として，「課税されないIndian を除く」の文言について，この文言は修正第14条においても採用され，そこでは課税対象とされる Indian は下院議員配分基数の人口に含まれると解されている[187]とした。

　次に同裁判官は1866年市民的権利法の規定について，同規定は，どの人種

181　*Id.,* at 100.

182　*Id.,* at 102.

183　*Id.*

184　14 Stat. 27; Rev. Stat. 1992.

185　112 U. S. 94, 103.

186　判決原文における条文の引用は，"clause of article 1, section 3"となっているが，前後関係からして，本文記載の条文のことを意味していると思われる。*Id.,* at 112.

187　*Id.*

に属する者であっても，合衆国領域内で出生し外国の管轄権の下にない者には連邦市民権を与えるというものであり，これによって，各州に居住し，課税の対象とされる Indian は，出生の時にはある部族に属していたとしても，合衆国市民とされる[188]と主張した。さらに同裁判官はこの点に関連して，1866 年市民的権利法の制定過程をみても，同法は，部族関係を有せず，連邦の管轄権の下で，州あるいは属領の住民となった Indian に連邦市民権を付与することを意図していたといえ，この考えは修正第 14 条においても放棄されたとは思われない[189]としている。なお同裁判官は，修正第 14 条が，その出生の時に完全に合衆国の管轄権の下にある Indian にのみ合衆国市民権を認めることとした，とする理解を正当化するものはない[190]ということも指摘している。

第3款　United States v. Wong Kim Ark 事件

第1項　事案の概要

最高裁は市民権に関する問題について，次に United States v. Wong Kim Ark 事件[191]で扱った。本件は，米国に Domicile を有する中国系中国臣民の子として米国で出生した者が，中国人排除法に基づき米国への帰来を拒否されたことに対して訴訟を提起したものである。

第2項　法廷意見

本件法廷意見は以下の通り判示し，原告の市民権の保有を承認した[192・193]。

---

188 *Id*.

189 *Id.*, at 114.

190 *Id.*, at 117.

191 169 U. S. 649 (1898).

192 本件法定意見は，Slaughter-House 事件と Elk v. Wilkins 事件について，それぞれ本件とは無関係であるとしている。*Id.*, at 678, 682.

193 なお本件では，Fuller 裁判官が反対意見を述べた。

　　同裁判官はまず，合衆国で出生した者は当然に連邦政府の領域的管轄権の下にあるのであるから，1866 年市民的権利法の「外国の管轄権の下にない者」の文言は，そのような状況においても外国の管轄権の下にある者を意味しているはずであるとし，合衆国で出生した者で，いかなる外国にも忠誠（allegiance）を負わない者が市民であるとするのがこの文言の趣旨であるとした（*Id.*, at 720.）。

　　さらに同裁判官は，この文言は外交使節あるいは敵軍による占領下で出生した子を

188 第5章 再建期の合衆国における市民権と市民的権利

第一に法廷意見は，本件で問題となる修正第14条の市民権の定義は，憲法の制定者がそれに従った common law の用語法に従って解釈されるべきとし，これによれば，外国の大使の子と敵軍による領域占領下で出生した当該敵軍国人の子を除いては，その親が外国人であるかどうかにかかわらず，国の領域内で出生した者は，それにより，生来的臣民とされている[194]とした[195]。

次に法廷意見は，国際法上子の国籍は親の国籍に従うとする学説について検討し，修正第14条制定当時に，出生地に基づく市民権の付与という古くからの基準と異なる文明国に承認された一般原則があったとは思われない[196]とした。またこれに関連して法廷意見は，すべての独立した国家が，その憲法あるいは法律の定めるところに従い，市民権保有者を決定することは国家の固有の権利であるということには疑義がない[197]とした。

さらに法廷意見は，修正第14条の文言及び制定時の歴史状況からして，本条の市民権の定義は，市民権に関する新たな制限を加えること，あるいは，合衆国内での出生により従前であれば市民権を取得していた者についてそれを制限することを，意図したものではない[198]とした。

また法廷意見は，これまでに制定されてきた帰化法においては，合衆国内に居住している外国人は「合衆国の管轄権の下にある」者として扱われ，国外に居住する合衆国市民は「合衆国の管轄権の外にある」者として扱われてきた[199]ということを指摘し，さらに，修正第14条の市民の定義が他国の市民あるいは臣民から合衆国で出生した者は除くものと解すると，従前市民として扱われてきたヨーロッパ各国の国籍を有する親から出生した多くの者の

　　除くことを意味すると解されているが，これらの者はそもそも治外法権（extra-ter-ritoriality）あるいはそれに類する状況にあるのであるから，この文言が規定されていてもいなくても結論は変わらないはずであり，このことから，この文言は，これ以外の者を指しているとしなくてはならず，従って単に地理的に合衆国で出生したにすぎない外国人の子を排除するために挿入されたと考えなくてはならない，とした（*Id.,* at 721）。

194 *Id.,* at 657.

195 なお法廷意見は，この common law の原則は，英国統治時代から独立後を通じて，合衆国においても適用されているとしている。*Id.,* at 658.

196 *Id.,* at 667.

197 *Id.,* at 668.

198 *Id.,* at 676.

199 *Id.,* at 687.

市民権保有を否定することになる[200]、という点も併せて指摘した。

　以上の他に法廷意見は、1866年市民的権利法並びに修正第14条の制定過程を検討しても、中国臣民から出生した子は合衆国市民となると解されていたと理解できる[201]とし、さらに、議会の制定した中国人排除法は、修正第14条の意義を変更するものではなく、むしろ同法は修正第14条の意義に沿って解釈されなくてはならず[202]、また、出生により取得される市民権は、憲法の定める条件の下での出生によって取得されるものであり、議会による「帰化」[203]は要しない[204]とした。なおこの点に関連して法廷意見は　修正第14条は連邦議会の帰化に関する権限を変更するものではないが、同時に、憲法により承認された市民権に関する出生の効果を制限する権限を与えるものでもない[205]としている。

第8節　市民権に付随する権利に関する判例

第1款　Slaughter-House 事件の法廷意見の立場

　連邦最高裁は Slaughter-House 判決において、修正第14条は連邦市民権に付随する特権または免除を保障するのみであるとし、さらに連邦市民権に付随する権利とは、その存在が連邦政府の国家的性格に由来するもの、あるいは連邦憲法または連邦法に由来するものであると判示した。

　1908年に連邦最高裁が、Twining v. NewJersey 判決[206]でこの立場を再確認するまでに、多くの事件においてこの特権または免除の侵害が主張された[207]。また、この時期に最高裁は、「特権または免除」の文言には言及してい

200　*Id.*, at 694.

201　*Id.*, at 697.

202　*Id.*, at 699.

203　裁判所は、ここでいう帰化に、外国人が市民権を取得する手続のみならず、領土の併合や、外国で出生した合衆国市民の子に対しての市民権の付与も含めて解している。*Id.*, at 703.

204　*Id.*, at 702.

205　*Id.*, at 703.

206　211 U. S. 78, 96 (1908).

207　Charles Wallace Collins によれば、1872年から1910年までに604件の事件において修正第14条に基づく主張がなされ、それらのうち、40件において特権または免除

190 第5章 再建期の合衆国における市民権と市民的権利

ないが，いくつかの連邦市民権に付随する市民的権利についての判決を下している。

　そこで以下では修正第14条の「特権または免除」にかかわる判例と，それ以外の連邦市民権に付随する市民的権利に関する判例のそれぞれについてみていくことにする。

第2款　修正第14条の特権または免除

第1項　修正第14条の定める特権・免除への該当性

　この時期に修正第14条の特権または免除に該当するとして，連邦市民権に付随する権利を認めた判例はなく，逆に多くの事例で連邦市民権に付随する権利に基づくとする主張が否定された。そのいくつかにおいては，連邦市民権に付随する権利に対しての最高裁の考え方が示されている[208]。

　　に基づく主張がなされたとされている。Charles Wallace Collins, THE FOUR-
　　TEENTH AMENDMENT AND THE STATES, 183 (Appendix C) (Da Capo Pr.
　　1974) (1912).

　　　また，Colgate v. Harvey (296 U.S. 404 (1935)) 事件における Stonc 裁判官の反対意
　　見によれば，同事件までに少なくとも44件の事件において，特権または免除の侵害が
　　主張され，それらのいずれもが認められなかった，とされている。

208　本文であげたものの他に合衆国市民権に付随する特権または免除と主張され，否
　　定された例に関して cf. Lester S. Jayson et at., THE CONSTITUTION OF THE
　　UNITED STATES OF AMERICA ANALYSIS AND INTERPRETATION, 1309
　　(GPO 1973). このなかでは，1873年から1971年までの事例が引かれており，以下の
　　法律が，合衆国市民の特権または免除を侵害すると主張され，否定されたとされてい
　　る。

　　• 炭坑での労働時間を規制する法律
　　• 州外での労働のための雇用に対して課税する法律
　　• 免許を取得した炭坑管理者の雇用のみを認め，また炭坑保有者に労働者のための安
　　　全区域を設置することを求めた法律
　　• 公務に関し，合衆国市民のみの雇用を認め，また採用に関して当該州市民を優遇す
　　　る法律
　　• 共労者の過失により生じた傷害について鉄道会社の責任を認め，寄与過失の抗弁を
　　　否定した法律
　　• 州間での電報配達における過失損害に免責条件を付けることを禁止する法律
　　• 他州の住民に対し他州の土地抵当により担保される債券の保有に対して課税する法
　　　律
　　• 死刑の方法を規定する法律

第8節　市民権に付随する権利に関する判例　**191**

第2項　Bradwell v. Illinois 判決

Slaughter-House 判決後連邦最高裁はまず，Bradwell v. Illinois 判決[209]を下した。同事件は，合衆国市民であり Illinois 州市民でもある既婚の女性が，弁護

- 選挙人登録について当該州の住民となり，あるいは市民となる旨を宣誓することを求める法律
- 夫の死亡の際に，当該州市民でなかった妻の土地に対する相続を制限する法律
- common law による裁判において陪審による裁判を受ける権利を制限する法律
- 州政府の許可なしに武器を所持してパレードをすることを禁止する法律
- その団体の会則と構成員名簿が無届けであることを知りながら，宣誓に基づいて形成された団体に加盟し，構成員となることを処罰する法律
- 刑事裁判において州の上訴を認める法律
- 人頭税（poll tax）の納付を投票の前提条件とする法律
- 他州にある預金に対して課税する法律
- 政党の新設並びに立候補者の指名の申請に条件を付加する法律
- 相互主義にもとづき，州内あるいは州外にいる証人の刑事裁判における出廷を確保する法律
- 地方公共団体におけるレファレンダムで多数を獲得することなしには州の政府によって低家賃の公給住宅は建設できないと解釈される州憲法の規定

　また，上述の記述と若干重なるが，連邦憲法の最初の八修正条項との関係では，以下の権利が，合衆国市民の特権または免除として主張され，否定されたとされている。

- 修正第2条で保障される武器を保有する権利
- 修正第5条で保障される大陪審によらなければ，死刑ないしは破廉恥罪の責を負わない権利
- 修正第5条で保障される自己に不利益な供述を強制されない権利
- 修正第6条で保障される証人との対審を求める権利
- 修正第6条で保障される刑事事件において陪審による裁判を受ける権利
- 修正第7条によって保障される common law による裁判において陪審による審理を受ける権利

Pendleton Howard, *The Privileges and Immunities of the Federal Citizenship and Colgate v. Harvey*, 87 UNIV. PENN. L. REV. 262, 270 (1939).

　なお，この点に関して，cf. Colgate v. Harvey 296 U. S. 404 (footnote 2 of the dissenting opinion of Justice Stone) (1935) ; Hague v. C. I. O. 307 U. S. 496 (footnote 1 of dissenting opinion of Justice Stone) (1939).

　また同様の点に関する文献として Kenneth R. Thomas and Larry M. Eig ed., THE CONSTITUTION OF THE UNITED STATES ANALYSIS AND INTERPRETATION, 1819 (GPO 2014).

209　83 U. S. (16 Wall.) 130 (1872). なお，同様の事例として cf. ex. In re Lockwood 154 U. S. 116 (1894).

192 第5章 再建期の合衆国における市民権と市民的権利

士としての活動のために州の裁判所に登録することを拒否されたことに対して訴訟を提起したものである。

本件において連邦最高裁は，一般的に連邦市民権に付随する特権または免除が存在し，それらを州が侵害することは許されないということは認めつつも，州裁判所で弁護士活動するための登録に関する規制を行うことは，連邦政府の保護の下にあることではなく，従って連邦市民権を保有していることとは無関係であるとして，原告の主張を退けた[210・211]。

第3項　Bartemeyer v. Iowa 事件

これに続いて 1873 年に最高裁は Bartemeyer v. Iowa 事件[212]を扱った。本件では酒類の販売を禁じる州法が合衆国市民の特権または免除を侵害するかが問題とされた。

最高裁はまず，本件で問題とされている州法は修正第 14 条が成立する以前から存在していたものであり，修正第 14 条が成立して以来，上訴人の特権または免除が新たな州法によって侵害されたという事実はない[213]ということを指摘した。また最高裁は，修正第 14 条が，従前有していた以外の特権または免除を上訴人に与えたとしない限り，上訴人の主張は成立しない[214]とし，ところが，修正第 14 条のもっともリベラルな理解においても，同条は，州法に基づいて従前より存在していた特権または免除が，連邦により保障されることになったということを意味すると解されているだけである[215]とした。そして法廷意見は，酒類を販売する権利が仮に存在するとしても，それは合衆国市民権に付随するものとは考えられない[216]として，最終的に修正第

---

210 *Id.,* at 139. ただし最高裁は，連邦裁判所における活動のための法曹としての登録に関する事項は，連邦の権限であるとしている。

211 本件においては Bradley 裁判官が，既婚女性はその男性配偶者から独立して法的地位を認められることはなく，女性の特別な特質，運命，役割を踏まえ，どのような職業等が男性によって占められ，その職責が果たされるべきかは州の立法権限の範疇にある，とする同意意見を述べている。*Id.,* at 141, 142.

212 85 U. S. (18 Wall.) 129 (1873). なお，同様の事例として，cf. ex. Crowley v. Christensen, 137 U. S. 86 (1890).

213 *Id.,* at 132.

214 *Id.*

215 *Id.*

14 条の保障する特権または免除は，同条により新たに付与されたものではないことを確認した[217]。

第4項　Minor v. Happersett 事件

　1874 年に連邦最高裁は Minor v. Happersett 事件[218]で，選挙権と特権または免除の関係について扱った。同事件は，Missouri 州市民でもある，合衆国で出生した白人女性合衆国市民が，大統領選挙，連邦議会選挙を含む統一選挙（general election）において投票するために有権者登録をしようとしたところ，同人が男性合衆国市民でないことを理由に拒否されたことに対して訴訟を提起したものであった。

　本件において，連邦最高裁は，連邦市民権と common law との関係を検討した上で，女性が修正第 14 条成立以前から common law によってすでに合衆国市民権とされていたことを認め，性別が合衆国市民権であることとは関係ないことを確認した[219]。

216　*Id*.

217　本件には，Bradley 裁判官と Field 裁判官の同意意見がつけられた。
　　　Bradley 裁判官は，修正第 14 条の「いかなる州も合衆国市民の特権または免除を侵害する法律を制定ないしは施行してはならない。」という文言により，（幸福追求の権利を含む）生命，自由，財産に対する権利が神聖なものであり，連邦もしくは州の抑圧的立法に対抗するためのものとして，それらが市民に保障されることが国家の基本法とされたと指摘した（*Id*., at 135）。
　　　Field 裁判官は，Slaughter-House 事件における反対意見の補足として，以下の点を指摘した（*Id*., at 137）。
　　　まず同裁判官は，同事件の反対意見で，修正第 14 条は，州の管轄権限を縮減したのではなく，連邦憲法が保障しようとしている市民の正当な権利を州が規制することは許されないとしたのであると指摘した。そしてこれに続けて同裁判官は，修正第 14 条の意義について次のことを述べている。
　　　第一に同裁判官は，修正第 14 条はすべての合衆国市民に共通の権利の保護のための連邦政府の立法を正当化し，奴隷制から解放された人種に属する者のための立法に対する批判をなくすことを意図したものであったとした。
　　　第二に同裁判官は，修正第 14 条はその法意を実現するために，連邦市民権（National citizenship）を確認し，すべての自由な政府の市民が享有する基本的権利である特権または免除の存在について宣言したものであるとした。

218　88 U. S. (21 Wall.) 162 (1874).

219　*Id*., at 165, 167, 170.

194　第5章　再建期の合衆国における市民権と市民的権利

しかしながら，同時に最高裁は，第一に修正第14条は新しい特権または免除を作り出したものではない[220]と述べ，第二に修正第14条第2節は男性市民のみを有権者とすることを前提としている[221]ということを指摘し，第三に修正第15条が制定されたということは，修正第14条の特権または免除には選挙権が含まれないと理解されていたと思われる[222]とし，第四に連邦憲法上の，連邦が各州の共和政体を保障するという条項[223]は，女性が有権者とされていないことにより，満足させられていないとはいえない[224]と指摘して，結果として訴えを退けた[225]。

第5項　Maxwell v. Dow 事件

1900年に Maxwell v. Dow 事件[226]において，最高裁は，州法上の犯罪につき州裁判所において陪審による裁判を受けることと，破廉恥罪についての事件において大陪審によらない裁判にかけられないことは合衆国市民の特権または免除に当たらないと判断した[227]。

本判決において最高裁はまず，連邦憲法修正第5条，第6条，第7条で保障される権利は，合衆国市民であることに基づいて享有される権利ではなく，すべての者が，市民であるかどうかにかかわらず，連邦政府に対して享有する権利であるので，これらは合衆国市民の特権または免除に当たらない[228]とした。そしてさらに最高裁は，合衆国市民の特権または免除は，連邦政府に対抗するためのものとして連邦憲法の最初の八修正条項で保障される権利のすべてを，必ずしも包含するものではない[229]と判示した[230]。

220　*Id.,* at 171.

221　*Id.,* at 174.

222　*Id.,* at 175.

223　U.S. Const. Art. IV, § 4.

224　88 U.S. 162, 176.

225　この他に最高裁は，有権者資格の決定は，連邦議会による立法があるまでは，州の管轄権の下にあるということを確認している。*Id.,* at 170, 178.

226　176 U.S. 581 (1900).

227　*Id.,* at 594.

228　*Id.,* at 595.

229　*Id.,* at 597.

230　本件には，連邦憲法の最初の八つの修正条項の保障する特権・免除は合衆国市民の享有するものであり（*Id.,* at 608），連邦憲法修正第6条の保障する刑事事件において

第6項　Twining v. NewJersey 事件

連邦最高裁は，1908 年に Twining v. NewJersey 事件[231]を扱った。合衆国市民である本件被上訴人は，修正第 14 条の保障する合衆国市民権に付随する特権または免除を享有し，それには連邦憲法の最初の八修正条項で保障される権利が含まれ，従って連邦憲法修正第 5 条の保障する自己負罪免責特権が含まれると主張した。

本件法廷意見はこの主張に対して概要以下の通り判示した。

まず法廷意見は，連邦市民権と州市民権の区別と，それらそれぞれに付随する特権があることは，すでに確定された事項である[232]ということを指摘した。そして自由な政府の下に居住するすべての者の享有する基本的権利であり，立法権あるいは司法権による侵害が許されないものとされる，強制的な自己負罪からの免除は，州の行為に関する場合には，州市民権に付随する基本的権利，特権または免除である[233]とした。

また法廷意見は合衆国市民の特権または免除について，これらは連邦政府の国家的性質（nature and essential character of the National Government）から認められる，あるいは連邦憲法により市民もしくは個人（citizens or persons）に認められる権利のことである[234]と説明した。またその具体例として，合衆国市民権に付随する権利として最高裁が認めた権利には，諸州間を自由に往来する権利[235]，苦痛の救済のために連邦議会に請願すること[236]，連邦政府職員選出のために投票すること[237]，公用地に立ち入ること[238]，連邦警察の法的手続に基づく勾留にあるときに暴行からの保護を受けること[239]，違法な行為

大陪審による裁判を受ける権利は，修正第 14 条を通じて州に対しても保障される（Id., at 612），とする Harlan 裁判官の反対意見がある。

231　211 U. S. 78 (1908).

232　Id., at 96.

233　Id., at 97.

234　Id.

235　citing Crandall v. Nevada, 73 U. S. 35 (1867).

236　citing States v. Cruikshank, 92 U. S. 542 (1875).

237　citing Ex parte Yarbrough, 110 U. S. 651 (1884) ; Wiley v. Sinkler, 179 U. S. 58 (1900).

238　citing United States v. Waddell, 112 U. S. 76 (1884).

239　citing Logan v. United States 144 U. S. 263 (1892).

196　第5章　再建期の合衆国における市民権と市民的権利

を連邦官憲に対して告発すること[240]，がある[241]とした。

　また法廷意見は，連邦憲法の最初の八修正条項で保障される権利は，修正第14条の合衆国市民の特権または免除には当たらず，従って自己負罪免責特権も，州の侵害に対して保障されるそれには当たらない[242]とした。

　なお，本法廷意見に対してHarlan裁判官は，次の反対意見を示した[243]。

　同裁判官はまず，common lawに由来するオリジナルの憲法に対してなされた修正条項で保障される特権または免除[244]は，修正第14条によって連邦あるいは州にかかわらず，あらゆる政府の侵害に対して合衆国市民に保障されることとされた[245]と主張した。次に同裁判官は，州による侵害に対して，修正第14条により合衆国市民に保障される特権または免除が何であるにしても，それには修正第5条規定の自己負罪免責特権が含まれる[246]とした。

第3款　連邦市民権に基づく市民的権利に関する判例

第1項　Slaughter-House事件の法廷意見

　先述の通りSlaughter-House事件で最高裁は，合衆国市民の特権または免除の属性として，その存在が連邦政府に由来するもの，あるいは連邦政府の国家的性格（National character），またはその憲法ないしは法律に由来するもの，ということをあげている。

　以下の判決において連邦最高裁は，修正第14条の「合衆国市民の特権または免除」の文言にふれてはいないが，連邦市民権に付随する権利を認めた[247]。

240　citing In re Quarles, 158 U. S. 532. (1895).

241　211 U. S. 78, 97.

242　*Id.,* at 99.

243　Harlan裁判官は，これに続いて，さらに，修正第14条により，言論の自由（修正第1条），残虐で異常な刑罰からの免除（修正第8条），二重の危険の禁止（修正第5条），不合理な逮捕・捜索・押収の禁止（修正第4条）なども，合衆国市民の免除として，州による侵害が禁じられるものである，としている。*Id.,* at 124.

244　*Id.,* at 122. ここで，Harlan裁判官は，'privileges and immunities mentioned in the original Amendments'という文言を使っている。前後関係からして，この文言は，連邦憲法の最初の八修正条項で保障される権利のことと思われる。

245　*Id.*

246　*Id.,* at 123.

247　なお，ここであげる判例以外に，1948年に最高裁は，外国人の子である合衆国市民の土地所有権の有無が問題とされたOyama v. California判決（332 U. S. 633）で，土地

第8節 市民権に付随する権利に関する判例 **197**

なお，第3項で見る United States v. Cruikshank 事件以降の事件においては，最高裁は主に1870年執行法第6条[248]との関係で，連邦市民権に付随する権利の意義を検討している。同条は，合衆国憲法あるいは連邦法上保障される権利及び特権の，市民による自由な行使または享有の阻止を意図して謀議し，あるいはそれを実行した者を処罰する規定であった。

第2項 Crandall v. Nevada 事件

Slaughter-House 事件より前であるが，連邦最高裁は Crandall v. Nevada 事件[249]を扱った。本件では，州から列車等により出立する者それぞれに対してNevada 州の付加した税金が，連邦憲法違反となるかが問題とされた。

最高裁は，合衆国人民は一体として国民を構成しており，それに基づいて，政府に請願するために首府に来ること，政府と事業取引をすること，政府の保護を求めること，公務員になること，公務を執行すること，海外との貿易

を保有する権利を合衆国市民の権利としている。*Id.,* at 646.

248 16 Stat. 140, 141 (1870). re-enacted in, R. S. 5508. 本条は，「二人もしくはそれ以上の者が，合衆国憲法あるいは連邦法によって保障された権利あるいは特権を市民が自由に行使ないしは享有することを妨げるために，もしくはそれらを行使ないしは享有したことを理由として，危害を加える，強制する，脅迫する，あるいは恫喝することを意図して，謀議あるいは団結（band）し，または変装して公道もしくは他人の土地に立ち入った場合」の処罰について定めている。Revised Statutes の条文においては，その趣旨はほぼ同様であるが，「団結する」の語が削除されるなど，若干用語が変更されている。

　なお，最高裁判例によれば，本条にいう「市民」とは，1870年執行法の名称が，"An Act to enforce the Rights of Citizens of the United States to Vote in the several States of this Union, and for other Purposes"であることからもわかるように，合衆国もしくは州の市民として権利あるいは特権を有する者のことを意味するとされた。Baldwin v. Franks 120 U. S. 678, 690 (1887). この事件では，合法的に米国に居住している中国人を暴力を持って排除することを謀議したことで起訴された者に対しての人身保護令状の発給が問題とされ，最高裁は，先述のように，「市民」の文言を厳格に解し，本条の市民に中国人は当たらないとした。

　ただしこれに対しては，Harlan 裁判官の本条の適用に際しては，被害者が「市民」であるかどうかは問題ではない，とする反対意見があった。*Id.,* at 698.

249 73 U. S. 35 (1867). 本件は Slaughter-House 判決で，法廷意見が合衆国市民の特権または免除を例示した際に，引用されている。Slaughter-House Cases 83 U. S. 36, 79 (1872).

198　第5章　再建期の合衆国における市民権と市民的権利

の行われる港湾を利用すること，各州にある財務省支局，国有地管理局，裁
判所に行くことの諸権利が保障されると判示した[250]。

第3項　United States v. Cruikshank 事件

1875 年に最高裁は，United States v. Cruikshank 事件[251]を扱った。

本件では，アフリカ系合衆国市民に危害を加える目的で会合を持ったこと
に対して 1870 年執行法第 6 条に基づいてなされた起訴の有効性が問題とさ
れた。法廷意見は本条の定める謀議（conspiring）及び団結（banding）の概念
に関連し，集会する権利について以下の通り述べ，連邦議会に対して請願す
るために平穏のうちに集会する権利を認めた[252]。

まず法廷意見は，市民とはその属する政治的共同体（political community）
の構成員であり，自らの一般的福利（General welfare）と個人的あるいは集団
的権利の保障のために，その政治的共同体を設立し，その統治権に服従する
者である[253]とした。

次に法廷意見は，合衆国の人々は，自らの一般的福利を十分に保障するた
めに「より完全な連邦を形成し」[254]連邦政府を構成したことを確認しながら
も，連邦政府が限られた権限のみを有しているとし，連邦政府はその市民に
対して明示的あるいは解釈によりその権限範囲にあると認められるものでな
い市民の権利あるいは特権を付与しまたは保護することは認められないとし
た[255]。

以上を前提としてまず法廷意見は，合法的な目的のために平穏のうちに集
会をする権利は連邦憲法制定以前から存在しており，それは連邦憲法によっ
て与えられたものではなく，また，連邦議会にその権利の保障に関しての権
限も与えられていないので，それは州の権限の下にあるとした。しかしなが
ら法廷意見は，当該権利の保障が，連邦政府の一般的権限の範囲内にある場
合には，連邦議会にその保障が委託されている[256]とした。

250　73 U. S. 35, 43.

251　92 U. S. 542（1875）.

252　U. S. v. Cruikshank 判決が，連邦議会に対して請願するために平穏のうちに集会す
　　る権利を認めたことを確認した判例として，Hague v. C. I. O. 307 U. S. 496, 512（1939）.

253　92 U. S. 542, 549.

254　ここで法廷意見は合衆国憲法の前文を引用している。*Id*.

255　*Id*., at 550.

第8節 市民権に付随する権利に関する判例　**199**

　最終的に法廷意見は，本件で主張された集会する権利について，苦痛の救済のためにもしくはそれ以外の連邦政府の権限あるいは責務に関して連邦議会に請願するために平穏のうちに人々が集会する権利は，国家の市民権（national citizenship）に付随する権利であり，合衆国の保障の下にあるとした。また法廷意見は，この政府が共和政体をとっているということは，公のことに関し，また苦痛の救済に関し相談するためにその市民が平穏のうちに集会を行う権利を有することを意味する[257]とした。

第4項　Strauder v. West Virginia 事件

　1880年に最高裁は，Strauder v. West Virginia 事件を扱った[258]。
本件においては有色人種に属し過去に奴隷であった，殺人の罪で訴追されている有色人種の原告が，21歳以上の男性白人市民のみで陪審が構成されるとする West Virginia 州の法律に関し，当該法律に基づいて構成される陪審によっては，白人合衆国市民と同様の裁判手続きを受け，あるいは合衆国市民として保障される裁判を受ける権利を享有できない，と主張した[259]。最高裁は，本件で扱われるべき問題は，刑事訴追を受けた者は，その属する人種等に対する差別なく，公平に選出された陪審員から構成される陪審による裁判を受ける権利を，合衆国憲法もしくは連邦法に基づいて保有しているか，ということと，そのような権利が保障されるとするならば，それが侵害されたことを理由に当該刑事訴追に関する裁判を連邦裁判所に移送することを求められるか，であるとした[260]。

　これらのうち前者の問題に関し最高裁は，この問題は，刑事訴追を受けた者が属する人種もしくは皮膚の色に属する者から構成される陪審により裁判を受ける権利が保障されているか否かではなく，法によって訴追を受けた者が属する人種等から陪審員が選出されないとされている制度が認められるかであるとした[261]。その上で最高裁は，人種等の差別なく選出された陪審によ

256　*Id.*

257　*Id.,* at 552.

258　100 U. S. 303（1879）.

259　*Id.,* at 304.

260　*Id.,* at 305.

261　*Id.*

る裁判を受ける権利が修正第14条もしくは連邦法によって保障されるかどうかを検討する必要があるとして次の点を述べた。

まず最高裁は，修正第14条は奴隷から解放された人種に属する者に対して，白人が享有しているのと同等の市民的権利（civil rights）を保障することを意図して規定されたものであり，当該規定は単に有色人種に属する者に市民権と市民に求められる特権を与えただけではなく，その享有を州が侵害することを禁じ，さらに連邦議会に当該規定を執行する権限を与えた，とした[262]。そして最高裁は，修正第14条の規定は，有色人種の者を市民社会において劣位におくことを意図して制定された法による差別等の，有色人種の者に対抗するような法による差別からまぬがれることに対する権利を保障しているとした[263]。

その上で具体的に最高裁は，有色人種を陪審員の選択から除外する West Virginia 州の法は，人種等による差別的な陪審員の選択を禁じる修正第14条の規定に反するとし[264]当該裁判を連邦裁判所に移送するとした[265]。

第5項　Ex Parte Yarbrough 事件

1884年に最高裁は Ex Parte Yarbrough 事件[266]を扱った。

本件においては，連邦議会議員選挙におけるアフリカ系合衆国市民の投票の妨害をすることについて謀議したことを理由に処罰された者たちに対する，人身保護令状の発行の是非が問題とされた。

本件法廷意見は，これらの処罰の根拠規定[267]の合憲性を示すのに当たり，まず，修正第15条は投票権が連邦政府にとって重要な関心事項であり，州の

---

262 *Id.*, at 306.

263 *Id.*, at 307.

264 *Id.*, at 309. ただしここで最高裁は，男性であること，自由な土地保有者であること，市民であること，一定の年齢の者であること，一定の教育を受けた者であること，等の基準によって州が陪審員となる基準を設けることを修正第14条は禁じてはいない，と判示している。*Id.*, at 310.

265 *Id.*, at 312.

266 110 U. S. 651 (1884).

267 R. S. 5508, R. S. 5520. 前者の条文はすでにみた通りである。後者の規定は，法により投票権が与えられている者に対してその行使を暴力等によって妨げた者を処罰する規定であった。

第8節 市民権に付随する権利に関する判例 **201**

専属的管轄の下におかれるべきとはされていないとした[268]。そして法廷意見は，同条が投票権を付与するものでないことは認めつつも[269]，人種，皮膚の色，あるいは従前奴隷であったことを理由に選挙権の行使において差別されない権利[270]を保障することは，有色人種に属する市民についてのみならず，その他の市民についても連邦議会の権限に属するとした[271]。

第6項　U.S. v. Waddell 事件

1884 年に最高裁は U.S. v. Waddell 事件[272]を扱った。

本件では，連邦法上認められる合衆国市民の植民する権利[273]の自由な行使及びその享有を妨げた者の処罰[274]が問題とされた。本件法廷意見は，植民する権利が連邦憲法第 4 条第 3 節第 2 項に基づいて連邦議会により制定された法律に基づく権利であるとし，それを保護する連邦議会の権限を認めた[275]。

第7項　Logan v. United States 事件

1892 年に最高裁は Logan v. United States 事件[276]を扱った。

本件では，連邦裁判所における裁判のために勾留されている合衆国市民の

268　110 U. S. 651, 664.

269　*Id.*, at 665.

270　ここで法廷意見は United States v. Reese 判決（92 U. S. 214（1875））を引用している。この判決では，アフリカ系合衆国市民の投票を拒んだ選挙管理者の処罰に関する，1870 年執行法第 3 条及び第 4 条（16 Stat. 140（1870））が問題とされた。最高裁は，これらの条文が立法としては不適切であるとした（92 U. S. 214, 222）。その判断の過程で，法廷意見は，修正第 15 条について，同条は，いかなる者にも投票権を与えたものではなく，州あるいは連邦は，投票権に関し，人種，皮膚の色，あるいは従前奴隷であったことに基づいて，ある合衆国市民をその他の合衆国市民に対して優遇してはならない，としたものである（*Id.*, at 217）としている。

271　110 U. S. 651, 665. この点について最高裁は後に U. S. v. Classic 判決（313 U. S. 299（1941））で，（連邦議会下院議員を）選出する権利は，憲法による制限などがあるとしても，連邦憲法により設定され，保障される権利であり，当該権利の行使を認められるそれぞれの州の市民と住民に保障されるとした。

272　112 U. S. 76（1884）.

273　R. S. 2289.

274　R. S. 5508.

275　112 U. S. 76, 79.

276　144 U. S. 263（1892）.本件でも，R. S. 5508 の適用が問題とされた。

殺害を謀議・実行した者の処罰が問題とされた。

本件法廷意見はまず，合衆国に対する犯罪の訴追のために合法的に合衆国官憲に勾留されている合衆国市民が非合法な暴力から保護される権利は，連邦憲法もしくは連邦法上保障される権利か，それとも州法上保障される権利にすぎないのか，ということが問題であるとした[277]。そして法廷意見は，この権利は，憲法の修正条項に基づくものではないが，憲法が連邦政府を設立したことにより認められるものであるとした。またこれに続けて法廷意見は，政府はすべての犯罪を訴追・処罰する権限を有し，そのために被疑者を逮捕し裁判まで安全に保護する権限を有しており，このことからそれらの逮捕・勾留されている者を非合法な暴力から保護する権限と責務がある[278]とした。

なお法廷意見は，連邦には裁判遂行の過程で勾留されているすべての者を非合法の暴力から保護する責務があると再言し，さらに，この責務と相関関係にある保護をうける権利は，自己防衛の手段を有していない犯罪の訴追により勾留されている者に認められる[279]とした。

最終的に法廷意見は，連邦法上の権利として非合法な暴力から保護される権利を認めた。

第8項　In re Quarles and Butler 事件

1895年に連邦最高裁は，In re Quarles and Butler 事件[280]において，連邦憲法の修正条項によるものではないが，連邦憲法が連邦政府を設立したことから認められる権利として，連邦法違反を合衆国官憲に通報することと，それをした市民が暴力からの庇護を受けることは，すべての合衆国市民の権利であるとした。

第9項　Motes v. United States 事件

1900年に最高裁は，Motes v. United States 事件[281]を扱った。

277　*Id.*, at 282.
278　*Id.*, at 294.
279　*Id.*, at 295.
280　158 U. S. 532 (1895). 本件でも R. S. 5508 の適用が問題とされた。
281　178 U. S. 458 (1900). 本件でも R. S. 5508 の適用が問題とされた。

本件において最高裁は，連邦憲法と連邦法により与えられる庇護を享有することの代償として市民は，それらの法の執行を支援するために，適切な合衆国官憲に法律違反を通報する特権と権利を享有する[282]とした。また最高裁は，これらの権利と特権は，連邦憲法と連邦法によって保障されるものであり，連邦議会はこれらの権利・特権を行使した市民に危害を加えることを謀議することが連邦に対する侵害であるとする権限がある[283]とした。

第10項　Crutcher v. Commonwealth of Kentucky 事件

なおここまで見てきた 1870 年執行法第 6 条に関係する判決の他に，1891 年最高裁は，州際通商に従事する会社に免許税を課す Kentucky 州法が問題となった Crutcher v. Commonwealth of Kentucky 事件[284]で，州際通商に従事することは州により与えられた特権ではなく，連邦憲法もしくは連邦法によりすべての合衆国市民に認められた権利である[285]，と判示している。

第9節　小　　結

1861 年の南北戦争開始から始まった合衆国市民権及び合衆国市民の特権または免除に関する一連の議論は，1898 年の Wong Kim Ark 判決と 1908 年の Twining v. New Jersey 判決で一応の終結をみた。

前者の判決において最高裁は，修正第 14 条で定義された連邦市民権の行方，すなわち，誰が合衆国市民であるかにつき，その重要な一部である生来的市民権の取得に関する最高裁の考え方を明らかにした。

また後者の判決までの一連の判決により最高裁は，同じく修正第 14 条の定めるところである合衆国市民の特権または免除に関し，最高裁の考え方を明らかにした。

以下，市民権と市民的権利のそれぞれに関し，本章の議論を整理する。

282　*Id.,* at 462.

283　*Id.,* at 463.

284　141 U. S. 47（1891）.

285　*Id.,* at 57.

204 第5章 再建期の合衆国における市民権と市民的権利

第1款 市民権に関する議論

第1項 出生による市民権の取得

修正第14条第1節の定義によれば，合衆国内で出生し，または帰化し，その管轄権に服する者が合衆国市民である，とされる。そして，合衆国市民とされた者は，連邦に加盟する州における居住によって当該州の市民となることができるとされている。

本条のこの部分の文言の適用に関し裁判所においては，先に見た通り，特に出生による市民権の取得が問題となった。具体的には，合衆国で出生した外国人の子が出生により合衆国市民権を取得するのか，ということであった。

この点に関して，最高裁は，当初 Slaughter-House 判決では，それらの者は合衆国市民権を取得しない，としていたが[286]，Wong Kim Ark 判決では，common law に従ってそれらの者は合衆国市民権を取得する，とした[287]。

Dred Scott 判決[288]において最高裁は，合衆国市民は，オリジナルの憲法制定当時に合衆国市民であった者と，その子孫である者から構成される，とし，この考え方に基づいて黒人は合衆国市民ではなく，また，そうなることもできないとした[289]。

これを変更したのが修正第14条であり，それによって黒人が連邦市民権を取得したことから，黒人が連邦市民権を保持し，またそれに基づいて州市民権を保持することを確実にするために，人種，血縁関係あるいは従前の自己の地位等に関係なく，合衆国における出生のみをもって合衆国市民権は取得される，としたことには重要な意義があった。

また，Wong Kim Ark 判決法廷意見がこのように本条を解釈したことにより，他国の国籍法の規定に関係なく，合衆国で出生した者は，合衆国市民権を取得することとされ，合衆国は自律的に市民権保持者を決定することになった[290]。

ただし，Elk v. Wilkins 判決でみたように，すべての場合に合衆国における出生をもって合衆国市民権が取得されるとされたわけではなく，Indian の市

---

[286]　83 U. S. 36, 73.

[287]　169 U. S. 649, 693.

[288]　60 U. S. (19 How.) 393 (1857).

[289]　*Id.*, at 404.

[290]　U. S. v. Wong Kim Ark 169 U. S. 649, 667.

第 9 節　小　結　**205**

民権については後の立法によって扱われた[291]。また，最高裁が，合衆国市民

291　Dred Scott 判決で示されたように（60 U. S. 393, 404 (1857))，修正第 14 条制定以前に，Indian は，個別の条約あるいは連邦議会の立法によることなしには，合衆国市民とされることはなかった。そして，このことは Elk v. Wilkins 判決でも示されたように，修正第 14 条制定後も変わることはなかった。

1871 年 3 月 3 日に成立した法律（16 Stat. 544, 566, R. S. 2079. 当該規定は An Act making Appropriations for the current and contingent Expenses of the Indian Department, and for fulfilling Treaty Stipulations with various Indian Tribes, for the Year ending June thirty, eighteen hundred and seventeen-two, and for other Purposes の一部として規定された）により，Indian を独立した国家と見なすことをやめた連邦政府は，Indian の同化政策を進展させ，その一環として，1887 年に Indian 一般植民法（Indian General Allotment (Dawes) Act of 1887, 24 Stat. 388. 本法の正式名称は An act to provide for the allotment of lands in severalty to Indians on the various reservations, and to extend the protection of the laws of the United States and the Territories over the Indians, and for other purposes である）を制定した。本法は Indian 保留地の土地共有制を廃止して個人の私有地に代え，共同体組織と固有の文化を解体して Indian を個々の農民としてアメリカ社会に同化するための法律であった（松村赳他編著『英米史辞典』（研究社　2000）の Dawes General Allotment Act の項）。本法第 6 条は，本法もしくはその他の法律あるいは条約により土地の配分を受けた合衆国領域内で出生した Indian で，Indian 部族から分離してその居所を定め，文明化した (civilized) 生活習慣を受容した者は，合衆国市民となり，その権利，特権または免除を享受する，と定めていた。

Indian 一般植民法制定後，1924 年までに連邦政府は，Indian が合衆国市民となるための各様の方法を提供しており，その結果として同年までに多くの Indian はすでに合衆国市民となっていた。同年連邦政府は，1924 年 Indian 市民権法（Indian Citizenship Act of 1924, 43 Stat. 253. 本法の正式名称は An Act to authorize the Secretary of the Interior to Issue certificate of Citizenship to Indians である）を制定した。本法は，合衆国領域内で出生したすべての市民でない Indian は以後合衆国市民とされるとし，同時に，合衆国市民権が付与されることによって Indian 部族の有する権利は影響を受けるものではないとするものであった。このことからわかるように，本法は必ずしも Indian の同化を意図したものではなかったが，先述の通りそもそもこの時点ですでに，Indian が合衆国市民とされるべきか，の問題は中心的な問題ではなかった。本法以降 Indian は，そのそれぞれの意思とは関係なく，また，Indian 部族に属するかどうかにかかわりなく，出生により合衆国市民となる，とされた。

なお Indian の市民権に関しては cf. ex. Robert P. Porter, *The Demise of the Ongwehoweh and the Rise of the Native Americans: Redressing the Genocidal Act of Forcing American Citizenship upon Indigenous Peoples*, 15 HARV. BLACKLETTER L. J. 107 (1999)；Arnold J. Lien, *The Acquisition of Citizenship by the Native American*

権の属性を common law に従って決定したことは，市民権に付随する権利との関係などでは，一つの重要な結論を導き出すことにもなった。すなわち，Minor v. Happersett 判決でみたように，合衆国市民権に付随するものとして保障される権利もまた，common law 上の，南北戦争以前に保障されていたものと同様のもの，とされることになったのである[292]。

第2項　帰化による市民権の取得

　次に帰化については，この時期に帰化法が改正され，黒人も帰化できることとされた。

　しかしながら，同時に他方で，中国人の帰化を禁じる立法もこの時期になされた。

　生来的市民権の取得については，修正第14条第1節の規定により人種という基準を排除できたが，市民権取得のもう一つの主要な方法である帰化に関してこの基準を排除するためには，今しばらくの時間が必要であった[293]。

　またこの時期には，帰化した者はそれにより合衆国市民となり，他国においても合衆国市民として外交保護を求められるようにする国内法が整備され，同時に条約等でその実現が図られた。これによって帰化市民が従前自国であった国に帰来しても合衆国市民として扱われることになり，市民自らの選択による国籍の変更が実質的な意味で実現されるための第一歩が踏み出されることになった[294]。

　Indians, 13 WASHINGTON UNIVERSITY STUDIES 121 (1925) ; Dudley O. McGovney, *American Citizenship*, 11 Colum. L. Rev. 326 (1911) ; David H. Getches et al., CASE AND MATERIALS ON FEDERAL INDIAN LAW, 163 (4th ed. West Pub. Co. 1998).

　　また南北戦争前の Indian の市民権に関する法制度等に関しては，Frederick E. Hoxie, *What was Taney thinking? American Indian Citizenship in the Era of Dred Scott*, 82 CHI.-KENT L. REV. 329 (2007). この論文では，Indian と政府の間における条約の締結を通じた Indian の権利の保障等が約束される一方で，Indian を州の市民等とすることによって，当該条約上の権利保障の対象でないとすること等により，結果として，土地等に対する権利を含む，"Indian"の条約上の権利の保障が行われなくなる過程が説明されている。

292　88 U. S. 162, 171.

293　米国が移民法に於ける人種差別的な政策を撤廃したのは，1965年のことである。布井敬二郎『米国における出入国及び国籍法　上巻（解説編）』26頁（有斐閣　1985）。

294　この点については，拙稿「米国における国籍離脱の自由の発展」筑波法政第25号

第2款　市民的権利に関する議論

第1項　議会の動き

議会は修正第15条を成立させ，また一連の市民的権利法を成立させた。

まず修正第15条についてであるが，本条は，少なくともその原意において
は，合衆国市民に直接的に投票権を保障するものとしては成立しなかった。
また被選挙権についても保障の対象外とされた。しかしながらそれでもな
お，少なくともその建前においては，この条文によって人種と投票権取得の
相関関係が断ち切られ，連邦政府，州政府等の意思決定に合衆国市民は，人
種に関係なく，参加できることとされた[295]。

次に議会は，一連の市民的権利法によって，市民的権利を保障することと
した。しかしながらそこで保障されることとされたものの多くは，1870年執
行法第16条及び第17条等に明らかなように，いくつかの例外を除いては，
合衆国市民のみが享有する権利ではなく，むしろ外国人も含むすべての者の
権利であった[296]。

第2項　連邦最高裁判所の判断

最高裁判決においてもこの点は同様であった[297]。

すなわち，Slaughter-House判決から，Twining v. New Jersey判決までに，
いくつかの権利が修正第14条の規定する「特権または免除」に属するものと
してあげられた。しかしながらこれら二つの判決を含む多くの事例におい
て，多くの権利が合衆国市民の特権または免除に当たると主張されたが，そ
れらは否定された。そして連邦憲法修正条項で保障される権利を含む多くの

（1998）203頁参照。

295　Ex Parte Yarbrough 110 U. S. 651, 665. 実質的な意味での黒人の選挙権及び被選挙
権の実現が問題とされてくるのは，20世紀中頃以降のことである。cf. VI Leonard
Levy et al. ed., Encyclopedia of the American Constitution, pp2809-2814（2nd ed.,
Macmillan Co., 2000）.

この点に関し，連邦議会下院の以下のWeb参照。

http://history.house.gov/Exhibitions-and-Publications/BAIC/Historical-Data/Constitutional-Amendments-and-Legislation/

296　16 Stat. 140, 144.

297　Cf. ex. Alexander M. Bickel, THE MORALITY OF CONSENT, Chap.2（Yale Univ.
Pr. 1975）.

208 第5章 再建期の合衆国における市民権と市民的権利

権利が，同時代に，あるいは後に，実体的デュー・プロセス論，編入理論等により，合衆国市民のみならず人一般をその保護対象とする，同条保障のデュー・プロセスもしくは平等権等を通じて，保障されることとなった[298]。

　他方で Crandall v. Nevada 判決に始まる一連の判例で示された合衆国市民権に付随する権利が，全く無意味だというわけではない[299]。特に Slaugh-

---

[298] Normand G. Benoit, *The Privileges or Immunities Clause of the Fourteenth amendment: can there be life after death?*, 11 SUFFOLK UNIV. L. REV. 61, 91 (1976)；Philip B. Kurland, *The Privileges or Immunities Clause :"It's Hour Come Round at Last"?*, 1972 WASH. UNIV. L. Q. 405, 414 (1972)；I Laurence H. Tribe, AMERICAN CONSTITUTIONAL LAW, § 7-4, 5, 6 (3d ed. 2000). Tribe はここで，修正第14条の「特権または免除」の文言が権利保障のために用いられてこなかった理由として，そのほかの理由とともに，特権または免除の保障が市民にのみ向けられていることが指摘されるとしている。*Id.,* at 1324. ただし，Tribe はこのような指摘に対して，この文言は，州が何者にも否定してはならない権利を合衆国市民の権利として保障しているのであって，特に合衆国市民のみが享受する権利を保護対象としているとはできない，としている。*Id.,* at 1324-1325.

　　また，この点に関連して，Slaughter-House 判決法廷意見が例示した合衆国市民の特権または免除のうち，条約により保障される権利，州に居住することにより当該州市民となることができる権利，公海あるいは外国で外交的保護を享受することができる権利を除いた他のものは，人一般が享有するとされるものである，と指摘する文献として Bruce R. Trimble, *The Privileges of Citizens of the United States*, 10 UNIV. KANSAS CITY L. REV. 77, 82 (1942).

[299] 本文で検討した判例の中であげられたものの他に，講学上，一書においては，米国において，定住外国人に享有されずに，合衆国市民に享有される権利として次のものが上げられている。

- 両親，子供，配偶者（本人の死亡後に残される者も含む）の永久的居住（permanent）を申請する資格がある。
- 外国で出生した子に合衆国市民権を継承することができる。
- 合衆国に永久的に居住することができ，また，外国に居住してもその市民権を失うことがない。
- 犯罪行為等によって市民権を喪失することがなく，また，入国拒否，国外退去にあたる行為をしても，それを課されない。
- 投票権，公務就任権，陪審員になる権利を含む，政治的権利を享有する。
- 営業許可，著作権の取得を含む，いくつかの財産権を享有する。
- 実体的デュー・プロセス等の，ある種の憲法上の権利を享有する。
- 外交保護を受けることができる。
- 社会福祉上の利益を享受する。

ter-House 判決で明らかにされた，合衆国市民であることにより，各州に住所を定めることによって当該州市民となることができる[300]，ということは，州が市民的権利の保障について主要な役割を担うとされたので，重要な意義をもっていた[301]。

第3款　修正第14条制定後の市民権・市民的権利
第1項　市民権に関する議論

前章ですでに明らかにしたように，米国では，修正第14条という制定法によって市民権保持者を決定し，人種という法外在的な基準により市民権保持者が決定されるという状況を排除した。そしてこのときに米国は，「誰が市民権を有することとするのか。」という問題に直接対峙しなくてはならなかった。さらにこの問題は，別の視点からすると，共和政体をとる米国にとって

- 銃を保有することができる。
- 市民権の保有を要求される政府の公務に就く資格が得られる。
- 合衆国旅券が得られる。
- ある種の税が課されない。
- 合衆国の共同体への所属，連帯意識が得られる。

Robert C. Divine, IMMIGRATION PRACTICE (15th ed.), 12-2 (Juris Publishing, Inc. 2014).

300 Slaughter-House Cases, 83 U. S. 36, 80.

301 Slaughter-House 判決法廷意見は，市民的権利の保障に関しては州がその主要な役割を負担するとし，州市民として享受する権利の例として，連邦憲法第4条第2節に関する判例であげられた一連の権利を示している。Slaughter-House Cases, 83 U. S. 36, 75. ただし最高裁は，州の市民権の保有あるいは州における居住を理由として，州が区別をもうけることを認める場合がある（Baldwin v. Montana Fish and Game Commission, 436 U. S. 371 (1978). cf. Mark Strasser, *The Privileges of National Citizenship: On Saenz, Same-Sex Couples, and the Right to Travel*, 52 RUTGERS L. REV. 495, 561 (2000)）。

　なおこの点に関して，特に外国人との比較で考えると，政治過程にかかわる場合を除いて，外国人を別異に扱う州の政策は，裁判所による厳格な審査を受ける場合があり（THE CONSTITUTION OF THE UNITED STATES OF AMERICA-ANALYSIS AND INTERPRETATION, 2135 (Centennial Ed.) (GPO 2014) (https://www.congress.gov/constitution-annotated/).），先述の指摘が必ずしも有意味であるとは限らない。むしろこの点に関しては，Dred Scott 判決法廷意見が，黒人は市民ではない，ということに基づいて権利享有主体性を認めなかったことが，想起されるべきである。cf. Dred Scott v. Sandford, 60 U. S. 393, 405.

210 第5章 再建期の合衆国における市民権と市民的権利

は，「誰と国を作るのか。」という問題でもあった。

本章でみたように Wong Kim Ark 判決は，この修正第14条を，common law
の原則を援用して解釈した。この判決の判断は，黒人の市民権保持を含む市
民権保持者の範囲確定との関係では一定の成果をあげつつも，市民権の属性
をどう決定するのかに関しては，問題をはらんだものであったことはすでに
指摘した通りである[302]。

同判決の採った一方で common law を基準として市民権保有者を決定しな
がら，他方で米国独自の市民権保持者決定権限を強調するという方法は，い
わば自律的に伝統的なものに回帰するというものである。もちろん最高裁が
その権限内において，この判決以上の判断をすることが可能であったかは問
題である。しかしながら，これは，「誰が市民権を有することとするのか。」
の問題に対しての回答としては，自らの判断が，実質的には歴史的正当性以
外に支えられているものではない，という点で，不十分というほかない。そ
してこのことが，先に指摘した市民権の属性の決定についての問題の原因と
なったことは指摘されるべきである[303]。

第2項　市民的権利に関する議論

前項で指摘した「誰と国を作るのか。」の問題との関連で考えるならば，実
際の政治状況においてはその実現が半世紀以上後になったが，修正第15条
は，人種が政治に参加する者の基準とされることを否定した，といえる。こ
れは国家意思決定主体の自律的な形成に本条が寄与したということを意味す
るのであり，この点は評価されなくてはならないと思われる。

また，市民的権利の享有に関しては，少なくとも基本的権利については，
合衆国市民と外国人がほぼ同等にそれを享有するとされた一方で，合衆国内
における市民間での差別を排除するために合衆国市民が特権または免除を享
有することが強調された。これはつまり，市民権の設定・明確化が，何らか
の利得確保のための差別化としてなされたのではなく，合衆国国内における
公正さを図るためになされたことを意味していると考えられる。

---

[302]　本節第1款第1項参照。

[303]　同様の指摘をする文献として，James W. Fox Jr., *Citizenship, Poverty, and
Federalism: 1787-1882*, 60 Univ. Pitt. L. Rev. 421, 558 (1999).

第6章　女性と合衆国市民権——合衆国市民権の発展

第1節　本章の課題と論証の方向性

　連邦憲法修正第 15 条制定後，米国においては「市民」の文言を含む三つの憲法修正がなされた[1]。このうちの最初のものが修正第 19 条であり，同条においては性別による投票権に関する差別が禁じられた。また，修正第 14 条制定後議論がもっとも多くなされたのも，女性の市民権についてであった。

　そこで本章では，前章までで見てきた市民権並びに市民的権利がさらにどのように発展したのかを見るために，女性と市民権並びに市民的権利の関係について検討する。なお女性と市民的権利の関係の分析にあたっては，市民的権利との関係に加えて市民の義務との関係についても検討することとする。

　まず第 2 節で修正第 19 条の制定について連邦議会でなされた議論を整理する。次に第 3 節では女性の市民権の変動に関する一連の立法を整理する。第 4 節では女性と市民的権利の享有の関係と，女性と市民の義務の関係に関しいくつかの点を整理する。第 5 節では第 2 節から第 4 節までの議論を整理する。

第2節　修正第 19 条の制定過程

　1875 年 Minor v. Happersett 判決[2]において，女性の選挙権が否定された後[3]，

1　修正第 15 条後の憲法修正では，修正第 19 条の他に，修正第 24 条と修正第 26 条で「市民（citizens）」の文言が使われている。前者は人頭税不払いによる投票権剥奪を禁止する規定であり，後者は有権者年齢を 18 歳に引き下げるための規定である。修正第 24 条と修正第 26 条については cf. *ex. Vikram David Amar, Jury Service as Political Participation akin to Voting*, 80 Cornell. L. Rev. 203, 243 (1995).

2　88 U. S. 162 (1874).

3　一書によれば，合衆国において女性に投票権を認めるべきとする運動は，第 7 代大統

212 第6章 女性と合衆国市民権——合衆国市民権の発展

1920 年に修正第 19 条が制定されるまでに，連邦議会においては 1886 年，1913 年，1915 年，1918 年に女性の選挙権に関する議論がなされた[4]。

領の Jackson 政権時代から行われ，1838 年 Kentucky 州で学校区における女性の投票権が認められた後，各州で同様の制度が採用され，その後 1887 年 Kansas 州で地方公共団体における選挙について女性に普通選挙が認められた等とされている。THE CONSTITUTION OF THE UNITED STATES OF AMERICA- ANALYSIS AND INTERPRETATION, 2255 (Centennial Ed.) (GPO 2014) (https://www.congress.gov/constitution-annotated/).

[4] 一書によれば，連邦議会上院もしくは下院には，1871 年から 1896 年までに女性選挙権に関して，肯定的な報告書が 11 回，否定的な報告書が 7 回，委員会から提出されている。IV Susan B. Anthony & Ida Husted Harper, THE HISTORY OF WOMAN SUFFRAGE, 12 (Hon-No-Tomosha 1998).このうちのいくつかは同書にその概要が引用されており，それぞれ以下の通りである。

まず 1871 年には二つの報告書が下院法務委員会から提出されている。これらは，修正第 14 条並びに修正第 15 条に基づいて女性の選挙権は認められるべきであるのに，各州等においてはそれが否定されていることに対して，女性選挙権を認める連邦法の制定を求める請願に対する対応として出されたものであった。

このうち Bingham 議員によって多数意見として提出されたものは，修正第 14 条及び修正第 15 条は，州がその投票権に関する権限により，性別に基づく選挙権の制限をすることを規制するものではなく，また，連邦議会はこのような規制を行う権限を有するものではないと述べ，このような連邦法制定の可能性を否定しているものであった（II Id., at 461）。

また Loughridge 議員は，少数意見として報告書を提出している（Id., at 464）。その概要は以下の通りであった。

第一に同報告書は，ローマ帝国においては女性も公職に就き，政治的権利・特権を享有しており，また，英国においては，独身女性は，その他の男性と女性に等しく課される要件が満たされる場合には，投票権と公務就任権を享有してきた，ということを指摘した。

第二に同報告書は，我々の政府の性質からして，投票権は市民権に付随する基本的権利であり，それは修正第 14 条の定める特権・免除に含まれるのみならず，オリジナルの憲法第 4 条第 2 節において定めるところにも認められるところであるとした。さらに同報告書は修正第 15 条が制定されたということは，人種，皮膚の色，あるいは従前奴隷であったこと以外の理由によって市民の選挙権を制限する権限が州にあることが認められることを意味する，ということが主張されることを指摘し，これに対して，しかしながら，この条文はそれらの理由によって投票権を否定することを禁じているのみであり，ある属性の者を保護するための規定が，その他の理由による制限を課する権限を州に認めたものと解するならば，州は投票権をごく少数の者のみに認める立法を行うことが可能になり，危険であるとした。なおこの点に関し同報告書は，修正

第14条第2項は，男性合衆国市民の投票権を制限した際に州に課される不利益について定めたものであり，これによって男性合衆国市民以外の者について投票権の享受を制限する権限が州に認められるものではないとしている。

第三に同報告書は，連邦憲法第1条第2節は，下院議員は人民（people）により選出される，と定めており，男性人民（male people）によってとは定められていないことを指摘し，また，本条は州に投票権者を決定する権限を認めてはいるが，州に，その人民の一部のみに投票権を認めるように制限する権限を与えているものではない，としている。

次に1878，1879年には，性別に基づいて投票権を否定することを禁じる憲法修正案に関し，特権と選挙に関する委員会（Committee on Privileges and Elections）から報告書が出されている。このうち Wadleigh 上院議員により出された報告書の概要は次の通りであった（III *Id.*, at 112）。

第一に同報告書は，女性に投票権を認めることにより，政治的経験のない，多くの場合男性に依存している，兵役に適さない，そのほとんどは選挙権を持つことを望まない，多数の投票権者が形成されることになる，とした。そしてこの点に関し同報告書は，このような改革は，時間をかけて，世論の高まりに応じてなされるべきであるが，世論はそこまで高じてきていないとした。

第二に同報告書は，投票権なしには，女性の権利は抑圧と不公正の対象にされる，という主張がされるが，実際には女性選挙権が認められることなしにも，common law によって女性の権利に課されてきた制限は，徐々に排除されてきているとした。

第三に同報告書は州の権限との関係で，連邦を構成する4分の3の州が，憲法改正を通じて，残りの州に対して女性選挙権を認めることを強制することは賢明な方法とは思われないとした。

またこの際に Hoar 上院議員により特権と選挙に関する委員会から出された少数意見の報告書の概要は以下の通りである（*Id.*, at 131）。

第一に同報告書は，連邦並びに各州の人民は，その者達の政治機構を，すべての人間が等しく政府に関与する権利を有するという原理の上に設立したが，その原理の実現においては三つの過ちを犯し，そのうちの一つが女性を投票権及び公務就任権の享有から排除したことであるとした。そして，もし前述の原理が正しいとするならば，いかなる属性を有する者も，政治的権力（political power）の行使に必要不可欠な要件の欠如がない限り，政府に対するその持分から排除されてはならない，とされなくてはならないとしている。

第二に同報告書は，投票権を有する者は，政府の施策を決定し，また公務を信託する者を選択するのであり，従ってそれらの者は，公共の福祉を真摯に希求し，政策選択のために必要な知性を有し，公務に就任すべき者を選択する能力があって，その判断が自らのものであることを保障するよう不適切な影響力から独立であることが必要であるとした。そしてこれらの点に関して，女性が欠けるところがあるとは思われな

214 第6章 女性と合衆国市民権——合衆国市民権の発展

いとしている。

　第三に同報告書は，政治に参加することにより，女性の魅力である女らしさが侵害されるという見解があるが，政治問題に関し考察し，公共政策等を検討し，投票を行うこと自体にはそれを破壊する効果はないとしている。

　第四に同報告書は，多数意見報告書においては，女性が選挙権を得ることにより，公的な事柄について未経験の，男性に依存している，兵役に就くことのない，また法を実行する能力のない，さらには選挙権を得ることを必ずしも望んでいるわけではない，多数の者による投票が行われることになるということや，女性の保護は女性の投票なしでも実現されており，また，女性選挙権の実現は各州によってなされるべきである，ということが反対の理由とされているとした上で，これらの諸点について次のように述べている。すなわちまず，男性がはじめて投票する際にも，公的事柄に関する経験はないということを指摘している。次に女性が男性に依存していることは事実ではあるが，同様に男性も女性に依存しているとしている。また兵役に就くかどうかは純粋に身体的な問題であって，兵役に就くことのできない男性の選挙権を否定するべきという議論はほとんど見られない，ということも指摘している。さらに同報告書は，法を実現する能力は，身体的な能力によるものではなく，法の尊重によるものであるから，女性が法を実現する能力がない，とはいえないとし，なお投票権が生来的権利であるならば，本人以外によってその行使が制限されるべきではないということや，女性の保護が女性の投票なしになされるということは，男性の投票が女性を優遇する傾向性があるという意味で不公正なものであるということであるから，この欠陥は更正されなくてはならないとしている。以上の他に同報告書は最後に，女性投票権は州によって実現されなくてはならない，という点については，選挙権にかかわる州の不公正の是正は，連邦の関心事項であり，連邦憲法と連邦法によってなされるべきことであるとしている。

　1882年上院において女性選挙権委員会から，Lapham上院議員によって，はじめて女性に選挙権を付与することに賛成する多数意見報告書が提出された。その概要は以下の通りであった（*Id.*, at 231）。

　第一に同報告書は，我々の統治機構の設計者は，独立宣言の中で，奪うことのできない平等にすべての人間が享有する権利を保障するために，「その正当な権力が被治者の同意に基づく政府が，人類のうちに設立された」と述べていると指摘した。そして同報告書は，そのようにして始められた代議制による政治機構は，唯一それによって被治者の同意が得られる，投票を通じてすべての市民の同意を得ることによってのみ維持，存続させることができるとしている。

　第二に同報告書は，この共和国の半数の市民を，それによってそれらの者が統治されるべき法の形成から，その性別の差のみに基づいて排除することは，その排除された者にとっては独裁制に他ならず，また，課税の対象とされている者については，「代表なければ課税なし」の原則に反する行為であるとした。

第2節　修正第19条の制定過程　**215**

　第三に同報告書は，女性は選挙権を望まないという見解が出されることがあるが，これは推量に過ぎないとし，男性であってもその関心と忠誠心が引きつけられたときにのみ投票をしていることがあるが，このことは女性であっても同様であり，また，仮に前出の見解が正しいとしても，これは女性選挙権を否定する根拠とはならないというのは，権利が否定されていることが問題とされているからである，としている。

　この際にこの報告書に対して出された George 議員の少数意見は概要以下の通りであった（III *Id.*, at 237）。

　第一に同議員は，州はその投票権者を決定する権限を有しており，連邦憲法においても，連邦政府の官職に関する選挙における投票権者の資格要件は州によって決定されるとされていることを指摘した。

　第二に同議員は，修正第15条は，従前奴隷とその主人の間に存在していた関係と，黒人に対する差別から生じる抗争による権利の侵害を排除するために，黒人に選挙権を与えたが，男性と女性の間には，そこで存在したような争いは存在しないとした。

　第三に同議員は，女性選挙権の実現は，女性が社会的により大きな影響力を有している州において，両性が納得し，人々の福利と幸福を満足させる方法で実現されるべきで，すべての権力の根源である人々が自己統治の原理を認めるのならば，そうあるべきであるとしている。

　1883年には下院において，女性選挙権委員会から，White 議員により，概要次の報告書が出されている（III *Id.*, at 263）。そこにおいては次の理由により合衆国市民の投票権は，その性別によって否定されてはならない，とする憲法修正案が発議されるべきであるとされている。

　第一に女性の財産権が認められ，課税の対象とされていることから，その保有者が議会に代表されていない財産が存在しているが，女性選挙権を認める憲法修正は，この不公正を是正するものであるということがあげられている。

　第二に女性投票権を認めることにより，女性の影響力が強くなることから，女性に対する産業あるいは教育における差別が是正され得るということが指摘されている。この点については，社会並びに家族の関係は，女性にとってと同じく男性にとっても重要な問題であり，女性の声を離婚あるいは子供の養育あるいは財産分与に関する立法に反映させることは，その本来有する権利を認めるものであるということや，売春，賭博，酒の小売り等に関する地方の統制は，女性に投票権を与えることによって変えることができる，女性が立法に参加することにより，戦争や和平に関する事柄が惨事を招くことなく解決される可能性が高くなる，ということが指摘されている。

　第三に，社会には，父と母，息子と娘，兄弟と姉妹が等しく関心を有さない問題は存在せず，従ってすべての者は等しく国家の将来を決定するのにあたり平等にその意見を表明できなくてはならない，ということが主張されている。

　1884年に上院においては，女性選挙権に賛成する多数意見と反対する少数意見のそれぞれの報告書が提出された。前者の一部は1887年に Blair 上院議員が女性選挙権

216 第6章 女性と合衆国市民権——合衆国市民権の発展

第1款 1886年の連邦議会上院における議論

1886年12月7日，連邦議会上院において Blair 議員は女性選挙権保障のための憲法修正を提案した[5]。同案は以下の通りであった[6]。

第1条 合衆国市民の投票権は，性別に基づいて連邦あるいは州により否定ないしは侵害されてはならない。

第2条 連邦議会は，適当な法律の制定によって本条を施行する権限を有する。

本憲法修正案は，同年12月8日，翌年1月25日に上院で議論され，最終的に廃案とされた[7]。

第1項 Blair 議員の憲法修正提案

Blair 議員は本修正案について以下の通り説明した[8]。

───────────

に関する憲法修正案について上院で提案した際に，その提案趣旨説明の中で引用されている（49-2 Cong. Rec. 37）。そこにおいては，当時いくつかの州において女性選挙権を認めるかどうかに関する州憲法修正にかかわる投票がなされたことと，いくつかの属領においては女性選挙権が認められているとされており，また，合衆国全体において女性選挙権を認めるべきであるという世論があることが連邦議会への請願を通じて示されていることが指摘されている。また同年下院においては女性選挙権の問題は州において解決されるべきである，とする報告書が提出されている（IV Susan B. Anthony & Ida Husted Harper, THE HISTORY OF WOMAN SUFFRAGE, 47 (Hon-No-Tomosha 1998)）。

1886年には下院法務委員会から少数意見報告書が提出されている（IV Id., at 82）。そこでは女性選挙権を認めるべき理由として，次の点が指摘されている。

第一に女性が男性に隷属する状況から抜けだし，女性が自由に自らを向上させることができるようにするためには，投票権を得ることが必要であるということが指摘されている。

第二に女性が投票権を行使することにより，女性の美点が多方面によい影響を与えることができるということがあげられている。

第三に，女性は投票権を得ることを望んでないという指摘はあるが，それは投票権を得ることを望んでいる者にそれを否定する理由とはならないということが述べられている。

5 49-2 Cong. Rec. 23.

6 Id., at 34.

7 Id., at 1002.

8 本文であげたものの他に，同議員は次の指摘をしている。

まず同議員は，男性が選挙権を享有する際の要件としてあげられる，年齢，財産，

まず同議員は，前提として，貴族制，君主制，独裁制と我々の政府を区別
する，我々の政府の基本原則は「分別のあるすべての人間は，知性に欠ける
ことや，非行あるいは犯罪にかかわったことにより除外されるのでない限り
平等であり，法の下で他のすべての人間が享有する権利と特権を享有する」
ということであり，また，すべての人間の理性に固有である独立，平等，尊
厳は，人間の自由を信じる者にとって根本的なものである[9]とした。

次に同議員は，先の理解を踏まえつつ，年少者，白痴の者，女性は，男性
によって代表されると考えられていることを指摘した上で，このような考え
方は，これらの者が代表されることに対して同意していることが示されるか，
あるいは，同意する能力がないことが示されるかがなければ認められないは
ずであるが，実際には，これらの者が同意に必要とされる能力を有する場合
にも，その機会が与えられていない[10]とした。

その上で同議員は，「すべての正当な政府は，被治者の同意に由来する」と

精神的な健全さ（sanity），教育，法の順守，の基準を検討し，これらがすべて選挙権
を行使するための精神的及び道徳的なふさわしさを確保するためのものであり，肉体
的な要件とは関係ないとしている。またこの点に関連して同議員は，政府はその必要
に応じて，女性であっても，その防衛に参加させる権限を有し，それを行使したこと
もあるのであるから，女性が戦闘に加わることができないということを理由として，
選挙権行使から排除することは認められないと指摘している。Id., at 35.

次に同議員は，いくつかの女性選挙権に反対する見解を検討している。

まず，女性が母になることに基づいて選挙権の享有を否定する見解に対して同議員
は，その他の投票資格要件を満たす者が，母であることから，投票資格要件を満たせ
なくなるとはいえない，と指摘している。Id., at 36.

次に同議員は，女性は投票権を得ることを望んでいないという見解に対しては，投
票権は個人の権利なのであり，女性の大半がそれを得ることを望まないとしても，女
性であることに基づいて投票権を否定することが認められるわけではない，としてい
る。またここで同議員は，女性は，その保護者である男性の意向に添うようにして，
投票権を望まないとしている可能性があるとも指摘している。Id., at 37.

さらに同議員は，投票権が女性に与えられることによって，夫婦の間に政治的意見
の相違による争いが生じ，それによって社会が不安定になる可能性がある，という指
摘に対しては，男性はその隣人と政治的見解が異なりながらも生活している，という
点を指摘している。Id.

なおこのほかに同議員は，歴史上これまでに女性が政治的権利を有していたことは
ないという見解と，女性は投票権を与えられても投票しないという見解に対して，い
ずれに対しても，異なる史実を指摘している。Id., at 37.

218　第6章　女性と合衆国市民権——合衆国市民権の発展

いうことが真実であるとすると，女性に知性があり，選挙権を行使するに足
る能力がある場合に[11]，女性の同意なしに男性による女性に対する支配がな
されているとするならば，政府のなすことが正当であったとしても，それは
自然的権利（natural right）の侵害であり，男性による女性に対しての苦役あ
るいは奴隷となることの強制である[12]とした。

　また同議員は，女性は自らの意思に基づいて投票権を行使することによっ
てのみ代表されるのであり，それなしには自由な存在として代表されている
とすることはできない[13]と主張した。

　さらに同議員は，すべての成人男性及び女性は，同一の状況下においては，
同一の権利と救済手段の必要性があり，また，自由な社会においてすべての
人間にとって基本的な権利である投票権に対して同様の必要性を有している
ということが，共和政体を信奉する者には認められている[14]と主張した。

第2項　本修正案に賛成する者の主張

　本憲法修正案に賛成する者は，まず，投票権と知性の関係の観点からは，
仮に女性が男性と比較して知性の点で劣っているとしても，それは投票権を
認めないことの理由とはならず，また知性の有無を投票権を享有するための
基準とするのならば，男性と女性に等しくその基準は適用されなくてはなら
ない[15]と主張した。

9　49-2 Cong. Rec. 34.

10　*Id*.

11　ただし同議員はここで，仮に女性が年少者のように自己統治の能力を欠いていると
するならば，共和政体を採る社会は，そのもとで女性が生活をする法の制定・執行に
対する参加から女性を排除することができる，としている。

12　*Id*. 同議員は，特にこの点を，女性はすでにその父，夫，兄弟，息子によって代表さ
れていると主張する者に対して指摘したい，と述べている。

13　*Id*.

14　*Id*., at 36. ここで同議員は，投票権があるかないかで，被治者の同意による政府かそ
れのない政府かの区別がつけられ，また，（被治者が）自由であるか奴隷であるかの区
別がつけられる，と指摘している。

15　*Id*., at 984 (Sen. Dolph). 同議員はここで，同議員自身は，女性が男性に知性の点で
劣っているという見解を認める者ではない，と言明している。

　　またこの点に関連して同議員は，女性が陪審員にもなるべきか，という質問に対す
る回答の中で，陪審員になることと，投票権を享有することとは関連性のあるもので

また，女性と政治との関係という観点からは，女性が妻としてまた母として子供や男性を教育する（education）のは事実であり，女性が，それらの教育にかかわる政策の決定に対して意見を述べ，また政治的立場を表明することにより堕落するという考え方には理由がない[16]ということが指摘された。

第3項　本修正案に反対する者の主張

本憲法修正案に反対する者は，まず，女性と夫等との関係と，政治との関係の観点からは，女性は，自らの財産に関係する法を制定，執行することに参加することなしに，あるいはそのための代表を有することなしに，その保有する財産に対して課される税金を支払うことが求められ不公正である，という意見があるが，女性は，父，夫，兄弟，息子に影響力を行使している[17]と主張した。また，女性は，その夫の抑圧的な力から保護されるために投票権を持たなくてはならないという見解があるが，もしその夫が抑圧的な力を行使できるとするならば，女性の投票に対してもその力を行使するであろうから，結果として投票権を有することは，女性のために役立つものではない[18]，という見解も示された。

次に男性と女性の身体的あるいは精神的構造の相違の観点からは，このような相違自体が，厳格，困難かつ面倒な社会における務めは男性によって行われ，肉体的な強さを要求されない，優美な生活のための務めと，年少者を養育する務めは，家事とともに，女性によって行われるべきであることを示している[19]ということが述べられた。

また投票権の性質との関係では，女性は，本質的に感情的であるが，感情に動かされる投票（emotional suffrage）は避けるべきものであり，必要とされているのは公的問題を論理的に解決することである[20]という意見や，投票権

はない，としている。そして，さらに，陪審員になる者，兵役につく者，公務に従事する者をいかなる者にするかは，共同体の中で決定する事項であるが，その市民の生命，財産，運命を左右する政府の形成に参加する権利については，これを市民に認めないことは専制政治であるという意味で権利の問題であると指摘している。*Id.*, at 985.

16 *Id.*, at 988 (Sen. Hoar).

17 *Id.*, at 981 (Sen. Brown).

18 *Id.*, at 982 (Sen. Brown).

19 *Id.*, at 983 (Sen. Brown).

220 第6章 女性と合衆国市民権──合衆国市民権の発展

は，功利主義的判断あるいは政策的配慮により，国家がその望む者に与える権利であって，自然的権利ではない[21]という意見が述べられた。

第2款　1913年からの連邦議会上院における議論

第1項　女性選挙権に関する委員会の憲法修正提案

1913年，女性選挙権に関する委員会から連邦議会上院に，女性に選挙権を認めるための憲法修正案が提出された[22]。同委員会を代表したAshurst議員は，本憲法修正案に関して次のとおり述べた。

まず同議員は，市民は，政治的自由を享有することにより，自らの義務と責任を理解し，また自らの安全を保障し，公務員を選択する権限を確保し，さらには公務員の言行を投票によって戒める機会を獲得することを指摘し，また，これによって各市民は相互に平等になり，各個人は自然に政府が優秀

20　*Id.,* at 986 (Sen. Vest).

21　*Id* (Sen. Vest). 議事録によれば，同議員はここで，選挙権を女性に認めることに反対する多数の署名のある請願（*Id.,* at 986）と，女性は男性に影響力を行使することにより政治に参加することができ，女性が投票権を享有することは社会的によくない，と指摘するClara T. Leonardからの手紙を引用している（*Id.,* at 987）。

　これに対してBlair議員は，すべての政府の正当性は被治者の同意にその根拠があり，人民の政府であるためには，成人市民はその意見を述べられなくてはならず，投票権は重要なそのための手段であることを根拠に女性選挙権の実現を求める請願を紹介している。*Id.,* at 991.

　また，これに続いて同議員は，それまでに上院の各委員会において女性選挙権について審議された際の議事録をCongressional Recordに採録することを求め，了承されている。*Id.,* at 992. そこでは，1884年の女性選挙権に関する上院委員会における証言録と，1880年の上院法務委員会における証言録が採録された。

22　Congressional Recordの記録上，本提案は1913年12月19日に初めて上院で言及された（63-2 Cong. Rec. 1188）。そこでは，本提案に関する審議を求める女性選挙権に関する委員会の数回の要請にもかかわらず，本件が取り上げられなかったことが指摘されている。記録上はその後，一度審議に入ることが拒否された後に（*Id.,* at 1628），1914年1月21日に再び取り上げられた（*Id.,* at 2016）。ただしこの際にも，本提案について審議すること自体について，少なからぬ議論がなされている。またここでは，本修正提案について1913年6月13日に女性選挙権に関する委員会が，女性選挙権を認めることを求める報告書を提出していることが述べられている（*Id.,* at 2019）。なお，このときの報告書に基づいて提案された憲法修正案も，Congressional Recordの後の頁に掲載されている（*Id.,* at 5093）。

であることを求めるようになる[23]と述べた。

　次に同議員は，投票権は合衆国市民権の属性ではなく，州によって付与されるものであることから，本憲法修正案は，連邦憲法によって市民に投票権を与えようというものではなく，女性が女性であることを理由として差別されることを排除することを目的とするものである[24]とした。

　また同議員は，合衆国の政治体制と本憲法修正案の関係について，政府の強さ，弱さ，またそれが有能であるか不完全なものであるかはその政府を形成し制御する人々によることを指摘した上で，合衆国では，人民（People）が政府を形成・運営しているとし，女性に投票権を与えることにより，政府が強化され，効率的になり，正義を具現化し，公正を保障することになると主張した[25]。

　さらに同議員は，「人民」には女性が含まれ，女性の政治的特権と責務を否定することはこの政府の基本的原理を侵害することなしにはなしえない[26]と指摘した。また同議員は，人民により統御され，そのために運営される自由な共和国において，投票権という市民権に付随する価値ある機能を行使する権利を市民の半数に否定し，それらの者が共和国の法と政策に対する見解を述べる権利を否定することは異常である[27]とも主張した。

　なお同議員は，この共和国において，我々は常に不正，暴力，貪欲さに対する，自由と正義のための闘争の中にあり，その勝利は，女性に投票権を認めることによって拡大される[28]とし，さらに，その活動領域と，理想と責務により，女性は人類の生活の保護者であり，従って女性に，いかなる法が彼女たちの経済的状況を改善し得るかを述べる権利を与えることは，政治的あるいは自然的正義にかなうものである[29]とした。

　また同議員は，女性に投票権を認めることによりすべての人類の問題が，すぐに解決するかのように主張する者がいるが，そのようなことはあり得ないとしながらも，年月とともに，女性投票権によって徐々に我々の社会的，

23　*Id.*, at 2020.

24　*Id.*, at 2021.

25　*Id.*, at 2025.

26　*Id.*

27　*Id.*

28　*Id.*

29　*Id.*

経済的状況は改革され，真実の正義，精神性，道徳性，理想主義が我々の法のうちにおいて達成されるようになる[30]とした。

さらに同議員は，本憲法修正案の女性や社会に与える影響について，まず女性がおかれている社会状況との関係では，家内制工業が放棄され，女性も

---

30 *Id.* ここで Aschurst 議員は，女性投票権によりもたらされ得る変化として次のものを例示している。

- 公衆衛生，食糧管理，教育，道徳に関する諸状況に対して注意が拡大する。
- 公衆の健康の科学的維持がすすむ。
- 穀物や食料をより安価に獲得できるようにするための道路の整備がすすむ。
- 労働者に対する，財産と富裕さを公正に分配するシステムが形成される。
- 財産を生産する労働者が余暇，娯楽等を享受するためのシステムが形成される。
- 被用者に合理的に安全な労働のための場所を提供する法が形成される。
- 女性が投票に参加することによって，公務は敗戦者からの戦利品として獲得されるものとしてから，純粋にすべての人々の共通の福利のために働く栄誉ある機会として理解されることになり，真に公衆の信託によるものとされることになる。
- 女性が投票に参加することによって，刑務所が改革されることになる。

  この点に関連して，Shafroth 議員は，次の点において Colorado 州法が，女性の影響により，改革されたと指摘している（*Id.*, at 4194）。

- 少年裁判所の設置と少年犯罪者への対応に関する法律の制定
- 若年女性のための州立工業学校の設置
- 年少者のための州立学校の設置
- 精神障害者のための州立施設の設置
- 8歳から16歳までの子供のための義務教育の設定
- 就学期の子供の就労の禁止
- 両親を，子の死亡に際しての共同相続人としたこと
- 成人した子が，老齢のあるいは財産のない両親を養護しないことを軽罪としたこと
- 少女の同意年齢を引き上げ，刑事法によりそれらの者を保護することとしたこと
- 女性のための巡回図書館委員会を州に設置したこと
- 純正食品局を設置し，食料への不純物の混入を規制する法を執行したこと
- 男性配偶者が，女性配偶者の同意なしに，その家産に対する抵当を設定することを規制したこと
- 学童に対しての，歯，眼，耳の検査を実施したこと
- 動物虐待を防止する機関を設置したこと
- 自白を得るための尋問室を廃止したこと
- 在監者の品行等により収監期間を変更できるとしたこと
- 刑務所と慈善団体を統轄するための委員会を設置し，また不品行の女性の収入を男性が収奪することを禁止したこと

工場で労働することになった時代においては，女性もまた，自身の保護のための適切な法を形成するために意見を述べることが必要なことは明らかである[31]ということを指摘した。また特に女性に対する影響に関して同議員は，投票することで女性の情動が影響を受けることはなく，また政治問題にかかわることが女性の生来的な特性である情愛を変化させるものではない[32]，とした。

なお同議員は，実際の政治の場面との関係では，女性は常に暴力と不正に反対し，自由と発展の原動力となり，有能な男性の発達を促進してきたことから政治的自由を享有する資格があり，また，女性が投票権を有することにより，男性が争う場合には安定勢力として働くことができる[33]としている。

第2項　本修正案に賛成する者の主張

本修正案に賛成する者はまず，本憲法修正案と女性の性質との関係の観点から，女性は男性と等しく，投票を行う自然的権利を有する[34]ということを主張し，さらに，女性が人間であり，その投票権の放棄に同意していない限り，独立宣言に示される原理のもとでは，立法に対する女性の同意が求められなくてはならない[35]ということを主張した。またより具体的な女性固有の性質との関係では，まず前提として女性が政治にかかわることにより，その美徳を失うという議論には根拠がない[36]ということを指摘し，さらに女性の知性との関係では，女性は今日，かつて男性が権力を獲得したときよりも，投票権を得るのにふさわしい状況にあり，これまでのいかなる場合よりも，この国においてより知性的な投票を増加させる[37]と主張した。また女性の性向との関連では，女性ほど共同社会の道徳的な生活・特質について関心のある者はいないにもかかわらず，多くの州において女性は，その属する共同社会を統制する法の性格やその執行に対して意見を述べることを否定されている[38]ことは問題であるとされた。なおこの点に関しては，そもそも女性の選

31　*Id.,* at 2026.

32　*Id.,* at 2027.

33　*Id.*

34　*Id.,* at 3598（Sen. Bristow）; *Id.,* at 4270（Sen. Thompson）.

35　*Id.,* at 4140（Sen. Shafroth）.

36　*Id.,* at 3599（Sen. Bristow）; *Id.,* at 3600（Sen. Sutherland）; *Id.,* at 4275（Sen. Owen）.

37　*Id.,* at 4271（Sen. Thompson）.

224 第6章 女性と合衆国市民権——合衆国市民権の発展

挙権を認める理由として最も説得的な理由は，それに反対する正当な理由が
ないということであり，もしあらゆる男性に投票権を認めることが正当であ
るとするならば，あらゆる状況において，女性に投票権を認めないことは正
当でない[39]，ということも指摘された。

　次に女性の社会的役割等との関係では，まず一般的には，女性は合衆国市
民であり，男性と同等に，場合によってはそれ以上に知性的で優れた教育を
受け，また，社会福祉に対して男性以上に関心を寄せ，家庭と子供の教育に
より大きな利害関係を有しており，さらに男性と同様に，連邦及び州のもと
で保護される財産を保有しているにもかかわらず，女性であるという理由で，
投票権が認められていないのは認めがたい[40]，と主張された。また特に女性
と男性あるいは女性と家庭環境等との関係では，女性が投票権を行使するこ
とが，男性と女性，あるいは配偶者間での争いの原因となることはない[41]と
いうことが指摘され，さらには，女性が投票権を有することになることによ
って，家事や家族に対する責任がおろそかになるということはない[42]という
ことも主張された。なおこの点に関しては，国家にとって必要であり，また，

38　*Id.,* at 3598 (Sen. Bristow).

39　*Id.,* at 3601 (Sen. Sutherland)；*Id.,* at 5103 (Sen. Newlands). ただし Newlands 議員
はここで，女性投票権には賛成しているが，投票権は白人に限って享有させるべきで
あり，移民についても，基本的には，白人にのみ認めるべきであると述べている。ま
たこれに続いて Williams 議員は，本憲法修正案を，白人合衆国市民の投票権は，性別
を理由として連邦もしくは州により侵害されてはならないとし，「白人 (white)」の文
言を付加する修正を提案している（*Id.,* at 5104）。同議員はこの提案に際して，人種的
同一性なしには民主主義機構を成立させることはできないと述べている。本提案は否
決された（*Id.,* at 5107）。この点に関連してこれより以前に Borah 議員が，日本人女性
あるいは中国人女性に投票権を与えることを意図して，本憲法修正案を支持するもの
ではないと述べている（*Id.,* at 4962）。

40　*Id.,* at 4334 (Sen. Works).

41　*Id.,* at 4140 (Sen. Shafroth)；*Id.,* at 4144 (Sen. Sutherland)；*Id.,* at 4955 (Sen. Lane).
Shafroth 議員は，ここで，政治的見解の相違が離婚原因となった事例はない，という
見解を示す何通かの裁判官からの手紙を紹介している。
　ただしこの点に関連して，Bryan 議員は，別のところで，全米における離婚に関す
る統計を参照して（*Id.,* at 4204），男女平等に投票権を付与している州における離婚率
が米国全体の平均よりも高い事実を指摘している（*Id.,* at 4207）。

42　*Id.,* at 4276 (Sen. Chamberlain).同議員はむしろそれによって家庭の向上が図られ
る，と述べている（*Id.,* at 4277）。

男性の仕事よりも重要な，合衆国の子供達を育てるということに従事している女性は，投票権を有するべきである[43]，という意見も示された。なお女性と社会との関係との関係では，個別的な点として，女性が投票権を得ることによって，工場で労働者として働いている女性が同等の仕事に対して同等の賃金を獲得できるようになる[44]ということも指摘されている。

　第三に本憲法修正案と政治制度との関係の観点からは，まず課税との関係で，代表なければ課税なしの原理は我々の祖先がそのために戦った原理であり，その闘争によりこの共和国は形成されたという経緯があるが，女性は課税対象とされながら税金の額や支出先の決定について意見を述べることを認められておらず，この点は自由な政府の基本原理と背反するものである[45]，ということが主張された。次に連邦憲法との関係では，連邦憲法は，女性の権利が否定されなくてはならないとは規定しておらず，人民は等しくその権利を享有しなくてはならないと定めている[46]ということが指摘された。またこの点に関連して，連邦憲法はすでに，人種あるいは皮膚の色により投票において差別することを禁じており，この点からするならば，性別による差別を連邦憲法で禁じていけない理由はない[47]ということも主張された。

　第四に本憲法修正案と実際の政治運営との関係の観点からは，まず一般的

---

43 *Id.*, at 4274 (Sen. Owen).

44 *Id.*, at 4273 (Sen. Owen).

45 *Id.*, at 3598 (Sen. Bristow)；*Id.*, at 4272 (Sen. Shafroth)；*Id.*, at 4274 (Sen. Owen).

46 *Id.*, at 4272 (Sen. Owen). Owen 議員は，この後に連邦憲法の各条文について検討し，次の点を指摘している。

- 連邦議会議員は，男性（men）によってではなく，人民（people）によって選出されるとされており，また，下院議員配分の基数は，女性も当然それに含まれる，自由人の総数（whole number of free persons）に従って配分されるとされている。
- 修正第 1，4，9，14 各条で保障される権利は，男性のみならず，女性にも享有され，その確保のために女性は投票権を持つ必要がある。
- 修正第 14 条で，定義される合衆国市民には，女性も含まれる。
- 修正第 15 条では，黒人にも投票権を認めることを意図しているのに，白人女性にそれを認めないことは認められない。
- 修正第 16 条で認められる連邦議会の徴税権は，男性のみならず，女性に対しても行使されるのにもかかわらず，徴税の内容またはその執行の方法について意見を述べられないということは認められない。

47 *Id.*, at 4959 (Sen. Poindexter).

226 第6章 女性と合衆国市民権——合衆国市民権の発展

な見解として，女性が投票権を行使することによって，正義の実現がより進展する[48]と主張された。また具体的には，女性が投票権を有することによって，国家の統治能力を大きく阻害している派閥政治がなくなる[49]という意見や，女性が投票権を得ることによって，男性が注意を向けない点について関心が向けられる利益が得られる[50]ということが主張された。

第五に女性の権利保障との関係では，政府という共同体を形成した際に，その共同体より得られる道徳的あるいは物質的権利・利益を確保する唯一の手段は，その共同体の政策決定に対して等しく参加し，意見を述べる力を得ることであり，平和時においては，投票権が自由な政府に参与する唯一の方法であって，それを得ることが女性がその権利・利益を確保する唯一の方法である[51]ということが主張された。またより具体的に，女性が政府に対して意見を述べられないということは女性が政治的には奴隷であることを意味する[52]ということや，女性が投票権を得ることによって，工場で労働者として働いている女性が同等の仕事に対して同等の賃金を獲得できるようになる[53]ということも指摘された。

第3項　本修正案に反対する者の主張

本修正案に反対する者は次の点を主張した。

まず本憲法修正案と連邦制度との関係からは，連邦と各州との関係の観点から，選挙人の資格要件を決定する権限は州が有しており連邦は有しておらず，もし連邦が選挙人の範囲を拡大する権限を有しているとするならば，逆にそれを縮減する権限も連邦は有していることになり，結果として，場合によっては，連邦政府によって平等選挙が否定される可能性も認められることになる可能性がある[54]ということが指摘された。また各州相互間の関係の観

48　*Id.,* at 4281 (Sen. Sherman).

49　*Id.,* at 4275 (Sen. Owen). Owen 議員は，この理由として，女性は，不公正で，堕落した議員を支持することはないから，としている。

50　*Id.,* at 5088 (Sen. Gronna).

51　*Id.,* at 4194 (Sen. Clapp).

52　*Id.,* at 4959 (Sen. Poindexter).

53　*Id.,* at 4273 (Sen. Owen).

54　*Id.,* at 4211 (Sen. McCumber) ; *Id.,* at 4214 (Sen. Williams) ; *Id.,* at 4336 (Sen. Pomerene); *Id.,* at 5091 (Sen. Lee). McCumber 議員は，連邦憲法をその定める手続に

点からは，連邦憲法の修正によって，他州がある州に対して女性の投票権を認めるように強制すべきではない[55]と主張された。なおこの点については，連邦議会あるいは憲法修正に必要とされる数の州の同意によって，当該州の男性も女性も望んでいない女性投票権の実現を各州において実現せしめるべきであるかどうかは問題である[56]ということも指摘されている。またこの点に関連してさらには，女性自身が投票に関心を有していない州がある状況においては，女性の投票権の問題は各州において決定されるべきである[57]ということも主張された。

　次に女性の社会的役割等との関係では，女性の家庭における役割との関係から，女性は選挙に参加するよりも，子供を養育し家事を行う方がこの国にとってはよりすばらしい効果がもたらされる[58]と主張された。またこの点に関しては，この憲法修正提案は，家事と子供の養育が女性の領域であり，政治とビジネスは男性の活動領域であると信じている女性に対する攻撃である[59]という意見も示された。

　また女性と政治制度との関係の観点からは，まず一般的に政治的権利との関係では，政治的権利と市民的権利は異なるものであり，市民的権利を剥奪することは不公正であるが，政治的権利を保有しないことは利益になること

　　従って改正することにより選挙権に関する規定をおく権限が連邦に存在することは認めているが，道義的にそれが望ましくないという点から，本文紹介の見解を述べている。また同時に同議員は，修正第15条について，南北戦争の解決のためにはこのような憲法修正が必要であったことを認めつつも，同様の必要性が女性投票権の問題については存在しないとしている。cf. *Id.*, at 4212.

55　*Id.*, at 4900 (Sen. Thornton) ; *Id.*, at 5103 (Sen. Oliver).

56　*Id.*, at 4147 (Sen. Works) ; *Id.*, at 4197, 4200 (Sen. Bryan). Bryan 議員の発言によれば，この時点で Wyoming 州（1869 年），Colorado 州（1893 年），Idaho 州（1896 年），Utah 州（1896 年），Washington 州（1910 年），California 州（1911 年），Oregon 州（1912 年），Kansas 州（1912 年），Arizona 州（1912 年）においてはすでに女性の選挙権が認められていた（*Id.*, at 4198）。

57　*Id.*, at 4338 (Sen. Vardaman). Vardaman 議員は，同時に，その他の点については各市民の居住する州により市民の投票する権利に関する事項は決定される，という趣旨の文言を付け加える本憲法修正案に対する修正を提案している（*Id.*, at 4339）。この提案は否決された（*Id.*, at 5106）。

58　*Id.*, at 4145 (Sen. Martine of New Jersey).

59　*Id.*, at 4203 (Sen. Bryan).

228 第6章 女性と合衆国市民権──合衆国市民権の発展

もある[60]という考え方が示された。次に課税権限との関係では，もし代表なく課税される状況に財産を有する女性が投票できないことが該当するとするならば，年少者，非居住者，帰化していない者，いくつかの州で財産を所有する者が投票できないこともそれにあたることになる[61]ということが指摘された。

　さらに女性の投票権を認めることの効果との関係では，女性が投票権を有する州において，女性が投票権を有することにより制定されたとされる良い法律と同様のものが，女性に投票権を認めていない州においても制定されている[62]，ということが指摘された。

　なお政治制度に関する女性の意識との関係では，女性の大半が投票権を保有し，それを行使することを望まないのならば，大半の女性が投票権を求めるようになるまではそれを認めるべきではない[63]，という見解も示された。

第4項　採決の結果

　最終的に本憲法修正案は，1914年3月19日，憲法修正を提案するのに必要な3分の2の投票を得られずに，否決された[64]。

60　*Id.,* at 4201 (Sen. Bryan).

61　*Id.,* at 4201 (Sen. Bryan).

62　*Id.,* at 4336 (Sen. Pomerene).これに対しては，Borah議員が，何年もかけてその成立にむけて努力されながら制定されないできた法律が，女性投票権が成立したのとともに制定されたという実例があることから，女性投票権の有効性を指摘した（*Id.,* at 4337）。しかしながらこの指摘に対してPomerene議員は，これは単に男性・女性両方が向上し，それらの法律の制定を望むようになったことを意味するに過ぎず，女性がそれを推進したことは意味しない，反論している（*Id.,* at 4337）。

63　*Id.,* at 4214 (Sen. Williams).Williams議員は，性別と道徳の問題は無関係であり，女性投票権が認められたとしてもよい政府が悪くなるわけではなく，また悪い政府がよくなるわけでもないとしている（*Id.*）。また同議員は，投票権は精神障害の有無等により制約され得る特権であって，権利ではないということを指摘した上で，Mississippi州を例として，同州は同州において投票する者を決定する権限があり，それに際しては投票することを求める個人の利益よりも，州の利益，あるいはそこに存在する共同体の利益を勘案する権限を同州は有していると述べている。

64　*Id.,* at 5108.

第2節　修正第19条の制定過程　**229**

第3款　1915年の連邦議会下院における議論

1915年下院において，女性に投票権を拡大することを求める憲法修正に関する議論がなされた[65・66]。この際に提案された憲法修正案は，第1節で連邦及び州が合衆国市民の投票権を性別に基づいて否定することを禁じ，第2節で連邦議会の執行権限を定めるものであった[67]。

第1項　憲法修正提案に賛成する者の主張

この憲法修正案に賛成する者は次の点を主張した。

第一に本憲法修正案と女性の性質との関係で，まず女性の資質と投票権の関係という観点からは，女性が投票権を行使するのに適切な資質を有していないということはない[68]という意見や，投票権を行使することによって，女

65　この議論は第63回連邦議会第3会期になされた。その前の第2会期においても，同様に下院において女性に投票権を拡大する憲法修正がMondell議員によって提案された（cf. 63-2 Cong. Rec. App. 856 (1914)）が，記録上本憲法修正提案についてはいくつかの発言があったのみとなっている。

　　また第2会期においては，女性投票権に関するいわゆるShafroth-Palmer憲法修正提案が出されている（cf. Hayden議員の第63回連邦議会第3会期での発言。63-3 Cong. Rec. app. 149 (1915). なお，本憲法修正案と同様の案が同時期に上院にも提案されているが（63-2 Cong. Rec. 5162 (1914)），実質的な議論はされていない）。Hayden議員の発言によれば，同憲法修正提案は，各州において直近の選挙における有権者の8パーセントを超える者が，女性投票権を認めることの可否を当該州の州民に諮ることを請願した場合には，当該州はそれを自州の州民に諮り，その結果賛成数が多数を占めた場合，当該州の従前の法にかかわらず，女性に投票権を認めなくてはならないとするものであった。記録上本憲法修正案に関する議論は存在しなかった。

66　なお，このときの議論のなかで，Mondell議員の発言においては，ノルウェー等の女性投票権を採用している国の状況，合衆国加盟州のうち女性投票権を採用している州に関する採用までの歴史，女性投票権の行使状況並びにその立法への影響，等をまとめたものが発言記録としてCongressional Recordに登載されている（Id., at app. 95）。また，Raker議員の発言においても同様に，女性投票権を認めている合衆国加盟州及び外国の関係法条等をまとめたものが発言記録としてCongressional Recordに登載されている（Id., at app. 457）。

　　さらに，この点に関連して，本憲法修正案に関するこのときの下院における議論のうち，主要な発言をまとめたとするものが，Mott議員の発言としてCongressional Recordに登載されている（Id., at app. 654）。

67　63-3 Cong. Rec. 1420. なお，本憲法修正案については，その前文の部分に関する若干の修正案がCullop議員からだされた（Id., at 1430）。

230　第6章　女性と合衆国市民権——合衆国市民権の発展

性が女性らしさを失うことはない[69]，あるいは，女性が政治にかかわること
によってその品格が低下するということはなく，むしろ，女性が政治に参加
することによって，政治が品性のあるものとなる[70]という意見が述べられた。
またこの点については，女性は市民であることの基礎として求められる知性
と徳義を有しており，これらを政府にかかわる問題において活用する機会が
女性に与えられるべきである[71]という見解も示され，さらに具体的な意見と
しては，女性に投票権を認めることによって，教育を受けた投票権者の数を
増加させることができる[72]ということも指摘された。

　なお以上の見解に関連して女性が投票権を認められることによって堕落す
るという意見に対して，なぜ市民として最も価値のある権利を行使すること
が女性を堕落させることになるのかが説明されていないということが指摘さ
れ，さらには，逆にもし政治にとって女性があまりに高貴であるとするなら
ば，それはむしろ政治が間違っていることを意味するのであり，女性の影響
によってそれを正していくことこそがむしろ必要である[73]という意見が主張
された。

　次に，女性には政治の経験がないので投票権を認めるべきではないという
意見については，男性はその経験を，政府に対して意見を述べる等の機会を
生かしていくことによって得たのであり，女性が求めているのもその経験を
得る機会である[74]と主張された。

68　*Id.,* at 1471（Rep. Volstead）；*Id.,* at 1474（Rep. Hobson）；*Id.,* at 1477（Rep.
　　Evans）；*Id.,* at 1481（Rep. Cullop）；*Id.,* at app. 457（Rep. Raker）。ここで Volstead 議
　　員は，女性の教育水準の高さを指摘している。

69　*Id.,* at 1433（Rep. Stephens of California）。

70　*Id.,* at 1469（Rep. Relly of Connecticut）；*Id.,* at 1479（Rep. Evans）；*Id.,* at 1481（Rep.
　　Cullop）。

71　*Id .,* at 1461（Rep. Farr）。

72　*Id.,* at 1435（Rep. Bell of California）；*Id.,* at 1442（Rep. Henry）；*Id.,* at 1442（Rep.
　　Abercrombie）。ただし，Abercrombie 議員は，実際の投票においては，反対票を投じ
　　ている（*Id.,* at 1484）。
　　　なおここで Bell 議員は，少年に比べて少女の高校卒業数が多いこと，公立学校教員
　　の 85 パーセント以上が女性であること，を指摘している。

73　*Id.,* at 1411（Rep. Kelly）。ここで Kelly 議員は，女性が政治にかかわることで堕落す
　　るよりもむしろ，女性によって政治が向上することになるだろう，と述べている。

74　*Id.,* at 1411（Rep. Kelly）。

なおこれらの意見の外に，そもそも合衆国においては，女性が投票権を必要とするのと同時に，合衆国も女性の投票権を必要としている[75]という理解も示された。

第二に女性の社会的役割等との関係では，まず男性と女性との関係，あるいは女性と家庭との関係との関連では，女性は男性と社会的活動において平等なのであるから，この国の法の形成・執行においても平等であるべきである[76]という意見がだされた。この意見についてはさらに家庭等との関係の観点から，女性が投票権を有することによって家庭が壊れるということはない[77]，また，女性の活動領域は家庭にあるという見解があるが，かつて家庭で行われていたことは社会において行われるようになってきており，それに応じて政治は直接的かつ積極的に家庭の安全，効率性，そして幸福のために行動しなくてはならなくなってきていることから，投票権なしには女性が家族を守り，家庭を発展させることは不可能な状況にある[78]という意見もだされた。

なお女性に投票権を認めることの積極的な効果として，投票権を得ること

---

75 *Id., at* 1410 (Rep. Kelly) ; *Id., at* 1462 (Rep. Hayes). ここで Kelly 議員は，その具体的な例として次の点を指摘している。

- 合衆国は知性のある，教育を受けた者の投票が必要であるが，少年よりもより多くの少女が高校あるいは大学を卒業している。
- 合衆国は生来的投票権者による投票が必要であるが，この国には，129 人の外国生まれの男性に対して 100 人の外国生まれの女性がいる（つまり，女性の投票権を認めることにより，相対的に生来的投票権者を増加させることができる，という指摘と思われる（筆者注）。なお，この点に関連して Abercrombie 議員は，外国生まれの女性の 10 倍の生来的市民である女性がこの国には存在する，と指摘している。*Id., at* 1442)。
- 合衆国には法を尊重する者の投票が必要であるが，女性には，犯罪者や反道徳的な者は少ない。
- 合衆国は略奪する権利（right to plunder）よりも，人道的権利（rights of humanity）を尊重する者の投票が必要であるが，女性はその本性として，人間の生命を保存し，それを保護することに特別な関心を有している。

76 *Id., at* 1445 (Rep. Madden).

77 *Id., at* 1436 (Rep. Bell of California) ; *Id., at* 1446 (Rep. Towner) ; *Id., at* 1462 (Rep. Hayes).

78 *Id., at* 1442 (Rep. Abercrombie). ただし，Abercrombie 議員は，実際の投票においては，反対票を投じている（*Id., at* 1484)。

232　第6章　女性と合衆国市民権——合衆国市民権の発展

によって女性が政治に関する知識を得るようになり，それは子供や配偶者に良い影響を与える[79]という意見も出された。

　次に女性と社会との関係では，一般的には，課税に性差がなく，刑罰に性差がなく，商業活動あるいは工場労働に性差がなく，教育に性差がないとするならば，投票において性差に基づく差別がある理由はない[80]という意見が述べられた。また社会構造の発展との関係では，女性の産業への進出は進んでおり，それに伴って，働く諸条件の形成に女性が参加しなくてはならないとする要請は強まっている[81]ということが指摘された。またさらに，男性にとって仕事上のパートナーであり，共同体における後援者であり，家庭における同志である女性に，社会的，政治的，経済的状況の継続的改善のための協力を求めることは望ましい[82]という意見や，平等な投票権を有することによって，男性と女性が平等の条件の下で活動することになり，それによって商業，社会，宗教生活において，男性と女性の間における調和，互助関係，効率性を得ることができる[83]ということが主張された。

　第三に本憲法修正案と政治制度との関係では，まず，女性は「人民」であり，「人民」が政府の形体を変更することができるとするならば，女性もまた政府に対してその意見を述べられなくてはならない[84]ということが主張された。また，これまで男性の政府によって解決されなかった問題を解決するためには，両性が有する知性，良識，愛国心が必要である[85]ということも指摘されている。さらにこれに関連して本憲法修正案の効果として，女性に投票

---

79 *Id.,* at 1462 (Rep. Farr) ; *Id.,* at 1474 (Rep. Hobson).

80 *Id.,* at 1442 (Rep. Abercrombie). ただし Abercrombie 議員は，実際の投票においては，反対票を投じている（*Id.,* at 1484）。また同議員はここで，性別ではなく，知性によって市民権（に付随する権利）の享有の有無を決めるべきではないか，としている。

81 *Id.,* at 1445 (Rep. Madden).

82 *Id.,* at 1448 (Rep. Barnhart).

83 *Id.,* at 1442 (Rep. Abercrombie). ただし，Abercrombie 議員は，実際の投票においては，反対票を投じている（*Id.,* at 1484）。

84 *Id.,* at 1415 (Rep. Hulings). ここでさらに Hulings 議員は，男性と女性には等しく固有の権利が認められ，また「政府の権力の正当性は，被治者の同意に依る。」ということが認められるのにもかかわらず，政府がその被治者が同意もしくは不同意を示すことを拒否するならば，それを改革ないしは廃することは人民の義務であるとしている。

85 *Id.,* at 1442 (Rep. Abercrombie). ただし，Abercrombie 議員は，実際の投票においては，反対票を投じている（*Id.,* at 1484）。

権を与えることによって，我々の自由な政治機構の基礎を強化することができる[86]という意見や，この憲法修正案によって，良い政府，良識，そして正義が実現されることになる[87]という意見が述べられた。

　次に民主主義制度との関係では，女性に投票権を与えることは，この国の市民の半数に正義を与えることを意味する[88]ということが指摘され，また，投票する資格・能力のある人民の半数がその責任を果たさず，また，そのことで適切な保護を与えられていない状況においては，理念としての民主主義を実現することはできない[89]ということが主張された。さらにこの点に関しては，この憲法修正案は，政府を個人により接近させるという意味で，民主主義の次への発展の過程であり，もし男性投票権者が，政府により深く関与することにより，この国の発展に寄与し，その発展による恩恵を享受するのならば，等しく知性的で能力のある，法的にも平等な女性もまたそうならなければならない[90]ということも主張された。

　以上の他に財産権や課税等に関する政府の権限との関係では，財産を有する者は，男性・女性にかかわらず，同じ基礎のもとで，その代表を得なくてはならず，また，税金を支払う者は，その税金の額及び使途について意見を述べられなくてはならない[91]という意見や，財産を保護する法律に関して夫や父と同様の能力と利益関係を有する妻や母が，その法律に関する意見を述べることは認められないことではない[92]という意見が主張された。

　第四に本憲法修正案と実際の政治状況との関係では，まず，女性と実際の投票権行使との関係では，女性は投票権を得ることを望んでいないので女性

86　*Id.*, at 1475 (Rep. Hobson).

87　*Id.*, at 1415 (Rep. Murdock)；*Id.*, at 1445 (Rep. Madden)；*Id.*, at 1461 (Rep. Farr).
　　Murdock 議員はここで，女性投票権が実現されている州の議員は，それによって家庭が損なわれたということはなく，また，それによって投票者の向上が図られた，ということを証言できるだろう，と述べている。

88　*Id.*, at 1475 (Rep. Hobson).

89　*Id.*, at 1442 (Rep. Abercrombie)；*Id.*, at 1463 (Rep. Gorman)；*Id.*, at 1477 (Rep. Sabath). ただし，Abercrombie 議員は，実際の投票においては，反対票を投じている（*Id.*, at 1484）。

90　*Id.*, at 1415 (Rep. Murdock)；*Id.*, at 1462 (Rep. Gorman).

91　*Id.*, at 1435 (Rep. Bell of California).

92　*Id.*, at app. 102 (Rep. Cline).

234 第6章 女性と合衆国市民権——合衆国市民権の発展

に投票権を与えるべきではないという意見があるが，投票権を得ることを望んでいない者がいることによって，それを得ることを望んでいる者にそれを与えないというのは問題であり，女性の一部は，男性の一部がそうであるように，投票しないかもしれないが，そのことが，男性と同様に女性にも市民権に付随する権利が享有されるべき，という原則を変えるものではない[93]ということが主張された。

　また実際の政治問題との関係では，現在我々が直面している問題のいくつかは，男性よりも女性が関心を持つ事項であるので，女性が立法あるいはその執行にかかわることは公共の福祉にもかなう[94]ということが指摘されている。

　なお投票権と公務の関係の観点からは，まず，女性が投票権を行使することが認められるのならば，女性は公務にも就くことが認められなくてはならないとする見解があるが，多くの男性は投票するのみで公務に就くことはないが，それで特に問題はなく，また多くの公務は女性であっても執行できるものであり，正義の観点からは，男性による公務の独占は許容されるべきではない[95]ということが主張された。さらにこれに関連して，そもそも女性が投票権を得たいのならば，それらの者は政治的義務を果たし，戦争に行かなくてはならないとする見解があるが，兵役等に不適格な男性であっても投票をしており，また警察活動の一部は女性によっても行われていて，さらに戦時においては兵士と同様に看護婦も必要であることが指摘できる[96]という意見も述べられた。

　第五に女性の権利保障との関係では，まず，女性は市民であり人民（people）の一部であって，その代表を選出するのに参与する権利を有し，そのも

93　*Id.,* at 1411 (Rep. Kelly)；*Id.,* at 1442 (Rep. Abercrombie). ただし，Abercrombie 議員は，実際の投票においては，反対票を投じている（*Id.,* at 1484）。

94　*Id.,* at 1472 (Rep. Fess).

95　*Id.,* at 1442 (Rep. Abercrombie). ただし，Abercrombie 議員は，実際の投票においては，反対票を投じている（*Id.,* at 1484）。この点に関して Sabath 議員は，州における経験においては，女性が公職に就いた場合，それらの女性が適切にその業務を果たしたというばかりでなく，当該公共体の利益も図られる形でそれがなされた，と述べている（*Id.,* at 1477）。

96　*Id.,* at 1442 (Rep. Abercrombie). ただし，Abercrombie 議員は，実際の投票においては，反対票を投じている（*Id.,* at 1484）。

とで生活を送りそれに従うべき法を形成するのに参与する権利がある[97]という意見や，この政府を形成する原理，個人主義の発展，そして女性の尊厳に基づいて，女性投票権は，供与されるものとしてではなく，固有の権利として認められるべきである[98]ということが主張された。さらに固有の権利という点からは，個人固有の権利は，女性にも保障されなくてはならず，いかなる者も女性に関する立法において女性を代理することはできない[99]ということが指摘され，また投票権の重要性という点からは，投票権は固有の欠くことのできない権利であって，市民の防衛のための武器であり，女性は男性と同様に，それにより自己を守る権利を有している[100]ということが主張された。

　次に男女の相違との関係では，男性のみに投票権を認めることは，人口の半分を，その同意なしに，男性の支配下におくことを認めることになる[101]という問題点が指摘された。またさらに，すべての州は，ある合衆国市民が偶

97　63-3 Cong. Rec. 1409 (Rep. Kelly) ; *Id.,* at 1445 (Rep. Madden).

98　*Id.,* at 1415 (Rep. Huling).この点に関連して Cramton 議員は，ある個人が政府に参与する権利は，いかなる場合においても，その他の者がその権利を行使することを希望するかどうかによるものではなく，また，この権利は集団に対して保障されるものではなく，個人の権利であると指摘している（*Id.,* at 1460）。

99　*Id.,* at 1435 (Rep. Bell of California).ここで Bell 議員は，唯一投票によってのみその法に従う人民が立法に意見を述べられることから，投票権の平等のない代議制は成立し得ない，と指摘し，投票権に対する制限は，貴族政治を招来する，としている。また同議員は，子供の福祉，女性の保護，公衆衛生，道徳に関する立法ないし改革は，女性の影響が強いが，間接的にしかその影響力を行使できておらず，むしろ直接的にその意見を示せるようにするのが望ましいとし，さらに，女性は女性的な方法により，公的問題にかかわることができ，むしろ女性が女性としての意見を述べることは望ましいことだ，としている。

100　*Id.,* at 1453 (Rep. Baily) ; *Id.,* at 1468 (Rep. Keating).ただし Baily 議員は，投票においては反対票を投じている（*Id.,* at 1483）。またここで Keating 議員は，独立宣言で明らかなように投票権は自然的権利であり，それなくしてはその他の権利を保障することのできない権利である，と述べている。

101　*Id.,* at 1437 (Rep. Bryan).ここで Bryan 議員は，女性に投票権を認めていない状況が共通の福利を発展させる，あるいは被治下におかれている女性が自己統治に適していないというのならば，このような状況は認められるが，女性は道徳的にもまた教育的にも発展した状況にあり，また統治を行う男性の母であり姉妹であるのであるから，このようなことは認められないと述べている。

236 第6章 女性と合衆国市民権——合衆国市民権の発展

然に女性であるという理由により，その投票権を剥奪するべきではない[102]という主張がなされ，加えて，男性が投票権を認められるのと，全く同じ理由で，女性にも投票権が認められるべきである[103]という意見も述べられた。

また，女性による実際の権利行使との関連では，女性に投票権を与えることは，その父あるいは配偶者の投票を倍増することを意味するという意見があるが，それでもなお，女性はその自らの利益を確保するために投票権を持つ必要がある[104]という主張がなされた。なおこの点については，女性は男性を通じて間接的に，法の形成・執行に影響を与えているという見解があるが，間接的にではなく，直接的にそれがなされることが重要である[105]という意見も主張された。

さらに投票権の効果との関係では，社会あるいは国家が女性にとって有用とするためには，女性に投票権が与えられるべきである[106]ということが述べられ，さらに，女性が投票権を得ることによって，男女間の賃金格差を是正

102　*Id.*, at 1418 (Rep. Lafferty).

103　*Id.*, at 1429 (Rep. Taylor of Colorado)；*Id.*, at 1435 (Rep. Bell of California)；*Id.*, at 1460 (Rep. Cramton)；*Id.*, at 1477 (Rep. Evans). ここで Taylor 議員は，投票権に対する女性の自然的権利は，男性のそれと同一であり，全く同じ理由にその根拠がある，と述べている。

104　*Id.*, at 1411 (Rep. Kelly). この点に関連して Murdock 議員は，女性投票権が認められている州において，女性が男性に従って投票しているのではなく，女性に従って男性が投票している状況が見受けられる，と指摘している（*Id.*, at 1414）。

105　*Id.*, at 1442 (Rep. Abercrombie). ただし，Abercrombie 議員は，実際の投票においては，反対票を投じている（*Id.*, at 1484）。ここで同議員は，この点に関し具体的に次の点を指摘している。
  ・男性は女性の代理として投票することを望まない場合もある。
  ・被治者の同意のない政府は，専制的である。

106　*Id.*, at 1452 (Rep. Seldomridge). Seldomridge 議員はここで，単に女性として期待される責務を果たすことが期待されるだけでなく，女性自身が自らと彼女たちに依存している者を保護するために，男性との精神的及び肉体的競争に耐えることが女性には求められており，もし国がこのような状況にある女性を保護しないのなら，このような状況を変えることができるように，少なくとも投票権は与えられなくてはならない，としている。また同議員は同時に，多くの国家においてその基礎が脆弱化している状況においては，米国においてもその新しい国家の基本原理を強化する必要があり，そのためにはこの国の男性のみならず女性の協力も必要であり，そこでの努力は男性と女性の互助の中で行われなくてはならない，とも述べている。

することができる[107]ということが指摘されている。

第六に連邦制度との関係では，まず，州の権限あるいは州の現実の状況との関係では，女性の投票権の問題に関して州の権限は決定的な要素であるとは思われず，また各州は，他の州で有益な社会的平等の状況を実現できないほどに，社会的条件あるいは文明化の度合いの格差があるとは思えない[108]という意見が出された。またこれに関連して，そもそも本憲法修正案により，州は男性市民に限定して投票権を付与することができなくなるだけで，その他の理由による統制をする権限を失うわけではないので，州の権限が侵害されるということはない[109]という点も指摘された。

第2項　反対する者の主張

この憲法修正提案に反対する者は，次の点を主張した。

第一に本憲法修正案と州の権限との関係の観点からは，投票権に関する問題にかかる州の権限を取り去る憲法修正に賛成することはできない[110]とした。

第二に女性の性質と本憲法修正案との関係では，まず，本憲法修正案が女性に与える影響という観点から，女性に投票権を与えることは，女性を脱性別化（unsex）させ，冷酷な，計算高い，厳しさに直面する，口論の絶えない政治によって，優しい，愛らしい，親切心にあふれる母性を排除することに

107　*Id.*, at 1410 (Rep. Kelly).

108　*Id.*, at 1447 (Rep. Borland)；*Id.*, at 1460 (Rep. Cramton). ここで Cramton 議員は，合衆国の政治システムにおいては，連邦全域の福利に関する事項については連邦政府により扱われ，異なる扱いを必要とする地方の問題については，地方により扱われることとされているが，女性に関する事項については，特に政治に関与することに対する自然的権利に関しては，各州ごとに実質的な相違があるとは思われない，としている。

109　*Id.*, at 1451 (Rep. Seldomridge).

110　63-3 Cong. Rec. 1408 (Rep. Hobson)；*Id.*, at 1417 (Rep. Summners)；*Id.*, at 1421 (Rep. Webb)；*Id.*, at 1432, 1479 (Rep. Stafford)；*Id.*, at 1444 (Rep. Morgan of Louisiana)；*Id.*, at 1448 (Rep. Sisson)；*Id.*, at 1450 (Rep. Henry)；*Id.*, at 1453 (Hughes of Georgia)；*Id.*, at 1459 (Rep. Sloan)；*Id.*, at 1459 (Rep. Carter)；*Id.*, at 1461 (Rep. Mulkey)；*Id.*, at 1464 (Rep. Heflin)；*Id.*, at 1475 (Rep. Miller)；*Id.*, at 1479 (Rep. Lazaro)；*Id.*, at 1480 (Rep. Fields)；*Id.*, at app.118 (Rep. Gray of Indiana)；*Id.*, at app. 163 (Rep. Parker of New Jersey).

なる[111]という意見や，女性の政治参加は，女性を堕落させる[112]という意見が述べられた。またこの点に関連して，男性と女性との関係という観点からは，男性は常に女性の福利について考慮しており，女性が自らの福利について，男性が女性のために考える以上に，考えられるとは思えない[113]と主張した。

第三に本憲法修正案に対する女性の見解という観点からは，女性の多くは，女性投票権に反対している[114]ということが指摘され，また，女性投票権に反対する女性の中には，その家庭内での地位にもかかわらずすべての女性に投票権が付与されることによって，男性を尊重する米国の女性が現在有している地位が有害な影響を受けるという意見がある[115]と指摘した。なお投票権とその行使にかかわる義務との関係の観点からは，女性に投票権を与えるならば，女性はそれを行使する義務を負うことになるが，多くの女性はそれを望んでおらず，そのような状況の下では，女性に投票権を与えることを認めることはできない[116]という意見も出された。

111　*Id.*, at 1414 (Rep. Clark). Clark 議員は，キリスト教によれば，家庭の長は男性であり，女性は男性の協力者であって，女性に投票権を与えることは共和国の基礎にある夫婦関係に亀裂を生じさせ，また神が女性に与えた活動領域から，女性を離脱させる，と主張し，さらに，幸せな婚姻生活をしている女性は女性投票権に反対するだろう，としている（*Id.*, at 1414）。これに対して，Clark 議員に続いて発言した Murdock 議員は，アメリカの家庭は家父長制に基づくものではなく，パートナーシップであるとしている（*Id.*, at 1414）。

112　*Id.*, at 1414 (Rep. Clark)；*Id.*, at 1421 (Rep. Webb)；*Id.*, at 1436 (Rep. Moore)；*Id.*, at 1465 (Rep. Heflin).

113　*Id.*, at 1461 (Rep. Mulkey). ここで Mulkey 議員は，女性が投票権を行使するようになったならば，男性は女性に対して寛容でなく，忍耐強くなく，騎士道的な振る舞いもすることがなくなるため，女性がそのおかれている状況を改善することができなくなるであろう，としている。

114　*Id.*, at 1421 (Rep. Webb)；*Id.*, at 1449 (Rep. Henry)；*Id.*, at 1464 (Rep. Heflin). Webb 議員は，合衆国の 90 パーセント以上の母が女性投票権に反対しているだろう，と述べている。

115　*Id.*, at 1436 (Rep. Moore). Moore 議員はここで，母，妻，独身女性が政治にかかわる権利を有することは認めるが，それを行使することはすべての米国人がそれらの者に対してもつ尊敬の念を縮減することになるだろう，とし，そのような責任を女性に負わせることは，少なくとも女性の大半がそれを認めるまではできない，と述べている。

116　*Id.*, at 1479 (Rep. Fields).

第2節　修正第19条の制定過程　239

　第四に本憲法修正案と既存の政治制度との関係の観点からは，祖先は夫を頂点とする家族を政治権力の基礎構成単位としてこの国の政府を形成し，このシステムのもとでこの国は，物質的，社会的，政治的，宗教的な発展を遂げ，世界で最も優れた政府を形成したという事実があるので，このシステムを変える必要はない[117]ということが主張された。

第3項　採決の結果

　最終的に本憲法修正案は，その発議に必要な3分の2の投票が得られず，1915年1月12日，廃案とされた[118]。

第4款　1917年の連邦議会での議論

　1917年，第65回連邦議会第2会期の下院においてRaker議員により，女性の投票権を認めるための憲法修正提案が提出された[119]。本憲法修正案は，1918年1月10日下院で審議・可決され[120]，上院に送付された。上院においては，同年5月6日から審議が開始され[121]，10月1日まで断続的に議論がなされたが，最終的に憲法修正発議に必要な3分の2の得票がなく，廃案とされた[122]。その後さらに本案は継続審議とされたが[123]，次の会期の上院における採決においても，同様に3分の2の投票を確保できず，廃案となった[124]。

第1項　第65回連邦議会第2会期での下院における議論(1)──賛成の者の意見

　本憲法修正案に賛成の者は，次の点を主張した。

　第一に本憲法修正案と女性の性質との関係の観点からは，一方の性別に属する者が他方の性別に属する者の投票権を否定することが可能であるということには論理的に承服できない[125]という見解が示された。また，より積極的

117　*Id.*, at 1465 (Rep. Heflin).

118　*Id.*, at 1484.

119　65-2 Cong. Rec. 543. このときに提案された憲法修正案は，若干文言が異なるが，現行の連邦憲法修正第19条と同様のものである（cf. *Id.*, at 770）。

120　*Id.*, at 810.

121　*Id.*, at 6094.

122　*Id.*, at 10988.

123　*Id.*, at 11040.

124　65-3 Cong. Rec. 3062 (1918).

に女性の選挙権を擁護する立場からは，今日女性は，善良な市民であるための条件である教育，知性，品性を男性と同様に有しているので，真の民主主義，正義，平等に従い，女性に投票権を認めるべきである[126]という主張がなされた。なお投票権を得ることを望まない女性がいるという指摘との関係では，投票権を得ることを望む女性にそれを与えたところで，それが投票権を得ることを望まない女性に悪影響を与えることはない[127]ということが指摘された。

　第二に女性の社会的役割等との関係では，まず，女性はこれまで，平時・戦時にかかわらず，この国の発展に貢献してきているので，女性にも投票権が認められるべきである[128]ということが主張された。また具体的には，女性は男性と同様に，工場，戦地，商店等で民主主義のための戦いを遂行する政府に協力している[129]ということが指摘された。なおこの点についてはさらに，女性は戦時の重大な責務を果たしており，合衆国は男性に依存するのと同様に女性にも依存しており，さらに，女性はその愛する者達を自由と文明の維持のために送り出してもいて，このような状況下において国は，女性の投票権を否定することはできない[130]という主張も出された。

　第三に本憲法修正案と政治制度との関係では，本憲法修正案は，連邦政府

125　*Id.,* at 791（Rep. Treadway）.

126　*Id.,* at 802（Rep. Norton）.

127　*Id.,* at 780（Rep. Langley）.

128　*Id.,* at 789（Rep. Elliott）.

129　*Id.,* at 772（Rep. Raker）. ここで Raker 議員は，カナダ等においても女性は投票権を与えられ，徴兵制の実現等に女性は賛成し，戦争に協力している，と述べている。また同議員はこれに続いて，各国において女性投票権が認められつつある状況について，メキシコ，フランス等の例をあげ説明している（*Id.,* at 773）。さらにこれに続いて同議員は，開戦を宣言したのは州ではなく連邦であり，徴兵を行い，戦争税を課し，食料と燃料の統制を行っているのも連邦であって，また，女性に男性の代わりとなり，その財産，労働，その子供を供出するように女性に求めているのも連邦である，と指摘して，民主主義のための戦争を積極的に遂行しながら，それを自国において実現することに躊躇することはできないこと，外国で民主主義のために戦いながら，各州において（女性に投票権を認めないような：筆者注）我々の民主主義の理解を認めることはできないこと，男性に代わる，国家に忠誠を尽くす女性の投票権の問題は国家的関心事項であること，を主張している。

130　*Id.,* at 796（Rep. Gallagher）.

の基礎をなしている権利の平等の根幹を実現するためのものである[131]という意見が述べられた[132]。

第四に本憲法修正案と実際の政治状況との関係では，まず，劣悪な居住環境，優良な食料，生命あるいは健康の維持，商業的不道徳，劣悪な労働環境等にかかわる問題については，家庭に対する影響の観点から，これらの問題について考える女性の協力が必要であるという点で，連邦は女性の投票を必要としている[133]という見解が示された。次に他国との比較との観点からは，女性投票権を認めるかどうかは，すべての人類にかかわる自由と正義に関する我々の信義に対しての試練であって，もし合衆国を除くすべての英語圏の諸国において女性投票権が認められ，合衆国においてのみ女性に対する正義が実現されなかったとするならば，それは明白な失策であり，言語道断の不当な行為である[134]ということが主張された。

第五に女性の権利保障との関係では，まず，社会の変化により，女性は自身の財産を管理し，日常の事項に関する行為の自由を認められてきているので，その必然的な結果として，政治に参加することが認められなくてはならない[135]という主張がなされた。またこの点に関連して，女性が求めているのは，正義を否定されながら与えられる騎士道的精神や敬意ではなく，自らを保護するための投票権である[136]ということが主張された。

131　*Id.,* at 769 (Rep. Kelly of Pennsylvania). ここで Kelly 議員は，女性投票権が認められている州において女性は投票が可能で，自らを保護することができるが，それが認められていない州においては，それができず，このような状況が不公正であることは明らかである，としている。

132　また憲法修正手続を尊重するという立場からは，連邦憲法の定めるところに従い，それが望まれるときには連邦憲法が修正され得るようにするために，本憲法修正案の発議に賛成するという意見も出されている。*Id.,* at 790 (Rep. Powers). ただし Powers 議員はここで，自身は女性投票権に賛成でも，反対でもない，と言明している。

133　*Id.,* at 769 (Rep. Kelly of Pennsylvania).

134　*Id.,* at 788 (Rep. Taylor of Colorado). ここで Taylor 議員は，女性投票権の実現に賛成する理由を，それが正義にかなうこと，女性投票権が実現されている各文明国において，女性がそれを賢明に行使していること，とまとめている。

135　*Id.,* at 788 (Rep. Lehlbach). ここで Lehlbach 議員は，女性投票権に反対している者は，女性投票権に反対しているのではなく，現実の社会状況の変化によって，女性投票権の実現が不可避となっていることを認めようとしないのである，と指摘している。

136　*Id.,* at 791 (Rep. Mays).

242 第6章 女性と合衆国市民権——合衆国市民権の発展

なお女性自らの認識との関係では，公的な問題に対する女性の行動により，また，女性の大半がそれを望むことを示すことにより，投票権を行使することを望む意思を示すのならば，それは認められるべきである[137]という意見が出された。

第六に連邦制度との関係では，提案されている憲法修正案は，投票する権利を性別により州が制限することを禁じるものであって，投票権を女性に与えるものではない[138]という理解や，本憲法修正案は，投票権者の資格を決定するものではなく，州において存在している男性に対する資格要件と同様のものが，女性に課されることを認めている[139]という意見が出された。またこの憲法修正案が与える効果として，連邦憲法の修正により女性投票権を実現することによって，女性投票権が認められている州から，それが認められていない州に移転した女性が投票権を失うというような状況を防ぐことができる[140]ということも指摘された。

第2項　第65回連邦議会第2会期での下院における議論(2)——反対の者の意見

本憲法修正案に反対の者は次の点を主張した。

第一に女性の性質あるいはその社会的役割と，本憲法修正提案との関係の観点からは，まず，女性の性質との関係で，女性に投票権を与えることにより，女性を，すべての人類の共通理解のもとで文明化の当初より占めているその誇るべき地位から引き下げることになる[141]という意見が出された。なおこの点に関連して男性と女性の関係の観点からは，もし女性が男性あるいは男性の作った法から自らを保護するために投票権を保有することを望み，また男性と全く等しく政府に関する事項に関与するならば，男性に与えられるのと同等以上の法による特別の保護を受けることはなく，また，婚姻を理

137　*Id.*, at 791（Rep. Treadway）.

138　*Id.*, at 767（Rep. Campbell of Kansas）；*Id.*, at 786（Rep. Blanton）.

139　*Id.*, at 772（Rep. Raker）；*Id.*, at 806（Rep. Barkley）. ここで Raker 議員は，自らにその責任のない女性であるという事実により，女性は政府に関与するという特権を否定されている，と指摘している。

140　*Id.*, at 804（Rep. Gallivan）.

141　*Id.*, at 782（Rep. Clark of Florida）. Clark 議員は，女性は知的には，時として男性に勝ることもあるくらい，男性と同等であるが，家庭生活においてその能力が最も発揮される，としている。

由に与えられている法上の保護は廃止されることになる[142]ということが指摘された。

また女性の政治へのかかわりと女性の責務との関係では，女性は政治にかかわることによって，それまで果たしてきた責務を放棄せざるを得ないことになるか，もしそうでないとしても，新たな責務を課されることになるが，それは不公正であって，また，それによって女性が自らの責任を不十分にしか果たせない状況を招く原因ともなり，結果として国家も損害を被ることになる[143]という見解が示されている。なお具体的に家庭との関係では，もし戦争終了後に女性の経済的地位が男性のそれと同等な程度に向上し，女性に投票権が与えられるようになるとするならば，社会構造は崩れ，社会の基本構造である家族も崩壊することになることが予測される[144]ということも指摘されている。

第二に政治制度・政治状況と本憲法修正案との関係では，国家の強さは男性の強さに依存しており，歴史学，生理学並びに心理学的に女性に男性と平等の政治的権利を与えることは，男性の能力の劣化を招くことが示されていることから，今次の大戦に勝利するためにも，また，国家の将来の存続を確保するためにも，本憲法修正案には賛成できない[145]ということが主張された。

第三に連邦制度との関係では，まず，州の権限との関係では，選挙民を決定する権限を州から喪失せしめるための連邦憲法の修正に賛成することはできない[146]ということが主張された。またこれに関連してより具体的には，本

---

142 *Id.,* at 785（Rep. Clark of Florida）. ここで Clark 議員は，人間としての権利を主張しながら，女性としての特権を主張することは許されない，としている。

143 *Id.,* at 782（Rep. Clark of Florida）.

144 *Id.,* at 787（Rep. Gray of New Jersey）.

145 *Id.,* at 787（Rep. Gray of New Jersey）.

146 *Id.,* at 765（Rep. Moon）; *Id.,* at 783（Rep. Clark of Florida）; *Id.,* at 789（Rep. Small）; *Id.,* at 794（Rep. Stafford）; *Id.,* at 797（Rep. Heflin）; *Id.,* at 799（Rep. Ramsey）; *Id.,* at 799（Rep. Mansfield）; *Id.,* at 800（Rep. Gard）; *Id.,* at app.49（Rep. Harrison）; *Id.,* at app.50（Rep. Mansfield）. ここで Moon 議員は，州から選挙民決定権限を奪うことは，完全かつ無条件に州の主権を収奪することである，と述べている（ただし Moon 議員は，各州が女性に投票権を付与することには反対しない，としている（*Id.,* at 766））。同様に Stafford 議員は，本憲法修正案によって，それを望まない州において女性投票権を実現することは，投票権に関して当該州政府を自律的に構成する

244 第6章 女性と合衆国市民権——合衆国市民権の発展

憲法修正によって，それに賛成しない州は女性に投票権を認めることを強制
されるばかりではなく，その影響は，税法，学校法，個人財産の配分にかか
わる法，その他の当該州において有効である古くからの，連邦形成以前から
ある法を連邦憲法の修正により変更するというところまで及ぶことにな
る[147]という懸念も表明された。

　なお投票権と州の権限の関係の観点からは，投票権は権利ではなく，特権
であり，州の判断により付与されることも，また喪失せしめることも可能な
ものであり，女性は投票権を剥奪されたのではなく，与えられていないだけ
である[148]という意見も出された。またより端的には，自らを選出した選挙民
が女性投票権に賛成していない[149]ということも考慮されていたことも示さ

　　権利を侵奪するものであるとしている（*Id.,* at 795）。
　　　ここで Clark（Florida），Small，Gard 議員は，自らの主張の根拠として，連邦憲法
　　第1条第2節（下院議員の選挙人資格）を参照し，Gard 議員はさらに修正第10条（州
　　または人民に留保された権限）を参照している。また，Clark 議員は，修正第14条，
　　第15条について，これらの条文は，州がある種の人々の投票権を否定した場合，連邦
　　議会が当該州に対する下院議員の配分を削減できるとしたに過ぎない，としている。

147　*Id.,* at 776（Rep. Gordon）。ここで Gordon 議員は，もし，連邦憲法制定当時連邦加
　　盟州の4分の3の州が，連邦憲法の修正により，純粋に各州の問題である事項に対し
　　て何らかの権限を行使できるとしていたならば，連邦憲法は成立しなかったであろう，
　　と指摘している。

148　*Id.,* at 781，782（Rep. Clark of Florida）.

149　*Id.,* at 775（Rep. Gordon）；*Id.,* at 778（Rep. Moore of Pennsylvania）；*Id.,* at 779
　　（Rep. Kearns）；*Id.,* at 790（Rep. Lufkin）；*Id.,* at app. 43（Rep. Dallinger）. この点に関
　　連して，Moon 議員は，本憲法修正案賛成者の中には，本憲法修正案反対者もまた同様
　　の立場にあるような理解をする者がいるが，それは間違いであり，それに賛成してい
　　る選挙民を代表している者は賛成し，それに反対している選挙民を代表する者は反対
　　するのは，代議制の理念に照らして，正当なことである，としている（*Id.,* at 766）。
　　　またこのほかに，Kearns 議員（*Id.,* at 779）と Stevenson 議員（*Id.,* at 797）は，自ら
　　の属する政党の綱領で，女性投票権の問題は州によって扱われるべき問題であり，連
　　邦において扱われる問題ではない，とされており，それが変更されるまでは，本憲法
　　修正案に反対せざるを得ない，としている。
　　　さらにこの点に関連して，Clark（Florida）議員は，この憲法修正が Florida 州にお
　　いて批准に付されたとすると，1916年に，この憲法修正に関して何ら関係のないとこ
　　ろで選出された，Florida 州上院議員の半数を占める者が，それに携わることになるが，
　　それで「人民（people）」の意見が表明されたということができるであろうか，として
　　いる。

第2節　修正第19条の制定過程　**245**

れている。

第3項　第65回連邦議会第2会期での上院における議論(1)──賛成の者の意見

　上院において本憲法修正案に賛成の者は，以下の点を主張した。

　第一に，女性の性質と本憲法修正案との関係では，女性は自らの属する国においてその公務に関与する自然的権利を有する[150]という意見が示された。なおこの自然的権利という点については，自然的権利であるにせよそうでないにせよ，投票権は不当に男性によって暴力的に女性から奪取されている[151]，という意見も出された。またこの点については，文明化の初期において男性は，武力により政治及び商業の世界で優位に立ったが，それは正義に基礎づけられたものではなく，正されなくてはならない[152]という見解も示された。

　次に投票権が女性の資質を変更するかという点については，投票権の保有が女性の資質を変更することはない[153]という意見が複数の議員から出された。

　また女性に投票権を認めることによって，女性の特質が与える効果については，女性が投票権を得ることによって，政治に良い影響があることが期待できる[154]という意見や，より具体的には，この国の女性は男性よりも，投票権の行使に関して，適任であり，女性が投票権を行使するようになれば，知性と愛国心のある者の投票が大幅に増えることになる[155]ということが主張

150　*Id.,* at 10782 (Sen. McKellar).

151　*Id.,* at 10781 (Sen. Thompson)；*Id.,* at 10925 (Sen. Jones of Washington).

152　*Id.,* at 10775 (Sen. Ransdell).

153　*Id.,* at 8344 (Sen. Poindexter)；*Id.,* at 10775 (Sen. Ransdell)；*Id.,* at 10785 (Sen. McKellar)；*Id.,* at 10791 (Sen. Williams)；*Id.,* at 10932 (Sen. Kirby)；*Id.,* at 10945 (Sen. Phelan).Williams 議員は，採決時には反対票を投じている（*Id.,* at 10987）。

154　*Id.,* at 10925 (Sen. Jones of Washington)；*Id.,* at 10945 (Sen. Phelan)；*Id.,* at 10947 (Sen. Kendrick)；*Id.,* at 10977 (Sen. Cummins).ここで Jones 議員は，女性が投票権者に加わることによって，知識水準の高い者が投票することを期待することができる，としている（*Id.,* at 10926）。

155　*Id.,* at 8345 (Sen. Thompson).Thompson 議員のここでの指摘によれば，この時点ですでに連邦加盟州のうち 40 州がすでに女性投票権を認め，8 州のみがそれを認めていなかった，とされている。ただし，前者の女性投票権を認めている州であっても，完全に男性と平等の投票権の行使を認められていたわけではない，と同議員は指摘し

246 第6章 女性と合衆国市民権──合衆国市民権の発展

された。

　なお平等という観点からは，投票権の平等を否定する主張には，正当と評価し得るものがない[156]ということが指摘されており，具体的には，男性であれば，犯罪者，精神障害者等であっても，また英語ができなくても投票が認められるが，女性にそれが認められないというのは不公正である[157]ということが指摘された。また女性は男性と，精神的にも，肉体的にも異なることから投票することは許容できないという見解については，むしろそうであるからこそ，男性と同様に女性にも関係する立法において，女性の有する知識，見解が反映されることが必要であり，そのために女性が投票権を得ることが必要である[158]ということが主張された。

　第二に，女性の社会的役割との関係では，まず，投票権を保有することによって，女性の家庭等における社会関係が変更されることはない[159]という理解が示された。もっともこのような理解はあるが実際には，社会状況の変化により，女性が家庭にいるのみでなくなったのならば，国家の力により女性が家庭で享受していたのと同等の労働環境を社会において享有できるようにするための方策を講じなくてはならない[160]という意見もあり，女性が投票権を持つことで，社会における女性を取り巻く環境の変化が期待されていた面もあったと考えられる。なお女性が実際に社会で果たしていた役割との関係では，女性は，全国において将来の投票権者の育成である学校教育に携わっており，それが許容されるのならば，教育をする者自身も投票することが認められるのは当然である[161]という意見が示されている。また，女性は夫，父，兄弟，息子の投票によって代表されているという意見については，数百万のそれらの親族がいない女性についてはこの主張はあたらない[162]ということ

　ている。

[156] Id., at 10781 (Sen. Thompson).

[157] Id., at 10782 (Sen. McKellar). ここでさらに McKellar 議員は，我々は，マレー人にも，トルコ人にも，黒人にも投票を認めているのに，女性にそれを認めないのは不当である，としている。

[158] Id., at 10925 (Sen. Jones of Washington).

[159] Id., at 8344 (Sen. Poindexter).

[160] Id., at 10947 (Sen. Kendrick).

[161] Id., at 10782 (Sen. McKellar).

[162] Id., at 10786 (Sen. McKellar) ; Id., at 10947 (Sen. Kendrick).

第2節　修正第19条の制定過程　**247**

が指摘された。

　第三に，本憲法修正案と政治制度の関係では，次のような見解が示された。

　まず一般的には，女性が被治者の一部を構成していることは自明の事実であり，それらの者が政府に関与することを否定することはこの政府の根本原理と矛盾する[163]という意見や，政府の正当性は被治者の同意に由来するという原理に従うならば，女性の同意なくして男性が自らのためのみならず女性のかかわる事項に関してまで立法を行うことは権利の侵奪である[164]という意見が示されている。なおこのうち政府の正当性と被治者の同意の関係については，女性に対して法に従うことを要求するのであるならば，女性はその形成に対して意見を述べられなくてはならない[165]という見解が主張されている。

　次に普通選挙制の建前との関係では，国の政治機構の基本原理として普通選挙を標榜するのならば，合衆国市民の半数を占める女性にそれを認めないことは，論理的に誤っており，また正義に反する[166]ということが指摘された。なおこの点についてより具体的な意見としては，男性と女性は，犯罪の処罰に関して，税金の支払いに関して，市民権に付随する義務に関して平等であり，従って，立法への参加に関しても平等でなくてはならない[167]という意見も示されている。またこのうち特に課税と投票権の関係については，合衆国では，女性は課税されながら投票権を有しておらず，これは不当である[168]という指摘や，代表なければ課税なし，の原理が守られない状況は，男性にとっては専制であるとされるが，これは女性にとっても同様であり，女性は合衆国の財産の半分を所有するようになったのであるから，女性も代表を得なくてはならない[169]という指摘がなされている。

　第四に，本憲法修正案と実際の政治状況との関係では，次の見解が示され

163　*Id.,* at 10898 (Sen. Shafroth).

164　*Id.,* at 10898 (Sen. Shafroth).

165　*Id.,* at 10942 (Sen. Phelan).

166　*Id.,* at 10858 (Sen. Thomas).

167　*Id.,* at 10775 (Sen. Ransdell).

168　*Id.,* at 10782 (Sen. McKellar).

169　*Id.,* at 10899 (Sen. Shafroth). ここで Shafroth 議員は，8つの州においては，市民になる宣言をしただけの外国人が投票をすることが認められながら，女性には投票が認められていない，と指摘している。

248　第6章　女性と合衆国市民権——合衆国市民権の発展

た。

　まず一般的には，女性投票権に賛成する社会の動きは日増しに強くなって
きている[170]ということが指摘され，また，女性投票権の実現は正当なことで
あり，それが実施されたところでは成功している[171]という見解が示されてい
る。このうち前者の女性投票権に賛成する社会の動きが強くなっていること
の原因としては，女性が当時民主主義と自由のための戦争と位置づけられて
いた第一次世界大戦において求められる以上の働きをしており，それによっ
て女性が政府において活躍することが可能であることが示されたので，女性
の政府に対する関与が認められるべきである[172]という理解が示されている。

　また後者の女性投票権を認めることの効果に関しては，女性が投票権を得
ることによって，人種問題の解決のために必要な方策の実現のための，活力，
知性，良識がもたらされることになる[173]という期待が示されている。

　以上の他に，女性の権利保障との関係では，男性にそれを認めながら，女
性に投票権を認めないことは，立法上の不公正である[174]ということが主張さ

---

[170]　*Id.,* at 6306（Sen. Jones of New Mexico）。ここで Jones 議員は，投票権を得るという
　　ことは，単に投票する資格を得るということにはとどまらず，より広範な意味を有し
　　ており，それはすなわち，女性が自由を獲得し，何世紀も続いて，何世代にも渡って
　　その下におかれてきた隷従の身分からの解放を意味するのであるとしている。またこ
　　の際に同議員は，1917 年における各州議会における女性投票権に関する動向を一覧に
　　したものを，議会に提出している（*Id.*）。なお，Jones 議員は，採決にあたって，当初
　　賛成票を投じていたのを反対票に変更し（*Id.,* at 10987），その後，本憲法修正案が否決
　　されたあとで，当該投票結果を再考することを提案している（*Id.,* at 10988）。

[171]　*Id.,* at 10781（Sen. Thompson）。

[172]　*Id.,* at 10781（Sen. Thompson）；*Id.,* at 10782（Sen. McKellar）。

[173]　*Id.,* at 10771（Sen. Vardaman）。ここで Vardaman 議員は，基本的には，「白人」女
　　性の投票権獲得に賛成していることを表明しており（*Id.*），白人と黒人が政治的ある
　　いは社会的平等の下で共存することが不可能であると主張した上で，具体的に，州の
　　立法機関の行為により連邦憲法修正第 15 条を無効にすることに白人女性は協力する
　　だろう，と述べている。

[174]　*Id.,* at 10775（Sen. Ransdell）。ここで Ransdell 議員は，投票権は自然的権利ではな
　　いので，男性も女性も 21 歳以上であるならば当然に有することになる権利ではなく，
　　法律上認められることに基づいて享有する権利に過ぎない，と指摘している（筆者注；
　　自然的性向として，男性のみに投票権を認めなくてはならないということはない，と
　　いう趣旨と思われる）。そして同議員はこれに続いて，州によっては大学の学長，法律
　　家等の女性が投票することが認められていない一方で，投票用紙を読むこともできな

第2節　修正第19条の制定過程　**249**

れた。また，本憲法修正案と連邦制度との関係では，まず女性投票権が州に
よって認められていたり，否定されていたりする状況は不公正であり，連邦
憲法の修正によってこの状況は修正されるべきである[175]という意見が示さ
れた。また州の権限範囲と本憲法修正案との関係では，本憲法修正案は男性
と同様に女性にも投票権を拡大することのみを意図するものであり，それ以
外の点に関する州の権限にかかわるものではない[176]という理解が示されて
いる。

第4項　第65回連邦議会第2会期での上院における議論(2)──反対の者の意見

本憲法修正案に反対の者は，以下の主張を行った。

第一に女性の性質あるいは女性の社会的役割との関係では，次の意見が示
された。

まず一般的な見解としては，女性に投票権を認めるかの問題は，男性と女
性のいずれが優位あるいは劣位の精神的資質を有しているかの問題ではな
く，男性と女性の間における労務や責任の配分の問題であり，また，いずれ
の性別に属する者も，それぞれ，異なる資質，性向，特徴を有していること
は，否定し得ない事実であり，さらに男性は女性を保護する者でもあるので，
女性が男性からの保護の獲得のために投票権が必要であるという議論には賛
成できない[177]ということが主張された。またこの他には，女性の母としての
社会的役割との関係で，民主主義と地方自治という政府の基本原理を子供に
教育しない母は合衆国にはおらず，この母の役割は投票権者のそれを越える
ものである[178]という見解が示された。

第二に本憲法修正案と政治制度の関係あるいは現実の政治状況との関係で
は，次の見解が示された。

い男性や，良心的兵役拒否をする男性であっても投票権を認めているが，これは女性
に対して正当な扱いということはできない，としている。

175　*Id.*, at 10781, 10782 (Sen. McKellar).

176　*Id.*, at 10944 (Sen. Phelan).

177　*Id.*, at 10773 (Sen. McCumber). ただし McCumber 議員は，その代表する州におい
て女性投票権を認めることが再三州議会における投票で示されてきたことから，本憲
法修正案に賛成すると言明し（*Id.*, at 10775），実際の投票においては賛成票を投じて
いる（*Id.*, at 10987）。

178　*Id.*, at 10933 (Sen. Smith of South Carolina).

250　第6章　女性と合衆国市民権——合衆国市民権の発展

　まず政治制度との関係では，いかなる政府も，その投票権者を自ら決定することなしには，自由な政府，主権を有する政府，被治者である人民に対して責任を負いそれを代表する政府ではあり得ないが，本憲法修正案はこの原則を破るものである[179]という批判がなされた。

　次に実際の政治状況との関係では，民主党員として，民主党が反対している憲法修正案を認めることはできない[180]という意見や，自らを選出した選挙民が女性投票権の実現を望んでいない[181]という意見が出された。

　第三に連邦制度との関係では，州の権限を擁護する立場から，投票権に関する問題は州によって決定されなくてはならない[182]という意見や，州は，共

179　*Id.*, at 10930 (Sen. Underwood).

180　*Id.*, at 10777 (Sen. Hardwick).

181　*Id.*, at 10788 (Sen. Pomerene). この見解に対して Phelan 議員は，各州の州憲法修正等で示された選挙民の意思には，実際には投票権を有する男性の意見しか反映されておらず，州の人口の半分を占める女性の意見は反映されていない，と指摘している（*Id.*, at 10942）。

182　*Id.*, at 8349 (Sen. Brandegree)；*Id.*, at 9215 (Sen. Reed)；*Id.*, at 10775 (Sen. Fletcher)；*Id.*, at 10777, 10779 (Sen. Hardwick)；*Id.*, at 10780 (Sen. Guion)；*Id.*, at 10788 (Sen. Pomerene)；*Id.*, at 10855 (Sen. Reed)；*Id.*, at 10893 (Sen. Benet)；*Id.*, at 10932 (Sen. Smith of South Carolina)；*Id.*, at 10917 (Sen. Beckham). ここで Guion, Smith (South Carolina) 議員はとくに，女性投票権を認めることには反対しないが，連邦憲法の修正によってそれを実現することに反対する，と述べている。Pomerene 議員は，私見としては女性投票権の実現に賛成である，としている。

　また Beckham 議員は，採決では棄権している（*Id.*, at 10987）。この際の発言において同議員は次の点を述べている（*Id.*, at 10917）。

・投票権は単なる特権ではなく，義務でもあり，また，単に女性に投票権を認めたところで女性がそれから利益を得るということはない。

・女性が何らかの具体的な利得を求めていて，それが投票権なしには確保できないということがあるのならば，女性に投票権を認めるべきであるが，そのような主張はなされていない。

　なおこの点に関して Cummins 議員は，連邦憲法第1条第2節（下院議員の任期，選挙人資格），修正第17条（上院議員の直接選挙）（筆者注；Congressional Record の記載上，同議員は修正第16条を参照したことになっているが，これは修正第17条の誤りと思われる。），修正第14条第2節（下院議員の数）を参照し，また，連邦憲法において帰化に関する権限が連邦議会に排他的に与えられていることを指摘しながら，連邦憲法においては常にすべての場合において，州がその投票権者を決定する包括的な権限を有することとされてきたわけではない，と述べている（*Id.*, at 10977）。

第2節　修正第19条の制定過程　**251**

和制の原理に従って，その公職に就く者を選出するために投票する者を決定する絶対的な権限を有している[183]という意見が示された。

第5項　第65回連邦議会第2会期での上院における議論(3)——修正提案

またこの審議の際には，憲法修正案に対して次のいくつかの修正が提案された。

まず1918年6月27日 Williams 議員は，「合衆国市民の投票権」を「白人合衆国市民」に変更することを提案し，その提案理由として，次のことをあげた[184]。

すなわちまず第一に同議員は，そのもとに民主主義が存在し，またそのもとにおいて友愛，平等，自由が志向される共和国においては，その人民の相互が実質的には兄弟であるような関係のある同質性のある（homogeneous）人口が不可欠であるということを指摘した。また同議員は，第一の点に関連して，法律上の婚姻に基づく血縁関係を構成し得る可能性のない異質の者からなる人口の中においてそれを実現することは不可能である[185]とし，さらに同議員は，本憲法修正案がこのように修正されることによって，白人の優位が保障され，当該州において承認されない限り，白人女性以外の女性による投票が行われることはない[186]とした。

最終的にこの修正提案は採決されないこととされた[187]。

また同じく1918年6月27日に Frelinghuysen 議員は，「男性女性にかかわらず，いかなる者も，生来的合衆国市民あるいは帰化による合衆国市民でない者，また，女性については婚姻による帰化により合衆国市民となった者は，連邦議会議員選挙，あるいは合衆国大統領及び副大統領の選挙における選挙人選出のための選挙において，投票権の行使を認められない。連邦議会は，

---

[183]　*Id.,* at 10776 (Sen. Fletcher).

[184]　なお別のところで Williams 議員は，女性が投票権を享有することに賛成する，と言明している（*Id.,* at 10982）。また，Williams 議員の修正に関して Phelan 議員は，帰化法上中国人と日本人は帰化が認められていないので，本憲法修正案の検討に際しては，白人以外の者が投票権を得る可能性について考慮する必要はないと指摘している（*Id.,* at 10983）。

[185]　*Id.,* at 8346 (Sen. Williams).

[186]　*Id.,* at 10790 (Sen. Williams).

[187]　*Id.,* at 10984.

252 第6章　女性と合衆国市民権——合衆国市民権の発展

立法により，先にあげた公職にかかわる選挙において，婚姻により市民権を取得した者が投票するための要件を定めることとする。」という趣旨の文言を付加する修正を提案した[188]。

　本提案に関し同議員は，通常の帰化においては，合衆国における5年の居住，年齢，一定の教育を受けたこと，良好な資質，称号の放棄，従前有していた他国に対する忠誠の放棄が要件とされているが，女性については，合衆国市民との婚姻によってすぐに合衆国市民権を取得することから，本憲法修正案が承認されるとすると，男性に求められる条件なしに女性は投票権を取得することになり，これによって，合衆国に忠誠心をもたない者が投票権を取得することになり問題なので，この点を修正するものである，としている[189]。

　このFrelinghuysen議員の修正の提案に対して，Calder議員は，合衆国には1歳未満の時に入国して70年以上居住し，教育を米国で受け，この国の市民の母となっている白人外国人女性がおり，それらの者の中には投票に参加している者もいるが，この修正によってそれが認められなくなる，としてこの修正に反対した[190]。もっともこれに対してGore議員は，Frelinghuysen議員に賛成する旨を述べた上で，Calder議員の見解にあるような者は帰化により市民となっているはずであると指摘している[191]。なおこの際にさらにGore議員は，自身が1918年7月2日に提案した修正に関し，この修正がFrelinghuysen議員の修正と同旨であるとした上で[192]，これについてこの機会に上

---

[188]　*Id.*, at 10780 (Sen. Frelinghuysen).

[189]　*Id.*, at 10780 (Sen. Frelinghuysen). 別のところでFrelinghuysen議員は，同議員の修正提案に関し，第一の目的は，外国人による投票権の行使から合衆国を守ることにあり，また第二の目的は，国際的に認められている，婚姻した女性の国籍は夫のそれに従うという原則に従って，合衆国市民権を取得した女性が，その実体的な資質，教育水準，居住状況に鑑みてその資格がないのにもかかわらず，投票資格を得るという状況を生じさせないことである，と述べ（*Id.*, at 10950），さらに，これによって男性外国人及び未婚の女性外国人と合衆国市民と婚姻した女性外国人との間での平等を実現することができる，としている（*Id.*, at 10951）。

　なおこの点に関連して同議員は，女性投票権を認めている州で市民権保持を投票資格要件としている州の一覧表をその発言の一部としてCongressional Recordに登載するよう要求し，認められている（*Id.*, at 10953）。

[190]　*Id.*, at 10985.

[191]　*Id.*, at 10986.

院の審議を求めることはしない，としている[193]。

最終的に Frelinghuysen 議員の提案は，採決されないこととされた[194]。

以上の外に，次の修正提案も出された。

まず 1918 年 7 月 2 日に Gore 議員は，合衆国市民以外が連邦議会議員あるいは大統領選挙において投票することを認めない，とする修正案を提案した[195]。

また 1918 年 9 月 26 日に Fletcher 議員は，州の選挙における投票権者を決定するのは州の専属的権限であるという立場から，合衆国市民の投票権は，性別に基づき連邦によって制限されてはならないと，州による制限について言及しないようにする修正を提案した[196]。なおこの修正は最終的に，採決されないこととされた[197]。

第 6 項　第 65 回連邦議会第 2 会期での上院における議論(3)──大統領の演説

さらに本件審議に際しては，大統領が上院において本件に関する演説を行った[198]。

初めに大統領は，連邦憲法の修正により女性投票権を実現することは，今次の人類のための偉大な戦争の遂行にとって重要であると述べ，その理由を次の通り説明した。

まず民主主義との関係で大統領は，真の民主主義者として世界を民主主義に導こうとするのならば，我々がそうであることを言明するだけでは不十分であり，それを行動によって示す必要があると指摘した。そしてこれに続けて大統領は，世界は偉大な民主主義によって導かれることを望んでおり，そこでは論理的な結論として，女性が平等な基礎に基づいて男性とともに自らの役割を果たしていくことこそが民主主義であると理解されているとして，

192　*Id.*, at 10986. Gore 議員の修正提案は，Frelinghuysen 議員のそれと異なり，婚姻により市民権を取得した女性の投票資格を認める要件を連邦議会が定めることとする，という部分がなかった（*Id.*, at 10986）。

193　*Id.*, at 10986.

194　*Id.*, at 10987.

195　*Id.*, at 8604 (Sen. Gore).

196　*Id.*, at 10777 (Sen. Fletcher).

197　*Id.*, at 10987.

198　*Id.*, at 10928.

254 第6章 女性と合衆国市民権——合衆国市民権の発展

もし女性投票権を実現することを拒否したとするならば，世界は我々を信頼しなくなるであろうと主張した。

第二に大統領は，戦争遂行において女性が果たした役割に関して，今次の戦争において女性は協労者であったが，それを犠牲を払い苦役をともにするときだけのこととし，権利あるいは特権を享受する際にはそうではないとすることはできない，と主張した。

第三に大統領は，国際的な観点から，他の自由主義諸国においては女性が投票権を早晩得るであろうから，合衆国のみがそれを認めないとするならば，合衆国はその信頼を失うことになるとした。

最後に大統領は，将来的な女性の役割に関連して，戦争において女性の協力が必要なだけでなく，戦後に処理しなくてはならない問題の解決に際しても女性の道徳的な精神と理性の協力が必要であり，そのためには直接的かつ公式の女性の議会への関与が必要であると述べた。

第7項　第65回連邦議会第3会期の上院における議論(1)——賛成の者の意見

以上に続いて行われた上院での継続審議において本憲法修正案に賛成した者は，以下の主張を行った。

まず連邦憲法との関係では，連邦憲法上，大統領，下院議員，上院議員いずれについても性別はその要件とはされておらず，また，修正第14条第1節は，性別に関係なく市民を定義した上で，州が合衆国市民の特権・免除を侵害し，あるいは，すべての者の自由を侵害することまたは平等を否定することを禁じているのであるから，憲法上女性が投票権を行使してはならないとはいえない[199]という理解が示されている。

次に政府のあり方との関係では，女性と男性は平等であり，女性は生命，自由，幸福追求に対し男性と等しく権利を有し，これを保障するために我々の政府は形成されたが，現状においては，自らの政府に意見を述べ，自らの代表を選出し，そのもとで子とともに生活し，それに自らの生命，自由，幸福が依存する法の形成に参与する自由を女性は享受しておらず，この政府の目的が遂行されていない状況にある[200]ということが指摘された。また同様の意見として，男性と同様に女性も人類を構成しており，法に従いこの政府

199　65-3 Cong. Rec. 3053 (Sen. Pollock).

200　*Id.*, at 3053 (Sen. Pollock).

の維持のために貢献することを求められ，またこの政府が良き政府であることに関心を有しており，さらにこの国の市民を養育し，この国を愛しそのために犠牲を払っているので，女性が投票権を行使することは正当である[201]という意見も出されている。

なお課税との関係では，建国者は代表なき課税は専制であるとしたが，現状のアメリカにおいて女性は代表を与えられないのにもかかわらず課税の対象とされており，それは専制に他ならない[202]ということが指摘されている。

また現実の当時の社会状況との関係では，戦争において男性と同様に多大な貢献をしている女性に報いなくてはならない[203]ということが主張された。

第8項　第65回連邦議会第3会期の上院における議論(2)──反対の者の意見

憲法修正案に反対の者の意見は，投票資格に関する事項は州によって扱われなくてはならない，と指摘するものであった[204]。

なお以上の他この際の審議において Frelinghuysen 議員は，本憲法修正案によって合衆国市民と婚姻した女性が，通常帰化の時に行われる合衆国に対する忠誠の宣誓やその資質等に関する調査をすることなしに，投票権を享有することになる点を修正することを提案しようとしたが[205]，議事手続上の規則により，認められなかった[206]。

第5款　1919年の連邦議会における議論

1919年5月19日 Mann 議員は投票権を女性に拡大するための憲法修正案を提案した[207]。

本憲法修正案は，下院の女性投票権委員会に送付された後に，同年5月20日同委員会から提案され，同21日審議の後可決され[208]，上院に送付され

201　*Id.*, at 3054 (Sen. Pollock).

202　*Id.*, at 3053 (Sen. Pollock).

203　*Id.*, at 3056 (Sen. Calder).

204　*Id.*, at 3061 (Sen. Gay).

205　*Id.*, at 3060. この際に Frelinghuysen 議員の提案した修正は，既婚女性は，未婚女性であったなら投票権が認められないような状況にある場合には，投票をすることができない，とする趣旨のものであった（*Id.*）。

206　*Id.*, at 3061.

207　66-1 Cong. Rec. 24.

256　第6章　女性と合衆国市民権——合衆国市民権の発展

た[209]。

　上院においては，5月23日より[210]断続的に審議がなされ，6月4日可決された[211]。

　その後本憲法修正案は州の批准に付され，最終的に1920年8月26日発効した。

第1項　下院における議論(1)——賛成の者の意見

　下院での審議において，本憲法修正案に賛成の者は，以下の主張を行った。

　まず女性の性質・女性の社会的役割との関係では，女性は，家庭，宗教，教育，社会，そして文明化（civilization）に貢献し，自由，正義，民主主義の発展に寄与してきた[212]という点が指摘された。また家庭との関係では，女性が投票権を享有することによって家庭が崩壊することはない[213]ということが主張された。なお女性の母としての役割との関係では，女性は武器を持つことができないので投票することが認められない，という見解があるが，女性は母としてこの国のために武器を取る息子を育てるのであり，息子が戦場に行くのに際しては，自らを死の危険にさらすのと同様の状況におかれることになる[214]ということが指摘された。

　次に政治制度・政治状況との関係では，まず課税との関係で，代表なければ課税なしの原則に反する状況にこれ以上女性をおいておくべきではない[215]ということが主張された。また戦争との関係では，今次の大戦において女性は大きな貢献をして，平等な投票権を持つ権利があることを示した[216]ということが指摘され，さらには戦後の国際的あるいは国内的な復興のため，さらには民主主義を構築・形成するためには，女性の協力が不可欠である[217]

208　*Id.,* at 94.

209　*Id.,* at 128.

210　*Id.,* at 129.

211　*Id.,* at 634.

212　*Id.,* at 83 (Rep. Nelson of Wisconsin).

213　*Id.,* at 80 (Rep. Little).

214　*Id.,* at 80 (Rep. Little).

215　*Id.,* at 83 (Rep. Nelson of Wisconsin).

216　*Id.,* at 83 (Rep. Nelson of Wisconsin) ; *Id.,* at 84 (MacCrate) ; *Id.,* at 93 (Rep. Mondell).

ということが主張された。

第三に女性の権利の享有との関係では，女性が投票権を享有するのならば，女性は女性としての特権を喪失することになるという主張があるが，女性が投票権を得た後でも，男性が紳士であり続けるならば，女性は淑女として，妻として，母としてあり続けることができるはずである[218]ということが指摘されている。

第四に国際的な視点からは，実際上文明国（civilized country）の多くは女性投票権を認めている[219]ということが指摘されている。

第2項　下院における議論(2)──反対の者の意見

本憲法修正案に反対の者は以下の主張を行った。

まず女性の社会的役割と本憲法修正案との関係では，女性には家庭での役割がある[220]ということが反対者から指摘され，またこれと関連して，女性の多くは投票権を得ることを望んでいない[221]ということも指摘された。

次に連邦制度との関係では，本憲法修正案は連邦憲法第1条第2節の定めるところに反し，連邦議会が投票権者の資格要件を定めるとしており，これは州の自治を侵害するものである[222]ということが主張されている。

また市民の義務との関係では，女性は軍隊に参加することはできず，従っ

217　*Id.*, at 83 (Rep. Nelson of Wisconsin).

218　*Id.*, at 80 (Rep. Little).

219　*Id.*, at 82 (Rep. Raker).

220　*Id.*, at 89, 92 (Rep. Clark of Florida).

221　*Id.*, at 85 (Rep. Focht). ここでさらに Focht 議員は，女性投票権を認めていない同議員の州においては，女性投票権を認めている州よりもよりすぐれた女性保護のための法律を制定していると述べ，従って男性と平等以上の保障を得るために女性が政治に関与することは必要ないとしている。

222　*Id.*, at 82 (Rep. Hardy) ; *Id.*, at 85 (Rep. Black) ; *Id.*, at 88 (Rep. Clark of Florida). ここで Hardy 議員は，連邦議会は修正第15条により，州の自治を人種に関して侵害し，さらにこの憲法修正案によって性別に関する州の自治を侵害しようとしていると述べている。なお，Hardy 議員は女性投票権には賛成であると述べている。また，Black 議員は州が投票権者資格要件を決定する権限を有していることは修正第17条によっても確認されているとしている。なお Clark（Florida）議員はこの発言に際して，政府の構造は，人間の発展に寄与するというだけではなく，それが必要であるという状況なくしては変更すべきではないと述べている。

258　第6章　女性と合衆国市民権──合衆国市民権の発展

て市民としての義務を果たすことはできないから，投票すべきではない[223]という意見も出された。

第3項　上院における議論⑴──賛成の者の意見

　上院での審議で本憲法修正案に賛成の者からは，合衆国市民の大半が本憲法修正案に賛成している[224]という意見が出され，また，本憲法修正案に反対することに適切な理由がない[225]ということが述べられている。

　また連邦制度との関係では，女性が投票権を享有することによって，むしろ地方の自治が再生され，活性化される[226]という意見が出された。

第4項　上院における議論⑵──反対の者の意見

　本憲法修正案に反対の者の意見は，州の権限に関するものがほとんどであった。

　具体的にはまず，女性投票権を認めるかどうかは，州の決定すべき事項である[227]ということが主張された。また，社会を構成するのにあたって最初にされることは，そこで投票する者を決定することで，それは通常，その社会の構成員の投票によってのみ変更することが可能なものであり，従って投票権者を決定する権限は州の人民の権限である[228]という意見も出された。

　さらに，中央政府の構成に関する懸念という点からは，州からその投票権者を決定する権限を剥奪することは，その他の問題に関しても主権を取り去ることを意味し，それは集権化された中央政府の形成を意味する[229]という意

223　*Id.,* at 90（Rep. Clark of Florida）.

224　*Id.,* at 622（Sen. Thomas）.

225　*Id.,* at 624（Sen. Kirby）.

226　*Id.,* at 623（Sen. Thomas）.

227　*Id.,* at 561（Sen. Borah）; *Id.,* at 569（Sen. Underwood）; *Id.,* at 620（Sen. Brandegee）. ただしこの際に Borah 議員は，自らが代表する州においては女性投票権がすでに実現されており，また同議員自身も女性が投票することに賛成であると述べている。

228　*Id.,* at（Sen. Wadsworth）. この時の発言において Wadsworth 議員は，このような憲法修正案が成立するならば，投票権に関して各州の人民は，政府を統御する者でなくなり，それによって，人民はむしろ政府の従属者，奉仕者となってしまうとしている。

229　*Id.,* at 619（Sen. Smith of South Carolina）; *Id.,* at 625（Sen. King）. ただし King 議員は投票においては棄権している（*Id.,* at 635）. なお King 議員はこの投票について，自

見も出されている。

　なお実際の政治状況を踏まえた見解としては，南部において，女性は女性投票権に反対している[230]という見解も出されている。

第5項　上院における議論(3)——修正提案

　なおこの審議に際し，この憲法修正案に対する修正が提案された。

　まず1919年6月3日 Harrison 議員が，本憲法修正案の「合衆国市民」の文言を「白人合衆国市民」とする修正を提案したが，すぐ後の採決の結果，否決された[231]。

　また同日 Underwood 議員は，本憲法修正案前文を各州の議会ではなく，州憲法会議に承認を求めることにするよう修正する案を提案した。本修正に関しては多くの議論がなされたが，最終的に否決された[232]。

　さらに1919年6月4日，Gay 議員が，本憲法修正案第2節を修正し，州が本憲法修正条項の第一次的実施権限を有する，とすることを提案したが否決された[233]。

第3節　女性と市民権の変動

　女性の市民権の変動は，特に婚姻との関係で問題とされた。この点に関し初めて女性の市民権に関する連邦法が制定されたのは1855年のことである。その後，女性の市民権の変動に関する主要な立法は，1907年，1922年になされた。

　ここではこれらの時代で区切りながら，時系列に沿って連邦法及び判例を整理する。

　　らの代表する州が同議員に，本憲法修正案を州の承認に付すことに賛成するように求めているので，これに反対することはできないと述べている（*Id.*, at 625）。

230　*Id.*, at 627 (Sen. Reed). ここで Reed 議員は，南部の女性が女性投票権に反対する理由として，人種問題があること，家庭生活を重視し政治に関心がないことを指摘している。

231　*Id.*, at 557, 558. なお，この時の審議にかけられた憲法修正案は現行の修正第19条と同一のものである。cf. *Id.*, at 556.

232　*Id.*, at 634.

233　*Id.*, at 634.

260 第6章 女性と合衆国市民権——合衆国市民権の発展

第1款 1907年法制定前の女性の市民権

第1項 1855年法制定以前の女性の市民権

1855年以前女性の市民権は，その婚姻の有無に関係なく，独立に変動することとされていた[234]。この点を確認した判例として Shank v. Dupont 判決[235]がある[236]。本判決においては，米国独立前に米国で出生した女性米国市民が英国人と婚姻した後に英国に移住し，そこで子が出生したが，その子が，当該女性がその両親より相続した米国内の土地に対して所有権を有するかが争われ，その際に当該女性の市民権の変動が問題とされた。法廷意見は，まず当該女性が出生により米国市民権を取得したことを確認し[237]，さらに外国人との婚姻によって女性の市民権が変動することはないことを確認した[238]。

第2項 1855年法の制定とその改正

1855年，女性の市民権に関する規定を初めて含む，市民権に関する法律が制定された[239]。同法は，法律上帰化の認められる女性は，合衆国市民と婚姻

---

234 Sophonisba P. Breckinridge, MARRIAGE AND THE CIVIC RIGHTS OF WOMEN, 19 (Univ. Chicago Pr. 1931) [hereinafter Breckinridge]. ただし英国においては，1844年に，英国臣民と婚姻した女性は帰化し，生来的臣民と同一の権利・特権を享有する，という趣旨の立法を行っている。Id; Virginia Sapiro, *Women, Citizenship, and Nationality: Immigration and Naturalization Policies in the United States*, 666, 672 (1984), in WOMEN AND POLITICS (Pt. 2) (Nancy F. Cott ed., K.G. Saur 1994) [hedreinafter Sapiro] (Sapiro によれば，後述の1855年の米国の立法は，この英国の法律をモデルとして行われた)。

235 28 U.S. 242 (1830).

236 なお，この点に関連して1908年の下級審判決において「合衆国市民である女性は，少なくとも合衆国に居住する間は，外国人との婚姻によってその市民権を喪失することはない。」ということが述べられたことが指摘されている。Candice Lewis Bredbenner, A NATIONALITY OF HER OWN, 59 (note 37) (Univ. California Pr. 1998) [hereinafter Bredbenner]。

237 28 U.S. 242, 245.

238 Id., at 246. ただし，法廷意見は1783年の米国，英国間の平和条約により当該女性はその米国市民権を喪失した，とした。Id.

239 An Act to secure the Right of citizenship to Children of Citizens of the United States born out of the Limits thereof, 10 Stat. 604 (1855). 本法は全2条からなり，第1条は父が合衆国市民である合衆国領域外で出生した子は合衆国市民となると定めていた。なお，この点に関し，この法律の前法と理解される1802年法 (An Act to estab-

第3節　女性と市民権の変動　**261**

することにより，市民とされると規定していた[240]。

1868 年に連邦最高裁は Kelly v. Owen et al 判決[241]で本条の解釈を示した。同事件においては，アイルランドから米国に移住した男性が婚姻した後に帰化した場合に，本法によりその妻は，夫の帰化に基づいて米国市民権を取得するかが問題とされた。

最高裁は，夫の帰化が婚姻の前後いずれかであるかにかかわらず，その妻が法上帰化が認められる者であるならば，夫の帰化に伴って合衆国市民となると判示した。そしてこれに続いて最高裁は，本法の目的は，帰化の諸手続にかかわらず，妻の市民権が夫のそれに従うことであるとした。また，本法にいう「法上帰化の認められる者」とは，自由な白人女性のみを意味するとした[242・243]。

次に最高裁は 1912 年に Low Wah Suey v. Backus 事件[244]で本法の解釈を示した。本件は，中国系合衆国市民と婚姻関係にある中国人女性が売春していたことに基づいて国外退去とされたことに対し，当該女性の夫が訴訟を起こ

---

lish uniform rule of Naturalization, and to repeal the Acts heretofore passed on that subject 2 Stat. 153, 155) においては，文言上「父（Father）」ではなく，「人（persons）」の文言が使われていた。

240　*Id*（Sec.2）.

241　7 Wall. 496（1868）.

242　*Id.*, at 498.

243　1870 年に連邦議会は，黒人の帰化を認める法律を制定しており（An Act to amend the Naturalization Laws and to punish Crimes against the same, and for other Purposes 16 Stat. 255, 256），これにより黒人も「法上帰化の認められる者」とされたが，白人と黒人以外の人種に属する者については，しばらくの間，これにあたらない者とされたままであって，従ってそれらの人種に属する者が合衆国市民と婚姻しても，合衆国市民権は与えられなかった。D. O. McGovney, *Race Discrimination in Naturalization*, 8 IOWA L. BULLETIN 129, 143（1923）. ただし，この点に関して，Indian の女性については，帰化が認められる人種とはされていなかったのにもかかわらず，合衆国市民と婚姻し，その属する部族から離れ，「文明的な（civilized）生活習慣を受容」した場合には，婚姻による派生的合衆国市民権取得が認められた事例があった，ということが指摘されている。Nancy F. Cott, *Justice for All? Marriage and Deprivation of Citizenship in the United States*, JUSTICE AND INJUSTICE IN LAW AND LEGAL THEORY, 84（Austin Sarat and Thomas R. Kearns ed., Univ. of Michigan Pr. 1996）[hereinafter Cott].

244　225 U. S. 460（1912）.

したというものであった。

　本件法廷意見は，当該女性が，国外退去手続に関する規定の定める意味で，外国人であるかという点について，先述の 1855 年法の条文を引用し，当該女性が帰化に関する法律上帰化の認められない者であることから，当該女性は国外退去手続上の外国人であり，国外退去の対象とされると判示した[245・246]。

　その後 1855 年法は，国外退去との関係で，1917 年に改正された[247]。本改正においては，法律上国外退去の対象とされる性的不行跡に関与した女性（a female of the sexually immoral classes）と合衆国市民の婚姻は，当該婚姻が国外退去から逃れるために当該女性が逮捕された後になされたものである場合，当該女性に合衆国市民権を付与するものではないとされた[248]。

245　*Id.,* at 476.

246　同様に日系合衆国市民の妻が，帰化を認められない者にあたることから，旅券の発給を拒否された 1930 年の事例がある。III Green Haywood Hackworth, DIGEST OF INTERNATIONAL LAW, 84（GPO 1942）［hereinafter Hackworth］。また，本書においては，合衆国市民と婚姻した外国人女性が，同様に売春に関与した場合であっても，逆に当該女性が人種的に帰化が認められる者であるならば，国外退去手続の対象とはされない，とした 1909 年の事例も上げられている。*Id.,* at 86（citing 27 Op. Atty. Gen.（1908-1909）507, 515, 520）。なお，この事例に関して cf. Bredbenner, pp33.

　なお，別書においては，これより古い事例として，1903 年に国務長官から駐中国米国公使に対して，中国人及び日本人の女性は，帰化が認められないので，夫の市民権により妻の市民権が決定されるとする 1855 年法の原則が適用されない，と述べた事例がある。III John Bassett Moore, DIGEST OF INTERNATIONAL LAW, pp458（GPO 1906）.［hereinafter Moore］.

　ただし，同書においては逆に，中国で合衆国市民と婚姻した中国人女性が，当該婚姻の事実によって合衆国市民権を取得する，とした 1885 年の国務省の法務担当官の判断事例も紹介されている。Moore 463.

247　An Act to regulate the immigration of alien to, and the residence of aliens in, the United States, 39 Stat. 874, 889（Sec. 19）.

248　なお，この条文を解釈した司法長官の意見として，次の二つがある。
- 本条でいうところの外国人女性と合衆国市民との婚姻は，合衆国内でなされたそれを意味するとした事例。32 Op. Atty. Gen. 178（1920）.
- 性的不行跡を理由として国外退去にされた外国人女性であっても，その後の合衆国市民との婚姻の事実により，1855 年法に従って，合衆国市民権を与えられることがある，とした事例。33 Op. Atty. Gen. 398（1923）.

第3項　司法長官の見解

　司法長官は，1907 年法制定までのこの時期に，合衆国市民権と婚姻の関係について次のいくつかの意見を出している[249]。

　第一に合衆国市民と婚姻した女性の市民権に関し司法長官は，1874 年に国務長官から，合衆国市民と婚姻した外国人女性は，婚姻以前に合衆国に居住したことがなくても，当該婚姻とその後の合衆国における居住のみにより合衆国市民権を取得するか，という点と，合衆国市民と外国で婚姻した外国人女性で，その夫とともに外国に居住している者は，合衆国市民権を取得するか，ということの二点に関する照会を受けた。

---

[249]　一書においては，ここで上げた司法長官の意見の他に，合衆国市民と婚姻した外国人女性に関する事例に対して国務長官が述べた見解が紹介されている。そこでは，当該婚姻関係の消滅に際し女性の市民権がどう変動するかについて，次のいくつかの意見が示されている。Moore pp458.

- 合衆国市民と婚姻することにより合衆国市民権を取得した，ニカラグアに居住する従前ニカラグア国籍を有していた女性が，合衆国市民権に基づいて外交保護を求めた 1894 年の事例。この事例において国務長官は，当該女性は，合衆国市民であった夫の死亡の後も，合衆国に移住する意図を示さずに，従前の国籍国であったニカラグアに継続的に居住していたことから，ニカラグア国籍を回復したと思量される余地があり，外交保護を提供する必要はない，とした（なお，Santo Domingo に居住していた女性に関する同様の事例として，Moore 457）。
- 合衆国市民と婚姻して合衆国市民権を取得した女性が，寡婦となった後，従前の国籍の回復と合衆国市民権の継続的保持のうち，後者を選択した結果として，トルコに継続的に居住しながら，合衆国市民権を保持し続けた 1901 年の事例。国務長官はこれを支持し，当該女性に対する旅券の発給を認めている。
- 合衆国市民と婚姻して合衆国市民権を取得した，従前英国臣民であった中国に居住する女性が，合衆国市民の夫と離婚した後も合衆国市民権を保持しているかが問題とされた 1894 年の事例。本件において国務長官は，当該女性が，米国法上認められる市民権放棄のためのいかなる行為もなしておらず，また，英国国籍を回復する手続もしていないことから，米国市民権を有していると判断した。
- バーデン出身の男性とニューヨークで婚姻したチューリッヒ出身の女性が，当該男性の米国での帰化により米国市民権を取得した後，この夫婦がスイスに居住している間に当該男性によって遺棄された状況において，チューリッヒ州政府が当該女性のために合衆国旅券の発給を合衆国領事に求めた 1888 年の事例。本件において国務長官は遺棄の後もチューリッヒに居住していたことから，従前の本国であるスイスの国籍を当該女性が回復していると考えられるとして，本件チューリッヒ州政府の要請を拒否した。

264　第6章　女性と合衆国市民権——合衆国市民権の発展

　この照会に対し，司法長官は，自由な白人女性で，合衆国市民と婚姻している者は，その婚姻の時期あるいは場所にかかわらず，合衆国市民権を取得する[250]と回答している。

　次に司法長官は同様の点に関し1877年に財務長官から，帰化により合衆国市民権を取得した者と婚姻し合衆国市民権を取得した女性が，合衆国に居住している外国人と再婚した場合，当該女性の市民権に変動があるか，という照会を受けている。

　この照会に対して司法長官は，1855年法の条文により市民権を取得した女性は，その後の配偶者の死亡等にかかわらず，その市民権を継続的に保持し，外国人との再婚は当該女性の市民権に何ら影響を与えない，とする回答を出している[251]。

　第二に，外国人と婚姻した女性合衆国市民の事例について，司法長官は次の意見を出している[252]。

　まず1862年に司法長官は国務長官から，生来的合衆国市民の女性がスペイン臣民との婚姻後，米国で出生した子とともにスペインに移住し，そこでその夫が死亡した場合に，これら女性と子は合衆国市民であるかという照会を受けている。

　この照会に対して司法長官は，スペインへの移住は合衆国市民権の放棄を根拠づけるものではないので，これらの者は合衆国市民であると回答している[253]。そしてこの中で，外国人との婚姻によって，合衆国女性市民の市民権

---

[250]　14 Op. Atty. Gen. 402 (1874).

[251]　15 Op. Atty. Gen. 599 (1877).

[252]　外国人と婚姻した女性合衆国市民の事例については，ここでみる司法長官の意見の他に，一書においては，次のように国務長官が判断した事例が複数例上げられている。Moore pp450.

　• 女性は婚姻によってその夫の国籍・市民権を取得する。

　• 女性合衆国市民が外国人と婚姻した後に離婚したあるいは寡婦となった場合には，合衆国に住居を定めることを条件として，従前の米国市民権を回復する。

　　また同書では，これらの事例と関連し，1870年に英国臣民と婚姻し英国に帰化した，生来的米国市民であった米国政府高官の娘が，寡婦となった後，1898年に特別立法によって，合衆国市民権を回復した事例も参照されている。*Id.*, at 456（citing 30 Stat. 1496）。なおこの事例について John L. Cable, DECISIVE DECISIONS OF UNITED STATES CITIZENSHIP 41 (Michie Co. 1967)　[hereinafter Cable].

[253]　10 Op. Atty. Gen. 321 (1862).

は変動しないと言明している。

　ただしこれに類似の事例であっても，別の判断を司法長官が示した事例もある。1866 年に国務長官は司法長官に対して，合衆国市民を父としてフランスで出生し，フランスでフランス市民と婚姻した後，寡婦となったフランスに居住する女性は，合衆国市民であるかという照会を行っている。この照会に対し司法長官は，フランスの関係法上当該女性はフランス市民との婚姻によってフランス国籍を取得していると考えられるとし，また当該女性は合衆国市民としての義務を果たすことに対する意図を，合衆国における Domicile を構成するような居住によって示していないという点を指摘して，当該女性は合衆国市民ではないと回答している[254・255]。

第2款　1907 年法と女性の市民権
第1項　1907 年法の制定

　1907 年，連邦議会は「市民の市民権放棄とそれらの者の海外での保護に関する法律」を制定した[256]。本法第 3 条は外国人と婚姻した女性合衆国市民について，次の通り定めていた。すなわち第一に同条は，外国人と婚姻した女性合衆国市民は，その夫の国籍を取得するとしていた。第二に同条は，婚姻関係の解消に際し合衆国市民であった女性は，海外にいる場合には一年以内に合衆国領事に届け出ることにより，合衆国内に居住している場合には当該居住を継続することによって，その合衆国市民権を回復するとしていた。

　次に同法第 4 条は合衆国市民と婚姻し，合衆国市民権を取得した外国人女性の当該婚姻関係消滅後の地位について次の通り定めていた。すなわち第一に，もし合衆国領域内に継続的に居住するならば，外国人の帰化を管轄する裁判所において公式の市民権放棄の宣言をしない限りは合衆国市民権を保持し続けるものとし，また第二に，もし合衆国領域外に居住するならば，当該

254　12 Op. Atty. Gen. 7（1866）.

255　また 1869 年に司法長官は，フランス市民と婚姻した，フランスに居住する生来的女性合衆国市民であった者は，税法上合衆国市民権を喪失した者とされるとする意見を，財務長官に述べている。13 Op. Atty. Gen. 128（1869）.

256　34 Stat. 1228. 本法の正式名称は An Act In reference to the expatriation of citizens and their protection abroad である。なお，本法制定の背景，概要について，Bredbenner pp46；拙稿「米国における国籍離脱の自由の発展」筑波法政 25 号（1998）210 頁参照。

266 第6章 女性と合衆国市民権——合衆国市民権の発展

婚姻関係消滅後一年以内に合衆国領事に届け出をすることにより合衆国市民権を保持し続けるものとする，としていた[257]。

第2項 Mackenzie v. Hare 事件

連邦最高裁は本法第3条の解釈を1915年に Mackenzie v. Hare 事件[258]で示した。本件は英国臣民と婚姻し，米国内に居住していた女性合衆国市民である原告が，当該婚姻を理由として，合衆国市民権の保有に基づく有権者登録を拒否されたことに対して，有権者としての権利を求めて訴訟を提起したものであった。

本件法廷意見は，一般的には市民権の変更は当該市民の同意なしになされてはならないということを認めつつも，当該婚姻は原告により自発的になされたものであり，それにより市民権の放棄は自発的に選択されたことになるとして，原告の訴えを退けた[259]。

また本件法廷意見は，本法の目的は，古くから認められている，夫と妻の一体性の確保であり，それは偶然の産物でもなければ専断的なものでもなく，女性の保護のためにも有益であったと述べた[260]。そしてさらに本件法廷意見は，この原則が緩和されつつあることは認めつつも，夫婦の一体性と夫の優位性を確保するために，この関係を保持することは公の関心事項となっているとしている[261]。

この判決により，女性合衆国市民は，合衆国に居住していても，外国人との婚姻によって，合衆国市民権を喪失することが確認された[262]。これは，女性が投票することが認められている州においては，外国人との婚姻により，投票権が失われることを意味するという点で，重大な問題のある判断であった[263]。また，その後の戦争中においては，これらの外国人との婚姻によって

---

257 本法第5条は，合衆国外で出生した外国人の子について，当該子が未成年のうちにその親が合衆国に帰化した場合には合衆国市民権を取得するとし，その合衆国市民権は当該子が合衆国における継続的居住を開始したときから取得したものとされる，と定めていた。

258 Mackenzie v. Hare, 239 U. S. 299 (1915).

259 *Id.,* at 312.

260 *Id.,* at 311.

261 *Id.*

262 このことは1907年法制定当初から予定されていた。Bredbenner 58.

合衆国市民権を喪失した女性の財産が，外国人の財産として徴発の対象とされたので，この点でも大きな影響があった[264・265]。

第3款　1922年Cable法と女性の市民権

第1項　Cable法の概要

1922年連邦議会は，女性の独立した市民権を保障するために，いわゆるCable法を制定した[266]。本法は全7条からなり，その概要は以下の通りであった。

まず第1条は，いかなる女性も，その性別により，あるいは婚姻していることを理由として，帰化によって合衆国市民権を取得することを妨げられない，と規定していた。本法制定以前においては，婚姻している女性は，その夫と独立に帰化手続をすることができなかったので，本条によってその点が変更された[267]。

---

263 原告の居住していた州では，性別に関係なく，合衆国市民であることが投票資格とされていた。239 U. S. 299, 306.

264 Bredbenner 68, 72. なお，Mackenzie判決とそれに続く1907年法改正のための一連の女性運動等について，Bredbenner pp67.

265 この他に，1907年法については，女性の市民権変動との関係では，次のような問題が生じる可能性があった。

- 本法第2条は合衆国市民である者が外国に帰化した場合，あるいは外国に対する忠誠の宣誓をした場合にはその市民権を失う，と定めていたが（34 Stat. 1228.），合衆国市民である夫が，それらをした場合，1907年法の下においては，妻もまたその合衆国市民権を喪失する可能性があった（ただし，1915年の司法長官の意見では，夫がカナダの軍隊に入隊するのに際しカナダに対する忠誠の宣誓をしたことにより，その妻の合衆国市民権が失われることはない，としている。30 Op. Atty. Gen. 412, 419 (1915).）。

- 同じく本法第2条は帰化市民が従前の国籍国に2年以上，その他の外国に5年以上居住した場合には，合衆国市民であることをやめた者とされるとしていたが（34 Stat. 1228.），帰化市民の夫がこの規定により合衆国市民権を喪失した場合，合衆国に継続的に居住していたとしても，妻も合衆国市民権を喪失する可能性があった。これらの指摘と，その他の本法に関する問題について Fred K. Nielsen, *Some Vexatious Questions relating to Nationality*, 20 COLUM. LAW. REV. 840, 856 (1920).

266 42 Stat. 1021 (1922). 本法の正式名称は An Act relative to the naturalization and citizenship of married women である。本法の制定過程について Cable pp38; Breckinridge pp22; Bredbenner Chap. 3.

268 第6章 女性と合衆国市民権──合衆国市民権の発展

次に第2条は本法施行後合衆国市民と婚姻した女性，あるいは本法施行後にその夫が合衆国に帰化した女性は，それらの婚姻あるいは夫の帰化により合衆国市民権を取得することはない，と規定していた[268]。ただし本条ではこれに続いて，これらの女性が，市民権取得要件を満たすならば，通常の帰化手続により帰化できると定め，それに際しては，その意思に関する宣言は要求されず，また，通常の帰化手続では合衆国内に5年，その居住する州に1年居住することが要求されるが，これらの女性に対しては1年の米国における居住が要求されるとしていた。

第3条は，本法制定後，合衆国市民である女性は，外国人の帰化に関する管轄を有する裁判所において公式に合衆国市民権を放棄しない限りは，婚姻を理由として合衆国市民でなくなることはないと定めていた。ただし本条では，当該女性合衆国市民が，市民権取得要件を満たさない外国人と婚姻した場合には，その合衆国市民権を喪失するとしていた。また本条は，婚姻関係終了時に合衆国市民である女性は，居住している場所にかかわらず，合衆国市民権を維持するとしていた。さらに本条は，婚姻関係の継続している間，合衆国市民である女性が，その夫の国籍国である国に2年以上，あるいは合衆国外に5年以上継続的に居住したとするならば，その市民権を喪失したものと推定するとしていた。

本法第4条は，本法制定前に婚姻を理由に合衆国市民権を喪失した女性の再帰化について定め，第5条は，その夫が市民権取得要件を満たさない女性

---

267 Hackworth 50; Bredbenner 42. ただしこの点について，一書においては，「外国人の女性は，外国人男性と同一の条件で，同一の手続により帰化することができる。」とする1877年の国務長官の見解が紹介されている。Moore 331. この点について Flournoy は，当時独身女性については，帰化を認めないとする法はなかったが，外国人と婚姻している女性についてはそれを認めない裁判所の判断があったとしている。Richard W. Flournoy, *The New Married Women's Citizenship Law*, 35 Yale L. J. 159, 162 (1923) [hereinafter Flournoy].

268 本条の制定理由について，当時女性に投票権が認められたことにより，帰化に適する資質があることが示されていない外国人女性が市民権を取得することを制限することが必要となった，ということが指摘されている。Flournoy, 162; J.S.Reeves, *Nationality of Married Women*, 17 AM. J. INTL L. 97, 99 (1923)；Lucius F. Crane, *The Nationality of Married Women*, VII JOURNAL OF COMPARATIVE LEGISLATION AND INTERNATIONAL LAW 55 (3rd Series 1925) [hereinafter Crane]; Sapiro 678.

第3節　女性と市民権の変動　**269**

は，当該婚姻が継続している間は帰化手続を行うことができないと定めていた[269]。

第2項　Cable 法に関連する諸問題

Cable 法に関連して，この時代には市民権の変動について以下のようないくつかの問題があった[270]。

---

[269]　第6条と第7条は本法と1907年法の関係について定めていた。

[270]　なお，ここで指摘する問題の他に，合衆国市民と婚姻した外国人女性がそれにより合衆国市民権を取得することはない，と Cable 法が定めたことによって，当該女性の本国法が外国人との婚姻により当該女性の国籍が喪失する，と定めていた場合（Flournoy によれば，当時 Costa Rica, Cuba, Dominican Republic, Germany, Great Britain, Greece, Haiti, Latvia, Mexico, Nicaragua, Peru, Poland, Rumania, Spain, Sweden, Switzerland, Turkey が外国人との婚姻によって女性がその国籍を喪失するとする法制を採っていたとされている。Flournoy, 164. また別の文献では，日本の他に Austria, Brazil, Bolivia, Canada, Cuba, Denmark, Dominican Republic, Germany, Great Britain, Greece, Guatemala, Haiti, Holland, Hungary, Luxenburg, Norway, Peru, Persia, Poland, Rumania, Spain, Sweden, Turkey がこのような法制を採っていたとされている。Cyril D. Hill, *Citizenship of Married Women*, 18 AJIL 720, 728 (1924) [hereinafter Hill].），当該女性は無国籍となること可能性が生じる，という問題が指摘されている（特に米国人女性と英国人男性との婚姻は多かったため，この問題が多く生じた。Flournoy, 164; Hill 728; Crane 57.）。Breckinridge 43; Bredbenner 196. また，同時に夫の本国法が婚姻によって自動的にその妻に国籍を付与するとしていた場合（Flournoy によれば，日本の他に，Austria, Belgium, China, Colombia, Costa Rica, Cuba, Denmark, Dominican Republic, France, Germany, Greece, Hungary, Haiti, Italy, Latvia, Mexico, Netherlands, Norway, Peru, Persia, Poland, Portugal, Rumania, Russia, Siam, Spain, Sweden, Venezuela がこのような法制を採っていたとされている。Flournoy, 167.），妻は二重国籍となる可能性もあった。Bredbenner 196. このうちの前者の問題について，国籍法の抵触についてのある種の問題に関する条約第8条は「女の本国法が外国人との婚姻の結果として右の女の国籍を喪失させるときは，この事実は，右の女が夫の国籍を取得することを条件とする。」として，解決を図ろうとしている。ただし，米国は本条約の締結国ではなく，本条約の形成過程においても反対票を投じている。本条約の形成過程との米国のかかわりについて Manley O. Hudson, *The Hague Convention of 1930 and the Nationality of Women*, 27 AM. J. INT'L L. 117, 122 (1930)；Bredbenner chap.6.

　　この問題について1940年法では（54 Stat. 1137, 1145.），本法施行後に合衆国市民と婚姻した，あるいはその配偶者が合衆国に帰化した者は，当該合衆国市民の配偶者と合衆国内において，帰化手続開始前の1年間以上居住する場合には，その他の通常

270 第6章 女性と合衆国市民権——合衆国市民権の発展

　第一に配偶者に対する移民の地域別割当てに関し，本法と前後して制定された 1921 年移民管理法[271]との関係で問題があった。すなわち，本法制定以前に婚姻していた女性については，当該婚姻により市民権を取得したが，本法施行後に婚姻した女性については，市民権を自動的に取得することがなくなった結果，1921 年に制定された制限的な移民管理法下において地域別移民割当ての対象とされることになった[272]。また，この移民割当てにおいては，男性市民の配偶者は優先的移民の対象とされたが[273]，女性市民の配偶者はそうされておらず，さらにまた，男性市民の配偶者が優先的移民の対象とされたとしても，それが実際に認められるかどうかは，その配偶者との関係の有り様によって判断されることになっていた[274]。

　この問題に対処するために，連邦議会は 1924 年にいわゆる Johnson-Reed (National Origin) 法[275]を制定した。本法の下では，地域別移民割当てにあたらない合衆国市民の親族等のための移民割当てが追加された。ただしここでも，女性合衆国市民の配偶者は，男性合衆国市民の配偶者と同等に扱われることはなかった[276]。またここにおいても，外国人と婚姻して，あるいはかつて婚姻していてその後に外国に居住している，当該婚姻により合衆国市民権を喪失した者に対しての手当はされなかった[277]。

　　　の帰化で求められる要件を満たすことを条件として，帰化が認められるとし，簡易帰化を認めた。詳細について Hackworth 88.
　　　　この点について現行法においては，合衆国市民の配偶者は 3 年以上合衆国に，その 3 年間の間継続的に合衆国市民権を有している合衆国市民と永久的住所（permanent residence）を設定して婚姻生活をし，またそれに際して，その 3 年のうちの半分以上は合衆国領域内に滞在し，3ヶ月以上帰化申請をする州に滞在している場合に，当該配偶者は，帰化により合衆国市民権を取得できるとしている。8 U. S. C. A. 1430.

271　An Act to limit the immigration of Aliens into the United States, 42 Stat. 5 (1921).
272　Bredbenner 115.
273　42 Stat. 5, 6.
274　Breckinridge 28; Bredbenner 115.
275　43 Stat. 153 (1924) (repealed by McCarran-Walter Act 66 Stat. 163, 279 (1952).).
　　　本法の正式名称は An Act to limit the immigration of Aliens into the United States, and for other purposes. である。
276　Bredbenner 120. 1924 年法の下で，女性市民の配偶者に関する手当が全くなされなかったわけではなく，移民査証の優先的被配分者には，女性市民の配偶者も含まれていた。43 Stat. 153, 155 (Sec. 6(a)). しかしながら，地域別移民割当ての対象とされない入国許可者には，女性市民の配偶者は含まれていなかった。*Id* (Sec. 4(a)).

この問題に関し 1928 年になって連邦議会はさらにいわゆる Cope-land-Jenkins 法[278]を制定した。

本法第 1 条は Cable 法制定以前に外国人との婚姻を理由として，合衆国市民権を喪失した女性で，すでに当該婚姻関係が消滅している者に，地域別移民割当外で移民査証を発行する旨を定めていた。また本法第 2 条は，Johnson-Reed 法を改正して，1928 年 6 月 1 日以前に婚姻した合衆国市民の夫も，地域別移民割当て外の入国許可が与えられる者とした。

しかしこれらによっても，Cable 法制定以前に外国人と婚姻した女性で，その後も婚姻が継続している者については，合衆国への移民は通常の地域別移民割当ての範囲で認められるに過ぎず，また，1928 年 5 月 31 日以後に女性合衆国市民と婚姻した夫については，優先的移民が認められるに過ぎなかった。

第二に帰化手続との関係で Cable 法は，婚姻によって合衆国市民権を喪失した合衆国外に居住する女性は，婚姻関係の消滅に際して，合衆国領事に届け出をするだけでそれを回復するとする 1907 年法を廃止した。この結果該当する女性は，Cable 法第 2 条の手続に従って，若干通常の帰化手続よりは要件が緩和されてはいたが，一定の帰化の手続を経ることが要求されることになった。そのため，これらの者は通常の地域別移民割当ての範囲で合衆国に入国した後にのみ，その合衆国市民権を回復する手続ができることになり，また，このようにして合衆国市民権を回復した女性は，その出生地にかかわらず，帰化による合衆国市民とされたため，帰化取消しの対象とされる可能性があることになった[279]。

なおその他の問題として Cable 法は，その第 3 条で合衆国市民権取得要件を満たさない外国人と婚姻した女性合衆国市民は合衆国市民権を喪失するとしていた。また第 5 条では，その夫が市民権取得要件を満たさない女性は，当該婚姻が継続している間は，帰化手続を行うことができない，と定めていた。これらの結果として，婚姻により女性による市民権の選択が制約される

277　Bredbenner 120.

278　45 Stat. 1009 (1928). 本法（決議）の正式名称は Joint Resolution Relating to the immigration of certain relatives of United States citizens and of aliens lawfully admitted to the United States である。

279　Bredbenner 134.

272　第 6 章　女性と合衆国市民権——合衆国市民権の発展

ことになった[280]。

第 3 項　立法による解決とその後の発展

これらの問題は，1930 年以降の立法等により解決された。

まず 1930 年，連邦議会は Cable 法を修正する法律を制定した[281]。

本法は全 3 条からなり，第 1 条は外国人と婚姻した合衆国市民の女性が，婚姻後合衆国外に居住した場合その市民権の喪失が推定されるとする Cable 法第 3 条の該当個所を削除するものであった。次に第 2 条は，Cable 法第 4 条を修正し，市民権取得要件を満たす外国人との婚姻，あるいは夫が合衆国市民権を喪失したことにより合衆国市民権を喪失した女性について，簡略化された再帰化手続を定めるものであった。第 3 条は，Johnson-Reed 法を改正し，外国人との婚姻によって合衆国市民権を喪失したあるいはその夫が合衆国市民権を喪失したことにより合衆国市民権を喪失した女性が，地域別移民割当ての対象外で入国できるとするものであった。

次に 1931 年連邦議会は，帰化に関する法律を改正する法律を制定した[282]。本法第 4 条は Cable 法を改正し，市民権取得条件を満たさない外国人と婚姻した女性が合衆国市民権を喪失する，とする Cable 法第 3 条の該当部分を削

280　Bredbenner 135. ここでは夫が人種的に合衆国市民権取得要件を満たさないとされた結果として，生来的合衆国市民であった女性がその合衆国市民権を喪失した例等が紹介されている。

なお，この点に関して次の事例があったことが指摘されている。Cott 92.

- 合衆国で出生した中国系女性合衆国市民が中国人男性との婚姻により，中国人とされたことによって合衆国への入国が拒否され，さらに人種を理由に帰化も認められなかった。
- 合衆国に帰化したインド系男性と婚姻した女性が，当該男性が，インド人は「白人」にあたらないことを理由に，帰化を取り消されたことにより，無国籍となった。

281　46 Stat. 854. 本法の正式名称は An Act to amend the Law relative to the citizenship and naturalization of married women, and for other purposes である。なお，同日連邦議会は人種的に帰化を認められる女性で，第一次世界大戦で従軍した合衆国出身の兵士と婚姻した者に対する国外退去を制限する法律を制定した。46 Stat. 849. 本法の正式名称は，An Act to amend and Act entitled "An Act relative to naturalization and citizenship of married women," approved September 22, 1922 である。これらに関し Bredbenner 122, 168.

282　46 Stat. 1511 (1931). 本法の正式名称は An Act to Amend the naturalization laws in respect of posting notices of petitions for citizenship, and for other purposes である。

除するものであった。また Cable 法第 5 条の，その夫が市民権取得要件を満たさない女性は，当該婚姻が継続している間は，帰化手続を行うことができないとする部分も削除された。これにより女性合衆国市民は，帰化の認められない外国人と婚姻しても，その市民権を喪失することはなくなり，また，これ以前に帰化の認められない外国人との婚姻により合衆国市民権を喪失した女性であっても，通常の帰化手続によりその市民権を再取得できることになった[283]。

　さらに 1932 年連邦議会は，1924 年に制定された Johnson-Reed 法を改正した。これにより，1932 年 7 月 1 日までに合衆国市民と婚姻した外国人の夫は，地域別移民割当外で，移民として入国が許可される者とされ，また，1932 年 7 月 1 日以降に合衆国市民と婚姻した外国人の夫は優先的移民とすることとされた[284]。

　1934 年，連邦議会は，Cable 法第 2 条を改正し，合衆国市民の夫も，合衆国市民の妻と同様に，若干簡易化された帰化手続により合衆国市民権を取得できるようにした[285]。なお同年 7 月 13 日，米国は米州機構構成国間において国籍の平等に関する条約を締結したが[286]，本条約は，性別に基づく差別をする国籍法制定を禁じるものであった。

---

283 このことは，当該女性が人種的に帰化が認められない者であっても適用された。Ernest J. Hover, *Citizenship of Women in the United States*, 26 AM. J. INT'L L. 700, 718 (1932).

284 An Act to exempt from the quota husbands of American citizens, 47 Stat. 656.

285 48 Stat. 797 (1934). 本法の正式名称は，An Act to amend the law relative to citizenship and naturalization, and for other purposes である。なお，本法においてはこの点の他に，次の点が改正された。

- 海外での子の出生について，従前男性合衆国市民の子である場合にのみ合衆国市民権を取得すると定められていた (R.S. 1993) のを，女性合衆国市民の子であっても，それを取得するとした。
- 親の帰化・市民権回復に伴う子の派生的市民権取得について，文言上，従前は「親の帰化あるいは市民権回復に伴って」となっていたのを，「父あるいは母の帰化もしくは市民権回復に伴って」とし，母の帰化等によっても子が派生的に合衆国市民権を取得することを明確化した。

286 49 Stat. 2957 (1934) (Convention on the Nationality of Women, O. A. S. Treaty Series No. 4, 38, entered into force Aug. 29, 1934. cited at Edwina Austin Avery ed., LAW APPLICABLE TO IMMIGRATION AND NATIONALITY, 1256 (GPO 1953)).

274 第6章 女性と合衆国市民権——合衆国市民権の発展

1936 年になって連邦議会は，Cable 法制定以前に外国人との婚姻によって市民権を喪失し，後に当該外国人との婚姻関係が消滅した，従前生来的合衆国市民であった女性の合衆国市民権を回復するための法律を制定した[287]。本法において当該女性は，合衆国領域内においては帰化に関する管轄を有する裁判所において，合衆国領域外においては領事等の面前において，条文規定の忠誠の宣誓を行うことにより，合衆国市民権を回復するとされた。

1940 年連邦議会は，従前散在していた国籍法を包括的にまとめた国籍法を制定した[288]。本法第 317 条は Cable 法制定以前に外国人との婚姻により合衆国市民権を喪失した女性の市民権回復手続について定めていた[289]。同条（a）項は，外国人との婚姻により合衆国市民権を喪失した女性で，他の国籍を何らかの自らの行為により取得していない者は，簡易化された帰化手続により合衆国市民権を回復する，とした[290]。次に（b）項は，外国人との婚姻により合衆国市民権を喪失した女性で，すでにその婚姻関係が消滅している女性については，他の国籍を自らの行為により取得していない場合，合衆国への忠誠の宣誓をすることにより合衆国市民権を回復するとした。

さらに本条では，これらの手続によって回復された市民権は，当該合衆国市民権の喪失が生じる前のものと同一のものとすると定め，これにより生来的女性合衆国市民が外国人との婚姻により市民権を喪失し，それをさらに帰化手続に従って回復した場合に，帰化市民として当該帰化の取り消しの可能性にさらされる，という状況が解消された[291]。

---

287 49 Stat. 1917 (1936). 本法の正式名称は An Act to repatriate native-born women who have heretofore lost their citizenship by marriage to an alien, and for other purposes. である。

288 54 Stat. 1137. 本法の正式名称は To revise and codify the nationality laws of the United States into comprehensive nationality code である。

289 54 Stat. 1137, 1146.

290 これらの女性の市民権回復に際しては，帰化意思の宣言，合衆国への入国に関する証明，一定期間の合衆国における居住などの要件が免除されることとされていた。*Id* (Sec. 317. (a)).

291 ただし一書は本条の規定について，外国人との婚姻関係を継続している女性と，婚姻関係を消滅させた女性の扱いを別異にしていること，外国人との婚姻関係を継続させている女性について，市民権回復後は生来的市民とされるのにもかかわらず，帰化手続を踏むことが要求されていることの問題があったと指摘している。Bredbenner 192. ただし同書は，婚姻関係を継続させている女性と，消滅させた女性を別異に扱っ

その後 1946 年連邦議会は，合衆国市民の妻である中国人女性に地域別移民割当外の移民としての入国を認め[292]，さらに 1948 年には合衆国市民の夫について，地域別移民割当外の移民としての入国を認めた[293・294・295]。

第 4 節　女性と市民的権利・市民的義務

女性と市民的権利及び市民的義務の関係に係る議論は多岐に渡る。ここでは，まず米国初期における女性の権利享有状況を概観する。次に女性と市民的義務の関係に関し，特に女性と陪審制度及び女性と兵役との関係の観点から検討することにする。

第 1 款　米国初期における女性の状況

第 1 項　Blackstone の Commentary における理解

Common Law のもとで既婚女性のおかれていた状況について，1803 年に発行された Commentary で Blackstone は次の通り述べている。

まず婚姻による女性の法的能力の変更一般について Blackstone は「婚姻により，夫と妻は法律上一つの人格となる。すなわち，女性の存在あるいは法

ている点については，これにより二重国籍の女性を減少させることが目的とされていた，ということを指摘している。*Id.*, at 196.

[292]　60 Stat. 975. 本法の正式名称は An Act to place Chinese wives of American Citizens on a nonquota basis. である。

[293]　62 Stat. 241. 本法の正式名称は An Act to amend the Immigration Act of 1924, as amended. である。

[294]　連邦議会は，1947 年には，合衆国軍隊の構成員である合衆国市民の外国人配偶者及びその未成年の子について，その人種以外に理由がないならば，合衆国への入国を認めるとしている。An Act to amend the Act approved December 28, 1945, entitled "An Act to expedite the admission to the United States of alien spouses and alien minor children of citizen members of the United States armed forces", 61 Stat. 401.

[295]　現行法においても，合衆国市民の配偶者は，性別に関係なく，また地域別移民割当てと関係なく，合衆国に入国が認められ（8 U. S. C. A. 1151(b)(2)(A)(i)），帰化による市民権の取得においても，優遇措置が設定されている（8 U. S. C. A. 1430(a)）。なお，合衆国市民の配偶者に与えられる，移民等に関する優遇措置にかかわる問題について Janet M. Calvo, *Spouse-Based Immigration Law: The Legacies of Coverture*, 28 San Diego L. Rev. 593 (1991).

276　第6章　女性と合衆国市民権——合衆国市民権の発展

律的な実在は婚姻が継続している限り一時停止される状況となって，夫のそ
れに合併，統合されることになる。そして，夫の庇護，保護，護衛の下で妻
はすべてのことを行うことになる。このことによって妻は，庇護される女性
(feme-covert) と呼ばれ，また夫であり，妻の領主ともいえる者の保護と影響
の下にあることから，有夫の婦 (covert-baron) とも呼ばれ，さらにそのよう
な婚姻の継続中の妻の状況を，妻の地位 (coverture) という。この原理に従
って，夫と妻の共同体に関して婚姻により取得する，ほぼすべての法律上の
権利，義務，補償が決定されることになる。」[296] としている。

　次に Blackstone は，妻の能力に関し，いくつかの個別の点について述べて
いる。そのうちまず，妻の訴訟における当事者能力については，妻に関する
夫の責任について述べた上で[297]，「妻がもしその身体あるいは財産に損害を
被った場合，妻は自身の名義の下に，または夫の名義の下にかかわらず，夫
の同意なしに訴訟を提起することはできない。また夫を被告とするのでなけ
れば，妻に対する訴訟をすることはできない。」としている[298]。

　また妻の財産権については「市民法 (civil law) において夫と妻は個別の人
格と考えられ，それぞれ独自に不動産を所有し，契約を締結し，債務を負担

296　II St. George Tucker ed., BLACKSTONE'S COMMENTATRIES, 442 (Rothman Reprint Inc. 1969) (1803).

297　*Id.* ここで Blackstone は夫と妻の関係について次の通り述べている。
- 妻に何かを贈与し，あるいは妻と契約することは，妻の独立人格を認めることになるので認められない。従って婚姻前に両者の間で締結された契約は，婚姻に伴って消滅する。
- 妻は，その主人 (load) の代わりに，夫の代理人 (attorney) となることができる。
- 遺贈は，それが夫の死後，庇護 (coverture) の終了した時点でその効力を発することから，有効である。
- 夫は妻に生活必需品を供給しなくてはならず，その取得のために妻が負担した負債については夫が支払わなくてはならない。ただし，それ以上の妻の負債については支払う必要はない。また，妻が駆け落ちした場合には，生活必需品に関しても支払いをする必要はない。
- 妻が婚姻前に負担していた負債は夫によって負担されなくてはならない。

298　*Id.,* at 443. この後 Blackstone 次のことを指摘している。
- 婚姻関係は私的共同体関係 (civil union) であるので，刑事手続はこれとは関係なく，妻は独立に起訴され，処罰される。
- ただし夫と妻は，いかなる訴訟においても，それぞれに関して証言することができない。

し，損害賠償を請求することができ，そのために妻は，夫なしに教会裁判所で訴訟を提起することができる。」と一応はしている。しかしながら他方で「一般的に我々の法の下においては，夫と妻は一つの人格と考えられるが，状況によっては個別の判断の対象とされ，夫の劣位者（inferior）としてその強制の下に行為しているとされる。そしてこのことから，夫の庇護（coverture）の下に妻がある間に妻によってなされた行為は，それが和解譲渡（fine）あるいはこれに類する妻が自発的に行為したかどうかが独立に問題とされる事例を除いては，無効とされる。」[299]としている。また Blackstone は，夫の庇護下にある女性は，夫の強制の下にあると考えられるので，遺贈によって夫に財産を残すことはできないとしている。

　第三に妻の地位にある者と犯罪の関係について Blackstone は，まずいくつかの重罪（felony）あるいはその他の犯罪については，夫の強制の下において行動したとしても，妻が処罰されることがあるとしている[300]。またさらにBlackstone は，かつては法上妻の行為に対して夫が責任を負う場合があることから，夫が妻に対して懲戒権（correction）を行使することが認められていたとし，それは後に，夫と妻が相互に平穏の保持（security of peace）を求めることができるように変化したが，それでもなお，妻が重大な不行跡を行った場合には妻の自由を夫が拘束することを認めている，としている[301]。

第2項　Tucker の理解

　以上の Blackstone の叙述に続けて，同 Commentary の編者である Tucker は，英国法上の性別による区別に関し，さらに次のことを指摘している[302]。

　第一に夫と妻の間で生じた殺人に関して Tucker は，夫が妻を殺害した場合には，一般の殺人と同様に処罰されるが，妻が夫を殺害した場合には，人間性と婚姻に基づく感情による拘束を破壊したのみならず，夫の権威に対しての服従に反することをしたことから，当該行為は反乱罪と同様に扱われ，それによって処罰されるとしている。またこの点に関連して Tucker はさらに，common law 上女性は聖職者の特権（benefit of clergy）[303]を否定されてお

299　*Id.*, at 444.

300　*Id.* ただし反逆罪と殺人罪に関してはこのことは適用されない，としている。

301　*Id.*, at 445.

302　*Id*.

278　第6章　女性と合衆国市民権——合衆国市民権の発展

り，男性ならばそれにより刑罰が軽減されるところである場合でも，軽減が
ない刑罰を課されていたとしている。

　第二に Tucker は女性の財産権について次の通り述べている。すなわちま
ず相続財産については，男性，女性にかかわらず等分に配分されるとされて
いたが，不動産に関しては被相続人の子のうち，その年齢に関係なく，男子
が相続するとされていたとしている。またこれに関連して遺贈との関係で
は，遺言を残さずに夫が死亡した場合には妻もその相続をすることができた
が，原則として女性の財産は，婚姻によってその夫のものになり，夫はその
死亡に際して，妻以外の者に遺贈してしまうことも可能とされていたとして
いる。なおさらに妻の財産との関係では，婚姻継続中，夫は妻の土地からあ
がる収益の管理権を有していたともしている。

　第三に課税との関係で Tucker は，女性の財産に関してはその代表が存在
しないのにもかかわらず課税がなされているとしている[304]。

　第四に損害賠償との関係では，女性が侵害を受けた場合，その両親の受け
た心情的損害に対しての賠償がなされるに過ぎないとし，また女性の名誉は
common law においては保護の対象とされていなかったとしている。

　なおこれらの指摘の最後に Tucker は，このような法状況の下では女性の
尊厳が保障されているということはできないとしている。

第3項　Kent の Commentary

　また Kent の Commentary では，既婚女性のおかれている状況について次
の通り述べている[305]。

303　「聖職者は一定の犯罪については世俗の裁判所における刑事手続の対象外とされる
　　こと。この特権の行使が認められれば，世俗の裁判所なら死刑を科せられるような事
　　件でも，死刑を科すことのない教会裁判所で審理を受けることができ，死刑を免れた。
　　14 世紀末までには，この特権は，聖職者だけでなく教会に関係ある者すべてに認めら
　　れるようになり，かつ教会関係者か否かの判定は，通常，聖書の詩編第51編第1節を
　　読むことができるかによってなされたため，実際上読み書きのできる者はすべてこの
　　特権を行使できるようになった。」田中英夫編『英米法辞典』(東京大学出版会　1994)
　　の"benefit of clergy"の項参照。

304　なおこの点について Tucker は，少なくとも独身女性についてはこの代表を有す
　　るという特権を否定する理由はないとしている。

305　II James Kent COMMENTARIES ON AMERICAN LAW, pp129 (Fred B.

第4節　女性と市民的権利・市民的義務　**279**

　まず婚姻が女性の法的地位に与える影響に関し Kent は，common law 上，婚姻によって夫と妻は一つの人格となり，妻の法上の存在は，婚姻が継続する限りにおいて，喪失あるいは停止することになるとしている。

　そして個別の点については次の通り述べている。

　まず夫と妻の間の契約については，婚姻前に夫と妻が契約していた場合には，Equity 上，妻の利益のために夫はそれを履行することが求められるが，婚姻後は妻がその能力がないと解されることから，妻は，被信託人が介在することなしには，契約を締結できないとしている。

　次に夫と妻の間では，直接に不動産を譲渡することはできないとしている。ただし遺贈との関係では，その効果が夫の死亡後に発生することを前提として，夫は妻に対して財産を遺贈することができるとしている。

　またその他の財産の管理等については，一般的に婚姻によって，夫は妻の財産の管理権を取得し，その債務を負担し，また妻の締結した契約を履行する義務を負うことになるとしている。

第4項　妻財産法の制定

　以上のように米国建国当初女性は婚姻により，契約を締結することができず，訴訟を提起することができず，また遺言を残すこともできないなどの状況におかれ，財産関係等において夫の庇護・管理下におかれることになっていた。

　1830 年代に入り，各州においていわゆる妻財産法（Married Women's Property Acts）が制定されることによってこの状況は変更された[306・307]。そ

Rothman & Co. 1989)（1873)．

306　一書によれば，州における妻の財産に関する法律は，1835 年に Arkansas 州で制定され，続いて 1839 年に Mississippi 州で制定されたとされている。Kathleen S. Sullivan, CONSTITUTIONAL CONTEXT: WOMEN AND RIGHTS DISCOURSE IN NINETEENTH-CENTURY AMERICA, 69 (John Hopkins Univ. Pr. 2007). ただしこの際に制定された法律は，妻の財産の独立性を認めるものではなく，家族が破産に際した際等に家族の全ての財産を債権者の取立ての対象としない，とする趣旨のもので，既婚女性の独立性の確保というよりは，既婚女性の保護のためのものであった。

307　なお，1870 年以降においては英国においても妻の財産権に関する法律が制定され，妻が固有の財産を保有する能力が認められるようになった。この点の説明について，田中英夫他編『英米法辞典』（東大出版会　1994) の"Married Women's Property Acts"

れらの中でも特に 1848 年に制定された New York 州のそれは他州における妻財産法のモデルとされた。そこにおいては概要次のような条文が規定された[308]。

まず第 1 条と第 2 条では，既婚の女性であっても婚姻の際に有していた財産については，その配偶者の処分の対象となることはなく，また，その配偶者の負債を負担せしめられることもなく，独身の女性と同様に独立した固有財産を保有できるとしていた。

次に第 3 条は既婚女性が，その配偶者以外の者から財産の贈与を受けることができ，それは当該女性の独立財産とされることを定めていた。また第 4 条は，婚姻前に締結された契約は，婚姻後においてもその効果を変えることなく有効であると定められていた[309・310]。

このような立法の影響により common law 上の妻の地位に基づく女性に対する法上の制限は 20 世紀初頭までに姿を消した[311・312]。そして女性の権利

　の項：松村赳他編著『英米史辞典』（研究社　2000）の "Married Women's Property Acts"の項参照。

308　An Act for the more effectual protection of the property of married women, passed April 7, 1848, cited at Winston E. Langley & Vivian C. Fox WOMEN'S RIGHTS –IN THE UNITED STATES, 80（Greenwood Pr. 1994）.

309　翌年本法は改正され，そこでは本法第 3 条が精緻化され，また，従前女性のために信託されていた財産に関する規定がおかれた。*Id.,* at 82.

310　このような法律が制定されたことについては，これらが女性の地位の向上に対しての一連の動きの始まりであるとする理解がある一方で，これらの法の実際の効果は，女性の家庭内での役割と責任を強化するものであった，という点を指摘するものがある。*Id.,* at 81; Richard H. Chused, *Married Women's Property Law: 1800-1850,* 71 GEORGETOWN L. J. 1359, 1369, 1411, 1423（1983）.

　なおこのような州法が制定された具体的な理由としては，配偶者の債権者から女性を保護することであったとする指摘がある。Joan Hoff, LAW, GENDER, AND INJUSTICE-A LEGAL HISTORY OF U. S. WOMEN, 122（N. Y. Pr. 1991）［hereinafter Hoff］（ただし Hoff は，妻財産法について，それ自体は確かに妻を庇護者としての地位から解放するためのものではなかったが，その制度を解体する萌芽がそこには見受けられる，としている。*Id.,* at 187）.

311　Hoff, 121, 191.

312　ただし，連邦最高裁が夫婦の財産に対する夫の独占的処分権を認める州法を平等権に反し違憲であるとしたのは，1981 年の Kirchberg v. Feenstra（450 U. S. 455）においてである。

第4節　女性と市民的権利・市民的義務　**281**

享有について新しい状況が生じることになった。

第2款　女性と陪審制度

建国時より米国においては，陪審制度は自己統治の手段と理解され，市民はそれに参加することにより自由を確保するものと考えられてきた[313]。またこの点について，連邦最高裁は，たとえば Power v. Ohio 判決[314]で，陪審への参加は共同体（community）に属する者すべてが負担すべき市民権に付随する責任の履行である[315]と指摘し，さらに陪審制度が法の民主性に不可欠なものである，としている[316]。

第1項　Glasser v. U. S. 事件

連邦最高裁で女性と陪審制度の関係が初めて問題とされたのは，Glasser v. U. S. 事件[317]においてであった[318]。

---

[313]　建国時の理解を示すものとして，Federalist No. 83. また，common law において陪審員となれたのは男性のみであったことを指摘する文献として III William Blackstone, COMMENTARIES ON THE LAWS OF ENGLAND, 362（Univ. Chicago Pr. 1979）(1765): cf. Justin Miller, *The Women Juror*, 2 OREGON. L. REV. 30（1922）.

[314]　499 U. S. 400（1991）. なお，同様に陪審への参加が，市民の特権でありまた義務であるとする判決として，Thiel v. Southern Pac. Co., 328 U. S. 217, 224（1946）.

[315]　*Id.*, at 402.

[316]　*Id.*, at 406.

[317]　315 U. S. 60（1942）.

[318]　ただしこれ以前に連邦最高裁は，有色人種の陪審からの排除が問題とされた Strauder v. West Virginia 判決（100 U. S. 303（1879））で次の通り述べている。まず同判決は修正第14条との関係で，次の点を述べた。

- 修正第14条は有色人種に属する者に白人と同等の市民的権利を享有させ，連邦政府が州による侵害からそれらの者を保護することを認めるものであり，それは単に有色人種に属する者に市民権に付随する権利を保障するのみならず，州政府がそれらの者に対して法の下の平等を否定することを禁じ，州政府がそれを否定した場合には，それを修正する権限を連邦政府に認めるものである（*Id.*, at 306）。
- それ以外の理由がないのにもかかわらず自らの属する人種の者が，当該人種もしくは肌の色を理由として，陪審から排除されている裁判にかけられることを強制されることは，平等な法の保護の否定でないとはいえない（*Id.*, at 309）。

しかしながらこれに続いて連邦最高裁は，陪審員の選出に関し陪審員を男性，自由土地保有権者，市民，一定の年齢以上の者，一定の教育を受けている者に限定するこ

282 第6章 女性と合衆国市民権——合衆国市民権の発展

本件原審が争われた Illinois 州では，1939 年 7 月 1 日に女性が陪審員となることを認める法律が施行され，本件で問題とされた陪審は 1939 年 8 月 25 日に召集されたが，そこには女性が含まれていなかった。本件被告人は，本件のために構成された陪審は女性を排除して構成されており，不適法に構成されたものであると主張した。

これに対し連邦最高裁は，Illinois 州法の施行から，問題の陪審の召集までの期間が短期であることを考慮すると，女性が陪審団に含まれていないことを不適法ということはできないと判示した[319]。ただし最高裁は，傍論において，陪審は共同体の代表としての側面を有さなくてはならず，その一部を代表するものであってはならない，と指摘した[320]。

第2項　Ballard v. United States 事件

次に連邦最高裁は，刑事事件の陪審に女性は含まれなくてはならないかの問題について，Ballard v. United States 事件[321]で取り扱った。

本件において法廷意見はまず，当時の連邦法において各連邦裁判所の陪審は，州最高裁の陪審選出基準と同一の条件で選出するとされていた，とした。その上で法廷意見は，陪審員は，人種，皮膚の色あるいは従前奴隷であったことを理由として特定の市民を陪審から排除することは許されず，また（選出される市民が）何らかの団体へ加入しているかどうかに影響を受けることなく選出されなくてはならず，かつ公平な裁判に資するように選出されなくてはならないとされていて，さらには市民に不必要な支出を負担させ，あるいは過度な負担を負わせることがないように選出されなくてはならないとされていると指摘した。また法廷意見は上記の条件について，陪審員からの排除基準として許容される基準としては性別に基づくものはないとし[322]，さらにこのような連邦法の規定は，陪審が共同体の代表としての側面を有するようにするために定められたものであるとした[323]。

とができると述べ，これが修正第 14 条で禁止されているとはされないとしている（*Id.,* at 310）。

319　315 U. S. 60 at 65.

320　*Id.,* at 86.

321　329 U. S. 187 (1946).

322　*Id.,* at 191.

323　*Id.*

第4節　女性と市民的権利・市民的義務　**283**

　第二に法廷意見は，本件原審の争われた California 州においては女性が陪審員になることが認められているので，陪審が両性の代表からなるとされているとし，もし女性が排除されていたとするならば，それは人口の半分が陪審から排除されることになる[324]ということを指摘した。また法廷意見は，女性を意図的かつ組織的に陪審に加わることから排除することは，連邦法の定めるところに反するものである[325]ということも指摘している。

　第三に法廷意見は，女性の行為に影響を与える要因はその人格，背景，経済状況などであり性別ではないということから，共同体内の多様な集団から選出された陪審団は，すべて男性からなっているとしても，女性がそれに含まれているのと同様に当該共同体を代表するものであるとする見解に対して，男性と女性は相互代替性がなく，いずれかの性別に属する者のみから形成されている共同体はそうでないものとは異なるものである，と指摘した[326]。

　最終的に法廷意見は，組織的かつ意図的な女性の陪審員からの排除は，連邦議会によって民主主義社会において陪審制度が有するべきとされた基礎を害するものであるとし[327]，結論として本件起訴を棄却した[328]。

　この法廷意見に対しては，Burton 裁判官が反対意見を述べた[329・330]。

　第一に同裁判官は，連邦法上連邦裁判所の陪審員は，各州の最高裁判所の

324　*Id.*

325　*Id.,* at 193.

326　*Id.*

327　*Id.,* at 195. 法廷意見はここで，女性を陪審から排除したことによる被害は被告人に生じるのみならず，陪審制度，法制度，共同体，そして本法廷の手続に反映される民主主義の理念に対しても生じるものである，としている。

328　*Id.,* at 196.

329　本判決においては，Burton 裁判官の反対意見の他に，Jackson 裁判官が同意意見を述べ，また，Frankfurter 裁判官が，Jackson 首席裁判官と Burton 裁判官の同意のもとに，反対意見を述べている。

　　Jackson 裁判官の同意意見は，本稿と関係のあるものではなく，また，Frankfurter 裁判官の反対意見は，女性が陪審に含まれていないこと理由として，本件法廷意見の取るところである，起訴を棄却するという結論を採る必要はない，という趣旨のものであった。

330　この Burton 裁判官の意見には，Jackson 首席裁判官，Frankfurter 裁判官が同意し，また Jackson 裁判官が一部を除いた部分についての同意を示している。

284 第6章 女性と合衆国市民権——合衆国市民権の発展

陪審員と同一の資格かつ同一の除外条件の下で選任されるとされているのであり，すべての連邦裁判所の陪審員名簿に女性が登載されることを求めている憲法または連邦法上の規定，あるいは裁判所の規則，もしくは政策上の判断はない[331]ということを指摘した。そしてこの点に関し同裁判官は，連邦議会は，連邦法で，連邦裁判所の陪審員について女性を含めるように定めることも可能であったのにもかかわらず，そのようにしなかったのであり，このことから連邦議会は，女性が陪審員となる義務を課されていない州で，連邦裁判所が男性のみからなる陪審を継続して採用することが，重大な差別であると認識していなかったと考えられる[332]とした。

第二に同裁判官は，陪審員となる適格がある女性を陪審に召集しないとする一般的慣行により，California 州裁判所は，実質的には女性が陪審となる義務を免除されるようにしていたことを指摘し，またこれによって同州裁判所は，男性と女性が等しく陪審となる適格を有するとしながら，訴訟当事者が，陪審員の性別にかかわらず，適切に公平な陪審を享有することとしていたとした。そして同裁判官は，このような慣行に連邦裁判所は従う必要はないが，このような慣行に連邦裁判所が従ったことにより，訴訟当事者が差別されたとする必要はない[333]と主張した。

第三に同裁判官は，州裁判所の陪審に参加する義務に対する適格を女性は有さないとされている州において，女性を連邦の裁判所の陪審に参加することから免除することは誤りとはできないとし，誤りとされ得るのは，女性を州の陪審員名簿に登録することを認めている州で，すべての連邦の裁判における陪審員の名簿に女性の登録をしなかった場合である[334]と主張した。

最終的に同裁判官は，本件において女性が陪審員となる義務を免除されたことは，連邦議会によって認められた連邦裁判所と州裁判所の実務と一致するものであるとし，本件において問題なのは，州が州の陪審の名簿に女性を登載した後において，連邦裁判所がすぐに適格性のある女性を連邦の陪審員の名簿に登載しなかったことである[335]とした。

331　329 U. S. 187, 203, 204 (1946).

332　*Id.*, at 204.

333　*Id.*, at 205.

334　*Id.*, at 206.

335　*Id.*

第 4 節　女性と市民的権利・市民的義務　285

第 3 項　Fay v. People of State of New York 事件

　この翌年連邦最高裁は，Fay v. People of State of New York 事件[336]でこの問題を扱った。本件では，いわゆる特別陪審[337]として選出される者の条件が問題とされた。

　法廷意見は，まず問題を，陪審によって公正かつ不偏のものと認められた本件訴訟の有罪判決が，本件判決のための陪審員の候補者の範囲が不当に狭められ，連邦憲法修正第 14 条の保障する適正手続と法の平等な保護に対する被告人の権利が侵害されたことにより，破棄されなくてはならないかであるとした。そしてこの問題に対し法廷意見は概要次の通りその見解を述べた。

　第一に法廷意見は，被告人の主張した本件特別陪審は女性が陪審から組織的かつ意図的に排除されていることから違憲である，という点については，本件で問題となった New York 州の法律で，女性は陪審員となることが認められていたが，陪審員となることが義務づけられていたわけではなかった[338]ということを指摘し，さらにこのことによって，限られた女性のみが陪審員となるということになってはいたが，女性が陪審に参加することから排除されているということはなかった[339]とした。

336　332 U. S. 261 (1947).

337　本判決では Blue Ribbon Jury の用語が使われている。田中英夫編『英米法辞典』（東大出版会　1994）によれば，Blue Ribbon Jury とは Special Jury のことである，と説明されている。Special Jury とは，同様に同書の Special jury の項の説明によれば，特別陪審あるいは資格者陪審等と訳され，通常の資格要件のほか，一定の社会的地位，職業などの要件に合う者から選ばれた陪審員で構成される陪審，と説明されている。

338　本件法廷意見の説明によれば，New York 州の法律では，まず通常の陪審員となるための資格要件として合衆国市民であること等の条件があり，女性も男性と同様陪審員となる資格があるとされていた。しかしながら女性については，その判断に従い，陪審員となる義務を免除されることができるとされていた（332 U. S. 261, 266）。

　　次に，特別陪審については，通常の陪審員となる資格のある者のうち，特に召喚され，その資格と適性について宣誓した者がなるとされていた。特別陪審に参加する者の資格要件では，通常の陪審員となることを免除された者は除かれる，とされていた（Id., at 267）。

　　なお，同様に本件法廷意見の説明によれば，特別陪審制度は，100 万人以上の居住者のいる郡における裁判において通常用いられていた制度であった（Id., at 268）。

339　332 U. S. 261, 277.

286 第6章 女性と合衆国市民権——合衆国市民権の発展

　第二に法廷意見は，女性が陪審から排除されているということが連邦憲法修正第14条で保障される適正手続に反すると被告人が主張した点については，確かに本件において構成された陪審における男女の比率は，実際の人口比を反映していないが，これには歴史的な理由があり[340]，また，女性が陪審に加わるべきであるという主張は憲法に基づいたものではなく，公的な役割における女性の権利と義務に関しての見解の変化によるものであるとした。そしてさらに法廷意見は，州法上女性がその資格要件を満たしている場合に，連邦の裁判における陪審員として女性が選出されなくてはならないとすることは認められるが，女性の権利及び義務としてもっとも望ましいと我々が個人的に認める状況をある州が認めていないときに，犯罪を犯した者が連邦最高裁によって解放されなくてはならないとするほどに，女性の陪審への参加が，この国の成文法あるいは慣習法の一部となっているわけではない[341]とした。

　最終的に法廷意見は，被告人の主張を認めなかった[342]。

　この法廷意見に対しては Murphy 裁判官が反対意見を述べた。同裁判官の意見は，連邦憲法修正第14条の平等保護の条項は，共同体の代表として公正に選出されたものでない陪審により州が訴追することを禁じており，これはつまり，ある個人の集団を組織的あるいは意図的に排除することなしに陪審員は選出されなくてはならないことを意味しているのであって，本件で問題とされた特別陪審の選出においてはこの原則が無視されていたと考えられる，とするものであった[343]。

---

[340] この点に関し法廷意見は，合衆国において初めて女性が陪審員になったのは1911年に Washington 州においてであり，1942年においても28州において女性が陪審員となることが認められる一方で，20州においては認められておらず，また認めている28州のうちの15州においては女性が陪審員となることを免除されうるとしていると述べている。

　　なお後述の Taylor v. Louisiana 事件（419 U. S. 522（1975））では，米国で最初に女性が陪審員となることを認めたのは Utah 州で，1898年のことであった，とされている（*Id.,* at 536）。

[341] 332 U. S. 261, 277, 289.

[342] *Id.,* at 296.

[343] *Id.*

第 4 項　1957 年市民的権利法の制定と Hoyt v. Florida 事件

1957 年に，連邦議会は 1957 年市民的権利法を制定した[344]。本法において連邦裁判所における陪審員の資格要件は，州裁判所の陪審員のそれと区別され，連邦裁判所においては女性が陪審に加わることが認められるようになった[345・346]。

その後 1961 年 Hoyt v. Florida 事件[347]において連邦最高裁は，再び女性の陪審員への適格に関する問題を扱った。本件においては，その男性配偶者を殴打し死に至らしめた女性である被告人が男性のみの陪審の下で有罪判決を受けたのは，連邦憲法第 14 条により保障される権利を侵害するものである，という被告人の主張が問題とされた。

本件法廷意見はまず前提として，本件で問題となった Florida 州法は，一定の条件を満たす当該州の男性及び女性市民から陪審員を選択することとしているが，女性については陪審員名簿に登載されることを希望する旨を巡回裁判所に申し述べることなしには陪審員とされることはないとしていた，とした。また法廷意見は，被告人は，この法律の制定以来わずかの女性しか陪審員名簿に登載されていないことを指摘して，当該法律の合憲性について異議を申し立てている[348]とした。

次に法廷意見は，Florida 州法は女性を陪審から排除するものではなく，明

344　71 Stat. 634 (1957). 本法の正式名称は An Act to Provide means of further securing and protecting the civil rights of persons within the jurisdiction of the United States である。

345　Joanna L. Grossman, *NOTES Women's Jury Service: Right of Citizenship or Privilege of Difference?*, 46 STAN. L. REV. 1115, 1138 (1994)；I Suzanne O'Dea Schenken, FROM SUFFRAGE TO THE SENATE-AN ENCYCLOPEDIA OF AMERICAN WOMEN IN POLITICS, 368 (ABC-CLIO 1999).

346　ただし，本法において明示的に女性が陪審員になる資格を有することが示されたわけではない。cf. 71 Stat. 634, 638.

　なお，1968 年の連邦の陪審員の選出に関する法律（An Act to provide improved judicial machinery for the selection of Federal juries, and for other purposes 82 Stat. 53 (1968)）では，同法の定める陪審員選出手続は，人種，皮膚の色，宗教，性別，出自，経済状況による差別を禁じる法律を，陪審員の選出過程で，執行することを妨げるものではない，とする旨が規定されている。82 Stat. 53, 60.

347　368 U. S. 57 (1961).

348　*Id.*, at 58.

288 第6章 女性と合衆国市民権——合衆国市民権の発展

示的にその特権を放棄しない限り，陪審員となる義務を免除するとするものであるとし，この点について，特定の集団に属する者の免除を認めることは，特定の集団に属する者を排除するものではないとした上で，しかしながら免除が実質的には排除することになっていると主張される場合には，当該免除が合理的な区別に基づいているかを検討することが必要である[349]とした。

そして法廷意見は，Florida 州法は，陪審員選出の過程で，男性と女性を二つの点で区別しているとした。具体的にはまず第一に女性は，その性別に基づいて，陪審の義務を完全に免除される可能性があることになっている点で，これは男性には認められないということを指摘し，第二に免除の手続も，女性の方がより煩わしくない方法となっている[350]ということを指摘した。

これらに関し法廷意見は，以上二つのことによって Florida 州法は合理的な区別に基づいておらず違憲であるということはできない，とした。その理由として法廷意見は，過去の制約と保護からの啓発による女性の解放と，一般的には男性のものと考えられている共同体への女性の参加にもかかわらず，女性は依然として家庭と家族生活の中心であって，一般的福利（general welfare）を希求する州が，女性自身が女性固有の責務と両立すると決定しないかぎりは，市民の責務である陪審の責務から女性が解放されるとしたとしても，それを許容できないということはできない[351]からであるとした。

さらに法廷意見は，Florida 州法は，男性と同様には女性に陪審員になることを義務づけていないことから，実際上陪審から女性を排除する効果があり，実際にごく少数の女性しか陪審員となる義務を負う者として登録していないと被告人主張したことについて，一定の者がある特定の時期に，あるいはある特定の陪審団において，陪審に従事しなくてはならないとはできないので，女性陪審員が少数であるということは，被告人が甘受すべき結果とは無関係

---

349 *Id.,* at 60.

350 *Id.,* at 61.

351 *Id.,* at 62. 判決はこれに続いて，女性が陪審員となる義務からの免除を享有しているのは Florida 州においてだけではない，とし，連邦を構成する州のうち3州を除いたすべての州（47州；筆者注）で女性は陪審員となる適格があるとされていること，そのうちの Columbia 特別区を含む18州で女性は，その性別に基づいて，陪審員となる義務からの完全免除を享有していること，さらにそのうちの Florida 州を含む2州では，陪審員となる義務からの免除を女性は自動的に享有することされていること，を指摘している。

第4節　女性と市民的権利・市民的義務　289

である[352]とした。

最終的に法廷意見は被告人の主張を認めなかった。また，本法廷意見には首席裁判官，Black 裁判官及び Douglas 裁判官の三人による同意意見があるが，ここでも本件において性別に基づく差別があるとは認められないとされた[353]。

第5項　Alexander v. Louisiana 事件

1972 年に連邦最高裁は，Alexander v. Louisiana 事件[354]で，強姦罪で訴追された黒人男性である被告人が，当該事件の陪審から女性が排除されていることを理由として，有罪判決の破棄を主張した事件を扱った[355]。

本件法廷意見はまず，黒人が陪審から排除されている際に黒人である被告人がそのことを主張することが認められるように，陪審から恣意的に排除されている集団に属する者に対しては適切な改善策が与えられるとした[356]。しかしながら同時に法廷意見は，過去の判決では，女性が陪審から排除されたことをもって男性である被告人が平等の保護を否定されたとした判決はないことを指摘した[357]。

本件判決においては Douglas 裁判官が同意意見を述べた[358]。

同裁判官は，Strauder v. West Virginia 事件[359]で示された，州は陪審員を男性に限定することができるという意見は見直すべきであるとし，女性が一般的に陪審から排除されていることによって，本件被告人は，社会共同体を代表する者による公正な陪審を求める権利を侵害されたと考えられると指摘した[360]。

そして同裁判官は，本件で問題とされた陪審の形成過程で利用された陪審

352　*Id.,* at 64.

353　*Id.,* at 69.

354　405 U. S. 625 (1972).

355　本件においては，女性が陪審から排除されていることに基づく主張の他に，黒人が陪審から排除されている，という主張も被告人から出された。*Id.,* at 626.

356　*Id.,* at 633.

357　*Id.* ただしこの点は，必ずしも本件判決の内容に関係するところではなかった。

358　*Id.,* at 634.

359　100 U. S. 303, 310 (1879).

360　405 U. S. 625, 635.

員登録簿について，女性が登録するよう勧奨することがほとんど行われていないことや，独身女性のみがその登録のための質問票に回答していたということを指摘し，結果として本件陪審が組織的に女性を排除するように構成されたとした[361]。

また同裁判官は，本件で問題とされた Louisiana 州法の，女性であることにより完全に陪審から免除されるというやり方は，近代的な基準の下での女性の役割と両立し得るものではないとした[362]。その理由として同裁判官は，性別による区別は，立法権が「女性の居所は家庭である。」あるいは「女性は，その性質として，ある種の責務には向いていない。」と判断したことにより司法権の判断から逃れるものではなく，このような判断は否定されなくてはならない，とした。

さらにこの点に関して，Louisiana 州は女性を陪審から排除してはおらず女性は任意で陪審員となることが可能であるということや，多くの女性がそれをすることが予想される状況の下で，陪審からの免除を受けるためには女性は申請しなくてはならないとすることは現実的ではないと Louisiana 州が主張したことに対して同裁判官は，男性・女性のいずれも任意で陪審員となることは期待できず，従って，自動的に女性が免除を享有するとすることは，陪審に参加する権利を有することを同州が女性に通告しなかったことと相まって，実際には女性を排除しているのと同等であると指摘した[363]。

第6項　Taylor v. Louisiana 事件

1975 年に Taylor v. Louisiana 事件[364]において連邦最高裁は，女性を含まない陪審員名簿から選出された陪審団によって有罪とされた被告人が，当該陪審団を構成する陪審員の選出手続は違憲であると主張した点に関し判断した。

本件法廷意見は，まず Louisiana 州法において女性は，陪審になる意思がある旨を事前に書面で明らかにしない限り陪審員となることはない，とされていることを確認し[365]，次に当該 Louisiana 州法は確かに女性を陪審から排除

---

361 *Id.*, at 638.
362 *Id.*, at 639.
363 *Id.*, at 643.
364 419 U. S. 522 (1975).

第4節　女性と市民的権利・市民的義務　291

してはいないが，その運用において認められる効果は，陪審員となる適格の
ある女性に対する比率に対して，不相応に少数の女性のみが陪審員となると
いう状況となっていることから，これが連邦憲法修正第6条並びに修正第14
条が被告人に保障する権利を侵害するものであるか否かを審理しなくてはな
らない[366]とし，結論として陪審からの女性の排除を違憲とした[367]。その際
に法廷意見は次のことを述べた。

　第一に，本件において Louisiana 州が，被告人は男性であるから，被告人を
訴追した陪審に女性が含まれていないことに関し問題を指摘する立場にはな
い，と主張した点について法廷意見は，まず，被告人の主張は，共同体の代
表である陪審員名簿から選出された陪審員の判断を受ける権利が被告人には
あるにもかかわらず，実際に被告人を訴追した陪審は，女性を排除して構成
されていたという点で，それにあたらないというものである，とした。その
上で法廷意見は，確かに当該被告人は，同州の指摘するようにその排除され
た集団に属する者ではないが，そもそも被告人の行ったような主張は，陪審
から排除された集団に属する者によってしかすることは認められないとされ
るべきものではなく，従って被告人がこのような主張をすることは認められ
る[368]とした。

　第二に法廷意見は，陪審が共同体の代表から構成されなくてはならないと
いう要請は，連邦憲法修正第6条の保障する陪審による裁判の基本をなすも
のであり[369]，当該裁判管轄区において陪審員としての適格を有する市民の

365　*Id.,* at 523.

366　*Id.,* at 525.

367　なお，本件判決には Rehnquist 裁判官の反対意見が付された。同裁判官の意見は，
本件法廷意見は性別に基づく区別に対する社会の高い敏感さと，米国社会における家
族構造の変化にその基礎をおいて Hoyt 事件判決をわずか13年のうちに変更したが，
憲法にかかわる判断は，連邦最高裁の見解による今日的な生活の理解を州に強要する
のでなく，より適切な方向付けを与えるものでなくてはならない，とする趣旨のもの
であった。*Id.,* at 538.

368　*Id.,* at 526.

369　*Id.,* at 530. ここで法廷意見は，共同体の刑事法の運用への参加は，民主制という
我々の先祖伝来の遺産に合致するのみならず，刑事裁判の公正さへの公けの信頼にと
っても必要不可欠なものであり，また，特別な集団に属する者のみに陪審員としての
適格を認める，あるいは当該共同体で主要な役割を果たしている特定の集団に属する
者を陪審から排除する，ということは，憲法上の陪審による裁判の概念と適応するも

292 第6章 女性と合衆国市民権——合衆国市民権の発展

53パーセントを構成する女性が陪審員名簿から構造的に排除されている場合，当該保障が侵害されたといえる[370]とした。

第三に法廷意見は，女性は社会において特別な役割を負っており，陪審員となることはその役割を阻害するものであるので，実質的には結果として男性のみが陪審となることになったとしても，州は，女性が自発的に陪審に参加することを望まない限りは，陪審から女性を排除する正当性を有する，とする見解に関し次の通り述べている。すなわちまず法廷意見は，確かに州は，特別な困難が存在する場合や無能力であることに基づいて，あるいはその役割の継続的な実行が共同体の福利に重要である特別な立場にある者に，陪審からの免除を自由に認めることができ，またそうした免除を付与したところで，それ以外の者から構成される陪審員となる資格を有する者の集団が当該共同体の代表となり得ない，という実際上の問題は生じないと考えられる，とした。しかしながら法廷意見は，女性を排除するということは，このようなものとは全く異なるとし，陪審に参加することがすべての女性にとって特別な困難であるということはできず，また，社会からしてもあらゆる女性をその果たしている役割から全く外すことができない，ということはないと指摘した。そしてさらに法廷意見は，いずれの者が陪審に参加すべきであり，また免除されるべきであるかを判断することは困難ではあるが，男性についてはそれが行われてきたのであり，女性については運用上の便宜の点を考慮するということは，これによって刑事裁判において陪審によって代表される共同体の判断の質が減殺されることに対する正当化理由としては不十分である[371]とした。

第四に法廷意見は，陪審員と女性の関係に関するこれまでの経緯について次の通り整理している。すなわち，まず法廷意見は，女性を陪審員名簿から排除することが，連邦憲法修正第6条で刑事被告人に保障される，共同体から適切に選出された公正な陪審による裁判を受ける権利を侵害するものである，という判断がこれまでに出されたことはないと指摘した。また法廷意見は，第一回連邦議会が，修正第6条を女性が刑事裁判の陪審に参加することを求めたものであると理解していなかったことは，最初に制定された1789

のではない，としている。

370 *Id.,* at 531. 本件の陪審には女性は含まれていなかった。*Id.,* at 524.

371 *Id.,* at 534.

年陪審法が連邦の陪審を，各州の定める陪審への適格要件により選出すると定めていたが，当時いずれの州法でも女性はその適格がないとされていた，ということからも明らかであるということも指摘している。

そして法廷意見は，1957年の連邦議会の立法[372]によってすべての市民が連邦の裁判において陪審員となる適格があるということを規定するまで，女性が陪審員となることが認められていない州では，連邦裁判所は，女性を陪審から排除しなくてはならなかったとし，またHoyt v. Florida事件[373]では，憲法上女性が陪審員となる適格を有さないとすることはできないが，陪審への参加に関して女性を男性と全く別異に扱う，または自発的に参加しない限りは除外するとすることには明白な理由がある，と連邦最高裁が判断したことを指摘している。

しかしながら法廷意見は，連邦憲法修正第6条が刑事裁判の被告人に対し，共同体を代表する者から構成されている陪審員名簿から選出される陪審による裁判を受ける機会を保障していると考えるならば，結果として刑事裁判の陪審員名簿がすべて男性のみになってしまうという状況がある場合，その性別に基づいて，女性を集団として陪審から排除する，あるいは女性が自動的に陪審に参加する義務を免除されるということは認めがたい[374]とした。

そして法廷意見は，女性が陪審員となることが認められない，あるいは女性が陪審員となることが求められないという時期が過去にあったとしても，その時期はすでに過ぎてしまったとし，またかつて連邦憲法修正第6条が，共同体の公正な代表として陪審は選出されなくてはならないが，他方でほとんど完全に女性を排除することは許容していると解されていたとするならば，それは今日においては認められない[375]とした。

最終的に法廷意見は，州は，陪審員名簿が共同体の代表から構成されているとされ得る限り適切な陪審員適格要件を設定することができ，また，合理的な陪審に参加することからの免除を行うことが認められるが，本件

372　Civil Rights Act of 1957, 71 Stat. 634, 638.

373　368 U. S. 57（1961）.

374　419U. S. 522, 536. 法廷意見はここで，ここで述べた見解に関する限りにおいて，Hoyt v. Florida事件の判断を含む一連の過去の判決で出された判断には従うことはできない，としている。

375　*Id.*, at 537.

294　第6章　女性と合衆国市民権——合衆国市民権の発展

Louisiana 州法の定める女性の特別な免除については，連邦憲法修正第 6 条並びに同修正第 14 条に反するものである[376]とした。

第 7 項　Duren v. Missouri 事件

連邦最高裁は同じく 1975 年に Daniel v. Louisiana 事件判決[377]において，先の Taylor v. Louisiana 判決[378]の法理が遡って適用されるものではないことを確認した。

その後 1979 年 Duren v. Missouri 事件[379]で連邦最高裁は再び，女性と陪審制度の関係について判断した。本件では，申請した女性については自動的に陪審員となる義務を免除するとする Missouri 州法が，共同体の代表として選出された陪審による裁判を受ける権利を侵害するとの被告人の主張が問題とされた。

本件法廷意見はまず，女性を組織的に排除することにより，そこから陪審員が選出される陪審員名簿が合理的に共同体を代表するものでなくなったとするならば，それは連邦憲法修正第 6 条並びに修正第 14 条で刑事被告人に保障される，公正な，共同体の代表である陪審によって裁かれる権利を侵害するものであると Taylor v. Louisiana 判決が判示したことを確認した[380]。

次に本法廷意見は，本件において問題とされた Missouri 州法は，申請により女性が陪審員となることを免除しており，それによって平均で陪審員名簿の 15 パーセントのみが女性となるような組織的な陪審員名簿からの女性の排除が生じており，これは陪審が社会の公正な代表であるべきであるとする憲法の要請に反している，というのが本件法廷判決の趣旨であるとした[381]。

そして概要次の通りその見解を述べた[382]。

---

[376]　*Id*.

[377]　420 U. S. 31（1975）.

[378]　419 U. S. 522（1975）.

[379]　439 U. S. 357（1979）.

[380]　*Id.*, at 359.

[381]　*Id.*, at 360.

[382]　なお，本判決では Rehnquist 裁判官が，反対意見で次の点を指摘した。
- もし本件法廷意見が陪審において正確に男女が等しく扱われなくてはならない，とすることを求めるものであるならば，特に女性の人口が少ない地域などにおいて，女性に負担を生ぜしめるものである。またもし本件法廷意見がこのような趣旨では

まず法廷意見は，陪審が共同体の公正な代表であることが阻害されているというためには，それを主張する者は，(i)陪審から排除されているとされる集団が共同体の中において他と区別され得る集団である，(ii)そこから陪審員が選出される陪審員名簿において当該集団に属する者が代表されるあり方が，陪審員名簿を構成する共同体の他の者の数との関係において，公正でなくかつ合理的でない，(iii)そのような代表の不足が陪審員選出過程における当該集団の組織的な排除による，ということを示さなくてはならない[383]とした。そして上記三つのそれぞれに関し，以下の通り述べた。

第一に(i)に関しては，Taylor 判決が，女性は男性から区別される集団で，女性が陪審から排除されるならば，連邦憲法修正第 6 条が要求する公正な代表が満足させられないとしている[384]とした。

第二に(ii)に関しては，本件被告人により，陪審員が選出される母体の共同体の人口の 54 パーセントが女性であることが示されており，これに基づくならば，女性がその 15 パーセントを占める陪審員名簿が，適切に当該共同体の代表をなすものであるとの判断に賛成することはできず，陪審員名簿における女性の比率と当該共同体を構成する女性の比率がこれほど異なる場合には，女性はそこから陪審員が選出される源泉において適切に代表されていないと結論せざるを得ない[385]とした。

第三に(iii)に関して法廷意見は，一般的に，また当該被告人の事例で女性の陪審員が不足していることが，陪審員選出過程における組織的な女性の排除によることが示されなくてはならないとした上で，次の通り述べている。すなわち法廷意見は，有権者登録名簿から無作為に抽出した者に対して陪審員になるための無資格あるいは免除に関する質問票を送付する第一段階では女

　なく，女性にのみ任意に陪審からはずれることを認め，それによって陪審における女性の比率が 15 パーセント以上 50 パーセント以下であることを許容するものであるとするならば，本判決は無意味である（*Id.,* at 374）。

• 本件法廷意見に示されたところに陪審員選出過程をあわせようとするならば，裁判において陪審の構成に対しての攻撃を避けるために，州は結果として性別に基づく区別のみならず職業による区別等も放棄せざるを得なくなり，それによる不都合が生じる（*Id.,* at 376）。

383　439 U. S. 357, 364.

384　*Id.*

385　*Id.*

性の排除はないが，第二段階の陪審として選出される者の名簿を作成するのに際しそれは生じているとしているとして，具体的には次の点を指摘している。すなわちまず，当該質問票への回答において陪審員となることを受け入れた者のうち女性は30パーセント以下であり，質問票へ回答した女性の多くが，陪審員に不適格であるか，あるいはそれからの免除を申し入れていることを指摘している。またさらに，実際の陪審への召集の段階で女性は免除の申立をできることとされており，それのみならず，召集に応じなかった場合には，それにより当該免除を申し立てたとされていることを指摘している。そしてこのようにして，実際に陪審員となる女性は，陪審員として召集された女性よりもさらに少ない数になることとなっているとし，法廷意見は，このことから陪審における男女の比率の不均衡と，女性の陪審員名簿からの一貫した排除は，陪審員の選択の手順に起因していることは明白である[386]とした。

第四に法廷意見は，Taylor判決は，公正な陪審に対する権利を制限するためには合理的な理由があるだけではなく，重要な州の利益が，特定の集団を不均衡に排除する陪審員選出過程によって明白にかつ主要なものとして促進されなくてはならないが，この点は州によっては示されていない[387]と指摘した。

第五に法廷意見は，子の養育に責任のある家族の構成員がそれを行えるようにすることに対して州が重要な利益を有することを認め，また当該利益のために適切に構成された免除の方式が，公正な代表の要請に対して耐え得るものであることも認めた。しかしながら法廷意見は，共同体の公正な代表である陪審による裁判に対する憲法の保障は，州が陪審に参加する義務からの免除を広範囲の者に供与する際には，適切な配慮を求めるものであるとした。また法廷意見は，多くの職業に基づく，あるいはそれ以外の理由による陪審への参加からの免除は，必然的に過剰にあるいは過小に包含する可能性があるが，女性のような，公正な代表の要請にかかわるほどの，十分な大きさと特定性を当該共同体において有する集団を明示的に除外することは，憲法上の要請に対する明白な侵害を構成するのに十分な代表の不足を生ぜしめる危険がある[388]とした。

---

386 *Id.,* at 366.

387 *Id.,* at 367.

第4節　女性と市民的権利・市民的義務　**297**

第8項　J. E. B. v. Alabama ex rel. T. B. 事件

1994年連邦最高裁はJ. E. B. v. Alabama ex rel. T. B. 事件を扱った[389]。本件は，未成年の子の母の告発を受けた州政府が，被告に対して父性の確認と子供の扶養を求めた事件であった。

本件において，州政府は理由不要の陪審員忌避により，結果としてすべて女性からなる陪審を構成せしめた。これに対して被告は，合衆国憲法修正第14条の保障する平等な保護に基づき，性別に基づくこの理由不要の陪審員忌避は認められないと主張した。

本件第一審及び控訴審は被告の主張を認めず，また，被告の父性を確認し，子の扶養に対する請求を認めた。これに対し連邦最高裁は裁量上訴を認めた。

本件法廷意見は，州の行った性別に基づく意図的な差別は平等な保護を侵害するものであり，特にそれが本件で行われたような，男女間における能力の相対的な関係に関する，不快な古くからの下品な定型化した考え方を実証し，永続化させるものである場合にはそうであるとして[390]，以下概要次の通りの意見を述べた。

第一に法廷意見は，連邦最高裁はこれまで性別による区別に基づく政策については，一見合理的な判断に基づいているが，実際には過去の過度に広範な性差に関する一般化が反映されたものであったり，あるいは女性は市場や知性の世界にいるよりも家庭にいるべきであるというような時代遅れの誤った認識に基づくものであったりすることがあることから，厳格な審査の対象としてきたとした。

そしてこれに続けて法廷意見は，陪審の選出における性別による区別は人種による差別のような度合いにまでは至っていないことから許容されるべきである，と本件被上訴人の州が主張していることについて，確かに女性に対する差別は人種的マイノリティに対するそれと同一ではないにしても，両者の同一性はその差異を越えるものがあるとした。なお法廷意見はさらに，陪審制度との関係では，黒人も女性も共にそれから完全に排除されたという歴史がある[391]ことを指摘した。

388　*Id.,* at 370.

389　511 U. S. 127 (1994).

390　*Id.,* at 130.

298　第6章　女性と合衆国市民権——合衆国市民権の発展

　また法廷意見は，我々は性差に基づく差別の長い不幸な歴史を有しており，このことからすべての性差に基づく差別については厳格な審査を行うべきこととしているとし，さらに，性差に基づく区別が憲法上の審査を通過するためには，強い説得的な正当化が必要である[392]とし，問題は陪審員の選出における性別に基づく区別が州の正当な利益である公正かつ公平な裁判の実現に資するかということであるとした。そしてこの点に関し法廷意見は，性差に関する典型的な考え方に基づく理由不要の陪審員忌避が，訴訟関係者の公正かつ公平な陪審の実現に対しての努力に資するものであるかを検討する必要があるとした。

　そしてこの点について法廷意見は，本件被上訴人である州は本件において男性をすべて陪審から外すように行動したことの根拠を，陪審員となる資格のある男性は非嫡出子から父性確認を求められた男性に同情的であるのに対し，陪審員となる資格のある女性は子を養育している者に同情的である，という歴史に裏付けのある考慮からこれを行ったとしているが，法が非難の対象としているこのような定型的な考え方は認めることができない[393]とした。

　また法廷意見は，陪審員の選出における差別は，人種，性別のいずれによるかにかかわらず，訴訟関係者，共同体，そして裁判手続への参加から不適切に排除された各陪審員を侵害するものである[394]とした。

391　*Id.,* at 135.

392　*Id.,* at 136.

393　*Id.,* at 137. ここで法廷意見は，州側のこのような考え方に対し，このような考え方は，女性を全面的に陪審から排除するための正当化事由として示された考え方を想起せしめるものであり，州側のこのような考え方は，性別のみが適切に陪審員のとるであろう姿勢を示すものである，という結論を根拠づけるものではなく，州は，人種差別の事例においては許容され得ない一般化が性差別の事例では許容され得ると考えていると見受けられる，と言及している。*Id.,* at 138.

394　*Id.,* at 140. この点に関し具体的に法廷意見は，訴訟関係者は，陪審員の選出における差別の原因となった偏見が，訴訟手続全体に影響を与える可能性があるということにより害され，また共同体は，州による不公正な集団の定型化の恒久化や，州が法廷において差別を行うことから生ずる我々の司法機構に対する不可避的な不信感の醸成によって，危害を被ることになる，としている。*Id.*

　　また，この後のところで法廷意見は，すべての者は，陪審員として活動する機会が与えられたならば，歴史的な差別の諸類型を反映しているあるいはそれを強化する，差別的なあるいは定型化された推定に基づいて排除されない，ということに対しての

第4節　女性と市民的権利・市民的義務　299

　さらに法廷意見は，州が理由不要の陪審員忌避の制度を性別による定型的な考え方に基づいて利用すると，州が男女間の相対的な能力に関する偏見に満ちた見解を認め，強化することになる[395]と指摘した。そして法廷意見は，司法の公正な運営に平等に参加する機会を有することは，我々の民主的組織の基礎であり，それは陪審制度の目的を推進するのみならずそれによって法の下の平等が再確認され，すべての市民が，人種，民族，性別に関係なく，我々の民主主義に直接的に参加する機会を有することになるものである[396]とした。

　なお，本判決には O'Connor 裁判官及び Kennedy 裁判官の同意意見と，Rehnquist 裁判官及び Scalia 裁判官の反対意見が付けられた[397]。

　　権利を有しているとし，これに続けて個々の陪審員を，単にその性別に基づいて何らかの固定的な見解を有しているであろうと推定することは，実際には，法の認めるところによって，その劣位性を示すための烙印を押すことになる（*Id.,* at 141.）ことと，陪審員を性差に基づいて差別することは，忌避された陪審員の尊厳を誹謗するものであり，女性については政治参加からの排除の歴史を再現するものであること（*Id.,* at 142.）を指摘している。

395　*Id.*

396　*Id.,* at 145.

397　O'Connor 裁判官の同意意見は，本法廷意見に賛成はするが，ここで示された性差に基づく差別の禁止は，経験ある弁護人の直感的な判断に基づく陪審員忌避を制限することになったり，その判断は正当であるけれども適切な性別について中立な説明を弁護人ができない場合に，偏見のある陪審員が許容されてしまうなど，何らかの代償を必要とするものなので，その適用は政府による性差に基づいての理由不要の陪審員忌避についてのみ適用されるべきである，とするものであった。*Id.,* at 148.

　　また Rehnquist 裁判官の反対意見は，両性は生物としても，限定的な意味では経験においても，異なるものであり，性差に基づく理由不要の陪審員忌避は，黒人に向けられるような意味での軽蔑的で不公正なものではない，というものであった。*Id.,* at 156.

　　Scalia 裁判官の反対意見は，本件で問題となっているのは，州による男性に対する差別であることから，本件法廷意見は，本件を女性が陪審から排除された事件の延長で検討しているが，これは無関係である，ということ（*Id.,* at 157.），本件法廷意見は，完全な自由の下で行使されなくてはならないと理解される理由不要の陪審員忌避の制度を阻害するものであり（*Id.,* at 161），また，陪審員忌避において理由付けが求められるとすると，あらゆる事件において潜在的に性別に基づく差別についての主張をすることが可能になることから，裁判制度自体も阻害するものである（*Id.,* at 162），ということを指摘し，本件法廷意見は，平等保護の否定を実体的に排除せずに，単に顕著な

300　第6章　女性と合衆国市民権──合衆国市民権の発展

このうち，Kennedy 裁判官は，次のことを指摘した。

まず同裁判官は，平等保護条項の目的からすると，その性別に基づいて理由不要の陪審員忌避により陪審員となることを拒否された者は，その性別により陪審員となることを禁止する法によって陪審員となれないとされた者と同様，個人としての尊厳と政治過程への参加の権利に対する侵害を受けた者といえる[398]とした。

次に同裁判官は，本法廷が陪審員選出過程における人種あるいは性別による偏見を禁じたのは，単に陪審における討議にそれを反映させるためではなく，また，一度その任に就いたならば，陪審員は自身の人種的ないしは性差に基づく偏見を自由にしてはならないと述べた。

さらに同裁判官は，陪審員はその人種的あるいは性別的集団の代表として参加しているのではなく，個々の市民として参加している者であるとし，陪審員をそこから選出する母集団は共同体の代表でなくてはならないが，それは偏見を構造的に防止するためのものであって，偏見を反映させるためのものではないとしている。そして同裁判官は，憲法は公正な陪審に対しての権利を保障しており，特定の人種あるいは性別による集団の構成員からなる陪審に対する権利は保障しない[399]としている。

第3款　女性と兵役

兵役もまた，市民権に付随する役務として認められてきた[400]。

敬意を両性の平等に示すために，common law の時代から公正な裁判に不可欠の要素とされてきたものを危うくするものである，としている。Id., at 163.

[398]　Id., at 153. 同裁判官はここで，本法廷が，陪審員から男性がその性別に基づいて排除された本件において，憲法上の誤りを見つけることに何の困難もなかったという事実により，連邦憲法修正第14条による保障の中立性が確認された，としている。

[399]　Id., at 154.

[400]　これを指摘するものとして，たとえば判例では，Arver v. U. S. 245 U. S. 366（1918）. また文献としては，たとえば G. Sidney Buchanan, *Women in Combat: An Essay on ultimate Rights and Responsibilities* 28 Hous. L. Rev. 503, 542（1991）; Robin Rogers, *A Proposal for Combatting Sexual Discrimination in the Military: Amendment of Title VII,* 78 Calif. L. Rev. 165, 168（1990）.

第4節　女性と市民的権利・市民的義務　301

第1項　米国初期の女性と兵役の関係

　女性と兵役との関係に関し[401]，まず1878年に初期連邦法を編纂して作られたRevised Statutes[402]の第14編「軍隊」には，女性と軍隊に関連して次の規定があった[403・404]。

---

[401]　女性と軍隊との関係に関し，米国の歴史上の多くの期間女性は，直接の戦闘行動にかかわることはなく，医療活動を主とする活動に係ってきた。この点について当初女性は聖職の関係で軍に関係する医療活動を行っていたが，1901年に連邦議会が陸軍看護隊（Army Nurse Corp）を設置してから，正規の軍の一部として活動するようになった（Army Reorganization Act of 1901, 31 Stat. 748, 753 (Sec. 19). 本法の正式名称はAn Act to increase the efficiency of the permanent military establishment of the United States である）。また1908年連邦議会は海軍看護隊（Navy Nurse Corp）を設置している（35 Stat. 127, 146. 当該設置にかかわる規定は，An Act Making appropriations for the naval service for the fiscal year ending June thirtieth, nineteen hundred and nine, and for other purposes に規定された）。Kristy N. Kamarck, *Women in Combat: Issues for Congress*, R42075 Congressional Research Report, 2 (2015). なお同文献は，例外的な事例として，1776年Margaret Corbin という女性は，英国軍に対するFort Washington の防戦の戦いで負傷したことから，軍の年金を受けたとしている。

[402]　Revised Statutes については，V Leonard Levy et al. ed., Encyclopedia of the American Constitution, 2227 (2nd ed., Macmillan Co., 2000).

[403]　Revised Statutes にはこの他に女性にかかわる規定として次のものがあった。
- 第4編「行政各機関に適用される一般条項」第165条では，行政各機関の長の判断により法の認めるところに従い，女性は男性と同一の資格条件及び報酬で書記（clerkships）として任官される，とする規定があった。
- 同編第167条5号の各行政機関で雇用されている書記官等の給与に関する規定では，女性の給与に関し，書記等に任じられた場合に900ドルが支払われるとされていた。
- 第7編「財務省（The Department of the Treasury）」第235条では，財務長官付きとして年間240ドルの賃金で7人の女性が労働者（laborer）として雇用され，雑役婦（charwoman）として年間480ドルで一人の女性が雇用されると規定されていた。
- 第9編「郵政省（Post-Office Department）」の第393条では，郵政省で3人の女性職員が年間480ドルで雇用される，とされていた。
- 第25編「市民権」第1994条では，合衆国市民と婚姻した，あるいは自身が合法的に帰化した女性は市民とされる，と定めていた。
- 第34編「関税の徴収」第3064条では，財務省が税関検査のために女性検査官を雇用する，と定めていた。

第一に第 1238 条では，女性は，兵士の代わりに病院の看護婦として軍医長官（Surgeon General）あるいは各病院の担当の医務官（medical officer）の適切と考える数だけ雇用される，と規定されていた。

第二に第 1239 条では，病院の婦長及び看護婦は，駐屯地あるいは連隊付きの病院において必要な数だけ雇用される，と規定されていた。

第三に第 1240 条では，女性は，各歩兵中隊ごとに 4 名を超えない数で，洗濯を担当する者（laundress）として雇用されることが認められる，と規定されていた。

第 2 項　United States v. Schwimmer 事件

女性と兵役の関係に関し連邦最高裁は，1929 年に United States v. Schwimmer 事件を扱った[405]。本件では，帰化申請をした女性である原告が，その手続において課された「必要ならば，この国の防衛のために武器を取る意思がありますか。」という質問に対して否定的に回答したことにより帰化が認められなかったことが争点となった。

まず本件法廷意見は，原告が平和主義に基づく信念により当該質問に対して否定的な回答をしたことを認定した上で，必要に際して敵に対して武器を取り，我々の政府を防衛することは市民の義務であるということは，憲法の基本的な原理である[406]とした。また法廷意見は，武器を持ってこの国を防衛する市民の義務の履行の意欲を減ずるものは，政府の強さと安全を減ずるものであるとし，多くの市民がこのような防衛に反対するならばこの国の安寧と秩序は維持され得ないので，この義務の履行を妨げる意思を有するかまたはそのような行為をするかは帰化に関する法律が確認を求めるものである[407]とした。

次に法廷意見は，原告の証言は，単にその性別もしくは年齢[408]により個人

404　なお，女性が米国建国当初の独立戦争の際より軍務に関与してきたことを指摘する文献として Maj. Gen. Jeanne Holm, WOMEN IN THE MILITARY, Chap. 1 (Presidio 1982)：Marilyn A Gordon and Mary Jo Ludvigson, *The Combat Exclusion for Women Aviator: A Constitutional Analysis,* 1 USAFA J. Leg. Studies, 51, 52 (1990).など。

405　279 U. S. 644（1929）.

406　*Id.,* at 650.

407　*Id.,* at 651.

的に武器を持つことができないということではなく，それ以上の理由で軍務に携わることに反対していることを示していると指摘した。そして法廷意見はさらに，原告が妥協の余地のない平和主義者であるという事実は，原告が憲法及び連邦法で認容されている軍の活動に反対するであろうことを示しており，また，その証言によれば，原告がその影響力を余人に対して行使するであろうことも明らかである[409]とした。

　以上を受けて法廷意見は，平和主義者は，一般的には平和の保持と戦争への反対を希求する者を意味し，それは憲法並びにこの政府の政策とも一致するが，同時にいかなる目的についても武器を保持することに反対し，それを促進することを企図する者であることも意味するとし，このような者は，帰化を求める外国人が有すべき憲法の原理に対しての愛着と傾倒（attachment and devotion）を持たない可能性が高いとした。

　そして法廷意見は，原告の平和主義がすべての敵に対してこの国を防衛する必要があるときに武器を取るべきという市民の義務に反するものではなく，また原告の見解と信念が，法律の求めるところである信義と忠誠を害するものではないということが原告によって示されなくてはならないが，原告はそれをしていない[410]と指摘した。

　最終的に法廷意見は，原告の帰化申請は認められないとした[411]。

　なおこの法廷意見に付加された意見において Holmes 裁判官は，原告が50歳過ぎの女性で，希望したとしても（防衛のために）武器を保持することが認められないことを考慮すると，原告の証言が不適切であるとは認められない，とした[412]。また同裁判官は，原告の考え方が原告を悪い市民にする可能性があるかということについては，審査の結果が（その答えを）示しているのであり，むしろ原告の帰化を認めるべきと同裁判官には解される，と述べている[413]。

408　本件判決に付加されている Holmes 裁判官の意見における認定によれば，本件原告は50歳過ぎの女性であった。*Id.,* at 653.

409　*Id.,* at 651.

410　*Id.,* at 653.

411　*Id.*

412　*Id.*

413　*Id.,* at 654.

304　第6章　女性と合衆国市民権——合衆国市民権の発展

第3項　海軍・陸軍への女性の参加

20世紀初頭において，当初は軍，連邦議会，世論いずれも女性が軍務に着くことに否定的であったが，第二次世界大戦時の人手不足から，1942年連邦議会は，陸軍女性補給部隊（Women's Army Auxiliary Corp）を設置した[414]。また同年連邦議会は，海軍予備役（Naval Reserve）に女性を加える法律を制定し[415]，これによって海兵隊女性予備役（Marine Corps Women's Reserve）[416]も設置された。さらに1943年連邦議会は，女性陸軍部隊（Women's Army Corps（WAC））[417]を設置した。

第4項　1948年女性軍務統合法と徴兵登録法

1948年に連邦議会は二つの法律を制定した。一つは1948年女性軍務統合法（Armed ServicesIntegration Act of 1948）であり[418]，もう一つは徴兵登録法（Military Selective Service Act）[419]である。また，連邦最高裁は，後者の法律について一件の判断を下している。

---

[414] 56 Stat. 278. 本法の正式名称は An Act to establish a Women's Army Auxiliary Corps for service with the Army of the United States である。同補給部隊の任務は，非戦闘の任務に限られ，合衆国の女性に特別の訓練をすること等がその任務とされた。

[415] 56 Stat. 730. 本法は Naval Reserve Act of 1938 の改正法であり，正式名称は An Act to expedite the war effort by releasing officers and men for duty at sea and their replacement by women in the shore establishment of the Navy, and for other purposes である。なお同法は，予備役とされる女性は20歳以上とし（Sec. 503），勤務地域を米国本土として船舶・戦闘機には勤務させないこととしていた（Sec. 504）。

[416] Historical Branch, G-3 Division Headquarters, U. S. Marine Corps., Marine Corps Women's Reserve in World War II (1968) (http://www.mcu.usmc.mil/historydivision/Pages/Publications/Publication%20PDFs/MC%20Women's%20Reserve%20in-%20WWII.pdf).

[417] 57 Stat. 371. 本法の正式名称は An Act to establish a Women's Army Corps for service in the Army of the United States である。

[418] 62 Stat. 356. 本法の正式名称は An Act to establish the Women's Army Corps in the Regular Army, to authorize the enlistment and appointment of women in the Regular Air Force, Regular navy and Marine Corps, and in the Reserve components of the Army, Navy, Air Force, and Marine Corps, and for other purposes である。

[419] 62 Stat. 604. 本法の正式名称は，An Act to provide for the common defense by increasing the strength of the armed forces of the United States, including the reserve components thereof, and for other purposes である。

第4節　女性と市民的権利・市民的義務　**305**

　第一に前者の女性軍務統合法は，それまでの第一次世界大戦並びに第二次
世界大戦において女性が個別的に事実上軍務に就くようになったことに対
し[420]，女性と軍の関係を整理するために制定されたもので，女性軍人が常備
軍において勤務することを公式に認めたものであった。しかしながら，同時
に勤務する女性の数に上限を設定し[421]，またその占めることのできる職位の
上限について定めるものでもあった。さらに本法は戦闘任務（combat mis-
sion）に従事する海軍艦船や，戦闘機での女性の勤務を禁じていた[422・423]。

　これらのうちまず，軍隊に勤務する女性の数とその占めることのできる職
位の上限が設定されていたことについては，1967年以降の法改正で漸次解消
された[424]。

　次に女性が従事できる任務の範囲に関しては，同法自体では「戦闘任務」

---

[420]　一書によれば，1917年に合衆国海軍に義勇兵（volunteer）として従軍するまで，女
性は非戦闘員（civilians）としてあるいは男性に変装してしか軍務に携われなかった。
女性が公式に軍隊に参加したのは第一次世界大戦の時であったが，その際でも女性は
男性戦闘員の補助として参加しただけであった。

　前述の通り第二次世界大戦において男性兵が不足した際に女性は軍において勤務し
たのみならず，戦争遂行を支援する産業にも貢献した。このことが女性の独立を推進
したが，このような貢献にもかかわらず，戦後多くの女性が軍務から退役し，少数の
女性だけが軍務に残りその地位を保持した。Merrianne E. Dean, *Note: Women in
Combat-the duty of the Citizen-soldier*, 2 SAN DIEGO JUSTICE J. 429, 435 (1994)
[hereinafter Merrianne]. なお，この点に関連し米国における陸軍女性部隊の成立に
ついて，上村千賀子「アメリカ合衆国における陸軍女性部隊（women's Army Corps）
の成立とジェンダー，セクシャリティ」目白アメリカ研究会『戦争と女性—アメリカ
史における戦争と女性に関する多文化主義的社会史的研究』47頁以下（青文社
1998）。

[421]　陸軍について62 Stat. 357. 海軍について62 Stat. 363. 空軍について62 Stat. 371.

[422]　海軍について62 Stat. 368. 空軍について62 Stat. 373. 陸軍については陸軍長官
（Secretary of the Army）が決定することとされていた。62 Stat. 359.

[423]　Merrianne 436: James D. Milko, *Comment: Beyond the Persian Gulf Crisis:
Expanding the Role of Servicewomen in the United States Military*, 41 AM. U. L. REV.
1301, 1305 (1992) [hereinafter Milko].

[424]　1967年の法改正は，An Act to amend title 10, 32, and 37, United States Code, to
remove restrictions on the careers of female officers in the Army, Navy, Air Force, and
Marine Corps, and for other purposes 81 Stat. 374 (1967) で行われた。なお本法及び
それ以のこの点に関する経緯について，Maj. Gen. Jeanne Holm, WOMEN IN THE
MILITARY- AN UNFINISHED REVOLUTION, 192-203 (Presidio 1982).

306　第6章　女性と合衆国市民権——合衆国市民権の発展

の定義について明示していなかったことが問題となった。この点に関しては，当初は各軍が独自に基準を作成していたが，後に1988年に，国防省からこの件に関する報告書が提出された。そこでは非戦闘任務に関し，直接の戦闘行為や敵方からの攻撃，また敵による捕獲に直面するリスクの態様，度合い，頻度が，戦闘任務に就くのと同等程度に高い場合にのみ，当該任務は女性に認められないとすべき，とされていた。同報告書においても女性は，直接の戦闘に参加することは認められていなかった。国防省はこの報告書に従って，基準を作成した[425]。

この状況は1991年の湾岸戦争を境に変化した。湾岸戦争においては，前述の基準で定められたところによって，女性も，男性同様，厳酷な状況におかれた中で，作戦に参加していたことが明らかにされた。またそもそも戦争技術の発展に伴って戦闘任務と非戦闘任務を区別することが困難となったことも明らかになった。そしてこのような状況下で女性が適切に任務を遂行したことも認められた[426]。

このような状況を踏まえ，連邦議会は連邦法を改正し[427]，女性は軍におけるほとんどの任務に参加するようになった[428]。

第二の徴兵登録法は，すべての18歳から26歳までの米国男性市民並びに男性米国居住者に対して，徴兵のための登録をする義務を課すものであった[429]。本法の冒頭で連邦議会は，第一に，国家の安全を確保するためには，適切な装備を備えた兵力を準備し保持することが必要であるとし，第二に自由な社会においては，軍隊に勤務する義務と特権は，公平かつ公正な，また効率的な国家経済を確保できるような方法により分担されなくてはならないということを宣言している[430]。

---

[425]　Milko 1308.

[426]　Merrianne 438.

[427]　National Defense Authorization Act for Fiscal Years 1992 and 1993, 105 Stat. 1290, 1365 (1991) ; National Defense Authorization Act for Fiscal Year 1994, 107 Stat. 1547, 1659 (1993).

[428]　一書によれば，軍の任務の80パーセント以上が女性に開かれ，軍全体の14パーセントが女性によって構成されるようになった，とされている。Kingsly R. Browne, *Women at War: An Evolutionary Perspective*, 49 Buffalo L. Rev. 51, 59 (2001).

[429]　62 Stat. 604, 605.

[430]　*Id*.

1975 年に大統領布告により本法に基づく登録手続は一時停止された。その際同時に大統領は連邦議会に対し，男性と女性の両方を当該手続の対象とするための予算を計上することを求めたが，連邦議会はそれを拒否した[431]。

　さらに 1980 年に大統領は再び同旨の要求を連邦議会に出すことを表明し，このことをきっかけとして，それまで連邦下級審で審議されていた本法の合憲性に関する事件が再び注目されることになった。そしてこの事件は，Rostker v. Goldberg 事件[432]として連邦最高裁で扱われた[433]。最終的に連邦最高裁は連邦議会の判断を是認した[434]。

　その後，現在においても，女性は徴兵のための登録を義務づけられていない[435]。ただしこのような連邦最高裁の判断にかかわらず，今日まで女性の軍における役割は漸次拡大していることが指摘されている[436]。さらに 2013 年国防省長官は，女性にかかる陸上戦闘等に関する制限を撤廃し[437]，2015 年 12 月 3 日現在で軍の職務（military position）のうち 10 パーセントのみが女性

431　Leslie Ann Rowley, *Gender Discrimination and the Military Selective Service Act: Would the MSSA Pass Constitutional Muster Today?*, 36 DUQ. L. REV. 171, 172 (1997) [hereinafter Rowley].

432　Rostker v. Goldberg 453 U. S. 57 (1981).

433　この間の詳細については，Rowley 173（note 17）：Ellen Oberwetter, *NOTE: Rethinking Military Deference: male-Only Draft Registration and the Intersection of Military Need with Civilian Rights*, 78 TEX. L. REV. 173 (1999).

434　本件判決は，以下の点を述べ，連邦議会の判断を合憲とした。
- 当該連邦議会の判断は，連邦議会の十分な審議の結果出されたものであり，連邦最高裁は，軍事に関しての連邦議会の判断に対して伝統的に示している敬意を本件においても示すものである。
- 徴兵登録法の求める登録は，徴兵をすることを目的としての登録を求めるものであるが，法律上女性は戦闘に従事することを禁じられており，従って女性は徴兵の対象とならないことから登録を求められないものとされた。従ってこれは異なる状況下にある者について異なる扱いをしたものである。

435　50 U. S. C. app. Sec. 453.

436　Cf. Jil Elaine Hasday, *Fighting Women: The Military, Sex, and Extrajudicial Constitutional Change*, 93 MINNESOTA L. REV. 96 (2008).

437　United States Government Accountability Office, Report to Congressional Committees- Military Personnel- DOD is expanding combat service opportunities for women, but should monitor long-term integration progress, GAO-15-589 (Jul. 2015). http://www.gao.gov/assets/680/671507.pdf.

に閉ざされたものとされていた[438]。

なお 2013 年 1 月，当時の国防長官は，女性が作戦活動に参加することに対する制限を廃止し，配置の基準と役割分担の方法の見直しを，2016 年 1 月までに行うことを命じた。2015 年 12 月 3 日当該指示に基づき国防長官は，2016 年以降，すべての軍の職務を，例外なく，女性に開放することを発表した[439]。

第 5 節　小　　結

以下，修正第 19 条の制定過程の議論と，女性と市民権の変動の関係状況，そして女性と市民的権利・義務のかかわりに関する議論をまとめる。

第 1 款　女性と合衆国市民権の変動

当初は配偶者の市民権の変動に伴って自らの市民権の変動が生じることとされていたが，最終的に女性は，配偶者の市民権の変動にかかわりなく，その市民権を変動させることができるようになった。もちろん実際に状況においては，一般的にそもそも，国籍の得喪の大部分が個人の自由意思とは無関係に行われ，一定の場合にのみ，個人の意思が関係してくるにすぎない[440]ので，一定の条件・制限が課される状況が存在するのは認めざるを得ないが，これについては，可能な限りその性別の差異にかかわることなく，変動が行われるように法令が変更されてきたと理解され得る。

さらにその過程においては，女性と配偶者間の関係が市民権に及ぼす影響が問題とされた。これについて最終的には，合衆国市民の配偶者は，その性別に関係なく，通常の手続より簡易化された手続によって合衆国市民権を取得することができるとされた。

438　http: //www. defense. gov/News-Article-View/Article/632536/carter-opens-all-military-occupations-positions-to-women.

439　Kristy N. Kamarck, *Women in Combat: Issues for Congress*, R42075 Congressional Research Report, 2 (2015).

440　江川英文他『国籍法（第三版）』21 頁（有斐閣　1997）。

第2款　女性と市民的権利

合衆国憲法修正第19条により合衆国においては，性別に基づき投票権の享有について拒絶または制限をすることが禁止された。この制定過程における議論は，まとめると次のようになる。

まず，修正第19条の制定に賛成する意見としては，女性は女性であるが市民であり，市民としての義務を果たしており，また，合衆国憲法の基本理念に照らしても市民について，該当者が女性であることを理由に，投票権を認めないということは許容できない，というものが大勢であった。

それに対して修正第19条の制定に反対する意見としては，合衆国市民である女性は，確かに合衆国市民であるけれども，女性であり，市民である女性としての地位があり，またその役割もある，というものであった。

結果として修正第19条が制定されたということは，前者の見解が是認されたことになる。それは同時に，後者の見解が否定されたことも意味し，具体的には，「女性」というあり方の，それが積極的な意味であれ，消極的な意味であれ，拒絶あるいは制限もしくは変化を意味するものであったと思われる。

第3款　女性と市民的義務

この動きがさらに顕著になるのは，その後の陪審への女性の参加と，兵役における女性差別の撤廃においてである。前者においては，それ自体としては，必ずしも女性の負担を軽減するものではないが，「女性は陪審にいなくてはならない。でなければ女性は同様の立場にいる者によって裁かれることができない。」[441]という観点からするならば，女性であっても市民である限りにおいては，参加がなくてはならないものであった。

後者の兵役についても同様に，それに参加すること自体としては女性の負担を軽減するものではないが，それに参加することによって市民として認められる，という点からするならば，それは必要不可欠なものであった[442・443]。

---

[441]　Carol Wiesbrod, *Images of the Woman juror*, 9 Harv. Women's L. J. 59, 73 (1986).

[442]　この点を指摘する文献として，Merrianne 459; Kenneth L. Karst, *The Pursuit of manhood and the desegregation of the Armed Forces*, 38 UCLA L. Rev. 499, 523 (1991) ; Mary E. Becker, *The Politics of Women's Wrongs and the Bill of "Rights": A Bicentennial Perspective,* 50 Univ. Chi. L. Rev. 453, 501 (1992).

310 第6章 女性と合衆国市民権──合衆国市民権の発展

---

443 なお，実際上女性が兵役に付けないことから，具体的な経済的利益に関しても不利
益を受けていた点もある。この点について指摘するものとして，G. Sidney Buchanan,
Women in Combat: An Essay on ultimate Rights and Responsibilities, 28 Hous. L. Rev.
503, 511（1991）; Pamela R. Jones, *Note: Women in the Crossfire: Should the Court
allow it?,* 78 Cornell L. Rev. 252, 258（1993）: Robin Rogers, *A Proposal for
Combatting Sexual Discrimination in the Military: Amendment of Title VII,* 78 Calif.
L. Rev. 165, 167（1990）.

第7章　大統領就任資格と生来的合衆国市民権

第1節　本章の課題と論証の方向性

米国憲法第2条第1節第5項は,米国大統領に就任するための条件として,出生により合衆国市民である者[1]またはこの憲法の成立時に合衆国市民であ

1　ここでいう「出生により合衆国市民である者」の文言は,米国憲法原文では,natural born citizen の文言が使われている。この文言に関し,近接する概念として native born citizen の文言があるが,これらに関し関連する項目を BLACK'S LAW DICTIONARY（10th ed.）で確認すると,native-born の項目の下では,18世紀からの文言とされた上で,次の説明が述べられている。

- Born within the territorial jurisdiction of a country
- Born of parents who convey rights of citizenship to their offspring, regardless of the place of birth

また natural-born citizen の項目の下では,同様に18世紀からの文言とされた上で,A person born within the jurisdiction of a national government とする説明が述べられている。この説明から見ると,native born citizen と natural born citizen の相違は,前者が,親から市民権を承継する,いわゆる伝来的市民を含むという点にあるように見える。

他方で,たとえば後述の1790年に制定された帰化法では,natural born citizen に海外で出生した子が含まれる,とする規定ぶりになっている。またこれに関連して,米国議会図書館（Library of Congress）議会調査局（Congressional Research Service）による2014年の THE CONSTITUTION OF THE UNITED STATES OF AMERICA-ANALYSIS AND INTERPRETATION（Centennial edition）の第2条第1節第5項の解説は,前述の1790年帰化法の例を引用して,"There is reason to believe, therefore, that the phrase includes persons who become citizens at birth by statute because of their status in being born abroad of American citizens."と記述している。

この点に関し米国連邦最高裁判所の判例においては,以下のような用例が見受けられる。

(i)　1824年の Osborn v. United States Bank 事件（22 U. S.（9 Wheat.）737（1824））法廷意見は,憲法が区別する場合を除き,帰化市民（naturalized citizen）は出生による市民（native citizen）と区別されるところはない,とする旨記述している（*Id.,*

312　第7章　大統領就任資格と生来的合衆国市民権

ること**2**，年齢満35歳に達していること**3**，および合衆国内に住所を得て14

827）。

(ii)　1875年のMinor v. Happersett（88 U. S. 162（1875））の法廷意見は「合衆国憲法は，明示的には，「出生により合衆国市民である者（natural-born citizens）」の文言を定義していない。従って，これを明確にするためには，その他の典拠を求めるべきことになる。この点に関し憲法起草者が慣れ親しんでいた法体系であるcommon lawにおいては，ある国の市民である両親からその国で出生したすべての子もまた，出生とともに，その国の市民となることには，まったく疑いはさしはさまれていなかった。これらの者は，外国人（aliens or foreigners）と区別される意味において，その国の住民（natives）あるいは「出生により市民である者（natural-born citizens）とされていた」」とし（Id., at 167），nativesとnatural-bornを互換性のある文言のように用いている。

(iii)　1884年のElk v. Wilkins事件（112 U. S. 94（1884））法廷意見は「「出生により合衆国市民権を取得した者（citizenship by birth）」と「帰化により市民権を取得した者（citizenship by naturalization）」は，憲法上，第2条第1節第5項の大統領の就任資格に関する規定と，第1条第8節第4項で連邦議会に帰化に関する統一規則を規定する権限が規定されていることから判るように，明確に区別されている」（Id., at 101）としており，これからすると連邦最高裁は，「出生により合衆国市民権を取得した者（citizenship by birth）」と「出生により合衆国市民である者（natural born citizen）」は同趣旨と考えていたように見受けられる。

(iv)　1913年のLuria v. United States事件（231 U. S. 9（1913））法廷意見は「わが国の憲法の下で帰化市民（naturalized citizen）は，大統領就任資格を除いて，出生による市民（native citizen）と同様の立場にたつものとされている」（Id., at 22）としている。

(v)　1929年のUnited States v. Schwimmer事件の（279 U. S. 644（1929））法廷意見は「大統領への就任資格をのぞき，帰化市民（naturalized citizen）は出生による市民（native born citizen）と同様の立場に立つとされている」（Id., at 649）としている。

(vi)　1944年のBaumgartner v. United States（322 U. S. 665（1944））法廷意見は「「帰化市民（naturalized citizen）」は「出生により合衆国市民である者（natural born citizen）と同様に言論・出版の自由，信教の自由を享有する権利等を有するとしている（Id., at 680）。

(vii)　1946年のKnauer v. United States事件（328 U. S. 654（1946））法廷意見は「帰化を通じて取得された市民権は二級市民権ではない。この国において，帰化により市民権を取得した者は，大統領の就任資格を除いて，出生により市民権を取得した者（citizenship obtained by birth）が有するすべての市民権に付随する権利と特権（prerogatives）を有している」（Id., at 658）としている。

(viii)　1963年のSchneider v. Rusk事件（377 U. S. 163（1963））法廷意見は「出生による市民（citizenship of the native born）の権利と帰化市民の権利は，同様に尊重され，

第1節 本章の課題と論証の方向性　**313**

年を経過していること，を規定している[4]。

　これらの要件のうち「出生により合衆国市民である者」の要件に関しては，

> 　同様の意義を有するということを前提とする。憲法に基づくこれらの相違は，出生
> により合衆国市民である者（natural born citizen）のみが大統領への就任資格を有
> するということである」としている（*Id.*, at 165）。
>
> 　以上を見ると連邦最高裁判所は，用語法の観点からは，native citizen, natives,
> natural-born citizens, citizenship by birth, native born citizen, citizenship obtained
> by birth, citizenship of the native born 等の文言を必ずしも厳格な区別なく，使用して
> いるように見受けられる。
>
> 　なお州憲法との関係では，1821 年に New York 州で行われた憲法制定会議におい
> て，州知事について natural-born citizen of the United States であることを求める提
> 案が出された際，native-born citizen でなければならないと修正され，さらに最終的
> に native citizen of the United States とされたという事実を指摘し，この州の憲法制
> 定に関わった者にとって natural-born と native は同義だったと思われる，と結論づ
> けている文献がある。Isidor Blum, *Is Gov. George Romney Eligible to Be President?
> Part 1*, N. Y. L. J., Oct. 16, 11（1967）.
>
> 　以上を踏まえ本稿では，上記の文言が，必ずしも異なる意味があるものとして書き
> 分けることはしないが，可能な限り各出典の最初でいずれの文言が使われているか，
> 原語を明記することとしたい。
>
> 　ただし本稿の検討対象とする大統領の就任資格としての「出生による市民権」の所
> 在との関係では，特に合衆国外で出生した場合であっても連邦憲法第 2 条第 1 節第 5
> 項の規定する「出生により合衆国市民である者（natural born citizen）」とされうるか
> が重要な論点となることから，この点には留意する。
>
> **2**　憲法の成立時に合衆国市民であることの要件は，米国憲法制定時，「出生により合衆
> 国市民である者」はいなかったという事情を踏まえ入れられたものであることが指摘
> さ れ て い る。Edward S. Corwin, THE PRESIDENT-OFFICE AND POWERS
> 1787-1984（Fifth rev. ed., 38（N. Y. Univ. Pr. 1984）.
>
> 　なお米国建国（独立宣言）後に出生した者で初めて米国大統領になったのは，第 8
> 代大統領の Martin Van Buren であり，米国憲法制定後に出生した者で初めて米国大
> 統領になったのは，第 10 代大統領の John Tyler である。
>
> **3**　「年齢満 35 歳に達していること」の条件に関し Federalist 第 64 編は，大統領の職務
> から 35 歳未満の者を除外することによって，大統領の職に選ばれる人物を，人民がそ
> の人格について判断できるだけの時間を経てきた人びとに制限し，また，現れてはす
> ぐ消える流星のごとき天才や愛国者の外面で，人びとを誤らしめたり，幻惑させたり
> するようなことのない人びとに限定している，と述べている。
>
> 　なおこの点に関し Kent（James Kent, COMMENTARIES ON AMERICAN LAW,
> Vol. I, Lect. 13（4th Ed.）（New-York 1827）.）は，年齢制限を付することで，公私にわ
> たって人格が形成されることを求めることになる，としている。

連邦憲法制定以来現在に至るまで米国においてその意義に関し多くの議論が
なされ，また実務においても，後述のとおり，この論点が複数の大統領選挙
の際に大きな論点のひとつとして取り上げられてきた。このことから本章で
は，この要件の意義を確認し，さらにその意義の基礎となる法理の内容やそ
の効果等を検討する。

　具体的に第2節では，憲法制定会議の資料と米国憲法制定初期の各種の
Commentaries を用いて米国憲法第2条第1節第5項の原義を確認する。第3
節及び第4節では，米国における common law 以来の理解と，連邦憲法及び
連邦法の規定を検討して，出生による市民権の取得にかかわる法の理解につ
いて確認する。第5節では，連邦裁判所の判例における出生による市民権の
取得に関する判断を紹介する。第6節では，出生による合衆国市民（natural
born citizen）の文言にかかわる最近の議論を紹介する。

　第7節では，第6節までで紹介した各種の資料等を踏まえて，「出生により
合衆国市民である者」の意義を確認し，それに含まれる者の範囲とされる者
を決定する法理を検討し，さらにこの要件に関しては多くの憲法修正案が提
案されていること等の当該要件を取り巻く状況を踏まえ，この要件のあり方
等について検討することとする。

第2節　米国憲法第2条第1節第5項の原義

第1款　憲法制定会議の議論

1787年7月26日，Philadelphia で行われた憲法制定会議（Federal Conven-
tion of 1787; Constitutional convention）において，裁判官及び連邦議会議員の就
任資格とともに大統領の就任資格に関して検討する小委員会[5]が設置される

4　合衆国内に住所を得て14年を経過していること，という条件について Story の
　Commentary（Joseph Story, COMMENTARIES ON THE CONSTITUTION, Vol. III,
　§ 1473（Da Capo Pr. 1970）(1833)［hereinafter Story］）は，人民が大統領候補者の
　性格や功績を評価し，また当該候補者が，すべての共和国の市民がそうするように，
　その義務を遂行し，それに関心を示し，また共和国の原則について理解し，それに愛
　着を有するようになるために必要である，としている。なお同 Commentary は，一時
　的な旅行や在外の大使館での勤務のための外国滞在等でこの条件が満たされなくなる
　ことはないと述べている。

　　この条件に関しては，憲法制定会議において21年から14年に短縮されているが，

こととされた[6]。当該小委員会は8月6日に上下両院議員の就任資格等にかかわる連邦政府の組織に関する条文案を憲法制定会議に提出したが，当該条文案には大統領の就任資格に関する条文案は含まれていなかった[7]。このことから8月20日憲法制定会議は，大統領の就任資格に関し報告をするよう当該小委員会に求めた[8]。当該指示を受け当該小委員会は，8月22日，先の条文案に対する各種の修正のひとつとして，大統領の就任資格に関し，35歳以上であること，合衆国市民であること，21年以上合衆国に居住していることを提案した[9]。

同年8月31日本件は，他の事項とともに，検討延期事項検討委員会（Committee on Postponed Matters）で検討されることとされた[10]。9月4日当該委員会は本件に関し，以下の条文案を提示した[11]。

No Person except a natural born citizen or a Citizen of the United States at the time of the adoption of this Constitution shall be eligible to the office of President; nor shall any person be elected to that office, who shall be under the age of thirty five years, and who has not been in the whole, at least fourteen years a resident within the United States.

この条文案とそれ以前の条文案を比較すると，natural born citizen の文言が加えられていることと，居住要件が21年から14年に短縮されていることの相違があることを指摘することができる[12]。

この文言は，その後特に明確な議論もなく，1787年9月7日に採択され[13]，

これは，Pierce Butler, James McHenry, Alexander Hamilton が条件を満たせるようにするためであったということを指摘する文献がある。Michael Nelson, *Constitutional Qualifications for President*, 17 PRESIDENTIAL STUDIES QUARTERLY 383, 394 (1987).

5　記録上当該小委員会は，Committee of Detail とされている。

6　II Max Farrand, THE RECORDS OF THE FEDERAL CONVENTION OF 1787, at 116, 121 (Yale Univ. Pr. 1911) [hereinafter Farrand].

7　*Id.*, at 177, 185.

8　*Id.*, at 337, 344.

9　*Id.*, at 367.

10　*Id.*, at 473.

11　*Id.*, at 494, 498.

12　J. Michael Medina, *The Presidential Qualification Clause in this Bicentennial Year: the need to eliminate the Natural born citizen requirement*, 7 OKLAHOMA CITY UNIV. L. REV. 260 (1987).

316　第7章　大統領就任資格と生来的合衆国市民権

体系的及び修辞上の修正がなされた[14]。

　以上に関連して，憲法制定会議会期中の6月18日 Hamilton は，いわゆる HAMILTON PLAN を示した。当該文書の第9条第1項は，（憲法制定時に）連邦を構成するいずれかの州の市民であるか，出生時に合衆国市民である者でなければ，合衆国大統領とはなれない，としていた[15]。

　なお，公式の会議にかかわる事項ではないので，この事実がどの程度影響を与えたかは明確ではないが，記録では，1787年7月25日に，当時憲法制定会議の議長であった George Washington に対して John Jay より，大統領の就任資格に関して，連邦政府の運営に外国人が参加することに関して強いチェックをかけることと，米国軍隊の司令官の権限は出生により市民である者（natural born citizen）にのみ与えられることを憲法上明示的に規定することが賢明で適切ではないか，と述べる手紙が送られたとされている[16][17][18][19]。

13　*Id.*, at 536.

14　*Id.*, at 574, 598.

15　III Farrand, Appendix F, 629. 原文は以下のとおりである。No person shall be eligible to the office of President of the United States unless he be now a Citizen of one of the States, or hereafter be born a Citizen of the United States.

16　III Farrand, Appendix A, LXVIII, 61; IV United States Bureau of Rolls and Library, DOCUMENTARY HISTORY OF THE CONSTITUTION OF THE UNITED STATE 1786-1870, 237 （Department of State, 1905） [hereinafter DOCUMENTARY HISTORY OF THE CONSTITUTION].

　　この手紙の原文は以下のとおりである（スペリング等は原文のまま）。

　　Permit me to hint, whether it would not be wise & seasonable to provide a strong check to the admission of Foreigners into the administration of our national Government; and to declare expressly that the Command in chief of the american army shall not be given to, nor devolve on, any but a natural born Citizen.

17　1787年9月2日，Washington は Jay に対し，Jay の hint に謝意を表する返信を送っている。

18　この点に関連して，John Jay は外交官時代にスペインとフランスで子をもうけており，このことからすると Jay がこれらの子について大統領就任資格を認めないとすることは考えられないと指摘する文献がある。Michael Nelson, *Constitutional Qualifications for President*, 17 PRESIDENTIAL STUDIES QUARTERLY 383, 396 (1987).

19　この手紙で natural born citizen の文言が使われていることと，この手紙のやり取りがあった時期と委員会でこの文言が使われた提案が出された時期が近接していることから，これらに単に偶然の一致以上の関係があるとする文献がある。Jack Maskell, *Qualifications for President and the "Natural Born" Citizenship Eligibility Require-*

また直接大統領の就任資格に関する議論においてではないが，憲法制定会議において下院議員の就任資格に関する議論がされた際に，外国の干渉を避けるために，下院議員を生来的な（native）者に限るべき，とする意見が出されている[20]。この意見に対して Hamilton は，市民権の保持と居住を要件とする対案を示している。また Madison は，自由主義の考えを残し，外国人を招き入れるメリットと，共和主義的な性質を残すべき，とし，確かに外国の影響による危険はあるが，それはそれほど大きなものではなく，また外国によって贈賄等が行われるとするならば，疑いの目で見られている外国人に対してではなく，信頼されている生来的な者に対してなされるであろう，と指摘している。

第2款　Commentaries

Story の Commentary は，大統領を生来的な合衆国市民とする制限は不可欠なものであり，これは行政府に対する外国の影響を排除するためのものであるとしている[21]。同 Commentary は，外国人を排除することは常識的なことであり，健全な政治家からはほとんど疑念を示されることがなかった，とし，これによって，野心的な外国人を排除することができ，また，外国政府からの贈賄等による影響を防ぐことができる，としている[22・23・24]。

---

ment, R42097 CONGRESSIONAL RESEARCH REPORT, 6 (2011).

20　II Farrand, 268.

21　III Story, § 1473. なお連邦憲法第2条第1節第5項が「この憲法確定の時に合衆国の市民である者」と定めている点に関し Story は，これは独立戦争時に，米国の独立に貢献した，外国で出生した者に関する例外である，としている。

22　この点に関し Story は，このような外国による影響がヨーロッパにおける選挙君主制（elective monarchies）の国々では，重大な害悪を与えた，とし，ドイツ，ポーランド，そしてローマ教皇の例を上げている。

23　なお Story は，Domicile と出生による市民権もしくは臣民権の関係に関連して，第一に，ある国で出生した個人は，一般的に，当該国の市民もしくは臣民とされるが，当該法理は，子の両親が巡遊中（*in itinere*）である場合，あるいは，健康上の理由や，観光，あるいは商用等により一時的に滞在する目的で当該場所に所在している場合には適用されない，と述べている。もっともこの記述に続けて Story は，このような法理が世界的に認められているとはいえないと述べている。なお Story は，第二に，ある国に特定の目的を持たずに永住する外国人は，当該国の居住者（inhabitant）として扱われること，第三に，居住に起因して外国で獲得された当該国における特性は，当

318 第7章 大統領就任資格と生来的合衆国市民権

次に Kent の Commentary[25]も，Story と同様に，大統領を生来的な合衆国市民[26]とすることで，野心的な外国人が，大統領の地位を占めることができないことになり，また出生を条件とすることで，海外からの贈賄や，海外との交渉や戦争に誘引されることを避けることができる，としている[27・28]。

Blackstone's Commentaries[29]において Tucker は，大統領を生来的な市民[30]

該国へ帰還する意図なしに当該国を離れ，それ以前に居住していた国に戻った場合には，変更され，特に前述のような意図を有してその出生国に戻る場合には，当該出生国の Domicile が回復すること，第四に，大使，外務大臣は，他国に滞在中も，その代表する国の Domicile を維持するが，商業目的で滞在する領事は，駐在国の Domicile を獲得すること，第五に，公海上で出生した子は，両親が Domicile を有する国に所属すると考えられること，を述べている。

24 なおこの点に関し Story は，別の著書で，いうまでもなく通常出生による市民（native citizen）には，人民の安全と自由に関し，もっとも公職がゆだねられるべきであるが，米国革命（the Revolution）時に，この地の出身でないにもかかわらず，高貴な忠誠心を示し，またわれわれのそれと共に自身の生命と財産を賭した偉大な人びとに対する深い感謝により，例外が定められていること，また，出生による市民であっても，長期にわたりこの地を離れ，自発的に海外に居住していれば，その祖国から疎遠になり，祖国に無関心になることから，憲法上の14年の居住要件が必要であること，そのことから，公務や一身上の都合（private affaires）等でこの地から離れ，その意思に基づきこの地から離れたのではない者については，この制限は適用されないこと，を述べている。Joseph Story, A FAMILIAR EXPOSITION OF THE CONSTITUTION OF THE UNITED STATES, § 271, p167（Boston, 1840）.

25 I James Kent, COMMENTARIES ON AMERICAN LAW, Lect. 13（4th Ed.）（New-York 1827）.

26 ここで Kent は native citizen of the United States と記述している。

27 ここで Kent はドイツ，ポーランド及びローマ教皇を例として上げている。

28 もっとも Kent は，外国による陰謀，国内における騒乱，暴力行為，汚職から選挙を守ることは不可能であることがこれまでに示されており，また，人類はこのような人民による選挙の害悪を避けるために，世襲君主制の選択を検討してきたとして，具体的な例として1804年フランスにおいて立法府（legislative body）が，汚職と武力紛争に起因して，選挙君主制を世襲君主制に変更した例と，1773年ポーランドで，政府の欠点が問題となった際，選挙君主制が維持された例を引用している。このうち後者のポーランドの例について Kent は，選挙君主制が維持された理由として，外国の影響に対して，扉を開けておくため（keeping the door open）であったとしている。

なお Kent は，社会と財産の状況，また徳義と政治的慣習により米国では共和政体を採用することができるようになっており，それは傑出した成功を収めているとしている。

とすることは，それが生じる場合には常に厄介で恐るべき，外国の影響から
逃れるための適切な手段（happy means）であると述べている。また Tucker
は，このことから外国人が閣僚（Councils）になることに対しては，それほど
の警戒は必要ないとし，さらに，外国において伝統的に主権，存在の神聖性
及び世襲的権利の考えが付着している（国の元首という）地位から外国人を完
全に排除することは，もっとも完璧な政策であり英知によるものであると述
べている[31]。

　以上から憲法制定当時この文言は，外国からの影響に対する対策のひとつ
と解されていたと考えることができる。なお以上の各種資料で言及されてい
る外国からの影響に関しては，当時考えられていた外国からの影響がどのよ
うなものであったのかについて具体的に考える必要がある。この点に関し，
当時，いわゆる憲法制定会議において制限的な君主制（limited monarchy）が
望ましいとする意見を述べる者がおり，また憲法制定会議において外国から
王を招くことを検討している，といううわさが流れていたということが指摘
され[32]，具体的にたとえば，連合規約に基づいて設置されていた連合会議の
議長がプロイセン王国（Prussia）の王子に米国の王になることを打診した，
あるいは王 George 三世の次男であるフレデリック・ヨーク・オールバニ公

29　I Tucker, St. George. Blackstone's Commentaries: With Notes of Reference to the
Constitution and Laws of the Federal Government of the United States and of the
Commonwealth of Virginia, App. 323-324 (Reprint. South Hackensack, N. J.: Rothman
Reprints, 1969.) (Philadelphia 1803).

　〈http://press-pubs.uchicago.edu/founders/documents/a2_1_1s18.html〉

30　Tucker は，native born citizen としている。

31　この点に関し Tucker は，（当初米国の総督と同等の権力者ではなかった）オランダ
の総督が，オランダにおける革命後，世襲制君主である王に代わった例を引用し，ま
た，当時の米国の執政官の職位（が欧州の王家と関係がなかったこと）によって，欧
州の国々が永続的に巻き込まれた惨事の危険から免れた，ということに言及すること
は軽率ではないだろう，と述べている。

　　さらに Tucker は，王，王子，皇帝，国王の肩書きを受けるということは，権力の強
化がないままに，王冠を被る者たちとの友愛関係に入ることになるということであり，
このような関係によって欧州は荒廃の危機に見舞われた，と指摘し，このような関係
にある者を米国に招き入れることは，パンドラの箱の中にあるすべての害悪を招き入
れるようなものである，としている。

32　Max Farrand, THE FRAMING OF THE CONSTITUTION OF THE UNITED
STATES, 172-173 (Yale Univ. Pr. 1913).

320　第7章　大統領就任資格と生来的合衆国市民権

(Frederick, Duke of York）に関する同様のうわさがあった等のことが指摘されている[33]。このことから考察すると，この当時の「外国からの影響」の具体的な内容には，外国の王政関係者等が米国の元首に就任すること，あるいは，このような動きによって旧世界秩序に，当時新世界秩序を構築しようとしていた米国が巻き込まれることが含まれ，それを避けることを希求することからこの文言が本条文に規定されたと考えられる[34・35]。

第3節　Common Law・連邦憲法・連邦法と出生による市民権の取得

本節では，出生による市民権の取得に関し，common law における理解と，連邦憲法及び連邦法における理解の歴史的発展について紹介する。

第1款　Common Law における理解

「出生により合衆国市民である者（natural-born citizen）」の文言は米国憲法上定義されていない。このような場合に米国憲法の解釈においては，憲法制定者がその法的な基礎としていた英国 common law の用語法や考え方に従って解釈する，ということが連邦最高裁の各種の判例で述べられている[36・37]。

---

33 Michael Nelson, *Constitutional Qualification for President*, PRESIDENTIAL STUDIES QUARTERLY, VOL. XVII, No. 2, 383, 395（1987）.

34 Akhil Reed Amar, AMERICA'S CONSTITUTION, A BIOGRAPHY, 164（Random House 2005）.

35 この点に関し，Jefferson, Hamilton, John Adams, Washington の記述した文献や発言等を引用しつつ，憲法制定にかかわった者は，外国人や帰化市民に対する不信感があったことから，natural-born citizen の文言が規定されたと指摘する文献がある。Malinda L. Seymore, *The Presidency and the Meaning of Citizenship*, 2005 BRIGHAM YOUNG UNIV. L. REV. 927, 939（2005）［hereinafter Seymore］.

36 たとえば，Ex parte William Wells, 18 Howard（59 U. S.）307, 311（1855）; Moore v. United States 91 U. S. 270, 274（1875）; Smith v. Alabama, 124 U. S. 465, 478（1888）; United States v. Wong Kim Ark, 169 U. S. 649, 654-655（1898）; Ex parte Grossman, 267 U. S. 87, 108-109（1925）.

37 この点に関して，1774年10月14日各邦間会議（Several State Conventions on the Adoption of the Federal Constitution）において，各邦は英国 common law 上の権限を認められ，その法に従って近隣の同胞との間で訴訟を行う特権を共有すること，植民地時代に共有した英国法（English Statutes）上の利益を共有すること，さらにその祖先は，移民の際に，英国の管轄権のうちにおいて自由な生来的臣民としてのすべての

第3節　Common Law・連邦憲法・連邦法と出生による市民権の取得　**321**

このことからまずここでは，「出生により合衆国市民である者」(natural-born citizen) の意義を明確にするためのひとつの観点として，Blackstone の Commentary を参照してこの点を確認する[38]。

同書[39]は，人民のもっとも明確な区分は外国人と生来的臣民 (natural-born subject) のそれであり，生来的臣民は王の所領の中で出生した者で，王に対して忠誠を負うのに対し，外国人はそのような関係の外で出生した者である，としている。また同書は，王が庇護を提供することに対し臣民は，王に対する忠誠を示すものとされており，これは政府の本質的な関係で，Gothic の伝統に由来するものである，としている。

なお同書は，忠誠を自然的忠誠 (Natural allegiance) と一時的忠誠 (Local allegiance) に分類している[40]。このうち前者の自然的忠誠は，王の所領における個人の出生とともに当該個人が王に対して負うもので，時，場所，状況にかかわらず，同意 (united concurrence of the legislature) なしには放棄，撤回，変更等はできないものとされ，後者の一時的忠誠は，一定期間王の所領に存在する外国人等が王に対して負うものとしている。同書によると，前者を負う臣民は，王の所領の外にいる場合であっても，依然として王に対して自然的忠誠を負うのに対し，外国人等は，王の所領の中でのみ，一時的忠誠を負う，とされている。

次に英国臣民の親から出生した子について同書は，第一に，英国の王の大使は，その駐在している国の王に対して忠誠を負わず，また一時的忠誠もその国に対して負わないことから，その大使の子も同様に考えられ，従って英

権利，自由，免除を享有していたことを確認する決議がなされた，とする記録がある。I Jonathan Elliot, THE DEBATE IN THE SEVERAL CONVENTIONS, ON THE ADOPTION OF THE FEDERAL CONSTITUTION [ELLIOT'S DEBATES], 44 (2d Ed. 1836) (http://memory.loc.gov/ammem/amlaw/lwed.html).

38　この点に関連し Story は，米国の法制度は，common law の基礎の上に成立している，と述べている。I Joseph Story, COMMENTARIES ON THE CONSTITUTION OF THE UNITED STATES, § 157 (1833). もっとも Story は，自身の関与した最高裁判所の判例の中で，英国 common law すべてをそのまま受け入れる必要はなく，米国の状況に合わせて受け入れるべきである，と述べている。Van Ness v. Pacard, 27 U. S. (2 Peters) 137, 144 (1829).

39　I William Blackstone, COMMENTARIES ON THE LAWS OF ENGLAND, 354 (1765).

40　*Id.*, at 357.

国の生来的臣民とされる，としている[41]。第二に同書は，エドワード三世の時代の 1325 年に，貿易促進のために制定法によって，両親が子の出生の際に英国臣民で，かつその夫の同意の下で海外にわたった場合には，その子は英国での出生による場合と同様に臣民となることとされた，としている。また同書は，その後さらにこの制定法は緩和され，子の出生の際に父が臣民である場合には，あらゆる意味において，生来的臣民（natural-born subject）とされることとなった，としている[42]。

　さらに同書は，二重臣民（Denizen）について説明している。同書によれば二重臣民とは，生来的には外国人であるが，当該個人を英国臣民とする文書を受けた者のことをいい，外国人と生来的臣民の二重の立場にあり，両者の性質を併せ持つ者とされている。なお二重臣民は，大臣，議員，その他文官・武官を問わず，信任による官職には就任できない，とされている。

第 2 款　1866 年市民的権利法と修正第 14 条

　1866 年南北戦争後の連邦議会は，1866 年市民的権利法[43]を制定した。同法第 1 条は，合衆国市民を「すべての合衆国内で出生し，外国の管轄権の下にない者は，課税の対象とされない Indian を除いて，すべて合衆国市民である。」と定義した。また同法の制定に続いて 1868 年修正第 14 条が制定された。同修正第 1 節は，「合衆国において出生し，または帰化し，その管轄権に服するすべての者は，合衆国及びその居住する州の市民である。」と規定した。

　この二つの定義を比較すると市民的権利法においては「外国の管轄権のもとにない者」が合衆国市民とされ，修正第 14 条においては「合衆国の管轄権に服する者」が合衆国市民とされている。この点に関し修正第 14 条の制定過程を検討すると，「合衆国の管轄権に服する者」が合衆国市民とされる，とは，合衆国駐在の大使及び公使並びにその家族等に属する者が合衆国市民権保持者から除外されることを意味する，と説明されている[44]。市民的権利法

41　*Id.*, at 361.

42　ただし同書は，当該父が海外渡航を禁じられていた場合や，反乱に加担していた場合等は除く，としている。

43　14 stat. 27. 本法の正式名称は，An Act to protect all Persons in the United States in their Civil Rights, and furnish the Means of their Vindication である。

44　39-1 Cong. Globe 2890 (Sen. Howard).

第3節　Common Law・連邦憲法・連邦法と出生による市民権の取得　**323**

の「外国の管轄権のもとにない者」がどのようなことを含意したものなのか
については，必ずしも明確に議論されていないが，制定過程に関する限り，
修正第14条の「合衆国の管轄権に服する者」とほぼ同趣旨と考えられる[45]。

第3款　連邦法の発展

　米国が英国から独立し，連邦憲法が制定された後に組織された連邦議会は，
1790年，帰化法を制定した[46]。本法は海外で出生した合衆国市民の子が，生
来的市民（natural born citizen）とされるとしていた[47・48]。

　この1790年帰化法は，1860年代までに何回か改正された。まず1795年の
改正[49]においては，1790年帰化法と同様に海外で出生した合衆国市民の子は
合衆国市民となるとされたが，「生来的（natural born）」の文言は存在しなか
った[50]。またこの帰化法は1798年にも改正されたが[51]，同改正法の下におい
ても海外で出生した合衆国市民の子は合衆国市民となるとする旨は維持され
た。

　次にこの帰化法は1802年に全面的に改正された[52]。同改正では，再度海

45　この点に関し詳細は第4章第6節第1款第2項参照。

46　1 Stat. 103 (1790). 本法の正式名称は An Act to establish an uniform Rule of
Naturalization である。

47　ただし本法は，その父が米国に居住したことがない者には，合衆国市民権は承継し
ない，と規定していた。

48　この点に関し1790年法は，common law を成文化したものとする文献がある。
Vincent A. Doyle, *The Natural Born Citizen Qualification for the Office of President: Is
George W. Romney Eligible?*, THE LIBRARY OF CONGRESS LEGISLATIVE REFERENCE SERVICE
JK 516 A1 (425/225, A225), WASHINGTON D. C. (February 27, 1968).

49　1 Stat. 414. 本改正法の正式名称は，An Act to establish an uniform rule of
Naturalization; and to repeal the act heretofore passed on that subject である。

50　この点に関し1795年法の制定過程における議論には理由が示されていないが，憲
法上の文言を連邦法で定義することを避けたのではないかとする文献がある。
Charles Gordon, *Who can be President of the United States: the Unresolved Enigma*, 28
MARYLAND L. REV., 1, 11 (1968).

51　1 Stat. 566. 本改正法の正式名称は，An Act Supplementary to and to amend the act,
intituled "An Act to establish an uniform rule of naturalization; and to repeal the act
heretofore passed on that subject"である。

52　2 Stat. 153. 本改正法の正式名称は，An Act to establish an uniform rule of
Naturalization, and to repeal the acts heretofore passed on that subject である。

324　第7章　大統領就任資格と生来的合衆国市民権

外で出生した合衆国市民の子は合衆国市民となる旨が規定されたが，ここに
おいても「生来的（natural born）」の文言は存在しなかった[53]。

　その後 1855 年には，海外で合衆国市民の下に出生した子の市民権の取得
に関する法律が制定された[54]。同法は，出生のときに子の父が合衆国市民で
ある場合，その子は合衆国市民とする，と規定していた。

　1866 年連邦議会は，大統領にすべての連邦法を再編纂する委員会を設立す
る権限を認めた。1874 年にその編纂は完成し，1878 年に修正を受け，制定法
集が完成した[55]。この制定法集は，若干の例外を除いて，1874 年までに制定
された連邦法の公定版とされた[56]。同制定法集第 1992 条は，課税されない
Indian を除く，合衆国で出生し外国の管轄の下にない者は合衆国市民とする
とし，第 1993 条は，合衆国の管轄権の外で合衆国市民である父の子として出
生した者は合衆国市民とするとして，出生による合衆国市民権の取得に関し
規定していた[57]・[58]。また第 2172 条は，1802 年法を再度規定し，1802 年以前
に合衆国法に基づいて適正に帰化した，あるいは合衆国の帰化に関する法の
制定以前に，いずれかの州の法に基づいて帰化した者の子で，当該帰化した

53　同法の規定では，the children of persons who now are, or have been citizens of the
United States とされ，これまでに米国市民であった者の子が海外で出生した場合であ
っても，市民権を取得する，とされていた。

54　10 Stat. 604. 本法の正式名称は，An act to secure the Right of Citizenship to
Children of Citizens of the United States born out of the Limits thereof である。

55　本稿で検討する Revised statutes は，REVISED STATUTES OF THE UNITED
STATES, PASSED AT THE 1ST SESSION OF THE 43RD CONGRESS, 1873-'74
(2nd ed., WASHINGTON, GPO, 1878) の Reprint 版である。

56　V Leonard Levy et al. ed., Encyclopedia of the American Constitution, 2227 (2nd ed.,
Macmillan Co., 2000).

57　ただし 1993 条は，本条に基づいて取得される合衆国市民権について，父が合衆国に
居住したことがない場合には，その子に市民たる権利（rights of citizenship）が承継さ
れることはない，としている。

58　第 1993 条は，本制定法集の注釈によれば，1802 年 4 月 14 日法を採録したものとさ
れており，この時点ですでに合衆国においては血統主義に基づく市民権の取得という
方式も存在していたことになる（ただし 1802 年の法律は，1802 年までに外国で合衆
国市民の子として出生した者に合衆国市民権を与えることを意図した法律であり（cf.
2 Stat. 155)，この方式が定着するのは，1855 年の法律（10 Stat. 604）によってである，
とする文献がある。Fred K. Nielsen, *Some Vexatious Questions relating to Nationality*,
20 Colum. L. Rev. 840, 841 (1920).)。

第 3 節　Common Law・連邦憲法・連邦法と出生による市民権の取得　**325**

者の帰化の際に 21 歳以下で合衆国に居住している者は，合衆国市民とされること，また，同様に 1802 年以前に合衆国市民である者，あるいは過去に合衆国市民であったことがある者の子は，合衆国の領域あるいは管轄の外で出生したとしても，合衆国市民であること，等を規定していた。

　1907 年連邦議会は，「市民の市民権放棄とそれらの者の海外での保護に関する法律」を制定した[59]。同法第 6 条は，前述の制定法集第 1993 条の適用に関し，同規定に従って合衆国市民権を取得し，米国外に居住し続ける者が，合衆国政府の外交的保護を受けるためには，18 歳になる際に，合衆国領事館において，合衆国に居住する意思があり，かつ合衆国市民であり続ける意思がある旨を登録し，さらに成人した際に米国に対する忠誠の宣誓をすることが求められると規定していた。

　1934 年連邦議会は，市民権及び帰化に関する法を改正する法律を制定した[60]。同法の下では，海外での子の出生に関し，従前男性合衆国市民の子である場合にのみ合衆国市民権を承継すると定められていた（制定法集第 1993 条）のが，女性合衆国市民の子であっても，合衆国市民権を承継するとされた[61]。また同法は，海外で出生した子が 18 歳になるまでに連続して 5 年間米国に居住し，かつ 21 歳の誕生日から 6 ヶ月以内に，米国に対する忠誠を誓わなければ，承継された市民権は維持されない[62]，としていた[63]。

　1940 年連邦議会は，Roosevelt 大統領の大統領令により設置された諮問委員会の勧告を受け，1940 年連邦議会は 1940 年国籍法（Nationality Act of

---

59　34 Stat. 1228. 本法の正式名称は An Act in reference to the expatriation of citizens and their protection abroad である。なお，本法制定の背景，概要について，拙稿「米国における国籍離脱の自由の発展」筑波法政 25 号（1998）210 頁参照。

60　48 Stat. 797（1934）. 本法の正式名称は，An Act to amend the law relative to citizenship and naturalization, and for other purposes である。

61　なお同法では，子の父もしくは母の合衆国における居住要件に関して，当該要件が子の出生前に満たされなければならない（previous to the birth of such child）旨が明定された。

62　この点に関し，38 Op. Atty. Gen. 10 (1934). 当該意見において司法長官は，1934 年法で規定された子の合衆国における居住要件が，子が合衆国市民権を承継する際の停止条件なのか解除条件なのかという質問に対し，子は出生により合衆国市民権を取得すると回答している。

63　この条件は，後に 1952 年移民国籍法により緩和された条件に差し替えられた。66 Stat. 163, Sec. 301 (c).

326　第7章　大統領就任資格と生来的合衆国市民権

1940）[64]を制定した[65]。同法第2章は出生による国籍の取得（Nationality at Birth）について扱い，第201条では，概要次の者が出生による合衆国市民と規定していた[66・67・68]。

(a)　合衆国で出生し，その管轄権の下にある者

(b)　合衆国で Indian 部族，Eskimo，アレウト族（Aleutian），その他のアボリジニ部族（aboriginal tribe）のもとに生まれた者（ただし，その者に対する市民権の付与が，その者の有する部族もしくはその他の財産に影響を与えない場合に限る。）

(c)　合衆国の領土及びその属領外で合衆国市民を両親として出生し，当該出生の前にその両親の一方が合衆国あるいはその属領の一つに居住した経験がある者

(d)　合衆国の領土及びその属領外で出生し，その両親のうちの一方が当該出生前に合衆国もしくはその属領に居住したことのある合衆国市民であり，他方が合衆国市民（citizen）でなく，合衆国国民（national）である者

(e)　合衆国の属領で出生し，その両親の一人が合衆国市民で，かつ当該出生前に合衆国あるいはその属領の一つに居住したことのある者

(f)　合衆国で発見された，両親の知れない者。ただし，合衆国で出生していないことが示されない場合に限る。

(g)　合衆国あるいはその属領外で出生し，その両親の一人が当該出生の前に合衆国市民であり，かつ合衆国あるいはその属領に，16歳になってからの5年間を含む10年間居住した経験があり，他方の親が外国人であ

64　54 Stat. 1137. 本法の正式名称は，An Act to revise and codify the nationality laws of the United States into a comprehensive nationality code であり，同法第1条で略称が Nationality Act of 1940 と規定されている。

65　本法の概要について，拙稿「米国における国籍離脱の自由の発展」筑波法政 25 号（1998）212 頁参照。

66　本条柱書は，The following shall be nationals and citizens of the United States at birth とされていた。

67　この他に，第202条では Puerto Rico，第203条では Panama 運河地帯及び Panama における出生による合衆国市民権の取得について規定していた。

68　なお 1946 年には，米国軍に勤務した者の子に対する市民権の承継の要件を緩和する 1940 年国籍法の修正があった。An Act to amend section 201(g) of the Nationality Act of 1940 (54 Stat. 1138-1139; 8 U. S. C. A. 601), 60 Stat. 721 (1946).

第3節　Common Law・連邦憲法・連邦法と出生による市民権の取得　**327**

る者。ただし，この条件に従ってある個人が市民権を維持するためには，13歳から21歳までの間の合計5年間合衆国あるいはその属領に居住することを求める条件が課され，16歳までに合衆国あるいはその属領に居住しない場合，あるいはその他の場合で，外国に居住し21歳までに5年間の居住要件を満たすことが不可能な場合には，その子の合衆国市民権は停止（cease）される[69]。

　1952年連邦議会は，1940年国籍法を改正し，1952年移民国籍法を制定した[70]。同法第3編第1章の第301条の出生による市民権の取得に関する規定は，以下の点以外は，1940年国籍法とほぼ同様であった[71]。

(i)　1940年国籍法(d)の規定する「両親のうちの一方が当該出生前に合衆国に居住したことのある合衆国市民」に関し，当該一方の親の合衆国等における居住期間を継続的に1年以上と規定したこと

(ii)　1940年国籍法(e)の規定が求める，親の一方である合衆国市民に求められる合衆国等における居住に関し，継続的に1年以上と規定したこと

(iii)　1940年国籍法(f)の規定に関し，5歳未満の場合で，かつ21歳までに合衆国で出生していないことが示された場合に限るとしたこと

(iv)　1940年国籍法(g)の規定に関し，両親のうちの合衆国市民である一人に求められる合衆国等における居住期間が，14歳になってからの5年間を含む10年間とされたこと，また，この子の合衆国市民である両親の一人の居住期間を算定するに当たって，合衆国軍での勤務期間が加算されることとされたこと，さらに，本条の場合に求められる本人の居住期間について，23歳までに合衆国に至り，それに続いて少なくとも5年以上合衆国に実際に居住しなくてはならないとされ，また当該実際の居住は14

---

[69]　なおこの条件は，海外における子の出生の際に，その親が，合衆国政府の機関，あるいは米国に本拠をおく事実上の米国の教育，科学，博愛・人道，宗教，商業，金融機関，もしくは合衆国が関与する国際機関のみに，あるいは主にそこに雇用され，かつ当該親がそこから主要な収入を得ている場合には適用されないとされていた。

[70]　66 Stat. 163. 本法の正式名称は，An Act to revise the laws relating to immigration, naturalization, and nationality: and for other purposes である。

[71]　1940年国籍法と同様，本法においても，第302条は Puerto Rico，第303条は Panama，第304条は Alaska，第305条は Hawaii，第306条はヴァージン諸島（Virgin Islands），第307条は Guam，それぞれにおける市民権の取得に関する特例を規定していた。

328　第 7 章　大統領就任資格と生来的合衆国市民権

歳を過ぎ，28 歳未満に行われなければならない，とされたこと

第 4 節　現行法における出生による市民権取得

第 1 款　現行法の概要

　前述のように修正第 14 条は「合衆国において出生し，または帰化し，その管轄権に服するすべての人は，合衆国及びその居住する州の市民である。」と規定し，米国で出生し，その管轄権に服する場合，個人は市民権を取得する旨規定している。また連邦議会は，連邦憲法第 1 条第 8 節第 4 項の帰化に関する統一的な規則（uniform rule）を制定する権限に基づいて，前述の修正第 14 条の他に，その制定する法令に基づき市民権を付与している。

　これらを踏まえ現行の合衆国移民国籍法[72]は，以下の場合に出生によって合衆国市民権が取得される，と規定している[73]。

　第一に同法第 3 編第 1 章第 301 条[74・75]は，以下の者が出生により合衆国市民になると規定する。

(a)　合衆国で出生し，その管轄権の下にある者

(b)　合衆国で Indian 部族，Eskimo，アレウト族（Aleutian），その他のアボリジニ部族（aboriginal tribe）のもとに生まれた者（ただし，その者に対する市民権の付与が，その者の属する部族に対する権利あるいはその者の保有する財産に影響を与えない場合に限る。）

(c)　合衆国の領域もしくはその属領外で合衆国市民を両親として出生し，当該出生の前にその両親の一方が合衆国あるいはその属領の一つに居住した経験がある者

(d)　合衆国の領域もしくはその属領外で出生し，その親の一方が，当該出生前に，少なくとも継続して 1 年合衆国もしくはその属領に実際に居住

72　Immigration and Nationality Act（INA）.

73　現行の移民国籍法（IMMIGRATION AND NATIONALITY ACT）の第 3 編の表題は，国籍と帰化（Nationality and Naturalization），同編第 1 章の表題は，出生に際して取得される国籍と集団帰化（Nationality at Birth and Collective Naturalization）とされている。

74　8 U. S. C. A. § 1401.

75　第 301 条の表題は，出生に際して取得される合衆国市民権（Nationals and citizens of United States at birth）とされている。

したことのある合衆国市民であり，他方が合衆国市民でなく，合衆国国民である者

(e) 合衆国の属領で出生し，その親の一方が合衆国市民で，かつ当該子の出生前に合衆国あるいはその属領に実際に少なくとも1年居住したことのある者

(f) 合衆国で5歳になるまでに発見された両親の知れない者。ただし合衆国で出生していないことが，その者が21歳になるまで示されない場合に限る。

(g) 合衆国あるいはその属領外で出生し，その親の一方が当該出生の前に合衆国市民であり，かつ合衆国あるいはその属領に，少なくとも，14歳になってからの2年間を含む，5年間実際に居住した経験があり，他方の親が外国人である者[76]

(h) 1934年5月24日正午（東部標準時）以前に，外国人の父と，子の出生までに合衆国に居住した経験のある合衆国市民の母の子として出生した者

　第二に，同法第302条では Puerto Rico，第303条では Panama 運河領域及び Panama 共和国，第304条では Alaska，第305条では Hawaii，第306条ではヴァージン諸島（Virgin Islands），第307条では Guam における市民権の取得について規定している[77]。

第2款　米国及び属領における出生

第1項　米国領域の範囲

　上記に関し，個人が合衆国もしくはその属領で出生する場合に関しては，修正第14条が「合衆国において出生し，または帰化し，その管轄権に服するすべての者」と規定していることから，第一に，「合衆国」の領域の意義，第二に「管轄権に服する」の意義，が問題となる。

76　この場合に関し1952年移民国籍法の制定当時の規定では，子の親である合衆国市民の居住期間に，合衆国軍における勤務期間が加算されるとされていたが，現行法では，合衆国政府及び国際機関における勤務期間，さらには，これら合衆国軍あるいは政府機関等に勤務する者の非婚の息子あるいは娘もしくは家族の一員として海外に滞在した期間が加算される，とされている。

77　なお第308条は合衆国市民ではないが，合衆国国民となる場合に関し，第309条は婚姻外で出生した子の市民権の承継について規定している。

330 第7章 大統領就任資格と生来的合衆国市民権

　このうち前者の合衆国の領域に関しては，歴史的に米国が独立後徐々に領域を拡大してきた国であることから，多くの議論がなされてきた[78]。1940年国籍法第101条(d)は，合衆国（United States）を「米国大陸，Alaska，Hawaii，Puerto Rico，ヴァージン諸島（Virgin Islands）」と定義していた[79]。この後1952年移民国籍法第101条(38)は合衆国を「米国大陸，Alaska，Hawaii，Puerto Rico，Guam，ヴァージン諸島（Virgin Islands）」とし，Guamを加えた[80]。

　現行の移民国籍法第101条(a)(38)は，「合衆国とは，特に別異に定義されない限り，地理的意味において使われる際には，アメリカ合衆国大陸，Alaska，Hawaii，Puerto Rico，Guam，ヴァージン諸島（Virgin Islands），北マリアナ諸島連邦（Commonwealth of the Northern Mariana Islands）を意味する。」と定義している[81]。また，領海も米国の領域を構成するが，米国の場合領海は，1988年の大統領布告により12海里とされている[82]。

78　この点に関し，州になる前の地域，属領，District of Columbia 等の州以外の合衆国の領域で出生した者について，議会の制定法により合衆国市民権を取得したことは認められるとしても，連邦憲法第2条第1節第5項の意味で natural born citizen となるかは疑問であるとしつつ，この点に関し検討した文献として，Sarah Helene Duggin & Mary Beth Collins, *Natural Born in the U. S. A.: The Striking Unfairness and Dangerous Ambiguity of the Constitution's Presidential Qualifications Clause and Why We Need to Fix It*, 85 BOSTON UNIV. L. REV. 53, 92 (2005) [hereinafter Duggin & Collins].

79　1940年国籍法が合衆国の領域に関する定義を定め，それが発効した1941年1月13日以前には，法令上市民権に関連して"the United States"を定義する連邦法は存在しなかった。これ以前の制定法集（Revised Statutes）でもこの文言は使われていたが，これについては，連邦に加盟していた州の領域を指すと解されている。7 FAM 1112 (d).

80　その後1976年5月24日に可決された Joint Resolution To approve the "Covenant To Establish a Commonwealth of the Northern Mariana Islands in Political Union with the United States of America", and for other purposes (90 Stat. 263) により北マリアナ諸島連邦（Commonwealth of the Northern Mariana Islands）は米国の一部とされることとされた。

81　本文記載の通り，現行の移民国籍法上 Puerto Rico は合衆国に含まれているが，現行法上 Puerto Rico 人民は，連邦税の納税義務を負わない代わりに，大統領選挙では，予備選挙でのみ投票が認められている。これらの点を踏まえ，Puerto Rico で出生した者は，合衆国憲法第2条第1節第5項の条件を満たすか，という問題がある。Duggin & Collins, at 92.

82　Presidential Proclamation 5928 of Dec. 27, 1988, 54 Fed. Reg. 777 (Jan. 9, 1989), 103

第4節　現行法における出生による市民権取得　331

　なお領水内にある外国の私船で出生した者は，出生時に米国市民となる[83]。
他方で同領域にある外国の公船内で出生した者は，米国の管轄内にないこと
から，米国市民権を取得しない[84]。米国の領海外の，公海あるいは排他的経
済水域にある米国籍の船舶において出生した者は，米国市民権を取得しない
とされている[85]。これは航空機についても同様であり，領空外にある米国籍
の航空機内で出生した者は，米国市民権を取得しない[86]。また海外にある米
国大使館，総領事館，米国軍基地は米国の領域とされていない[87・88]。

　前述のように，独立後米国は徐々にその領域を拡大してきており，それに
伴って米国領域内における市民権の取得が生じる範囲も変動してきている。
このことは，歴史的に順次獲得された現行の各州について当てはまり，さら
に現行の移民国籍法では，前述のように，Puerto Rico，Panama，Hawaii 等に
おける出生による市民権の取得に関する規定がおかれ，これらの規定では，
それぞれの領域における出生による市民権取得の始期が定められている[89]。
なお米国には，米国施政の下にあるが，そこでの出生によっては，米国国
民[90]とはなるが，米国市民権を取得しない領域が存在する[91]。

　　Stat 2981.

83　7 FAM 1114(a).

84　INS Interp. 301.1(a)(5)；7FAM 1113(d).

85　7 FAM 1113(a).

86　7 FAM 1113(b).

87　7 FAM 1113(c).

88　海外に所在する大使館・領事館は，米国の領域の一部とは考えられない，とされて
　　いることからすると，現行法上これら外交官・領事官等の子は，合衆国の領域で出生
　　していないことから，natural born citizen にあたらないとされていると考えられる。
　　他方で，英国 common law に関し Sir Edward Coke がいわゆる Calvin's Case (7 Coke
　　Report 1a, 77 ER 377 (1608)) で，外国で英国王の大使の妻が出産した場合，その子は
　　natural born subject とされたとする点を指摘する文献がある。Peter H. Schuck &
　　Roger M. Smith, CITIZENSHIP WITHOUT CONSENT, 14 (Yale Univ. Pr. 1985).

89　8 U. S. C. A. § 1402 以下参照。

90　8 U. S. C. A. § 1101(a)(22)(B).

91　8 U. S. C. A. § 1408. 具体的には American Samoa と Swains Island がこれにあた
　　る。なお詳細には 7 FAM 1120 参照。

332　第7章　大統領就任資格と生来的合衆国市民権

第2項　「管轄権に服する」の意義

修正第14条の規定する「管轄権に服する」の意義に関し，一般的に国家は
その領域に対し排他的で完全な管轄権を有しているが[92]，国際礼譲等に基づ
き一定の場合には例外が認められてきており，また米国ではネイティブ・ア
メリカンについても例外が認められてきた[93]。

連邦最高裁の判例によると，この文言は，外国政府の関係者あるいは外交
官の子である場合，公船における出生の場合，占領の対象となっている地に
おける出生の場合，部族に対する忠誠を負っているネイティブ・アメリカン
の場合を除くことを意図していると解された[94]。現行の成文法はこの点を踏
まえ，米国を公式訪問時の外国元首や外国の外交使節団については，修正第
14条の適用対象外とされている[95・96]。

92　The Schooner Exchange v. McFaddon & others, 11 U. S. 116, 136 (1812).

93　Elk v. Wilkins, 112 U.S. 94, 137-139 (1884). ただしネイティブ・アメリカンは，1924
年に制定された連邦法（43 Stat. 253 (1924). 本法の正式名称は，An Act to authorize
the Secretary of the Interior to issue certificate of citizenship to Indians である。）によ
り，合衆国市民権を取得することとされ，現行法においても，合衆国で出生した場合
には合衆国市民権を取得するとされている。8 U. S. C. A. § 1401(b).

94　United States v. Wong Kim Ark, 169 U. S. 649, 693 (1898).

95　Charles Gordon, Stanley Mailman, Stephen Yale-Loehr, & Ronald Y. Wada,
IMMIGRATION LAW & PROCEDURE, § 92. 3 [3] (2014). 具体的には，米国国務省
が発行する外交団リスト（Blue List）や米国の国連代表団が発行する国連特権・免除
リスト（UN Privileges and Immunities List）に掲載されている者の子は，修正第14条
の適用外とされる。また，北大西洋条約機構（NATO）や米州機構（OAS）加盟国の
代表団関係者等については，特にリストは存在しないが，外交免除を共有しており，
これらの者も適用外となる。

　　他方で，以下の者の子は修正第14条の適用対象と解されている。

(i)　国務省の外交団被用者リスト（White List）に掲載されている者

(ii)　領事官及びそのスタッフ（ただし，大使館で領事業務に従事する場合は免除を共
有し，適用外とされる）。

(iii)　合衆国以外の国で外交官とされている第三国の外交官

(iv)　国連その他の国際機関加盟国の代表団の被用者で外交団リスト等に登録されてい
ない者

(v)　国連その他の国際機関の職員等で外交団リスト等に登録されていない者

96　この「管轄権に服する」は，合衆国の管轄権の下において合法的に合衆国に留まる
ことが認められる者，すなわち合衆国市民と合法的に合衆国に滞在する外国人を意味
し，そのような者の子のみが合衆国市民権を取得すると修正第14条第1節第1文は

解されるべきとする主張がある。Peter H. Schuck and Roger M. Smith, CITIZENSHIP WITHOUT CONSENT, at 116（Yale Univ. Pr. 1985）. 他方で，この立場に反対する文献として，たとえば Christopher L. Eisgruber, *Birthright Citizenship and the Constitution*, 72 N. Y. Univ. L. Rev. 54（1997）; Katherine Culliton-Gonzalez, *Born in the Americas: Birthright Citizenship and Human Right*, 25 Harv. Human Rights J. 127（2012）; Nicole Newman, *Birthright Citizenship: Fourteenth Amendment's Continuing Protection Against an American Caste System*, 28 Boston College Third World L. J. 437（2008）. この論点に関連して，Societal and Legal Issues Surrounding Children Born in the United States to Illegal Alien Parents: Joint Hearing Before the Subcommittee on Immigration and Claims and the Subcommittee on the Constitution of the Committee on the Judiciary, House of Representatives, 104th Cong., 1st Sess., on H. R. 705, H. R. 1363, H. J. Res. 56, H. J. Res. 64, H. J. Res. 87, H. J. Res 88, and H. J. Res. 93, December 13, 1995（U. S. GPO 1996）.

なお最近の議論を取りまとめた文献として，Alexandra M. Wyatt, *Birthright Citizenship and Children Born in the United States to alien ʻParents, An Overview of the Legal Debate*, R44251 Congressional Research Report（2015）.

また出生地主義であっても，血統主義であっても，出生時の自己の状況をコントロールしている者はないことを指摘する文献として，Mae M. Ngai, *Birthright Citizenship and the Alien Citizen*, 75 Fordham L. Rev. 2521, 2526（2007）. この文献は，合意という観点からするならば，帰化市民のみが帰化時に明示的にその意思を表明していることを指摘し，また不法移民の子に市民権を認めないことは，親の不行跡に基づいて子に不利益を課すものとしている。

なお行政解釈は，子の両親が，子の出生時に合衆国に違法に所在していたとしても，当該子は市民権を取得するとしている。7 FAM 1111(d).

この点に関連して，1874年の第43回連邦議会第一会期で，出生による市民権の付与に関し統一的な解釈を与えるための法案が上程されている（43-1 Cong. Rec., 3279（1874））。当該法案は，第一に合衆国で出生し，合衆国に居住して，合衆国の管轄に属する者と，そのような合衆国市民を夫としている外国人女性で，当該外国人女性がそこで出生し継続して居住している国にいる者でない場合に，それらの者は合衆国市民とするとした上で，次に，合衆国市民でない者を両親として（合衆国で）出生した子で，合衆国に居住せず，また合衆国の管轄の下にない者は，

- 合衆国に居住する
- その子の父，もしくはその父が死亡している場合にはその母が，当該子が未成年のうちに合衆国に帰化する
- 国務省の定める方式により成人した後6ヶ月以内に，合衆国市民となる選択をした旨を書面により国務省で登録する
- 子自身が帰化する

334　第7章　大統領就任資格と生来的合衆国市民権

第3款　海外における出生による市民権の取得

第1項　市民権の承継のための親の居住期間

　米国においては，1790年に制定された帰化法以来議会の制定法に基づいて，海外で出生した者に，一定の条件の下に合衆国市民権を付与してきた。このように海外で出生した者に合衆国市民権を付与する法令は，累次改正されてきている。特定の個人が出生により合衆国市民権を取得したかどうかは，当該個人の出生時に有効であった関連法令によって決定される[97]。なおこの点に関し，各法令においては，合衆国市民権を取得する本人の親に関する条件が規定されている場合があり，その場合にはこれらの条件が満たされることが必要となることに留意が必要である。

　これを最近の年代ごとに整理すると概要以下のとおりとなる。

　第一に1940年国籍法制定以前の連邦法については，一般的に親が合衆国

　のいずれかをすることなしには市民とみなされない，としていた。

　　　第二に当該法案は，海外で合衆国市民である父の下に出生した子は，合衆国に居住し，その管轄の下にある場合，出生時に合衆国市民とし（a citizen of the United States at the time of birth），未成年の間はその市民である父の Domicile を有するものとするとしていた。

　　　第三に当該法案は，以下の者は，合衆国憲法修正第14条の意味で，合衆国の管轄の下にあるとは解されず，また合衆国に居住する者とは解されない，としている。

(ⅰ)　出生による合衆国市民あるいは帰化による合衆国市民で，他国に帰化した，あるいは米国以外の国の公務員となるもしくは軍隊に加わった者

(ⅱ)　合衆国市民で海外に Domicile を有するようになった者

(ⅲ)　合衆国に帰化した者で，条約等の効果により，以前保有していた国籍を回復したと解される者，もしくはその従前の国籍国に帰来した者で，合衆国に来る前に，当該国籍国の法に違反する罪を犯していた者

(ⅳ)　外国人の妻となった合衆国市民で，合衆国に居住していない者（ただしこのような者は，夫が死亡した後に，合衆国の州あるいはその属領に居住し，合衆国の管轄の下に属し，国務長官の定める書式を用いて合衆国市民となることを宣言した場合には，再度合衆国市民となるとされていた。）

(ⅴ)　合衆国に帰化した者で，その従前の本国において Domicile を有するようになり，このことを許容するような特段の条約等の定めがない者

　　なお同法案は廃案とされた。Patrick J. Charles, *Decoding the Fourteenth Amendment's Citizenship Clause: Unlawful Immigrants, Allegiance, Personal Subjection, and the Law*, 51 WASHBURN L. J. 211, 234 (2012).

[97]　7 FAM 1131-1-2. ただし帰化法の1802年の改正のように，さかのぼって適用される旨の規定がおかれる場合もある。2 Stat. 153, Sec. 4.

に居住したことがあることを求めるのみであった[98]。ここで求められる居住要件に関しては特定の期間はなく，一時的滞在でも居住要件が満たされたと認められていた。

　第二に，1940年国籍法においては，まず両親が合衆国市民の場合には，子の出生前に両親のいずれかが合衆国あるいはその属領に居住したことがあることが要件とされ，次に両親のいずれかが合衆国市民で，他方が合衆国市民ではなく合衆国国民[99]の場合には，合衆国市民である方の親に対して合衆国あるいはその属領に居住したことがあることが求められた。また両親の一方が合衆国市民で，他方が外国人の場合には，当該合衆国市民である親に対し，16歳になってからの5年を含む10年合衆国あるいはその属領に居住したことがあることが求められるとされた。なおこれらの場合の居住は，一時滞在ではなく，主な居住地として米国国内等に居住することが求められた[100]。ただしこの居住は，Domicileや永住地を設定するような継続的なものとなることまでは求められず，一時的に居住地から離れることは認められた。なお1946年，両親の一方が合衆国市民で，他方が外国人の場合について法律が改正され，合衆国市民の親が，1941年12月7日の開戦以降から終戦までの間に合衆国軍に勤務していた場合には，12歳になってからの5年を含む10年間合衆国あるいはその属領に居住したことがあることが求められるとされた[101]。

　第三に1952年移民国籍法は，1940年国籍法の規定を基本的には承継し，たとえば1940年国籍法同様，居住に関しては主な居住地を米国国内等に設定

98　後述のとおり1934法（48 Stat. 797.）は子の合衆国における居住を市民権の維持の要件としていたが，当該要件は1978年法（92 Stat. 1046.）で廃止され，またこの要件を満足させられなかったことにより市民権を喪失した者に関しては，1994年の法改正で救済規定が設けられた。108 Stat. 4305（1994）. 本法の正式名称は，An Act to amend title III of the Immigration and Nationality Act to make changes in the laws relating to nationality and naturalization である。なお本法の略称は Immigration and Nationality Technical Corrections Act of 1994 とされている。

99　8 U. S. C. A. § 1101 (a) (22) (B)；8 U. S. C. A. § 1408.

100　54 Stat. 1137, Sec. 104. 当該規定では，主たる居住地（general abode）が所在地（place of residence）とされる旨が規定された。

101　60 Stat. 721. 本法の正式名称は，An Act to amend Section 201 (g) of the Nationality Act of 1940（54 Stat. 1138-1139；8 U. S. C. A. § 601）である。

336　第7章　大統領就任資格と生来的合衆国市民権

することが求められた[102]。他方で，前述のとおり，子の親の一人が合衆国市民で，他方が合衆国国民の場合，当該合衆国市民の親に対して求められる合衆国における居住期間が1年と規定され，また，子の親の一人が外国人で他方が合衆国市民である場合，当該合衆国市民である親に求められる合衆国等における居住期間が，14歳になってからの5年間を含む10年間とされたこと，当該親に求められる居住が，1940年国籍法上の居所（residence）の設定から実際の居住（physically present）とされたこと等の修正がされた[103]。

　第四に1986年の改正法では，子の親の一人が外国人で他方が合衆国市民である場合に，当該合衆国市民の親について求められる合衆国等における居住期間が，14歳を過ぎてからの2年を含む，5年に短縮された[104]。この点は現行法でも同様である。

　なお上述のとおり，現行法上，親の一人が合衆国市民で，他方が合衆国市民でなく合衆国国民である場合には，当該合衆国市民の親には，合衆国等において1年の居住期間が求められる[105]。

第2項　市民権の承継のための親の居住場所

　1940年国籍法制定前の法では，米国における親の居住要件に関し，単に米国での居住が求められるとだけ規定していた。この点に関し1940年国籍法では，米国もしくはその属領に（in the United States or in any of its outlying possessions）居住することが要件とされることが規定され，さらに「合衆国（United States）」及び「属領（outlying possession）」の定義がおかれた[106]。また

102　1952年移民国籍法においても，主たる居住地（general abode）が所在地（place of residence）とされる，と規定されたが，これにさらに，主たる居住地とは，その意思に関係なく，実際に事実上居住する主たる場所のことをいう（his principal, actual dwelling place in fact, without regard to intent），とする旨が規定された。66 Stat. 163, 170, Sec. 101(33).

103　ただしこの要件は，後の法律で緩和された。An Act Granting the benefits of section 301(a)(7) of the Immigration and Nationality Act to certain children of United States citizens, 70 Stat. 50 (1956) ; An Act to amend section of 301(a)(7) of the Immigration and Nationality Act, 80 Stat. 1322 (1966).

104　100 Stat. 3655. 本法の正式名称はAn Act to amend the Immigration and Nationality Act, and for other purposes である。

105　8 U. S. C. A. § 1401(d).

106　54 Stat. 1137. 1940年国籍法は，合衆国を，米国大陸，Alaska, Hawaii, Puerto Rico,

第4節 現行法における出生による市民権取得 **337**

1952 年移民国籍法においても，1940 年国籍法と同様に，米国もしくはその属領に（in the United States or in any of its outlying possessions）居住することが要件とされることが規定されると共に，「合衆国（United States）」及び「属領（outlying possession）」の定義がおかれ[107]，現行法も同様に規定している。

第3項　承継による市民権の取得と合衆国に対する忠誠

　1934 年法制定以前には，海外で親からの承継によって市民権を取得した者が，当該市民権を維持するために，何らかの行為を行うことを求める法はなかった[108]。

　1934 年法[109]は，親の両方が合衆国市民である場合には，いずれかの親が子の出生前に合衆国に居住していたこと以外特段の要件を規定していなかったが，親の一方が外国人で他方が合衆国市民である者については，その者が 18 歳になるまでに継続的に 5 年間合衆国に居住し，さらに 21 歳の誕生日から 6 ヶ月以内に忠誠の宣誓をしなければ，合衆国市民権は承継しない，と規定していた。

　1934 年法を修正した 1940 年国籍法は，忠誠の宣誓の要件を廃止したが，親の一方が外国人で他方が合衆国市民である者が承継した市民権を維持するためには，13 歳から 21 歳までの間の合計 5 年間合衆国あるいはその属領に居住することが求められるなどの条件を規定していた[110]。

　1940 年国籍法を改正した 1952 年移民国籍法は，親の一方が外国人で他方が合衆国市民である者が承継した市民権を維持するための要件として，23 歳

　　ヴァージン諸島（Virgin Islands）と定義し，属領については，Panama 運河領域を除く合衆国が主権的権利を行使するすべての領域を含む，と定義していた。

107　66 Stat. 163, 170, 171. 1952 年移民国籍法は，合衆国を，米国大陸，Alaska, Hawaii, Puerto Rico, Guam, ヴァージン諸島（Virgin Islands）と定義し，属領については，American Samoa と Swains Island と定義していた。

108　ただし先述の 1907 年法（34 Stat. 1228）は，海外で親からの承継によって合衆国市民権を取得し，米国外に居住し続ける者が，合衆国政府の外交的保護を受けるためには，18 歳になる際に，合衆国領事館において，合衆国に居住する意思があり，かつ合衆国市民であり続ける意思がある旨を登録し，さらに成人した際に米国に対する忠誠の宣誓をすることが求められる，としていた。

109　48 Stat. 797.

110　54 Stat. 1137, Sec. 201 (g).

までに米国に至り，少なくとも 5 年間実際に米国に居住すること[111]が求められる旨規定していた[112]。

1972 年連邦議会は，合衆国市民と外国人からなる両親からの承継による合衆国市民権の取得に係る居住要件を緩和する法律を制定した[113]。具体的に同法は，第一に 28 歳までに満たすことが求められる米国での居住を 5 年から 2 年に短縮し，第二にこの 2 年間のうち，合計で 60 日を超えない期間合衆国から離れる場合については当該居住要件を満たすことを妨げないこととし，第三に，外国人である方の親が，子が 18 歳になる前に合衆国に帰化した場合には，両親が市民である場合と同様の扱いとすることとする等の緩和をした。

その後 1978 年にこの要件は廃止された[114]。この 1978 年の法改正は，遡及効がなかったことから，1994 年，1978 年まで有効とされていた前述の居住要件を満たすことができないことを理由に合衆国市民とされなかった者について，忠誠の宣誓をすることで合衆国市民とする法が制定された[115]。

第 4 項　非嫡出子の承継による市民権の取得

非嫡出子による合衆国市民権の承継による取得に関しては，当該非嫡出子の親のうちの父，母いずれが合衆国市民であるか分けて考える必要がある。

第一に非嫡出子の父が合衆国市民の場合に関し，1855 年の法律は，合衆国市民を父とする海外で出生した者は合衆国市民とする，と規定していたが，合衆国市民である父の非嫡出子は，合衆国市民とは考えられていなかっ

111　66 Stat. 163, Sec. 301(b).

112　実際の居住（physically present）の要件は，1957 年の法改正で，合計 12ヶ月未満の合衆国からの出国は米国内の居住要件が満たされることを妨げない旨が規定され，緩和された。71 Stat. 639. 本法の正式名称は，An Act to amend the Immigration and Nationality Act, and for other purposes である。

113　86 Stat. 1289. 本法の正式名称は，An Act to amend section 301 of the Immigration and Nationality Act である。

114　92 Stat. 1046. 本法の正式名称は，An Act to repeal certain sections of title III of the Immigration and Nationality Act, and for other purposes である。

115　108 Stat. 4305. 本法の正式名称は，An Act to amend title III of the Immigration and Nationality Act to make changes in the laws relating to nationality and naturalization である。

た[116]。

1940 年国籍法は，未成年のうちに子が嫡出子とされる，あるいは裁判によって親子関係が確認された場合には，合衆国市民権が承継されることを規定した[117]。

1952 年移民国籍法では，1940 年国籍法の規定するうち，裁判による親子関係の確認の部分が削除され，子が 21 歳になるまでに認知された場合とされた[118]。

1986 年の法改正[119]では，以下の要件が満たされた場合，合衆国市民を父とする海外で出生した者は合衆国市民とされることとされた。

(i) 子と父の血縁関係が明確かつ説得的な証拠で示されること

(ii) 子の出生時に父が合衆国の市民権を保有していること

(iii) 死亡していない限り，子が 18 歳になるまで生活の支援をすることを父が書面で約束すること

(iv) 子が 18 歳未満の間，子が嫡出子とされるか，父が親であることを宣誓の下で作成される書面で認めるか，権限ある裁判所の審判により父子関係が認められること，のいずれが行われること

この法改正は，父による認知の要件を父が親であることを宣誓の下で作成される書面で認める等の条件に緩和する一方で，血縁関係の明確かつ説得的な証拠による証明と子に対する生活支援の約束の要件を追加した。

現行の移民国籍法[120]では，以下の要件が満たされることが求められている。

(1) 父子の血縁関係が，明白かつ説得的な証拠によって認められること。

(2) 子の出生時に父が米国籍を保有すること。

---

116 1920 年の法務長官の意見は，婚姻関係にない合衆国市民である父と外国人である母から非嫡出子として出生した子は，非嫡出子として合衆国市民権を承継しないが，当該出生後，父と母の婚姻や父の認知により子が嫡出子とされた場合には，承継により，当該出生によって市民権を取得する，とした（32 Op. Atty. Gen. 162 (1920).)。

117 54 Stat. 1137, Sec. 205. なおこの 1940 年国籍法の規定のうち，未成年のうちに子が嫡出子とされること，の部分は，1952 年の法律改正で，子が 21 歳になるまでに認知されることとする遡及規定がおかれた。

118 66 Stat. 163, Sec. 309.

119 100 Stat. 3655.

120 8 U. S. C. A. § 1409.

340　第7章　人統領就任資格と生来的合衆国市民権

⑶　子が18歳になるまで経済的援助を子に与えることに父が書面によっ
　　て同意すること。

⑷　子が18歳になるまでに以下のいずれかが満たされること。

　⒜　子がその住所あるいはDomicileを有する場所で嫡出と認められる
　　　こと

　⒝　父が子を，宣誓のもとで，認知すること

　⒞　管轄のある裁判所で父子関係が確認されること

　第二に非嫡出子の母が合衆国市民の場合に関し，1912年頃の米国政府の行
政実務においては，法上の規定はなかったが，合衆国市民を母とする海外で
出生した非嫡出子は，当該母が当該出生前に合衆国に居住したことがあるこ
とを条件に，合衆国市民権を取得していた。これは，法的な父が存在しない
下で母が単独の親（sole parent）と考えられ，当該母が父であったならば合衆
国市民権を承継させることができるとされていたことと，国籍のない子を発
生させないようにすることが考慮されたためであった[121]。しかしながら後
にこのような扱いは，1878年の制定法集第1993条は女性を通じて子に対し
合衆国市民権を承継させることを認めていない，とする司法長官の意見によ
り覆された[122・123]。

　1934年の法改正で，父の市民権の有無にかかわらず，女性合衆国市民は合
衆国市民権をその子に承継させることができるようになった[124]。

　1940年国籍法は，子が父の嫡出子とされる，あるいは裁判によって父と子
の親子関係が確認されるということがない場合で，非嫡出子の母が合衆国の
国籍（nationality）を有し当該母が合衆国あるいはその属領に居住したことが
ある場合には，合衆国の国籍を取得すると規定した[125]。1952年移民国籍法
は，1940年国籍法が規定していた，父と子の親子関係が存在しない場合とい

121　7 FAM. 1135. 3-2.

122　39 Op. Atty. Gen. 290（1939）; 39 Op. Atty. Gen. 397（1939）.

123　もっとも行政実務上は，母である合衆国市民が米国に居住したことがあれば，当該
　　母の子に合衆国市民権を付与していたようである。7 FAM 1135. 7-2.

124　48 Stat. 797. この際の改正は，明示的には規定されなかったが，女性合衆国市民の
　　婚外子についても，男性合衆国市民の子と同様に，合衆国市民権を承継すると解釈さ
　　れた。Charles Gordon, Stanley Mailman, Stephen Yale-Loehr, & Ronald Y. Wada,
　　IMMIGRATION LAW & PROCEDURE, § 93.4［2］［b］（2014）.

125　54 Stat. 1137, Sec. 205. なおこの規定は，遡及適用された。

う条件を削除し，また居住要件について，現実に合衆国あるいはその属領に居住したことがある場合（physically present in the United States or one of its outlying possessions）に変更し，さらに求められる居住期間を1年とした[126]。これは現行法においても同様に維持されている[127]。

第5項　養子縁組をした子の市民権

2000年10月30日大統領は，2000年の子の市民権に関する法律（The Child Citizenship Act of 2000）に署名し，同法は2001年2月27日から施行された[128]・[129]・[130]。

---

[126]　66 Stat. 163, Sec. 309(c).

[127]　8 U. S. C. A. § 1409(c).

[128]　114 Stat. 1631; 8 U. S. C. A. § 1431. 本法の正式名称は，An Act to amend the Immigration and Nationality Act to modify the provisions governing acquisition of citizenship by children born outside of the United States, and for other purposes である。

[129]　なお同法は，合衆国市民の親，あるいは当該親が死亡している場合には，当該合衆国市民である親の，市民である親あるいは市民である監護者（guardian）は，以下の条件が満たされる場合に，本文記載の8 U. S. C. A. § 1431の下で市民権を取得しない，合衆国外で出生した子に代わって帰化を申請することができ，法務長官は，市民であることの証明を発給することと規定した。8 U.S.C.A. § 1433.（なおこの部分は，2002年（116 Stat. 1837）と2008年（122 Stat. 186）に改正されている。）

(1)　少なくとも親の一人が，出生によるか帰化によるかにかかわらず，合衆国市民である，あるいは，当該子の出生時に死亡していた場合には合衆国市民であったこと

(2)　当該合衆国市民である親が，以下いずれかの条件を満たすこと

(A)　14歳になってからの2年を含む，少なくとも5年間合衆国あるいは属領の領域内に実際に（physically）所在している，あるいはすでに死亡している場合には，所在していたことがあること

(B)　その親が，14歳になってからの2年を含む，少なくとも5年間合衆国あるいは属領の領域内に実際に（physically）所在している，あるいはすでに死亡している場合には，所在していたことがあること

(3)　子が18歳未満であること

(4)　子が，合衆国外で，法的及び実際に，申請者の監護の下で居住し，あるいは当該市民である親が病気の場合，当該申請に反対しない者の監護の下で居住していること

(5)　当該子が一時的に合衆国において合法的に入国・所在しその合法的居住が維持されていること

342　第7章　大統領就任資格と生来的合衆国市民権

同法は，以下の条件を満たす，外国で出生し合衆国市民により養子縁組された，合衆国に永住する子に対して，合衆国市民権を付与することを規定した。

(i)　当該子の親のうちの少なくとも一人が，出生によるか帰化によるかにかかわらず，合衆国市民であること

(ii)　子が18歳未満であること

(iii)　当該子が，合衆国に永住するために合法的に入国し，法的かつ実際に（legal and physical）当該市民である親の保護監督のもとにあること

なおここでいう養子縁組については，移民国籍法で規定される一定の条件を満たすことが求められている[131]。

この規定は現行法第3編第2章の「帰化による市民権（国籍）の取得（Nationality through Naturalization）」に規定されているが，当該規定では，上記の要件を満たした者は自動的（automatically）に合衆国市民権を取得することとされており，ここでいう自動的とは，市民権取得のための申請をすることなく，ということを意味すると説明されている[132・133]。

130　本法との関係で，合衆国市民である母が合衆国外で出産した場合に関し，当該母が婚姻していない場合には，第309条(c)（8 U. S. C. A. § 1409(c)）により当該母に対して合衆国における1年間の居住が求められるのに対し，当該母が外国人の父と婚姻している場合には，8 U. S. C. A. § 1401(g)により14歳になってからの2年を含む5年間の合衆国における居住が求められることになることから，婚姻した合衆国市民である母が不利に扱われている，と指摘する文献がある。ただし同文献は，仮に世界の国籍法が，米国のそれと同様に未婚の父がその子に国籍・市民権を承継する際に一定の手続きを求める等の規定をしているとすると，未婚の母の子が国籍・市民権を取得しない場合が生じる可能性があり，無国籍者の発生を避ける観点から，未婚の母による子への市民権の承継の要件はより緩和される必要がある，としつつ，他方で，これが自分の子への合衆国市民権の承継を望む母に関し離婚のインセンティブとなる可能性がある等の問題があると指摘する。David A. Isaacson, *Correcting Anomalies in the United States Law of Citizenship by Decent*, 47 Ariz. L. Rev. 313, 353 (2005).

131　8 U. S. C. A. § 1101(b)(1).

132　http://www.uscis.gov/sites/default/files/files/pressrelease/ChildCitizenshipAct_120100.pdf

133　連邦憲法第2条第1節第5項との関係では，この規定により合衆国市民権を取得する者が，出生により合衆国市民権を取得する者とされるかが論点となる。この点に関しては，一般に米国においては出生前の養子縁組は認められないことから，この規定により合衆国市民権を取得した者は，出生により合衆国市民権を取得する者とは解

第5節　判例における出生による市民権の取得　**343**

第5節　判例における出生による市民権の取得

　出生よる市民権の取得に関係する主要な判決を時系列順に見ていくと，概要以下のとおりである[134]。

　されないとする文献がある。Duggin & Collins, at 106.

[134]　本文で紹介するほか 2011 年最高裁は，Ruben Flores-Villar v. United States 事件に関し，理由を示さずに連邦控訴裁判所の判決を認容する判断を示している（131 S. Ct. 2312 (2011)）。

　本件は，マリファナの輸入を原因として国外退去とされた被告人が，再度合衆国に不法に入国し逮捕・起訴された際に，自らが合衆国市民であることを主張した事例である。連邦地方裁判所判決及び控訴裁判所判決によれば，本件被告人（控訴人）は，1974 年に，当時 16 歳だった合衆国市民である父と非合衆国市民である母の子としてメキシコで出生した。1999 年に当該父は，当該父の母が合衆国市民であったことを理由に，合衆国市民としての証明を得ており，また被告人が出生後 2ヶ月の際に合衆国に被告人と共に移住した。

　被告人は，合衆国外で出生した合衆国市民の子による合衆国市民権の承継による取得に関する移民国籍法第 301 条(a)(7)（8 U.S.C.A. § 1401(a)(7)）及び第 309 条（8 U.S.C.A. § 1409）に基づいて自らが合衆国市民であることの証明を合衆国政府に求めたが，政府は，当該被告人の父が，子の出生当時の連邦法が定める，子の出生前に，14 歳になってからの 5 年を含む 10 年の合衆国における居住要件等を満たしていないとして被告人の請求を不認容とした。

　本件では，強制退去とされた被告人が，自らが合衆国市民であることを主張した。本書との関係では，被告人の父が 16 歳のときに被告人が出生していることから，被告人の出生までに連邦法が父に求める合衆国における居住要件を満たすことは不可能である一方で，母が合衆国市民の場合には，当該母が米国に一年居住したことがあることと出産の事実のみで，その子に合衆国市民権が継受されることから，このように子の親が父か母かによって異なる条件を連邦法が定めていることが父と母の性差に基づく差別にあたるか，また上記のように子の出生時の親の年齢によって親が居住要件を満たせなくなることが年齢による差別にあたるかが，連邦憲法修正第 5 条の Due Process 条項との関係で問題とされた。

　この点に関し本件連邦地方裁判所（497 F. Supp. 2d 1160 (2007).）は，本文で紹介する Nguyen 判決等に依拠しつつ，父と母の場合に関して異なる要件を設ける連邦法の規定は，合衆国市民である母が海外で出生した際に，その子が出生地国の国籍を取得しない状況を避けるために，母に関する条件を緩和しているものであること，父の居住に関する要件については，政府は外国で出生した子と合衆国の間に関係を構築するという重要な公益を有していること，を指摘し，被告人の要求を退けた。

344 第7章 大統領就任資格と生来的合衆国市民権

第1款 初期の判例

建国初期の時代に連邦最高裁は，以下の米国で出生した者の市民権に関する判例を出している[135]。

1804 年連邦最高裁は，Murray v. Schooner Charming Betsy 事件[136]の判決を下した。当該事件では，合衆国で出生し，幼児期にあった 1789 年から 1790 年の間にデンマークに移住し，そこで事実上の臣民の地位を得た者の米国市民権の有無が問題とされた。本件法廷意見は，当該個人を合衆国市民とした。

次に 1808 年連邦最高裁は，McIlavaine v. Cox's Lessee 事件[137]を扱った。本

また連邦控訴裁判所（533 F. 3d 990 (2008)）は，完全でない方法ではあるにせよ，子の無国籍を避けるための制度を定めることは必要であって，父と母で，子への市民権の承継に関し異なる要件を定めることは議会の権限の範囲にあるとした。なおこの点に関し控訴人から，無国籍を避けることは認められるとしても，父を不利に扱うことでそれを実現するのは認められない，とする主張がある点に対して裁判所は，Nguyen 判決に依拠しつつ，父と母に求められる合衆国における居住期間が異なることについては，子と父並びに国との関係を形成するという観点から正当化される，と判断した。

また控訴裁判所は，父にのみ，より長い合衆国における居住要件が課されている点に関しては，子と親並びに国との関係を形成するために合衆国に居住することを求めることは不合理でないこと，外国で母が出産した場合，その子は無国籍になるリスクがあることを考えると，このような要件は不合理ではないと判断した。

135 ここで紹介するほかに初期の合衆国判例集（United States Reports）に登載されている判例の中に，反逆罪との関係で市民であるか否かが問題された事例として，Pennsylvania 州最高裁判所が 1781 年に判示した，Respublica v. Chapman（1 U. S. 53 (1781)）事件判決がある。当該事件では，合衆国が独立を宣言する以前に，Pennsylvania 州で出生し，1776 年 12 月 26 日まで同州に居住し，英国に忠誠を継続して負っていた者が，反逆罪で処罰されるかが問題とされた。本件法廷意見は，独立宣言によって旧来の英国政府による統治が廃止され，人民が新たな政府を設立するために集結した際，多数派の判断により決定がなされる一方で，少数者は，個別に自身の財産を保持して他の国に移動する制限されることのない権利を有し，その移動のために必要な時間が認められ，多数派によって設立された政府に自由に同意することなしには，当該政府の統治権の下におかれることはない，とした（Id., at 58）。そして，Pennsylvania 州においては，1776 年 5 月 11 日から 1777 年 2 月 10 日までの間政府は存在せず，従うべき法も存在しなかったと解されることから，反逆罪は成立しないとした（Id., at 60）。本判決を紹介する文献として，Josh Blackman, *Original Citizenship*, 159 U. PA. L. REV. 95 (2010).

136 Murray v. Schooner Charming Betsy, 6 U. S. (2 Cranch.) 64 (1804).

137 McIlavaine v. Cox's Lessee, 8 U. S. (4 Cranch.) 209 (1808). なお本件は 1804 年に

件では，1775 年以前に，当時英国植民地であった New Jersey 州で出生しそこに 1777 年まで居住していたが，その後英国軍に加わり，英国市民として活動し収入を得ていた者が，米国市民として土地を相続できるかが問題とされた。本件法廷意見は，独立後同州が自らの州民を決める法を定めた際，当該個人は依然として同州に居住していたことから，当該個人は同州の州民となったと判断した[138]。

また 1830 年連邦最高裁は，Inglis v. The Trustees of the Sailor's Snug Harbour 事件[139]を扱った。本件では，米国独立以前に米国内で出生しその父と共に英国に移住した者がその祖父の財産の分与を請求するのに当たり，当該請求者の市民権の有無が問題とされた。本件法廷意見は，本件請求者は独立宣言前に出生していることから英国民であり，その後米国の独立後にその父と共に英国に移住したこと等からして，合衆国市民ではないと判示した[140]。

米国建国期に出されたこれらの判決において裁判所は，英国等外国と米国との間において，米国市民と外国の国民との分離をどのような法理に基づいて行うか，という問題に対峙し，個人が米国で出生したかと，米国独立の時期と個人の出生の時期の観点からこれを判断していたと解される[141]。

第 2 款　Lynch v. Clarke 事件

1844 年 New York 州において，その後出生による市民権取得に関する米国法に重要な影響を与えた Lynch v. Clarke 事件[142]の判決が下された。当該判決において裁判所は，New York 州に一時的に滞在していた英国人の両親の

　　も連邦最高裁で扱われている。McIlvaine v. Cox's Lessee, 6 U. S.（2 Cranch.）280（1804）.

138　*Id.,* at 212.

139　Inglis v. The Trustees of the Sailor's Snug Harbour, 28 U. S.（3 Pet.）99（1830）.

140　*Id.,* at 126-127.

141　この点に関連し，Inglis v. Trustees of Sailor's Snug Harbour（28 U. S.（3 Pet.）99（1830））判決において連邦最高裁は，1783 年 9 月 3 日にパリにおいて英国と米国は平和条約を締結していることから，英国はこの日を英国民と米国民を分ける基準日としているが，米国は，異なる事例もあるが，独立宣言の出された 1776 年 7 月 4 日を英国民と米国民を分ける日としている，と判断している。*Id.,* at 121. なおこの点に関し，Shanks v. Dupont（28 U. S.（3 Pet.）242（1830））判決は，1783 年を基準としている。

142　Lynch v. Clarke, 3 N. Y. Leg. Obs. 236（1 Sand. Ch. 583）（1844）.

下に出生した者を米国市民と認め，相続権が生じると判断した[143]。当該判決で本件法廷意見は，以下の点を述べた。

まず法廷意見は，米国建国以前それを構成していた 13 州では，英国 common law が適応されており，当該 common law では，基本的に，英国王（King of England）の領地で出生した者は，英国臣民（subjects of the Crown of England）とされていた，とし[144]，次に法廷意見は，その後独立宣言によって，米国建国時の 13 州においては，それぞれの州で出生した者が，各州の市民となった，とした[145]。

その後法廷意見は，連邦憲法が制定されたが，その際に当時の米国で適用されていた英国 common law 起源の法体系は否定されず，連邦憲法の規定と整合的である限りにおいては受容され，米国の法体系に組み込まれたとした上で[146]，連邦憲法には誰が市民であるかを定義する規定がないことから，この点は米国に受容された common law により決定されると連邦憲法は解されるべきであり[147]，結局，米国法においては，合衆国内で出生し，それに忠誠を負う者（every person born within the dominions and allegiance of the United States）は，その両親の状況にかかわりなく，生来的市民（natural born citizen）であるとした[148・149]。

初期の判決同様この判決においても，米国で出生したことを理由に米国市民であることを認めた。本判決は，この考え方が英国起源の common law にあり，それが米国に受容されたとしている。

第 3 款　Dred Scott v. Sandford 事件

1857 年連邦最高裁は Dred Scott v. Sandford 事件[150]について判断した。同

---

143 *Id.,* at 237, 259.

144 *Id.,* at 242.

145 *Id.,* at 244.

146 *Id.,* at 246.

147 *Id.*

148 *Id.,* at 250.

149 法廷意見は，1802 年法の関係で，当該法の規定するとおり，外国で合衆国市民の子として出生した者は common law 上の法理に基づいて合衆国市民とされる，としている。*Id.,* at 248.

150 60 U. S.（19 How.）393（1857）.

事件は，黒人奴隷の子として Virginia 州で出生した上告人が，その主人ととも
もに同人が移転・居住したことのある州等の州法によれば奴隷の所有が禁じ
られていたことから，これらの州法に基づき自由人になったとして，その地
位の確認を求めて訴訟を提起したものである。

当該事件法廷意見は，合衆国市民権は次の二つの分類に属する人びとによ
ってのみ共有されるとした[151]。

(i) 憲法制定時に，連邦政府の設立に参加した州において市民と認められ
合衆国政府という新たな政体の市民として認められた者の子孫として合
衆国で出生した白人

(ii) 米国の領域以外で出生し，米国に移民し帰化した者

また本件法廷意見は，各州は当該州において任意の個人を当該州の市民と
することはできるが，そのようにして州の市民となった個人を合衆国市民と
はできないとし，したがって Negro は，奴隷たる種族に属する者として，州
によっても，あるいは合衆国における出生に基づいても合衆国市民権は得ら
れないとした。さらに法廷意見は，ある州に自由人として居住している
Negro から出生した自由人であっても，市民権は得られないとした。

本判決は，米国市民権の起源を，憲法制定者の意思から推論した論理に基
づいて決定している点で，米国独自の考え方を示している。なお，本判決の
妥当性についてはその後多くの強い疑念が示され，南北戦争の起因の一つと
なった。

第4款　Slaughter-House 事件

南北戦争及び再建期後の 1872 年連邦最高裁は，Slaughter-House 事件[152]を
扱った。同事件は，Louisiana 州議会が制定した，家畜の集積並びに屠殺の業
務を独占的に行う会社の設立に関する法律が，連邦憲法修正第 13 条及び同
第 14 条に反するかどうかが問題とされた事件であった。

151　この部分の Dred Scott 事件の内容の要約は，米国議会図書館（Library of Con-
gress）議会調査局（Congressional Research Service）による 2014 年の THE CON-
STITUTION OF THE UNITED STATES OF AMERICA- ANALYSIS AND
INTERPRETATION （Centennial edition）の修正第 14 条第 1 節の解説部分による
（p1814）。

152　Slaughter-House Cases, 83 U. S. (16 Wall.) 36 (1872).

348　第7章　大統領就任資格と生来的合衆国市民権

修正第14条の市民権の定義に関し法廷意見は，この定義は，Dred Scott 判
決をくつがえし，州の市民権の有無にかかわらず，合衆国内で出生しその管
轄権の下にある者は，合衆国市民であるとしたものであり，その主要な目的
は黒人に市民権を与えることであることは明白である[153]とした。また同条
の「管轄権の下にある」という文言について法廷意見は，合衆国で出生した
者のうち，外交官，領事官，もしくは外国の市民あるいは臣民である者の子
を除くことを意図したものである[154]とした。

本判決は，傍論ではあるが，修正第14条制定後初めて，同条の規定する出
生による市民権の取得に関する部分の解釈を示したものであった。

第5款　Minor v. Happersett 事件

1874年連邦最高裁は Minor v. Happersett 事件[155]を扱った。同事件は，Mis-
souri 州市民でもある，合衆国で出生した白人女性合衆国市民が，大統領選挙，
連邦議会選挙を含む統一選挙（general election）において投票するために有権
者登録をしようとしたところ，同人が男性合衆国市民でないことを理由に拒
否されたことに対して訴訟を提起したものであった。本件法廷意見は，本件
の前提問題として原告の市民権の有無について検討した部分において，生来
的市民に関し連邦憲法は，出生により合衆国市民である者（natural-born
citizens）の文言を使いつつもその定義をしていないことから，それを確認す
る必要があるが，この点について憲法起草者が了知していた common law に
よれば，この国の市民の両親から出生した子はすべて市民となることは疑わ
れておらず，これらの子は native の生来的市民と解されてきたとした[156]。

この判決において最高裁は，傍論であるが，合衆国市民を両親として出生
した子は，連邦憲法第2条第1節第5項の意味において，出生により合衆国
市民であることを明示した。

153　*Id.,* at 73.

154　*Id.*

155　88 U. S. (21 Wall.) 162 (1874).

156　*Id.,* at 167. ここで法廷意見は，疑念をさしはさむ余地はあり，本件との関係ではこ
の問題について判断する必要はないが，有識者によっては両親の市民権に関係なく，
米国の管轄権内で出生したことで子は市民となるとしているものもある，としている。

第5節　判例における出生による市民権の取得　349

第6款　Elk v. Wilkins 事件

1884 年最高裁は Elk v. Wilkins 事件[157]を扱った。本件は，Indian 部族の構成員として合衆国で出生したが，その属するところであった部族と関係を有せず，完全に合衆国の管轄の下にあったと主張する原告が，修正第 14 条の下で同人は市民とされその特権または免除を享有するにもかかわらず，市議会議員選挙において選挙人としての登録を拒否された，として訴訟を提起したものである。

本件法廷意見は，原告が修正第 14 条第 1 節の意味での合衆国市民であるかどうかが問題であるとした上で，この点につき概要以下の通り判示し，原告を市民と認めず，原告の主張を退けた。

まず法廷意見は，Indian 部族は異なる政治的共同体を構成しており，その構成員は直接の忠誠（allegiance）をその部族に負っており，合衆国人民（people of the UnitedStates）の一部を構成するものとはされてこなかった[158]ということを指摘した。

次に法廷意見は，Indian 部族の構成員の地位は，合衆国の何らかの行為あるいは同意なく，その意思により放棄されることはできず，Indian 部族の構成員は，条約により市民とされる，あるいは帰化するのでなくしては，合衆国市民とはなれない[159]とした。

また法廷意見は，修正第 14 条は，完全に合衆国の政治的管轄権の下にあり，直接の忠誠を合衆国に負うことを求めており，出生の時にそうでない者は，帰化によらない限り，合衆国市民とはなれない[160]とした。そして，合衆国の領域で出生し，その忠誠をその属する部族に負う Indian は，修正第 14 条の意味での「合衆国で出生し，その管轄権の下にある」ということにならないのは，同条第 2 節の規定において，課税されない Indian が下院議員配分に際しての人口に含まれないとされていることからもいえる[161]と指摘した。なお法廷意見はこの指摘に併せて，Indian は，1866 年市民的権利法[162]の合衆国

---

[157]　Elk v. Wilkins, 112U. S. 94（1884）.

[158]　*Id.*, at 99.

[159]　*Id.*, at 100.

[160]　*Id.*, at 102.

[161]　*Id*.

[162]　14 Stat. 27; Rev. Stat. 1992.

350 第7章 大統領就任資格と生来的合衆国市民権

市民権保持者に関する規定においても，そこから除かれている[163]ということ
も指摘した。

　この判決において最高裁は，修正第14条に規定される「管轄権の下にある」
の文言の意義に関し，合衆国に忠誠を負うことを意味する，とした。本判決
のいう「忠誠を負うこと」の意義は，合衆国で出生した子全てが当該出生に
より合衆国市民権を取得するかという点との関係で議論を生じさせたが，次
款で紹介する Wong Kim Ark 判決は，この要件を求めなかった。

第7款　United States v. Wong Kim Ark 事件

　1898年連邦最高裁は，United States v. Wong Kim Ark 事件[164]の判決を下し
た。同事件は，米国に Domicile を有する中国系中国臣民の子として米国で出
生した者が，中国人排除法に基づき米国への帰来を拒否されたことに対して
訴訟を提起したものであった。本件法廷意見は，米国で出生しこの国の管轄
権に服する者は，米国における生来的市民（natural born citizen）であるとし
た。

　まず法廷意見は，本件で問題となる修正第14条の市民権の定義は，憲法の
制定者がそれに従った common law の用語法に従って解釈されるべきとし，
これによれば，外国の大使の子と敵軍による領域占領下で出生した当該敵軍
国人の子を除いては，その親が外国人であるかどうかにかかわらず，国の領
域内で出生した者は，それにより，生来的臣民とされた[165]とした[166]。また法
廷意見は，これまでに制定されてきた帰化法においては，合衆国内に居住し
ている外国人は「合衆国の管轄権の下にある」者として扱われ，国外に居住
する合衆国市民は「合衆国の管轄権の外にある」者として扱われてきた[167]と
いうことを指摘している[168]。

163　112 U. S. 94, 103.

164　United States v. Wong Kim Ark, 169 U. S. 649（1898）.

165　Id., at 657.

166　なお法廷意見は，この common law の原則は，英国統治時代から独立後を通じて，
　　　合衆国においても適用されているとしている。Id., at 658.

167　Id., at 687.

168　この点に関し，外交官等以外の者に管轄権からの除外に関する例外の適用を認め
　　　ない理由について法廷意見は，Schooner Exchange v. McFaddon, 11 U. S.（7 Cranch.）
　　　116（1812）を引用し，商用等である国の私人が他国において自由に当該国の居住者と

第5節　判例における出生による市民権の取得　351

　さらに法廷意見は，修正第 14 条は合衆国内で生じる事実に基づく合衆国
市民権の取得について規定したものであり[169]，米国の領域において伝統的な
出生による市民権の取得に関する法理が適用されることを確認し，外国政府
の関係者あるいは外交官の子である場合，公船における出生の場合，占領の
対象となっている地における出生の場合，部族に対する忠誠を負っているネ
イティブ・アメリカンの場合を除いては，この地に居住する外国人の子の場
合も含めて，出生により市民権を取得することを定めたものである，とし
た[170・171]。

　そして法廷意見は，1866 年市民的権利法並びに修正第 14 条の制定過程を
検討しても，中国臣民から出生した子は合衆国市民になると解されていたと
理解できる[172]とし，また，議会の制定した中国人排除法は，修正第 14 条の意
義を変更するものではなく，むしろ同法は修正第 14 条の意義に沿って解釈
されなくてはならず[173]，出生により取得される市民権は，憲法の定める条件
の下での出生によって取得されるものであり，議会による「帰化」[174]は要し
ない[175]とした。なおこの点に関連して法廷意見は，修正第 14 条は連邦議会
の帰化に関する権限を変更するものではないが，同時に，憲法により承認さ
れた市民権に関する出生の効果を制限する権限を与えるものでもない[176]と

　　交流したり，あるいは商用船が貿易のために他国に入港した場合，それを受け入れる
　　国の社会では，不都合あるいは危険が生じ，また法の抵触が生じることから，そのよ
　　うに他国を訪問する個人等は，一時的な忠誠を負うことが必要である，としている。
　　そして法廷意見は，このような私人等が訪問先国でその法に従うことに対し，当該私
　　人等の国は，反対する理由もないことから，当該私人等を訪問先の国の管轄権から適
　　用除外する必要はない，としている。*Id.,* at 686.

169　*Id.,* at 688.

170　*Id.,* at 693.

171　法廷意見は，修正第 14 条は，海外で合衆国市民の下に出生した子の市民権の取得
　　に関しては触れておらず，この件は，帰化に関する統一的な規則を定める連邦議会の
　　権限により扱うこととされた，と述べている。*Id.,* at 689.

172　*Id.,* at 697.

173　*Id.,* at 699.

174　ここでいう帰化に関し法廷意見は，外国人が市民権を取得する手続の場合のみな
　　らず，領土の併合，外国で出生した合衆国市民の子に対しての市民権の付与の場合も
　　含めて解している。*Id.,* at 703.

175　*Id.,* at 702.

176　*Id.,* at 703.

している。

これに対し Harlan 裁判官の同意を得た Fuller 裁判官が反対意見を述べた。まず同意見は，合衆国市民ではなく，その本国の法及び米国法によっても市民となることのできない両親の子が，英国 common law に基づく連邦憲法修正第 14 条及び連邦法の解釈によって出生とともに米国市民となる，とするのが法廷意見であるが，このように解釈すると，修正第 14 条発効後外国で合衆国市民の下に出生した子は，成人し帰化することなしには，外国人となり，他方で，米国で出生した外国人の子は，外国人の国外退去を命じる権限の対象外とされることになる，と指摘した[177]。

次に同意見は，子の市民権の属性は，子が嫡出であるならば父，子が非嫡出ならば母のように，親の市民権によって決定されるというのが一般的な法理であること，また憲法起草者は，個人の属性に基づくローマ法の理論と，領域の法理に基づく封建法の理論の差異を理解していたと考えられるが，このうちの後者を憲法起草者が志向していたことを示すものはなにもなく，むしろそれを覆そうとしていたと考えられることを指摘した[178・179]。

さらに同意見は，海外で合衆国市民の親の下に出生した子は常に生来的市民（natural-born citizen）であり，そうでなければ，修正第 14 条制定後出生したそのような者は，帰化することが求められることになる，と指摘した[180]。

また同意見は，憲法制定過程の状況を勘案すると，米国内で出生した子が，状況にかかわらず生来的市民（natural-born citizen）となると解するのは困難であり，外国人の子が，たとえ偶然米国を通過する途中であったとしても，その際に出生したならば米国大統領になることが可能であるのに対し，米国市民の子が，海外で出生した場合にそうでないことは受け入れられない，としている[181]。

なお同意見は，修正第 14 条第 1 節と同趣旨の内容を規定した 1866 年市民

177　*Id.*, at 705.

178　*Id.*, at 709.

179　この後の部分で同意見は，修正第 14 条は，英国の common law 上の法理をそのまま米国に適用しようとしたのか，また，同修正条項は，連邦政府の条約締結権限や，帰化に関する統一的な法を制定する権限を制限することを意図したものなのか，という疑問を呈している。*Id.*, at 729.

180　*Id.*, at 714.

181　*Id.* at 715.

第5節　判例における出生による市民権の取得　**353**

的権利法（The Civil Right Act）[182]の規定に含まれる"not subject to any foreign power"の文言は，個人について述べていることから，単に領域的管轄に関するものではなく，当該規定は，米国の領域管轄に服しながら，外国政府の政治的管轄に服する場合を認めており，つまり，当該規定は，合衆国で出生し，外国の権力に忠誠を負わない者を，米国市民とするものである，としている[183]。そして同意見は，この文言は，米国の地理的領域に単に所在するだけの親から出生した子の市民権の獲得を阻止するために入れられたものである，と主張した[184]。

　また 1866 年市民的権利法の後に制定された修正第 14 条に関し同意見は，Slaughter-House 事件の法廷意見を参照し，同修正条項の"subject to the jurisdiction thereof"は，米国内で出生した公使，領事とともに，外国の市民もしくは臣民を除くことを意図したものである，と主張している[185]。さらに同意見は，修正第 14 条は，修正第 13 条により，奴隷制度から開放された，米国で出生し，しかし外国の権力の下にいなかった者を市民とすること意図したものであった，としている[186]。

　以上のほか同意見は，当時の中国の法律によれば，中国人は中国に対する忠誠を放棄した場合には処罰されるとされており，修正第 14 条はこのような状況にある者に市民権を付与することを認めることを意図したものではないとし[187]，また，1868 年及び 1898 年の米国と中国の間の条約を参照し，米国・中国の両国とも，それぞれの同意なしにその国民が忠誠を変更することを意図していないと考えられる，とした[188]。

　現在においても本判決は，米国における出生による合衆国市民権の取得に

182　14 stat.27. 本法の正式名称は An Act to protect all Persons in the United States in their Civil Rights, and furnish the Means of their Vindication である。

183　169 U. S. 649, 720. なお同意見は，親の滞在により生じる子の忠誠は，一時忠誠（local allegiance）でなく，従ってこの子は，二重の忠誠を負うことはない，としている。

184　*Id.,* at 721.

185　*Id.,* at 723. この点に続いて同意見は，Slaughter-House 事件判決の法廷意見は，外国の市民もしくは臣民の子は，他に忠誠を負い，米国においては一時的忠誠を負うのみであるので，米国の管轄に属するとは解していなかった，としている。

186　*Id.,* at 727.

187　*Id.,* at 726.

188　*Id.,* at 730.

354 第7章 大統領就任資格と生来的合衆国市民権

関するリーディングケースとされている。

第8款 Weedin v. Chin Bow 事件

1926年連邦最高裁は，Weedin v. Chin Bow 事件を扱った[189]。同事件では，前述の制定法集第1993条が，父が合衆国に居住したことがない場合には，その子に市民たる権利（rights of citizenship）が承継されることはないとしていることに関し，米国に居住したことのない合衆国市民の子について，合衆国市民である父がいつの時点で合衆国に居住したことがなければならないかが問題とされた。本件法廷意見は，合衆国市民である父がその子に合衆国市民権を継承させるためには，父が死亡するまでのいずれかの時点で合衆国に居住したことがあればよいということではなく，当該子の出生までに合衆国に居住したことがなければならない，と判示した。

本判決は，海外で合衆国市民の子として出生した子が合衆国市民権を承継する際の，親に関する条件についての判例の一例となった。

第9款 Perkins v. Elg 事件

1939年連邦最高裁は Perkins v. Elg 事件[190]を扱った。本件では New York において，父が米国に帰化した，スウェーデン人の両親から出生した者が，出生後，スウェーデン人の母と共にスウェーデンに戻りスウェーデンで居住し，その後父もスウェーデンに戻り，当該父はスウェーデンで米国領事の前で，自発的に，スウェーデンの国籍を維持し米国市民権を放棄する旨の宣言を行った場合に，その者が合衆国市民であるか，が問題とされた[191]。

本件法廷意見は，この者は，米国での出生により米国市民権を取得していることから，米国とスウェーデンの条約[192]やスウェーデン法によってスウェーデン国籍を取得している可能性はあるが，それにもかかわらず米国市民で

189　274 U. S. 657（1926）.

190　307 U. S. 325（1939）.

191　具体的には，米国旅券の発給を受け，それを保持して米国市民として米国に入国した後に，強制退去の命令を受けたことが問題となった。

192　当該条約第1条は，スウェーデンに継続して少なくとも5年以上居住し，当該居住期間に完全にスウェーデン国民と法的になった者は，合衆国政府により，スウェーデン国民と見なされる，と規定していた。ただし，同条約は，この者が再度合衆国に帰来した場合に，合衆国市民権を回復させることに関する規定も定めていた。

第5節　判例における出生による市民権の取得　355

ある，と判示した[193]。

　なお本件法廷意見は，さらに一般的に，米国で出生した子が，未成年の時にその親に伴ってその親の出身国に帰来し，そこで当該親の出身国に対する忠誠を親が再度回復させたとしても，それによって子は市民権を失うことはない，と述べている[194]。

　本件は，米国で出生した子の市民権に対する親の市民権・国籍の変動の影響に関する最高裁の判断の例である。

第10款　Montana v. Kennedy 事件

　1961 年連邦最高裁は Montana v. Kennedy 事件[195]を扱った。本件では，前述の制定法集第 1993 条が，合衆国の管轄権の外で合衆国市民である父の子として出生した者は合衆国市民とするとしていたのに対し，同第 2172 条が，合衆国市民である者，あるいは過去に合衆国市民であったことがある者の子[196]は，合衆国の領域あるいは管轄の外で出生したとしても，合衆国市民とすると規定しており，前者では男性市民の子のみが合衆国市民権を承継するとされていたのに対して，後者では性別にかかわりなく，合衆国市民の子が合衆国市民権を承継するとしていた点が主に問題とされた。生来的合衆国市民である母とイタリア人の父の子として，1906 年にイタリアで出生し同年米国に移転し，米国に継続して居住していたが，帰化はしていなかった原告は，国外退去とされた際に，自らが合衆国市民であることを主張して，本件を提起した。

　本件法廷意見は，原告が出生した 1906 年当時，海外で出生した合衆国市民の子に合衆国市民権が承継されるのは，制定法集第 1993 条が規定するように，父が合衆国市民である場合とされていたことから，原告は合衆国市民とはされない，と判示した[197]・[198]。

---

[193]　307 U. S. 325, 329.

[194]　*Id*.

[195]　366 U. S. 308 (1961).

[196]　第 2172 条の原文では，children of persons who now are, or have been, citizens of the United States"とされ，persons, citizens 両方とも複数形とされていることから，本件において政府側は，本条は父母ともに合衆国市民だった場合に適用される趣旨である，と主張していた。*Id.,* at 310-311.

[197]　*Id.,* at 312.

356　第7章　大統領就任資格と生来的合衆国市民権

本件は，海外で出生した合衆国市民の子に対する合衆国市民権の承継に関する判例のひとつである。本判決は，子の出生当時の法によれば，女性合衆国市民の子に合衆国市民権は承継しないとしている。前述のとおり，本件判決当時の法によれば，一定の条件の下で女性合衆国市民の子にも合衆国市民権は承継するとされていたが，市民権の決定に適用される法は，原則として子の出生の際に有効な法であることから，このような判決が出されることになった点に留意が必要である。

第11款　Rogers v. Bellei 事件

1971 年連邦最高裁は Rogers v. Bellei 事件を扱った[199]。本件では，合衆国もしくはその属領の領域外で出生した者で，両親のいずれかが外国人で他方の親が合衆国市民である場合，当該市民である親が，当該子の出生前に，14 歳になった後の 5 年を含む，少なくとも合計 10 年間の期間実際に合衆国もしくはその属領に居住していた者は，出生による合衆国市民とするが[200]，23 歳になる前に米国に帰来し，実際に継続的に少なくとも 5 年間米国に所在しなければ市民権を失う[201]，とする規定の適用が問題とされた。

イタリア国民の父と米国市民の母からなる両親からイタリアで出生し居住していた原告は，イタリア国籍と米国籍の二重国籍者で，米国国務省から前述法律上の居住要件に関し警告を受けていたが，この要件を充足しなかったので，その市民権を喪失したとされた。これに対して前述の規定が修正第 14 条等を侵害し違憲であると原告が主張し，訴訟を提起したのが本件である。

修正第 14 条の適用に関し本件法廷意見は，原告は外国で出生しており，合衆国で出生も帰化もしておらず，またこれまでに合衆国の管轄権に服したこ

198　本文で紹介した論点の他に本件原告は，1907 年に制定された法（34 Stat. 1228.）の第 5 条が，海外で出生した合衆国市民の子は，当該合衆国市民が市民権を回復した際には，合衆国市民とみなされる，と規定していたことに基づいて，市民とみなされると主張した。この点に関し法廷意見は，合衆国市民である原告の母は，イタリア人である父との婚姻によってはその市民権を失っていないことから，市民権を回復もしておらず，したがってこの点でも原告は市民とはされない，と判示した。Id., at 314.

199　401 U. S. 815 (1971). 本件の概要について，拙稿「連邦議会と市民権 – 市民権喪失との関連で」筑波法政 24 号（1998）167 頁参照。

200　66 Stat. 163, 236, Sec. 301 (a) (7).

201　66 Stat. 163, 236, Sec. 301 (b).

第5節　判例における出生による市民権の取得　　357

ともないことから，修正第14条第1文でいうところの市民ではないとした[202]。そして法廷意見は，原告の主張に関し，修正第14条第1文以外の憲法の関連規定による制限内での制定法に関する議会の権限の有無とその行使の適正さに関して判断されることが必要になるとし[203]，前者については，議会がその権限を有するとし[204]，後者については，二重国籍に関する問題解決の必要性を勘案すると，当該権限の行使が，不合理，恣意的，もしくは不公正とはいえない，と判示した[205]。本判決は修正第14条の規定する生来的合衆国市民と，それ以外の場合を区別したことから，本判決によれば，海外で合衆国市民の子として出生した子の市民権は，連邦議会の規定する帰化に関する法に基づいて取得される合衆国市民権と分類されるのではないか，とも考えられることになった。

　なおこの点に関し本件では Brennan 判事と Black 判事が反対意見を述べた。Brennan 判事の反対意見は，合衆国の領域内で帰化した市民と外国で帰化した市民との間に差異を設けることには合理的理由がないことから，修正第14条の「合衆国において出生し，または帰化し」の文言は，帰化時の所在に関係なく，議会の定める法律に従って帰化した者すべてを含むと解されるべき，とするものであった[206]。

　Black 判事は，修正第14条の「帰化」の文言について，憲法的意味（constitutional sense）で用いる場合には，米国における出生による場合以外のすべての場合の米国市民権の取得を意味するとした[207]。

第12款　Miller v. Albright 事件

　1998年連邦最高裁は Miller v. Albright 事件を扱った[208]。本件原告は，フィリピン人の母から1970年に出生しフィリピンで育ち，1991年国務省に合衆国市民としての登録を求めたところ，1992年に国務省は登録を拒否した。その後1992年に Texas 州に住む，当該フィリピン人の母が妊娠した当時合衆

202　401 U. S. 815, 827.

203　*Id.*, at 828.

204　*Id.*, at 830.

205　*Id.*, at 833.

206　*Id.*, at 845.

207　*Id.*, at 841.

208　Lorelyn Penero Miller, Petitioner v. Madelene K. Albright, 523 U. S. 420 (1998).

358 第7章 大統領就任資格と生来的合衆国市民権

国空軍に所属しフィリピンで勤務していた，当該フィリピン人の母と婚姻関係にあったことのない合衆国市民が，原告との親子関係の確認を求めてTexas 州の裁判所に訴えを提起し，裁判所は，当該合衆国市民が原告の生物学的並びに法律上の親であることを認めた。

これを受けて本件原告は，再度合衆国市民としての登録を求めたが，海外で非嫡出子として合衆国市民の父と外国人の母の間に生まれた者は合衆国市民との親子関係の証明を18歳になるまでに取得しなければならないとする移民国籍法の規定する条件を満たしていないとして登録を拒否された。当該登録の拒否に関し原告は，原告が合衆国市民であることの確認を求め，また，親子関係の証明に関し父が合衆国市民である場合と，母が合衆国市民である場合で異なる条件を定める移民国籍法[209・210]は，平等の保護を求める合衆国

---

209 移民国籍法第 309 条（8 U. S. C. A. § 1409(c)）は，女性合衆国市民の非嫡出子として出生した子について，当該女性合衆国市民が合衆国に 1 年以上居住したことがあることを条件として，出生により合衆国市民権を取得するとしていたのに対し，男性合衆国市民の非嫡出子として出生した子について移民国籍法第 309 条(a)（8 U. S. C. A. § 1409(a)）は，父が合衆国に，14 歳以上になってからの 2 年以上を含む，合計で 5 年以上の居住を要件とする（8 U. S. C. A. § 1401(g)）ほかに，以下の要件を満たすことを求めていた。

(1) 父子の血縁関係が，明白かつ説得的な証拠によって認められること

(2) 子の出生時に父が米国籍を保有すること

(3) 子が 18 歳になるまで経済的援助を子に与えることに父が書面によって同意すること

(4) 子が 18 歳になるまでに以下のいずれかが満たされること

   (a) 子がその住所あるいは Domicile を有する場所で嫡出と認められること

   (b) 父が子を，宣誓のもとで，認知すること

   (c) 管轄ある裁判所で父子関係が確認されること

   原告はこれらの要件のうち，合衆国市民が母の場合(2)以外が課されていないことを争った。これに対し法廷意見は，(1)については政府側も争っていないことから扱わないとし，(3)については，当該要件が規定された 1986 年以前に原告が出生していることから，当該要件が原告の場合に課されるかどうかは明確でなく，また原告が合衆国市民としての登録を拒否された理由は上記のうち(4)であることから，(3)は関係しないとした。そして結局法廷意見は，(4)について判断した。Id., at 431-432.

210 この点に関連して Breyer 裁判官は，その反対意見の中で移民国籍法第 309 条(a)(3)（8 U. S. C. A. § 1409(a)(3)）が，子が 18 歳になるまで生活支援をすることを書面で確約することを父に求めている点に関し，当該要件が女性合衆国市民には課されていないことから，この部分も違憲である旨を述べている。523 U. S. 420, 487.

市民である父の権利を侵害するものであるとして訴えを提起した。

本件法廷意見は，合衆国市民である母の非嫡出子と合衆国市民である父の非嫡出子に関し異なる扱いをしている移民国籍法を合憲とし，その理由として次の点を指摘した。

第一に法廷意見は，非嫡出子の親が女性市民である場合，当該女性市民は，妊娠中絶の代わりに出産を決意し，実際に出産しなくてはならず，移民国籍法第309条（8 U. S. C. A. § 1409 (c)）はその選択に対して子に市民権を与える形で報いるものである[211]とした。

これに続けて法廷意見は，非嫡出子の親が男性市民である場合，市民権を子に継受する自らの権利を確保するために当該市民は，出産の決断をする等の必要はなく，移民国籍法第309条 (a) (4)（8 U. S. C. A. § 1409 (a) (4)）が求めているのは子が18歳になる前に宣誓のもとで書面により，認知することを意図し，またはそれができること，あるいは権限ある裁判所でそれが確認されることだけであると指摘した。そして法廷意見は，非嫡出子の親である市民が子に市民権を承継する際に課される要件は，当該市民が女性であるときの方が，男性であるときよりも，厳しいものであることは明白であるとし，本件で問題とされている規定が男性市民にとってより厳酷であるとする主張は認められない[212]とした。

第二に法廷意見は，女性市民がその子との血縁関係を証明するのには期限の定めがないのに対して，男性市民については子が18歳になるまでにそれをしなくてはならないとされていることについては，女性市民とその子の血縁関係は，出生時すでに形成されるのに対して，男性市民の場合には出生後子が18歳になるまでのいつでも認められることができるということである[213]とその理解を示した。

さらに法廷意見は，第309条 (a) (4)（8 U. S. C. A. § 1409 (a) (4)）は，非嫡出子のうちで出生により市民権を取得する者が，米国市民と実際に血縁関係を有することを保証するためのものである[214]とし，市民権の保持を主張する者と，その親である市民の生物学的関係を信頼できる証明により保証するこ

---

[211]　523 U. S. 420, 433.

[212]　*Id.*, at 434.

[213]　*Id.*, at 435.

[214]　*Id.*

とは，国の重要な目的であって，また，この点について男性と女性が異なる状況にあることは否定できず，さらに父子関係について子が18歳になるまでにそれが確認されなくてはならないとされているのは，母子関係についてはすでに明らかであることと同等のことを明らかにするためのものである[215]とした。

なお法廷意見は，第1401条(a)(1)は親子関係が明白かつ説得的な証拠により証明されることを求めており，また，DNAテストが普及したことから，第309条(a)(4)(8 U.S.C.A. § 1409(a)(4))規定の行為が求められているのは不合理であるとの主張に対しては，第309条(a)(1)(8 U.S.C.A. § 1409(a)(1))は特にDNAテストを求めているものではなく，また，DNAテストの方が関係者に負担が少ないとはいえないと思われ，さらにDNAテストの普及にもかかわらず，公式の法律上所定の行為により親子関係の確認を議会が求めるのは認められることであることから，このような主張は認められない[216]とした。

第四に法廷意見は，第309条(a)(4)(8 U.S.C.A. § 1409(a)(4))は，合衆国市民の親とその子の間に健全な関係を醸成することと，外国で出生した子と米国の関係を形成することも目的とするものであるとした。そしてこの点に関し法廷意見は，男性市民と異なり女性市民はその子の存在について了知しており，子の養育を行うことも多く，従って子は市民である母と一定の関係を維持し，また状況によっては母と共に米国に帰来することもある一方で，男性市民は，妊娠から出産まで期間があることから，その子の存在を知らず，子もまた父が誰なのかを了知していない可能性があることを指摘した。そしてこの点を受けて法廷意見は，本件規定は，血縁関係を確認する手続を定め，

---

215 *Id.,* at 436. この点について法廷意見は次の点を指摘している。
- 母子関係は出生と共に明白で，典型的には病院の記録あるいは出生証明書で明らかになる一方で，未婚の父と子の間の父子関係は通常，未公開で公式に記録されることもない。
- 仮に，親である市民の性別に関係なくこの出生後30日以内に公式の記録を残すことを求めたとするならば，形式上は「性別中立的な」規制ということになるが，実際には，女性市民にはそれは必要ないものである一方で，男性市民には不利な規制をかけるということになる。

216 *Id.,* at 437. この点について法廷意見は，連邦議会はこの点を見直すことは可能であるが，憲法はそれを求めてはいない，としている。

第5節　判例における出生による市民権の取得　**361**

個人的な関係を持つ機会を求めるものであるとし，さらに海外に多くの軍人が駐留していることを考慮すると，この点は国の重大な利益に関することである[217]とした。

また法廷意見は，第309条(a)(4)(8 U. S. C. A. § 1409(a)(4))は母に比べて父は子と関係を維持する機会が少ない，という争い得ない想定に基づいているとし，さらにこの点に関し，この考え方は両性のそれぞれに属する者についての伝統的な理解の副産物ではなく，外国で出生した子に対して市民権を与える際の男女の能力に関する規範の相違は，男女間の生物学的な相違によって基礎づけられている[218]とした。

以上の本件判決に対しては，いくつかの同意意見と反対意見が出された[219]。

このうちまず Scalia 裁判官の同意意見は，連邦最高裁は，連邦議会が示した判断に基づくことなしに市民権を付与することはできず[220]，また，本件で問題とされた第309条(a)(4)(8 U. S. C. A. § 1409(a)(4))の規定を違憲無効としてそれ以外の残余の部分を適用するということは，他の場合にはできるが，連邦議会が完全な権限（plenary power）を有する市民権の付与については認められない[221]とするものであった。

次に Ginsburg 裁判官の反対意見は，第309条(a)(4)(8 U. S. C. A. § 1409(a)(4))は親が子に市民権を承継する能力について性別に基づき違憲に区別している[222]とするものであった。

具体的に同裁判官はまず，第309条(a)(4)(8 U. S. C. A. § 1409(a)(4))は，母が非嫡出子について責務を負っており，父はそうではないという通俗的な一般的理解に依拠するものである[223]ということを指摘した。

---

217 *Id.*, at 438. この点について法廷意見は，本件事例においては，父子の間で連絡があったということは確認できていない，ということを指摘している。

218 *Id.*, at 444.

219 ここで見るほかに O'Connor 裁判官の同意意見がある。同裁判官の意見は，本件上告人は本件で問題とされている非嫡出子に市民権を承継する権利の主張については第三者であり，その権利を援用できない，とする趣旨のものであった。

220 *Id.*, at 453, 456.

221 *Id.*, at 457.

222 *Id.*, at 460.

223 *Id.*

362 第7章 大統領就任資格と生来的合衆国市民権

また同裁判官は，海外で非嫡出子を出産した母である合衆国市民の方が海外で出生した非嫡出子の父である合衆国市民よりも，実際に子を育てることが多い，ということには疑義があり，また仮にそうであっても，これにより子を育てる責任を負担した，あるいはそれを逃れた，男性合衆国市民と女性合衆国市民の間で区別することは認められない[224]と主張した。さらに同裁判官は，第309条(a)(4)(8 U.S.C.A. § 1409(a)(4))の目的である，合衆国との密接な紐帯を期待できるということが性別によることなく達成できるならば性別に依拠した区別は認められない[225]としている。

Breyer裁判官の反対意見は，第309条(a)(4)(8 U.S.C.A. § 1409(a)(4))は，米国人の母よりも米国人の父が市民権を非嫡出子に承継することをより困難にしているという点で，性別に基づく差別を課しており違憲であるとするものであった[226]。

具体的に同裁判官はまず，第309条(a)(4)(8 U.S.C.A. § 1409(a)(4))は性別に基づく区別をしているが，このような場合，当該区別は重要な政府の目的の達成に係わるものでなくてはならず，またその際に用いられている性別に基づく区別という手段はその目的の達成に実体的に関係していなくてはならないが，この規定はこの基準に沿うものではない[227]と指摘した[228]。

次に同裁判官は，本件法廷意見は第309条(a)(4)(8 U.S.C.A. § 1409(a)(4))の目的を，市民であると主張する子と市民である親との生物学的な関係を信頼できる証拠によって証明すること，健全な親子関係を市民とその子の間に醸成すること，合衆国と外国で出生した市民の子の間の関係を保持することであるとしているが，これらの目的が重要なことであることを認めるとしても，それらと当該規定とは関係ないものである[229]とした。

---

224 *Id.*, at 470.

225 *Id.*

226 *Id.*, at 481.

227 *Id.*, at 482.

228 具体的にBreyer裁判官は，たとえば本件で問題とされている規定は第一に，親が男性合衆国市民である場合には，子の養育を義務付けているが，女性合衆国市民である場合には，それをしていない，第二に，親が子の養育をしない場合，当該親が女性合衆国市民であればそれでも市民権は承継されるが，男性合衆国市民である場合には，市民権は承継されないことになる，という事例を挙げ，このことから，当該規定は本文記載の基準を満たさない，とした。

第5節　判例における出生による市民権の取得　**363**

さらに同裁判官は，父と母の子の出生についての認識の相違が重要な相違を生ぜしめるというのは誤った認識に基づくものである[230]と主張した。

第13款　Tuan Anh Nguyen v. INS 事件

2001 年連邦最高裁は，Tuan Anh Nguyen v. INS 事件[231]を扱った。本件では，Miller v. Albright 事件で扱われた移民国籍法の非嫡出子への合衆国市民権の承継に関する規定[232]が再度議論の対象とされた[233]。

本件原告は，1969 年にベトナムで，婚姻関係にない，合衆国市民である父とベトナム人である母の間に出生した。1975 年原告は米国に移住し，永住権を取得して合衆国市民である父に Texas 州で養育された。1992 年に原告が22 歳の折，原告は犯罪に関与し，Texas 州裁判所で訴追され，その 3 年後，当時の合衆国移民帰化局（Immigration and Naturalization Service: INS）は，これらの犯罪に基づき原告に対する強制退去手続を開始した。これに対し原告は自身が合衆国市民である旨を移民不服審査委員会（Board of Immigration of Appeals）で主張したが，同委員会は移民国籍法の定める上述の要件を満たし

229　*Id.*, at 484. Breyer 裁判官は，この点に関連して具体的には，本件で問題とされている規定は，市民権を承継するための条件として，男性合衆国市民が認知などをするか，あるいは子が裁判所で父子関係を認知されなくてはならない，としており，法廷意見はこれを女性合衆国市民が子の出生において取得する出生証明と同等のものとしているが，それを認めるとしても，子が 18 歳までにそれをしなくてはならないとされていることは首肯できない，という点を指摘している。さらに同裁判官はこの点に関して父子関係の証明は，第 309 条 (a) (1)（8 U. S. C. A. § 1409 (a) (1)）によって DNA テストでなされればよく，第 309 条 (a) (4)（8 U. S. C. A. § 1409 (a) (4)）の要件は不要である，としている。

230　*Id.*, at 485.

231　533 U. S. 53 (2001).

232　8 U. S. C. A. § 1409 (a).

233　本件に関し，本件原告は 1969 年に出生していることから，判決でも指摘されているように，1986 年に制定された移民国籍法第 309 条 (a)（8 U. S. C. A. § 1409 (a)）が原告に適用されるかは原告の選択により（533 U. S. 53, 60），もし本規定の適用を選択しなかった場合，本件原告には 1986 年法以前の法が適用され，本件原告の父が本件原告を嫡出子とし，それに基づいて原告が，自らが市民であることを主張すれば，合衆国市民と認められる可能であったのではないか，とする指摘がある。David A. Isaacson, *Correcting Anomalies in the United States Law of Citizenship by Decent*, 47 Ariz. L. Rev. 313, 336 (2005).

364 第7章 大統領就任資格と生来的合衆国市民権

ていないとして，原告の主張を認めなかった。これに対して提起されたのが
本件である。

　本件法廷意見は，本件で問題とされているのは，非嫡出子の親である市民
が父である場合に，母である場合と異なり，嫡出の確認，認知，あるいは権
限ある裁判所での父子関係の確認が求められることであるが，これらを連邦
議会が求めたのは，市民権を求める子との出生時における関係が，その父と
母では全く異なるからである[234]，とし，これが二つの重要な国の目的によっ
て正当とされるとして，それらについて以下の通り述べた[235]。

　まず法廷意見は，第一の国の目的は，生物学的な親子関係が存在している
ことを確保することの重要性であるとした[236]。そしてこの点について法廷
意見は，子の親が母の場合には，出生そのものによって証明されることがで
きるが，他方で子の親が父の場合には，子の出生時にその場にいる必要性は
ないというのは争い得ない事実であり，さらに，仮にその場にいたとしても
その者が父であることは争い得ないことではなく，この点で父と母は，生物
学的に異なる状況におかれているので，異なる要件がそれぞれに課されるこ
とは認められるとした[237]。

　また，父子の血縁関係を明白かつ説得的な証拠によって示すことを求める
第309条(a)(1)(8 U. S. C. A. § 1409(a)(1))に基づき，DNAテストによりそ
れが示されれば十分であるという主張に対して法廷意見は，当該規定は
DNAテストを求めておらず，また憲法は特定の手段を選択することを連邦
議会に求めてもいないことを指摘し[238]，さらに，仮に外見上性別に中立的な
方法を採用したとしてもそれによってかえって子の父に負担がかけられる可

---

[234] 533 U. S. 53, 62.

[235] なお，本件法廷意見は，性差による区別について平等の保護の観点から審査する際
には，当該区別は政府の重要な目的に資するものであり，なおかつその際に選択され
た手段は実体的にその目的を達成することに関係するものでなくてはならない，とす
る中間的審査基準で審査している。Id., at 60-61.
　　この点について本判決で反対意見を述べたO'Connor裁判官は，同様に中間的審査
基準で審査をしているが，当該審査基準で求められるところの二つの要求が満たされ
ていない，として反対意見を述べている。Id., at 74.

[236] Id., at 62.

[237] Id., at 63.

[238] Id.

能性があり，その点からするならば性差による区別に基づく方法を採用することは認められるとした[239]。

　次に法廷意見は，第二の国の目的は，市民とその市民の子との間に，またそれを通じて当該子と合衆国の間に実体的な紐帯を維持させるような関係を育成する機会があることを証明することであるとした[240]。この点に関し法廷意見は，母は自分の子の存在について了知しており，またそのことによって，実体的に有意味な関係を形成する機会を有しているが，他方で未婚の父は，子の出産に際して，その生物学的特性から，子の存在について了知していない可能性があり，また状況によっては父が特定できない場合もあることを指摘した[241]。またさらに法廷意見は，特に国外で出生した非嫡出子については，海外に駐留する軍人がおり，また海外旅行をする者が増加したことから重要な関心事項となっているとした[242]。

　そして法廷意見は，これらの事実は，子が母との関係において有する関係の合理的な代替となる関係を海外で出生した非嫡出子と父が持つ機会を証明することに国が関心を持つことを正当化するとし，またこのような重要な国の目的は単に父子関係の生物学的な存在を示すDNAテストでは，それによって父子の交流を証明することができるわけではないので，達成できないとした[243]。さらに法廷意見は，このような関係が示されない場合に，連邦議会は当該子を市民としないとすることができるとした[244]。そして法廷意見はこれらのことから，第309条(a)(4)(8 U.S.C.A. § 1409(a)(4))の規定は，主張されるような不合理かつ不適正な分析に基づく定型的な考え方に基づくものではなく，子の出生に際しての父と母のおかれる状況の相違に基づくものであるとした[245]。

　なお法廷意見は，第309条(a)(4)(8 U.S.C.A. § 1409(a)(4))が重要な国の目的を達成することに実体的に関連しているかということについては，その他の市民権あるいは帰化に係わる規定において市民権の保持を求める者と国

239　*Id.*, at 64.
240　*Id.*
241　*Id.*, at 65.
242　*Id.*
243　*Id.*, at 66-67.
244　*Id.*, at 67.
245　*Id.*, at 68.

366 第7章 大統領就任資格と生来的合衆国市民権

の関係を保証するために，追加的な要件を求める事例があること，また連邦議会が他に選択しうる手段より，より容易な手段を選択したことに問題はないことから，目的と手段は関係があるといえる[246]とした。

以上の法廷意見に対して，Scalia 裁判官と O'Connor 裁判官が反対意見を述べた。Scalia 裁判官の意見は，裁判所が，議会の定めたもの以外の根拠に基づいて，市民権の付与に関する判断をすることは認められない，とするものであった[247]。

また O'Connor 裁判官の意見は，法廷意見に対して，第309条(a)(4)(8 U.S.C.A. § 1409(a)(4))は国の重要な目的とは関連がないとするものであった[248]。同裁判官はその理由として，概要次のことを指摘している。

第一に同裁判官は，法廷意見は問題の規定の第一の国の目的として，生物学的な親子関係の確認の重要性をあげているが，当該目的と第309条(a)(4)(8 U.S.C.A. § 1409(a)(4))で選択されている手段の関係を明らかにしていないとした[249]。そして同裁判官は，父子間の血縁関係を明白かつ説得的な証拠で示すことを求める第309条(a)(1)(8 U.S.C.A. § 1409(a)(1))以上に，第309条(a)(4)(8 U.S.C.A. § 1409(a)(4))が求める事項によって，父子間の関係が明らかになると理解するのは困難であるとし，さらに実際上DNAテストによって生物学的な関係を証明することの確実性からすると，第309条(a)(1)(8 U.S.C.A. § 1409(a)(1))で求められる条件で十分である[250]とした。

第二に同裁判官は，父子間の血縁関係の証明が取得されるべき期間が限定されていることについても疑義があるとした。この点に関し具体的に同裁判官は，DNAテストによれば生物学的な関係が明白になるのに加えて，時間的経過によっても当該証明が影響を受けることはないということからしても，第309条(a)(4)(8 U.S.C.A. § 1409(a)(4))が第309条(a)(1)(8 U.S.C.A. § 1409(a)(1))の示すものをより明らかにするとは思われない[251]としている。

---

246 この点に関して法廷意見は具体的には，当該法条の要求する手続を子が18歳までにすればよいとされていることを指摘している。*Id.,* at 71. またこの点に関連して，法廷意見は，当該法条による手続のみが市民権取得のための手続ではないことも指摘されなくてはならない，としている。

247 *Id.,* at 73.

248 *Id.,* at 74.

249 *Id.,* at 79.

250 *Id.,* at 80.

第5節　判例における出生による市民権の取得　367

　第三に同裁判官は，法廷意見は第 309 条(a)(4)(8 U.S.C.A. § 1409(a)(4))
によって達成される第二の国の目的として，市民とその市民の子との間に，
またそれを通じて当該子と合衆国の間に，実体的な紐帯を維持させるような
関係を育成する機会があることを証明することであるとしているが，この点
について考慮する際に法廷意見は育成する機会があることに重点をおいてい
て，実体的にそれがなされたかどうかについての配慮がされていない，とい
うことを指摘した。そして同裁判官は，実際にそのような育成を行う関係が
存在したとするならば，市民権の承継の決定に影響を与えるのは，その関係
を育成する機会がいつ，どのように与えられたかではなく，実際にその関係
があったという事実であるはずである[252]と主張した。

　第四に同裁判官は，現行法上，子の出生の際に必然的にそこにいる母と，
出生の際に自らの判断でそこにいた父とでは，実質的紐帯を育成する関係を
持つ機会が同様にあるにもかかわらず，異なる扱いがなされることになるこ
とを指摘した。同裁判官はこの点について具体的には，母はその子の出生と
共に市民権を承継することができるのに対して，父については，それに加え
て何らかの行為をなすことが必要となるということを指摘して，この同様の
地位にいる者の異なる扱いは，単に性別の相違によるものであり，このよう
な取扱いは法の平等の保護の原則にそぐわないものである[253]とした。

　第五に同裁判官は，法廷意見は，海外駐留の軍隊と海外旅行の増加により，
米国市民が外国の市民と関係を持つ機会が増加したことに留意しているが，
第 309 条(a)(4)(8 U.S.C.A. § 1409(a)(4))の規定がこの問題を解決する手段
として許容されるものかという点については答えておらず，実際には法廷意見
は，典型的な男性の無責任さを反映したものに過ぎない[254]と批判している。

251　*Id*.

252　*Id*., at 84. ここで O'Connor 裁判官は，第 309 条(a)(4)(8 U.S.C.A. § 1409(a)(4))
の要件を満たすことが実質的に法廷意見の述べるような国の目的を達成することに有
用であるということは困難であるとし，また，本件事実が示すように前述規定の要件
を満たすことなしにも，法廷意見の述べる目的を達成することは可能である，とも指
摘している（同裁判官の摘示するところによれば，本件原告は，1975 年 6 歳の時に米
国に渡来し，そこで原告の父と生活を共にしており，また，1997 年には DNA テスト
により 99.98 パーセントの確率で，両者の父子関係は証明されている。）。

253　*Id*., at 86. さらに O'Connor 裁判官はここで，このような取扱は過度に広範な性別
の差異についての一般化に基づくものである，としている。

368　第 7 章　大統領就任資格と生来的合衆国市民権

第 6 節　大統領就任資格としての「出生により 合衆国市民である者」

　本節では、「出生により合衆国市民である者」の要件に関してこれまでに議論された例や、この要件に関する憲法改正提案等を見ていく。

第 1 款　「出生により合衆国市民である者」の要件が問題とされた主な事例

　これまでに「出生により合衆国市民である者」の要件が満たされているかどうかが議論された主要な大統領（候補者）等の事例は以下のとおりである[255・256・257]。

個人名	「出生により合衆国市民である者」の要件が問題とされた経緯
Chester A. Arthur	第 20 代米国大統領 James Abram Garfield の副大統領であった Chester A. Arthur は、Garfield の暗殺後大統領に就任した。Arthur はアイルランドあるいはカナダで出生したのではないか、という疑問がマスコミ等で報じられた[258]。
Christopher Schurmann	1896 年に大統領候補となった Schurmann 自身は米国で出生したが、その両親はドイツからの移民であり、米国で外国人から出生した者が合衆国市民権を取得するのか、という点が論点とされた[259]。
Charles Evans Hughes	1916 年の大統領選挙で大統領候補となった Hughes 自身は米国で出生したが、その両親は英国臣民で、米国に帰化しておらず、当時の英国法によれば Hughes は二重国籍であったことが論点とされた[260]。
Barry Goldwater	1964 年大統領選挙の共和党候補であった Goldwater は Arizona 州 Phoenix で出生したが、出生当時 Arizona はまだ州となっていなかったことから、そこでの出生により natural born citizen に該当することになるかが論点とされた[261]。

254　*Id.*, at 94.

255　この部分の目的は、連邦憲法第 2 条第 1 節第 5 項の「出生により合衆国市民であること」の条件が、どのような文脈で議論されたかということであり、それぞれの大統領候補者等が実際にこの条件を満たしていたかどうかではないので、これらの大統領候補者が実際にこの条件を満たしたのかどうかは探求しない。

第6節 大統領就任資格としての「出生により合衆国市民である者」 **369**

George Romney	1968 年大統領選挙の共和党候補であった Romney は，合衆国市民である両親からメキシコで出生した。Romney の祖父は 1886 年メキシコに移住したが，両親は合衆国市民権を維持し，Romney 出生後合衆国に戻った。海外で出生した Romney が natural born citizen に該当するかが論点とされた[262]。
Lowell Weicker	1980 年大統領選挙への出馬を 1979 年に表明した Weicker は，パリで合衆国市民の両親の子として出生したことに関し，1976 年に natural born citizen に該当するかが論点とされた[263]。
John McCain	2008 年の大統領選挙に際し，1936 年に Panama 運河領域（Panama Canal Zone）にある米軍基地で出生した McCain が natural born citizen に該当するかが論点とされた[264]。
Barack Obama	2008 年及び 2012 年の大統領選挙に際し，合衆国市民の母と，英国領であったケニヤで出生したことから英国臣民であった父の子として Hawaii で出生した Obama が，natural born citizen に該当するかが論点とされた[265]。
Ted Cruz	2016 年大統領選挙に出馬した Cruz は，米国居住者である父と米国市民である母の子として，カナダの病院で出生した[266] ことから，natural born citizen に該当するかが論点とされた。

---

[256] なおここであげるほかに，外国で出生したことにより合衆国大統領になれないとされることが問題であると指摘される際の具体例として，ドイツで出生した Henry Kissinger，フランスで出生した Christian Herter，チェコで出生した Madeleine Albright の国務長官経験者が挙げられることがある。この場合に問題とされるのは，これらの人物が優秀である，米国の国益に貢献している，米国に忠誠を奉じているにもかかわらず大統領になれない，という点のみならず，外国との関係を実務上所管する国務長官にこれらの者が就任できるにもかかわらず，大統領になれない，という点で論理的整合性があるのかという点がある。

なお大統領の地位・職務の承継については，合衆国憲法第2条第1節第6項，修正第20条及び修正第25条のほか，連邦法に規定がある。連邦法の規定（3 U.S.C.A. § 19）によれば，大統領への就任資格がある者がその地位と職務を承継することとされている。

[257] ここであげるほかカナダで出生し大統領選への出馬が取り沙汰された Franklin D. Roosevelt Jr. などについても，natural born citizen の要件との関係で取り上げられている。Charles Gordon, *Who Can be President of the United States: The unresolved Enigma*, 28 MARYLAND L. REV. 1 (1968).

258 Thomas C. Reeves, *The Mystery of Chester Alan Arthur's Birthplace*, 38 Vermont Hist. 4, 295（Vermont Historical Society, 1971）（https://vermonthistory.org/journal/misc/MysteryOfChester.pdf）.

259 An Editor of that Period（THE BATTLE OF BIETIGHEIM）, THE PRESIDENTIAL CAMPAIGN OF 1896, 131（FUNK & WAGNALLS 1925（ただし文献の表表紙には 1888 と記載されている。））.（https://archive.org/details/presidentialcam00catlgoog）.

260 Breckinridge Long, *Is Mr. Charles Evans Hughes a "Natural born citizen" within the meaning of Constitution?*, 146-148 Chi. L. News 220（Dec. 7, 1916）. この際には，米国で出生したことにより合衆国市民権を取得した者は native born citizen ではあるが，同時に他国に忠誠を負うものである場合に，natural born citizen であるか，が議論された。

261 Seth Lipsky, THE CITIZEN'S CONSTITUTION: AN ANNOTATED GUIDE, para. 166（2011）.

262 Isidor Blum, *Is Gov. George Romney Eligible to Be President?*, N.Y.L.J., Oct. 16 & 17（1967）; Pinckney G. McElwee, *Natural Born Citizen*, 113 Cong. Rec., 15875（Jun. 14, 1967）; Eustace Seligman, *A Brief for Governor Romney's Eligibility for President*, N.Y.L.J., Nov. 15（1967）, reprinted in 113 Cong. Rec., 35019（Dec. 5, 1967）; Vincent A. Doyle, *The Natural Born Citizen Qualification for the Office of President: Is George W. Romney Eligible?*, THE LIBRARY OF CONGRESS LEGISLATIVE REFERENCE SERVICE JK 516 A1（425/225, A225）, WASHINGTON D. C.（February 27, 1968）.

263 Nashua Telegraph, Saturday, August 14, 1976.

264 "Recognizing that John Sidney McCain, III, is a natural born citizen.", S.Res.511, 110th Cong., 2d Sess.（2008）. この点に関し，McCain が natural born citizen に該当するかが争点とされた訴訟の一つでは，McCain が米軍基地内ではなく，Panama 国内の病院で出生した，との主張がなされている。Fred Hollander v. Senator John McCain and the Republican National Committee, 566 F. Supp. 2d 63（2008）.

265 Obama については各種の主張に基づき各種の訴訟が提起され，その中には，そもそも Obama が Hawaii で出生していない，とするものもあった。この主張に関しては，Obama が Hawaii で出生していない場合，Obama が出生した 1961 年当時の連邦法の規定によれば，両親の一方が外国人で他方が合衆国市民の際には，当該合衆国市民の親に関して，14 歳になってからの 5 年間を含む，10 年間の米国における居住が求められる，とする要件が課され，年齢的に Obama の母がそれを満たしていない可能性があるという論点がありえた旨の指摘がされている。Jack Maskell, *Qualifications for President and the "Natural Born" Citizenship Eligibility Requirement*, R42097 CONGRESSIONAL RESEARCH REPORT, 39（note 172）（2011）.

第6節　大統領就任資格としての「出生により合衆国市民である者」　**371**

第2款　連邦議会における決議等── McCain の例

McCain の natural born citizen 要件該当性が論点とされた際，連邦議会では，
McCain を natural born citizen と認める旨の概要以下の通りの決議が採択された[267・268]。

なおこの点に関し Obama は，Hawaii で出生した旨を示すために出生証明書を公開
した。http://www. whitehouse. gov/sites/default/files/rss_viewer/birth-certificate-
long-form.pdf

266　Paul Clement & Neal Katyal, *On the Meaning of "Natural born Citizen"*, 128 Harv.
L. Rev. Forum 161 (2015).

267　S. Res. 511, 110th Cong., 2d Sess. (2008)

268　McCain が natural born citizen に該当するかの論点に関しては，学界でも議論さ
れ，Gabriel J. Chin 等の論文が発表されるほか，Laurence Tribe と Theodore Olson が
メモを出し（Michael Dobbs, *McCain's Birth Abroad Stirs Legal Debate; His Eligibility
for Presidency Is Questioned*, Washington Post, May 2, 2008, at A06, http://www.
washingtonpost. com/wp-dyn/content/article/2008/05/01/AR2008050103224_pf. html），
また Peter J. Spiro が論文（Peter J. Spiro, *McCain's Citizenship and Constitutional
Method*, 107 Mich. L. Rev. First Impressions, 42 (2008)）（http://www.michiganlaw-
review.org/articles/mccain-s-citizenship-and-constitutional-method）を発表する等の
動きがあった。Adam Liptak, *McCain's Eligibility is Disputed by professor*, N. Y.
Times, July 11, 2008.

Gabriel J. Chin の主張は，いわゆる Insular cases に基づくもので，McCain の出生し
た 1936 年当時，Panama 運河領域は，合衆国に編入されていない領域であって，合衆
国の領域とされていなかったことから，そこで出生した McCain は，出生の際に市民
権を取得したとはされえず，ただし，1937 年に連邦議会は，連邦法（50 Stat. 558 (1937).
本法の正式名称は，An Act relating to the citizenship of certain classes of persons
born in the Canal Zone or the Republic of Panama である。）により，当該領域で出生し
た者が合衆国市民権を取得することとし，当該連邦法は遡及的効力があるとされてい
たことから，当該連邦法により McCain は合衆国市民権を取得した，とするものであ
った。Gabriel J. Chin, *Why Senator John McCain cannot be President: Eleven Months
and a Hundred Yards Short of Citizenship*, 107 Michi. L. Rev. First Impression, 1 (2008).

さらに 1936 年当時の適用法であった 1934 年法（制定法集第 1993 条）は，合衆国の
領域管轄の外で（out of the limits and jurisdiction）合衆国市民を親として出生した場
合に，合衆国市民権を承継すると規定していたが，Panama 運河領域は米国の領域管
轄の下にあったので，合衆国市民権を承継しないのではないか，という議論も出され
た。この論点については，1929 年に国務省が，世界中のどこであっても市民権の承継
は生じる，とする解釈を出したとされている。Stephen E. Sachs, *John McCain's
Citizenship-A Tentative Defense*, 47 (SSRN http://papers.ssrn.com/sol3/pap-

372 第7章 大統領就任資格と生来的合衆国市民権

> 合衆国憲法が，合衆国大統領に就任する者は，出生により合衆国市民であることを求めていることに留意し
>
> 合衆国憲法第2条第1節第5項にある「出生による合衆国市民」の文言は，合衆国憲法上定義されていないことを勘案し
>
> 憲法起草者並びにこれまでのいずれの連邦議会も，米国軍に勤務する米国人の下に出生した子の憲法上の権利を制限し，あるいはそれらの子が合衆国において大統領として奉職することを妨げる意図があったということを示す証拠がないことを確認し
>
> 上記のような制限等は，第1回連邦議会の制定した法律[269]に示されるように，合衆国憲法の定める「出生による市民」の条件の目的・意図にそぐわないと解されることを認め
>
> 合衆国のすべての市民の安寧は，わが国の国外でわが国のために奉職している男性女性を問わない者たちによって確保され，また発展させられていることを認識し
>
> 過去に大統領候補者になった者に，アメリカ合衆国の領域外で生まれた者があり，それらの者が大統領の就任資格を満たすと解されていたことを認識し
>
> McCain が合衆国市民の両親の下に，1836年 Panama 運河領域にある米国軍基地で出生したことを認め
>
> John Sidney McCain III が，合衆国憲法第2条第1節第5項の意味において，出生による合衆国市民（natural born citizen）であることを認める。

なお McCain の natural born citizen 要件該当性に関しては，いくつかの訴訟が提起されたが，そのうち California 州の連邦地方裁判所で下された Robinson v. Bowen 判決[270]は概要以下の通り判断している。

第一に本判決は，連邦憲法第2条（第1節第5項）は，出生によるものも含め，連邦議会に市民権を定義する役割を残し，後に修正第14条により市民権は定義されたが，この定義を基礎として，依然として連邦議会は，出生により市民となる者を定義する権限を有していた，とした[271]。

第二に本判決は，McCain の出生当時連邦法は，合衆国市民である父あるいは母，もしくは両親から合衆国外で出生した者は合衆国市民とする，としていたことを指摘し，このことからすれば，McCain は出生に際して合衆国市民

---

ers.cfm?abstract_id=1236882）; Stephen E. Sachs, *Why John McCain was a Citizen at Birth*, 107 MICH. L REV. FIRST IMPRESSION. 49 （2008）.

269 本決議は明示していないが，これは1790年に連邦議会が制定した帰化法（1 Stat. 103（1790））のことと考えられる。

270 Markham Robinson v. Secretary of States Debra Bowen, 567 F. Supp. 2d 1144 （2008）.

271 *Id.*, at 1145.

となった，とした。なお本判決は，この点に関し生じる疑念を晴らすために連邦議会は，Panama 運河領域で出生した子の市民権に関して，移民国籍法第 303 条(a)（8 U. S. C. A. § 1403(a)）を制定し，McCain のような者が，合衆国市民権を取得することを明確化する，もしくは，仮に市民権を取得していないとしても遡及的に市民権を取得することとしたと述べている[272]。

第3款　裁判における対応―― Obama の例

Obama が出生による合衆国市民であるかという議論に関しては，多種多様な根拠に基づく多くの訴訟等が提起された[273]。これらのほとんどは裁判所の管轄が認められない等の理由により却下されたが，いくつかの事件では，その両親の国籍に関係なく，合衆国で出生した者は，連邦憲法第 2 条第 1 節第 5 項の意味において，出生により合衆国市民であるということは確立した法理である旨が述べられた[274]。

第4款　憲法第2条第1節第5項にかかる主な憲法修正案
第1項　憲法改正案の時系列による整理

連邦憲法第 2 条第 1 節第 5 項に関しては，これまでに多くの改正案が提案されてきている[275・276]。これらを時系列に整理すると以下のとおりである。

---

272 *Id.*, at 1146.

273 Derek T. Muller, *Scrutinizing Federal Electoral Qualifications*, 90 INDIANA L. J. 559, note 134 & 136 (2015). また 2014 年 1 月現在で 200 件以上の訴訟等が提起されたとする資料が以下の Web で公開されている。http://tesibria.typepad.com/whats_your_evidence/BIRTHER%20CASE%20LIST.pdf

274 Cf. Ex. Steve Ankeny and Bill Kruse v. Governor of the State of Indiana, No. 49A02-0904-CV-353 (Nov. 12, 2009); Tracy Fair, et al v. Barak Hussein Obama, No. 06-C-2012-060692 (Aug. 27, 2012).

275 本稿では，以下の資料等を使用して，憲法修正案等を収集した。
- Library of Congress – Century of Lawmaking for a New Nation – Bills and Resolutions (http://memory.loc.gov/ammem/amlaw/lwhbsb.html)
- THOMAS (https://www.congress.gov/)
- GPO FDSYS (http://www.gpo.gov/fdsys/)
- LexisNexis.com
- Westlaw.com
- ProQuest Digital U. S. Bills and Resolutions 1789 – 2013

374　第 7 章　大統領就任資格と生来的合衆国市民権

　記録上，連邦憲法第 2 条第 1 節第 5 項にかかわる最初の修正提案が出され
たのは，1798 年 7 月 7 日[277]であった。当該提案は，同条の「出生により合衆
国市民である者」の部分にかかわる提案ではなく，「この憲法が採択された時
に合衆国市民である者」の部分にかかわる提案で，この部分を「独立宣言の
出された際に合衆国の居住者で，そのまま居住を継続している，あるいはそ
のときから選挙のときまで公務に従事している者」と変更することを提案す
る提案であった。なおこの提案は，大統領のほかに，副大統領，上下両院議
員も対象としていた。

　また，これと類似の提案が同年 7 月 9 日に下院で提案されている[278]。当該
提案は，「独立宣言の出された際に合衆国の居住者であり，合衆国政府に雇用
されていた者」とするもので，記録上は，この提案が受け入れられない場合
の対案として，修正案が成立した際に帰化していない者は除くこととし，さ
らに選挙までに 14 年間合衆国に居住していない者は除くとすることが提案
されている。

　これらの提案は第 1 回の連邦議会では提案されたものではないが，米国と
外国との間に紛争があり，また Alien and Sedition Act が成立した後の連邦
議会に提案されたもので，「出生により合衆国市民である者」もしくは「独立
宣言が出された時以降合衆国に居住していた者」等以外を大統領あるいは連
邦議会議員の就任資格から除外することを意図したものであった[279]。

- CIS Congressional Bills, Resolutions and Laws（Proquest）
- John R. Vile ed., PROPOSED AMENDMENTS TO THE U. S. CONSTITUTION
  1787-2001（vol. I-vol. III and Supplement vol. IV）（The Law Book Exchange, Ltd.
  2003）.

276　この点に関し，2012 年の大統領選前いくつかの州においては大統領選挙候補者に
　　出生証明の提出を求める動きがあった。cf. ex. State of Arizona, Senate, 49th Legisla-
　　ture, 2nd Regular Session, 2010, Senate Bill 1024, An Act amending Sections 16-311,
　　16-312, 16-321, 16-341, 16-344, 16-502, 16-507 and 16-543.02, Arizona revised
　　statutes; relating to conduct of Elections（http://www.azleg.gov//FormatDocu-
　　ment.asp?inDoc=/legtext/49leg/2r/bills/sb1024o.asp&Session_ID=93）.

277　7 Annals of Cong. 602（1798）.

278　8 Annals of Cong. 2132-2133（1798）.

279　Herman V. Ames, *The Proposed Amendment to the Constitution of the United
　　States during the First Century of its History*, II Annual Report of the American
　　Historical Association for the year 1896, 74（GPO 1897）. なおこの文献では，憲法採択

第6節　大統領就任資格としての「出生により合衆国市民である者」　**375**

　次に第2条第1節第5項の「出生により合衆国市民である者」の部分にか
かわる憲法修正提案が提出されたのは，南北戦争後の第40回連邦議会にお
いてであった。1868年に下院に提出された提案は，同条文の"a natural born
Citizen"と，祖父条項である"at the time of the Adoption of this Constitution"の削
除を提案するものであった[280]。これに続いて1871年の第41回連邦議会の
上院では，出生により合衆国市民であるか，外国で出生した市民であるかに
かかわらず，35歳以上で14年以上合衆国に居住している者は，大統領に就
任する資格がある，とする修正案が提出された[281]。また同年に開会された第
42回連邦議会では，帰化市民は大統領及び副大統領になる資格を有するとす
る修正案が出された[282]。さらに翌1872年の同議会において帰化市民で，35
歳以上になり，14年以上合衆国に居住した者は，大統領及び副大統領になる
資格がある，とする修正案が提案された[283]。

　1947年11月18日，連邦議会下院に大統領の就任資格に関する憲法修正案
が提出された。当該修正案は，1868年の提案同様，"a natural born Citizen"と，
祖父条項である"at the time of the Adoption of this Constitution"の削除を提案す
るものであった[284]。同案を提出したKeogh議員は同様の案を1949年にも
提出している[285]。

　1956年と1957年Rabaut議員が提出した憲法修正案は，「出生により合衆
国市民である者」であるかあるいは，「出生時にその両親が合衆国市民であり，
かつその母が，合衆国軍に所属し，合衆国外で任務に従事していた，もしく

　　　時に合衆国市民であった者が大統領就任資格を有するとされたことに不服であった
　　New York州から，「この憲法が採択された時に合衆国市民である者」の部分を「1776
　　年7月4日以降合衆国市民であった者，あるいは独立戦争時に合衆国軍に属し，1776
　　年7月4日以降に，合衆国のいずれかの州の市民となった者で，自由土地保有者であ
　　る者」とすることが提案されようとしていたが，結局提案されなかった旨の記述があ
　　る。
　　　また同文献は，当該提案はAlien and Sedition Actに強く反対したAlbert Gallatin
　　に対するFederalistからの嫌がらせであったとしている。
280　H. R. 269, Cong. Globe, 40th Cong., 2d Sess., 2526 (1868).
281　S. R. 284, Cong. Globe, 41st Cong., 3d Sess., 538, 1263 (1871).
282　H. R. 52, Cong. Globe, 42nd Cong., 2d Sess., 57, 307 (1871).
283　Cong. Globe, 42nd Cong., 3d Sess., 226 (1872).
284　H. J. Res. 259, 80th Cong., 1st Sess. (1947).
285　H. J. Res. 28, 81st Cong., 1st Sess. (1949).

376 第 7 章 大統領就任資格と生来的合衆国市民権

はその母が，合衆国軍に所属し，合衆国外で任務に従事していた父に同行していた者」について大統領就任資格を認める，とするものであった[286]。

1958 年の第 85 回連邦議会の下院に Forand 議員から提出された修正案は「合衆国で出生し，その管轄の下にある者（a person born in the United States and subject to the jurisdiction thereof）」と「合衆国外で出生し，その両親が合衆国市民で，かつそのうちの一人が合衆国の軍務に従事し，命令の下に合衆国外で勤務していた者」に合衆国就任資格を認めるとするものであった[287]。同様の案が第 86 回連邦議会において Fogarty 議員[288]及び Forand 議員[289]から提案されている。また Fogarty 議員は 1961 年の第 87 回連邦議会[290]，1963 年の第 88 回連邦議会[291]でも同様の案を提案している。

1967 年の第 90 回連邦議会下院で Matsunaga 議員が提案した憲法修正案は，「出生により合衆国市民である者」であるかあるいは「合衆国に帰化し少なくとも 15 年を経過している者（naturalized citizen of the United States for at least fifteen years）」に大統領就任資格を認めるものであった[292]。

1971 年の第 92 回連邦議会上院に Baker, Bible, Hollings, Humphrey, Metcalf, Muskie, Proxmire 各議員と共に Fong 議員が提出した提案は，帰化市民に大統領就任資格を認めることを求めるものであった[293]。

1972 年の同議会第 2 会期には，下院においていくつかの提案が出されている。McDonald 議員の提案は，合衆国で出生していなくとも（not being native born），選挙で選出されるときまでに少なくとも 12 年間合衆国市民であり，14 年間合衆国に居住している場合に，大統領就任資格を認めるものであった[294]。Drinan 議員[295]と Abzug 議員[296]の提案は，合衆国市民である者は，「出

---

286 H. J. Res. 645, 84th Cong., 2nd Sess. (1956)；H. J. Res. 80th Cong., 1st Sess. (1957).

287 H. J. Res. 612, 85th Cong., 2nd Sess. (1957).

288 H. J. Res. 205, 86th Cong., 1st Sess. (1959); H. J. Res. 517, 86th Cong., 1st Sess. (1959). Fogarty 議員は同様の案を二回提出している。

289 H. J. Res. 214, 86th Cong., 1st Sess. (1959).

290 H. J. Res. 571, 87th Cong., 1st Sess. (1961).

291 H. J. Res. 397, 88th Cong., 1st Sess. (1963).

292 H. J. Res. 795, 90th Cong., 1st Sess. (1967).

293 S. J. Res. 161, 92nd Cong., 1st Sess. (1971).

294 H. J. Res. 1220, 92nd Cong., 2nd Sess. (1972).

295 H. J. Res. 1245, 92nd Cong., 2nd Sess. (1972).

第6節　大統領就任資格としての「出生により合衆国市民である者」　377

生により合衆国市民である者」でないことにより，大統領に就任する資格が
ない者とはされない，とするものであった。

　1973年の第93回連邦議会の上院では，Fong議員が憲法修正を提案した。
同議員の案は，合衆国大統領に選出された合衆国市民が，大統領の任期の開
始までに合計で少なくとも14年間合衆国に居住していることを求めるもの
であった[297]。

　同議会第一会期の下院においてMcDonald議員は，1972年に提出したもの
と同一の憲法修正案を提出した[298]。また同議員は，同会期に，Abzug, Brown
(California), Burton, Collins, Harrington, Leggett, Matsunaga, Podell, WonPat
各議員と共に憲法修正提案を提出しているが，これも1972年の同議員の提
案と同様，選挙で選出されるときまでに少なくとも12年間合衆国市民であ
り，14年間合衆国に居住している場合に，大統領就任資格を認めるとするも
のであった[299]。

　1974年の同議会第二会期ではBingham議員が憲法修正案を提案した。同
案は，文言は異なるが，1972年にAbzug議員が提案した案と同趣旨のもので
あった[300]。なお同会期には，Seiberling議員も同様の案を提出している[301]。

　1975年の第94回連邦議会第1会期にBingham議員は，1974年に提案した

296　H. J. Res. 1255, 92nd Cong., 2nd Sess. (1972).

297　S. J. Res. 137, 93rd Cong., 1st Sess. (1973). なお同一の案が下院において Burton 議
　　員から提案されている。H. J. Res. 740, 93rd Cong., 1st Sess. (1973).

298　H. J. Res. 491, 93rd Cong., 1st Sess. (1973).

299　H. J. Res. 589, 93rd Cong., 1st Sess. (1973).

300　H. J. Res. 880, 93rd Cong., 2nd Sess. (1974). Abzug 議員の案は，"No person who is a
　　citizen of the United States shall be ineligible to the office of President solely on the
　　grounds such person is not a natural born citizen." であったのに対し，Bingham 議員
　　の案は"A citizen of the United States otherwise eligible to hold the Office of President
　　shall not be ineligible because such citizen is not a natural born citizen." であった。な
　　お Bingham 議員は本案を1974年1月に提出したが，同一の案を同年2月に，一度目
　　は Chisholm, Rosenthal, De Lugo, Frenzel, Nix, WonPat 議員と共に（H. J. Res. 890,
　　93rd Cong., 2nd Sess. (1974)），二度目は Harrington 議員と共に（H. J. Res. 896, 93rd
　　Cong., 2nd Sess. (1974)）提出している。またさらに同議員は同年4月には，Abzug,
　　Badilio, Brademas, Eckhardt, Fascell, Meeds, Mink, Schroeder, Thompson (New
　　Jersey) 議員と共に，再度同一の修正案を提案している。H. J. Res. 993, 93rd Cong., 2nd
　　Sess. (1974).

301　H. J. Res. 1051, 93rd Cong., 2nd Sess. (1974).

378　第7章　大統領就任資格と生来的合衆国市民権

ものと同一の提案を再度提出した[302]。同会期には Matsunaga 議員が，選挙の日までに少なくとも 12 年間合衆国市民であり，14 年間合衆国に居住している場合には，出生により合衆国市民でなくとも，大統領への就任資格を有さないとはされない，とする修正案を提案した[303]。

1977 年第 95 回連邦議会第一会期において Bingham 議員は，出生により合衆国市民でないことによってその他の要件を満たす合衆国市民が，合衆国大統領の就任資格を有さないとはされない，とする憲法修正案を提出した[304]。

1983 年第 98 回連邦議会上院において Proxmire 議員と共に Eagleton 議員は，合衆国市民になって 11 年を経た帰化市民は，その他の要件を満たす場合，大統領及び副大統領の就任資格を有するとする修正案を提出した[305]。

1987 年第 100 回連邦議会第一会期下院において Fazio 議員は，合衆国市民になって 11 年経た合衆国の帰化市民は，他の要件を満たす場合，大統領及び副大統領の就任資格を有するとする修正案を提案した[306]。同議員は 1989 年第 101 回連邦議会第一会期下院[307]，1991 年第 102 回連邦議会第一会期下院[308]にも同様の修正案を提案している。

この後 2000 年の第 106 回連邦議会第二会期下院において Frank 議員が 20 年間合衆国市民である者は，その他の要件を満たしている場合には，大統領に就任する資格を有さないとはされないとする憲法修正案を提案した[309]。同議員は 2001 年の第 107 回連邦議会第一会期においても同様の案を提案している[310]。なお 2003 年第 108 回連邦議会第一会期上院においては Hatch 議員が同様の案を提案している[311]。

2003 年第 108 回連邦議会第一会期下院においては，Issa，Frank 議員と共

302　H. J. Res. 33, 94th Cong., 1st Sess. (1975).

303　H. J. Res. 127, 94th Cong., 1st Sess. (1975).

304　H. J. Res. 38, 95th Cong., 1st Sess. (1977).

305　S. J. Res. 72, 98th Cong., 1st Sess. (1983), Cong. Rec., 98th Cong., 1[St] Sess. 7055 (1983).

306　H. J. Res. 229, 100th Cong., 1st Sess. (1987).

307　H. J. Res. 450, 101th Cong., 1st Sess. (1989).

308　H. J. Res. 246, 102nd Cong., 1st Sess. (1991).

309　H. J. Res. 88, 106th Cong., 2nd Sess. (2000).

310　H. J. Res. 47, 107th Cong., 1st Sess. (2001).

311　S. J. Res. 15, 108th Cong., 1st Sess. (2003).

第6節　大統領就任資格としての「出生により合衆国市民である者」　**379**

にSnyder議員が憲法修正案を提案した。同案は，少なくとも35歳以上で14年以上合衆国に居住している者は，大統領及び副大統領に就任する資格を有するとするもので，「出生により合衆国市民である者」という条件と祖父条項の部分を削除し，資格を有さないとされているのを資格を有するとするものであった[312]。Snyder議員は，第109回連邦議会第一会期にShays議員と共に同様の案を提案している[313]。また同会期にConyers議員も修正案を提案しているが，同案は，20年合衆国市民である者は，合衆国大統領となる資格を有するとするものであった[314]。なお同議員は，2005年第109回連邦議会第一会期にSherman議員と共に，同様の案を提案している[315]。

　第108回連邦議会第二会期上院においてRohrabacher議員が憲法修正案を提案した。同案は，20年以上合衆国市民で，その他の要件を満たす者は，出生による合衆国市民でないことをもって，大統領に就任する資格がないとはされないとするものであった[316]。同議員は2005年第109回連邦議会第一会期にも同様の案を提案している[317]。

第2項　憲法修正案の性質

　上記の憲法修正案に関しては，次の各点が指摘されている。

　第一に，憲法修正案がそれぞれの時代の具体的状況を踏まえたものであるとされている。すなわち，上述のとおり南北戦争後までの憲法修正案は，憲法制定時の状況に対する政治的対応や，南北戦争後の政治状況を踏まえたものであった。次に，1960年近辺の憲法修正提案に関しては，市民の平等に対する配慮と，Christian Herter, Franklin D. Roosevelt Jr., Barry Goldwater,

---

312　H. J. Res. 59, 108th Cong., 1st Sess. (2003).

313　H. J. Res. 42, 109th Cong., 1st Sess. (2005).

314　H. J. Res. 67, 108th Cong., 1st Sess. (2003).

315　H. J. Res. 2, 109th Cong., 1st Sess. (2005).

316　H. J. Res. 104, 108th Cong., 2nd Sess. (2004).

317　H. J. Res. 15, 109th Cong., 1st Sess. (2005). なお本案は"A person who is a citizen of the United States, who has been a citizen of the United States for at least 20 years, and who is otherwise eligible to hold the Office of the President, is not ineligible to hold that Office by reason of not being a native born citizen of the United states."であるところ，本案で使われている native born citizen と natural born citizen の広狭で解釈に問題が生じる旨が指摘されている。Duggin & Collins, at 150.

George Romney などの合衆国外で出生した潜在的合衆国大統領候補がいたことが，提案の背景としてあったと考えられるとされている[318]。また 1970 年代後半に Bingham 議員から提案された憲法修正案は，これも潜在的大統領候補者と考えられていた，合衆国外生まれの Henry Kissinger を念頭においたものであったことが指摘されている[319]。さらに 2003 年近辺の憲法修正案に関しては，同時期にオーストリア生まれの Arnold Schwarzenegger 元 California 州知事やカナダ生まれの Jennifer Granholm 元 Michigan 州知事[320]等の外国生まれの潜在的大統領候補者がいたことが影響していると考えられる。

　第二に，これまでに多くの修正案が連邦憲法第 2 条第 1 節第 5 項に関し提案されてきているが，いずれも成立していない。この理由としては，同規定を修正するために必要な世論の支持が得られていないということがある。この点に関しこのような憲法修正案が支持されない理由として以下が指摘されている[321]。

(ⅰ)　憲法の改正に関しては，特定集団のための憲法修正が認められるようになる可能性が生じる，あるいは法秩序の安定性が損なわれる恐れがあるという認識があり，また憲法制定者が定めた憲法の原意から離れることに対する懸念がある。

(ⅱ)　natural-born citizen 条項に関する憲法修正が多くの人びとに影響があるものではない。

318　Seymore, at 947.

319　*Id.*, at 949.

320　*Id.*, at 950; Lawrence Friedman, *An idea whose time has come- the curious history, uncertain effect, and need for amendment of the "natural born citizen" requirement for the presidency*, 52 SAINT LOUIS UNIV. L. J. 137, 139 (2007).

321　Sarah P. Herlihy, *Amending the Natural Born Citizen Requirement: Globalization as the Impetus and the Obstacle*, 81 CHI.-KENT L. REV. 275 (2006). なおこの文献は，natural born citizen 条項が修正されるべき理由として，以下を指摘している。

(ⅰ)　帰化市民を出生により合衆国市民である者と異なる扱いをすることから，natural born citizen 条項は差別的である。

(ⅱ)　グローバリゼーションが進展したことによって natural born citizen 条項は時代遅れとなっている。

(ⅲ)　出生地は忠誠の所在を示さない。

(ⅳ)　帰化市民の候補者に対する有権者の選択が認められないという意味で natural born citizen 条項は民主主義制度とそぐわない。

第6節 大統領就任資格としての「出生により合衆国市民である者」 **381**

(iii) 憲法制定者が外国に対し疑念を抱いたのと同様，外国人・帰化市民に対する疑念が米国人の中にある[322・323]。

(iv) 外国で出生した市民は，依然として，感情的にはその母国に対する忠誠心を有していると考える意見がある。

(v) 具体的にどのような者が natural-born citizen となるかが十分に理解されておらず，また natural-born citizen 条項を改正し，帰化市民に大統領就任資格を認めるということにより生じる法的な効果が理解されていない。

(vi) 人種及び宗教に基づく差別的感情がある。

(vii) natural-born citizen 条項を改正することで，米国が他国と同様であり，また米国がグローバル化した世界に統合されることを望んでいる，というメッセージを他の国に示すことになる可能性があることを米国人が好まない。

(viii) 米国の象徴である大統領の就任資格を修正することで，米国の伝統と価値を変更することになると感じる米国人がいる。

第三にこれまでに連邦議会に提案された憲法修正案は，以下の三つに分類できるとする分析がある[324]。

(i) 「出生により合衆国市民である者」の要件を削除する。

(ii) 「出生により合衆国市民である者」の要件の例外を定める。

(iii) 「出生により合衆国市民である者」の要件を削除しつつ，市民である期間に関する条件等の一定の条件を課する。

この分析によると，(i)は帰化市民と出生により合衆国市民である者の間の差別を取り除くものであり，(iii)は，米国市民になってからの年数と米国に対する忠誠の間に相関関係はなく，また，成人してから帰化した者と未成年の

---

322 この点に関し別の文献において，連邦憲法制定当初第2条第1節第5項の規定は，起草者が外国人に対して疑念を有し，出生により合衆国市民である者と比較して帰化市民は忠誠心が低いと考えたことから規定されたが，現代においてもこのような考え方から，依然として外国で出生した合衆国市民に大統領就任資格を認める憲法修正が支持されないとする指摘がある。Seymore, at 952.

323 ここではいわゆる9.11事件で米国人の外国人・帰化市民に対する疑念が強められ，この事件以降，国家の安全保障のために人種という基準を使うことが米国人の間で容認されるようになったとされている。

324 Duggin & Collins, at 148.

382 第7章 大統領就任資格と生来的合衆国市民権

うちに帰化した者との間で差別を生じさせる，とされる[325]。

　なおこれに関連して，大統領は米国の政治，文化，伝統を理解する必要が
あるという考えの下に出生による合衆国市民に対して14年の合衆国におけ
る居住期間が求められているならば[326]，帰化市民に対しても同様に14年間
の居住要件が課されることは支持できるとする見解がある[327]。

第5款　その他の法案等

　第2条第1節第5項を直接改正する憲法修正案のほかに，移民国籍法の改
正等，natural-born citizen 条項の効果に影響を与える各種の憲法修正案や法
案が提案されている。そのうち特に注目すべきいくつかの概要は以下のとお
りである。

第1項　Natural Born Citizen を定義する法律案

　2004年の第108回連邦議会第2会期上院では，Landrieu 及び Inhofe 議員と
共に Nickles 議員が，第2条第1節第5項の Natural Born Citizen の意義を定
義する法律案を提案した[328]。当該法律案では，連邦議会は，第2条第1節第
5項に規定される natural born Citizen の文言が，次の者を意味すると解し，そ
れを宣言するとしていた[329]。

　（i）　合衆国で出生し，その管轄に属する者

325　以上の分析の後この文献は，憲法修正は以下の条件を満たすべきとしている。

　（i）　憲法修正は，出生時の状況に基づく区別を排除するものであるべき

　（ii）　憲法制定者の規定した，年齢及び居住にかかる要件は変更する必要はない

　（iii）　大統領に就任する者は，他国の市民権を就任前に放棄すべき

　またこの文献は以下の修正案を提示している。

　Any citizen of the United States who has attained to the age of thirty five years and
who has been fourteen years a resident within the United States shall be eligible to the
Office of the President, provided that any person elected to the office of President who
is also a citizen of any other country shall renounce any such citizenship under oath or
by affirmation prior taking the oath of the office of President.

326　U. S. Const. art. II, § 1, cl. 5.

327　Seymore, at 994.

328　S. 2128, 108th Cong., 2nd Sess. (2004).

329　なお本法案は，合衆国の地理的範囲について，合衆国を構成する州並びに District
of Columbia を意味すると定義していた。

(ii) 合衆国外で出生した以下の者

—連邦議会の定める法律に従って，出生時に合衆国市民である両親あるいは一方の親から合衆国市民権を承継した者

—18歳までに養子とされた (adopted) された者で，連邦議会の定める法律に従いその血縁のある子に市民権を承継することのできる者

本法案に関しては，解釈上たとえば以下のような例において不合理な結果が生じるとする指摘がある[330]。

合衆国外で出生した子のある外国人の夫妻が米国に帰化した場合，当該子は承継的帰化によって合衆国市民となるが，本法案によれば natural born citizen とはならないのに対し，外国人の夫妻が米国に帰化した後に外国で出生した者を養子とした場合，当該子は natural born citizen となることになって，後者のみが大統領等への就任資格を有することになる。17歳で養子とされた子は大統領就任資格を取得するのに対し，19歳で養子とされた子はそれを取得しない。

本法案については，米国の属領で出生した子やネイティブ・アメリカンの子の扱いが明確でないという点も指摘され，また出生後に養子とされた子を「出生により合衆国市民である者」とすることは，文理上困難であるという点も指摘されている。さらに，これらが対応され得たとしても，そもそも連邦議会がこのような法律を制定する権限があるか疑義があり，またこのように議会が定義したとしても，この定義の是非について裁判所が判断する可能性があり，この定義は最終的な解決とはならないとの指摘もある[331]。

第2項　市民権の定義に関する案

連邦議会には，各種の不法移民あるいは非移民の外国人の子が合衆国における出生により合衆国市民権を取得することを制限するための，修正第14条の市民権の定義の部分に対する憲法修正案や，法案も提出されてきた[332]・[333]。

---

330 Duggin & Collins, at 146.

331 *Id*.

332 Margaret Mikyung Lee, *Birthright Citizenship under the 14th Amendment of Persons born in the United States to alien Parents*, RL33079 CONGRESSIONAL RESEARCH REPORT 10 (2015); Alexandra M. Wyatt, *Birthright Citizenship and Children Born in the United United States to alien `Parents, An Overview of the Legal Debate*, R44251

384　第7章　大統領就任資格と生来的合衆国市民権

　第一に，憲法修正案としては，概要以下のような種類の提案がされてきている。

(i)　両親が合衆国市民あるいは合法な永住権者であることを求める，あるいは確認する案

(ii)　母が合衆国における合法な居住者であることを求める案

(iii)　母が市民もしくは合衆国における合法な居住者であることを求める案

(iv)　両親の一人が合衆国市民であることを求める案

(v)　両親の一人が合衆国市民もしくは合衆国に永続的な忠誠を負う者であることを求める案

(vi)　両親の一人が合衆国における合法な居住者であることを求める案

(vii)　両親の一人が合衆国市民もしくは合衆国の合法な永住権者であることを求める案

(viii)　両親の一人が合衆国市民，あるいは合法に合衆国に所在する，もしくは合衆国の移民法上一定の合法的な地位を有していることを求める案

(ix)　両親の一人が合衆国市民，あるいは合衆国における合法な居住者，もしくは合衆国軍に従軍する外国人であることを求める案

　第二に，憲法修正案としてではなく，連邦憲法修正第14条第1項の市民の定義に関する法案としては，同条の「合衆国の管轄の下にある」の文言の意

CONGRESSIONAL RESEARCH REPORT (2015). なお1919年，1921年，1923年に同様の憲法修正案が連邦議会に提出されている。Rachel E. Rosenbloom, *Policing the Borders of Birthright Citizenship: Some Thoughts on the New (and Old) Restrictionism*, 51 WASHBURN L. J. 311, 317 (2012). 本文献によれば，1920年代当時のこのような米国における出生による合衆国市民権取得を制限する動きは，基本的には，日本人等のアジアからの移民に向けられたものであったが，メキシコ人等も対象とするものであった。これらの憲法修正案の背景に関する文献として Gabriel J.Chin et al., *Beyond Self-Interest: Asian Pacific Americans Toward a Community of Justice A Policy Analysis of Affirmative Action*, 4 ASIAN PAC. Am. L. J. 129, 145 (1996) (http://papers.ssrn.com/sol3/papers.cfm?abstract_id=1186242); Roger Daniels, THE POLITICS OF PREJUDICE: THE ANTI-JAPANESE MOVEMENT IN CALIFORNIA AND THE STRUGGLE FOR JAPANESE EXCLUSION, 83-85 (California Univ. Pr. 1962).

333　このような法案が民族・人種の観点から合衆国市民権保持者を限定することに用いられる可能性があることを指摘する文献として Kristin A. Collins, *Illegitimate Borders: Jus Sanguinis Citizenship and the Legal Construction of Family, Race, and Nation*, 123 YALE L. J. 2134, 2224 (2014) [hereinafter Collins].

義を定義する，概要以下のような種類の案が提案されてきている。

(i) その実母が合衆国市民，合衆国国民，あるいは合衆国の合法な永住権者でなく，また本人が，その実際の親がその国の市民または国民である，もしくは合衆国以外の国の市民または国民である場合には，修正第14条の意味において合衆国の管轄の下にはなく，当該他国の管轄の下にあるとする案

(ii) その実母が合衆国市民あるいは合衆国の合法な永住権者でなく，また本人が，その実際の親が市民あるいは国民である国の市民もしくは国民である，あるいは合衆国以外の国の市民もしくは国民である場合には，修正第14条の意味において合衆国の管轄の下にはなく，当該他国の管轄の下にあるとする案

(iii) 合衆国の管轄の下で出生した者に，合衆国市民，合衆国国民もしくは合衆国に主たる住所を有する合法な永住権者である，婚姻している，母もしくは父の下に出生した者と，合衆国市民，合衆国国民もしくは合衆国に主たる住所を有する合法的な永住権者である未婚の母の下に出生した者を含むとする案

(iv) 合衆国の管轄の下で出生した者に，婚姻している，合衆国市民，合衆国国民もしくは合衆国に主たる住所を有する合法な永住権者である母もしくは父の下に出生した者，合衆国市民，合衆国国民もしくは合衆国に主たる住所を有する合法的な永住権者である未婚の母の下に出生した者，及び，明白かつ説得的な証拠で父であることが示されかつ一定の条件が満たされる場合には，合衆国市民，合衆国国民もしくは合衆国に主たる住所を有する合法的な永住権者である父の下に出生した者を含むとする案

(v) 合衆国の管轄の下で出生した者に，合衆国で出生した，（合衆国市民である場合を含む）合衆国国民もしくは合衆国に住所を有する合法な永住権者である母もしくは父の下に出生した者を含むとする案

(vi) 合衆国の管轄の下で出生した者に，合衆国市民，合衆国国民，合衆国に住所を有する合法な永住権者，もしくは合衆国軍に従軍している外国人である母もしくは父の下に出生した者を含むとする案

これらのうち(i)及び(ii)は，不法入国外国人もしくは非移民の子が他国の市民権・国籍を取得しない場合には，合衆国市民になるので，無国籍者の発生

の問題は生じない。他方でこれらの案では，母が非移民もしくは不法入国外国人の場合，父が合衆国市民，合衆国国民もしくは合法な永住権者であっても，子が母の市民権もしくは国籍を承継するならば，子は出生によっては合衆国市民とならない。

次に(iii)は，合衆国市民，合衆国国民もしくは合衆国に主たる住所を有する合法的な永住権者である未婚の父の下に出生した者については，当該父を通じて合衆国市民権を取得することを認めていない。このことから当該案では，合衆国外で合衆国市民の父と外国人の母の婚外子として出生した者については合衆国市民権を取得する手続があるにもかかわらず[334]，合衆国内で同様の条件の下で出生した者については，市民権を取得する手続がないということになる。次の(iv)については，合衆国市民，合衆国国民もしくは合衆国に主たる住所を有する合法的な永住権者である未婚の父の下に出生した者についても規定していることから，(iii)のような問題は回避されている。また(v)(iv)についても，親の性別による区別をしていないことから，このような問題は生じない。

以上のほか第三に，連邦憲法修正第14条第1項の「合衆国の管轄の下にある」の文言の意義を定義するとはせずに，出生時に少なくとも親の一人が合衆国市民，合衆国国民もしくは合法的に永住のために入国を認められた外国人でない者は，法令上合衆国市民権を取得しない，とするものがある。また，これ以外に，非移民入国許可（査証）で入国した者の子は，他方の親が合衆国市民もしくは永住権者でない限り，合衆国における出生によっては合衆国市民権を取得しない，とする案も提出されたことがある。

なおこれらの，修正第14条の規定する合衆国における出生によって合衆国市民権を取得するとする規定の効果を制限することを意図する法案等に関しては，出生地による市民権の付与の規律を制限する際に，血統による市民権の付与の原則や，あるいは提案によっては，ジェンダーもしくは婚姻関係等の基準を適用することとしていることから，これによって問題が生じる可能性があることが指摘されている[335]。

---

334 8 U. S. C. A. § 1409(a).

335 Collins, at 2224.

第7節 小 結 387

第7節 小　　結

　ここまでで紹介した資料等を踏まえ，以下ではいくつかの点に関し若干の検討を試みる。

第1款　「出生により合衆国市民である者（natural born citizen）」の意義

　連邦憲法第2条第1節第5項の「出生により合衆国市民である者（natural born citizen）」の意義に関して考える際に[336]，後述のとおり帰化市民と出生により合衆国市民である者の間で，大統領等の就任資格に関し差異を設けることの是非については議論があるが，第一に現在の一般的な解釈においてこの文言が，帰化市民を含まないとされていることに異論はないと考えられる[337]。

　第二に「出生により合衆国市民である者（natural born citizen）」については，合衆国の領域内で出生した者の範囲の問題がある。この点に関しては，少なくとも合衆国市民を両親として合衆国の領域内で出生した者は，「出生により合衆国市民である者（natural born citizen）」にあたると考えられているということが一応はいえる。これに関連して，たとえば次の種類の者が「出生により合衆国市民である者（natural born citizen）」にあたるかが問題となる[338]。

---

[336]　なお文理解釈との関係では，厳密には，連邦憲法第2条第1節第5項の「出生により合衆国市民である者（natural born citizen）」，修正第14条に基づいて合衆国市民となる者，連邦憲法第1条第8節第4項に基づいて制定される法に基づいて合衆国市民となる者は，異なる文言を使用している，あるいは異なる法的根拠に基づくことから，これらの関係が問題になる。

[337]　THE CONSTITUTION OF THE UNITED STATES OF AMERICA-ANALYSIS AND INTERPRETATION, 453 (Centennial Ed.) (GPO 2014) (https://www.congress.gov/constitution-annotated/).

[338]　なおここで上げた点のほかに，連邦憲法第2条第1節第5項の意味で，次の者が出生により合衆国市民となる者となるかという論点があることが指摘されている。
　（ⅰ）　Columbia 特別区で出生した者
　（ⅱ）　米国が未承認の国の関係者の子
　（ⅲ）　ネイティブ・アメリカンの部族に属する者
　（ⅳ）　合衆国の領海・領空，合衆国船籍の船舶，在外にある合衆国大使館，米軍基地等で出生した者

388　第7章　大統領就任資格と生来的合衆国市民権

（ⅰ）　合衆国において合衆国市民以外の子として出生した者がこれにあたる
　　か

（ⅱ）　合衆国の属領で出生した者はどうなるか

（ⅲ）　二重国籍者の場合はどうなるか

　このうち(ⅰ)については，これまでの議論との関係では，たとえば，永住資
格を持って滞在している外国人の子，一時的に滞在している外国人の子，合
衆国に不法に滞在している者の子等のそれぞれについて，どう考えるかの問
題がある[339]。

　　　　（ⅴ）　どこで出生したか不明である者

　　　Duggin & Collins, at 98. 同文献では，それぞれについて以下のとおり述べている。

　　　まず(ⅰ)の Columbia 特別区の住民については，連邦憲法の保障する権利を享有する
　　かどうかは個別の条文の性質等によることとされていること，Columbia 特別区の住
　　民は連邦政府に対して税金を支払っていること，Columbia 特別区は州とされていな
　　いこと，また，同区における大統領選挙人の選任に関しては連邦憲法修正第23条を通
　　じてなされたこと，Columbia 特別区からは連邦議会議員が，州と同様という意味にお
　　いては，選出されていないこと（Columbia 特別区から連邦議会下院には投票権のない
　　準議員が出席しており，上院には Columbia 特別区を代表する議員はいない。），等の
　　事情が指摘され，最高裁もこの点に関して判断したことがないことから，この論点は
　　未解決であるとしている。

　　　第二に(ⅱ)の米国が未承認の国の関係者の子については，修正第14条の規定する意
　　味において，合衆国の管轄の下にある者と解されることから，出生により合衆国市民
　　権を取得すると考えられ，これによって連邦第2条第1節第5項の意味で出生により
　　合衆国市民権を取得する者と解されるのではないか，としている。

　　　第三に(ⅲ)のネイティブ・アメリカンの部族に属する者については，Elk v. Wilkins 事
　　件において連邦最高裁がそれらの者が合衆国市民であることを否定する一方で，1924
　　年の連邦法の規定により合衆国市民権を付与された者もいることから，連邦裁判所が
　　この論点に基づいてネイティブ・アメリカンの部族に属する者に関し大統領就任資格
　　を否定するとは考えにくいが，少なくともこれらの者の一部については議論がある，
　　としている。

　　　第四に(ⅳ)で上げたそれぞれの事例についても，個別に検討すべき旨が指摘されてい
　　る。

　　　第五に(ⅴ)については，現行の移民国籍法ではこのような者に合衆国市民権が付与さ
　　れている一方で，連邦憲法第2条第1節第5項との関係では，一定の疑問が示される
　　可能性が指摘されている。

339　この点に関し修正第14条第1文の規定との関係では，「その管轄に服する者
　　（subject to the jurisdiction thereof）」の解釈の問題がある。

　　　この点について Slaughter-House 事件法廷意見は「外交官，領事官，もしくは外国

第 7 節　小　結　**389**

　この点に関し 1898 年に連邦最高裁が判断した Wong Kim Ark 判決の原告の両親は，Domicile を有して合衆国に居住していたことを踏まえると，Domicile を有する者の子は，合衆国市民権を享有するというのが連邦最高裁の判断と考えられ，また当時中国人は合衆国において帰化が認められていなかったことを踏まえると，帰化が認められない者の子であっても，合衆国市民権を取得するというのが連邦最高裁の判断ということになる。

　なお同判決の文言[340]やその後の行政実行等を見ると[341]，一時的に米国に滞在している者の子や不法滞在外国人の子等，親が合衆国に所在する原因・理由にかかわらず，合衆国で出生した者は合衆国市民権を取得するとされている。ただし，不法入国・滞在外国人の子については修正第 14 条第 1 文の適用から除外しようという動きがあり，連邦議会に関連の法案が累次提出されている。

　の市民あるいは臣民である者の子」を除くことを当該文言は意図したものであるとし（83 U. S. 36, 73. 当該判決は次のとおり記載している。The phrase, "subject to its jurisdiction" was intended to exclude from its operation children of ministers, consuls, and citizens or subjects of foreign States born within the United States.），また Elk v. Wilkins 事件法廷意見も同様の立場をとっている（112 U. S. 94, 102. 当該判決では"the children of subjects of any foreign government born within the domain of that government, or the children born within the United States of ambassadors or other public ministers of foreign nations"は合衆国の管轄の下にないとしている）。

　他方で Wong Kim Ark 事件法廷意見は「外国政府の関係者あるいは外交官の子である場合，外国の公船における出生の場合，占領の対象となっている地における出生の場合，部族に対する忠誠を負っているネイティブ・アメリカンの場合」を除いては管轄の下にあるとされ，外国政府の下にある者の子は例外の対象とはされなかった（169 U. S. 649, 693. 当該判決の記述は以下のとおり。"the exceptions or qualifications (as old as the rule itself) of children of foreign sovereigns or their ministers, or born on foreign public ships, or of enemies within and during a hostile occupation of part of our territory, and with the single additional exception of children of members of the Indian tribes owing direct allegiance to their several tribes)。

　なおこの点に関し Wong Kim Ark 事件法廷意見は，Slaughter-House 事件法廷意見の上記部分に関し，傍論であると指摘している（169 U. S. 649, 678.）。

340　同判決は，出生による市民権は，憲法に規定される要件の下における出生のみによって取得され，合衆国で出生し，その管轄下にある者は，帰化によらずに，合衆国市民となる，としている（169 U. S. 649, 702）。

341　Charles Gordon, Stanley Mailman, Stephen Yale-Loehr, & Ronald Y. Wada, IMMIGRATION LAW & PROCEDURE, § 92. 3 [2] [e] (2014).

390 第7章 大統領就任資格と生来的合衆国市民権

次に(ii)については，現行法上属領で出生した者は，合衆国国民であって，合衆国市民ではない。このこと等から連邦憲法第2条第1節第5項によれば，これらの者は「出生により合衆国市民である者（natural born citizen）」にはあたらないということになる[342]。

(iii)については，上記のとおり過去に Charles Evans Hughes の事例で問題となった。最終的に Hughes は1916年の大統領選で共和党側の候補にはなったが，大統領選挙で敗北したので，大統領就任資格の問題はそれ以上議論されなかったと思われる[343]。

第三に海外で出生した者が「出生により合衆国市民である者（natural born citizen）」に含まれるかの論点がある。前述のとおり米国においてはこれまで制定法により，合衆国市民を両親とする，もしくは両親の一方を合衆国市民とする者に対し，各種の要件の下で合衆国市民権を付与してきた[344・345]。こ

---

342 Duggin & Collins, at 96. その他の理由等を検討した文献として John R.Hein, *Comments: Born in the U. S. A., But not Natural Born: How Congressional Territorial Policy Bars Native-born Puerto Ricans From the Presidency*, 11 J.Const. L. 423（2009）.

343 この点に関し，当時の文献では，二重国籍者は natural born citizen ではないとする主張がみられるが（Breckinridge Long, *Is Mr. Charles Evans Hughes a "Natural born citizen" within the meaning of Constitution?*, 146-148 Chi. L. News 220（Dec. 7, 1916）.），近時では連邦憲法上二重国籍の大統領を禁じる規定はないと主張する論文がある。Peter J. Spiro, *McCain's Citizenship and Constitutional Method*, 107 Mich. L. Rev. First Impression 42, 47（2008）.

344 連邦法に基づく合衆国市民権の付与に関しては，現行の移民国籍法と Wong Kim Ark 判決の関係の問題がある。

　すなわち現行の移民国籍法は，「帰化」について「いかなる方法によるかを問わず，出生後，個人に国籍を与えることをいう。（The term "naturalization" means the conferring of nationality of a state upon a person after birth, by any means whatsoever）」と定義しており（8 U.S.C.A. § 1101（23）.），「帰化」が生じる時期を出生後としている一方で，同法第301条（8 U.S.C.A. § 1401）の表題は，「出生による合衆国市民（Nationals and citizens of United States at birth）」としていることから，同条に規定される方法により合衆国市民権を取得する者は，帰化ではなく，生来的市民と解されうる。他方で United States v. Wong Kim Ark 判決法廷意見によると連邦憲法修正第14条は，市民権の取得は出生によるか，帰化によるかのいずれかしか認めておらず，出生による市民権の取得は，憲法上規定されている条件に従った出生の事実のみで認められ，他方で帰化による市民権は（連邦）法の規定する権威の下で，その方式に従って取得されるとし，さらに，合衆国で出生した者は，帰化を求められず，出生の事実によって直ちに合衆国市民となるのに対して，合衆国の管轄の外で出生し

れらの者が連邦憲法第2条第1節第5項の規定する「出生により合衆国市民である者」に該当するかという点については，Roger v. Bellei 事件判決における最高裁の判断はあるが，大統領選挙との関係では，たとえば McCain の

た者は，帰化によってのみ市民権を取得する，と判示しており（169 U. S. 649, 702），若干の矛盾があることになる。なお同判決の立場を追求すると，出生により合衆国市民権を取得する者は，憲法に基づいてそれを取得するとされていることから，連邦憲法第1条第8節第4項に基づいて制定される法に基づいて「出生により合衆国市民となる者」が大統領に就任する資格があるか，という論点も生じる可能性がある。

もっともこの点に関して同判決は，修正第14条は米国内で出生した者の市民権に関しての規定であって，合衆国外で出生した者の市民権については扱っておらず，合衆国外で出生した者については連邦議会の定める法令によるのみである，としている（169 U. S. 649, 688）部分があることが指摘できる。また同判決のうち，海外で出生した子にかかる部分については，そもそも同判決は，一般的に出生による市民権の取得に関して判断しているとしても，海外で米国市民の子として出生した者の子についての事件に関する判決ではなく，米国で外国人の親から出生した子に関する事件についての判決であることから，外国で出生した米国市民の子に関する部分は傍論であると解する余地がある。

345　この点に関し市民権そのもの性質として，修正第14条に基づく合衆国市民権に対する連邦法に基づく制限は基本的にできないが，連邦法に基づく合衆国市民権に対する連邦法に基づく制限は，当該権限の行使が，不合理，恣意的，もしくは不公正ではないか，等の観点からの限定はあるが，連邦議会は制限を付することができる，ということなどの差異がある。この点に関し United States v. Wong Kim Ark, 169. U. S. 649, 688 (1898)；Roger v. Bellei, 401 U. S. 815, 830 (1970). なおこの点に関連して，出生による合衆国市民と帰化による合衆国市民の差異について J. Michael Medina, *The Presidential Qualification Clause in this Bicentennial Year: the need to eliminate the Natural born citizen requirement*, 7 OKLAHOME CITY UNIV. L. REV. 253 (n. 1) (1987). この文献では，次の差異が指摘されている。

(i)　帰化市民は副大統領の就任資格がない。

(ii)　連邦議会上院議員及び下院議員の就任資格に関して合衆国市民としての期間が規定されていることから，出生による市民と帰化市民とでは，これらの議員になることができる時期で相違が生じる。

(iii)　帰化市民に関しては，帰化手続において，爵位の放棄等，出生による市民には課されない条件が課される。

(iv)　実定法上，生来的市民に関してはなく，帰化市民に関してのみ存在する制度として，帰化の取り消し（8 U. S. C. A. § 1451）等がある。

なお帰化市民の権利に関する裁判例について Kenneth R. Thomas and Larry M. Eig ed., THE CONSTITUTION OF THE UNITED STATES ANALYSIS AND INTERPRETATION, 280 (GPO 2014).

392 第7章 大統領就任資格と生来的合衆国市民権

際の連邦議会の決議等に示されるように，実務上はこれに該当すると解されていると考えられる。

第2款 「出生により合衆国市民である者（natural born citizen）」の範囲

憲法の規定以外に連邦法によっても「出生により合衆国市民権を取得する者」について規定できるとする場合[346]，どのように連邦法で規定すべきかを検討することが必要になる。

前述のとおり米国においては，Wong Kim Ark 事件判決やその後の行政実務等により，その親の法的地位にかかわらず米国の領域で出生した者は，一部の例外を除いて，合衆国市民権を取得する。Dred Scott 事件判決において「憲法制定時に連邦政府の設立に参加した州において市民と認められ，合衆国の下で市民と認められた者の子孫である白人」と合衆国に帰化した者のみが合衆国市民とされ[347]，それが南北戦争及びその後に制定された修正第13条，第14条，第15条等のいわゆる南北戦争条項で改革されたという経緯の中で，修正第14条の市民権の定義が規定されたことを考慮すると，修正第14条が基本的に例外のない出生地主義を採用したとする Wong Kim Ark 判決

---

[346] なお連邦議会が海外で出生した子に対する合衆国市民権に関する法を規定する権限の連邦憲法上の根拠については議論がある。この点に関し Michael G. McFarland, *Derivative Citizenship: It's History, Constitutional Foundation, and Constitutional Limitations*, 63 NYU ANNUAL SURVEY OF AMERICAN L. 467, 483（2008）. この文献では，連邦憲法第1条第8節第4項の帰化に関する統一的な規則を制定する権限，連邦最高裁が議会に認めた外交権限，修正第14条が根拠になる可能性があるとしてそれぞれについて検討している。これらそれぞれの根拠のうち第一の帰化に関する連邦議会の権限については，海外で出生した子に合衆国市民権が承継される場合，当該市民権を取得した者は，出生により市民権を取得した者と解されているが，それを帰化に関する規則を制定する権限で根拠付けることができるのか，という点が指摘され，第二の議会の外交権限については，市民権の承継に関する事項は，外交事項ではなく，内政事項ではないか，という点が指摘され，第三の修正第14条については，Rogers v. Bellei 判決で最高裁が承継により取得された市民権は，修正第14条に基づく市民権ではないとしていることが，本文献では指摘されている。この検討の後本文献は，一応は，いわゆる連邦議会の固有の権限（plenary power）によるとしている。

[347] なお建国以来1870年まで米国の帰化法では，白人のみが帰化を認められていた。REVISED STATUTES OF THE UNITED STATES, PASSED AT THE 1ST SESSION OF THE 43RD CONGRESS, 1873-'74, § 2169（2nd ed., WASHINGTON, GPO, 1878）.

等には合理性がある。またこの点で「その管轄に服する者（subject to the jurisdiction thereof）」の文言に関係付けて修正第14条の規定する出生地主義の制限を提案する各種の法案が成立しないことも理解できる[348・349・350・351]。

　次に海外で出生した者については，前述のとおり，一定の条件の下に連邦法によって合衆国市民を親とする者に出生による合衆国市民権が付与されてきている。これに関し歴史的に米国においては，法制度上承継による市民権の取得を拡大してきたという経緯があるが，これについてはグローバリゼーションの進展により海外で活動する米国人が増加したことに伴いこのような法制度の整備が求められたと推察できる[352]。

348　この点に関し，1995年の司法省法制意見室（Office of Legal Counsel）の意見は，第一に合衆国内における出生による市民権の取得に関する法理は憲法に係るものであることから，合衆国の管轄権のもとで出生した者が出生により市民権を取得することを否定する趣旨の法案は，文面上違憲であること，第二にこのような趣旨の憲法修正は，憲法の基本原理に抵触すること，を指摘している。Walter Dellinger, Asst. Atty. Gen., *Legislation Denying Citizenship at Birth to Certain Children Born in the United States*, 19 Ops. of the OFFICE OF LEGAL COUNSEL 340, 341 (1995).

349　この点に関連する連邦議会における議論に関して Birthright Citizenship: Is it the right policy for America?: Hearing before the Subcommittee on Immigration and Border Security of the Committee on the Judiciary, House of Representatives, 114th Cong. 1st Sess., (Apr. 29, 2015).

350　ただし米国以外の出生地主義を取る国については，出生により市民権・国籍を取得する場合を制限している国も少なからずあることが指摘されている。Margaret Mikyung Lee, *Birthright Citizenship under the 14th Amendment of Persons born in the United States to alien Parents*, RL33079 CONGRESSIONAL RESEARCH REPORT, 19 (2015).

351　ただしネイティブ・アメリカンとの関係では，ネイティブ・アメリカンが合衆国市民とされることで，部族の主権が喪失し，部族が解体することとなった。Frederick E. Hoxie, *What was Taney thinking? American Indian citizenship in the era of Dred Scott*, 82 CHI.-KENT L. REV. 329 (2007); D. Carolina Nunez, *Beyond Blood and Borders: Finding meaning in Birthright Citizenship*, 78 BROOKLYN L. REV. 835 (2013).

352　Charles Gordon, Stanley Mailman, Stephen Yale-Loehr, & Ronald Y. Wada, IMMIGRATION LAW & PROCEDURE, §93.1 [1] (2014). なお連邦憲法第2条第1節第5項の修正案と海外で活動する米国人数の増加を関係付けるものとして Constitutional Amendment to allow Foreign-Born Citizens to be President: Hearing before the Subcommittee on the Constitution of the Committee on the Judiciary, House of Representative, 106th Cong. 2nd Sess. (Jul. 24, 2000) (testimony of Prof. John M. Yinger).

394 第7章 大統領就任資格と生来的合衆国市民権

なおこの点に関し最高裁の判例では，非嫡出子に対する市民権の付与に関し，男性合衆国市民を親とする場合と女性合衆国市民を親とする場合に別異の扱いを規定する移民国籍法第309条（8 U. S. C. A. § 1409）の規定に関する論点がある。

前述の通り Miller v. Albright 事件判決及び Nguyen v. INS 判決いずれにおいても連邦最高裁は，この規定を合憲とした。いずれの法廷意見も，同規定は，母は出産時にその場にいるのに対して，父はその場にいない（ことが可能）という事実上の差異に基づいており不合理なものではないとし，また同規定は(i)合衆国市民の親とその子の関係の保証の確保，(ii)合衆国市民の親とその子の間の健全な関係の醸成，(iii)合衆国市民である親を通じた子と米国との関係の醸成，という正当な目的から規定されているとしている。

これに対しては，最高裁が想定しているように，多くの場合出産時に母はその場にいるのに対して，父はその場にいない（ことが可能）という事実上の差異がありえると考えることは必ずしも不合理ではないとも考えられ[353]，ま

---

[353] ただし，現在の生殖技術の進歩により人口妊娠・出産が可能になり，利用されているという事実がある。この点に関し米国の場合，いわゆる生殖補助医療（Assisted reproductive Technology: ART）による出生は，2011年で全出生率の1.5パーセントという統計がある。U. S Dept. of Health and Human Services-Centers for Disease Control and Prevention, Assisted Reproductive Technology Surveillance – United States, 2011, p1（Nov. 21, 2014）
（http://www.cdc.gov/mmwr/preview/mmwrhtml/ss6310a1.htm）.なお移民国籍法第309条（8 U. S. C. A. § 1409）に関し検討する文献として David A. Isaacson, *Correcting Anomalies in the United States Law of Citizenship by Decent*, 47 ARIZ. L. REV. 313 (2005).この文献では，合衆国に居住していた男性合衆国市民が海外に移転し，そこで外国人女性と子を作り，その子を育てている場合と，女性合衆国市民が，収入のために卵子を提供し，それによって，当該女性合衆国市民と何の接点もないまま，海外で子が出生した場合，現行法の規定によれば，前者については一定の手続がなされなければ子が合衆国市民権を取得しないのに対して，後者については合衆国市民権を取得する，と指摘している。
　Miller v. Albright 事件判決の Ginsburg 裁判官の反対意見は，子を育てる責任を負担した，あるいはそれを逃れた，男性合衆国市民と女性合衆国市民の間における区別の問題を指摘しているが，このような事例はその一例と考えられる。またこのようなことが実際に技術的に可能であることを考えると，同裁判官が指摘するように，海外で非嫡出子を出産した母である合衆国市民の方が，海外で出生した非嫡出子の父である合衆国市民よりも，実際に子を育てることが多いとした同事件法廷意見の考え方に

たこの場合に国の立場からするならば，子と女性合衆国市民に求めないような要件・手続として，子と男性合衆国市民との関係の証明を求め，またさらにそれを通じて国自体との関係を求めるとの考え方は，一般論としては，理解できなくはない[354・355]。

　他方で仮に最高裁が想定している事実を措定するとしても，その事実を踏まえて，具体的にどのような法制度を構築するかは，一意的に決められるものではなく，従ってその合理性・適切性等は評価の対象とされうると思われる[356]。そして現状の移民国籍法第309条（8 U. S. C. A. § 1409）の規定する制

は疑義があると考えられる。

　　なおこの点に関連して2014年米国国務省と国土安全保障省は政策の転換を図り，以下の政策を採用している（USCIS PA-2014-009, Oct. 28, 2014）
（http://www.uscis.gov/policymanual/Updates/20141028-ART.pdf）。
　（i）法令上の"natural mother"と"natural father"の文言は，遺伝上の親とその後の懐胎による親（genetic parent or gestational parent）を意味する。従って，婚姻外で出生した子の"natural mother"には，当該母が出産時に法的に親である場合，遺伝上の母ではなく懐胎した母（non-genetic gestational mother）を含むこととする。
　（ii）懐胎による母（gestational mother）は，子の出産時に法的にも親である場合，当該子と遺伝上の関係がなくともその親子関係を主張することができる。
　（iii）遺伝上の母ではなく懐胎した，法的にも母である者（non-genetic gestational legal mother）は，合衆国市民であるならば，その他の条件が満たされる場合には，出産時あるいはその後に市民権を承継させることができる。

354 国の立場からして，男性合衆国市民が海外に赴き，そこで婚姻関係にない異性と交遊し当該異性が妊娠し，その子が出生して米国市民権を求める際に，当該子と当該男性合衆国市民の関係がわからず，また，米国への関係も考慮しないまま市民権を付与することは困難と考えざるを得ないという判断は，一般的には理解できなくはない。ただしこの点に関し Nguyen v. INS 事件判決の O'Conner 裁判官は，法廷意見が移民国籍法第309条（8 U. S. C. A. § 1409）を合憲としたことに関し，典型的な男性の無責任さを反映したものに過ぎない，としている。

355 この点に関し，移民国籍法第309条（8 U. S. C. A. § 1409）の原型の規定が初めて規定された1940年国籍法の関連制定過程で，当該規定に関し，米国法上父による認知がない場合，婚外子の母は自然な保護者（natural guardian）として子に対する監護（custody and control）の権利を有していた，とする説明が大統領の諮問委員会より連邦議会にされていたことが，Nguyen v. INS 事件判決の O'Conner 裁判官の反対意見の中で紹介されている。533 U. S. 53, 91. この説明によれば，子の監護を行うことは「権利」と認識されていたことになる。ただし O'Conner 裁判官は，上記について紹介した後に，これによって女性は子の監護に対する責任を負うことになり，男性はその責任から開放されることになった，と評価している。Id., at 92.

度については，これらの判決の反対意見が指摘しているとおり，より詳細な評価・検討が必要ではなかったかと考えられる[357]。

　具体的に第一に(i)合衆国市民の親とその子の関係の保証の確保という点については，確かに Miller v. Albright 事件判決及び Nguyen v. INS 事件判決の両法廷意見が述べるように，連邦議会が特定の手段を採用することが求められているわけではないが，実際に DNA 鑑定でそれが示された場合には，その有用性を排除する必要はないと考えられる。

　第二に(ii)合衆国市民の親とその子の間の健全な関係の醸成という点については，Nguyen v. INS 事件判決の原告は，現実に合衆国市民である父に養育されている。この点を踏まえると，同事件で O'Conner 裁判官が指摘したとおり，重要なのは，子を育成する機会があったという事実であり，具体的な事件に対する対応という観点では，この点が評価される余地があったと考えられる。

　第三に(iii)合衆国市民である親を通じた子と米国との関係の醸成という点に関しては，この目的が正当であるとしても，それと子が 18 歳になるまでに男性合衆国市民である親が子を認知等することを求めることとの関係は明確でないという Miller v. Albright 事件で Breyer 裁判官が述べた見解に一定の説得力があると考えられる。

　そもそも出生による合衆国市民権の取得については，それ自体としてどのような法制度が定められるかが一般的に重要な関心事項と考えられ[358]，ここまでで紹介したとおり，この点に関連する法律や判例も各種の道筋をたどり

356　同様に性別に基づく承継による市民権の取得に関する規制は，必然的なものではなく，政府に対する，歴史的・組織的に偶然に生じた圧力や要請によるものであるとする文献として Collins, at 2230.

357　もっとも Miller v. Albright 事件判決及び Nguyen v. INS 事件判決の両判決の反対意見として Scalia 裁判官が述べているように，そもそも議会の制定する連邦法を修正して，裁判所が合衆国市民権を付与するようなことができるかについては議論がある。なお裁判所が人権保障の観点から，合衆国市民権の承継に関する事項に関する議会の権限のあり方について再検討すべきとする文献として Michael G. McFarland, *Derivative Citizenship: It's History, Constitutional Foundation, and Constitutional Limitations*, 63 NYU ANNUAL SURVEY OF AMERICAN L. 467（2008）.

358　この点に関し，出生地主義による合衆国市民権の付与が，平等と統合に寄与したことを指摘する文献として Mae M. Ngai, *Birthright Citizenship and the Alien Citizen*, 75 FORDHAM L. REV. 2521（2007）.

第7節 小 結 397

ながら歴史的に発展してきている。さらに民主主義国である米国においてこ
の点は，大統領の就任資格等と関係するという点で，重要な意味を持ってい
る。このことから，上述の二つの判例の場合に限らず，連邦法で「出生によ
り合衆国市民である者」の範囲にかかわる規定を定める場合等には，その正
当性が強く問われることになり，具体的には合衆国の建国の理念等が反映さ
れた規律となっているか等が問われることになるのではないかと考えられ
る[359]。

　なおこの点に関連して，先に述べたとおり，ある個人が出生によって合衆
国市民権を取得したかどうかは，当該個人の出生時に有効であった関連法令
の規定によって決定されることから，出生による合衆国市民権の取得に係る
法制度の制定・改正等は，大統領の就任資格との関係では，将来，具体的に
連邦憲法第2条第1節第5項との関係では少なくとも35年後には，影響が
生じることになると考えられる。このことを踏まえると，出生による合衆国
市民権の取得に係る法制度の制定・改正等は，将来の米国のあり方に影響を
与えるものであり，それを勘案した対応が必要とされていると思われる。

第3款　市民は誰から大統領を選出するか

　連邦憲法第2条第1節第5項は大統領就任要件として「出生により合衆国
市民である者（natural born citizen）」とするのと同時に，憲法が制定された
際に合衆国市民である者についても合衆国大統領に就任する資格を認めてい
る。建国時には出生により合衆国市民である者で大統領に就任できる年齢で
あった者はいなかったと考えられるので，このような規定が必要であったと
考えられる。しかしながら合衆国が成立する前とはいえ，合衆国以外の国に
属していたにもかかわらず，合衆国に対する貢献をもって特に大統領への就
任資格が認められるとするならば，その後の合衆国の歴史において同様に合
衆国に貢献している者について，帰化市民であるということを理由に大統領
に就任する資格を認めないということは適切なのか，ということは問い直さ
れるべきこととなる[360]。このことを踏まえると帰化市民に合衆国市民とし

359　一例として Constitutional Amendment to allow Foreign-Born Citizens to be
　　President : Hearing before the Subcommittee on the Constitution of the Committee on
　　the Judiciary, House of Representative, 106th Cong. 2nd Sess. (Jul. 24, 2000)
　　(testimony of Prof. John M. Yinger).

398　第7章　大統領就任資格と生来的合衆国市民権

て，出生により合衆国市民である者と同様，大統領就任資格を認めるべきとする考え方が示されて，米国の歴史においてこれまでに多くの憲法修正案が連邦議会において提案されてきたことには一定の理由があると考えられる。

　もっとも上記で紹介したとおり，この点にかかる憲法修正としては各種多様な提案が示されてきており，それらそれぞれは，具体的な政治状況，つまりは具体的な大統領候補者を念頭に提案されてきている。このことから，このような憲法修正案に関する議論は，個々の憲法修正案に示される法理の妥当性とは別に，具体的な政治状況からの影響を受けてされざるを得ないと思われる。またそのほかにも，これも上述のように，合衆国憲法及びその修正に対する合衆国市民の考え方，外国人に対する合衆国市民の認識・感情，合衆国市民のアイデンティティ等，憲法法理だけでない，各種多様な法外在的要素が憲法修正には影響することにも留意する必要がある。

　なおこの点に関連して，Miller v. Albright 事件判決及び Nguyen v. INS 判決いずれにおいても連邦最高裁は，移民国籍法第309条（8 U. S. C. A. § 1409）に関し，合衆国市民である親を通じた子と米国との関係の醸成という正当な目的から規定されているとしている。ここでいう米国との関係の醸成が具体的にどのようなものを考えているのかは明らかではない。この米国との関係に関しては，米国内で出生した子は，当該出生の事実のみで合衆国市民権が与えられることとの比較で考えるならば追加的な要件であり，また国と個人の関係の観点からすると，国が自らを構成する個人を選択するのか，それとも個人が国のあり方を選択するのか，という点とも関係する。この点で，醸成されるべきとされる米国との関係，の具体的な意義が何かを検討することは今後重要であると思われる[361]。

361　Maximizing voter Choice: Opening the Presidency to Naturalized Americans: Hearing before the Comm. on the Judiciary, Senate, 108th Cong. 2nd Sess., （Oct. 5, 2004）（testimony of Prof. John M. Yinger）.

361　この点に関連して，実務上はある個人が当該国の国籍を有するかどうかを判断する権限を国家が有することになると思われ，そのような権限を国家が保有し行使する必要性もあると考えられるが，理論的には，個人が国家を構築するのであって，国家が自らの望む個人を選択しそれから国家を作るのは，封建国家であるならともかく，民主主義国家の建前にはそぐわないと考えられる。またこの点に関連して，本文記載のとおり，Miller v. Albright 事件判決及び Nguyen v. INS 判決いずれにおいても連邦最高裁は，移民国籍法第309条（8 U. S. C. A. § 1409）に関し，合衆国市民である親を

第7節 小 結 **399**

第4款 外国との関係

連邦憲法第2条第1節第5項の「出生により合衆国市民である者（natural born citizen）」の文言は，新生国であった米国に対する外国からの影響を避けるために採用された。これはより具体的には，外国の王政関係者を米国に招致し王政を設立する等の動きを避けるためということを含むものであった[362]。この点に関し，少なくとも米国の記録では，外国の影響を招きいれようとする米国側の人々がいたことが指摘されており，この点からするならば，外国の影響というのは，実は米国国内の問題という側面があったことがうかがわれる。

当然のことながら世界中のあらゆる人から自国の為政者を選出する選挙を行うことは不可能であるが，このような自国民からの要望が示される場合には，それ，すなわち現代的にいうならば，たとえば外国で出生して合衆国市民権を取得した者を「出生により合衆国市民である者」と認めるあるいは認めないことに関する判断と，当該判断に関する合理的な説明が必要になる[363]。この点に関し憲法上の規定を前提にする場合，一般的には当該規定に従って一定の範囲が確定されることになる。

しかしながらこの点に関しさらに進んで憲法修正の可能性を含めた議論がされる場合にどのような議論がされ，どのような決定がされるべきかを考え

通じた子と米国との関係の醸成，という正当な目的から規定されているとしている点については，実務上このような関係性の存在が求められることは理解できるとしたとしても，理論的に近代国家のデザイン・設計という観点からするならば，このような国家との関係性等の個人に対する国からの要求が可能な限り低減されている方がより望ましい国家の構造と評価されると思われる。

362 ただしこの点に関し，Federalist の第3編等で外国の影響に対する懸念が示されているが，この点に対する対策として同書第68編は，大統領選挙人制度があることを説明しており，第2条第1節第5項の「出生により合衆国市民である者」の要件は指摘されていない，とする文献がある。Andrew Miller, *Terminating the "just not American enough" idea: Saying "Hasta La Vista" to the Natural-born-citizen requirement of Presidential Eligibility*, 57 SYRACUSE L. REV. 97, 118 (2006).

363 なおこの点に関し1350年以降英国では，順次外国で英国臣民の下に出生した者を natural-born subject とし，また1740年に制定された法律では，外国で出生した英国臣民であっても公職につくことが可能とされたことが指摘されている。Jill A. Pryor, *The Natural-Born Citizen Clause and Presidential Eligibility: An Approach for resolving Two Hundred Years of Uncertainty*, 97 YALE L. J. 881, 886 (1988).

たとき，あるいはそれは政治の範疇であるとも考えられる。もっともたとえば，合衆国憲法が「より完全な連合を形成し，正義を樹立し，国内の平穏を保障し，共同の防衛に備え，一般的福祉を増進し，そしてわれらとわれらの子孫のために自由の恵沢を確保する目的をもって」制定されたものであり，この実現のために憲法修正を含めた一定の政策が必要とされるとするならば，それは憲法的な観点から求められるものとして，この範囲の確定に関する議論は憲法の範疇の議論とされることになる。また人権の保障，より具体的には出生により合衆国市民である者と帰化市民との平等の確保等の要請からの議論がされる場合にも，同様にこの点に関する議論は憲法の範疇における議論となると考えられる。

　なおこの点については，設立された当時の合衆国と異なり，現代のグローバリゼーションが進展した国際社会において Natural born citizen の条項は，1789 年当時に連邦憲法の起草者が想定した目的の実現に貢献しておらず，むしろ合衆国内において人種や宗教等による差別と同様，国民を分割する原因となっているとする指摘がある[364・365・366]。この点に関しては，上述のように世界中のあらゆる人びとの中から為政者を選択することは技術的に不可能であるが，一般論としては，より多様な文化や人種的な背景を有する，あるいは，多種多様な人的関係を有する者が国家の運営に参画・関与する可能性を開くことは，より広範囲から政策に関する情報や知見等を得られ，より有効・有益な政策等の選択肢が拡大する可能性がある等の点で有意義・有用であるという考え方は，一つの見識であると考えられる。

---

364 Sarah P. Herlihy, *Amending the natural born Citizen requirement: Globalization as the impetus and the Obstacle*, 81 CHICAGO-KENT L. REV. 275, 281 (2006).

365 なおこの点に関連して，出生により合衆国市民である者が，他国に帰化した場合に，大統領就任資格を有さないか，という問題提起がされている。Peter J. Spiro, *McCain's Citizenship and Constitutional Method*, 107 MICH. L. REV. FIRST IMPRESSION 42, 47 (2008).

366 もっともこの点に関しては，国籍法の国際的側面一般にかかわる問題として，他国の国籍との抵触等に係る調整は必要であり，特に無国籍者が生じるような法制度は避ける必要がある。

第8章　米国市民権・市民的権利の歴史と近代国家の構成員に係る法制度のあり方

第1節　本章の課題と論証の方向性

　第1章で示した通り，本書の課題は，「国籍」を巡る主要な問題である，誰が国民であるか，という問題と，国民であることはどのような意味を持っているのか，という問題について，米国における市民権の歴史を検討し，さらにこれを参照しつつ，近代国家において国家と国民をどのように形成していくべきなのかを考えていくことであった。

　ここまでの第1章から第7章まででは，建国期から現代に至るまでの米国の「市民」に関する議論の諸相を整理してきた。本章ではここまでに見てきたところをとりまとめ，米国のこのような歴史的経験はどのように評価できるのかを検討し，これを踏まえ近代国家の構成員にかかる法制度を考える際に参照すべき点を考える。

　まず第2節で市民権についての議論をまとめ，次に第3節で市民的権利に関する議論をまとめる。第4節及び第5節では，第3節まででとりまとめたものを踏まえ，一般的に近代国家と市民権・市民的権利の関するいくつかの点について検討する。また第6節では，以上を踏まえつつ，将来の近代国家の発展と市民権の関係に関し検討を試みる。

第2節　米国市民権の発展過程

第1款　米国黎明期における市民権の理解

第1項　外国からの分離

　第2章で見た通り，建国当初の段階では，何よりもまず外国から新生国の政治体制を独立させ，独自の政体を形成することが重視された。その結果として市民権，あるいはそれに付随して政治に係わる者の外国からの独立の程度が問題とされることになった。このことは，従前まで存在した政治システ

402　第8章　米国市民権・市民的権利の歴史と近代国家の構成員に係る法制度のあり方

ムとの関係を断絶し，それとは別の独立した政治体制を構築することが米国建国の目的であったことを考えると，当然のことであった。

　この点についてまず市民権レベルでの外国からの分離は，当時の帰化法にその考え方の概要が示されている。すなわちそこでは貴族の称号を放棄することが求められ，またより端的には敵性外国人の帰化が認められないなどの条件が課された[1]。

　次に外国の影響から政治に関与する者を独立させるという点に関し連邦憲法は，大統領，連邦議会議員のそれぞれについて，大統領は生来的米国市民であること，上院議員は9年以上，下院議員についても7年以上市民であることを求めることとした。

　このように米国憲法は，外国からの影響が自国の政治に及ぶことを避けるために，帰化の段階と公務就任の段階の二つの段階で政治に携わる者の選別を実施することとした。このような方法が生じたのは，そもそも米国に多数の移民が流入しており，またそれを積極的に認める必要もあったことから，基本的に帰化は比較的広く認め，他方で実際の政治的決定に直接係わる者については，米国の政治的独立性を確保するために，一定の制限を付加することが求められたためと考えられる。

第2項　人種との関係

　次に人種との関係では，基本的に市民は白人であると考えられていたということが，当時の帰化法上課されていた帰化条件や，司法長官の意見等から分かる。ただし白人のみが市民であると考えられていたのかどうかは，Dred Scott判決のCurtis裁判官の見解などを参照すると必ずしも明らかでない[2]。

　また，有色人種であることにより市民でないと考えられていたとしても，その位置づけは，司法長官の見解において有色人種に属する者がdenizenとされていることにも示されているように，必ずしも明らかではなかった。この点がより端的に明らかになるのはIndianとの関係についてであって，Indianについては帰化手続も通常の帰化手続とは異なるものによるとされていた。

　これらのことからすると，まずこの時期の米国においては，市民と人種と

　1　第2章第3節第1款第1項。

　2　第2章第4節及び第5節第2款第3項参照。

の関係，具体的には市民であることと，ある人種に属していることとの関係は必ずしも明確ではなかったということができる。またさらに，そもそもどのような位置づけなのか必ずしも明確でない，市民でもなく外国人でもない者が存在しているなど，国との間でいかなる関係にある者が存在するのかが必ずしも整理された状態にはなかった，ということがいえる[3]。

第3項　国内の統一

連邦司法権の管轄に関する理解や，連邦議会に対する帰化権限の付与，さらに各州間における市民の特権・免除の享有に関する理解を参照すると，連邦市民権は，州ごとに異なっていた市民の状況を，連邦の形成に伴って，統一するために用いられたという点もあったことがわかる。

もちろん当然のことながら現実の状況においては，各個人は国との関係で多種多様な地位にあり，また異なる状況にある。しかも米国は連邦国家であることから，国・公権力と個人の関係というときには，連邦―個人間の関係と，州―個人間の関係のいずれでもあり得るが，このうち特に州と個人との関係については，州ごとに大きく異なるものであったと思われる。したがって連邦市民権を設定した実際の効果は，これら複雑に入り組んだ関係により各個人が国等との関係で異なる立場におかれるという状況が生じるのを，可能な限り縮減したということであったと考えられる。もっとも，単に各個人ごとの国との関係における立場の相違の縮小化ということでも，少なくとも法的に個人が同一の状況におかれるという状況を現出させることは，連邦の安定にとって重要なことであったと思われる。

第2款　奴隷の解放と政治制度の改革——修正第13条
第1項　奴隷の解放

南北戦争直後，修正第13条が制定された。本条により奴隷は奴隷状態・奴隷制度から解放された。そして同時に米国自体も奴隷制度から解放されることになった。これは具体的には，奴隷制度が米国内で惹起してきた問題から解放されるということであり，また建国の理念と奴隷制度の間の齟齬から生

3　この点に関連して，英国植民地時代からの経緯を分析した文献として Kunal M. Parker, MAKING FOREIGNERS: IMMIGRATION AND CITIZENSHIP LAW IN AMERICA 1600-2000, (Cambridge University Press 2015).

じる問題に対峙する必要性がなくなったということでもある。

しかしながらこれで奴隷制度に拘わるすべての問題が解決されたわけではなかった。むしろ新たな問題が生じた。すなわち，従前奴隷であった者と米国との関係をどのようにするのか，具体的にはそれらの者と連邦あるいは各州との関係はどうするのかなどの問題に対峙する必要が生じた。

第2項　政治制度の改革

それまで奴隷制度について自律権を有していた州の権限が廃止され，奴隷制度を維持することができないことになったという点で修正第13条制定の影響は，それまでに形成されてきた連邦のあり方にも影響を与えるものであった。

またこれは，単に州が奴隷制度を維持できなくなったということだけを意味するものではなく，むしろ州のあり方自体が変更されたというものであった。

すなわち，そもそも修正第13条の制定過程の議論は，連邦の権限を背景に州内に存在する者の自由・権利を擁護しようとする者と，従来から州の専属管轄下にあったものを Domestic なものとして擁護しようとする者の間での議論でもあった。この議論に関し，修正第13条が制定されたということからすると，結果として前者の主張が認められたということになる。これはつまり，州内部で不適切なことが行われていた場合，単にそれが Domestic なものであるからという理由では干渉を逃れることはできない，ということが明らかにされ，より具体的に個人の自由・権利の擁護の観点からの理由付けが求められることになったということであった。さらに，この条文制定が南北戦争の結果であることも踏まえ，また修正第13条第2項の存在も勘案すると，州が不適切な行為を行った場合には，連邦が何らかの形で介入することを認める，というものでもあった。

このように連邦に加盟する州が適切でない行為を行った場合には，連邦が介入する実際的な可能性が確保されたことになるということは，別の観点から見るならば，結局，個人の自由と権利の保障が政治システムの存立の前提であるという合衆国建国の理念を実効性のあるものとした，ということでもあると解される[4]。

なお前述の州の権限を変更することになるということを根拠とする主張

は，この後の本稿で見た各憲法修正案の議論それぞれにおいて，憲法修正に反対する者の意見として散見された。しかしながら，そもそも従来型の政治システムに問題があることに起因して憲法修正が提案されている際に，単に従来型の政治システムの存続が望ましいと主張することで，従来型の政治システムに問題があることを指摘する者を説得することは，基本的に非常に困難である。にもかかわらず，このような見解の表明は，他の憲法修正に関する議論においても散見されたが，それらは他によるべき根拠のない場合の根拠付けとして示されたとしか理解され得ないものであった[5]。

第3款　市民権の定義──修正第14条

修正第14条は，修正第13条が提示した問題[6]を解決するためのものであった。

このうち市民権の所在の問題に関して，修正第14条制定の際に連邦議会は単に，解放された黒人が市民になるのかという問題に対峙しただけではなかった。連邦議会は①解放民を市民とするか，という問題と共に，②合衆国はどのような者から構成されるとするか，③誰が「合衆国の意思」決定に参画するとするか，の問題にも対峙することになった。

このうちまず第一の「解放民を市民とするのかどうか」の問題は，奴隷解放宣言によって解放した者達をアフリカに送ろうとしたLincolnの案を排したときにすでに生じていた。そして，修正第13条の制定過程において，漠然とではあるが，その回答を得ていた[7]。

しかしながら，この問題は単に「奴隷から解放された者は，当然に市民である」とすれば足りるものではなかった。政治的には，奴隷を解放すること

4　もっとも他方でこれは，後に生じたIndianの例等で示されるように，連邦が適切でないと考えた場合には，Domesticなもの，properなものであるか否かにかかわらず，連邦政府が介入する，ということであり，独立宣言や連邦憲法で示される合衆国の理念の解釈が連邦レベルで行われる，という動きが示された，という点で，連邦による個人の自由と権利の侵害の可能性が高まったということでもあったと解される。この点に関し，拙稿「合衆国における市民教育に係る法制度の発展」筑波法政第65号（2016）。

5　特に修正第19条の制定過程における反対意見はそうであった。

6　第3章第5節。

7　第3章第4節第2款第1項。

406 第8章　米国市民権・市民的権利の歴史と近代国家の構成員に係る法制度のあり方

には賛成しながら，解放された者と同じ政体を構成することは拒否する者が存在しており，またそもそもこの問題への解答をえるためには，一般的に「合衆国市民」とは誰を意味するかを考えなくてはならなかったからである。ここで，修正第14条制定者は，第二の「合衆国はどのような者から構成されるとするのか」の問題に突き当たることになった。

　この問題は，個別的な問題へのとりあえずの当面の解決策を求めるというような性格のものではなかったこと，また，関係者に白人，黒人のみならずIndian，中国移民などが含まれ，それらが互いに多様な社会関係を有しているということから，複雑な問題であった。

　さらにこの問題は，合衆国が共和政体を採用していたことから，より本質的な意味で複雑かつ重要な問題とならざるを得なかった。すなわち，共和政体を採用しているということは，第二の「合衆国はどのような者から構成されるかという問題」が必然的に第三の「誰が合衆国の意思決定に参画するか」という問題と密接不可分の関係を持たざるを得なかったからである。つまり市民権保有者を決定するということは，終局的には，誰が連邦政府の意思を決定し，合衆国のあり方を決定するのか，という選択を行うことであった。

　最終的に修正第14条の範囲では，同条第1節で「合衆国の管轄権に服する者」に含まれながら，同条第2節並びに第3節では合衆国の政策決定に参画できない者の存在を許容するという修正しか施されなかった。この意味で上述の問題は，修正第14条の範囲では，完全には解決されなかった[8・9]。

　しかしながら，本条第1節において市民権保有者を定義したことにより，米国は，それまでの，アプリオリに，あるいは法外在的に決定された「白人の政府」[10]と決別した[11]。そして，その結果，「いかなる者が米国という国の

8　ここでの問題は，修正第14条第2節が，黒人選挙権の認容を州に求めるやり方として不完全である，ということだけではない。同節は，「男性」市民であることが選挙人資格要件となることを当然の前提としているという意味で，単なる方策としての不完全性のみならず，構造上の欠陥を有していた。

9　ただし，第3節該当者との関係については，同節規定に従って，連邦議会の立法により解決されている。Lester S. Jayson et al. eds., THE CONSTITUTION OF THE UNITED STATES OF AMERICA -ANALYSIS AND INTERPRETATION-, 1529 (U. S. GPO 1973).

10　39-1 Cong. Globe 528, 575 (Sen. Davis).

11　ただし Wilson 議員は，市民権保有者の定義に関し，人種がこれまで市民であるこ

第2節　米国市民権の発展過程　**407**

構成員なのか」を自らの手で決定し，「国民」国家から「市民」国家への変革の第一歩を踏み出すことになった[12]。

第4款　修正第14条制定後の市民権
第1項　連邦議会の取組み

修正第14条制定後，連邦議会は帰化法を整備し，黒人であっても帰化できることとした。しかしながらこの同時期に連邦議会は中国人の帰化を禁じる立法もした。市民権保有者を決定する基準から人種という自然的要素を完全に排除することは，この時期にはまだ困難であった。

また連邦議会はこの時期に，合衆国に帰化した者の，外国，特に従前の国籍国に帰来した際の権利保障のための法制度を整備し，各国と条約を締結している。この点については，科学技術の発展等により国際間の移動が容易になるにつれ，一度米国に移動した者が，再度他国に移動しそこに居所をおくなど，各種の態様で国際間の移動をする者が増加し，それに対応する市民権法上の対応を考える必要性が生じたということであると理解できる。

第2項　連邦最高裁の判断

修正第14条制定後，連邦最高裁は Slaughter-House 判決から Wong Kim Ark 判決までの判決で，本条の定める生来的市民権の意義について判断した。このうち特に Wong Kim Ark 判決で連邦最高裁は，common law に従って本条を判断し，合衆国で出生した者は外国人の子であっても合衆国市民権を取得するとした。

修正第14条は Dred Scott 判決を変更し，修正第13条により奴隷の地位から解放された者を合衆国市民とし，さらにそれを通じてそれらの者を各州の市民とした。この修正第14条の制定過程において米国が対峙していた問題は，何よりもまず修正第13条によって解放された者と米国との関係を定め

との判断基準とされたことはなかった，としている。39-1 Cong. Globe 1115（Rep. Wilson）.

12　しかしながら，市民的権利法の制定過程においては，同法の反対者から，共同体の構成員決定権が主張されている（39-1 Cong. Globe 498（Sen. Van Winkle））。また，連邦議会が市民権・市民的権利の享受に関して決定権を有するということは，それを剥奪する権限も連邦議会が有することを意味する（*Id.*, at 1120（Rep. Rogers）），という危険性も指摘されている。

ることであった。もっとも先に指摘した通り，それ以外にも各種各様の者と米国との関係を定める必要があったので，結果として修正第14条は現在のようになったと考えられる。またこれに加えて，米国が大量の移民を受け入れた上で国の形成を図っていくことを余儀なくされていたことを考えると，異なる出自の者を排除する論理ではなく，統合していこうとする論理を連邦最高裁がWong Kim Ark判決で採用したことは妥当であった。

しかしながらこのような結論を導くために，連邦最高裁が，Wong Kim Ark判決の中で示したようにcommon lawを根拠にしたことや，さらにこの流れの中で合衆国市民であることの意義の決定についても同様にcommon lawを援用するようになったことは，common lawの性質が必ずしも合衆国の建国理念と合致するものではなく，またそもそもその思考経路は，その合理性の評価を行うことなく，伝統に回帰するというものであったことから，大きな問題があった[13]。そしてこれは具体的には，Minor v. Happersett判決の提起したような女性差別の問題を生じさせることになった。

第5款　女性と市民権——女性の市民権の独立した変動の確保

1855年以前の米国において女性の市民権は，その婚姻に関係なく独立に変動することとされていたが，1855年法の制定によって，外国人女性は合衆国市民と婚姻することにより合衆国市民権を取得するとされた。またさらに1907年法の制定により外国人と婚姻した女性合衆国市民について当該外国人の国籍を取得することとされた。

このような動きは，1922年のCable法を初めとする一連の法律によって，女性の国籍が婚姻により影響を受けないようにするという方向に転じられた。1855年法および1907年法の定めるところは，Mackenzie v. Hare判決が示すように夫婦の一体性を確保するためのものであり，当時の時代感覚等を考慮すれば，必ずしも不適切なものということはできないと思われる。しかしながらこれが結果として同判決の示したような，女性の参政権行使の可否に影響を及ぼすという結果を生ぜしめたことを考えると，Cable法を初めと

13　もっとも当時の理解としては，common lawに基づいて認められてきた出生地主義を認めたものとして修正第14条を理解するのが通常であった。Bernadette Meyer, *The Gestation of Birth right Citizenship 1868-1898 State's Rights, the law of Nations, and Mutual Consent*, 15 Geo. Immigr. L. J. 519, 530 (2001).

第2節 米国市民権の発展過程 **409**

する一連の女性の市民権の独立した変動を確保する方向への動きは，当然の
ことであった。

　もっとも，女性の市民権の独立した変動を確保することは支持されるとし
ても，これによって夫婦の一体性を確保する必要が必ずしも減じるわけでは
なかった。そしてこの点に関し米国は，Cable 法以降の帰化法等の改正を通
じて，女性の市民権の独立した変動と夫婦の一体性の確保を同時に実現する
政策を模索することとなった。

　最終的にこの問題については，まず原則として婚姻は市民権の変動に影響
を与えないものとしながら，合衆国市民と婚姻した者については帰化条件を
簡易化し，さらに米国への帰化のために米国に来る際の入国条件もそれらの
者については緩和するという対応が取られた。またこれらの変動に伴って，
婚姻が終了した際の国籍の変動についても，一定の範囲においてではあるが，
制度の整理がなされた。このような動きは，これが最善のものであるかどう
かは別として，個人が婚姻した際の国家への帰属について，各個人の意思を
尊重しつつ，適切な変動を生じさせるための制度整備がなされたというもの
であると評価することができる。

第6款　合衆国市民権の承継

　人間はそのライフステージの中で婚姻の次の段階において子を作り，それ
を養育することになる。これとの関係で，先述の婚姻に際しての市民権の変
動に係わる次の段階の問題として，子の市民権をどうするのかの問題がある。

　この点に関しては，子の観点からすれば，子が市民権を保有しなくてはな
らないとすることに異論はないと考えられる[14]。しかしながらそれ以上に具
体的にどのような根拠により，どのような手続に従っていずれの国の市民権
が付与されるのかについては問題の生じ得るところである。また法理論上こ
の問題について子の意思を措定することは困難であることから，その親の観
点からこの問題を考える必要がある[15]。

　この点について，もちろんそもそも米国は，先に見た通り修正第14条で出
生地主義を採用していることから，米国内における子の出生については，基

14　この点について，子どもの権利条約7条参照。

15　なおこの点に関連して，いわゆる女子差別撤廃条約9条2項は「締約国は，子の国
　籍に関し，女子に対して男子と平等の権利を与える」と定めている。

本的にこの問題は生じない[16]。しかしながら，合衆国市民の子が外国で出生した場合にはこの問題が生じることになる。

この点に関しては，先に紹介した Miller v. Albright 判決，Nguyen v. INS 判決いずれも，非嫡出子の親である市民が父である場合に，母である場合と異なる一定の追加的手続を求める法律を合憲とした。

そもそもこれらの判決では，第一に非嫡出子とその父あるいは母との関係と市民権の付与の関係が問題とされ，第二に非嫡出子と父あるいは母を通じた合衆国との関係と市民権付与の関係が問題とされた[17]。

第一の非嫡出子とその父あるいは母との関係と市民権付与との関係で，これらの判決の法廷意見はいずれも，生物学的な観点から親子関係の存在を確認することと，それに基づいて構築されることが期待される親子関係等の存在を確保することが国の重要な目的であるとしている。

このうち前者の生物学的な意味での親子関係の紐帯を重視する考え方は，Dred Scott 判決が，米国は建国当時米国市民であった者とその子孫から構成されるとして，結果として黒人を米国市民と認めなかったとしたことを想起させる。この点については，もちろん国際社会において，現在に至るまで生来的国籍付与に関し血統主義（jus sanguinis）の原理が認められてきており，またそれを議会が市民権付与の問題を考える際に拠り所とし，法律制定の際にその考え方を採用したとしても原理的に問題となるものではない。しかしながら，先に述べた Dred Scott 判決を否定するために修正第 14 条が制定されたという歴史的経緯に鑑みるならば，本件で検討の対象とされた移民国籍

---

16 ただし，米国のように，一部の例外を除いて，米国の領域における出生に基づいて市民権・国籍を与える出生地主義を採用する場合，子やその親の意思にかかわりなく，ある国の市民権・国籍が付与されることになるが，ある国に所属するということは，たとえば課税問題，徴兵制にかかる兵役の問題等，その国に対する義務関係も個人に対して生じることから，そのような国による一方的に市民権・国籍を付与する制度の是非は問題となる。もっともこの問題は，血統主義を採用したとしても，やはりある国の市民権・国籍を保有する者の子となった場合には，当該子や親の意思に関係なく当該国の市民権・国籍が付与されることになることから，依然として同様の問題があることになる。

17 これらの判決に関する論文等としてたとえば，David Martin, *Behind the Scene on a Different Set: What Congress Needs to Do in the Aftermath of St. Cyr and Nguyen*, 16 GEO. IMMIGR. L. J. 313 (2002)；Kif Augstine-Adams, *Gendered States: A Comparative Construction of Citizenship and Nation*, 41 VA. J. INT'L L. 93 (2000).

法第 309 条(a)（8 U. S. C. A. § 1409(a)）が血統主義を採用していることの重要性は相対的なものであり，むしろ血統主義に基づく判断が採用されたことによって，実体的に人権侵害等の問題は生じないのか等の，より詳細な実体的状況を踏まえた判断が望まれるものであったし，それがむしろ米国の歴史的経緯に合致するものであった。

次に後者の生物学的紐帯を基礎としてその上に構築されることが期待される親子関係や，それを通じて非嫡出子が合衆国との間で形成する関係に関するこれらの判決の判断には，若干検討すべき課題がある。

すなわちそもそも米国において建国から南北戦争まで存在した奴隷制度は，修正第 13 条の制定過程の議論を検討した際に明らかにした通り，家族制度の一部と理解されていた部分もある。米国はこの制度を排除して奴隷を解放し，続いて修正第 14 条を制定してそれらの者等を市民とした。またさらにこれに続いて，修正第 15 条及びその後の 20 世紀の各種の運動によって，修正第 14 条により一応市民とされた者に，さらに実質的な意味での市民としての地位を確保してきた。これはある意味では，家族を排除して市民を構成してきた歴史ととらえることもできる。

またこの点については，女性の投票権獲得，あるいは市民権変動における女性市民権の独立した変動の確保に対しての動きにおいても同様であった。すなわちそこにおいても，女性が市民となる過程において，家族の中心的構成要素である女性，あるいは女性が中心的構成要素である家族という女性観，家族観が改変されて，女性である市民が構築されるという歴史がたどられてきている。

これらの家族と合衆国の関係の歴史を前提として，Miller v. Albright 判決と Nguyen v. INS 判決を理解するならば，これらの判決は，家族という人間関係のあり方を改変してそこから市民を生ぜしめるだけでなく，さらに家族自体を市民の養育・育成の場として位置づけようとするものと理解することができる。

このような家族と国の関係に関する考え方の是非，あるいは具体的に家族の構成員であることと，国家の構成員である市民であることの二つの関係は，法的にはどのようなものであるべきかは，現実問題として現代においても家族が人間の出生，養育の主要な場面であることを考慮すると，重要な問題である[18・19]。

412　第8章　米国市民権・市民的権利の歴史と近代国家の構成員に係る法制度のあり方

第7款　生来的市民権の意義の変容

　建国当時米国には，当然のことながら生来的市民は存在しなかったが，連邦憲法第2条第1節第5項において大統領は，出生により合衆国市民であることが求められた。前述のとおりこれは，自国の政治に対する外国の影響を避けるためのものであった。

　その後修正第14条では「合衆国において出生し，または合衆国に帰化し」た者が合衆国市民と定義され，生来的市民と帰化市民が，ともに合衆国市民とされることが宣言された。この条文によっても，実定法的には依然として帰化市民は，生来的市民と各種の点において異なる法上の扱いを受けていることは否定できない。しかしながら，原則的には，生来的市民と帰化市民は同等である旨が連邦最高裁の判例等で述べられ，また，今日に至るまで，上記の大統領就任に関する生来的市民要件については，少なからぬ数の改正が提案されてきている。これは，米国を含む世界のグローバル化が進展し，国境を越えた人の移動が拡大し，移動の形態が多様化し，さらにそのような状況の進化に伴って人の移動により生じる社会関係が深化したことで，人の出生による市民権の取得の意義が変容し，そのような現実の状況に対する対応が必要となったためと理解できる。

第3節　米国における市民的権利・義務の発展過程

第1款　米国黎明期における市民的権利
第1項　政治的権利

この時期の市民としての権利については，政治的権利の関係と，その他の

18　この点について検討した文献として，cf. ex. Annette Ruth Appell, *Virtual Mothers and the Meaning of Parenthood*, 34 U. Mich. J. L. Rrf. 683 (2001).

19　この点については今後さらなる検討が必要であるが，国家と個人の関係に係る人間の育成の観点からすると，(i)家族が行う，(ii)国家が行う，(iii)家族と国家が役割分担をしながら行う，という方式が考えられる。入国管理制度や国籍法の関係では，(i)もしくは(iii)のコンセプトに基づいた制度を採用する場合には，家族が成立できる入管制度や国籍制度のデザイン，あるいはさらに家族制度のデザインが求められる。この点に関し，具体的に米国の例として本稿では，養子縁組をした子に関し出生により合衆国市民権を取得した者とする移民国籍法の制度を紹介したが，このような法制度は参考になるかもしれない。

第3節　米国における市民的権利・義務の発展過程　**413**

権利・義務の関係の二つの観点から考えることができる。

　第一に前者の政治的権利の関係では，先に見たように米国において帰化市民は合衆国大統領になることができず，また上院については9年，下院については7年，帰化の後経過しなければ立候補できないとされた。この点で同じ市民の間にも生来的な市民と，帰化市民の間には大きな相違があることになる。

　次に政治的権利のうち特に選挙権との関係では，白人男性であることが参加要件とされていたことが，当時制定されたいくつかの法律を見るとわかる。この点でも市民であることと，政治に参加することとは別の次元に属することであったのであり，これと司法長官の意見に示されている外国人でも投票することが認められていたという状況を考え合わせると，ある意味では市民であることよりも，白人であり，男性であることという法外在的な自然的要件の方がより重要視されていたと理解することもできる。

　なお政治的権利との関係で，連邦議会はこの時期に制定した民兵団法で白人男性のみを兵役登録資格ある者としているが，これは戦争等への参加もまた，政治参加の一つと考えられたことの現れと考えられる。

第2項　その他の権利

　政治的権利以外の権利については，連邦憲法の規定により，いずれの州の州民であるかにかかわらず連邦市民は，各州において同一の権利を享有することとされた。この点は先に述べた通り，各個人の必要性に対する対応という意味もあったと考えられるが，同時に，これにより構成員間の紛争を縮減できることから，連邦の存立にとっても必要であったと理解される。

　また司法長官の見解によれば，市民であることは政治社会を構成する者であることを意味するという理解がされていたことはわかるが，政治以外の場面で市民はどのような権利を享有し，義務を負っていたのかは必ずしも明らかではない。さらに市民と市民以外の者の間で権利の享有について相違があったことは推測されるが，先にも述べた通り denizen の概念も用いられていることから，そもそも法制度上市民・外国人の二分論で明確に整理されていたわけではなく，むしろ中世の身分制を前提とした体制から近代市民国家体制への移行期にあって，混乱した状況にあったと考えられる。

第2款 奴隷解放と市民的権利

第1項 解放民への影響

修正第13条の制定によって奴隷が解放され，従前奴隷であった者は一定の範囲で市民的権利を享有すると考えられるようになった。しかしながら，その享有される市民的権利とはなにかは必ずしも明確ではなかった。もちろん奴隷制度の廃止に伴い，従前奴隷であった者は，奴隷的拘束と意に反する苦役から解放され，人として認められることになったのは当然であった。しかしながら，それ以上に具体的にどのような権利を取得することになるのかについては抽象的な権利が挙げられるのみで，また白人と同等の権利を享有することになるのかなど，権利保障の態様がどのようになるのかも明らかではなかった。この点は特に政治的権利については顕著であり，一般的な権利の享有と政治的権利の享有は別のことであるとされ，解放された者がそれを享有するかどうかは全く不明であった。

これらの点については，そもそも修正第13条は，奴隷制度を廃止し，奴隷であった者を解放するとしたのみで，連邦あるいは州と，奴隷制度から解放された者の関係に関し必ずしも明確な考え方を示すことを目的としたものではなかった。したがってこのような関係を明らかにするという問題を解決するものとならなかったのは当然のことである。また権利の享有は，そもそも一定の相互・相関関係があって初めて問題になるものであるが，修正第13条の奴隷制度の廃止・奴隷の解放というのは，従前存在していたその基礎となる関係を廃し，新たな関係とすることを定めたのみであって，具体的にどのような関係を形成するかを示すものではなかった。したがってその関係のなかでどのような権利義務関係が形成されるのかは，修正第13条によっては決定されなかったのは当然である。

もっともさらにこの点について考察するならば，すでに南北戦争において黒人は，奴隷としての地位に基づいてではなく軍務に就いていたのであり，この点からするならば，必ずしも権利というわけではないが，一定の地位は確保していたということもできる。そして，この軍務に就くという事実上の地位を占め，そこで一定の成果を上げたことが，後に市民権の獲得と市民的権利の享有に対して，重要な影響を与えた。

第2項　その他の者への影響

　また修正第13条の制定は，単に従前奴隷であった者の地位に影響を与えたばかりではなく，当然のことながら奴隷を保有していた者の権利状況にも影響を与えていた。これは具体的には従前奴隷という財産を保有していた者がそれをできなくなったということであるが，抽象的には，個人が個人固有のものとして保有することが認められていた proper なものが保有できなくなったということを意味し，この時点で個人と，国家あるいは社会との関係が大きく変わったと評価することができる。

第3款　市民権の定義と市民的権利

第1項　市民的権利の意義

　修正第14条の制定過程において連邦議会は，「合衆国市民として享有する権利とはなにか」という市民的権利の意義についての問題に対峙した。この問題は，修正第14条の文言との関係では，「合衆国市民の特権または免除」の意義の問題であり，また実体的には「特に」合衆国市民はどのような権利を享受するのか，という問題であった。

　まず全体として1866年市民的権利法及び修正第14条の制定過程におけるこの点についての理解を大別すると，これらの規範で保障される権利をいわゆる自然権的な権利とする考え方と，合衆国市民権に付随する権利とする考え方の二つの考え方があったということができる。

　そしてこのうち前者の自然権思想に基づく考え方の意図するところは，人が人として享有する権利を合衆国市民の権利として保障するということであり，後者の合衆国市民権に付随する権利とする考え方の意図するところは，人が合衆国市民となった後には，特に合衆国市民としての権利が保障されるということであったと考えられる。

　ところでこの二つの考え方は，当然のことながら一致する場合もあるが，対立する場合もあると考えられる。すなわち，たとえば後者の考え方により，合衆国市民としての地位に基づいて，そうでない者とは異なる特別に優位な立場に立つことがあると考えるならば，これは前者の考え方とは対立すると考えられる。しかしながら，このような潜在的な矛盾が生じる可能性にもかかわらず，この点については，修正第14条制定の際の議論においては明確には議論されなかった。

第2項　市民の享有する具体的な権利

　次に具体的な権利としてどのような権利を享有するのかについてであるが，これについては，まず解放民局法列挙の権利と1866年市民的権利法列挙の権利の内容からして，また修正第14条第1節と同条第2節との関係からして，これら一連の法により連邦議会が保障しようとした権利は，政治的権利ではなく，いわゆる日常生活に直接係わる，契約を締結する権利等の権利であったといえる。この点については，修正第13条の制定過程において問題となった，市民としてどのような権利を具体的に享有するのかということに一定の結論を出したものとして評価できる。しかしながら，特に修正第14条第2項に関する議論からも明らかなように，そこでは同時に，政治システムへの関与については必ずしも十分には保障しない，という立場を採用していたことも現れているのであり，これは，たとえそれが連邦制に起因した州の権限への配慮の結果であったとしても，個人の権利保障のあり方としては問題であった。そしてこの問題は，結局ここでは終局せず，修正第15条の制定につながっていった[20]。

　また権利保障の態様についてであるが，解放民局法，1866年市民的権利法のいずれにおいても解放民等が，白人と同等の権利を享有するようにすることを求める文言が入れられていることからして，白人同等の権利保障が目標とされていたということができる。この点については，もちろん当時の政治状況を考えると，白人並みに権利が保障されているかが，権利が保障されているかどうかのベンチマークとされるのは当然であり致し方ないが，そもそもこのベンチマークの取り方が適切であるかどうかは，異なるカテゴリに属するものを同一化しようとするにはどうしたらよいか，という問題を提起せざるを得なくなるので問題があった。むしろたとえば人種というカテゴリの上位カテゴリと位置づけられると考えられる「人間」等のカテゴリの観点から一定のベンチマークを設定し，それとの差異の有り様で権利保障のあり方の是非が問われることが必要であり，妥当であったであろうと考えられるも

20　なお修正第14条第2節については，男性合衆国市民が投票権享受の差別を受けた場合にのみ，下院議員の州への配分が削減されるとされており，この点では，投票権享有について女性への配慮を欠くものであった。David A. Martin, *Behind the Scenes on a Different Set: What Congress Needs to Do in the Aftermath of St. Cyr and Nguyen*, 16 GEO. IMMIGR. L. J. 313, 336 (2002).

のであった。

　なお権利保障の手続面については，修正第14条によって Dred Scott 判決
が廃され，また1866年市民的権利法の文言上でも明示されたように，裁判を
受ける権利が保障された。このことからして，単に実体的な権利が保障され
ただけでなく，一定の範囲では，それを確保するための手続的な権利も併せ
て保障されていたということができる。この点については，先述の修正第14
条によって保障された権利との関係でいうならば，具体的な生活の場面で必
要とされる権利が保障されたのであるから，具体的な生活の場面で必要な権
利保障手続が保障された，ということであると考えられる。もっとも権利が
保障されるには，その保障システムの構成・構築に係わることが必要である
のは当然のことであるので，この点では，解放民の選挙権保障を限定的な形
でしか実施しなかった修正第14条は不十分であったのであり，これが修正
第15条の制定につながっていったことは先述の通りである。

第3項　連邦統合との関係

　修正第14条で，市民が享有する権利にはどのようなものがあるのか，また
それがどのように享有されるのかを，ある程度明確化したことは，歴史的経
緯の中で位置づけるならば次のように考えることができる。

　すなわち，先述の通り連邦憲法は「より完全な連邦」をつくるために制定
され[21]，そこでは連邦レベルでの市民権が存在することが，漠然とではある
が，示され，また各州の市民は連邦市民として等しく一定の権利を享有する
とされた。

　しかしながら連邦憲法の制定当時，そもそも連邦市民にはどのような者が
なるのかは連邦憲法では定義されず，また連邦市民としてどのような権利を
享有するのかということも，連邦憲法第4条第2節の特権・免除条項と，修
正条項による人権保障が規定されてはいたが，詳細には明らかにされなかっ
た。これは政治的には，連邦が統合され，そこに連邦市民が存在し，一定の
共通の権利を享有することが宣言されれば，それで連邦憲法制定当時に必要
とされた連邦統合のためには十分であって，それ以上に詳細に規定すること
は，逆に連邦が州の権限を侵害するものとなるという判断があったからと考

　21　合衆国憲法前文参照。

えられる。

　しかしながら，連邦憲法制定後，米国内において個人が従前以上に移動するようになり，それに伴ってより詳細に関連規定を整備することによって，実効的に連邦市民の権利保障を実施することが必要になった。それを行わなければ，各州間を移動する者が，適切な権利保障を享有することができず，それによる問題が生じるようになったからである[22]。

　そこで制定されたのが修正第14条であり，そこでは連邦市民権の保持者を定義するルールが定められ，またそのルールに従って連邦市民権を取得した者が，どのような権利を享有するのかも規定された。

　このうち，前者の，誰が連邦市民権を保持するのかに関するルールについては，修正第14条の範疇では，基本的には生来的取得に関して定められたのみであるが，本条の制定後，帰化法上の人種差別が一定程度緩和された。また，後者の権利の享有についても，修正第14条制定に前後して連邦議会の制定した市民的権利法によって，より詳細に規定されることになった。

第4款　再建期後期の市民的権利

第1項　修正第15条

　再建期最後の憲法修正として連邦政府は，修正第15条を制定した。本条は合衆国市民の投票権は人種・肌の色・従前奴隷であったことに基づいて合衆国または各州により否定されることはないとするもので，人種という自然的・法外在的な基準を政治に参加する者の基準とすることを排除し，国家意思の決定主体の自律的決定を確保したという意味で評価できるものであった。

　しかしながら本条は人種等の必要最小限の基準の設定を排除したのみであった。そして，その他のこれも適切でないと考えられ後に憲法修正の対象とされた，性別，税金の支払いの有無等，あるいは年齢の基準についてまでは，本条制定の議論の過程で問題提起されていたにもかかわらず，規定として盛り込まれなかった。この意味では，実際の問題解決との関係では必ずしも十分なものではなかったと，歴史的には評価せざるを得ない。またさらにいう

22　Dred Scott判決も，そもそも奴隷が各州間を移動することから生じており，個人の生活圏が各州の領域内に限られ，それ以上の交流が存在しないならば，このような問題は生じなかったはずである。

ならば，本条は投票権については規定しているが，被選挙権については規定しておらず，この点からしても問題があるものであった。

第2項　市民的権利と連邦議会

まず連邦議会についてであるが，この時期に連邦議会は一連の市民的権利法を制定した。これらは修正第15条を執行するための投票権の実効的行使を確保するための法律や，契約を締結する権利をはじめとする一般市民・社会生活を送るための条件整備として必要な権利を保障するための法律であった。

これらの法律のうち特に1870年執行法は外国人に，合衆国市民と同等の権利を保障するとしており，このことからすると，少なくとも基本的権利については，合衆国市民と外国人がほぼ同等にそれを享有するとされていたということができる。また同法及びその後に制定された市民的権利法では，合衆国内における市民間での差別を排除するために合衆国市民が一定の権利を享有することが強調された。これらの事実によれば市民権の設定・明確化が，何らかの合衆国市民というカテゴリに属する者による利得確保のための差別化としてなされたのではなく，合衆国国内における公正さを図るためになされたことを意味していると考えられる。

また，このほかに連邦議会はColumbia特別区平等権法と属領不動産所有法を制定している。このうち前者については，本法令により関連法令から「白人」の文言が削除され，人種に基づく法による差別が排除されることになった。これに対して後者は，合衆国市民等以外の者の不動産所有権を否定するものであった。

先述の通り合衆国市民権が当該市民に特別の権益を保障することを目的として設定されたたものではなく，むしろ合衆国市民間での平等を確保するために設定されたものであると理解されるが，他方で本法のように特に合衆国市民にのみ土地所有を認めるような法律が制定されていることをどのように考えるべきなのかは，若干の問題がある。この点については，むしろそもそも外国人と合衆国との関係のうち未整理であったものを整理しはじめた過程で生じた事象ととらえる必要があると思われる[23]。

第3項　市民的権利と連邦最高裁

　次に連邦最高裁についてであるが，連邦最高裁はこの時期に，Twining v. New Jersey 判決までの一連の判決を下している。これらの判決からは次のことがいえる。

　まず先に指摘した通り，Minor v. Happersett 判決では，合衆国市民権の性質が common law に従って理解され，結果として女性は選挙権を享有しないとされた。修正第14条制定以前の米国において，合衆国市民権の付与等に係わる問題が common law の定めるところに従って処理されており，修正第14条がそれを明文化したものであると制定過程で説明されたとしても，当該条文が憲法上に明定された以上は独自のものとして解釈論が展開される可能性もあったが，最高裁はそれをしなかった。

　このように修正第14条制定の影響を限界付けようという考え方を連邦最高裁は，修正第14条は連邦市民権に付随する特権又は免除のみを保障しており，州市民権に付随するそれを保障するものではないという見解を示した Slaughter-House 判決ですでに採用していた。そしてその後の一連の判決においても最高裁はこの立場を維持した。

　たしかに修正第13条及び修正第14条の制定過程において，これらの条文の目的とされたことの重要な点の一つは，解放民を独立した市民とし，その権利を保障することであったことは Slaughter-House 判決の指摘する通りである。しかしながら同時に，先に述べた通り，この際に連邦議会は単に解放民の位置付けについてのみ検討していたわけではない。またこれも先に指摘した通り，連邦議会はまさにこの時期に市民的権利法を制定し，連邦による州内での権利保障に取り組んでいたのであって，この点からするならば本判決の見解は，修正第14条が合衆国にもたらしたダイナミズムを矮小化するものであったとの批判から逃れられないと考えられる。

　もっともこの点について連邦最高裁は，1870年執行法との関係では一定の配慮を示しており，その限りでは，連邦最高裁も連邦による権利保障に対して一定の役割を担ったということはできる。しかしながら，この点に関係する事例を詳細に見ると，黒人の権利擁護に関する事例において連邦最高裁が

23　なおこの点に関し連邦最高裁は Oyama v. California（332 U. S. 633（1948））で，外国人であることに基づいて，土地の所有権の享有に制限をかけることについて疑義を示している。

第3節　米国における市民的権利・義務の発展過程　**421**

積極的判断を示していたということであって，その基本的スタンスは
Slaughter-House 判決と軌を一にするものであり，やはり議会の動向とずれて
いたというほかない。

第5款　現代における連邦市民の権利・義務
第1項　連邦市民権を設定したことの現代における効果
　修正第14条で市民の特権と免除に関する規定を制定したことの現代にお
ける効果に関し注目すべきは，Saenz v. Roe 判決[24]である。本件においては，
California 州における居住期間が1年未満の者に州から給付される援助につ
いて，従前居住していた州の給付額を限度とする California 州法の規定が問
題とされた。連邦最高裁は，当該規定が，修正第14条の特権または免除の一
つである，いわゆる移転の権利（right to travel）を侵害する，として違憲とし
た。本件法廷意見は，修正第14条の合衆国市民の特権または免除との関係
で，概要次のことを述べている[25]。

　まず法廷意見は，明文の規定はないが，移転の権利は合衆国の法制度の根
底にある憲法上保障される重要な権利である[26]と指摘した。そして法廷意見
はこれに続けて，移転の権利は，一州の州民が他州に自由に出入すること[27]，
一時的に訪れた他州において友好的な扱いを受けること[28]，そして当該州に
居住することを決定した際に当該州の市民と同様の扱いを受けることに対す

24　526 U. S. 489（1999）.

25　本判決においては，Rehnquist 裁判官と Thomas 裁判官が反対意見を述べた。
　　Rehnquist 裁判官は，移転の権利と州市民になる権利とは別個のものである，とい
う点を指摘し（*Id.*, at 513），さらに真正の住居（bona fide residence）を有する者のみ
に援助を給付することに対する州の必要性を指摘している（*Id.*, at 516, 520）。
　　Thomas 裁判官は，修正第14条の制定過程を検討し，同条規定の特権または免除が
Slaughter-House 判決によって狭く解釈されたことが修正第14条解釈の混乱を招い
ていることを指摘した上で（*Id.*, at 527），この文言を再解釈する前提として，同条の制
定者意思の再確認と，平等権の法理及び実体的デュー・プロセスの法理とこの文言と
の関係の検討が必要である，と指摘した（*Id.*, at 528）。

26　*Id.*, at 498.

27　法廷意見は，この点に関して，本件では根拠条文をあげる必要はない，としている。
Id., at 501.

28　法廷意見は，この点に関する根拠条文として合衆国憲法第4条第2節を引用し，こ
の意味での移転の権利は，州市民権に基づいて享有されるとしている。*Id.*

る権利である[29]と説明している。

次に法廷意見は，本件で特に問題となるのは先述の移転の権利のうち，第三番目の，新たに他州に住居を定めた市民が当該州の他の市民と同様の特権または免除を享受するとする権利であるとし，この権利は新たに獲得した州市民としての地位に基づいて保障されるのみならず，連邦憲法修正第14条により合衆国市民としての地位に基づいても享有される[30]と指摘している。そしてさらにこの点に関し法廷意見は，新たに州民となった市民が連邦と州の二つの政治的属性を有していることにより，同様に同等の権利を享有するということは，当該州における居住が1年未満であることを理由として一部の市民を差別する州の規制は，合理性などの基準ではなく，より絶対的な基準によりその合憲性が判断されなくてはならないということである[31]としている。

また法廷意見は，移転の権利は新たに居住する州において平等に扱われることに対する市民の権利を意味するので，（本件で問題とされているような）差別的な分類は，それ自体として不利益を課すものと解される[32]と指摘している。

なお法廷意見は，修正第14条の市民権条項は，市民権（を保有していること）を居住していることと等しいものとしたのであり，同条項は居住期間に基づく様々な等級の市民権を許容するものではない[33]とした。またさらに法廷意見は，合衆国市民は，その貧富にかかわらず，居住することによりいずれかの州の市民となることを選択する権利を有し，他方で州は，その市民を

---

29 *Id.,* at 500.

30 *Id.,* at 502. ここで法廷意見は，このことがSlaughter-House判決においても認められた，としている。*Id.,* at 503.

31 *Id.,* at 504.

32 *Id.,* at 505. 法廷意見は，本件で問題とされた州法は，California州における居住期間と従前の居住地域により受給者を分類しているが（*Id.*），これらのことは援助の必要性とも，また援助を必要とする者の間での平等な援助の配分とも関係がない（*Id.,* at 507.），と指摘した。なお，本文かっこ内は筆者。

33 *Id.,* at 506. ここで法廷意見はZobel v. Williams判決（457 U. S. 55（1982））を引用している。同判決では，鉱物資源収入の一部を，それぞれの居住期間に従い，州の居住者に配分するAlaska州法が問題とされた。最高裁は同法が連邦憲法修正第14条第1節の平等権の規定に反するとした。

選択する権限を有しない[34]としている。

以上の判断により，最高裁は，修正第 14 条の特権または免除の文言に基づいて保障される，いわゆる移転の権利を通じて，合衆国市民は各州において同様に扱われるべきことを確認したといえる。

第 2 項　市民的権利と義務

修正第 19 条の制定により，女性は投票権享有における差別を克服した。またこれより以前に連邦法は，婚姻期間中の財産権享有に関する差別について廃止していた。

このような権利享有の場面での改善と前後して女性は，上述のような権利を市民として享有するのみならず，市民としての義務も負担することとなった。具体的には女性は陪審の義務を負担するようになり，さらには軍隊に参加し，軍務に携わるようになった。このうち特に軍務との関係では，単に兵役に参加するのみならず，直接的な戦闘行為にまでも参加するようになった。この点については，そもそも修正第 19 条の制定過程を見るならばむしろ，女性が国家に対して一定の貢献をしたことに鑑みて，市民としての権利の享有を認められたという関係があったということもいえる。

このように市民権の享有が認められるのに際して，その市民権を保障する主体である国への貢献が重要な要素となることは，黒人が南北戦争において重要な貢献をしたことが修正第 13 条の制定過程で再三指摘されていたことからもわかる。

一般的にはある集団が，その集団の構成員に対し集団の維持・存続のために一定の負担を求めるのは当然であるし，また当該集団への貢献度に鑑みて，その構成員としての参加を認めるということも，合理的と認めるべきと考えられるので，このような米国の歴史の進展は必ずしも問題のあるものとは思われない。

ただしこの点に関し，具体的に本稿で検討した陪審制と兵役との関係では，若干の検討が必要であると考えられる。

---

34 *Id.,* at 510.

424 第8章 米国市民権・市民的権利の歴史と近代国家の構成員に係る法制度のあり方

第3項 市民による陪審制への参加

第一に陪審制との関係では，J. E. B. v. Alabama ex rel. T. B. 判決は，司法の公正な運営に市民が，その人種，民族，性別に関係なく，平等に参加することは，民主主義の基礎であるとした。そして陪審員の選出における差別は，訴訟関係者のみならず，陪審員と共同体自身の双方を侵害するものであるとした。またこの判決で Kennedy 裁判官は，同意意見として，陪審員はその人種あるいは性別による集団の代表者として陪審員になっているのではなく，個々の市民として参加するものであるとした。

他方で本判決以前に Glasser v. U. S 事件の法廷意見は，男性と女性は相互代替性がなく，いずれかの性別に属する者のみから形成されている共同体は，そうでないものとは異なるとしている。この判決の趣旨からするならば，代替性がないからこそ女性の陪審への参加が必要であるということになる。

この二つの見解を基礎として考えた場合，女性陪審員は，どのような立脚点に基づいてその職責を果たすべきであるかが問題となる。つまり女性は，女性であるからこそ陪審員とならなくてはならないが，他方で陪審員は，その性別等に関係なく市民としての地位に基づいて陪審員とされているということは，女性は女性としてではなく市民として陪審に参加することが期待されているということである。この結果として，実務上はともかく，論理的には困難な問題を陪審員になった女性は向けられることになる。

当然のことながらこの問題は，女性についてのみ生じるものではない。むしろ自然人は，各個人がそれぞれユニークな属性を有しているので，この問題は誰が陪審員になっても生じ得るものであると考えられ，また市民の義務と考えられる責務は，陪審制のみに限られるものではないので，その他の市民の責務との関係でも，同様の問題は生じる可能性があり，そのそれぞれについて適切な対応をする必要がある。

第4項 市民の兵役

第二に兵役との関係では，黒人・女性は軍務に従事し，その職責を果たしたことが重要な考慮要因の一つとされて，市民として認められることになった。

1929 年の United States v. Schwimmer 事件[35]において連邦最高裁は，必要に際して敵に対して武器を取り，我々の政府を防衛することは市民の義務であ

るということは，憲法の基本的な原理である[36]とした。そして現在でも，米国の帰化手続においては，代替的な宣誓の内容が認められているが，依然として武器をとり政府を防衛することに関する宣誓が求められる宣誓のうちの一類型とされている[37]。

　今日においても実際上世界には多くの紛争があり，またグローバル化の進展に伴い世界中の国々はそれらの紛争の影響を何らかの形で受けるようになってきていて，これは米国についても同様である。そのような現実の状況を踏まえるならば，米国の政策として，帰化に際し，有事において国に対する何らかの貢献をすることを約する宣誓を求めることは，一国の政策としては，理解できなくはない。しかしながら，後述のとおり，兵役への就務や戦闘への参加というようなものについては，そもそもこのようなものが，市民として認められる際に考慮されるべき事項と認められるべきなのか検討が必要と考えるべきであると思われる。

第5項　公務就任資格と合衆国市民権——「出生により合衆国市民である者」の意義

　オリジナルの連邦憲法第2条第1節第5項は，大統領の就任資格の要件の

35　279 U. S. 644 (1929).

36　*Id.*, at 650.

37　移民国籍法第337条 (8 U. S. C. A. § 1448) は，帰化の際に次の宣誓がされなければならない，としている。

(1)　合衆国憲法を支持すること

(2)　帰化する者が，過去に臣民・市民であった外国の王，国家，主権等に対する忠誠と忠節を無制限かつ完全に放棄すること

(3)　外国あるいは国内にかかわらず，すべての敵に対して合衆国憲法および米国法を支持し防御すること

(4)　合衆国憲法および米国法を忠実に履行し忠誠を誓うこと

(5)(a)　法が求める場合には，米国のために武器をとること

（もしくは）

(5)(b)　法が求める場合には，合衆国軍において，非軍事的責務 (noncombatant service) に従事すること

（もしくは）

(5)(c)　法が求める場合には，文民による指揮 (civilian direction) の下で国家に係る事項に関する責務に従事すること

一つとして「出生により合衆国市民である者」であることを規定した。前述のとおり連邦憲法制定当時この要件は，一般的理解に従えば，外国の王政関係者の招致の可能性の排除を含む，外国からの影響を阻止することを目的とするものであった。

その後世界のグローバル化と合衆国市民の国際進出等の影響により，合衆国市民の多様化が進展した。具体的には，第一に，そもそも移民国家である米国では，多様な出自・法的関係の者が，合衆国における出生により合衆国市民権を取得することになった。また第二に合衆国市民が海外に進出・滞在し，そこで子が出生するということが生じるようになった。このような状況に際し米国は，その歴史的経緯により自明の理として合衆国市民権の保持者が法外在的に決定されることがないことから，合衆国市民の外延が問題となる具体的状況が生じるたびに，法令の制定・改正あるいは判例によって，具体的な問題解決をしてきた。

このような問題の解決の結果は，合衆国市民権それ自体が重要な価値のあるものと認識されていることから，それ自体として高い関心を集めてきている。また，それに加え米国が民主主義国であり，さらに実定法上前述のとおり連邦憲法第2条第1節第5項で出生により合衆国市民であることが大統領の就任要件となっていることとの関係でも，生来的合衆国市民権の取得の制度は高い関心を集め，その制度の妥当性は，米国の移民・国籍法制度の歴史の中で継続的に問い直されてきている。

なおこの過程では，帰化により合衆国市民権を取得した者との平等の観点から，オリジナルの連邦憲法第2条第1節第5項の規定する要件の妥当性が，多くの憲法修正が提案されるという形で，問い直されている。

第4節　近代国家と市民権

第1款　米国における取組みの意義

第1章で「国民」の概念を巡る議論に関しもっとも重要なものの一つは，誰が国民であるのかをどのように決定するのかということであると指摘した。そしてこの点に関し，前章までで米国における市民権に係る法制度の発展史を検討し，この問題に対して米国が，各個人の個人の尊厳と人権の保障・擁護を主たる目的とし，国家としての独立性と統合に配慮しつつ，対峙して

第4節　近代国家と市民権　427

きたことが理解できた。

　この点に関しては，そもそも米国という国が，独立宣言で示されているように，個人の尊厳と人間の自由・権利を擁護するために革命によって英国から分離した国であることを考えれば，米国がこのような問題に対峙したのは当然のことである。米国は，この個人の尊厳と人間の自由・権利を獲得・確保するために，自らの判断により米国を創設したのであり，米国市民は自らの判断により，自らを米国市民と認識し，またその構成員相互間において互いを米国市民と認め合い，国家を形成した。そこには，個人の尊厳の確保に対する強い意思が見受けられ，また，政治的なものであれ，自然的なものであれ，外部からアイデンティティを与えられ，決定されることに対する強い拒否の意思が表れており，さらには自らが自らのアイデンティティを決定していくということに対する強い志向が現れている。

　このような動きについては，他の「近代」という歴史的な潮流の中で生じた人間の営みの多くがそうであったように，近代国家という試みが，歴史や伝統，あるいは自然など，それまで人間の外部に存在し，抗えないものとして人間を規制してきたものに対抗していく人間の営為の一つとするならば，近代国家である米国がこのような歴史をたどったのは，当然ということもできる。

　世界中のすべての国家が，これまでみてきた米国が経験したような問題，すなわち自らの構成員を決定する際に自明の理として一定の基準を適用することができるとするのではなく，どのような基準により自らの構成員を決定するかの基準を検討し決定する，という問題に対峙することになるのかは明らかではない。しかしながら国際社会の相互依存の深化と，人間の国際間移動の拡大がこれからさらに進展するならば，将来的にはこの問題に対峙する国家は増加せざるをえない。

　またこの問題のとらえ方を変えると，そもそも日々の人口移動に伴って生じる社会構成員の変動の問題を，誰が自らの構成員なのかの基準を適用する作業としてではなく，誰を自らの構成員とするのかを決定をする過程であるととらえるならば，この問題はいずれの国も，日々現実に対峙している問題であるということができる。そしてこのようにこの問題をとらえたとき，われわれは，自らが自らの所属する「国家」という集団の構成状況に関する問題を正面から検討してきたか，ということについての反省を余儀なくされる。

428　第8章　米国市民権・市民的権利の歴史と近代国家の構成員に係る法制度のあり方

また実際にこの問題に対峙し，その解決策について考えたとき，ここまでで見てきたような個人の尊厳と自由・権利の保障の観点からこの問題の解決を図ろうとしてきた米国の取組みは，評価され，参考とされるべきであると考えられる。

第2款　人間集団としての国家とその構成員の関係

当然のことながら国家は人間の意図によって形成された集団であって，基本的には自然発生的集団である家族等とは異なる。このことは，個人の同意により国家が成立したとする近代社会契約論をその組織化の基礎とする近代国家においては特にそうである。このことを念頭において考えるならば，近代国家の構築に際して，たとえば同じ民族に属する者，同じ人種の者，あるいは同じ言語でコミュニケーションをすることができる者としか協力してはならないということは全くない，ということに気がつく。民族が異なる者，人種が異なる者，コミュニケーションが困難である者と協力して国家を形成するとしても，原理的には全く問題ない。ただ実務上その際にかかる負担と，その結果形成された国家から得られる利益とを比較し，それが適切と判断されない場合にはそれをしない場合があるということである。そこで考慮されるべきは，ここまで見てきた米国連邦議会での市民権に関する議論を見ればわかるように，そのような取組みをすることに対する必要性と，そのような取組みをすることから得られるものとの間での具体的・現実的な比較衡量である。

このことには十分に留意する必要がある。すなわち，米国がそうであるように，近代国家はそもそも具体的な問題の解決をするために構成・構築されるのであって，抽象的な概念の結晶としてあるものではなく，またその存立・存続自体が自明のものでもなければ，目的とされるものでもない。この点に留意することなく国家の存立を自明視したり，ましてやあらゆる種類の国家のあり方について考えることを放棄して，ある特定の国家の形象を肯定するあり方のみを是とすることは不適切であり，不合理である。

なおこれに加えて，そもそも人間は変化するものであり，その要求も変化するものである。また人間の変化に伴って国家は変化すべきものであり，国家が人間の変化に対応できないがために，逆に国家のあり方にあわせた人間のあり方を強制することはできない。

市民権を享有する者を誰とするのかという問題を考える際には，この点について十分に考慮する必要がある。ここまで見てきた米国市民権にかかる歴史が示すように，国家を構築する際に，誰と構築するのかは既定事項ではない。米国は，それを革命により英国から分離し，さらに南北戦争後の再建期において解放民を国の積極的構成員とし，また20世紀に入って女性の選挙権を認め，市民としての義務を付加することにより実践してきた。

このような米国の取組みが成功したのか失敗したのかは，たとえば米国の移民法が頻繁に改正されていること等を鑑みるならば，明らかとはいえない。また個人が市民になっても，市民権のはく奪や市民間の差別等[38]，市民間でさらに市民に係る各種の問題が生じることもあり，自ら市民の範囲を決定することが，個人の尊厳の確保に自動的につながるものでないことは，何よりも米国の市民権に係る歴史自体が示すところである。しかしながら，誰が国民なのか，という問題意識を持ち続けている，あるいはその問題意識を持ち続けることを余儀なくされている米国の状況には参考にすべき点が多い。

第3款　市民の範囲の確定と歴史

米国において現在もリーディングケースであるU.S. v. Wong Kim Ark判決は，common lawに依拠しながら修正第14条を解釈した。国家における裁判所の役割の観点からして，連邦最高裁にこのような手法以外の選択肢があったのかは検討されるべきではあるが，このようにcommon lawに依拠して判断することで，Minor v. Happersett判決で示されたように，女性差別の問題が生じた。

そもそも米国が建国されたのは，独立宣言にある通り，英国との確執等の歴史的経緯に基づくものであった。このことから示されるように，国家も，それを構成する個人も，歴史的経緯から自由な存在であることは困難である。しかしながら同時に，これもまた独立宣言が示すように，国家も，そしてそれを構成する個人もその歴史的経緯からの離脱を図る存在であるということ

38　この点に関して，20世紀初頭第二次世界大戦中，米国において米国市民権を保有する日系人が，強制収容され，また強制的に市民権を放棄せしめられた歴史が指摘されている。Cf. ex. Kunal M. Parker, MAKING FOREIGNERS: IMMIGRATION AND CITIZENSHIP LAW IN AMERICA 1600-2000, Chap. 6 (Cambridge University Press 2015).

もまた事実である。

　米国の建国当時，米国市民は白人と考えられ，また特に政治との関係では，実際的には，白人男性市民が構成員と考えられていた。そして米国憲法は，明確には規定していなかったが，奴隷制度を許容していた。しかしながらその後，南北戦争後の再建期を通じて，従前奴隷であった者は解放され，その他の者とともに，修正第14条の定義を通じて合衆国市民とされることになった。そしてさらにその後，帰化法における人種の基準は廃止され，また女性の市民権の変動が個人の意思に従うように法制度は改正されてきた。

　このような一連の動きから示されているのは，各時代の個別具体的な事情・状況の影響を受けることはあるが，歴史の潮流に通底するのは，人間・個人は，継続して，各種の手段・方法を用いて，世代を超えて，自らの尊厳を主張し，それに伴って，国家の制度は改革される，ということと解される。このことはより具体的にいうならば，国は，その各時代においては，国自身の維持・存続のための政策を策定・実施することはできるが，そもそも人間・個人の尊厳の実現のために存在するとする建前に基づく近代国家においては，国が個人の尊厳をないがしろにした場合，それは自らの存立の基礎を自ら侵食していることになり，結局改革を余儀なくされる，というのが，米国の市民権の歴史が示していることと考えられる，ということである。そしてこのような歴史的な流れの中では，Dred Scott v. Sandford 判決がそうであったように，時代の一経緯に基づく判断は，より大きな時代の流れに揺り動かされ変化していくことになる，ということも同様に米国の市民権の歴史が示していることと解される。

　このような歴史のダイナミズムの中でも，継続してその意義を有し続ける，個人の尊厳の尊重の観点からの国家の構成員を考える視点は，国家の構成員に関する法制度に関し検討する際には重要な視点と考えられ，そのような法制度を考える際に国家の歴史的経緯は踏まえる必要があるにせよ，同様に考慮されるべき重要な視点と考える[39・40]。

39　この点に関し，そもそもいわゆる歴史として参照される事象も，実は各種の人為的認識や操作の産物であって，人為のかかわらない自然の産物ではないことはいうまでもない。このことは，歴史と同様に挙げられることのある，伝統，政治的，社会的，経済的事情等に関しても同様であって，法外在的なものが人為性の外部にあって，人間の手の及ばない要因であるということは必ずしもなく，むしろ少なくとも人間の認

第4節　近代国家と市民権　431

識・考慮の範疇に入るタイミングにおいては，人為的に加工されたものである可能性が高いと思われる。

40　この点に関し1813年にJ. W. エッペスに宛てた手紙においてトーマス・ジェファーソンが次の通り述べていることが参考になる。

「この地上は生者のものであって，死者のものではありません。人間の意志や力は，自然の法則によって，生命が滅びるとともに消滅します。ある社会は，勤労をはげますために生命に人為的な継続期間を与えていますが，ある社会は，われわれが野蛮人と呼んでいるわが土着の隣人たち（インディアン）のように，それを拒否します。人間の世代は，法人団体ないしは社団法人と考えることができるでしょう。各世代は，その世代が存続している間は地上の用益権を持っています。その世代が消滅するとき，その用益権は，自由でなんの負担も負っていない次の世代に引き継がれ，そのようにして次々に世代から世代へ永遠に引き継がれるのです。」

「われわれは，それぞれの世代を一つの独自な国家，つまり多数の意志によって自らを拘束する権利をもっているけれども，次の世代をよその国の住民以上に拘束する権利は全く持っていない独自な国家，と考えることができましょう。あるいはこの事情は，一般に行われている例にたとえてみますと，一代借地人が用益権の継続期間中に土地を負債の抵当に入れても，その借地人が死亡したときには，その継承権所有者が（その人も一代限りですが）継承する土地はあらゆる負債が免除されている，という一代借地人の普通の場合にあてはまります。」

「一世代の期間，いいかえますと一世代の生存期間は，死亡率の法則によって決定されます。死亡率の法則は，異なった気候によってごく僅かの変動はありますが，一般的な平均を示し，それは観察によって発見されるはずです。たとえば23,994人の死亡と死亡した時の年令についてのビュッフォンの表によりますと，ある一瞬に生きているあらゆる年令の人の数のうち，半分は24年8ヶ月の間に死ぬことになります。しかし（自治政府に参加する権限を持たない未成年者を除いて），ある一瞬に生きていて，その大多数が社会のために活躍している（21歳の）成年男子の半分は，18年8ヶ月の間に死ぬことになります。したがって，契約の日から19年たちますと契約者の大多数が死に，それとともに契約も切れます。」

「国民の利益のために設立された諸制度は，その設立の目的に一致させるためにさえ，ふれることも修正することもゆるされない，なぜならそれは公共のために委任されその制度を運営するために備われた人々に，いわれなく仮定された権利であるからだ，という考えは，君主の権力濫用に対しては有益な対策であるかもしれませんが，国民自体に対しては全く道理に合わないことです。それにもかかわらず，わが国の法律家や牧師たちは，一般にこの原則を説ききかせ，前の世代はわれわれよりもっと自由にこの世界を保持していた，また前の世代はわれわれ自身では変えることができない法律をわれわれに課する権利をもっていた，したがってわれわれも未来の世代には変更する権利がない法律をつくって重荷を課すことができる，と考えています。要す

第4款　近代国家設立の目的と国籍法

国籍は，もっとも一般的な関係において，人を特定の国家に属せしめる法的な紐帯であり，人は国籍によって特定の国家に所属し，その国家の構成員になる。したがって国籍とは，個人が特定の国家の構成員である資格を意味する。そして国家は，自国の構成要素をなす人とそうでない人を区別し，種々の点で，両者について異なった取り扱いをする[41]。

国家はその統治権限の行使の一環として個人・人間を選択し，区別する。現実に世界国家・世界政府が存在せず，国際社会が存在している現状においては，国家は人的境界を定め，自らの統治権の人的範囲を定める実際上の必要がある。そしてその際には，国家の成立の正当性，正統性，歴史性，文化性あるいは政治的，経済的，社会的要因等も考慮する必要がある。

米国における市民権に係る法制度は，各時代ごとに存在するこのような諸要因を考慮しながら発展してきており，また現在も変動している。そしてこの発展のそれぞれの場面で，上記の諸要因とともに考慮されてきたのは，先述のとおり，個人の尊厳・自由・権利の尊重とのバランスであった。これは換言すれば，国家による統治権限の行使の側からの事由と，個人・人間の求めるところの調整の過程であった。

地球上に，世界を一体とする世界社会・世界政府が存在せず，国際社会が存在し，多くの個人・人間が国家に所属するかたちで生存している現実の状

るに，この世界は死者のものであって生者のものではないと考えているのです。」

「わが創造主が，この地上を死者のためではなく生者が使用するために創り給うたこと。生存していないものには，地上の用益権もなければ権利として要求するものもありえないし，地上を支配する権利や権力をもつこともできないこと。ある世代の人間は，同じ神のみめぐみによってそれ自体の権利において生まれてくるほかの世代に対して，地上の用益の自由を妨げたり負担をかけたりすることはできないこと。前の世代は次の世代をその法律や契約によって拘束することはできないこと。法律や契約は元来生存しているものの多数の意志に由来しているものであるが，その多数は死亡によって去っていくから，次の世代は，それ自体の法律や契約を作る等しく自由な意志をもって，前の世代に代わって現れてくること。これらのことは，これ以上分かりやすく説明できないほど自明な原理です。」ソール・K・パドーヴァー編富田虎男訳『ジェファソンの民主主義思想』7頁（有信堂　1961年）。

なおジェファソンは，1789年にマディソンに宛てた手紙において，同様の論理構成で，ある世代が他の世代に借金をこしらえる権利はない，と述べている。同書81頁。

41　江川英文他『国籍法（第三版）』3頁（有斐閣　1997）。

第5節　近代国家と市民的権利・市民的義務　　**433**

況を踏まえるならば，国家がその統治権の行使のために国籍法を定めること
を否定することは実務上困難かもしれない。しかしながら，具体的な国籍法
の形象には各種の可能性があり，また具体的に国籍法を定める際に考慮され
なくてはならないのは，国家の統治の便宜だけではないと思われる。むしろ
個人・人間は統治されるために国家を設立したわけでもなければ，市民にな
るわけでもなく，自らの尊厳と自由の確保のために近代国家を設立し存続さ
せていること，またこれに対応して近代国家は，個人の尊厳と人間の自由・
権利の尊重を目的として形成・存続していること，を踏まえるならば，個人
の尊厳と人間の自由・権利の尊重の観点から国籍法の規定はどのようにデザ
インされるべきか，ということがまずもって考慮されるべきであり，このた
めに長きにわたって努力がされたということが，米国における市民権の歴史
が示すところと解される。そしてこのような「統治のための国籍法」から「個
人の尊厳と人間の自由・権利の尊重のための国籍法」へのデザインの変化の
必要性という問題意識は，多くの国が近代国家として発展している今日にお
いては，共有されるべき問題意識と考える。

第5節　近代国家と市民的権利・市民的義務

第1款　米国市民の権利

まず米国市民の権利については次のように整理することができる。

そもそも米国にとって，建国当時権力とは，米国に対して「長期にわたり
継続して権力の乱用と権利の侵害」をした英国であり，権力とはそれから逃
れ去りたいものであり[42]，そのためには，米国という国を建てざるを得なか
った。それが独立宣言の選択であった。

しかしながらこの米国という国を構成するということは，同時に自らの手
によって，場合によっては第二の英国となりえる組織を，米国の領域内に形
成する行為でもあった。この場合，この新たに構成する組織が第二の英国と
化することは避ける必要があった。そのためには前提として，まず国家あり
きの政治システムは構成することはできない。そこで自然権思想が自由・権

---

[42]　この点に関して独立宣言には「大英帝国の現国王の歴史は，これら諸邦の上に，絶
　　対の暴君制を樹立することを直接の目的として繰り返し行われた，悪徳と簒奪との歴
　　史である」という一節がある。高木八尺他『人権宣言集』115頁（岩波書店　1977）。

利の根拠として唱道されることになった。自然的権利を享有する者がその権利保障をより十全たるものとするために構築したのが米国である，ということは何よりもまず明確にしておかなくてはならないものであり，そのために個人の尊厳の擁護と自由・人権の保障はなくてはならなかったのである。

このような考え方は，時代を経るに従ってより洗練されたものになり，その過程で何が自らの対峙すべきものであったのかも明確になってきた。独立革命において直接対峙したのは英国という国であったが，実際に問題であったのは，英国という国の存在や，それにより米国に居住していた者が抑圧されていたということだけではなかった。問題であったのは自らが正当に保有すると考えられる自由・権利が保障されていないという状況であって，むしろそれこそが米国が対峙し克服すべきものであった。このような理解からすれば，当然のことながら，自らの領域内で，州という政治権力により虐げられながら存在している黒人奴隷の問題に目を向けざるをえなかった。そしてこの，自然的・外在的事情により社会関係において劣位におかれている黒人の自由・権利を擁護することが必要となり，南北戦争が生じることになった。

この南北戦争の結果として，解放民とそれまで市民とされていた者が異なる政体を構成することとしていれば，問題状況は異なるものとなったと考えられる。しかしながら実際には米国はそれらの者が合一して米国市民となり，合衆国を形成していくという選択をした。そして当然のことながらこの結果として米国は，それまでの市民に対するのと同様，新たに市民とされた者に対しても，自らの形成している政体からの侵害から防御するすべとして，一連の自由・権利を保障することが必要となった。

この動きは，当初はごく基本的な市民として当該社会内において存在・活動するために必要最小限の自由・権利を獲得・確保しようとするものにすぎなかったが，修正第15条の制定に見られるように，後には，社会統御のための国家の構築・改変に係わる権利まで保障することが目指された。

そしてまたこのような動きは，後に同様に女性についても展開されるようになった。すなわち女性は，当初は財産権の独立した享有も認められていなかったが，後にその権利が確保され，さらには修正第19条により国家の構成についても投票権行使という形で係わることが保障されることになった。

第 5 節　近代国家と市民的権利・市民的義務　　**435**

第 2 款　米国市民の義務

次に米国市民の義務については次のように整理することが出来る。

そもそも米国は，民主主義を採用している国であることも伴って，その組織を構築・維持するために，市民を中心として役務を提供する者を募る必要があった。

これは具体的には，たとえば，修正第 13 条及び修正第 19 条の制定過程で見受けられたように，国家存立の危機にある際に，米国の存在を積極的に確保することに参加することが，市民として認められる際に積極的に評価された事例等に示されている。そしてこのような動きが制度化されたのが，たとえば帰化の際に求められる米国憲法擁護に対する宣誓の要求であると考えられる。しかしながらこれは構成員となろうとする者の考え方がこの要求と対立するものである場合にどうするのか，という問題を生じさせた[43]。

また本稿では市民の陪審員としての義務と，兵役の義務との関係で，市民であることと市民の義務との関係を検討したが，これらに関し現状米国ではこの点について，必ずしも的確に整理されているとは考えられず，いくつかの問題があることは，先述の通りである。

この市民の義務をどのようにとらえるのか，ということは，米国のように市民となるべき者のクライテリアがアプリオリに存在し得るものであるということを否定し，自らの決断によりそれを決定していくこととした場合，重要な意義を持ってくる。そして，市民の義務の正確な内容，その意義等を検討することは，重要であると考えられ，今後も検討していく必要がある。

第 3 款　近代国家と市民的権利

以上の米国における市民の権利・義務に関する歴史的変遷を見てくると，市民の権利・義務とは，当然のことながら，その市民の属する政治権力との関係で問題とされるものであるということがわかる。

すなわち第一に市民の権利についていうならば，そもそも市民が市民として一定の権利を有さなければならないのは，市民自らが所属する国との関係で市民以外の者とは異なる立場にいるからである。つまり具体的には，市民は自らが所属する国から，それ以外の者と比較して，侵害される可能性が高

43　この点については，第 6 章第 4 節第 3 款第 2 項で紹介した United States v. Schwimmer 判決（279 U. S. 644（1929））参照。

いことから，その侵害に対抗できるようにするために，市民としての権利を
保有する必要があるということである。

　この点に関しより具体的に述べると次のようになる。すなわち，そもそも
独立宣言が措定している通り，本来人間は他者の正当な権益を侵害すること
が認められている存在ではないのであって，これは人間が集団を構成し国と
いう組織・システムを構築したとしても原則的には変わるものではない。国
を構成したとしても，やはりその国からして他者である者の保持する正当な
権益を侵害することが構成された国に認められるわけではない。したがって
近代国家は，自らに所属する市民・国民であるか否かにかかわらず，個人の
尊厳を侵害することは基本的に認められない[44]。

　他方で実際上，日々の生活において自らの設立した国と接する者として市
民は，自らの権益を保護するためにより実効的な手段を保有する必要がある。
このような観点から認められるべきと考えられるのが，市民的権利というこ
とになると考えられる[45]。

---

[44]　もっとも米国の事例の場合，修正第13条により奴隷制度より解放された解放民は，
　　州法の規制等により，人間・個人の尊厳・権利を侵害される状況が生じたのであり，
　　それを避けるために解放民等は市民とされ，さらに，単に市民とされるのではなく，
　　実体的な意味でその権利の保障を確保するという観点から，参政権の保障が目指され
　　た，という歴史的経緯がたどられた。

[45]　この点に関し，具体的にどのようなものが市民的権利であり，どのようなものが自
　　然的権利であるか，という問題がある。この点に関しては，一方で，先に指摘した通
　　り，本稿で検討した修正第13条と1866年市民的権利法，修正第14条，修正第15条
　　の歴史的経緯を見ると，自然的権利の保障のために個人は市民になり，市民になるこ
　　とによって市民として自然的権利が保障される，という一連の歴史的経緯があったこ
　　とが見受けられた。他方で再建期後期に制定された一連の市民的権利法や，その後の
　　連邦修正第14条の市民の特権・免除，デュー・プロセス，平等保護にかかる連邦最高
　　裁の判断では，市民の権利ではなく，個人の権利保障が志向されたということもあっ
　　た。このような歴史的経緯を踏まえると，当初市民であることに起因して享有すると
　　された権利であっても，歴史的変化により個人の権利として享有されるものとなるこ
　　とがある，ということが指摘できる。
　　　また特に選挙権の享有に関しては，修正第15条や修正第19条の制定過程における
　　議論では，個人が選挙権を認められないことに対する疑念が示され，合衆国に所在す
　　る個人は選挙権を享有すべきである，等の主張がなされた。このような歴史的経緯を
　　踏まえると，選挙権の享有に関しては，そもそも個人が国から影響を受けるならば当
　　然それを享有すべきである，という考え方があり，この考え方によるならば，選挙権

第5節　近代国家と市民的権利・市民的義務　**437**

第4款　近代国家と市民的義務

次に市民の義務についてであるが，女性の陪審参加に関する一連の判決から明らかな通り，民主主義国家においては，他の国家形態と異なり市民とされた者が能動的に国家に係わる主体とされるので，結果として市民が一定の義務を果たす必要が生じる。

この際に市民がどのような立場で，その市民としての役割を果たすのか，ということは重要な問題である。またこれと同様に重要なのは，そもそもどのような責務を市民的責務と考えるべきなのか，ということである。

このうち前者の市民としての役割・責務と人間・個人の属性，もしくはその多様性との関係については，それぞれ市民としての役割・責務も多様であることから，それぞれの義務に応じて検討する必要があると考えられるが，一般的には，そもそも人間・個人の属性が多様であることを踏まえそれに基づいて「市民」という制度を考えていくことが合理的であると思われる。

第5款　近代国家と兵役

次に後者のどのような責務を市民的責務と考えるべきなのかという点との関係では，本稿で検討した市民の義務としての兵役に関し慎重な考慮が必要である。つまり，ある国家の構成員となることの重要な考慮要素として，他国等への攻撃に積極的に参加することが取り入れられるということが標準的な，国家形成の際の市民選択の手続モデルとされるということは，世界全体に他国を攻撃することを是とする国家が散在することを認めることにつながる可能性がある。

そもそも実際に世界に利害の対立が存在し，それに関係する武力紛争が存在する現状においては，各国において実務上「共同の防衛に備え」るために国家が形成されていると認識され，防衛に関する法制度が設けられるのは，現実的な判断と解され得る可能性は否定できない。しかしながら，そもそも

───────────

は，ある国の市民であることに基づいて享有するものではなく，むしろその選挙の結果影響を受ける個人が共有すべきということになるとも考えられる。

　以上からすると，具体的な市民的権利については，歴史的，社会的，政治的要因等により変動すると考えられ，これは選挙権等の政治的権利に関しても同様と考えられ，本稿で検討した市民的権利の歴史的経緯からするならば，上記の諸要因等と個人の尊厳・自由・権利の保障の両方の観点の具体的バランスの中で，そのカタログが生成されると，とりあえずは考えられる。この点に関しては，今後さらに検討したい。

438 第8章 米国市民権・市民的権利の歴史と近代国家の構成員に係る法制度のあり方

近代国家が「万人の万人に対する闘争」を止揚するために形成・存続されて
きたものであり，それが単に万人の万人に対する紛争を国家間の紛争に置き
換えることを意図しただけのものではないとするならば，国家間等に存在す
る紛争解決の手段として武力の行使を前提とするような制度を設けること
は，近代国家あるいは近代国家体制の建前とは合致しないと考えられる。ま
た各国の事情を離れて，世界全体という観点から見るならば，各国が自国の
防衛のためと称して，他国等への攻撃に積極的に参加するか否かを市民の選
択の条件とする状況が生じることは望ましいとは考えられず，20世紀前半以
降人類が目指してきている戦争の違法化とも相容れないと解される[46]。

　20世紀後半から21世紀にかけては，世界的にいわゆる西洋近代民主主義
国家が国家システム構築の際の範型とされることが多いが，この民主主義国
家の市民となるための要件としてこのような要素を考慮するのかということ
は，近代国家システムを前提とした世界秩序を考える際には重要な論点であ
る。

第6款　近代国家における公務就任権

　たとえば米国の例によれば，近代国家は，より完全な連合を形成し，正義
を樹立し，国内の平穏を保障し，共同の防衛に備え，一般的福祉を増進し，
それによって人民の自由と恵沢を確保することを目的として設立される組織
であって，出自・目的の不明な運命共同体ではない。

　このことは，そのような組織を構成する個人は，一定の明確な法律等によ
って規定された基準によって当該組織に所属することとなることを意味し，
また，その組織を運営する者も，一定の明確な法律等で規定される目的と資
格要件の下に，その運営に当たることを意味する。近代国家の構成員は，そ
の起源・根拠も知らず国家の構成員になるわけではなく，またその運営者も，
その起源・根拠が不明確なまま，その運営者の地位に着くわけでなく，国家
組織を運営するわけでもない。

　米国における出生による合衆国市民権の取得に関する法制度をめぐる議論
や当該制度の発展の歴史を考察し，また，合衆国憲法第2条第1節第5項を

46　この点に関しては，1928年8月27日に署名された戦争放棄に関する条約（不戦条
　　　約）において，当時の主要国が戦争の放棄を約束したこと，また第二次世界大戦後国
　　　際連合が設立されたこと等を想起すべきである。

めぐる歴史を検討すると，このような印象があり，この人為性は，常に認識されることが必要と考えられる。

また合衆国憲法第2条第1節第5項の規定する「出生により合衆国市民である者」の要件にかかる憲法改正案の提案が，各時代の具体的な潜在的大統領選挙候補者がいることを前提に提案されている事実等を踏まえると，それらの提案の根源的起源は法的正統性等にはなく，具体的な政治的あるいは社会的事実によるものであることがわかり，このような具体的な法外在的事実を踏まえた法論理の妥当性の検討が必要であると考えられる。

すなわちこの点に関しては，政治的・社会的状況は常に変動する可能性がある一方で，それを超えた安定性を確保することが法，特に憲法の役割であることに留意することが必要と考える。たとえば，ある具体的な政治的・社会的状況により，具体的な潜在的大統領候補が注目され，そのために憲法改正等がなされる場合，当然のことながら，その大統領候補に反対する政治的・社会的勢力等がいることも考えられる。このような場合に，単に当該大統領候補を大統領にすることだけを念頭において憲法改正が目指されたとすると，仮に民主主義的手続を経て，正統あるいは正当に憲法が改正されたとしても，その後の政治的・社会的状況の変化によって対抗勢力が権勢を得るようになった場合，当該憲法改正に対する疑念が出される，あるいはさらに再度改正が求められる，等の状況が生じる可能性がある。国内の政治状況の過剰な変動や混乱を避けることも憲法制定の意義・目的の一つとするならば，このように，国内の政治・社会状況の変動が生じるたびに憲法改正の議論が生じるような憲法設計は必ずしも妥当とはいいがたい。むしろ，少なくとも理想的には，国内の政治的・社会的変動にも拘わらず，憲法改正というような大きな法的変動を必要としないような憲法設計が適切であって，そのためには，政治的・社会的に中立な憲法設計が目指されるべきであり，また憲法改正においても同様に，一時的な政治的・社会的変動により動くのではなく，可能な限り社会に存在する実際の状況や各種勢力の関係性等を踏まえ，そのような政治的・社会的変動が別の方向に向けて生じても耐えうるような，改正を行うことを目指すことが適切であると考える。そしてこのためには，本稿で分析した米国の市民権・市民的権利に関する歴史の経験を踏まえるならば，個人の尊厳・自由・権利の尊重の観点から憲法改正が適切か否かを検討することが，政治的・社会的に中立な憲法設計か否かを判断する際に有用な

440 第8章 米国市民権・市民的権利の歴史と近代国家の構成員に係る法制度のあり方

視点となると考えられ，公務就任に関する要件に関する憲法の構築・改正等を考える際にも，この観点からの確認をすることが適切と考えられる。

なお上記に関連して，近代国家が個人・人間の尊厳の尊重とその自由・権利の保障のために人為的に形成されたものである点を意識し，そのために国家がその責務とされるところを実施する主体であることを意識するならば，そのための体制を整備するという観点から，どのように人材を集め，またそれを配置するのか，ということも検討すべきことになる。具体的にたとえば公務就任権との関係でいうならば，グローバル化の進展した世界において，個人の国際的な移動が拡大・進化している状況の中で，個人・人間の尊厳の尊重とその自由・権利の保障を目標とする近代国家の運営のためには，どのような人材が必要か，という観点から，公務就任者の要件を考えることも，一つのオプションであると考える。

第6節　近代国家の発展と市民のあり方の変容

第1款　国家の領域性・個人間の関係

現代社会においては，国家の領域性の意義と，個人間で構築される社会の相関関係が変容しつつあると思われる。すなわち，卑近な例からするならば，今まで一度も会ったことも会話したこともない自宅の隣人と，インターネット上の各種のアプリケーション・サービス等を使用して頻繁にコミュニケーションをとる別の国にいる友人と，どちらについてよく知っているといえるだろうか。この様な例を踏まえると，領域国家への帰属としての市民権あるいは出生により得られる市民権の意義は，過去との比較では，相対的に低下してきていると考えられる[47]。

---

[47]　この点に関連して米国では，米国に対抗する集団であることを承知しながらいわゆる Taliban による活動にかかわる等，反米的な活動に関与する生来的米国民の例がある一方で，米国への貢献で多数の帰化市民が表彰されており，これらの者の米国に対する忠誠心は疑われていない，ということが指摘されている。Sarah Helene Duggin & Mary Beth Collins, *Natural Born in the U. S. A.: The Striking Unfairness and Dangerous Ambiguity of the Constitution's Presidential Qualifications Clause and Why We Need to Fix It*, 85 Boston Univ. L. Rev. 53, 136 (2005). この点に関連して，いわゆる2001年9月11日に発生した米国同時多発テロ事件との関係で，一時的に米国に滞在している者の子が，合衆国で出生した場合に，当該出生により合衆国市民権を取得す

第6節　近代国家の発展と市民のあり方の変容　441

　他方で，現実の世界においては依然として，国民国家が領域国家として存在し，それぞれの領域内で対外独立，対内最高の主権を行使し，さらにはその付与した市民権・国籍を有する個人に対して管轄権を行使している。そして国際社会も含む社会の諸秩序を維持する権力を行使する主体として有力なのは，依然としてこのような意味における権力を保有する国家であることも事実である。

　このような，領域性に基づく社会のフィクション化の現出と，領域国家としての近代国家の存続の間の整合性をどのようにして確保し，最大多数の最大幸福を実現するための制度をどのように構築していくのか，これが近代国家，あるいは近代国家制度の抱える現代的課題の重要な一つと考えられる。そして，近代国家が近代人を必要とし，それを前提として構築されたように，今後構築されるであろう，上述のような状況に対応するための制度に対応する個人のあり方としての市民のイメージを構築し，そのような「市民」に関する制度としての市民権に関する制度を形成することが，近代市民・近代市民制度を超える，将来に求められる市民に関する考え方・制度と思われる[48]。

第2款　個人の自由・権利と国家制度のデザイン

　このような将来の「市民」に関する考え方・制度としての市民権制度を構想するのに際しては，本稿で検討した米国の市民権・市民的権利の歴史がそうであったように，個人の尊厳・自由・権利の確保・保障を目指すことが求

るとしている現状の法制度を修正すべきとする文献として John C. Eastman, *Born in the U. S. A.? Rethinking Birthright Citizenship in the Wake of 9/11*, 12 Tex. Rev. L. & Pol. 167 (2008). 同様の点に関して，米国憲法に基づく法の支配の観点からの議論が必要とする文献として Peter H. Schuck, *The Meaning of American Citizenship in a Post-9/11 World*, 75 Fordham L. Rev. 2531 (2007).

48　なおこの点に関しては，家族の分化が進展している現代社会においては，血縁関係があるということから，血縁者との相互理解が促進され，さらにはそれを通じて個人と国の相互理解が促進される，ということを想定することが妥当か，ということも，同様に再検討が迫られていると考えられる。もっとも，このような現実がある一方で，血統主義を前提とした国籍法に従って国民とされた個人から構成される国家が主権を行使している，という現実があるのも事実である。

　以上を踏まえると，血統主義を主要な基準とする国籍法に従って国民とされた個人から構成される国家についても，出生地主義を主要な基準とする国籍法に従って国民とされた個人から構成される国家と同様の課題があるといえると思われる。

められる。そして米国の市民権・市民的権利の歴史の例を踏まえるならば，このような取り組みにおいて個人の尊厳・自由・権利の確保・保障を実現するためのより適切な方法がある場合，国家の制度を改革することに慎重になるべき理由はなく，むしろそのようなより適切な方法を追求しなければ，結局その制度は，人間・個人による自然的権利の主張を後ろ盾とする動きによって，その改革が求められることになると思われる[49]。

　この点に関連して，国家の基礎として国民・住民の間等における文化・歴史的背景等の共有の重要性が言及されることがある。確かに，国民の文化・歴史的背景等の共有がある場合に，国家の構築が簡素化され，その運営が効率的に行われる等の可能性があることは否定されないかもしれない。しかし本稿で検討した米国の市民権・市民的権利の歴史の例を参照すると，そのような国民の文化・歴史的背景等に基づく既存の国家制度を擁護する主張は，その時代ごとに存在する，現実の具体的な必要性や正当性等に基づく主張に乗り越えられてきていることが示されている。

　このような例からするならば，上述のような現在の状況に対応するための制度を考案する際，文化・歴史的背景等を基礎として国家側の事情を正当化し，あるいは国家制度・国家運営の不備や不効率を正当化する，もしくは国家制度・国家運営の再検討なく国民に対して追加的な負担を求める制度を考案する等を行うのは，個人の尊厳・自由・権利の保障を目的に構築されたと標榜する近代国家システムの大儀からすれば，適切・適当ではないと思われる。

　なおこの関連でより現実の具体的状況を踏まえるならば，世界のグローバル化や，インターネットの発達と拡大を通じて生じている国境を越えた情報社会の広がりにより，世界の人々が情報・経験を共有し共通の文化・歴史等を形成しつつあるという状況がすでに現実に存在している。したがって実際に対峙されるべき課題は，このような現状を踏まえ，市民権に関する国家システムの設計をどのように改変・改善していくのかを検討することであると考える[50]。

---

[49]　この点に関連して，国家は個人に一定の義務の負担等を要求することは一般に認められるが，それが最小であればあるほど，よくデザインされた国家と評価されると思われ，また国家制度を改正することで，個人の負担を増やすことなく個人の厚生が上昇するならば，変更されるべきは国家の制度であって個人の義務・負担ではない。

第6節 近代国家の発展と市民のあり方の変容 **443**

---

50 ただしこのような論点の捕らえ方に関しては，逆の側面，すなわち経験・文化・歴史等を共有していない場合にどう考えるのか，という問題があることにも留意する必要がある。すなわち，本文で述べた，今まで一度も会ったことも会話したこともない自宅の隣人と，インターネット上の各種のアプリケーション・サービス等を使用して頻繁にコミュニケーションをとる別の国にいる友人の事例でいうならば，この「今まで一度も会ったことも会話したこともない自宅の隣人」との間においてどのような法規範をどこまで観念できるのか，という問題が，現代の複雑に fragmentation 化もしくは segmentation 化した社会では生じているということである。

お わ り に

1. 米国市民権・市民的権利の発展過程と個人の尊厳

　本稿で示した研究結果を鳥瞰すると，米国市民権・市民的権利は，その基礎とした自然権理論との共存を余儀なくされつつ発展してきている，という印象を強く受けた。その発展の歴史上の各過程では，各種の制約を受け，不十分にしか実現されてきていないが，米国市民権・市民的権利の歴史全体に通底するのは，人間は生まれながらにして個人の尊厳を有し，それを実現するために国家は存在する，という強い信念であり，その信念は，個別状況の影響を受け時代の一時において退くことはあっても，その後に再度復活し，やがては実現されてきている。

　現在においても各地で人権の侵害や，差別等の問題が日々生じていると報道される状況を踏まえると，米国が完璧で完成された国家である，とは評価され得ない。しかしながら，現在世界にある 200 近くの国のいずれについても，実はそれは同様と思われる。その様な状況の中で，現状が完璧であると主張する国家・為政者を持つことがよいのか，現状で満足であると国民が悟る，あるいはそう悟ることを求める国家・為政者が望ましいのか，それとも，米国のように，現状を少しでも改善していこうと努力することを志向するのか，いずれがよいのかは，各時代の各国国民の選択かもしれない。しかしながら米国の歴史を見ると，人間・個人は，粘り強く，各種の手段を用い，世代を超えて，自らの自然的権利を主張してきていることが看取される。このような歴史の示す潮流を踏まえると，実は長期的には最後の選択肢以外は成立しないのではないかと思われた，というのがこの研究の結果から与えられた印象である。

　また上記を踏まえると，国が個人の尊厳をないがしろにして，国自身の維持・存続のための論理を主張することは適切ではないという印象も受けた。というのも，国家が存在する基礎は，個人の尊厳の実現にあるのであって，個人の尊厳をないがしろにする国家は自らの存立の基礎を自ら浸食することになり，結局改革を余儀なくされてきている，というのが本稿で分析した米

おわりに　445

国の市民権・市民的権利に係る歴史が示しているものと思われたからである。

　国家成立の必要性から，米国建国当時憲法起草者は，奴隷制度に関し妥協し，その存続を容認する規定ぶりを採用した。この当時の具体的な状況では，これ以外に選択肢はなく，実務上これが現実的な選択であったのかもしれない。しかしながらその後南北戦争が生じ，憲法と憲法によって構築された国家の改革が求められることになった。そしてこのような個人の尊厳・自由・権利を実現しようという動きは，その後女性の市民権・市民的権利の保障の文脈でも再度生じた。このような市民権・市民的権利に関する米国の経験を踏まえると，今後世界の近代国家モデルを範型とする国々が，将来に向かってどのような問題意識をもち，どのような原則に従って，各国の構成員とそれらの構成員が共有する権利・義務に関し，国やその政府を発展させていくべきなのかはよく考える必要がある。

2．個人と市民

　諸般の事情によりそれだけで十分というわけではなかったが，米国建国当初の憲法との関係では，「市民」であることの意義は，外国人でないことと，平等な米国人であること，の二つであり，このような「事実」を明示する，あるいは，そのような「状況」を演出するために，「市民」の文言は使用された。

　既に述べたようにこのような「事実」あるいは「状況」は，当初オリジナルの憲法は奴隷制度を許容していたという点を踏まえると，ある意味憲法的にすらフィクションでしかなかった。しかしながらその後の再建期においては，この文言が体現していると解される自由と平等の概念に歴史・現実が揺り動かされることになり，その結果として，奴隷制度が解体され，黒人は個人となり，さらには市民とされた。またこのような動きは，解放された奴隷であった黒人や女性の投票権に関する差別を禁止する憲法修正がなされることにつながっていった。このような動きは，「市民」の理念が現実を変えた，と評価できる。

　他方でこれに続く時代においては，投票権を始めとする女性の市民的権利の保障に関する動きが生じる一方で，陪審や兵役に係る制度を通じて女性には，市民としての義務が課されることになった。女性が投票権に関する差別から自らを守るツールを得た際生じたのは，「市民」という概念を通じて女性

の自由・権利の保障を拡大する動きであった。しかしながら，同時に生じた市民としての義務を負う，ということは，逆に「市民」という概念を通じて女性が，一定の責務を負い国家という組織に取り込まれる，という動きであった[1]。

　もちろん民主主義制度下の国家においては，何らかの形でそれを構成する個人が一定の責務を負担しなければ，国家は成立できず，この意味で市民的義務の存在は許容せざるを得ない。しかしながら，あらゆる場合においてそのような義務は，「市民」であることにより，アプリオリに，あるいは自明のものとして課されるべきものなのかどうかは疑問であり，実際には個々別々の事例において具体的な検証が必要と考えるのが正当かつ適切と思われる。民主主義国において個人が市民になるのは，より自由になり，より多くの幸福追求の機会を得るためであって，市民のレッテルを貼られ，自らの理解や承諾もなく，あるいはその合理的な理由等を了知せずに義務を課されるためではない。

　時として個人は，自らがその「市民」であることを理由に，国家に対して非干渉や，さらには一定の保護等を求める。他方で国家もまた，「市民」の概念を基礎として，個人に一定の義務の負担を求め，また作為を命じる。その意味で「市民」の概念は個人と国家の間を接合し，その関係性を整理するための概念といえ，この意味において，「市民」の概念それ自体はいわゆる道具概念であり，定言的な規範的概念ではないと解される。

　以上の通り「市民」概念は，国家と個人をつなぎ，その間の関係を整理するための概念と一応は解され，学術的・研究的な観点からは，このような整理が認識されることが適切であり，重要であると考える。しかしながらこれのみが米国の市民権・市民的権利の歴史が語っているところとするのは，その長い歴史をあまりにも矮小化していると思われる。むしろその歴史を見ていくと，「より完全な連邦を形成し，正義を樹立し，国内の平穏を保障し，共同の防衛に備え，一般の福祉を増進し，われらとわれらの子孫のために自由の恵沢を確保する目的をもって」米国市民は国家を構築し，市民となったのであって，国家にとらわれ，それに隷属するために国家を構築したのではな

1　ただし陪審への参加が女性の市民としての地位を示すものとして作用していたことを指摘する文献として，Gretchen Ritter, *Jury service and women's citizenship before and after the Nineteenth Amendment*, 20 L. & Hist. Rev. 479, 498 (2002).

く，市民になったのでもない，ということがその歴史の中で継続して示されたところであり，それこそが米国の市民権・市民的権利の歴史が示すことであると解されるということが重要な事項と思われる。そしてこの観点からするならば，我々が「市民」概念について考えるとき，あるいは我々自身が市民であることの意義を考えるとき，最も意識すべきことの一つは，我々は自由な個人になること等のために国家を形成し市民になったということであると思われる。

3．市民概念の作為性あるいは操作可能性

先に述べたとおり，本書で分析・論証した歴史を踏まえるならば，米国において人間は，自由な個人となるために，国家を形成し，それに属する市民となった。そこで構成された「市民」という法概念は，人為的に構築されたものである，ということは，この概念が社会契約論という論理に依拠していること等からすれば，自明のことである。しかしながらこの「市民」概念の作為性・操作可能性は，あらゆる場合に意識されているわけではなく，時としてその意義・内実が意図的に構築・形成されているものであることが忘却され，あたかもそれが客観的・外在的に既定事項とされる意義・内実を有するものと解され，それに基づいた判断がされ，命令が出されること等が生じる。

しかしながら，「国家」や「市民」は人為的に概念・創造されたものであり，人間の操作性の外で生じている現象等を説明するための概念ではない。実際にこのことから米国では，例えば再建期においては，米国の連邦体制を変革する連邦憲法の改正がなされ，またオリジナルの憲法ではその意義が定義されていなかった市民概念が再解釈・再定義される，という現象が生じてきた。

本書の論述したところは，観点を変えれば，米国を構成する者達が，その構成する米国の「市民」概念の作為性・操作可能性を認識し，操作した過程とも解される。そしてこのような米国の歴史的経験が，米国固有のものではなく，近代国家と市民の実務上の関係を示すものだとするならば，我々もまたその作為性・操作可能性について認識することが必要であり，また，その作為性・操作可能性について認識した米国「市民」がそれをどのような考え方に基づき，どのように行使したのか，という歴史的事実を共有することは有意義と考える[2]。

より具体的に米国において「市民」の概念は，奴隷制度にかかる問題を解決し，人間・個人の平等を生成・構築するための基礎概念として作用した。他方で，女性との関係では，国家が一定の義務を人間・個人に課すための基礎概念として「市民」概念は作用している。このように「市民」概念は，歴史的に両義的に使われてきている。

この点に関しては，先述の通り国家がその構成員に対して一定の義務を課すこと自体を一般的に否定することは困難であると考えられる。しかしながら，人間・個人が市民となった理由を踏まえ，国家からのお仕着せとしての「市民」概念にとらわれるのではなく，市民という概念の意義・内実を市民となった人間・個人が自ら思考し，構築していくこと，これこそが米国における市民権・市民的権利の歴史において行われてきたことであった。そしてこのような取り組みがなされる際に，人間固有の個人の尊厳・自由・権利の実現が追求されてきた，ということが米国における営為であった。我々が，いずれかの国家に属することを意識し，その意義を考え，それにかかわる制度を構築あるいは操作する際には，このような米国における市民権・市民的権

2　この点に関し，本文で述べたように米国最高裁判所は，United States v. Wong Kim Ark 判決で，出生地主義を採用した修正第 14 条を common law の歴史に依拠して解釈した。

　このうち common law に依拠したことが問題を生じさせる原因となったことは本文指摘の通りである。

　次に米国が出生地主義を憲法に規定したことに関しては，現行の移民国籍法は，修正第 14 条の規定に基づいて出生地主義に基づき米国市民権を付与しているが，それだけではなく，血統主義に基づく市民権の付与もしており，これが修正第 14 条違反であるという指摘はされていないという点に留意する必要がある。つまり米国においては，出生地主義・血統主義のいずれかが採用されているわけではなく，いずれもが採用されている。そしてこれは，出生地主義と血統主義をどのように組み合わせるかに関して各種各様の相異はあると思われるが，我が国を含む世界各国が同様であると思われる。

　このような状況を踏まえると，出生地主義と血統主義は，いずれかを選択しなければならないものではなく，またいずれかを選択するかが国家の人的構成を考える際に決定的な考慮要素ということはないと考えられる。国家の人的構成を考える際に考慮されているのは，国家の統治の便宜・合理性と個人の尊厳・自由・権利の保障の実現のバランスであり，その際の法技術的な正統性もしくは正当性の根拠として，これら出生地主義・血統主義が説明概念として用いられているというのが適切な理解と思われる。

おわりに　449

利にかかる歴史的な動きを共有することが重要であり，また将来の国家の構築・維持においても，このような歴史・経験を踏まえることが有意義であると考える。

参考文献（書籍）

Ackerman, Bruce, We the people（Belknap Pr. 1998）

Aleinikoff, Alexander & Klusmeyer, Douglas ed., From Migrants to Citizens - membership in a Changing World（Carnegie Endowment for Int'l Peace 2000）

Aleinikoff, T. Alexander, Semblances of Sovereignty - The Constitution, the State, and American Citizenship（Harvard Univ. Pr. 2002）

Aleinikoff, T. Alexander, Between principles and politics: the direction of U. S. citizenship policy（Brookings Institution Pr. 1998）

Aleinikoff, T. Alexander & Klusmeyer, Douglas ed., Citizenship Today - Global Perspectives and Practice（Brookings Institution Pr. 2001）

Aleinikoff, T. Alexander, Martin, David A., Motomura Hiroshi, Fullerton, Maryellen, Immigration and Citizenship - Process and Policy（7th Ed.）（West 2012）

Allen, Austin, Origins of the Dred Scott Case - Jacksonian Jurisprudence and the Supreme Court, 1837-1857（Univ. of Georgia Pr. 2006）

Amar, Akhil Reed, The Bill of Rights - Creation and reconstruction（Yale Univ. Pr. 1998）

Anastaplo, George , The Constitution of 1787（The Jones Hopkins Univ. Pr. 1989）

Anthony, Susan B. & Harper, Ida Husted, The History of Woman Suffrage（Hon-No-Tomosha 1998）

Antieau,Chester James, The intended significance of the fourteenth amendment（William S. Hein & Co.,Inc. 1997）

Anzalone, Christopher A., Supreme Court Cases on Gender and Sexual Equality 1787-2001（M. E. Sharpe, Inc 2002）

Avins, Alfred, The Reconstruction Amendments' Debates（Virginia Commission on Constitutional Government 1967）

Bailyn, Bernard, The Ideological Origins of the American Revolution（The Belknap Pr. of Harv. Univ. Pr. 1992）

Bancroft, George, History of the Formation of the Constitution of the United States of America（2nd ed.）（Lawbook Exchange Ltd. 2000）

Banfield, Susan, The Fifteenth Amendment（Enslow Publishers, Inc. 1998）

Baslered, Roy P., The Collected Works of Abraham Lincoln（Rutgers Univ. Pr. 1959）

Bauer, Elizabeth Kelley, Commentaries on the Constitution 1790-1860（Russell & Russell. Inc, 1965）

Bayles, George James and et. al., American Women's Legal Status（P. F. Collier & Son 1905）

Beard, Charles A., The Republic - Conversations on Fundamentals（Viking Pr. 1964）

Beeman, Richard, Botein, Stephen and Carter II, Edward C., Beyond Confederation- Origins of the constitution and American national identity（Univ. of North Carilina Pr. 1987）

Belz, Herman, A New Birth of Freedom-The Repblican Party and Freedmen's Rights

参考文献（書籍）　**451**

RIGHTS 1861-1866 (Greenwood Pr. 1976)

Belz, Herman, Emancipation and Equal Rights- Politics and Constitutionalism in the Civil War Era (W. W. Norton & Co. 1978)

Belz, Herman, Reconstructing the Union -Theory and Policy during the Civil War (Cornell Univ. Pr. 1969)

Benedict, Michael Les, A Compromise of Principle - Congressional Republicans and Reconstruction 1863-1869 (W. W. Norton & Co. 1974)

Bentley, George R., A History of the Freedmen's Bureau (Oxford Univ. Pr.. 1955)

Berger, Raoul, The Fourteenth Amendment and the Bill of Rights (Univ. Oklahoma Pr. 1989)

Berger, Raoul, Government by Judiciary (Liberty Fund 1997)

Bickel, Alexander M., The Morality of Consent (Yale Univ. Pr. 1975)

Black, Charles L. Jr., A New Birth of Freedom (Yale Univ. Pr. 1997)

Blackstone, William, Commentaries on the Laws of England (Univ. Chicago Pr. 1979 (1765))

Bogen, David Skillen, Privileges and Immunities - A reference guide to the United States Constitution (Praeger Pub. 2003)

Boller, Paul F.Jr. & Story, Ronald, A More Perfect Union - Documents in U.S. History (Houghton Mifflin Company 2000)

Bond, James Edward, No easy walk to freedom: reconstruction and the ratification of the fourteenth amendment (Praeger Pub. 1997)

Borchard, Edwin M., Diplomatic Proteciton of Citizens Abroad or the Law of International Claims (The Banks Law Pub. Co. 1915)

Bosniak, Linda, The Citizen and the Alien - Dilemmas of Contemporary Membership (Princeton Univ. Pr. 2006)

Bradburn, Douglas, The Citizenship Revolution- Politics and the Creation of the American Union 1774- 1804 (Univ. of Virginia Pr. 2009)

Brandwein, Pamela, Reconstructing Reconstruction (Duke Univ. Pr. 1999)

Brannon, Henry, A treatise on the rights and privileges guranteed by the fourteenth amendment to the constitution of the United States (W. H. Anderson & Co. 1901)

Brant, Irving, The Bil of Right (Bobbs-Merrill 1965)

Breckinridge, Sophonisba P., Marriage and the Civic Rights of Women -Separate Domicil and Independent Citizenship (The Univ. of Chicago Pr. 1931)

Bredbenner, Candice Lewis, A Nationality of Her Own (Univ. of California Pr. 1998)

Brock, W. R, An American Crisis Congress and Reconstruction 1865-1867 (Harper Torchbooks 1966)

Brown, Thomas J., American Eras (Gale Research 1997)

Bruun, Eric & Crosby, Jay, Our Nation's Achive (Black Dog & Leventhal Publishers, Inc. 1999)

452 参考文献（書籍）

Burgess, John W., Reconstruction and the Constitution 1866-1876 (Da Capo Pr. 1970)

Burlamaqui, J. J., The Principles of natural and politic law (Joseph H. Riley and Co. 1859)

Cable, John L., Decisive Decision of United States Citizenship (Michie Co. 1967)

Carr, Robert K., Federal Protection of Civil Rights: Quest for a Sword (Cornell Univ. Pr. 1947)

Cartwright, Rita Cantos & Conde' Victor, Human Rights in the United States (ABC-CLIO 2000)

Castles, Stephen and Davidson, Alastair, Citizenship and migration – Globalization and the politics of Belonging (Routledge 2000)

Chin, Gabriel J. Romero, Victor C. Scaperlande, Michael A., The Origins of Constitutional Immigration Law (Immigration and the Constitution Volume 1) (Garland Publishing, Inc. 2001)

Chin, Gabriel J. Romero, Victor C. Scaperlande, Michael A., Discrimination and Equality in Contemporary Immigration Law (Immigration and the Constitution Volume 2) (Garland Publishing, Inc. 2001)

Chin, Gabriel J. Romero, Victor C. Scaperlande, Michael A., Shark Infested Waters: Procedural Due Process in Constitutional Immigration Law (Immigration and the Constitution Volume 3) (Garland Publishing, Inc. 2001)

Chute, Marchette, The First Liberty: A History of the Right to Vote in America, 1619-1850 (E. P. Dutton & Co. Inc. 1969)

Cimbala, Paul A. and Miller, Randall M. ed., The Freedmen's Bureau and Reconstruction: Reconsideration (Fordham Univ. Pr. 1999)

Cleveland, Frederick A., American Citizenship (The Ronald Pr. Co. 1927)

Clift, Eleanor, Founding Sisters and the Nineteenth Amendment (John Wiley & Sons, Inc. 2003)

Cockburn, Alexander, Nationality (William Ridgway 1869)

Collins, Donald E., Native American Aliens-disloyality and the rennunciation of citizneship by Japanese Americans during World War II (Greenwood Pr. 1985)

Collins, Charles Wallace, The Fourteenth Amendment and the States (Da Capo Pr. 1974 (1912))

Commager, Henry Steele (revised and expanded by Bruun, Erik), The Civil War Archive-The history of the civil war in documents (Black Dog & Leventhal Publishers, Inc. 2000)

Constable, Marianne, The Law of the other — The mixed Jury and Changing Conceptions of Citizenship, Law, and Knowledge (Univ. of Chi, Pr. 1994)

Conway, Margaret, Political Participation in the United States (Congressional Quarterly Inc. 1985)

Cornelius, Wayne A., Martin Philip L. & Hollifield, James F., Controlling Immgration- A global perspective (Stanford Univ. Pr. 2014)

参考文献（書籍） **453**

Cortner, Richard C., The Supreme court and the Second bill of rights- The fourteenth amendment and the nationalization of civil liberties (Univ. of Wisconsin Pr. 1981)

Corwin, Edward S., The "Higher law" Background of American Constitutional Law (Cornell Univ. Pr. 1955)

Corwin, Edward S. (revised by Bland, Randall W. et al.), The President - Office and Powers, 1787 -1984 (5th Revised ed.) (N.Y. Univ. Pr. 1984)

Cox, Archibald, Howe, Mark Dewolfe & Wiggins J. R., Civil Rights, the Constitution, and the Courts (Harv. Univ. Pr. 1967)

Curtis, Michael Kent, No State Shall Abridge- The Fourteenth Amendment and the Bill of Rights (Duke Univ. Pr. 1986)

Cushman, Clare, Supreme Court Decisions and Women's Rights (Congressional Quarterly Inc. 2001)

DeSipio, Louis and Garza, Rodolfo O. de la, Making Americans, Remaking America- Immigration and Immigrant Policy (Westview Pr. 1998)

Duke, William F., A Constitutional History of Habeas Corpus (Greenwood Pr. 1980)

Fairman, Charles, Reconstruction and Reunion 1864-88 (History of the Supreme Court of the United States VI) (Macmillan Co. 1971)

Faist, Thomas & Kivisto, Peter ed., Dual Citizenship in Global Perspective (Palgrave MacMillan 2007)

Fehrenbacher, Don E., The Dred Scott Case (Oxford Univ. Pr. 1978)

Fehrenbacher, Don E., Slavery, Law, & Politics (Oxford Univ. Pr. 1981)

Fincher, E. B., The President of the United States (Abelard - Schuman 1955)

Fincher, Ernest B., The Presidency - An American Invention (Abelard - Schuman 1977)

Finkelman, Paul, Articles on American Slavery; An eighteen-volume set collecting nearly four hundred of the most important articles on slavery in the United States (Garland Pub. Inc. 1989)

Finkelman, Paul ed., African Americans and the right to vote (Garland Pub. Inc. 1992)

Finkelman, Paul ed., Emancipation and reconstruction (Garland Pub. Inc. 1992)

Finkelman, Paul ed., The Struggle for equal education (Garland Pub. Inc. 1992)

Finkelman, Paul, ed., Defending Slavery -Proslavery thought in the old South - A brief history with documents (Bedford/St. Martin's 2003)

Flack, Horace Edgar, The Adoption of the Fourteenth Amendment (J. Hopkins Pr. 1908)

Fleming, Walter L., Documentary History of Reconstruction (Peter Smith 1960)

Flnkelman, Paul, Slavery and the Founders- Race and Liberty in the age of Jefferson (M. E. Sharpe, Inc 1996)

Foner, Eric, Reconstruction America's Unfinished Revolution 1863-1877 (Harper & Row Pub. 1988)

Forbes, Robert Pierce, The Missouri Compromise and its aftermath (Univ. of North Carilina Pr. 2007)

Franklin, Frank George, The Legislative History of Naturalization in the United States - From the revolutionary war to 1861 (The Univ. of Chicago Pr. 1906)

Fransman, Laurie, British Nationality Law (Edinburgh & Dublin 1998)

Gambone, Michael D., Documents of American Diplomacy (Greenwood Pr. 2002)

Gardner, Martha, The Qualities of a Citizen - Women, Immigration, and Citizenship, 1870 -1965 (Princeton Univ. Pr. 2005)

Gates Jr., Henry Louis, Steele, Claude, Bobo, Lawrence D. et al., The Oxford Handbook of African American Citizenship, 1865-Present (Oxford Univ. Pr. 2012)

Gerard, Jules B. ed., One hundred years of the Fourteenth amendment: implication for the future (Fred Dennis & Co. 1973)

Gillette, William, The Right to Vote: Politics and Passage of the Fifteenth amendment (John Hopkins Univ. Pr. 1969)

Glidden, William B., Congress and the fourteenth Amendment (Lexington Books 2013)

Gold, Martin B., Forbidden Citizens -Chinese exclusion and the U. S. Congress: A legislative History (The Capitol. Net, Inc. 2012)

Goodwell, William, The American Slave Code- In theory and practice: its distinctive features shown by its statutes, judicial decisions and illustrative facts (Negro Universities Press 1853)

Graber, Mark A., Dred Scott and the Problem of Constitutional Evil (Cambridge Univ. Pr. 2006)

Green, Christpher R., Equal citizenship, civil rights and the constitution: the original sense of the privileges or immunities clause (Routledge 2015)

Guminski, Arnold T., The Constitutional Rights, Privileges, and Immunities of the American People (iUniverse, Inc. 2009)

Guthrie, William D., Lectures on the Fourteenth Article of Amendment to the Constitution of the United States (Da Capo Pr. 1898)

Halbrook, Stephen, P., Freedmen, the fourteenth amendment, and the right to bear arms, 1866-1876 (PragerPub. 1998)

Halbrook, Stephen, P., Securing Civil Rights (The Independent Institute 2010)

Hamilton, Alexander Madison, James Jay, John, Federalist Papers (Mentor Book 1999)

Hard, J C., The Law of Freedom and Bondage in TheUnited States (Negro Universities Press 1968 (1858))

Harris, Alice Kessler, In pursuit of equality- women, men, and the quest for economic citizenship in 20th century America (Oxford Univ. Pr. 2001)

Hing, Bill Ong, Immigration and the Law (ABC-CLIO, Inc. 1999)

Hing, Bill Ong, Defining America through Immigration Policy (Temple Univ. Pr. 2004)

Hird, John A., Conrtroversies in American public policy (St. Martin's Pr. 1995)

Hoemann, Geroge H., What God Hath Wrought-The Embodiment of Freedom in the Thirteenth Amendment (Garland Pub. Co. 1987)

参考文献（書籍） **455**

Hoff, Joan, Law, Gender, and Injustice-A Legal History of U. S. Women (N. Y. Pr. 1991)

Holm, Jeanne, Women in the Military- An Unfinished Revolution (Presidio 1982)

Holton, Woody, Black Americans in the Revolutionary Era- A Brief History with Documents (Bedford/St. Martin's 2009)

Horowitz, Helen Lefkowitz, Attitudes toward Sex in Antebellum America (Bedford/St. Martin's 2006)

Horowitz, Donald L. & Noiriel, Gerard, Immigrants in Two Democracies French and American Experience (New York Univ. Pr. 1992)

Horton, James Oliver & Horton, Lois E., Slavery and the Making of America (Oxford Univ. Pr. 2005)

Howard, A. E. Dick, The road from runnymede Magna Carta and Constitutionalism in America (Univ. Pr. of Virginia 1968)

Howell, Roger, The Privileges and Immunities of State Citizenship (The Jones Hopkins Pr. 1918)

Hull, Elizabeth, The constitutional rights of aliens (Greenwood Pr. 1985)

Hull, N. E. H., The Women Who Dared to Vote - The Trial of Susan B. Anthony (Univ. Pr. of Kansas 2012)

Hunnum, Hurst, The Right to Leave and Return in International Law and Practice (Martinus Nijhoff 1987)

Hurd, John Codman, The law of freedom and bondage (Negro Universities Press 1968)

Hutchinson, E. P., Legislative History of American Immigration Policy 1798- 1965 (Univ. Pennsylvania Pr. 1981)

Hyman, Harold M. & Wiecek, William M., Equal Justice under Law-Constitutional Development 1835-1875 (Harper & Row, Pub. 1982)

Hyman, Harold M., More Perfect Union (Alfred. A. Knopf, Inc. 1973)

Isenberg, Nancy, Sex & Citizenship in Antebellum America (Univ. North Carolina Pr. 1998)

Jacobsohn, Gary Jeffrey & Dunn, Susan, Diversity and Citizenship (Rowman & Littlefield Pub, Inc. 1996)

Jacobson, David, Rights across Borders - Immigration and the Decline of Citizenship (John Hopkins Univ. Pr. 1996)

Jalland, Pat, Women Marriage and Politics 1860-1914 (Oxford Univ. Pr. 1986)

James, Joseph B., The Framing of the Fourteenth Amendment (Univ. of Illinois Pr. 1965)

James, Joseph B., The Ratification of the Fourteenth Amendment (Mercer Univ. Pr. 1984)

Jayson, Lester S. et al.eds., The Constitution of the United States of America-Analysis and Interpretation (U. S. G. P. O. 1973)

Johnson, Franklin, The Development of State Legislation concerning the Free Negro (Greenwood Pr. 1919)

Joseph Story, Commentaries on the Constitution of the United States (Little, Brown and Company 1858)

456 参考文献（書籍）

Joseph Story, Commentaries on the Constitution of the United States (Da Capo Pr. 1970 (1833))

Kaczorowski, Robert J., The Politics of Judicial Interpretation: The Federal Courts, Department of Justice and Civil Rights, 1866-1876 (Oceana Publications, Inc. 1985)

Kaczorowski, Robert J., The Nationalization of Civil Rights: Constitutional Theory and Practice in a Racist Society 1866-1883 (Garland Publishing, Inc. 1987)

Kammen, Michael, The Origins of the American Constitution - A Documentary History (Penguin Books 1986)

Kansas, Sidney, Citizenship of the United States of America (Washington Pub. Co. 1936)

Kaufman, Matalie Hevener, Human rights treaties and the Senate (Univ. Northcarolina Pr. 1990)

Kelly, Alfred H. et al.ed., The American constitution-Its Origins and Development (W. W. Norton & Co. 1991)

Kendrick, Benj. B., The Journal of the Joint Committee of Fifteen of on Reconstruction (COLUMBIA UNIV. 1914)

Kent, James, Commentaries on American Law (11th ed.) (Little, Brown and Company 1867)

Kent, James, Commentaries on American Law (1st ed.) (Da Carpo Pr. 1971 (1826 and 1830))

Kent, James, Commentaries on American Law (Fred B.Rothman & Co. 1989 (1873))

Kerber, Linda K., No Constitutional Right to be Ladies - Women and the Obligation of Citizenship (Hill and Wang 1998)

Kerber, Linda K. & DeHart.Jane Sherron, Women's America (5th Ed.) (Oxford Univ. Pr. 2000)

Kesler, Charles R. & Rossiter,Clinton ed., The Federalist Papers (NAL Penguin Inc. 1999)

Kettner, James H., The Development of American Citizenship 1608-1870 (Univ. North Carolina Pr. 1978)

Killenbeck, Mark R. ed., The Tenth Amendment and State Sovereignty (Rowan & Littlefield Pub. 2002)

Kim, Keechang, Aliens in Medieval Law -the origins of modern citizenship (Cambridge Univ. Pr. 2000)

Klarman, Michael J., From Jim Crow to Civil Rights -The Supreme Court and the Struggle for Racial Equality (Oxford Univ. Pr. 2004)

Kolchin, Peter, American Slavery 1619 - 1877 (Hill and Wang 2003)

Konig, David Thomas, Finkelman, Paul & Bracey, Christopher Alan, The Dred Scott Case - Historical and Contemporary Perspectives on Race and Law (Ohio Univ. Pr. 2010)

Konvitz, Milton R., Civil Rights in Immigration (Greenwood Pr. 1953)

Kull, Andrew, The Color-Blind Constitution (Harv. Univ. Pr. 1992)

Kurland, Philip B & Lerner, Ralph, The Founders' Constitution (Univ. Chicago Pr. 1987)

参考文献（書籍） **457**

Labbe, Ronald M. & Lurie Jonathan, The Slaughterhouse Cases (Univ. Pr. of Kansas 2005)

Lapsley, Arthur Brooks, The Writings of Abraham Lincoln (The Lamb Pub. Co. 1905)

Lash, Kurt T., The Fourteenth Amendment and the Privileges and Immunities of American Citizenship (Cambridge Univ. Pr. 2014)

Law, Anna O., The Immigration Battle in American Courts (Cambridge Univ. Pr. 2010)

Legomsky, Stephen H., Immigration and Refugee Law and Policy (Foundation Pr. 2005)

LeMay, Michael & Barkan, Elliott Robert, U. S. Immigration and Naturalization Laws and Issues (Greenwood Pr. 1999)

Lien, Arnold Johnson, Privileges and Immunities of Citizens of the United States (AMS Pr. 1968)

Lincove, David A., Reconstruciton in the United States – an annotated Bibliography (Greenwood Pr. 2000)

Lowenstein, Edith, The Alien and the Immigration Law (Common Council for American Unity 1958)

Lowery, Charles D. and Marszalek, John F., Encyclopedia of African- American Civil Rights (Greenwood Pr. 1992)

Maltz, Earl M., Civil Rights, the Constitution, and Congress, 1863–1869 (Univ. Pr. of Kansas 1990)

Maltz, Earl M., The Fourteenth Amendment and the Law of the Constitution (Carolina Academic Pr. 2003)

Maltz, Earl M., Dred Scott and the Politics of Slavery (Univ. Pr. of Kansas 2007)

Martin, David A. & Hailbronner eds, Rights and Duties of Dual Nationals – Evolution and Prospects (Kluwer Law Int'l 2003)

Martin, Waldo E. Jr. & Sullivan, Patricia, Civil Rights in the United States (Macmillan Reference USA 2000)

Mathews, John Mabry, Legislative and Judicial History of the Fifteenth Amendment (Johns Hopkins Pr. 1909)

Matteo, Henry S., Denationalization v. "The Right to Have Rights" (University Press of America, Inc. 1997)

May, Michael Le & Barkan Elliott Robert ed., U. S. Immigration and Naturalization Laws and Issues (Greenwood Pr. 1999)

McClain, Charles, Asian Americans andf the Law (Garland Pub. 1994)

McClain, Linda C. and Grossman Joanna L. ed., Gender Equality – Dimentions of Women's Equal Citizenship (Cambridge Univ. Pr. 2009)

Meyer, Howard N., The amendment that refused to die: equality and justice deferred, A history of the fourteenth amendment (Madison Books 2000)

Meyer, Hermine Herta, The History and Meaning of the Fourteenth Amendment (Vantage Pr. 1977)

Minnen, Cornelis A. Van & Hilton, Sylvia L., Federalism, Citizenship, and Collective

458 参考文献（書籍）

Identities in U. S. History（VU Univ. Pr. 2000）

Monroe, Judy, The Nineteenth Amendment-Women's Right to vote（Enslow Publishers, Inc. 1998）

Moore, John Bassett, The principles of American Diplomacy（Happer & Brothers Pub. 1918）

Morgan Edmund S., American Slavery American Freedom- The Ordeal of colonial Virginia（W・W・Norton & Co. 1975）

Morris, Thomas D., Southern Slavery and the Law , 1619-1860（The Univ. of North Carolina Pr. 1996）

Morse, Alexander Porter, Treatise on Citizenship, by Birth and by Naturalization with reference to the Law of Nations, Roman Civil Law, Law of the United States of America, and the Law of France（Litte Brown & CO. 1881）

Motomura, Hiroshi, Americans in waiting（Oxford Univ. Pr. 2006）

Mullett, Charles F., Fundamental Law and the American Revolution（Octagon Book Inc. 1966）

Myers, William Fenton, Woman and the Law, including Rights and Duties of Citizenship（Aiken Book Co. 1918）

Naar, M. D., The law of Suffrage and Elections（Freed B. Rothman & Co. 1985）

Nancy Isenberg, Sex and Citizenship in Antebellum America（The Univ. North Carolina Pr. 1998）

Nelson, William E., The Fourteenth Amendment – From Political principle to judicial doctorine（Harvard Univ. Pr. 1988）

Neuman, Gerald L., Strangers to the Constitution（Princeton Univ. Pr. 1996）

Ngai, Mae M., Impossible Subject: Illegal Aliens and the Making of Modern America（Princeton Univ. Pr. 2005）

Nieman, Donald G., To Set the Law in Motion（KTO Pr. 1979）

Nieman, Donald G., The Freedmen's Bureau and Black Freedom（GARLAND PUB. INC. 1994）

Norton, Mary Beth & Alexander , Ruth M., Major Problems in American Women's History（D. C. Heath and Company 1996）

Park, John S. W., Elusive Citizenship – Immigration, Asian Americans, and the Paradox of Civil rights（N. Y. Univ. Pr. 2004）

Parker, Kunal M., Making Foreigners: Immigration and Citizenship Law in America 1600-2000（Cambridge Univ. Pr. 2015）

Perry, Michael J., We the people – The Fourteenth Amendment and the Supreme Court（Oxford Univ. Pr. 1999）

Phillipson, Coleman, The international law and custom of ancient Greece and Rome（Macmillan 1911）

Pickus, Noah M. J., Immigration and Citizenship in the Twenty-First Century（Roman &

参考文献（書籍） **459**

Littlefield Publishers, Inc. 1998)

Piggott, Francis, Nationality including naturalization and English Law on the high seas and beyond the realm (William Clowes and Sons, Limited, 1907)

Pohlman, H. L., Constitutional Debate in Action - Civil Rights & Liberties (Harper Collins College Publishers 1995)

Pohlman, H. L., Constitutional Debate in Action - Governmental Powers (Harper Collins College Publishers 1995)

Pole, J. R., The pursuit of equality in american history (Univ. of California Pr. 1978)

Pozzetta, George E., American Immigration & Ethnicity (Garland Publishing, Inc. 1991)

Rakove, Jack N., Founding America - Documents from the Revolution to the Bill of Rights (Barnes & Noble Classics 2006)

Randall, J. G. and Donald, David Herbert, The Civil War and Reconstruction (2nd ed.) (D. C. Heath and Company 1969)

Ransom, Roger L., Conflict and Compromise - The Political Economy of Slavery, Emancipation, and the American Civil War (Cambridge Univ. Pr. 1995)

Reilly, Elizabeth ed., Infinite hope finite disappointment- the story of the first interpreters of the fourteenth amendment (Univ. of Akron Pr. 2011)

Rosen, Deborah A., American Indians and State Law - Sovereignty, Race, and Citizenship, 1790-1880 (Univ. Nebraska Pr. 2007)

Rotunda, Ronald D. & Nowak, John E, Treatise on Constitutional Law Substance and Procedure (3rd ed.) (West 1999)

Ruth, Rubio-Marin, Immigration as a Democratic Challenge - Citizenship and Inclusion in Germany and the United States (Cambridge Univ. Pr. 2000)

Salmon, Marylynn, Women and Law of Property in Early America (The Univ. of North Carolina Pr. 1986)

Schenken, Suzanne O'dea, From Suffrage to the Senate-An Encyclopedia of American Women in Politics (ABC-CLIO 1999)

Schleichert, Elizabeth, The Thirteenth Amendment (Enslow Publishers, Inc. 1998)

Schuck, Peter H. & Smith Rogers M., Citizenship without Consent- Illigal aliens in the American polity (Yale Univ. Pr. 1985)

Schuck, Peter H., Citizens, Strangers, and In-Betweens (Westview Pr. 1998)

Schwartz, Bernard, Statutory History of the United States Civil Rights (Chelsea House Pub. 1970)

Schwartz, Bernard ed., The Fourteenth Amendment (N. Y. Univ. Pr. 1970)

Scully, Eileen P., Bargening with the State from Afar - American Citizenship in Treaty Port China 1844-1942 (Columbia Univ. Pr. 2001)

Sellers, M. N. S., American Republicanism- Roman ideology in the United States Constitution (Macmillan 1994)

Shenton, James P., The Reconstruction -A Documentary History 1865-1877 (Capricorn

Books 1963)

Sherwin- White, A. N., The Roman citizenship (Oxford Clarendon Univ. Pr. 1939)

Shklar, Judith N., American Citizenship - The quest for inclusion (Harv. Univ. Pr. 1991)

Simon, James F., Lincoln and Chief Justice Taney - Slavery, Secession, and the President's War Powers (Simon & Schster Paperback 2006)

Sinopoli, Richard C., The Foundations of American Citizenship (Oxford Univ. Pr. 1992)

Small, Albion W., The Beginnings of American Nationality (Publication Agency of the Jones Hopkins Univ. 1890)

Smith, Rogers M., Civic Ideals (Yale Univ. Pr. 1997)

Smolla, Rodney A.ed., Federal Civil Rights Acts (3rd.ed.) (Clark Boardman Callaghan 1995)

Spinner, Jeff, The Boundaries of Citizenship - Race, Ethnicity, and Nationality in the Liberal State (John Hopkins Univ. Pr. 1994)

Spiro, Peter J., Beyond Citizenship -American Identity after Globalization (Oxford Univ. Pr. 2008)

Stanton, Elizabeth Cady & Anthony,Susan B. et.al., The History of Woman Suffrage (Hon-No-Tomosha 1998)

Stiehm, Judith Hicks, It's our military Too! - Women and the U. S. Military (Temple Univ. Pr. 1996)

Story, Joseph, Commentaries on the Constitution of the United States (Da Capo Pr. 1970)

Sullivan, Kathleen, Constitutional context-Women and right discourse in Ninteenth Century America (Johns Hopkins Pr. 2007)

Swinney, Everette, Suppressing the Ku Klux Klan (Garland Publishing, Inc. 1987)

Taylor, Alan, The Civil War of 1812 (Vintage Books 2011)

tenBroek, Jacobus, Equal Under Law (Collier 1965)

Thorpe, Francis Newton, The Federal and State Constitutions - Colonial Charters, and other Organic Laws of the States, Territories, and Colonies (Government Printing Office 1909)

Tichenor, Daniel J., Dividing Lines - the Politics of Immigration Control in America (Princeton Univ. Pr. 2002)

Trefousse, Hans L., The Causes of the Civil War - Institutional Failure of Human Blunder? (Krieger Pub. Co. 2002)

Tsesis, Alexander, The promises of Liberty - The history and contemporary relevance of the thirteenth amendment (Columbia Univ. Pr. 2010)

Tsesis, Alexander, The Thirteenth Amendment and American Freedom (N. Y. Univ. Pr. 2004)

Tucker, George ed, Blackstone's Commentaries (Rothman Reprint Inc. 1969 (1803))

Turner, Bryan S. & Hamilton, Peter, Citizenship Critical Concepts (Routledge 1994)

Tushnet, Mark V., Slave Law in the American South (Univ. Pr. of Kansas 2003)

参考文献（書籍）　461

Urofsky, Melvin I. & Finkelman, Paul, Documents of American Constitutional and Legal History (Oxford Univ Pr. 2002)

Voreberg, Michael, Final Freedom - The Civil War, the Abolition of Slavery, and the Thirteenth Amendment (Cambridge Univ. Pr. 2001)

Waldrep, Christopher, Race and National Power - A soucebook of Black civil rights from 1862 to 1954 (Routledge 2011)

Webster, Prentiss, A Treatise on the Law of Citizenship in the United States (William S. Hein & Co., Inc. 1891)

Weigley, Russell F., History of the United States Army (Macmillan Co. 1967)

Weil, Patrick, The Sovereign Citizen- Denaturalization and the Origins of the American Republic (Univ. Pennsylvania Pr. 2013)

Weis, P., Nationality and Statelessness in International Law (Sijthoff & Noordhoff International Pub. 1979)

WeissBrodt, David & Danielson, Laura, Immigration Law and Procedure (West 2011)

Wernick, Allan, U. S. Immigration and Citizenship (Prima Pub. 1997)

Wiecek, William M., The guarantee clause of the U.S. Constitution (Cornell Univ. Pr. 1972)

Williamson, Chilton, American Suffrage from property to democracy 1760 - 1860 (Princeton Univ. Pr. 1960)

Willoughby, Westel Woodbury, The Constitutional Law of the United States (Baker, Voorhis and Company 1929)

Wilson, Theodore Brantner, The black codes of the south (Univ. Alabama Pr. 1965)

Wilson, Henry, History of the Antislavery Measures of the Thirty-Seventh and Thirty-Eighth United States Congress 1861-64 (Walker wise&Co. 1864)

Wise, John S., A Treatise on American Citizenship (Edward Thompson Co. 1906)

Wood, Gordon S., The Creation of the American Republic 1776- 1787 (Univ. North Carolina Pr. 1998)

Wortman, Stein Marlene ed., Women in American law (Holems & Meier Pub. Inc. 1985)

Wright, Quincy, The position of the individual in international law according to Grotius and Vattel (Martinus Nijhoff 1960)

Wright, J. S., Citizenship Sovereignty (The Lawbook Exchange, Ltd. 1998(1864))

Wunder, John R. ed., Native Americans and the law (Garland Pub. 1996)

Yaacov, N. Bar, Dual Nationality (Stevens & Sons Limited 1961)

Zinn, Howard, Declarations of Independence - Cross-Examining American Ideology (Harper Collins Pub. 1990)

Zolberg, Aristide R., A Nation by Design - Immigration Policy in the Fashioning of America (Harv. Univ. Pr. 2006)

参考文献 (Law Review)

Abrahms, Adam C., Closing the immigration Loophole: the 14th amendment's jurisdiction requirement, 12 Georgetown Immi. L. J. 469 (1998)

Abriel, Evangeline G., Rethinking preemption for purposes of aliens and public benefits, 42 UCLA L.Rev. 1597 (1995)

Aleinikoff, Alexander, A case for race-consciousness, 91 Colum. L. Rev. 1060 (1991)

Aleinikoff, Alexander, Alien, Due Process and "Community ties"; A response to Martin, 44 Univ.Pitt. L.Rev. 237 (1983)

Aleinikoff, Alexander, Between national and post-national: membership in the United States, 4 Michi. J. of Race & L. 241 (1999)

Aleinikoff, Alexander, Citizens, aliens, membership and the constitution, 7 Constitutional Commentary 9 (1990)

Aleinikoff, Alexander, Comments: Safe haven: Pragmatics and prospects, 35 Virginia J. of Int'l L. 71 (1994)

Aleinikoff, Alexander, Federal regulation of aliens and the constitution, 83 Am. J. of Int'l L. 862 (1989)

Aleinikoff, Alexander, Re-reading Justice Harlan's Dissent in Plessy v. Ferguson: freedom, antiracism and citizenship, 1992 Univ. of Illinois L. Rev. 961 (1992)

Aleinikoff, Alexander, Theories of loss of citizenship, 84 Michi. L.Rev. 1471 (1986)

Aleinikoff, T. Alexander, Terms of belonging: are models of membership self-fulfilling prophecies?, 13 Georgetown Immi. L. J. 1 (1998)

Aleinikoff, T. Alexander, The tightening circle of membership, 22 Hasting Const. L. Qualterly 915 (1995)

Allen, Austin, Rethinking Dred Scott: New context for an old case, 82 Chi.-Kent L. Rev. 141 (2007)

Alstyne, William W. Van, Essay; The Failure of the religious freedom restoration act under section 5 of the Fourteenth Amendment, 46 Duke L. J. 291 (1996)

Alstyne, William W. Van, The fourteenth amendmenrt, the "right" to vote and the understanding of the thirty- ninth Congress, 1965 Supreme Court Rev. 33 (1965)

Amar, Akhil Reed, An (other) Afterward on the bill of rights, 87 Georgetown L. J. 2347 (1999)

Amar, Akhil Reed, Did the fourteenth amendment incorporate the bill of rights against states?, 19 Harv. J. of L. & Public Pol. 443 (1996)

Amar, Akhil Reed, The bill of rights and fourteenth Amendment, 101 Yale L. J. 1193 (1992)

Amar, Akhil Reed, The Fourteenth Amendment and "Political rights", 17 Cardozo L. Rev. 2225 (1996)

Amar, Vikram David, Jury Service as Political Participation akin to Voting, 80 Cornell. L.

Rev. 203 (1995)

Anderson, Michelle J., A license to abuse: the impact of conditional status on female immigrants, 102 Yale L. J. 1401 (1993)

Ansell, S. T., Legal and Historical Aspects of the Militia, 26 Yale L. J. 472 (1917)

Antieau, Chester James, Paul's Perverted Privileges or the True Meaning of the Privileges and Immunities Clause of Article Four, 9 William and Mary L. Rev. 1 (1967)

Aoki, Keith, No Right to Own? The Early Twentieth-Century "Alien Land laws" As a Prelude to Internment, 40 B. C. L. Rev. 37 (1998)

Appell, Annette Ruth, Virtual Mothers and the Meaning of Parenthood, 34 Univ. Mich. J. L. Ref. 683 (2001)

Applebaum, Harvey M., Miscegeration statutes: A constitutional and Social Problem, 53 Georgetown L. J. 49 (1964)

Augstine-Adams, Kif, Gendered States: A Comparative Construction of Citizenship and Nation, 41 Virginia. J. of Int'l L. 93 (2000)

Avins, Alfred, Fourteenth Amendment Limitations on Banning Racial Discrimination: The original Understanding, 8 Ariz. L. Rev. 236 (1967)

Avins, Alfred, Social equality and the fourteenth amendment: the original uiinderstanding, 4 Huston L. Rev. 639 (1967)

Avins, Alfred, The civil rights act of 1866, the civil rights bill of 1966, and the right to buy property, 40 Southern Cal. L. Rev. 274 (1967)

Avins, Alfred, The fifteenth amendment and literacy tests: the original intent, 18 Stanford L. Rev. 808 (1966)

Avins, Alfred, Freedom of Choice in Personal Service Occupations; Thirteenth Amendment Limitations on Antidiscrimination Legislation , 49 Cornell L. Qurterly 228 (1964)

Aynes, Richard L., 39th Congress (1865-1867) and the 14th amendment: Some preliminary perspectives, 42 Akron L. Rev. 1021 (2009)

Aynes, Richard L., Bradwell v. Illinois: Chief Justice Chase's Dissent and the "Sphere of Women's work", 59 Louisiana L. Rev. 521 (1999)

Aynes, Richard L., Charles Fairman, Felix Frankfurter, and the fourteenth amendment, 70 Chi.-Kent L. Rev. 1197 (1995)

Aynes, Richard L., Commentaries: Refined incorporation and the fourteenth amendment, 33 Univ. of Richmond L. Rev. 289 (1999)

Aynes, Richard L., Constructing the Law of Freedom: Justice Miller, The Fourteenth Amendment, and the Slaughter-House Cases, 70 Chi.-Kent L. Rev. 627 (1994)

Aynes, Richard L., On mislreading John Bigham and the fourteenth amendment, 103 Yale L. J. 57 (1993)

Aynes, Richard L., Symposium: the second founding: Ink blot or not: the meaning of privileges and/or immunities, 11 Univ. of Pennsylvania J. of Const. L. 1295 (2009)

Aynes, Richard L., The bill of rights, the fourteenth amendment and the seven deadly sins of

参考文献（Law Review）

legal scholarship, 8 William & Mary Bill of Rights J. 407 (2000)

Aynes, Richard L., The continuing importance of Congressman John A. Bingham and the fourteenth amendment, 36 Akron L. Rev. 589 (2003)

Aynes, Richard L., Unintended consequences of the fourteenth amendment and what they tell us about its interpretation, 39 Akron L. Rev. 289 (2006)

Babcock, Barbara Allen, A place in the palladium: Women's rights and jury service, 61 Univ. Cincinnati L. Rev. 1139 (1993)

Baldwin, Simeon E., The citizen of the United States, 2 Yale L. J. 85 (1893)

Balkin, Jack M. & Levinson, Sanford, Panel I: Thirteenth amendment in Context- the dangerous thirteenth amendment, 112 Colum. L. Rev. 1459 (2012)

Barnett, Randy E., Whence comes section one? The abolitionist origins of the fourteenth amendment, 3 J. of Legal Analysis 165 (2011)

Barnhart, Sara Catherine, Note: Second class delivery: the elimination of birthright citizenship as a repeal of "the pursuit of happiness", 42 Georgia L. Rev. 525 (2008)

Becker, Mary E., The Politics of Women's Wrongs and the Bill of "Rights": A Bicentennial Perspective, 50 Univ. Chi. L. Rev. 453 (1992)

Benedict, Michael Les, Preserving the Constitution: The conservative basis of radical reconstruction, 61 J. of Am. Hist. 65 (1974)

Benoit, Normand G., The Privileges or Immunities Clause of the Fourteenth amendment: can there be life after death?, 11 Suffolk Univ. L. Rev. 61 (1976)

Berger, Bethany R., Race, Descent and tribal citizenship, 4 Cal. L. Rev. Circuit 23 (2013)

Berger, Bethany R., Birthright Citizenship on Trial: Elk v. Wilkins and United States v. Wong Kim Ark, Cardozo L Rev. (Forthcoming)

Berger, Raoul, Incorporation of the bill of rights: a reply to Michael Curtis' response, 44 Ohio State L. J. 1 (1983)

Berger, Raoul, Incorporation of the bill of rights: a response to Michael Zuckert, 26 Georgia L. Rev. 1 (1991)

Berman, Mitchell N., Reflective equilibrium and constitutional method: lessons from John McCain and the natural born citizenship clause, The Univ. of Texas School of Law- Public law and legal theory research paper series number 157 (2009)

Bernstein, Anita, Treating sexual harassment with respect, 111 Harv. L. Rev. 445 (1997)

Bevis, Howard L., The deportation of aliens, 68 Univ. Penn. L. Rev. 97 (1920)

Bickel, Alexander M., Citizenship in the American constitution, 15 Ariz. L. Rev. 369 (1973)

Bickel, Alexander M., The original understanding and the segregation decision, 69 Harv. L. Rev. 1 (1955)

Binder, Guyora, The Slavery of Emancipation, 17 Cardozo L. Rev. 2063 (1996)

Binney, Horace, The Alienigenae of the United States, 2 Am. L. Register 193 (1854)

Bishop, Timothy S., Comments-The Privileges or Immunities Clause of the Fourteenth Amendment:The Original Intent, 79 Northwestern. U. L. Rev. 142 (1984)

Blackman, Josh, Essay: Original Citizenship, 159 Univ. of Pennsylvania L. Rev. 95 (2010)

Blum, Isidor, Is Gov. George Romney eligible to be president?, N. Y. L. J., Oct. 16 & 17 (1967)

Bobo, Logan, Wedlock, blood relationship and citizneship, 14 Cardozo J. of L. & Gender 351 (2008)

Bogen, David S., Slaughter-house five: Views of the case, Univ. of Maryland School of L., Public law and legal theory Accepted and working research paper series No. 2003-01 (2003)

Bogen, David S., The Privileges and Immunities Clause of Article IV, 37 Case Western Reserve L. Rev. 794 (1987)

Bogen, David S., The Transformation of the Fourteenth amendment:Reflection from the Admission of Maryland's First Black Lawyers, 44 Maryland L. Rev. 939 (1985)

Bosniak, Linda S., Comments: Immigrants, Preemption and Equality, 35 Virginia J. of Int'l L. 121 (1994)

Bosniak, Linda S., Essay; Universal Citizenship and the Problem of Alienage, 94 Northwestern Univ. L. Rev. 963 (2000)

Bosniak, Linda S., Membership, Equality, and the difference that alienage makes, 69 N. Y. Univ. L. Rev. 1047 (1994)

Boswell, Richard A., Restrictions on non-citizens' access to public benefits: flawed premise, unnecessary response, 42 UCLA L. Rev. 1475 (1995)

Boudin, Louis B., State poll tax and the federal constitution, 28 Virginia L. Rev. 1 (1941)

Boudin, Louis B., Truth and fiction about the fourteenth amendment, 16 N. Y. Univ. L. Q. Rev. 19 (1938)

Bouve, Clement L., The immigration act and returing resident aliens, 59 Univ. Penn. L. Rev. 359 (1911)

Boyce, Bret, The magic mirror of "original meaning": recent approaches to the fourteenth amendment, 66 Maine L. Rev. 29 (2013)

Boyce, Bret, Originalism and the Fourteenth amendment, 33 Wake Forest L. Rev. 909 (1998)

Bracete, Juan M., The five-year residence requirement for naturalization: its operation and employment-related exceptions and ameliorations, 11 Nova L. J. 1065 (1987)

Brodie, Sydney, The federalism- secured right to be free from bondage, 40 Gergetown L. J. 367 (1952)

Brown, Jennifer K., The nineteenth amendment and women's equality, 102 Yale L. J. 2175 (1993)

Browne, Kingsley R., Women at War:An Evolutionary Perspective, 49 Buffalo L. Rev. 51 (2001)

Buchanan, G. Sidney, The Quest for Freedom: A legal History of the Thirteenth Amendment, 12 Hous. L. Rev. 1 (1974)

Buchanan, G. Sidney, Women in Combat:An Essay on ultimate Rights and Responsibilities,

28 Hous. L. Rev. 503 (1991)

Buchanan, Sidney, The Quest for Freedom:A Legal History of the Thirteenth Amendment, 12 Hous. L. Rev. 3 (1974)

Burr, Steven J., Immigration and the First Amendment, 73 Cal. L. Rev. 1889 (1985)

Burrell, Thomas H., A story of privileges and immunities: From medieval concept to the colonies and United States Constitution, 34 Campbell L. Rev. 7 (2011)

Burrell, Thomas H., Justice Stephen Field's expansion of the fourteenth amendment: from the safeguard of federalism to a state of judicial hegemony, 43 Gonzaga L. Rev. 1 (2007)

Burrell, Thomas H., Privileges and immunities and the journey from the articles of confederation to the United States Constitution: Courts on national citizenship and antidiscrimination, 35 Whittier L. Rev. 199 (2014)

Calabresi Steven G. & Agudo, Sarah E., Individual rights under State Constitutions when the Fourteenth Amendment Was Ratified in 1868: What Rights Are Deeply Rooted in American History and Tradition?, 87 Tex. L.Rev.7 (2008)

Calvo, Janet M., Spouse-Based Immigration Law:The Legacies of Coverture, 28 San Diego L. Rev. 593 (1991)

Campbell, D'Ann, Combatting the gender gulf, 2 Temple Pol. & Civil Rights L. Rev. 63 (1992)

Caplan, Aaron H., The history of women's jury service in Washington, 59 Wash. State Bar News 3, p12 (2005)

Carens, Joseph H., Who belongs? Theoretical and legal questions about birthright citizenship in the United States, 37 Univ. Tronto L. J. 413 (1987)

Chacon, Jennifer M., Citizenship and family: revisiting Dred Scott, 27 Washington Univ. J. of L. & Pol. 45 (2008)

Chambers Jr., Henry L., Dred Scott: third citizenship and tiered personhood, 82 Chi.-Kent L. Rev. 209 (2007)

Chambers Jr., Henry L., Slavery, free blacks and citizenship, 43 Rutgers L. J. 487 (2013)

Charles, Patrick J., Decoding the fourteenth amendment's citizenship clause: unlawful immigrants, allegiance, personal subjection and the law, 51 Washburn L. J. 211 (2011)

Chavez, Pablo Lizarraga, Creating a United States- Mexico Political double helix: the Mexican government's proposed dual nationality amendment, 33 Stanford J. of Int'l L. 119 (1997)

Chin, Gabriel J., Heart mountain symposium articles: citizenship and exclusion: Wyoming's anti-Japanese alien land law in context, 1 Wyoming L. Rev. 497 (2001)

Chin, Gabriel J., Reconstruction, felon disenfranchisement and the right to vote: Did the fifteenth amendment repeal section 2 of the fouteenth amendment?, 92 Georgetown L. J. 259 (2004)

Chin, Gabriel J., Segregation's last stronghold: Race discrimination and the constitutional law of immigration, 46 UCLA L. Rev. 1 (1998)

Chin, Gabriel J., The "Voting Rights Act of 1867": the constitutionality of federal regulation of suffrage during reconstruction, 82 North Carolina L. Rev. 1581 (2004)

Chin, Gabriel J., Why Senator John McCain cannot be President: eleven months and a hundred yards short of citizenship, 107 Michi. L. Rev. First Impressions 1 (2008)

Chlopak, Erin, Mandatory Motherhood and Frustrated Fatherhood:The Supreme Courts Preservation of Gender Discrimination in American Law, 51 Am. U. L. Rev. 967 (2002)

Choper, Jesse H., Congressional power to expand judicial deffinitions of the substantive terms of the Civil War amendments, 67 Minnesota L. Rev. 297 (1982)

Christensen, Janice E., The Constitutionality of National Anti-poll Tax Bills, 33 Minnesota. L. Rev. 217 (1949)

Christofferson, Carla, Tribal courts' failure to protect native American women: A reevaluation of the Indian civil rights act, 101 Yale L. J. 169 (1991)

Chused, Richard H., Late nineteenth century married women's property law: reception of the early married women's property acts by courts and legislature, 29 Am. J. of L. Hist. 3 (1985)

Chused, Richard H., Married Women's Property Law:1800-1850, 71 Georgetown L. J. 1359 (1983)

Claeys, Eric R., Blackstone's commentaries and the privileges or immunities of United States citizens: A modest tribute to Professor Siegan, 45 San Diego L. Rev. 777 (2008)

Clanton, Adam, Born to run: Can an American Samoan become President?, 29 Pacific Basin L. J. 135 (2012)

Clark, Bradford Russel, Notes: Judicial review of congressional section five action: the fallacy of reserve incorporation, 84 Colum. L. Rev. 1969 (1984)

Clark, Paul A., Limiting the presidency to natural born citizens violates due process, 39 John Marshall L. Rev. 1343 (2006)

Claude, Richard, Constitutional voting rights and early U.S. Supreme court doctorine, 51 J. of Negro Hist. 114 (1966)

Cleveland, Sarah H., Foreign authority, American exceptionalism and the Dred Scott Case, 82 Chi. - Kent L. Rev. 393 (2007)

Cogan, Jacob Katz, Notes: The look within: Property, capacity and suffrage in nineteenth - century America, 107 Yale L. J. 473 (1997)

Cohen Elizabeth F., Citizenship and the law in the United States, 8 Duke J. of Const. L. & Policy 53 (2013)

Cohen, William, Discrimination against new state citizens: an update, 11 Const. Comm. 73 (1994)

Cohen, William, Equal treatment for newcomers: The core meaning of national and state citizenship, 1 Const. Comm. 9 (1984)

Colbert, Douglas L., Challenging the challenge: Thirteenth amendment as a prohibition against the racial use of preemptory challenges, 76 Cornell L. Rev. 1 (1990)

Colbert, Douglas L., Liberating the thirteenth amendment, 30 Harv. Civil Rights- Civil Liberties L. Rev. 1 (1995)

Cole, David, The new McCarthyism: repeating history in the war on terrorism, 38 Harv. Civil Rights - Civil Liberty L. Rev. 1 (2003)

Collins, George D., Are persons born within the United States ipso facto citizens thereof?, 18 Am. L. Rev. 831 (1884)

Collins, George D., Citizenship by Birth, 29 Am. L. Rev. 385 (1895)

Collins, Kristin, Essay: A short history of sex and citizenship: the historians' amicus brief in Flores-villar v. United States, 91 Boston Univ. L. Rev. 1485 (2011)

Collins, Kristin, When Fathers' Rights Are Mothers' Duties:The Failure of Equal Protection in Miller v. Albrights, 109 Yale L. J. 1669 (2000)

Collins, Kristin A., Illegitimate borders: jus sanguinis citizenship and the legal construction of family, race and nation, 123 Yale L. J. 2134 (2014)

Corwin, Edward S., The Supreme Court and the fourteenth amendment, 7 Michi. L. Rev. 643 (1909)

Cosgrove, Charles H., The Declaration of Independence in constitutional interpretation: A selective history and analysis, 32 Univ. of Richmond L. Rev. 107 (1997)

Cott, Nancy F., Justice for All?Marriage and Deprivation of Citizenship in the United States, JUSTICE AND INJUSTICE IN LAW AND LEGAL THEORY, 84 (1996)

Cott, Nancy F., Marriage and Women's Citizenship in the United States, 1830-1934, 103 Am. Hist. Rev. 1440 (1998)

Coudert Jr., Frederic R., Our new peoples; citizens, subjects, nationals or aliens, 3 Colum. L. Rev. 13 (1903)

Countryman, Vern, Justice Douglas and American citizenship, 15 Gonzaga L. Rev. 957 (1980)

Coutin, Susan B., Denationalization, inclusion and exclusion: negotiating the boundaries of belonging, 7 Indiana J. of Global Legal Studies 585 (2000)

Crane, Lucius F., The Nationality of Married Women, VII JOURNAL OF COMPARATIVE LEGISLATION AND INTERNATIONAL LAW 55(3rd Series) (1925)

Crocco, Thomas E., Comment: inciting terrorism on the internet: an application of brandenburg to terrorist websites, 23 St. Louis Univ. Pub. L. Rev. 451 (2004)

Cronin, Thomas E., On the origins and invention of the presidency, 17 Presidential studies quarterly 229 (1987)

Crosskey, William, Charles Fairman, "Legislative History", and the Constitutional Limitations on State Authority, 22 Univ. Chi. L. Rev. 1 (1954)

Curran, Michael R., Flickering lamp beside the golden door: immigration, the constitution & undocumented aliens in the 1990s, 30 Case W. Res. J. Int'l L. 57 (1998)

Currie, David P., The constitution in the Supreme Court: Limitations on State power,

1865-1873, 51 Univ. Chi. L. Rev. 329 (1984)

Curtis, Michael Kent, Historical linguistics, inkblots and life after death: the privileges or imminities of citizens of the United States, 78 North Carolina L. Rev. 1071 (2000)

Curtis, Michael Kent, Privileges or immunities, individual rights and federalism, 12 Harv. J. of L. & Public Pol. 53 (1989)

Curtis, Michael Kent, Resurrecting the privileges or immunities clause and revising the slaughter-house cases without exhuming lochner: individual rights and the fourteenth amendment, 38 Boston College L. Rev. 1 (1996)

Curtis, Michael Kent, The fourteenth amendment and the bill of rights, 14 Connecticut L. Rev. 237 (1982)

Curtis, Michael Kent, The fourteenth amendment and the bill of rights: The bill of rights and the States: an overview from one perspective, 18 J. of Contemporary L. Issues 3 (2009)

Cutis, Michael Kent, Conceived in liberty; the fourteenth amendment and the bill of rights, 65 North Calolina L. Rev. 889 (1987)

Davis, Martha F., Kaufman, Risa E. and Freedman, Henry A., The Road now taken: the privileges or immunities clause and the right to travel, 33 Clearinghouse Rev (J. of Poverty L. & Pol.) 359 (1999)

Davis, Russell J., Annotation: Validity, Construction and application of 8 USCS 1401(a)(7), (b) and (c) and predecessor statutes, granting citizenship, under certain conditions, to child born outside United States of whose parents was United States citizen, 40 A.L.R. Fed. 763 (1996)

Dean, Merrianne E, Note:Women in Combat-the duty of the Citizen-soldier, 2 San Diego Justice J. 429 (1994)

Dilworth, Robert and Montag, Frank, The rights to vote of non-resident citizens: a comparative study of the federal republic of Germany and the United States of America , 12 GA. J. of Int'l & Comp. L. 267 (1982)

Dionisopoulos, P. Allan, Afroyim v. Rusk; The Evolution, Uncertainty and Implication of a Constitutional Principle, 55 Minn. L. Rev. 235 (1970)

Donovan, Donald Francis, Toward limits on Congressional enforcement power under the civil war amendments, 34 Stanford L. Rev. 453 (1982)

Douglas, J. Allen, The "priceless possession" of citizenship: race, nation and naturalization in American law, 1880 -1930, 43 Duquesne L. Rev. 369 (2005)

Doyle, Vincent A., The natural born citizen qualification for the office of president: Is George W. Romney eligible?, Congressional Research Report JK516A1 425/225 A-225 (1968)

Drimmer, Jonathan C., The nephews of uncle Sam: the history, evolution and application of birthright citizenship in the United States, 9 Georgetown Immi. L. J. 667 (1995)

Duggin, Sarah Helene & Collins, Mary Beth, Natural born in the U.S.A.: The striking unfairness and dangerous ambiguity of the constitution's presidential qualifications clause and why we need to fix it, 85 Boston Univ. L. Rev. 53 (2005)

Duwall, Donald K., Expatriation under United States law, Perez to Afroyim: the search for a philosophy of American citizenship, 56 Virginia L. Rev. 408 (1970)

Eastman, John C., Born in the U.S.A.? Rethinking birthright citizenship in the wake of 9/11, 12 Texas Rev. of L. & Pol. 167 (2007)

Eastman, John C., Re-evaluating the privileges or immunities Clause, 6 Chapman L. Rev. 123 (2003)

Eclavea, Romualdo P., Annotation: Validity of state laws denying aliens living in United States, rights enjoyed by citizens-Supreme Court Cases, 47 L. Ed. 2d 876 (1996)

Eisgruber, Christopher L., Birthright Citizenship and the Constitution, 72 N.Y. Univ. L. Rev. 54 (1997)

Eisgruber, Christopher L., Dred Again: Originalism's Foregotten Past, 10 Const. Comm. 37 (1993)

Eisgruber, Christopher L., The Constitutional Value of Assimilation, 96 Colum. L.Rev. 87 (1996)

Eisler, Nathan M., First Amendment and the Alien exclusion Power- What standard of review?, 4 Cardozo L. Rev. 457 (1983)

Engel, Steven A., Note; The McCullock Theory of the Fourteenth Amendment: City of Boerne v. Flores and the Original Understanding of Section 5, 109 Yale L. J. 115 (1999)

Epps, Garrett, The undiscovered country: northern views of the defeated south and the political background of the fourteenth amendment, 13 Temple Pol. & Civil rights L. Rev. 411 (2004)

Epps, Garrett, The citizenship clause: A "legislative history", 60 Am. Univ. L. Rev. 331 (2010)

Epstein, Richard A, Of citizens and persons: Reconstructing the Privileges or Immunities Clause of the Fourteenth Amendment, 1 NYU J. of L. & Liberty 334 (2005)

Ernst, Julia, U.S. ratification of the convention on the elimination of all forms of discrimination against women, 3 Michi. J. of Gender & L. 299 (1995)

Fabiano, Denise M., Immigration law- Flores v. Messe: A lost opprtunity to reconsider the plenary power doctrine in immigration decisions, 14 Western New England L. Rev. 257 (1992)

Fairman, Charles, Does the fourteenth amendment incorporate the bill of rights? - Original Undestanding, 2 Stanford. L. Rev. 5 (1949)

Fairman, Charles, The Supreme Court and the constitutional limitations on state governmental authority, 21 Univ. of Chi. L. Rev. 40 (1953)

Farber, Daniel A., The Constitution's foregotten cover letter: an essay on the new federalism and the original understanding, 94 Michi. L. Rev. 615 (1995)

Farber, Daniel A., The Fourteenth Amendment and the Unconstitutionality of Secession, 45 Akron L. Rev. 479 (2012)

Farber, Daniel A. and Muench, John E., The ideological origins of the fourteenth amendment, 1 Const. Comm. 235 (1984)

Farnsworth, Ward, Women under reconstruction: the Congressional understanding, 94 Northwestern Univ. L. Rev. 1229 (2000)

Farrelly, M. J., The United States chinese exclusion act, 28 Am. L. Rev. 734 (1894)

Fehlings, Gregory, Storm on the constitution: the first deportation law, 10 Tulsa J. of Com. and Int'l L. 63 (2002)

Finkelman, Paul, "Let justice done, though the heavens may fall": the law of freedom, 70 Chi.-Kent L. Rev. 325 (1994)

Finkelman, Paul, Symposium article: John Bingham and the meaning of the fourteenth amendment": John Bingham and the background to the fourteenth amendment, 36 Akron L. Rev. 671 (2003)

Finkelman, Paul, The Constitution and the Intentions of the Framers: the Limits of Historical Analysis, 50 Univ. Pitt. L. Rev. 349 (1989)

Finkelman, Paul, Scott v. Sandford: The Court's most dreadful case and how it changed history, 82 Chi.-Kent L. Rev. 3 (2007)

Fitzpatrick, Joan, Flight from asylum: trends toward temporary "refugee" and local responses to forced migrations, 35 Virginia J. of Int'l L. 13 (1994)

Flankfurter, Felix, Memorundum on "incorporation" of the bill of right into the due process clause of the fourteenth amendment, 78 Harv. L. Rev. 746 (1965)

Flournoy, Richard W., Dual Nationality and election, 30 Yale L.J. 545 (1921)

Flournoy, Richard W., Naturalization and Expatriation, 31 Yale L. J. 848 (1922)

Flournoy, Richard W., Revision of Nationality laws of the United States, 34 Am. J. of Int'l L. 36 (1940)

Flournoy, Richard W., Suggestions concerning an international code on the law of nationality, 35 Yale L. J. 939 (1926)

Flournoy, Richard W., The New Married Women's Citizenship Law, 35 Yale L.J. 159 (1923)

Flowers, Robert K., Does it cost too much? A "difference" look at J.E.B. v. Alabama, 64 Fordham L. Rev. 491 (1995)

Forbath, William E., Caste, class, and equal citizenship, 98 Michi. L. Rev. 1 (1999)

Forbath, William E., Constitutional change and the politics of history, 108 Yale L. J. 1917 (1999)

Forbath, William E., Lincoln, the declaration and the "Grisly, undying corpse of States' rights": History, memory and imagnation in the constitution of a southern liberal, 92 Georgetown L. J. 709 (2004)

Forman, Deborah L., What difference does it make? Gender and jury selection, 2 UCLA Women's L. J. 35 (1992)

Fowler, Lucy, Gender and Jury deliberations: The Contributions of Social Science, 12 Wm & Mary J. of Women & L. 1 (2005)

参考文献（Law Review）

Fox Jr., James W., Democratic citizenship and Congressional reconstruction: defining and implementing the privileges and immunities of citizenship, 13 Temple Pol. & Civil Rights L. Rev. 455 (2004)

Fox Jr., James W., Fourteenth amendment citizenship and the reconstruction – Era balck republic Sphere, 42 Akron L. Rev. 1245 (2009)

Fox Jr., James W., Intimations of citizenship: repressions and expressions of equal citizenship in the era of Jim Crow, 50 Howard L. J. 113 (2006)

Fox Jr., James W., Re-readings and misreadings: Slaughter-house, privileges or immunities and section five enforcement powers, 91 Kentucky L. J. 67 (2002)

Fox Jr., James W., Symposium: Vision and revision: exploring the history, evolution and future of the fourteenth amendment: democratic citizenship and congressional reconstruction: defining and implementing the privileges and immunities of citizenship, 13 Temple Pol. & Civil Rights L. Rev. 453 (2004)

Fox Jr., James W., Citizenship , Poverty , and Federalism:1787-1882, 60 Univ. Pitt. L. Rev. 421 (1999)

Fox, Kevin A. & Shah, Nutan Christine, Natural born killers: the assault weapons ban of the crime bill– legitimate exercise of Congressional authority to control violent crime or infringement of a cotitutional guarantee?, 10 J. of Civil Rights and Economic Development 123 (1994)

Franklin, John Hope, The Civil Rights Act of 1866 Revisited, 41 Hastings L. J. 1135 (1990)

Frantz, Laurent B., Congressional power to enforce the fourteenth amendment against private acts, 73 Yale L . J. 1353 (1964)

Fredrickson, George M., The historical construction of race and citizenship in the United States, Identies, Conflict and Cohesion Programme Paper Number 1 (2003)

Freedman, Ann E., Sex equality, sex differences, and the Supreme Court, 92 Yale L. J. 913 (1983)

Freedman, Warren, Presidential Timber: Foreign born children of American Parents, 35 Cornell L. Quarterly 357 (1950)

Frevola, Michael J., Dawn the torpedoes, full speed ahead:: the argument for total sex integration in the armed services, 28 Conn. L. Rev. 621 (1996)

Friedman, Lawrence, An idea whose time has come – the curious history, uncertain effect and need for amendment of the "natural born citizen" requirement fot the presidency, 52 St. Louis L. J. 137 (2007)

Fuchs, Lawrence H., Immigration policy and the rule of law, 44 Univ. of Pittsburgh L. Rev. 433 (1983)

Gans, David H., The unitary fourteenth amendment, 56 Emory L. J. 907 (2007)

Garces, Liliana M., Notes: Evolving notions of membership: the significance of communal ties in alienage jurisprudence, 71 Southern Cal. L. Rev. 1037 (1998)

Gardner, James A., Liberty, Community and constitutional structure of political influence: a

参考文献（Law Review） **473**

reconsideration of the right to vote, 145 Univ. of Pennsylvania L. Rev. 893 (1997)

Garner, J. W., The non-recognition and expatriation of naturalized American citizens, 19 Am. J. of Int'l L. 742 (1925)

Gettys, Luella C., The effect of changes of Sovereignty on nationality, 21 Am. J. of Int'l L. 268 (1927)

Gifford, James S., Jus cogens and fourteenthamendment privileges or immunities: a framework of substantive, fundamental human rights in a constitutional safe-harbor, 16 Arizona J. of Int'l and Comp. L. 481 (1999)

Gindele, Kelly, The birthright of citizenship as to children born of illegal immigrants in the United States: What did the drafters of the fourteenth amendment intend?, 34 Northern Kentucky L. Rev. 367 (2007)

Gold, George W., The racial prerequisite in the naturalization law, 15 Boston Univ. L. Rev. 462 (1935)

Gonzales, Alberto R., Essay: An immigration crisis in a nationa of immigrants: why amending the fourteenth amendment won't solve our problems, 96 Minnesota L. Rev. 1859 (2012)

Gonzalez, Katherine Culliton, Born in the Americas: Birthright citizenship and human rights, 25 Harv. Human Rights J. 127 (2012)

Goodman, Sheilah A., Trying to undo the damage: the civil rights act of 1990, 14 Harv. Women's L. J. 185 (1991)

Goodman, Steven S., Protecting citizenship: Strengthening the intent requirement in expatriation proceedings, 56 George Washington L. Rev. 341 (1988)

Goodwin, Michele, Nigger and the Construction of Citizenship, 76 Temple L. Rev. 129 (2003)

Gordon, Charles, The citizen and the state: Power of Congress to expatriate American citizens, 53 Georgetown L. J. 315 (1965)

Gordon, Charles, The power of Cngress to terminate United States citizenship- a continuing constitutional debate, 4 Connecticut L. Rev. 611 (1972)

Gordon, Charles, The racial barrier to American citizenship, 93 Univ. of Penn. L. Rev. 237 (1945)

Gordon, Charles, Who can be president of the United States: the unresolved enigma, 28 Maryland L. Rev. 1 (1968)

Gordon, Marilyn A and Ludvigson, Mary Jo, The Combat Exclusion for Women Aviator: A Constitutional Analysis, 1 USAFA J. Leg. Studies 51 (1990)

Gotanda, Neil, Race, citizenship and the search for political community among "We the people", 76 Oregon L. Rev. 233 (1997)

Graham, Howard Jay, Our "Declaratory" fourteenth amendment, 7 Stan. L. Rev. 3 (1954)

Graham, Howard Jay, The early antislavery backgrounds of the fourteenth amendment, 1950 Wis. L. Rev. 479 (1950)

Gressman, Eugene, The unhappy history of civil rights legislation, 50 Michi. L. Rev. 1323 (1952)

Griffith, Elwin, Expatriation and the American Citizen, 31 How. L. J. 453 (1988)

Gross, Michael P., Indian Self-determination and tribal sovereignty: An analysis of recent federal indian policy, 56 Texas L. Rev. 1195 (1978)

Grossman, Joanna L., Notes: Women's Jury Service:Right of Citizenship or Privilege of Difference?, 46 Stan. L. Rev. 1115 (1994)

Guendelsberger, John W., Access to citizenship for children born within the state to foreign parents, 40 Am. J. of Comp. L. 379 (1992)

Guminski, Arnold T., The rights, privileges, and immunities of the American people: a disjunctive theory of selective incorporation of the Bill of Rights, 7 Whittier L. Rev. 765 (1985)

Gunlicks, Michael, Note: Citizenship as a weapon in controlling the flow of undocumented aliens: evaluation of proposed denials of citizenship to children of undocumented aliens born in the United States, 63 George Washington L. Rev. 551 (1995)

Gunn, Alan M., Acquisition of foreign citizenship: the limits of Afroyim v. Rusk, 54 Cornell L.Rev. 624 (1969)

Hager, Mark M., War and the United States military: G. I. Jane and the limits of liberalism, 10 Transnational L. & Contemporary Problems 219 (2000)

Halberstam, Malvina, United States ratification of the convention on the elimination of all forms of discrimination against women, 31 George Washington J. of Int'l L. & Economics 49 (1997)

Hamburger, Philip, Privileges or immunities, 105 Northwestern Univ. L. Rev. 61 (2011)

Hamilton, Howard Devon, The legislative and Judicial History of the thirteenth amendment, 9 Nat'l Bar J.26 (1951)

Hammer, Tomas, Dual citizenship and political integration, 19 Int'l Migration Rev. 438 (1985)

Han, William T., Beyond presidential eligibility: the natural born citizen clause as asource of birthright citizenship, 58 Drake L. Rev. 457 (2010)

Harper-Ho, Virginia, Non-citizen voting rights: the history, the law and current prospects for change, 18 L. & Equality 271 (2000)

Harrison, Gladys, The Nationality of Married Women, 9 N. Y. Univ. L. Quarterly Rev. 445 (1932)

Harrison, John, Reconstructing the privileges or immunities clause, 101 Yale L. J. 1385 (1992)

Harrold, Marc M., Constitutional law- "right to travel"- fourteenth amendment privileges or immunities clause invalidates a state's durational residency requirement for full welfare benefits, 69 Mississippi L.J. 993 (1999)

Hasday, Jill Elaine, Fighting Women: the millitary, sex and extrajudicial constitutional

参考文献（Law Review） **475**

change, 93 Minnesota L. Rev. 96 (2008)

Heath, Kenneth D., The Symmetries of citizenship: welfare, expatriate taxation, and stakeholding, 13 Georgetown Immi. L. J. 533 (1999)

Hegreness, Matthew J., An organic law theory of the fourteenth amendment: the Northwest Ordinance as the source of rights, privileges, and immunities, 120 Yale L. J. 1820 (2011)

Hein, John, Comments: Born in the U.S.A., but not natural born: how congressional territorial policy bars native-born Puerto Ricans from the presidency, 11 J. of Const. L. 423 (2009)

Helton, Arthur C., Reconciling the power to bar or expel aliens on political grounds with fairness and the freedoms of speech and association; an analysis of recent legislative proposals, 11 Fordham Int'l L. J. 467 (1988)

Helton, Arthur C., The mandate of U.S. Courts to Protect Aliens and Refugees under International Human Rights Law, 100 The Yale L. J. 2335 (1991)

Henkin, Louis, "Selective incorporation" in the fourteenth amendment, 73 Yale L. J. 74 (1963)

Henkin, Louis, Immigration and the Constitution; A clean Slate, 35 Virginia J. of Int'l L. 333 (1994)

Herlihy, Sarah P., Amending the natural born citizen requirement: globalization as the impetus and the obstacle, 81 Chi. - Kent L. Rev. 275 (2006)

Herta, Michael, Limits to the naturalization power, 64 Georgetown L. J. 1007 (1976)

Heyman, Steven J., The First duty of government: protection, liberty and the fourteenth amendment, 41 Duke L. J. 507 (1991)

Hill, Cyril D., Citizenship of Married Women, 18 Am. J. of Int'l L. 720 (1928)

Hn. Moore, Karen Nelson, Aliens and the constitution, 88 N. Y. Univ. L. Rev. 801 (2013)

Ho, James C., Unnatural born citizens and acting presidents, 17 Const. Commentary 575 (2000)

Holt, Wythe, We some of the people: Akhil Reed Amar and the original intent of the bill of rights, 33 Univ. of Richmond L. Rev. 377 (1999)

Hooker, Charles H., The past as prologue: Schneiderman v. United States and contemporary questions of citizenship and denationalization, 19 Emory Int'l L. Rev. 305 (2005)

Horrocks, Jessica S., Campaigns, Contributions and citizenship: the first amendment right of resident aliens to finance federal elections, 38 Boston College L. Rev. 771 (1997)

Hover, Ernest J., Citizenship of Women in the United States, 26 Am. J. of Int'l L. 700 (1932)

Howard, Pendleton, The Privileges and Immunities of the Federal Citizenship and Colgate v. Harvey, 87 Univ. Penn. L. Rev. 262 (1939)

Hoxie, Frederick, What was Taney thinking? American indian citizenship in the era of Dred Scott, 82 Chi.-Kent L. Rev. 329 (2007)

Hoxie, R. Gordon, The presidency in the constitutional convention, 15 Presidential studies quarterly 25 (1985)

Hoy, Serena J., Interpreting equal protection: Congress, the Court and the civil rights acts, 16 J. L. & Pol. 381 (2000)

Hsieh, Christine, American born legal permanent residents? A constitutional amendment proposal, 12 Georgetown Immi. L. J. 511 (1998)

Hudson, Manley O., The Hague Convention of 1930 and the Nationality of Women, 27 Am. J. of Int'l L. 117 (1930)

Ide, Henry C., Citizenship by Birth- another view, 30 Am. L. Rev. 241 (1896)

Ing, Matthew, Birthright citizenship, illegal aliens and the original meaning of the citizenship clause, 45 Akron L. Rev. 719 (2012)

Inoue, Tomoko, Legal Status of Aliens in the United States and Japan, 25 Kobe Univ. L. Rev. 63 (1991)

Issacson, David A., Correcting Anomalies in the United States law of citizenship by descent, 47 Arizona L. Rev. 313 (2005)

Jay, Stewart, Origins of the privilges and immunities of state citizenship under IV, 45 Loyola Univ. of Chi. L. J. 1 (2013)

Johnson, Allen, The Constitutionality of Fugitive Slave Acts, 31 Yale. L. J. 161 (1921)

Johnson, Kevin R., The antiterrorism act, the immigeration reform act, and ideological regulation in the immigration laws: important lessons for citizens and noncitizens, 28 St. Mary's L. J. 833 (1997)

Jones, Pamela R., Note:Women in the Crossfire: Should the Court allow it?, 78 Cornell L. Rev. 252 (1993)

Jordan, Emma C., The future of the fifteenth amendment, 28 Howard L. J. 541 (1985)

Jordan, Emma Coleman, Taking voting rights seriousely: rediscovering the fifteenth amendment, 64 Nebraska L. Rev. 389 (1985)

Kaczorowski, Robert J., Congress's power to enforce fourteenth amendment rights: Lessons from federal remedies the framers enacted, 42 Harv. J. on Legislation 187 (2005)

Kaczorowski, Robert J., Federal enrofcement of civil rights during the first reconstruction, 23 Fordham Urban L. J. 155 (1995)

Kaczorowski, Robert J., Revolutionary constitutionalism in the era of the civil war and reconstruction, 61 N.Y. Univ. L. Rev. 863 (1986)

Kaczorowski, Robert J., Searching for the Intent of the Framers of Fourteenth Amendment, 5 Conn. L. Rev. 368 (1972)

Kaczorowski, Robert J., The Chase Court and Fundamental Rights: A Watershed in American Constitutionalism, 21 North Kentucky. L. Rev. 151 (1993)

Kaczorowski, Robert J., The Enforcement Provisions of the Civl Rights Act of 1866:A Legislative History in Light of Runyon v.McCrary, 98 Yale L. J. 565 (1989)

Kaczorowski, Robert J., The Supreme court and Congress's power to enforce constitutional rights: an overlooked moral anomaly, 73 Fordham L. Rev. 153 (2004)

参考文献（Law Review） **477**

Kaczorowski, Robert J., To begin the nation a new: Congress, citizenship and civil rights after the civil war, 92 Am. Hist. Rev. 45 (1987)

Kallenbach, Joseph E., Constitutional aspects of federal anti-poll tax legislation, 45 Michi. L. Rev. 717 (1947)

Kamarck, Kristy N., Woman in Combat: Issues for Congress Congressional Research Report R 42075 (2015)

Kamp, Allen R., The birthright citizenship controversy: A study of conservative substance and rhetoric, 18 Texas Hispanic J. of L. & Pol. 49 (2012)

Kanowitz, Leo, "Benign" sex discrimination: its troubles and their cure, 31 Hasting L. J. 1379 (1980)

Kares, Lauren, Note: The Unlucky Thirteenth: A constitutional Amendment in Search of a Doctorine, 80 Cornell L. Rev. 372 (1995)

Karst, Kenneth L., Citizenship, law and the American nations, 7 Indiana J. of Global Legal Studies 595 (2000)

Karst, Kenneth L., Not one law at Rome and another at Athens: the fourteenth amendment in nationwide application, 1972 Washington Univ. L. Quarterly 383 (1972)

Karst, Kenneth L., The Pursuit of manhood and the desegregation of the Armed Forces, 38 UCLA L. Rev. 499 (1991)

Katyal, Neal & Clement, Paul, On the meaning of "natural born citizen", 128 Harv. L. Rev. Forum 161 (2015)

Katyal, Neal Kumar, Note: Men who own women: a thirteenth amendment critique of forced prostitution, 103 Yale L. J. 791 (1993)

Kaye, Judith S., Essay: Women in law: the law can change people, 66 N. Y. Univ. L. Rev. 1929 (1991)

Kelly, Alfred H., The Congressional controversy over school segregation, 1867-1875, 64 Am. Hist. Rev. 537 (1959)

Kelly, Alfred H., The fourteenth amendment reconsidered, 54 Michi. L. Rev. 1049 (1956)

Kelly, Linda, Defying membership: the evolving role of immigration jurisprudence, 67 Univ. of Cincinnati L. Rev. 185 (1998)

Kelly, Linda, Republican Mother, Bastards' Fathers and Good Victims:Discarding Citizens and Equal Protection Through the Failure of Legal Images, 51 Hastings L. J. 557 (2000)

Kendall, Emily, Amending the Constitution to save a sinking ship? The issues surrounding the proposed amendment of the Citizenship Clause and "Anchor Babies", A natural aristocracy?, 22 Berkeley La Raza L. J. 349 (2012)

Kennedy, Randall, A natural aristocracy?, 12 Const. Commentary 175 (1995)

Kerber, Linda K., "Constitutional right to be treated like … ladies": Women, civic obligation and military service, 1993 Univ. Chi. School Roundtable 95 (1993)

Kerber, Linda K., The meaning of citizenship, 84 J. of Am. Hist. 833 (1997)

Kerber, Linda K., The paradox of women's citizenship in the early republic: the case of Martin v. Massachusettts 1805, 97 Am. Hist. Rev. 349 (1992)

Kiessler, Maximillian, "subject", "citizen", "national" and "permanent allegiance", 56 Yale L. J. 58 (1946)

Kinoy, Arthur, The Constitutional Right of Negro Freedom, 21 Rutgers L. Rev. 387 (1967)

Kirk, Linda J., Exclusion to emancipation: a comparative analysis of women's citizenship in Australia and the United States 1869 - 1921, 97 West Virginia L. Rev. 725 (1995)

Klarman, Michael J., Rethinking the civil rights and civil liberties revolutions, 82 Virginia L. Rev. 1 (1996)

Knop, Karen & Chinkin, Christine, Remembering Chrystal Macmillan:Women's Equality and Nationality in International Law, 22 Mich. J. Int'l L. 523 (2001)

Kohl, Robert L., The civil rights act of 1866, It's hour come round at last, 55 Va. L. Rev. 272 (1969)

Kohler, Shayne R., Note: Dismantling a relic of the nineteenth century: an end to discrimination at the Virginia Military Institute, 1996 Utah L. Rev. 717 (1996)

Kuerschner, Caroline E., Comments; Our vulunerable Constitutional rights; The Supreme Court's Restriction of Congress' Enforcement Powers in City of Boerne v. Flores, 78 Oregon L. Rev. 551 (1999)

Kurland, Philip B., The Privileges or Immunities Clause:"It's Hour Come Round at Last"?, 1972 Washington Univ. L. Q. 405 (1972)

Lado, Marianne L. Engelman, A question of justice: african-american legal perspectives on the 1883 civil rights cases, 70 Chi.- Kent L. Rev. 1123 (1995)

Lalwani, Manisha, Comment: the "intelligent wickedness" of U.S. immigration law concerning citizenship to children born abroad and out of wedlock: a feminist perspective, 47 Villanova L. Rev. 707 (2002)

Lambertson, G.M., Indian Citizenship, 20 Am. L. Rev. 183 (1886)

Lambie, Margaret, Presumption of cessation of citizenship: It's effect on international claims, 24 Am. J. of Int'l L. 264 (1930)

Lash, Kurt T., The constitutional referendum of 1866: Andrew Johnson and the original meaning of the privileges and immunities clause, Illinois Public Law and Legal Theory Research Papers Series No. 13-02 (2012)

Lash, Kurt T., The origin of the privileges or immunities clause, Part I: "privileges and immunities" as an Antebellum term of art, 98 Geo. L. J. 1241 (2010)

Lash, Kurt T., The origin of the privileges or immunities clause, Part II: John Bingham and the second draft of the fourteenth amendment, 99 Geo. L. J. 329 (2011)

Lash, Kurt T., The origin of the privileges or immunities clause, Part III: Andrew Johnson and the Constitutional Referendum of 1866, 101 Geo. L.J. 1275 (2013)

Lash, Kurt T., Two movements of a constitutional symphony: Akhil Reed Amar's bill of rights, 33 Univ. of Richmond L. Rev. 485 (1999)

Latane, John H., Foster, John W., Dennis W.H., Gates, Merrill E., Marburg, Theodore & Raston, Jackson H., The Question of Domicile in its relation to protection, 4 Proceedings of the American Society of Int'l L. at its Annual Meeting, 85 (1910)

Law, Sylvia A., Rethinking sex and the constitution, 132 Univ. of Pennsylvania L. Rev. 955 (1984)

Lawsky, Sarah B., A nineteenth amendment defense of the violence against women act, 109 Yale L. J. 783 (2000)

Lawson, Gary, The bill of rights as an exclamation point, 33 Univ. of Richmond L. Rev. 511 (1999)

Lee, Margaret Mikyung, Birthright citizneship under the 14th amendement of persons born in the United States to alien parents, Congressional Research Report RL33079 (2015)

Legomsky, Stephen H., Citizens' rights and human rights, 43 Israel L. Rev. 67 (2010)

Legomsky, Stephen H., Comments: Why citizenship?, 35 Virginia J. of Int'l L. 279 (1994)

Legomsky, Stephen H., Essay: ten more years of plenary power: immigration, Congress and the Courts, 22 Hastings Const. L. Qualterly 925 (1995)

Legomsky, Stephen H., Immigration law and the principle of plenary congressional power, 1984 Supreme Court Rev. 255 (1984)

Legomsky, Stephen H., Immigration, equality and diversity, 31 Colum. J. of Transnational L. 319 (1993)

Legomsky, Stephen H., Immigration, Federalism, and the Welfare states, 42 UCLA L. Rev. 1453 (1995)

Leich, Marian Nash, Contemporary practice of the United States relating to international law, 77 Am. J. of Int'l L. 298 (1983)

Lemper, Tim A., The promise and perils of "Privileges or immunities": Saenz v. Roe, 119 S. Ct. 1518(1999), 23 Harv. J. of L. & Pub. Pol. 295 (1999)

Leonard, Stephen T. & Tronto, Joan C., The Gender of Citizenship, 101 Am. Pol. Science Rev. 33 (2007)

Levin, Daniel, Note: Reading the Privileges or immunities clause: Textual irony, analytical revisionism and an interpretive truce, 35 Harv. Civil Rights- Civil Liberties L. Rev. 569 (2000)

Levin, Stephanie A., For Mary Joe Frug:A Symposium on Feminist Critical legal Studies and Postmodernism:Part one: A Diversity of Influence:Women and Violence:Reflection on Ending the Combat Exclusion, 26 New Eng. L. Rev. 805 (1992)

Levinson, Sanford, Constituting communities through words that bind: reflections on loyalty oaths, 84 Michi. L. Rev. 1440 (1986)

Levinson, Sanford, Some refrections of the rehabilitation of the privileges or immunities clause of the fourteenth amendment, 12 Harv. J. of L. & Pub. Pol. 71 (1989)

Levit, Nancy, Feminism for men: Legal ideology and the construction of maleness, 43 UCLA L. Rev. 1037 (1996)

参考文献（Law Review）

Levy, Richard E., An unwelcome stranger: Congressional individual rights power and federalism, 44 Kansas L. Rev. 61 (1995)

Lichtenberg, Judith, Within the Pale: Aliens, Illegal Aliens, and equal protection, 44 Univ. Pitt. L. Rev. 351 (1983)

Lien, Arnold J., The Acquisition of Citizenship by the Native American Indians, 13 Washington University Studies 121 (1925)

Lind, JoEllen, Dominance and democracy: the legacy of woman suffrage for the voting right, 5 UCLA Women's L. J. 103 (1994)

Lohman, Christina S., Presidential eligibility: the meaning of the natural-born citizen clause, 36 Gonzaga L. Rev. 349 (2000)

Lomen, Lucile, Lomen, Privileges and immunities under the fourteenth amendment, 18 Washington L. Rev. 121 (1943)

Long, Breckinridge, Is Mr. Charles Evans Huges a "natural born citizen" within the meaning of the constitution?, 146-148 Chicago Legal News 220 (1916)

Looney, Ben F., The constitutionality of anti-poll tax measures, 7 Texas Bar J. 70 (1944)

Lund, Nelson, Federalism and civil liberties, 45 Kansas L. Rev. 1045 (1997)

Lynch, Judy D., Indian sovereignty and judicial interpretations of the indian civil rights act, 1979 Washington L. Quarterly 897 (1979)

Lyons, Joren, Mentallly disabled citizenship applicants and the meaningful oath requiremenrt for naturalization, 87 Cal. L. Rev. 1017 (1999)

Macklem, Patrick, Distributing Sovereignty: Indian nations and equality of peoples, 45 Stanford L. Rev. 1311 (1993)

Magliocca, Gerard N., Indians and Invaders: The citizenship clause and illigal aliens, 10 Univ. Pennsylvania J. of Const. L. 499 (2008)

Maguire, John M., Suffrage and married women's nationality, 54 Am. L. Rev. 641 (1920)

Maltz, Earl M., A minimalist approach to the fourteenth amendment, 19 Harv. J. of L. & Pub. Pol. 451 (1996)

Maltz, Earl M., Citizenship and the Constitution: A history and Critique of the Supreme Court's Alienage Jurisprudence, 28 Ariz. St. L. J. 1135 (1996)

Maltz, Earl M., Moving beyond race: the joint committee on reconstruction and the drafting of the fouteenth amendment, 42 Hasting Const. L. Quarterly 287 (2015)

Maltz, Earl M., Originalism and the desegregation decisions- A response to professor McConnell, 13 Const. Comm. 223 (1996)

Maltz, Earl M., The civil rights act and the civil rights cases: Congress, Courts and constitution, 44 Florida L. Rev. 605 (1992)

Maltz, Earl M., The concept of equal protection of the laws - a historical inquiry, 22 San Diego L. Rev. 499 (1985)

Maltz, Earl M., The concept of incorporation, 33 Univ. of Richmond L. Rev. 525 (1999)

Maltz, Earl M., The constitution and nonracial discrimination: alienage, sex, and the framers'

参考文献（Law Review） **481**

ideal of equality, 7 Const. Commentary 251 (1990)

Maltz, Earl M., The fourteenth amendment as political compromise – Section one in the joint committee on reconstruction, 45 Ohio L. J. 933 (1984)

Maltz, Earl M., The last angry man: Benjamin Robbins Curtis and the Dred Scott Case, 82 Chi. – Kent L. Rev. 265 (2007)

Maltz, Earl M., Reconstruction without revolution:Republican Civil Rights Theory in the Era of the Fourteenth Amendment, 24 Hous.L.Rev. 221 (1987)

Maltz, Earl M., The Fourteenth Amendment and native American Citizenship, 17 Const. Commentary 555 (2000)

Mandry, Alan R., Private Accountability and the Fourteenth Amendment; State Action, Federalism and Congrtess, 59 Missouri L. Rev. 499 (1994)

Manheim, Karl, States Immigration Laws and Federal Supremacy, 22 Hastings Const. L. Qualterly 939 (1995)

Manuel, Kate M. & Garcia, Michael John, Unlawfully present aliens, driver's licenses and other state-issued ID: Select legal issues, Congressional Research Report R43452 (2014)

Marder, Nancy S., Beyond Gender, Preemptory Challenges and the roles of the Jury, 73 Texas L. Rev. 1041 (1995)

Martin, David A., New rules on dual nationality for a democratizing globe: between rejection and embrace, 14 Georgetown Immi. L. J. 1 (1999)

Martin, David A., Behind the Scenes on a Different Set:What Congress Needs to Do in the Aftermath of St.Cyr. And Nguyen, 16 Georgetown. Immi. L. J. 313 (2002)

Martin, David A., Due Process and the Treatment of Aliens– Due Process and Membership in the national community; political asylum and beyond, 44 Univ. of Pitt. L. Rev. 163 (1983)

Martin, David A., The Civic Republican Ideal for citizenship, and for our common life, 35 Virginia J. of Int'l L. 301 (1994)

Martinez, Rina, Casenote: Saenz v. Roe: the court breathes new life into the privileges or immunities clause more than a century after its "slaughter", 10 Civil Rights L. J. 439 (2000)

Maskell, Jack, Qualification for President and the "natural born" citizenship eligibility requirement, Congressional Research Report R42097 (2011)

Maskell, Jack, Qualifications of members of Congress, Congressional Research Report R41946 (2015)

Matsumoto- Power, Kikuyo, Aliens, resident aliens and U.S. citizens in the never-never land of the immigration and nationality act, 15 Univ. of Hawaii L. Rev. 61 (1993)

Mayton, William, Birthright citizenship and the civic minimum, 22 Georgetown Immi. L. J. 221 (2008)

Mazur, Diane H., Women, responsibility and the military, 74 Notre Dame L. Rev. 1 (1998)

McClain, Charles J., Tourtuous path, elusive goal: The asian quest for American citizenship, 2 Asian Am. L. J. 33 (1995)

McDevitt, Justin, Born in the U.S.A! Yeah, and···? Revisiting birthright citizenship, 16 Public Interest L. Rep. 53 (2010)

McDonagh, Eileen, Political Citizenship and Democratization: The Gender Paradox, 96 Am. Pol. Science Rev. 535 (2002)

McFarland, Michael G., Derivative citizenship: its history, constitutional foundation and constitutional limitation, 63 NYU Annual Survey of American L. 467 (2008)

McGovney, D.O., Privileges or immunities clause fourteenth amendment, 4 Iowa L. Bulletin 219 (1918)

McGovney, D.O., Race Discrimination in Naturalization, 8 Iowa L. Bulletin 129 (1923)

McGovney, Dudley O., American citizenship, 11 Colum. L. Rev. 231 (1911)

McManamon, Mary Brigid, The natural born citizen clause as originally understood, Widener Law School Legal Studies Research Paper Series No. 14-21 (2014)

Medina, J. Michael, The presidential qualification clause in this bicentennial year: the need to eliminate the natural born citizen requiremenrt, 7 Oklahoma City Univ. L. Rev. 253 (1987)

Mensel, Robert E., Jurisdiction in nineteenth century international law and its meaning in the citizenship clause of the fourteenthamendment, 32 St. Loius Univ. Pub. L. Rev. 329 (2013)

Meyers, S. P., Federal privileges and immunities: application to ingress and egress, 29 Cornell L. Quarterly 489 (1944)

Meyers, W. J., The privilges and immunities of citizens in the several states, 1 Michi. L. Rev. 286 (1903)

Meyler, Bernadette, The Gestation of Birthright Citizenship, 1868-1898: States' Rights, the Law of Naton, and Mutual Consent, 15 Geo. Immigr. L. J. 519 (2001)

Milko, James D., Comment : Beyond the persian Gulf Crisis: Expanding the Role of Servicewomen in the United States Military, 41 Am. U. L. Rev. 1301 (1992)

Miller, Andrew D., Terminating the "just not American enough" idea: saying "hasta la vista" to the natural-norn-citizen requirement of presidential eligibility, 57 Syracuse L. Rev. 97 (2006)

Miller, Justin, The Women Juror, 2 Oregon L. Rev. 30 (1922)

Miller, Steven F, O'Donovan, Susan E., Rodrigue, John C., and Rowland, Leslie S., Between emancipation and enfranchisement: law and the political mobilization of black southners during presidential reconstruction, 1865-1867, 70 Chi.-Kent L. Rev. 1059 (1995)

Mirchell, S. David, Understanding individual and collective citizenship: the impact of exclusion laws on the african -American community, 34 Fordham Urban L. J. 833 (2007)

参考文献（Law Review） **483**

Miyamoto, Maryam Kamali, The first amendment after Reno v. American-Arab anti-discrimination committee: a different bill of rights for aliens?, 35 Harv. Civil Rights-Civil Liberties L. Rev. 183 (2000)

Morais, Nina, Sex Discrimination and the Fourteenth Amendment: Lost history, 97 Yale L. J. 1153 (1988)

Morris, Richard B., The origins of the Presidency, 17 Presidential Studies Quarterly 673 (1987)

Morrison, Stanley, Does the fourteenth amendment incorporate the bill of rights?, 2 Stan. L. Rev. 140 (1949)

Morse, Alexander Porter, Natural-born citizen of the United States: Eligibility for the office of President, 66 Albany L. J. 97 (1904)

Motomura, Hiroshi, Essay: Immigration outside the law, 108 Colum. L. Rev. 2037 (2008)

Motomura, Hiroshi, Immigration and Alienage, Federalsim and Proposition 187, 35 Virginia J. of Int'l L. 201 (1994)

Motomura, Hiroshi, Immigration law after a century of plenary power: phantom constitutional norms and statutory interpretation, 100 Yale L. J. 545 (1990)

Motomura, Hiroshi, The curious evolution of immigration law: procedual surrogates for substantive constitutional rights, 92 Colum. L. Rev. 1625 (1992)

Mueller, Athena, Annotation Supreme courts views as to meaning of term "person" as used in statutory or constitutional provision, 56 L. Ed. 2d 895 (1996)

Muller, Derek T., Scrutinizing federal electoral qualification, 90 Indiana L. J. 559 (2015)

Murphy, Walter F., Slaughter-house, civil rights and limits on cinstitutional change, 32 Am. J. of Jurisprudence 1 (1987)

Natelson, Robert G., The original meaning of the privilges and immunities clause, 43 Georgia L. Rev. 1117 (2009)

Neale, Thomas, Presidential and vice presidential Succession: overview and current legislation, Congressional Research Report RL31761 (2004)

Nelson, Michael, Constitutional qualification for president, 17 Presidential Studies Quarterly 383 (1987)

Nelson, William E., The impact of the antislavery movement upon styles of judicial reasoning in nineteenth century America, 87 Harv. L. Rev. 513 (1974)

Neuman, Gerald L., Aliens as outlaws; Government Services, proposition 187, and the structure of equal protection doctorine, 42 UCLA L. Rev. 1425 (1995)

Neuman, Gerald L., Justifying U.S. naturalization policies, 35 Virginia J. of Int'l L 237 (1994)

Neuman, Gerald L., The lost century of American Immigration law (1776- 1875), 93 Colum. L. Rev. 1833 (1993)

Neuman, Gerald L., Whose constitution?, 100 Yale L. J. 909 (1991)

Newman, Nocole, Birthright citizenship: the fourteenth amendment's continuing protection against an American caste system, 28 Boston College Third World L. J. 437 (2008)

484 参考文献（Law Review）

Newsom, Kevin Christopher, Setting incorporationism Straight: A reinterpretation of the Slaughter-house cases, 109 Yale L. J. 643 (2000)

Ngai, Mae M., Birthright citizenship and the alien citizen, 75 Fordham L. Rev. 2521 (2007)

Nielsen, Fred K., Some Vexatious Questions relating to Nationality, 20 Colum. L. Rev. 840 (1920)

Nieman, Donald G., From slaves to citizens: African- Americans, rights conciousness and reconstruction, 17 Caldozo L. Rev. 2115 (1996)

Note: The "New" Thirteenth Amendment: A preliminary Analysis, 82 Harv. L. Rev. 1294 (1969)

Note: The birthright citizenship amendment: a threat to equality, 107 Harv. L. Rev. 1026 (1994)

"Foreign" campaign contributions and the First Amendment, 110 Harv. L. Rev. 1886 (1997)

Birthright Citizenship in the United Kingdom and the United States: A comparative analysis of the Common Law basis for granting citizenship to children born of illegal immigrants, 33 Vanderbilt J. of Transnational L. 693 (2000)

Contest: Was George Washington constitutional?, 12 Const. Commentary 137 (1995)

Congress's power to define the privileges and immunities of citizenship, 128 Harv. L. Rev. 1206 (2015)

Constitutional Limitations on the naturalization power, 80 Yale L. J. 769 (1971)

Developments in the law: immigration and nationality, 66 Harv. L. Rev. 643 (1953)

Developments in the law: immigration policy and the rights of aliens, 96 Harv. L. Rev. 1286 (1983)

Membership has its privileges and immunities: congressional power to define and enforce the rights of national citizenship, 102 Harv. L. Rev. 1925 (1989)

Negro Disenfranchisement- A challenge to the Constitution, 47 Colum. L. Rev. 76 (1947)

Note: Beyond Batson: Eliminating gender-based preemptory challenges, 105 Harv. L. Rev. 1920 (1992)

The functionality of Citizenship, 110 Harv. L. Rev. 1814 (1997)

The Indefinite detention of excluded aliens: statutory and constitutional justification and limitations, 82 Michi. L. Rev. 61 (1983)

The privilege or immunities clause of the fourteenth amendment: Colgate v. Harvey, 49 Harv. L. Rev. 935 (1936)

A constitutional analysis of state bar residency requirements under the interstate privileges and immunities clause of article IV, 92 Harv. L. Rev. 1461 (1979)

Article IV Privileges and Immunities Clause- State Freedom of Information Laws -McBurney v. Young, 127 Harv. L. Rev. 208 (2013)

Nunez, D. Carolina, Beyond blood and borders: Finding meaning in birthright citizenship, 78 Brooklyn L. Rev. 835 (2013)

Oberwetter, Ellen, Note: Rethinking Military Deference: male-Only Draft Registration and the Intersection of Military Need with Civilian Rights, 78 Tex. L. Rev. 173 (1999)

O'Connor, Michael P., Time out of mind: Our collective amnesia about the history of the privileges or immunities clause, 93 Kentucky L. J. 659 (2004)

O' Connor, Sandra Day, Essay: The history of the women's suffrage movement, 49 Vanderbilt L. Rev. 657 (1996)

Olivas, Michael A., Preempting Preemption: ForeignAffairs, State Rights, and Alienage Classifications, 35 Virginia J. of Int'l L. 217 (1994)

Olson, Trisha, The natural law foundation of the privileges or immunities clause of the fourteenth amendment, 48 Arkansas L. Rev. 347 (1995)

Ontiveros, Maria L., A strategic plan for using the thirteenth amendment to protect immigrant workers, 27 Wisconsin J. of L., Gender & Society 133 (2012)

Orfield, Lester B., International Law- citizenship-expatriation-effect of expatriation of father upon citizenship of child, 13 Nebraska L. Bulletin (1935)

Orfield, Lester B., The legal effects of dual nationality, 17 George Washington L. Rev. 427 (1949)

Owen, Robert Dale, Political Results from the Varioloid, 35 The Atlantic Monthly 660 (1875)

Palmer, Robert C., The parameters of constitutional reconstruction: Slaughter-house, Cruikshank and the fourteenth amendment, 1984 Univ. of Illinois L. Rev. 739 (1984)

Paone, Arthur, Comments: Involuntary Loss of Citizenship by naturalized citizens residing abroad, 49 Cornell L. Qurterly 54 (1963)

Parker, A. Warner, The ineligible to citizenship provisions of the Immigration Act of 1924, 19 Am. J. of Int'l L. 23 (1925)

Pawa, Matt, When the supreme court restricts constitutional rights, can congress save us? An examination of section 5 of the Fourteenth Amendment, 141 Univ. of Pennsylvania L. Rev. 1029 (1993)

Pease-Wingenter, Claudine, Empowering our children to dream without limitations: A call to revisit the "natural born citizen" requirement in the Obama era, 29 Chicana-Latina L. Rev. 43 (2010)

Petree, Nick, Born in the USA: an all-American view of birthright citizenship and international human rights, 34 Houston J. of Int'l L. 147 (2011)

Pettit, Katherine, Comment: Addressing the call for the elimination of birthright citizenship in the United States: constitutional and pragmatic reasons to keep birthright citizenship intact, 15 Tulane J. of Int'l and Comparative L. 265 (2006)

Piatt, Bill, Born as second class citizens in the U.S.A.: children of undocumented parents, 63 Nortre Dame L. Rev. 35 (1988)

Pillai, K. G. Jan, In Defense of Congressional Power and Minority Rights under the Fourteenth Amendment, 68 Mississippi L. J. 431 (1998)

Pillard, Cornelia T. L. & Aleinikoff, T. Alexander, Skeptical Scrutiny of plenary power:

judicial and executive branch decision making in Miller v. Albright, 1998 Supreme Court L. Rev. 1 (1998)

Podolefsky, Ronnie L., The illusion of suffrage: female voting rights and the women's poll tax repeal movement after the ninteenth amendment, 73 Notre Dame L. Rev. 839 (1998)

Porter, Robert B., The Demise of the Ongwehoweh and the Rise of the Native Americans: Redressing the Genocidal Act of Forcing American Citizenship upon Indigenous Peoples, 15 Harv. Blackletter L. J. 107 (1999)

Post, Robert, what is the constitution's worst provision?, 12 Const. Commentary 191 (1995)

Price, Polly J., Natural law and Birthright citizenship in Calvin's case (1608), 9 Yale J. of L. & the Humanities 73 (1997)

Pryor, Jill A., The natural-born citizen clause and presidential eligibility: an approach for resolving two hundred years of uncertainty, 97 Yale L. J. 881 (1988)

Raskin, Jamin B., Is this America? - The district of Columbia and the right to vote, 34 Harv. Civil Rights - Civil Liberties L. Rev. 39 (1999)

Raskin, Jamin B., Legal Aliens, Local Citizens; The historical, constitutional and theoritical meaning of alien suffrage, 141 Univ. of Penn. L. Rev. 1391 (1993)

Reeves, J. S., Nationality of Married Women, 17 Am. J. of Int'l L. 97 (1923)

Reinstein, Robert J., Completing the constitution: the declaration of independence, bill of rights and fourteenth amendment, 66 Temple L. Rev. 361 (1993)

Renshaw, Melinda M., Choosing between principles of federal power: the civil rights remedy of the violence against women act, 47 Emory L. J. 819 (1998)

Rich, William J., Privileges or immunities: the missing link in establishing congressional power to abrogate state eleventh amendment immunitiy, 28 Hastings Const. L. Quarterly 235 (2001)

Rich, William J., Why "privilges or immunities"? An explanation of the framers' intent, 42 Akron L. Rev. 1111 (2009)

Ritter, Gretchen, Gender and citizenship after the Nineteenth Amendment, 32 Polity 345 (2000)

Ritter, Gretchen, Jury service and women's citizenship before and after the Nineteenth Amendment, 20 L. & Hist. Rev. 479 (2002)

Robinson, Donald L., The inventors of presidency, 13 Presidential Studies Quarterly 8 (1983)

Rodriguez, Cristina M., The citizenship clause, original meaning and the egalitarian unity of the fouteenth amednment, 11 Univ. of Pennsylvania J. of Const. L. 1363 (2009)

Rogers, Robin, A Proposal for Combatting Sexual Discrimination in the Military: Amendment of Title VII, 78 Calif. L. Rev. 165 (1990)

Rogus, Caroline, Conflating Womens' Biological and Sociological Roles: the Ideal of Motherhood, Equal Protection and the Implications of the Nguyen v. INS Opinion, 5 Univ. Pennsylvania. J. of Const. L. 803 (2003)

参考文献（Law Review）　487

Root, Nancy Ann & Tejani, Sharyn A., Note: Undocumented: the roles of women in immigration law, 83 Georgetown L. J. 605 (1994)

Rosberg, Gerald M., Alien and Equal Protection: Why not the right to vote?, 75 Michi. L. Rev. 1092 (1977)

Rosberg, Gerald M., The Protection of Aliens from Discriminatory treatment by the National Government, 1977 The Supreme Court Rev. 275 (1977)

Rosberg, Gerald M., Discrimination Against the "Nonresident" Alien, 44 Univ. of Pitt. L. Rev. 399 (1983)

Rosen, Jeffery, Traslating the privileges or immunities clause, 66 George Washington L. Rev. 1241 (1998)

Rosenbloom, Rachel E., Policing the borders of birthright citizenship: Some thoughts on the new (and old) restrictionism, 51 Washburn L. J. 311 (2012)

Rostow, Eugene V., The Japanese American Cases-A Disaster, 54 Yale L. J. 489 (1945)

Rotunda, Ronald D., The Power of Congress under Section 5 of the Fourteenth amendment after City of Boerne v. Flores, 32 Ind. L. Rev. 163 (1998)

Rowley, Leslie Ann, Gender Discrimination and the Military Selective Service Act:Would the MSSA Pass Constitutional Muster Today?, 36 Duquesne L. Rev. 171 (1997)

Sachs, Stephen E., Why John McCain was a citizen at birth, 107 Michi. L. Rev. 49 (2008)

Sager, Lawrence G., Some observations about race, sex and equal protection, 59 Tul. L. Rev. 928 (1985)

Saito, Natsu Taylor, Alien and non-alien alike: citizenship, "foreigner" and racial hierarchy in American law, 76 Oregon L. Rev. 261 (1997)

Samowitz, Cary B., Note; Title VII, United States citizenship, and American national origin, 60 N. Y. Univ. L. Rev. 245 (1985)

Sandefur, Timothy, Privileges, immunities and substantive due process, 5 N. Y. Univ. J. of L. & Liberty 115 (2010)

Sanders Jr., Elwood Earl, Could Arnold Schwarzenegger run for President now?, 6 Florida Coastal L. Rev. 331 (2005)

Sandifer, Durward V., A comparative study of laws relating to nationality at birth and to loss of nationality, 29 Am. J. of Int'l L. 248 (1935)

Sapiro, Virginia, Women, Citizenship, and Nationality: Immigration and Naturalization Policies in the United States, 13 Pol. & Society 1 (1984)

Sassen, Saskia, The need to distinguish denationalized and post national, 7 Indiana J. of Global L. Studies 575 (2000)

Scaperlanda, Michael, Partial membership: aliens and the Constitutional community, 81 Iowa L. Rev. 707 (1996)

Scaperlanda, Michael, Polishing the tarnished golden door, 93 Wisconsin L. Rev. 965 (1993)

Schauer, Frederick, Community, citizenship, and the search for national identity, 84 Michi. L. Rev. 1504 (1986)

Scherner-Kim, Karin, The role of the oath of renunciation in current U.S. nationality policy- to enforce, to omit, or maybe to change?, 88 Georgetown L. J. 329 (1999)

Schnapper, Eric, Affirmative Action and the Legislative History of the Fourteenth Amendment, 71 Va. L. Rev. 753, 783 (1985)

Schrader, John Benjamin, Note: Reawakening "Privileges or Immunities": An originalist blueprint for invalidating State felon disfranchisement laws, 62 Vand. L. Rev. 1285 (2009)

Schuck, Peter H., The Meaning of American citizenship in a Post-9/11 world, 75 Fordham L. Rev. 2531 (2007)

Schuck, Peter H., The re-evaluation of American citizenship, 12 Georgetown Immi. L. J. 1 (1997)

Schuck, Peter H., The transformation of Immigration Law, 84 Colum. L. Rev. 1 (1984)

Scott, James Brown, Inter-American commission of women, 24 Am. J. of Int'l L. 757 (1930)

Scruggs, Anna M., J.E.B. v. Alabama ex rel. T.B.: Strike two for the Peremptory Challenge, 26 Loyola Univ. Chi. L. J. 549 (1995)

Scruggs, William, Ambiguous citizenship, 1 Political Science Quarterly 199 (1886)

Seligman, Lester G., On model of the presidency, 10 Presidential Studies Quarterly 353 (1980)

Seymore, Malinda L., The presidency and the meaning of citizenship, 2005 Bringham Young Univ. L. Rev. 927 (2005)

Shaffer, Derek, Answering Justice Thomas in Saenz: Granting the Privileges or immunities clause full citizenship within the fourteenth amendment, 52 Stanford L. Rev. 709 (2000)

Shankman, Kimberly C. & Pilon, Roger, Reviving the privileges or immunities Clause to redress the balance among states, individuals, and the federal government, 3 Texas Rev. of L. & Pol. 1 (1998)

Shavers, Anna Williams, A century of developing citizenship law and the Nebraska influence: a centennial essay, 70 Nebraska L. Rev. 462 (1991)

Shawhan, Mark, "By virtue of being born here": birthright citizenship and the civil rights act of 1866, 15 Harv. Latino L. Rev. 1 (2012)

Shender, Melanie, Note: Nguyen v. INS: No, your honor, men are not from Mars, 36 U. C. Davis L. Rev. 1023 (2003)

Sherman, Gordon E., Emancipation and Citizenship, 15 Yale L. J. 263 (1906)

Sherry, Suzanna, Civic virtue and the feminie voice in constitutional adjudication, 72 Virginia L. Rev. 543 (1986)

Shevchuk, Yuri I, Dual citizenship in old and new states, 37 Arichives Europeannes de Sociologie 47 (1996)

Shuck, Peter H., Whose membership is it, anyway?- Comments on Gerald Neuman, 35 Virginia J. of Int'l L. 321 (1994)

参考文献（Law Review） **489**

Shulman, Robert J., Children of a lesser god: Should the fourteenth amendment be altered or repealed to deny automatic citizenship rights and privileges to American born children of illigal aliens?, 22 Pepperdine L. Rev. 669 (1995)

Sidak, J. Gregory, Essay: War, liberty and enemy aliens, 67 N. Y. Univ. L. Rev. 1402 (1992)

Siegel, Reve B., Home as work: the first woman's rights claims concerning wive's household labor, 1850- 1880, 103 Yale L. J. 1073 (1994)

Siegel, Reve B., She the people: the nineteenth amendment, sex equality, federalism and the family, 115 Harv. L. Rev. 947 (2002)

Silbaugh, Katharine B., Comment: Miller v. Albraight: problems of constitutionalization in family law, 79 B. U. L. Rev. 1139 (1999)

Smerdon, Tom, Notes: Citizenship-denaturalization-diminished protection of naturalized citizneship in denaturalization proceedings; United States v. Fedorenko, 597 F. 2d 946 (5th Cir. 1979), eptition for cert. filed, 48 U.S.L.W. 3310 (U.S. Oct. 30, 1979) (No. 79-693), 14 Texas Int'l L. J. 453 (1979)

Smith, Douglas G., A return to first principles? Saenz v. Roe and the privileges or immunities clause, 2000 Utah L. Rev. 305 (2000)

Smith, Douglas G., Fundamenatal rights and the fourteenth amendment: the nineteenth century understanding of "higher" law, 3 Texas Rev. of L. & Pol. 225 (1999)

Smith, Douglas G., Natural law, article IV and section one of the fourteenth amendment, 47 Am. Univ. L. Rev. 351 (1997)

Smith, Douglas G., Reconstruction or reaffirmation? Review of "the bill of rights: creation and reconstruction", 8 George Mason L. Rev. 167 (1999)

Smith, Douglas G., Citizenship and the Fourteenth Amendment, 34 San Diego L. Rev. 681 (1999)

Smith, Douglas G., The Privileges and Immunities Clause of Article IV, Section 2: Precursor of Section 1 of the Fourteenth Amendment, 34 San Diego L. Rev. 809 (1997)

Smith, Douglas G., A Lockean Analysis of Section One of the Fourteenth Amendment, 25 Harv. J. of L. & Pub. Pol. 1095 (2002)

Smith, Lamar & Grant, Edward R., Immigration reform: Seeking the right reasons, 28 St. Mary's L. J. 883 (1997)

Smith, Roger M., "One united people": Second-Class female citizenship and the American quest for community, 1 Yale J. of L. & the Humanities 229 (1989)

Smith, Roger M., Birthright citizenship and the fourteenth amendment in 1868 and 2008, 11 Univ. of Pennsylvania J. of Const. L. 1329 (2009)

Smith, Roger M., The "American greed" and American identity: the limits of liberal citizenship in the United States, 41 Western Political Quarterly 225 (1988)

Snaider, Andres, The politics and tension in delegating plenary power: the need to revive nondelegation principles in the field of immigration, 6 Georgetown Immi. L. J. 107 (1992)

参考文献（Law Review）

Solomon-Fears, Carmen, Fatherhood Initiatives: Connectiong Fathers to their Children, Congressional Research Report RL31025 (2016)

Solum, Lawrence B., Originalism and the natural born citizen clause, 107 Michi. L. Rev. 593 (2008)

Spiro, Peter J., Dual nationality and the meaning of citizenship, 46 Emory L. J. 1411 (1997)

Spiro, Peter J., McCain's citizenship and constitutional method, 107 Michi. L. Rev. First Impressions 42 (2008)

Spiro, Peter J., The States and Immigration in an Era of Demi-sovereignties, 35 Virginia J. of Int'l L. 121 (1994)

Spiro, Peter J., A new international law of citizenship, 105 Am. J. of Int'l L. 694 (2011)

Standard, Michael, Foreign residence as an act of expatriation: "Two-class" citizenship, 25 Brook L. Rev. 292 (1958)

Steiker, Jordan, Levinson, Sanford and Balkin J. M., Taking text and structure really seriously: constitutional interpretation and the crisis of presidential eligibility, 74 Texas L. Rev. 237 (1995)

Stein, Dan and Bauer, John, Interpreting the 14th amendment: authomatic citizenship for children of illigal immigrants?, 7 Stanford L. & Pol. Rev. 127 (1996)

Steinfeld, Robert J., Property and suffrage in the early American republic, 41 Stanford L. Rev. 335 (1989)

Stephenson Jr., D. Grier, The supreme Court, the franchise and the fifteenth amendment: the first sixty years, 57 UMKC L. Rev. 47 (1988)

Stoney, Thomas P., Citizenship, 34 Am. L. Register 1 (1886)

Strasser, Mark, The privileges or national citizenship; on Saenz, same-sex couples, and the right to travel, 52 Rutgers L. Rev. 554 (2000)

Stratton, Lisa C., Note: The right to have rights: gender discrimination in nationality law, 77 Minnesota L. Rev. 195 (1992)

Sullivan, Barry, Historical Reconstruction, Reconstruction History, and the Proper Scope of Section 1981, 98 Yale. L. J. 541, 553 (1989)

Suthon Jr., Walter, The dubious origin of the fourteenth amendment, 28 Tulane L. Rev. 22 (1953)

Swell, Robert, The status of American women married abroad, 26 Am. L. Rev. 358 (1892)

Swinney, Everette, Enforcing the fifteenth amendment, 1870-1877, 28 J. of Southern Hist. 202 (1962)

Tager, Michael, The contemporary presidency: constitutional reform and the presidency: the recent effort to repeal the natural-born citizen requirement, 39 Presidential Studies Quarterly 111 (2009)

Taylor, Margaret H., Detained aliens challenging conditions of confinement and the porous border of the plenary power doctorine, 22 Hastings Constitutional L. Quarterly 1087 (1995)

参考文献（Law Review） **491**

Teheranian, John, Performing whiteness: naturalization litigation and the construction of racial identity in America, 109 Yale L. J. 817 (2000)

tenBroek, Jacobus, Thirteenth Amendment to the Constitution of the United States – Consummation to abolition and key to the Fourteenth Amendment, 39 Cal. L. Rev. 171 (1951)

Thelen, David, How natural are national and transnational citizenship? A historical perspective, 7 Indiana J. of Global Legal Studies 549 (2000)

Tokaji, Daniel P., The justiciability of eligibility: may courts decide who can be president?, 107 Michi. L. Rev. First Impressions 31 (2008)

Torok, John Hayakawa, Reconstruction and Racial Nativism:Chinese Immigrants and the Debates on the 13th, 14th, and 15th Amendments and Civil Rights Laws, 3 Asian L. J. 55 (1996)

Tostado, Marisa Ann, Alienation: Congressional authorization of state discrimination against immigrants, 31 Loyola of L. A. L. Rev. 1033 (1998)

Travers, Patrick J., The Constitutional Status of State and Federal Governmental Discrimination against Resident Aliens, 16 Harv. Int'l L. J. 113 (1975)

Tribe, Laurence H., Comment: Saenz Sans prophecy: Does the Privileges or immunities revival portend the future- or reveal the structure of the present?, 113 Harv. L. Rev. 110 (1999)

Trimble, Bruce R., Privileges of citizens of theUnited States, 10 Univ. Kansas City L. Rev. 77 (1942)

Trucios-Hynes, Enid, The legacy of racially restrictive immigration laws and policies and the construction of the American national identity, 76 Oregon L. Rev. 369 (1997)

Tsesis, Alexander, A civil rights approach: achieving revolutionary abolithonism through the thirteenth amendment, 39 Univ. of Cal. Davis L. Rev. 1773 (2006)

Tsesis, Alexander, The problem of confederate symbols: a thirteenth amendment approach, 75 Temple Univ. L. Rev. 539 (2002)

Tsesis, Alexander, Toward a just immigration policy: putting ethics into immigration law, 45 Wayne L. Rev. 105 (1999)

Tushnet, Mark, Essay- review: United States citizenship policy and liberal universalism, 12 Georgetown Immi. L. J. 311 (1998)

Tussman, Joseph and tenBroek, Jacobus, The equal protection of the laws, 37 Cal. L. Rev. 341 (1949)

Ulman, Arlene Tuck, Nationality, expatriation and statelessness, 25 Admin. L. Rev. 113 (1973)

Upham, David R., Corfield v. Coryell and the privileges and immunities of American citizenship, 83 Texas L. Rev. 1483 (2005)

Vagts, Detlev F., Editorial Comment: The proposed expatriation tax- a human rights violation?, 89 Am. J. of Int'l L. 578 (1995)

Volpp, Leti, The citizen and the terrorist, 49 UCLA L. Rev. 1575 (2002)

Waite, Edward F., The Negro in the Supreme Court, 30 Minnesota L. Rev. 219 (1946)

Walton, Clifford S., Status of a wife in international marriages, 31 Am. L. Rev. 870 (1897)

Walzer, Michael, What does it mean to be an "American"?, 57 Social Research 591 (1990)

Wang, Xi, Black suffrage and the redefinition of American freedom, 1860-1870, 17 Cardozo L. Rev. 2153 (1996)

Wang, Xi, The Making of Federal Enforcement Laws, 1870-1872, 70 Chi.-Kent L. Rev. 1013 (1995)

Ward, James J., The original public understanding of privieges or immunities, 2011 Brigham Young Univ. L. Rev. 445 (2011)

Warren, Charles, The new "liberty" under the fourteenth amendment, 39 Harv. L. Rev. 431 (1926)

Webster, Prentiss, Citizenship by naturalization in the United States, 24 Am. L. Rev. 616 (1890)

Weisbrod, Carol, Images of the woman juror, 9 Harv. Women's L. J. 59 (1986)

Weisselberg, Charles D., The exclusion and detention of aliens: lessons from the lives of Ellen Knauff and Ignatz Mezei, 143 Univ. Pennsylvania L. Rev. 933 (1995)

Whelan, Frederick G., Pribciples of U.S. immigration policy, 44 Univ. of Pittsburgh L. Rev. 447 (1983)

Whelan, Frederick G., Principles of U.S. immigration policy, 44 Univ. of Pitt. L. Rev. 447 (1983)

Wiesenfeld, Joy Pepi, The Conditional nature of derivative citizenship, 8 U.C.D. L. Rev. 345 (1975)

Wildenthal, Bryan H., The lost compromise: reassessing the early understanding in court and Congress on incorporation of the bill of rights in the fourteenth amendment, 61 Ohio St. L J. 1051 (2000)

Wildenthal, Bryan H., The road to twining: reassessing the disincorporation of the bill of rights, 61 Ohio St. L J. 1457 (2000)

Wilkin III, J. Harvie, The fourteenth amendment privileges or immunities clause, 12 Harv. J. of L. & Public Pol. 43 (1983)

Wilkinson, Vernon L., The federal bill of rights and the fourteenth amendment, 26 Georgetown L. J. 439 (1938)

Williams, David C., Civic republicanism and the citizen militia: the terrifying second amendment, 101 Yale L. J. 551 (1991)

Williams, David C., The borders of the equal protection clause: indians as peoples, 38 UCLA L. Rev. 759 (1991)

Williams, Ryan C., Originalism and the other desegregation decision, 99 Virginia L. Rev. 493 (2013)

Williams, Susan H., A feminist reassessment of civil society, 72 Indiana L. J. 417 (1997)

参考文献（Law Review） **493**

Winick, Stacey L., Comment; A new chapter in constitutional law: Saenz v. Roe and the revival of the fourteenth amendment's privileges or immunities clause, 28 Hofstra L. Rev. 573 (1999)

Winston, Judith A., Mirror, mirror on the wall: title VII, Section 1981, and the intersection of race and gender in the civil rights act of 1990, 79 Cal. L. Rev. 775 (1991)

Wood, Charles, Losing Control of America's Future- the census, birthright citizenship, and illigal aliens, 22 Harv. J. of L. & Pub. Pol. 465 (1999)

Woodworth, Marshall B., Citizenship of the United States under the fourteenth amendment, 30 Am. L. Rev. 535 (1896)

Woodworth, Marshall B., Who are citizens of the United States? - Wong kim Ark case- interpretation of citizenship clause of fourteenth amendment, 32 Am. L. Rev. 554 (1898)

Wright, R. George, Federal immigration law and the case for open entry, 27 Loyola of L. A. L. Rev. 1265 (1994)

Wyatt, Alexandra M., Birthright Citizenship and Children born in the United States to Alien Parents: An overview of the Legal Debate, Congressional Research Report R 44251 (2015)

Zietlow, Rebecca E., Contextualizing the thrteenth amendment: James Ashley and antislavery constitutionalism, University of Toledo legal studies research Paper No. 2011-01 (2011)

Zietlow, Rebecca E., Free at last! - Anti - subordination and the thirteenth amendment, 90 Boston Univ. L. Rev. 255 (2010)

Zietlow, Rebecca E., James Ashley's thirteenth amendment, 112 Colum. L. Rev. 1 (2012)

Zietlow, Rebecca E., Symposium article: John Bingham and the meaning of the fourteenth amendment": Congressional enforcement of civil rights and John Bingham's theory of citizenship, 36 Akron L. Rev. 717 (2003)

Zietlow, Rebecca E., The rights of citizenship: Two framers, two amendments, 11 J. of Const. L. 1269 (2009)

Zolberg, Aristide R., The dawn of Cosmopolitan denizenship, 7 Indiana J. of Global Legal Studies 511 (2000)

Zuckerman, George David, A Consideration of the History and Present Status of Section 2 of the Fourteenth Amendment, 30 Fordham L. Rev. 93 (1961)

Zuckert, Michael P., Completing the Constitution: The Thirteenth Amendment, 4 Const. Commentary 259 (1987)

Zuckert, Michael P., Congressional Power under the Fourteenth Amendment- The Original Uniderstanding of Section Five, 3 Const. Commenatry 123 (1986)

事 項 索 引
(ABC 順)

Abbott v. Bayley 23 Mass.(6 Pick.) 92(1827)　　(77), (139)

Act concerning Aliens(外国人法)　25〜

Act making appropriations for sundry civil expenses of the government for the year ending the thirteenth of June, eighteen hundred and sixty-five, and for other purposes　46

Act making Appropriations for the support of the Army for the year ending the thirteenth June, eighteen hundred and sixty-five, and for other purposes　46

Act respecting Alien Enemies(敵性外国人法)　25〜

Act to guarantee to certain States whose Governments have been usurped or overthrown a Republican Form of Government　49

Act to Incorporate the Metropolitan Railroad Company, in the District of Columbia　46

Act to remove all disqualification of color in carrying the Mails　46

Africa(アフリカ(人, 系等))　(32), (35), 39, 47, 50, (67), 79〜, (89), 157, 172, 177, 179, 198, 200, (201), 405

Alaska の割譲に関する米国とロシア帝国間の条約　(27)

Alien, Foreigner(外国人)　4, (12), 13, 16, 20, (22), 23〜, (26), (32), 33〜, (38), (40), 41〜, (51), (81〜), (84), 85, (87), (89), (91), (93), (105), 108, 112, 118, 124, 127, 130, 132, 136, 140, 143〜, 167〜, 172, (174), (176), 177〜, 188〜, (196), 204, 207〜, 210, (247), 252, 260, 262〜, (274〜), 303, (312), 316〜, (320), 326, 329, (332〜), 335〜, (342), 350〜, 356, 358, 368, (370), 381, 383〜, 388〜, (391), (394), 398, 402〜, 407〜, 413, 419, (420)

Allegiance(忠誠)　6, (11), 13, (27), (33), 51, 58, (70), 85, (89), 91, (99), (102), (111), 125, 137, 151, 177, 185〜, (187), (215), (240), 252, 255, (267), 274, 303, (318), 321, 325, 332, 337〜, (344), 346, 349〜, 353, 355, (369〜), (380), 381, 384, (389), (425), (440)

Article of Confederation(連合規約)　18〜, 38〜, (180), 319

Black Code　68〜, (75), 113

Campbell v.Morris, 3 H.& McH.535(1797)　　(77), (139)

Children born out of wedlock(非嫡出子)　298, 338〜, 358〜, 363〜, 394, 410〜

Chinese(中国人)　80, (89), (106), 127, 156, 160, (171), 172〜, 187〜, (197), 206, (224), (251), 261, (262), (272), 275, 350〜, 389, 407

Columbia 特別区関係法　27

Common law　53, (138), (169), (184), 188, (191), 193, 196, 204, 206, 210, (213), 275, 277〜, (281), (300), (312), 314, 320〜, (323), (331), 346, 348, 350, 352, 407〜, 420, 429

Compromise of 1850(1850 年の妥協)　　(27), (31)

事項索引　495

Compromise of 1877(1877 年の妥協)　　(146)

Conscription(徴兵)　　47, 49, 176, (240), 304~, (410)

Convention on the Elimination of All Forms of Discrimination against Women(女子差別撤廃条約)　　(409)

Convention on the Rights of the Child(子どもの権利条約)　　(409)

Corfield v. Coryell (4 Wash.C.C.371, 380 (U.S.C.C., Pa., 1823)　　(77), (122), (139), (141), (180)

Declaration of Independence(独立宣言)　　(11), (20), (32), (37), 42, (55), 64~, 118, 139, 141, 160, (214), 223, (235), (313), (344), 345~, 374, (405), 427, 429, 433, 436,

Denizen(デニズン)　　(22), 33, 42, 322, 402, 413

Diplomacy・Diplomat(外交(外交官, 外交保護等))　　1, 15, (124), 172, (175), 176, 179, 184, (187), 206, (208), (263), (316), 325, (331), 332, (337), 348, (350), 351, (388~), (392)

Domicile　　38, (102), 187, 265, (317~), (334), 335, 340, 350, (358), 389

Education(教育)　　15, (48), 131, 149, (150), 151, 153, 158~, (200), (215), (217), 219, (222), 224, 230, (231), 232, (235), 240, 246, 249, 252, 256, (281), (327), (405)

Emancipation Proclamation(奴隷解放最後布告)　　50

Federalist　　8, 12, 14, 15, 16, 17, 19, (281), (313), (399)

Florida 割譲に関する米国とスペインの条約　　(27)

General Treaty for Renunciation of War as an Instrument of National Policy(不戦条約(戦争放棄に関する条約))　　438

Guadalupe Hidalgo 条約　　(27)

Indian(ネイティブ・アメリカン)　　(28), 33~, (35), 42, 73, 80~, (89), (98), 99, 106, (107), 124~, 130~, 135~, 138, 143~, 156~, (160), 175, 185~, 204~, (261), 322, 326, 328, 332, 349~, 351, 383, (387~), (393), 402, (405), 406

Indiana 属領選挙関係法　　29

Indiana 属領連邦加盟法　　29

Iowa 属領政府の設置に関する法律　　(28)

Joint Committee on Reconstruction(再建合同委員会)　　(67), 97, (98~), 100, 105, (106~), 110~, 118, 123~, 128, (134)

jus sanguinis(血統主義)　　3~, (175), (324), (333), 410~, (441)

jus soli(出生地主義)　　3~, (333), 392~, (396), (408), 409~, (441)

Kansas・Nebraska 法　　31

Louisiana 割譲に関する米国とフランスの条約　　(28)

Married Women's Property Acts(妻財産法)　　279~

Military jurisdiction(軍事管轄権)　　71

Military service(兵役)　　31, (213~), (219), 234, (249), 275, 300~, 309, (310),

（410），413, 423, 424〜, 435, 437〜

Militia Act（民兵団法）　31, 47〜, 413

Minnesota 属領政府の設置に関する法律　（28）

Missouri 州の連邦加盟に関する連邦議会決議　（28）

Naturalization（帰化）　12, 14〜,（18〜），（22），23〜,（32），33〜, 36,（38），（40），41〜,（51），66,（74），（80），83〜,（84），（89），（91〜），93, 96,（105），（107），（114），124,（126），130, 136, 144, 160, 171〜, 175〜, 182,（184〜），186, 188〜, 204, 206, 228,（250），251〜, 255, 260〜, 264〜,（266），267〜, 271〜,（301），302〜,（311〜），（320），322〜, 328〜,（333），334, 338,（341），342, 347, 349〜,（351〜），354〜, 363, 365, 368,（372），374〜, 378,（380），381〜, 383, 387, 389,（390〜），392, 397, 400, 402〜, 407, 409, 412〜, 418, 425〜, 430, 435,（440）

Nobility（貴族）　（9），24,（111），177, 217,（235），402

Northwest Ordinance（北西部領地条令, 北西部条令）　（11），（29），47, 54, 63

Ohio 属領連邦加盟法　28

Oregon 属領政府の設置に関する法律　（28）

Preamble（米国憲法前文）　（9），44, 55, 86,（198），（417）

Preliminary Emancipation Proclamation（奴隷解放予備布告）　50

Race（人種, 民族）　32〜, 36, 39, 42, 44, 48〜, 51, 53, 58, 70, 73, 78, 80〜, 85, 87, 96, 103, 107〜, 114, 122〜, 127, 132, 143, 147, 149〜, 155〜, 161

Sommersett's Case　（53）

判 例 索 引
（年代順）

Respublica v. Chapman（1 U.S. 53（1781））　（344）

Mcllavaine v. Cox's Lessee（6 U.S.（2 Cranch.）280（1804））　（345）

Murray v. Schooner Charming Betsy（6 U.S.（2 Cranch.）64（1804））　344

Mcllavaine v. Cox's Lessee（8 U.S.（4 Cranch.）209（1808））　344

The Schooner Exchange v. McFaddon & others（11 U.S. 116）（1812））　（332），（350）

Osborn v. United States Bank（22 U.S.（9 Wheat.）737（1824））　（311）

Van Ness v. Pacard（27 U.S.（2 Peters）137（1829））　（321）

Shank v. Dupont（28 U.S. 242（1830））　260,（345）

Inglis v. The Trustees of the Sailor's Snug Harbour（28 U.S.（3 Pet.）99（1830））　（345）

Gassies v. Ballon（31 U.S.（6 Pet.）761（1832））　（90）

Barron v. The Mayor and City Council of Baltimore（32 U.S.（7 Pet.）243（1833））　（102）

Prigg v. Pennsylvania（41 U.S.（16 Pet.）539（1842））　（53），（84）

Ex parte William Wells（59 U.S.（18 How.）307（1855））　（320）

Dred Scott Case［Scott v. Sandford］（60 U.S. 393（1857））　13,（32），34〜,（42），（44），51,（53），135, 179, 204,（205），（209），346,（347），392, 402, 407, 410, 417,（418），430

判例索引　497

Crandall v. Nevada (73 U.S. 35 (1867)) 　(182), (195), 197, 208

Kelly v. Owen et al (74 U.S. (7 Wall.) 496 (1868)) 　261

Paul v. Virginia (75 U.S.(8 Wall.) 168 (1868)) 　(180)

Ward v. The State of Maryland (79 U.S. (12 Wall) 418 (1870)) 　(180~)

Slaughter-House Cases (83 U.S. (16 Wall.) 36 (1872)) 　147, (167), 178~, 184~, (187), 189, 191, (193), 196~, 204, 207~, (208~), 347~, (353), (388~), 407, 420, (421~)

Bradwell v. Illinois (83 U.S. (16 Wall.) 130 (1872)) 　191~

Bartemeyer v. Iowa (85 U.S. (18 Wall.) 129 (1873)) 　192~

Minor v. Happersett (88 U.S. (21 Wall.) 162 (1874)) 　193~, 206, 211, (312), 348, 408, 420, 429

Moore v. United States (91 U.S. 270 (1875)) 　(320)

States v. Cruikshank (92 U.S. 542 (1875)) 　(195), 197, 198

Strauder v. West Virginia (100 U.S. 303 (1879)) 　199~, (281), 289

Civil Right Cases (United States v. Stanley. ; United States v. Ryan. ; United States v. Nichols. ; United States v. Singleton. ; Robinson & Wife v. Menphis and Charleston Railroad Co. (109 U.S. 3 (1883)) 　(170)

Ex parte Yarbrough (110 U.S. 651 (1884)) 　(195), 200~, (207),

United States v. Waddell (112 U.S. 76 (1884)) 　(195), 201

Elk v. Wilkins (112 U.S. 94 (1884)) 　185~, (187), 204~, (205), (312), (332), 349, (388)

Baldwin v. Franks (120 U.S. 678 (1887)) 　(197)

Smith v. Alabama (124 U.S. 465 (1888)) 　(320)

Crowley v. Christensen (137 U. S. 86 (1890)) 　(192)

Crutcher v. Commonwealth of Kentucky (141 U.S.47 (1891)) 　203

Logan v. United States (144 U.S. 263 (1892)) 　(195), 201~

In re Lockwood (154 U.S. 116 (1894)) 　(191)

In re Quarles and Butler (158 U.S. 532 (1895)) 　(196), 202

United States v. Wong Kim Ark (169 U.S.649 (1898)) 　(134), (137), 187~, 203~, (204), 210, (320), (332), 350~, 389~, 392~, 407~, 429

Maxwell v. Dow (176 U.S. 581 (1900)) 　194~

Motes v. United States (178 U.S.458 (1900)) 　202~

Wiley v. Sinkler (179 U.S. 58 (1900)) 　(195)

Twining v. New Jersey (211 U.S. 78 (1908)) 　189, 195~, 203, 207, 420

Low Wah Suey v. Backus (225 U.S. 460 (1912)) 　261

Luria v. United States (231 U.S. 9 (1913)) 　(312)

Mackenzie v. Hare (239 U.S. 299 (1915)) 　266, 408

Arver v. U.S. (245 U.S. 366 (1918)) 　(300)

Ex parte Grossman (267 U.S. 87 (1925)) 　(320)

498 法令名索引

Weedin v. Chin Bow (274 U.S. 657 (1926))　354
United States v. Schwimmer (279 U.S. 644 (1929))　302, (312), 424, (435)
Colgate v. Harvey (296 U.S. 404 (1935))　(190~)
Perkins v. Elg (307 U.S. 325 (1939))　354~
Hague v. C.I.O. (307 U.S. 496 (1939))　(191), (198)
U.S. v. Classic (313 U.S. 299 (1941))　(201)
Glasser v. U.S. (315 U.S. 60 (1942))　281, 424
Baumgartner v. United States (322 U.S. 665 (1944))　(312)
Knauer v. United States (328 U.S. 654 (1946))　(312)
Thiel v. Southern Pac. Co. (328 U.S.217 (1946))　(281)
Ballard v. United States (329 U.S. 187 (1946))　282~
Fay v. People of State of New York (332 U.S. 261 (1947))　285~
Oyama v. California (332 U.S. 633 (1948))　(174), (196), (420)
Montana v. Kennedy (366 U.S. 308 (1961))　355~
Hoyt v. Florida (368 U.S. 57 (1961))　287, (291), 293
Schneider v. Rusk (377 U.S. 163 (1963))　(312)
Jones v. Alfred H. Mayer Co (392 U.S. 409 (1968))　(75)
Rogers v. Bellei (401 U.S. 815 (1971))　356~, (391)
Alexander v. Louisiana (405 U.S. 625 (1972))　289
Taylor v. Louisiana (419 U.S. 522 (1975))　(286), 290, 294~
Daniel v. Louisiana (420 U.S. 31 (1975))　294
Runyon v. McCrary (427 U.S. 160 (1976))　(168)
Baldwin v. Montana Fish and Game Commission (436 U.S. 371 (1978))　(209)
Duren v. Missouri (439 U.S. 357 (1979))　294
Kirchberg v. Feenstra (450 U.S. 455 (1981))　(280)
Rostker v. Goldberg (453 U.S. 57 (1981))　307
Zobel v. Williams (457 U.S. 55 (1982))　(422)
Power v. Ohio (499 U.S. 400 (1991))　281
J. E. B. v. Alabama ex rel. T. B. (511 U.S. 127 (1994))　297~, 424
Lorelyn Penero Miller, Petitioner v. Madelene K. Albright (523 U. S. 420 (1998))　357~, 394, 396, 398, 410~
Saenz v. Roe (526 U.S. 489 (1999))　421
Tuan Anh Nguyen v. INS (533 U.S. 53 (2001))　363, 394~, 398, 410~
Ruben Flores-Villar v. United States (131 S. Ct. 2312 (2011))　343

法 令 名 索 引
(年代順)

Ordinance for the Government of the Territory of the United States north-west of the river of Ohio (Northwest Ordinance) (北西部領地条令), 1 Stat. 51 (1787)　(11), (29),

法令名索引 499

47, 54, 63

Act to establish the Judicial Courts of the United States, 1 Stat. 73 (1789)　　95

Act to establish an uniform Rule of Naturalization, 1 Stat.103 (1790)　　23, 323, (372)

Act for the Punishment of certain Crimes against the United States, 1 Stat. 112 (1790)　91

Act concerning the registering and recording of ships or vessels, 1 Stat. 287 (1792)　(51)

Act more effectually to provide for the National Defence by establishing an Uniform Militia throughout the United States (Militia Act), 1 Stat. 271 (1792)　31, (48)

Act respecting Fugitives from Justice, and Persons escaping from the Service of their Masters (Fugitive Slave Act), 1 Stat. 302 (1793)　(27)

Act to establish an uniform rule of Naturalization ;and to repeal the act heretofore passed on that subject, 1 Stat. 414 (1795)　23, 323

Act Supplementary to and to amend the act, intituled "An Act to establish an uniform rule of naturalization; and to repeal the act heretofore passed on that subject", 1 Stat.566 (1798)　24, 323

Act concerning Aliens, 1 Stat. 570 (1798)　25

Act respecting Alien Enemies, 1 Stat. 577 (1798)　25

Act in addition to the act, entitled "An Act for the punishment of certain crimes against the United States", 1 Stat. 596 (1798)　26

Act to establish an uniform rule of Naturalization, and to repeal the acts heretofore passed on that subject, 2 Stat. 153 (1802)　24, (160), (175), (260), 323, (334)

Act to enable the people of the Eastern division of the territory northwest of the river Ohio to form a constitution and state government, and for the admission of such state into Union, on an equal footing with the original States, and for other purposes, 2 Stat. 173 (1802)　28

Act to incorporate the inhabitants of the City of Washington, in the District of Columbia, 2 Stat. 195 (1802)　28

Act to prevent the importation of certain persons into certain states, where, by the laws thereof, their admission is prohibited, 2 Stat. 205 (1803)　26

Act in addition to an Act intituled "An Act to establish an uniform rule of Naturalization, and to repeal the acts heretofore passed on that subject", 2 Stat. 292 (1804)　24

Act extending the right of Suffrage in the Indiana territory, 2 Stat. 469 (1808)　29

Act for the regulation of seamen on board the public and private vessels of the United States, 2 Stat. 809 (1813)　(51)

Act supplementary to the acts heretofore passed on the subject of an uniform rule of naturalization, 3 Stat. 53 (1813)　24

Act to enable the people of the Indiana Territory to form a constitution and state government, and for the admission of such state into the Union on an equal footing with the original states, 3 Stat. 289 (1816)　29

Act in further addition to "An Act to establish an uniform rule of Naturalization, and to repeal the Acts heretofore passed on that subject", 4 Stat. 69 (1824)　25

Act to appropriate the proceeds of the sales of the public lands, and th grant pre-emption rights, 5 Stat. 453 (1841)　33

Treaty with China, 8 Stat. 592 (1844)　(172)

Act Proposing to the State of Texas the Establishment of Her Northern and Western Boundaries, the Relinquishment by the Said State of All Territory Claimed by Her Exterior to Said Boundaries, and of All Her Claims upon the United States, and to Establish a Territorial Government for New Mexico, 9 Stat. 446. (1850)　30

Act to establish a Territorial Government for Utah, 9 Stat. 453 (1850)　30

Act to amend, and supplementary to the Act entitled "An Act respecting Fugitives from Justice, and Persons escaping from the Service of their Masters", approved February twelfth, one thousand seven hundred and ninety-three, 9 Stat. 462 (1850) (27), (76), (90)

Act to Organize the Territories of Nebraska and Kansas, 10 Stat. 277 (1854)　31

Act to secure the Rights of Citizenship to Children of the United States born out of Limits thereof, 10 Stat. 604 (1855)　25, (176), 260, 324

Treaty of Peace, Amity, and Commerce, between the United States of America and China. Concluded at Tientsin, June 18, 1858; Ratified by the United states, December 21, 1858, and Proclaimed by the President of the United States, January 26, 1860, 12 Stat. 1023 (1858)　(172)

Act to confiscate Property used for Insurrectionary Purposes (Confiscation Act 1861), 12 Stat. 319 (1861)　46, 47

Act to make an additional Article of War, 12 Stat. 354 (1862)　50

Act fo the Release of certain Persons held to Service or Labor in the District of Columbia (Act abolishing Slavery in the District of Columbia), 12 Stat. 376 (1862)　46, 47

Act providing for the Education of Colored Children in the Cities of Washington, District of Columbia, and for other Purposes, 12 Stat. 407 (1862)　(48)

Act to secure Freedom to all Persons within the Territories of the United States, 12 Stat. 432 (1862)　(48)

Act Supplementary to the "Act for the Release of Certain Persons held to Service or Labor in the District of Columbia", approved April sixteen, eighteen hundred and sixty-two, 12 Stat. 538 (1862)　(48)

Act to suppress Insurrection, to punish Treason and Rebellion, to seize and confiscate the Property of Revels, and for other Purposes (Confiscation Act 1862), 12 Stat. 589 (1862)　46, 48

Act to amend the Act calling forth the Militia to execute the Laws of the Union, suppress Insurrections, and repel Inversion, approved February twenty-eight, seventeen

法令名索引 **501**

hundred and ninety-five, and the Acts amendatory thereof, and for other Purposes (Militia Act of 1862), 12 Stat. 597 (1862)   **47, 48**

Act for enrolling and calling out the national Forces, and for other Purposes (Conscription Act of 1863), 12 Stat. 731 (1863)   **47, 49**

Act relating to Habeas Corpus, and regulating Judicial Proceedings in Certain Case, 12 Stat. 755 (1863)   **(95)**

Act to repeal the Fugitive Slaves Act of eighteen hundred and fifty, and all Acts and Parts of Acts for the Rendition of Fugitive Slaves, 13 Stat. 200 (1864)   **(46)**

Act repealing certain Provisions of Law concerning Seamen on board public and private Vessels of the United States, 13 Stat. 201 (1864)   **(51)**

Act further to regulate and provide for the enrolling and calling out the National Forces, and for other Purposes, (Conscription Act of 1864), 13 Stat. 6 (1864)   **47, 49**

Act to establish a Bureau for the Relief of Freedmen and Refugees, 13 Stat. 507 (1865)   **69**

Act to continue in force and to amend "An Act to establish a Bureau for the Relief of Freedmen and Refugees", 14 Stat. 173 (1866)   **72, (142)**

Act to protect all Persons in the United States in their Civil Rights, and furnish the Means of their Vindication, (1866 市民権法), 14 stat. 27 (1866)   **67, 73~, (95), 135~, 138~, 166~, 169, (178), (183), 186~, 189, 322~, 349, 351~, 415~**

Act to prevent and punish Kidnapping (Slave Kidnapping Act) of 1866, 14 Stat. 50 (1866)   **94**

Act for theDisposal of the Public Lands for Homestead Actual Settlement in the States of Alabama, Mississipi, Lousiana, Arkansas, and Florida (Southern Homestead Act), 14 Stat. 66 (1866)   **(72)**

Act making Appropriations for the Support of the Army for the Year ending thirtieth of June, eighteen hundred and sixty-seven, and for other Purposes, (Army Appropriation Bill of 1866), 14 Stat. 92 (1866)   **(72)**

Act to regulate the Franchise in the District of Columbia, 14 Stat. 375 (1867)   **96**

Act to regulate the elective Franchise in the Territories of the United States, 14 Stat. 379 (1867)   **96**

Act amendatory of "An Act to amend an Act entitled 'An Act relating to Habeas Corpus, and regulating judicial Proceedings in certain Cases", approved May 11th, 1866, 14 Stat. 385 (1867)   **(95)**

Act to amend "An Act to establish the judicial Courts of the United States", approved Sep. 24, 1789, 14 Stat. 385 (1867)   **95**

Act to provide for the more efficient Government of the Rebel States, 14 stat. 428 (1867)   **96, (147)**

Act to abolish and forever prohibit the system of Peonage in the Territory of New Mexico and other Parts of the United States (Peonage Act of 1867), 14 Stat. 546 (1867)   **94**

502　法令名索引

Act supplementary to an Act entitled "An Act to provide for the more efficient
　　Government of the Rebel States", passed March 2nd, 1867 and to facilitate Restration,
　　15 Stat. 2 (1867)　　(97)

Treaty concerning the Cession of the Russian Possessions in North America by his
　　Majesty the Emperor of all the Russias to the United States of America; Concluded
　　March 30, 1867; Ratified by the United States May 28, 1867; Exchanged June 20,
　　1867; Proclaimed by the United States June 20, 1867. 15 Stat. 539 (1867)　　(171)

Act concerning the Rights of American Citizens in Foreign States (Act of July 27, 1868),
　　15 Stat. 223 (1868)　　171

Additional Articles to the Treaty between the United States and China, of June 18, 1858,
　　16 Stat. 739 (1868)　　(172)

Act for the further Security of equal Rights in the District of Columbia (Act of March 18,
　　1869) 16 Stat. 3 (1869)　　173

Act to enforce the Rights of Citizens of the United States to Vote in the several States of
　　this Union, and for other Purposes (The Enforcement Act of 1870), 16 Stat. 140
　　(1870)　　166, 169, 197, (201), 207~

Act to amend the Naturalization Laws and to punish Crimes against the same, and for
　　other Purposes (Act of July 14, 1870), 16 Stat. 254 (1870)　　172, (261)

Act to amend an Act approved May thirty-one, eighteen hund6red and seventy, entitled
　　"An Act to enforce the Rights of Citizens of the United States to vote in the several
　　States of this Union , and for other purposes" (The Force Act of 1871), 16 Stat. 433
　　(1871)　　168

Act to enforce the Provisions of the Fourteenth Amendment to the Constitution of the
　　United States, and for other Purposes, 17 Stat. 13 (1871)　　168

Act to remove political Disabilities imposed by the 14th Article of the Amendment of the
　　Constitution of the United States, 17 Stat. 142 (1872)　　(173)

Act making Appropriations for sundry civil Expenses of the Government for the fiscal
　　Year ending June 13th, 1873, and for other Purposes, 17 Stat. 348 (1872)　　(168)

Act to Protect all citizens in their civil and legal rights (The Civil Rights Act of 1875), 18
　　Stat. 335 (1875)　　170

Act Supplementary to the acts in relation to immigration (Page Law), 18 Stat. 477
　　(1875)　　(173)

Treaty between the United States and China providing for the future regulation of Chinese
　　immigration in the the United States. Concluded November 17, 1880; ratification
　　advised by the Senate May 5, 1881; ratified by the President May 9, 1881;
　　ratifications exchanged July 19, 1881, and proclaimed October 5, 1881, 22 Stat. 826
　　(1881)　　(172)

Act to execute certain treaty stipulations relating to (Chinese Exclusion Act of 1882), 22
　　Stat. 58 (1882)　　172

法令名索引　503

Act to prohibit the importation and migration of foreigners and aliens under contract or agreement to perform labor in the United States, its Territories, and the District of Columbia, 23 Stat. 332 (1885) （173）

Act to provide for the allotment of lands in severalty to Indians on the various reservations, and to extend the protection of the laws of the United States and the Territories over the Indians, and for other purposes (Indian General Allotment (Dawes)Act of 1887), 24 Stat. 388 (1887) （205）

Act to restrict the ownership of real estate in the Territories to American citizens, and so forth（属領不動産所有法）, 24 Stat. 476 (1887) 174, 419

Act in amendment to the various Acts relative to immigration and the importation of aliens under contract or agreement to perform labor, 26 Stat. 1084 (1891) （173）

Joint Resolution to provide for annexing the Hawaiian Islands to the United States, 30 Stat. 750 (1898) （171）

Act to increase the efficiency of the permanent military establishment of the United States (Army Reorganization Act of 1901), 31 Stat. 748 (1901) （301）

Act In reference to the expatriation of citizens and their protection abroad, 34 Stat. 1228 (1907) 265, (267), 325, (337), (356)

Act Making appropriations for the naval service for the fiscal year ending June thirtieth, nineteen hundred and nine, and for other purposes, 35 Stat. 127 (1908) （301）

Act to regulate the immigration of alien to, and the residence of aliens in, the United States, 39 Stat. 874 (1917) （262）

Act to limit the immigration of Aliens into the United States, 42 Stat. 5 (1921) （270）

Act relative to the naturalization and citizenship of married women (Cable Act), 42 Stat. 1021 (1922) 267～, 408～

Act to limit the immigration of Aliens into the United States, and for other purposes (Johnson-Reed(national Origin) Act), 43 Stat. 153 (1924) 270

Act to authorize the Secretary of the Interior to Issue certificate of Citizenship to Indians (Indian Citizenship Act of 1924), 43 Stat. 253 (1924) （205）, （332）

Joint Resolution Relating to the immigration of certain relatives of United States citizens and of aliens lawfully admitted to the United States (Copeland-Jenkins Act), 45 Stat. 1009 (1928) 271

Act to amend and Act entitled "An Act relative to naturalization and citizenship of married women", approved September 22, 1922, 46 Stat. 849 (1930) （272）

Act to amend the Law relative to the citizenship and naturalization of married women, and for other purposes, 46 Stat. 854 (1930) 272

Act to Amend the naturalization laws in respect of posting notices of petitions for citizenship, and for other purposes, 46 Stat. 1511 (1931) 272

Act to exempt from the quota husbands of American citizens, 47 Stat. 656 (1932) 273

Act to amend the law relative to citizenship and naturalization, and for other purposes, 48

504 法令名索引

Stat. 797 (1934)   273, 325, (335), 337, 340

Convention on the Ntionality of Women, O.A.S. Treaty Series No. 4. 38. entered into force Aug. 29, 1934, 49 Stat. 2957 (1934)   273

Act to repatriate native-born women who have heretofore lost their citizenship by marriage to an alien, and for other purposes, 49 Stat. 1917 (1936)   274

Act relating to the citizenship of certain classes of persons born in the Canal Zone or the Republic of Panama, 50 Stat. 558 (1937)   371

Act to revise and codify the nationality laws of the United States into comprehensive nationality code, 54 Stat. 1137 (1940)   (269), 274, 326, 335, 336~

Act to establish a Women's Army Auxiliary Corps for service with the Army of the United States, 56 Stat. 278 (1942)   304

Act to expedite the war effort by releasing officers and men for duty at sea and their replacement by women in the shore establishment of the Navy, and for other purposes, 56 Stat. 730 (1942)   304

Act to establish a Women's Army Corps for service in the Army of the United States, 57 Stat. 371 (1943)   304

Act to repeal the Chinese Exclusion Acts, to establish quotas, and for other purposes, 57 Stat. 600 (1943)   (173)

Act to amend section 201 (g) of the Nationality Act of 1940 (54 Stat. 1138-1139; 8 U.S.C.A. 601), 60 Stat. 721 (1946)   (326), 335

Act to place Chinese wives of American Citizens on a nonquota basis, 60 Stat. 975 (1946)   275

Act to amend the Act approved December 28, 1945, entitled "An Act to expedite the admission to the United States of alien spouses and alien minor children of citizen members of the United States armed forces", 61 Stat. 401 (1948)   (275)

Act to amend the Immigration Act of 1924, as amended, 62 Stat. 241 (1948)   275

Act to establish the Women's Army Corps in the Regular Army, to authorize the enlistment and appointment of women in the Regular Air Force, Regular navy and Marine Corps, and in the Reserve components of the Army, Navy, Air Force, and Marine Corps, and for other purposes (Armed Services Integration Act of 1948), 62 Stat. 356 (1948)   304~

Act to provide for the common defense by increasing the strength of the armed forces of the United States, including the reserve components thereof, and for other purposes (Military Selective Service Act), 62 Stat. 604 (1948)   304, 306~

Act to revise the laws relating to immigration, naturalization, and nationality: and for other purposes (McCarran-Walter Act), 66 Stat. 163 (1952)   (270), (325), 327, 336~, 340, 356

Act Granting the benefits of section 301 (a) (7) of the Immigration and Nationality Act to certain children of United States citizens, 70 Stat. 50 (1956)   (336)

Act to amend the Immigration and Nationality Act, and for other purposes, 71 Stat. 639 (1957) （338）

Act to Provide means of further securing and protecting the civil rights of persons within the jurisdiction of the United States (Civil Rights Act of 1957), 71 Stat. 634 (1957) 287

Act to amend section of 301 (a) (7) of the Immigration and Nationality Act, 80 Stat. 1322 (1966) （336）

Act to amend title 10, 32, and 37, United States Code, to remove restrictions on the careers of female officers in the Army, Navy, Air Force, and Marine Corps, and for other purposes, 81 Stat. 374 (1967) （305）

Act to provide improved judicial machinery for the selection of Federal juries, and for other purposes, 82 Stat. 53 (1968) （287）

Act to amend section 301 of the Immigration and Nationality Act, 86 Stat. 1289 (1972) 338

Joint Resolution To approve the "Covenant To Establish a Commonwealth of the Northern Mariana Islands in Political Union with the United States of America", and for other purposes, 90 Stat. 263 (1976) （330）

Act to repeal certain sections of title III of the Immigration and Natinality Act, and for other purposes, 92 Stat. 1046 (1978) （335）, 338

Act to amend the Immigration and Nationality Act, and for other purposes, 100 Stat. 3655 (1986) 336, 339

National Defense Authorization Act for Fiscal Years 1992 and 1993, 105 Stat. 1290 (1991) 306

National Defense Authorization Act for Fiscal Year 1994, 107 Stat. 1547 (1993) 306

Act to amend title III of the Immigration and Nationality Act to make changes in the laws relating to nationality and naturalization (Immigration and Nationality Technical Corrections Act of 1994), 108 Stat. 4305 (1994) （335）, 338

Act to amend the Immigration and Nationality Act to modify the provisions governing acquisition of citizenship by children born outside of the United States, and for other purposes, 114 Stat. 1631 (2000) 341

人名索引

Lincoln（リンカーン）（大統領） （44）, 45, 49, 50, （52）, （56）, （95）, 405
Obama（オバマ）（大統領） 44, 369〜, 373

Ashurst（上院議員） 220
Blair（上院議員） （215）, 216, （220）

506　人名索引

Cowan（上院議員）　　　(76), (78〜), (115), (127), (132), (144)

Davis（上院議員）　　　(52), (54), (58), 61, (78〜), (81〜), 93, 104, (127), (132), (154), 157, (164), (406)

Doolittle（上院議員）　　(70), (81), 110, 114, 117, 125〜, 129〜, (154〜), 163, (164)

Fessenden（上院議員）　97, 111, 121, (124), (126), 129, (134), (136), (138)

Henderson（上院議員）　(62), (81〜), 110, 114, 117〜, 131, (133), (144)

Hendricks（上院議員）　(52), (80), (115〜), (126〜), (129), (144), (154), (160)

Howard（上院議員）　　(54), (77〜), 121〜, 124〜, 127〜, (131), (134〜), (137), (140〜), 157, 162, (164〜)

Johnson（上院議員）　　(65), (76), (78), (81〜), (90〜), (93), (115〜), 118, (125), 129, (131〜)

Morton（上院議員）　　(152〜), (159〜), (164〜)

Saulsbury（上院議員）　(52〜), (78), 82, (115), (126), (144), (153〜)

Sumner（上院議員）　　(53〜), 63, (67), 110〜, (116), 117, (143), 158, 160

Trumbull（上院議員）　52, 70, 72, 74, 75〜, (79〜), (82), 90〜, 118, (125), (136), (138〜), (144〜), (156), (160)

Wilson（上院議員）　　(52〜), (60), 61, (62), (65), (67), (94), (114), (130), (158), 161, (162), (164〜)

Williams（上院議員）　(81〜), (98), (113〜), (126), 131, (135), (138), 156〜, (159〜)

Ashley（下院議員）　　(54), 56〜, (161)

Bingham（下院議員）　(87〜), (98〜), 100〜, (109), (119), (122), (134〜), (141), 142, (143〜), (148), 151, 163〜, (212)

Boutwell（下院議員）　(106), (148〜), 149, (150), (161)

Loughridge（下院議員）　(150), (212)

Mondell（下院議員）　(229), (256)

Shellabarger（下院議員）　(86), (110), (143), (148), 151, 163, (169)

Stevens（下院議員）　(54), 97, (98), (100〜), 105〜, 118, (119), (121), (133), (134〜), (141)

Wilson（下院議員）　(51), (75), 82〜, (83), (88), (134), (139〜), 406

Taney（最高裁裁判官）　(32)

〈著者紹介〉

松澤幸太郎（まつざわ・こうたろう）

　1969年　埼玉生まれ

　1998年　筑波大学大学院社会科学研究科法学専攻単位取得退学

　2016年　博士号学位取得

　現　在　外務省国際経済課

近代国家と市民権・市民的権利
──米国における市民権・市民的権利の発展──

2016年（平成28年）7月20日　第1版第1刷発行

著　者　松　澤　幸太郎
発行者　今　井　　　貴
　　　　渡　辺　左　近
発行所　信山社出版株式会社
〒113-0033　東京都文京区本郷6-2-9-102
　　　　　　電　話　03（3818）1019
　　　　　　ＦＡＸ　03（3818）0344

Printed in Japan

Ⓒ松澤幸太郎，2016　印刷・製本／亜細亜印刷・日進堂
ISBN978-4-7972-2759-8 C3332

◆実践国際法(第2版)

小松一郎 著

最新情報を織り込んだ、待望の改訂。
御巫智洋・大平真嗣・有光大地・渋谷尚久・加藤正宙の
外務省国際法局関係者5名の有志による補訂版。

◆小松一郎大使追悼　国際法の実践

柳井俊二・村瀬信也 編

学術論文が集う
〈第一部:国際社会における法の支配〉と、
公私の思い出が綴られる
〈第二部:追想―小松一郎の思想と行動〉の二部構成。

◆国際法実践論集

小松一郎 著

好評体系書『実践国際法』と表裏をなす、
小松一郎大使による貴重な論稿の数々を
読みやすく集成した研究書。国際法実務家として、
理想と現実の狭間で磨かれた小松大使の法理論の真髄。

◆不戦条約　国際法先例資料集

柳原正治 編著　　信山社 立法資料全集

変革期の国際法委員会

村瀬信也・鶴岡公二 編　山田中正大使傘寿記念

プラクティスシリーズ
好評書,待望の最新版
◆プラクティス国際法講義【第2版】

柳原正治・森川幸一・兼原敦子 編

『国際法講義』と同じ執筆陣による、待望の続刊・演習書。
《演習》プラクティス国際法

柳原正治・森川幸一・兼原敦子 編

執筆 柳原正治・森川幸一・兼原敦子・江藤淳一・児矢野マリ・
申惠丰・高田映・深町朋子・間宮勇・宮野洋

◆国際法研究

岩沢雄司・中谷和弘 責任編集

◆ロースクール国際法読本

中谷和弘 著

◆軍縮研究

日本軍縮学会 編

◆国際法原理論

ハンス・ケルゼン 著／長谷川正国 訳

信山社